万物大百科

每 一 页 都 是 一 部 百 科 全 书

DB SCHENKER

DK

万物大百科

每一页都是一部百科全书

译者：李亚丽、王亚南、麦秋林、任静、武子琪、
吴伟、李吉红、刘婷、宋禹哲

中国大百科全书出版社

Original Title: Picturepedia: an encyclopedia on every page

北京市版权登记号：图字 01-2018-0708
审图号：GS（2021）6564号

图书在版编目（CIP）数据

DK万物大百科 / 英国DK公司编著；李亚丽等译. —
北京：中国大百科全书出版社，2021.11
书名原文：Picturepedia: an encyclopedia on every page
ISBN 978-7-5202-1044-7

Ⅰ.①D… Ⅱ.①英… ②李… Ⅲ.①科学知识—青少年读物 Ⅳ.①Z228.2

中国版本图书馆CIP数据核字（2021）第200078号

译　者：李亚丽、王亚南、麦秋林、任　静、武子琪、吴　伟、李吉红、刘　婷、宋禹哲

专业审定：
科学技术　中国科学院自然科学史研究所副所长、研究员　关晓武
自　然　国家动物博物馆副馆长（主持工作）　张劲硕
《中国国家地理》杂志社
《博物》杂志运营编辑　吴海峰
地　理　北京师范大学地理学部教授　方修琦
文化艺术　中国美术出版总社原社长　汪家明
体育运动　北京体育大学教授　张廷安
历　史　北京师范大学历史系教授　刘林海

策 划 人：杨　振
责任编辑：袁　存
助理编辑：杨晓婷
封面设计：殷金旭

DK万物大百科
中国大百科全书出版社出版发行
（北京阜成门北大街17号　邮编：100037）
http://www.ecph.com.cn
新华书店经销
广东金宣发包装科技有限公司印制
开本：889毫米×1194毫米　1/8　印张：46
2021年11月第1版　2022年7月第3次印刷
ISBN 978-7-5202-1044-7
定价：368.00元

For the curious
www.dk.com

FSC
www.fsc.org
混合产品
源自负责任的森林资源的纸张
FSC® C018179

目 录

科学技术

自然

注：书中的图片未按比例呈现；书中的地图系原文插附地图。

地理

文化艺术

体育运动

历史

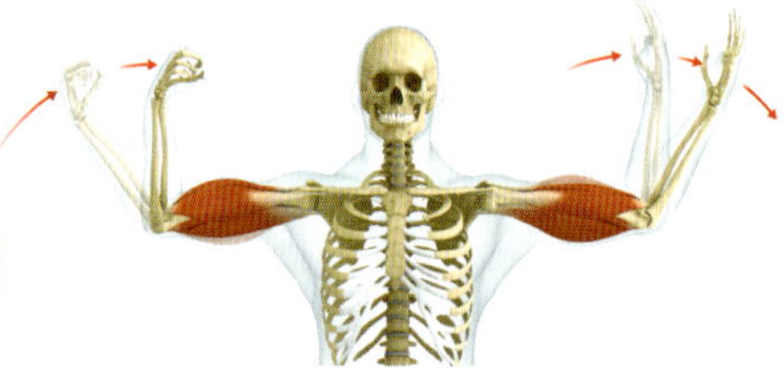

L N E R
4468
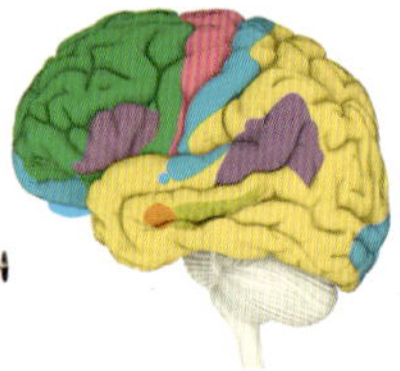

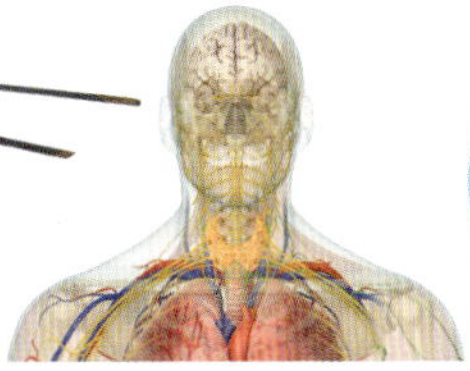

科学技术

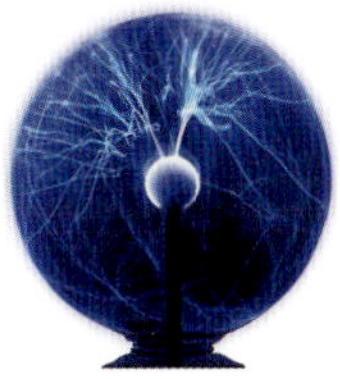

宇宙

宇宙涵盖世间存在的一切——所有的空间、物质、能量及时间，都是宇宙的组成部分。它拥有一个广袤的空间，即使包含数以亿计的星系，每个星系都含有几十亿颗恒星，然而还有 99.99% 的空间还是空空如也。自 138 亿年前从“大爆炸”中诞生以来，宇宙就在持续扩张。

大爆炸

在大爆炸之前，整个宇宙是一个体积无限小的点——“奇点”。那里温度极高，密度极大，突然之间发生了爆炸。在不到 1 秒的时间内，宇宙变得比一个星系还要大。它持续扩张并逐渐冷却，巨大的能量转变成物质。在随后的数亿年间，恒星、行星和星系逐渐形成，构成了我们今天所了解的宇宙。

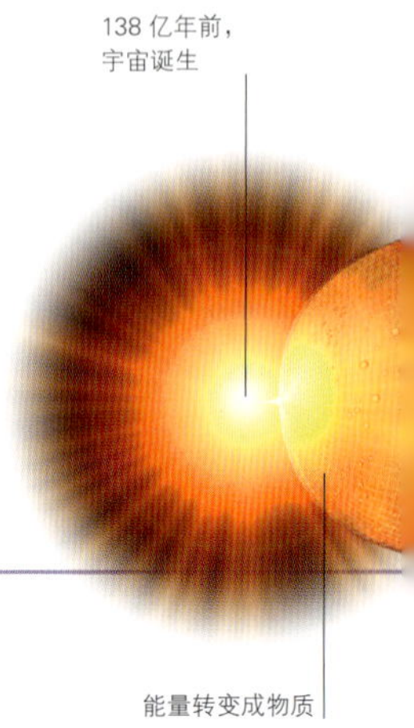

宇宙

宇宙在持续扩张。宇宙中充满了暗能量、暗物质和超星系团等物质和能量。

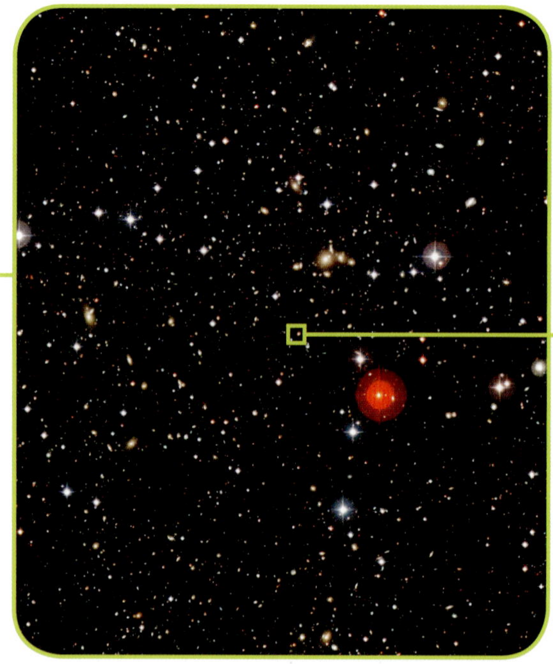

超星系团

超星系团是宇宙中已知的最大结构之一，它们由星系团组成。

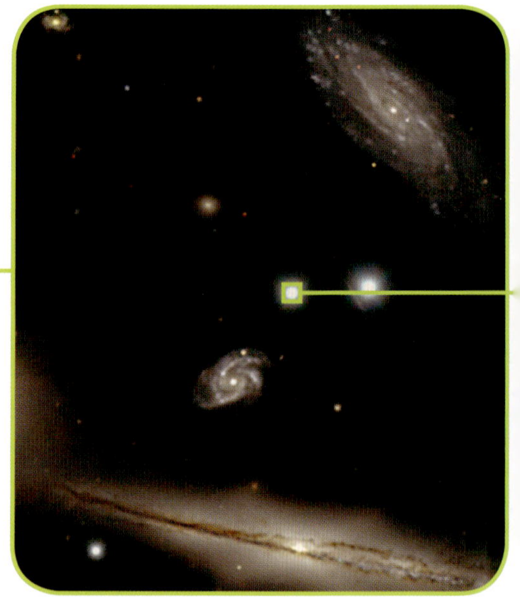

本星系群

本星系群位于室女超星系团，是由银河系等大约 50 个星系组成的规模较小的星系团。

星系

星系是巨大的星体集合，在夜晚用望远镜就可以观测到。它们有多种形状，人们认为大多数星系的中心是一个巨大的黑洞。

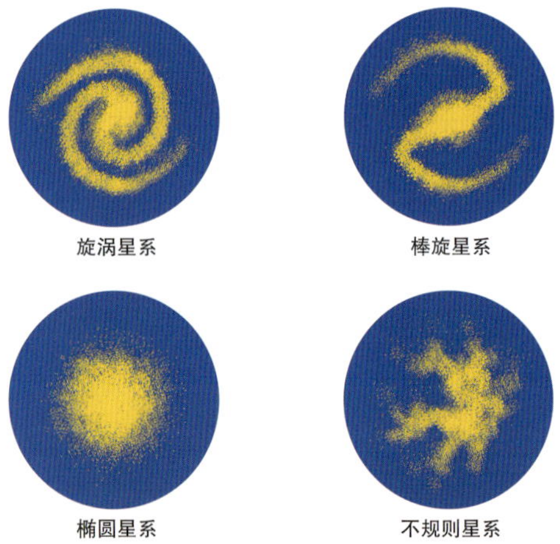

我们所在的星系——银河系是一个棒旋星系，它有 4 条大旋臂和 2 条小旋臂。

星云

星云是由气体与尘埃组成的巨大云团，它们的直径可达数万亿千米，多姿多彩。许多星云是宇宙的“育儿所”，恒星就在这里诞生。

蜘蛛星云

玫瑰星云

鹰状星云

N90 星云

恒星

根据温度与亮度的不同，恒星被分为不同类型。科学家们使用下面的赫罗图来比较恒星的大小、温度与亮度。

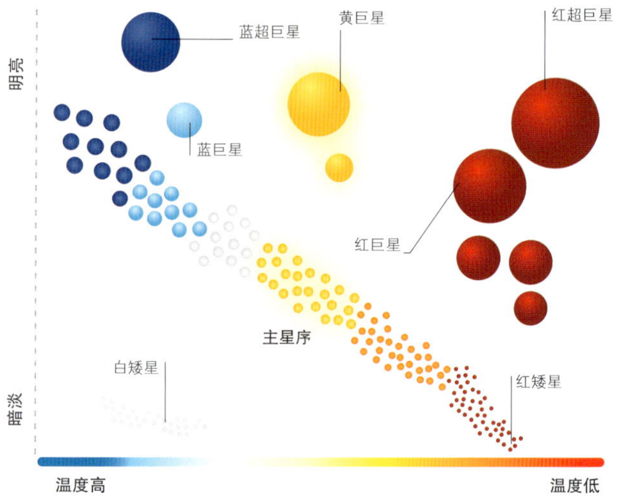

恒星分类

大多数恒星，包括太阳，都处在赫罗图“主星序”这个区域。当它们衰老时，会变成巨星或超巨星，之后转变为矮星或超新星。

宇宙的组成

宇宙包含物质与能量。一般说来，可见物质就是人类可见的物理存在，例如行星。但星系中也包含不可见的物质，称为暗物质。暗物质既不发光也不发热，只能通过它对可见物体的引力作用探测出来。介于这两种物质类型之间的是神秘的暗能量，科学家几乎对此一无所知。

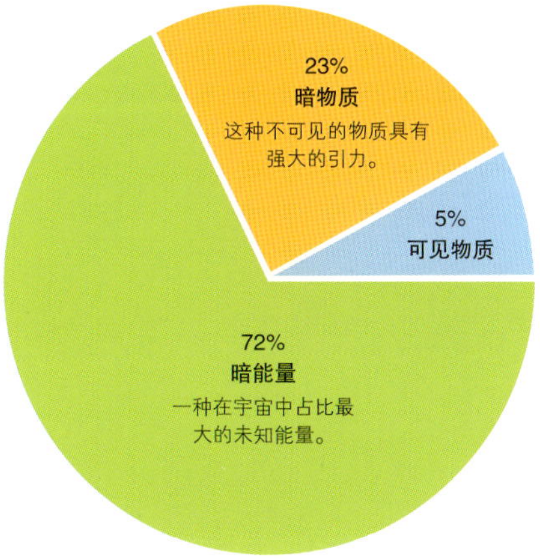

宇宙的规模

宇宙是如此巨大，以至于我们无法用语言来描述它的大小。这一系列的图片可以使我们“近距离”看宇宙，展现了我们所处的太阳系和地球与宇宙其他部分的关系。宇宙是如此广阔，天文学家只好用光年来测量距离。一光年就是光传播一年的距离，近似 10 万亿千米。

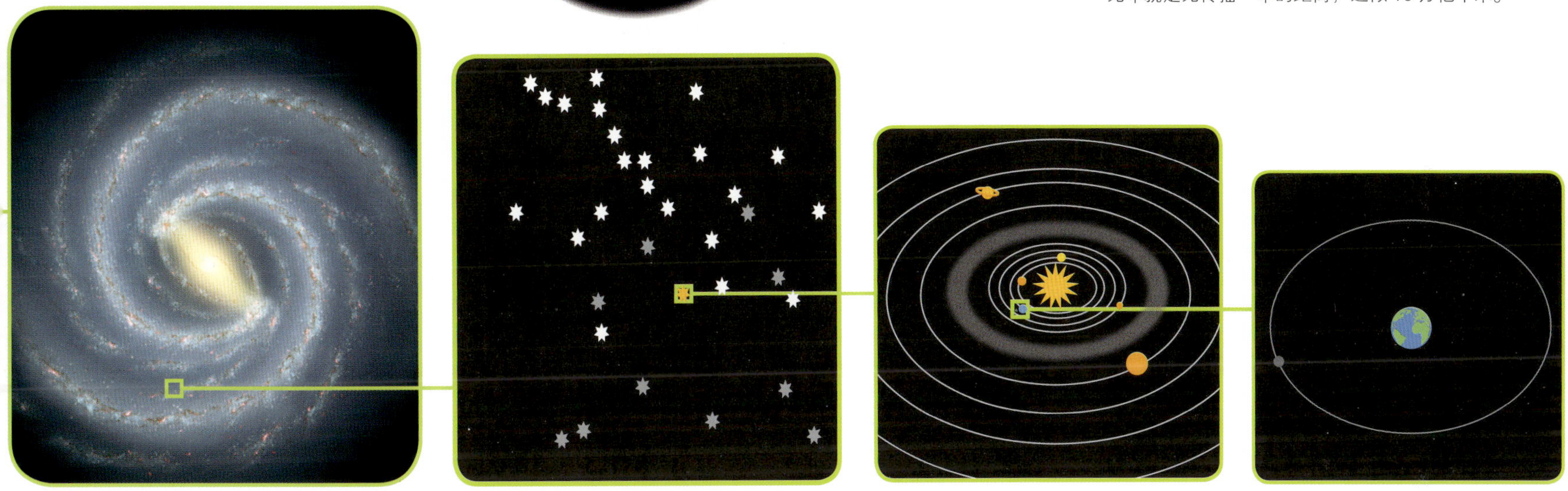

银河系
银河系是一个棒旋星系，它的引力使其拥有大约 2000 亿颗恒星。

太阳邻域恒星
太阳系位于银河系的一个旋臂上，距银河系的中心大约 2.7 万光年。

太阳系
太阳位于太阳系的中心，八大行星围绕它转动。

地球和月球
地球是绕太阳转动的行星之一，而月球绕地球转动。

黑洞

黑洞是宇宙空间中物质自身坍塌瓦解形成的一块区域。意思就是说，尽管黑洞中看不到任何物质，但因为黑洞具有相当强大的引力，任何物质甚至光都无法从黑洞中逃脱，所以天文学家可以得知黑洞的存在。

艺术家想象中的黑洞

矮行星

矮行星与八大行星一样，自身拥有足够大的引力，使其外形近似呈球形。但矮行星体积更小，并且无法清除轨道附近的其他类似的小型天体，就和它们一起围绕太阳运动。冥王星曾被视为九大行星之一，现在被归为矮行星。

冥王星

彗星

彗星是由冰和尘埃组成的小型天体，它们围绕太阳运动。当彗星靠近太阳的时候，冰会在受热的条件下升华。喷射出的气体和尘埃会形成一朵巨大的云，从而延伸出长长的“尾巴”。

彗星

行星

行星是环绕恒星运行的大型球状天体。太阳系中有八大行星，分别是水星、金星、地球、火星、木星、土星、天王星和海王星。太阳系外的行星被称为系外行星。

地球

卫星

卫星是围绕行星运行的天体，主要由岩石或冰物质构成。一些行星有许多卫星，但是地球只有一个卫星。月球是地球唯一的天然卫星。

地球的卫星——月球

小行星

小行星是围绕太阳运行的小型岩质天体。它们广泛地存在于宇宙中，主要是由行星诞生时的遗留物构成的。

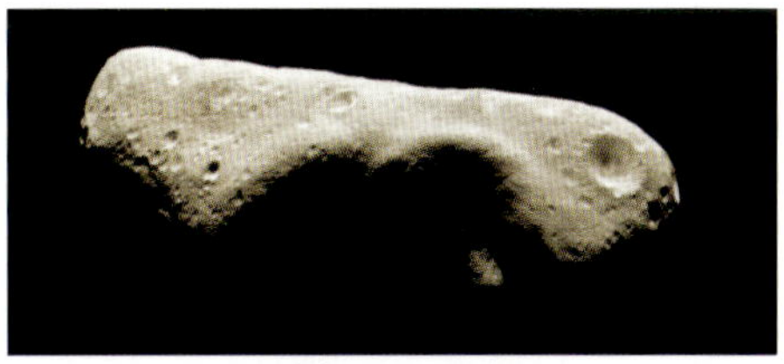

爱神星，一颗小行星

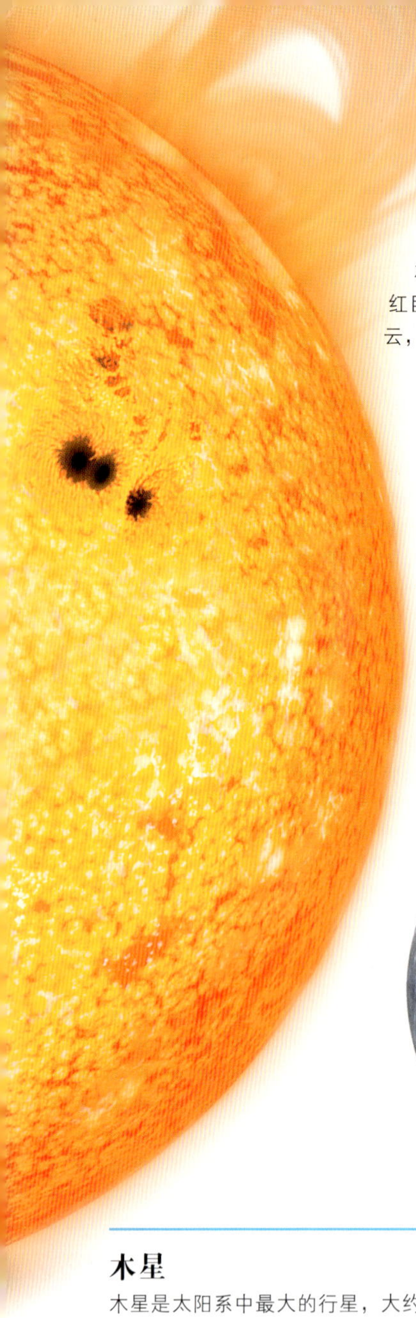

太阳

太阳是太阳系中体积最大、温度最高的天体。它炽热的表面使周围的行星沐浴在阳光下，它的引力作用使行星在各自的轨道上运行。如今，太阳正处于壮年期。大约 50 亿年之后，它就会变成一颗红巨星，外层向宇宙膨胀，只留下一片影子似的云，称为行星状星云。

太阳十分巨大，大约可以容纳 100 万个地球。

太阳与行星

大约 46 亿年前，一大片包含尘埃与气体的巨大云团形成了太阳。星云中的剩余物质聚集起来，逐渐形成围绕太阳运行的行星。离太阳最近的 4 颗行星主要由岩石组成。外层的 4 颗行星体积更大，主要由气体和冰组成。

水星

水星是离太阳最近的行星，也是太阳系中最小的行星，它的直径几乎和大西洋的宽度相同。水星是一颗岩质行星，没有大气层，也没有水。

勃拉姆斯环形山
水星表面布满了被宇宙碎片撞击形成的环形山。

水星

岩质行星
对日距离：0.579 亿千米
直径：4880 千米
公转周期：87.969 个地球日
卫星数量：0

金星

金星是离太阳第二近的行星。它的大小和地球相近，组成元素也类似，不过它的大气成分是二氧化碳，也就是我们呼出气体的主要成分。

马特山
金星有 1600 多座火山，其中最高的叫马特山。

金星

岩质行星
对日距离：1.082 亿千米
直径：12104 千米
公转周期：224.7 个地球日
卫星数量：0

木星

木星是太阳系中最大的行星，大约可以容纳 1300 个地球。它主要由液化的氢气组成，被彩色气体形成的云层所包围，这些气体像猛烈的风暴绕着木星旋转。

大红斑
这是一个巨型风暴，其大小是地球的数倍，已经在木星上肆虐了 300 年。

木星

气态巨行星
对日距离：7.786 亿千米
直径：142984 千米
公转周期：11.87 个地球年
卫星数量：79

土星

土星是太阳系中体积第二大的行星，它的密度很小，如果把它放到一个足够大的浴缸中，它就会浮起来。土星被巨大的光环围绕，光环从土星表面延伸数千千米，但有些地方只有约 10 米厚。

土星的光环
土星的光环主要由冰块组成。

土星

气态巨行星
对日距离：14.36 亿千米
直径：120536 千米
公转周期：29.46 个地球年
卫星数量：82

对日距离

行星之间的距离相当遥远，而且离太阳越远，行星之间的距离越大。如果太阳像一颗葡萄那么大，海王星就在离它 14.5 千米远的地方。

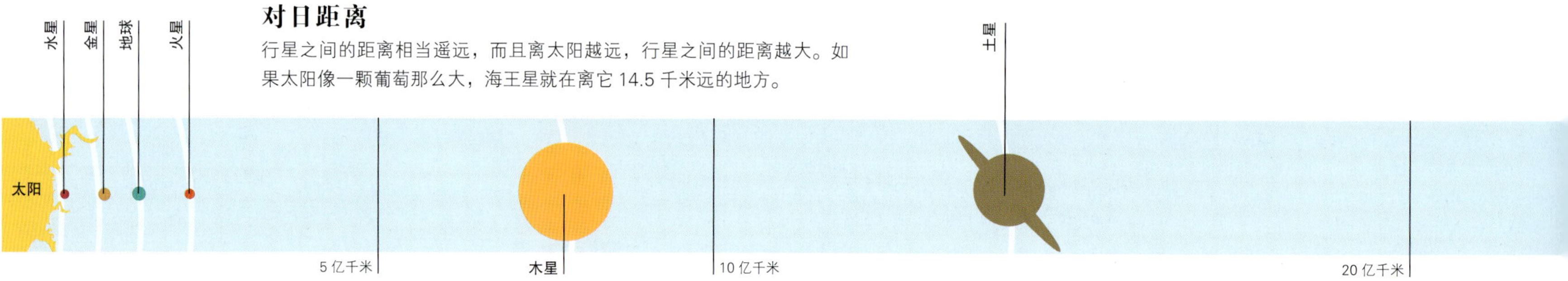

轨道

太阳系中的行星由于受到太阳引力的作用，在椭圆形轨道上，沿逆时针方向围绕太阳运动。这意味着它们离太阳时近时远。距离太阳越近，行星公转速度越快。

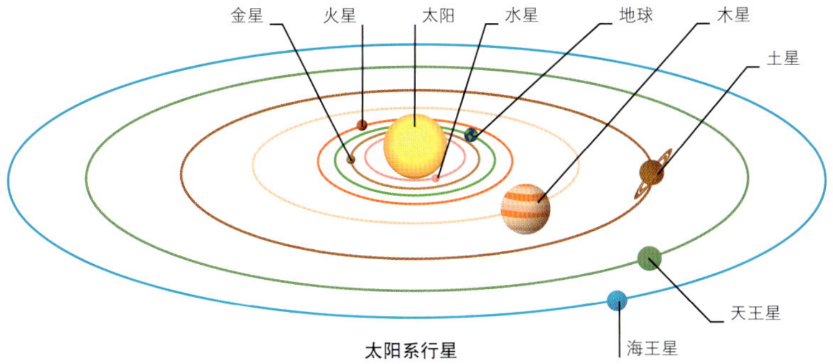

太阳系行星

行星的大小

靠近太阳的 4 颗岩质行星体积远远小于 4 颗巨行星，但巨行星的大小也无法和太阳相提并论。不过和宇宙中的许多其他恒星相比，太阳也很渺小。

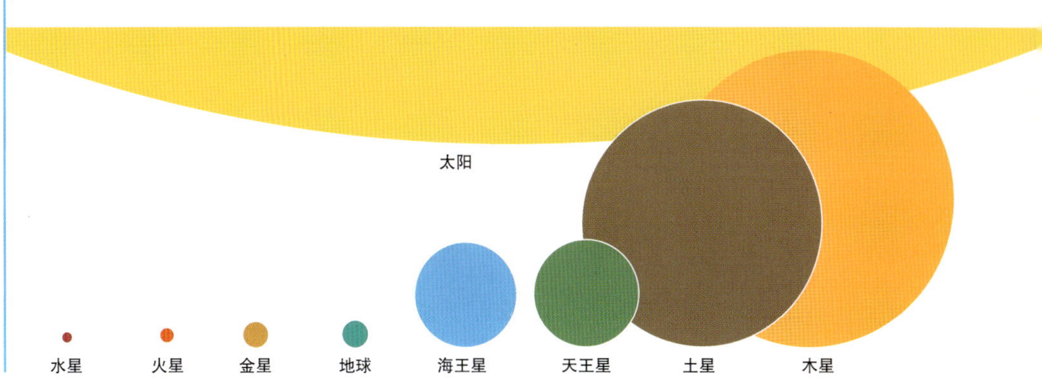

地球

地球以 30 千米 / 秒的速度绕太阳运动，公转一周大约需要 365 天。它是目前唯一一个已知的存在生命的星球。

喜马拉雅山脉
喜马拉雅山脉约在 7000 万年前形成。

地球

岩质行星

对日距离：1.496 亿千米

直径：12756 千米

公转周期：365.26 个地球日

卫星数量：1

火星

火星是红色的，因为它表面的岩石和土壤中富含丰富的铁元素。它的大小约为地球的一半，它拥有太阳系中最高的山峰和最深的峡谷。

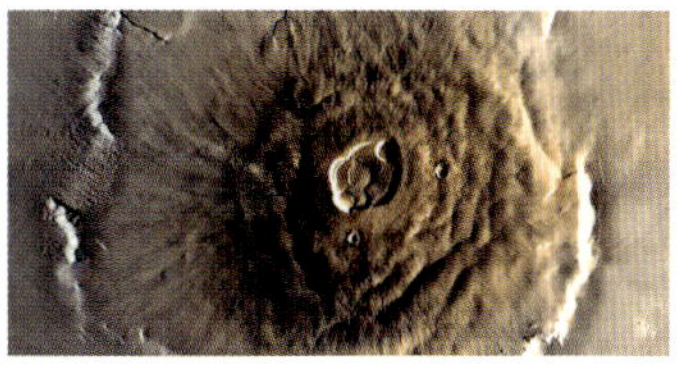

奥林波斯山
火星上的这座山峰高度约为珠穆朗玛峰的 3 倍，是由火山喷发形成的。又译奥林匹斯山。

火星

岩质行星

对日距离：2.279 亿千米

直径：6792 千米

公转周期：687 个地球日

卫星数量：2

天王星

天王星大气层中的甲烷给天王星披上了一件淡蓝色的外衣。天王星经常被称为“冷行星”，因为天王星80%是由冰冻的甲烷、水和氨组成的。

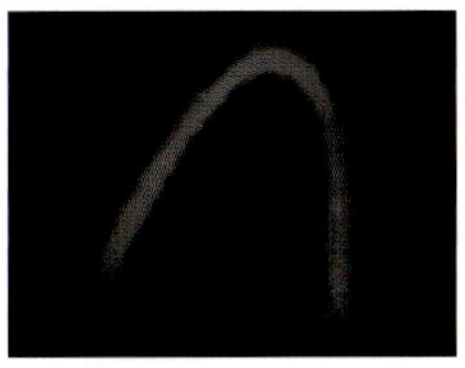

天王星的光环
和土星相比，天王星的光环非常微弱。

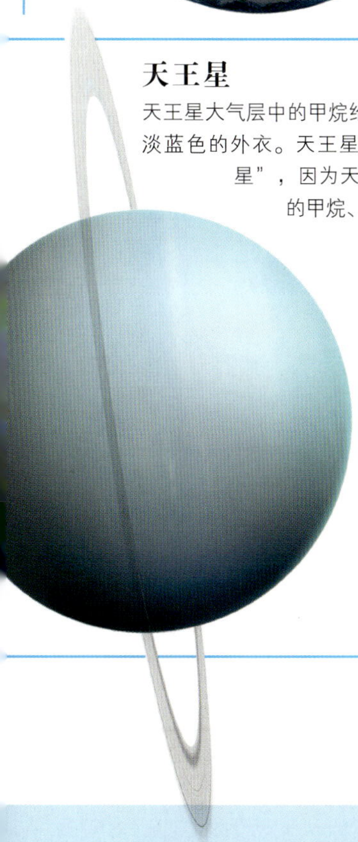

天王星

冰态巨行星

对日距离：28.7 亿千米

直径：51118 千米

公转周期：84 个地球年

卫星数量：27

海王星

海王星是离太阳最远的行星，得到的阳光最少。甲烷和另一种不知名的物质使其显露出鲜艳的蓝色。海王星上的风速在整个太阳系中是最快的。

大黑斑
这是一场大型风暴，可以吞噬整个地球，以 1200 千米 / 时的速度移动，现在已经消散。

海王星

冰态巨行星

对日距离：45 亿千米

直径：49528 千米

公转周期：164.79 个地球年

卫星数量：14

月球

月球环绕地球运动，是地球唯一的天然卫星。尽管月球本身并不发光，但它像镜子一样反射太阳光，在夜间可以照亮地球。它是宇宙中距地球最近的天体，我们甚至用肉眼就可以看到它凹凸不平的表面。

月球的形成

关于月球的形成有多种说法。科学家们普遍认同的解释是，某个天体与地球相撞，撞击产生的碎片被抛入宇宙，最终形成了月球。

1 影响 一个巨大的天体撞上了原始的还处在熔融状态的地球。撞击后这个天体大部分被地球吸收，但撞击产生的碎片被抛入宇宙。

2 月球形成 地球引力将这些碎片拉入其轨道，它们相互碰撞并积聚在一起，形成月球。

内部结构

月球由几层物质组成，分别是：月壳、月幔，还有被炽热液体外核包裹的固体内核。月球上“月震”频发，持续时间最长可达 10 分钟。

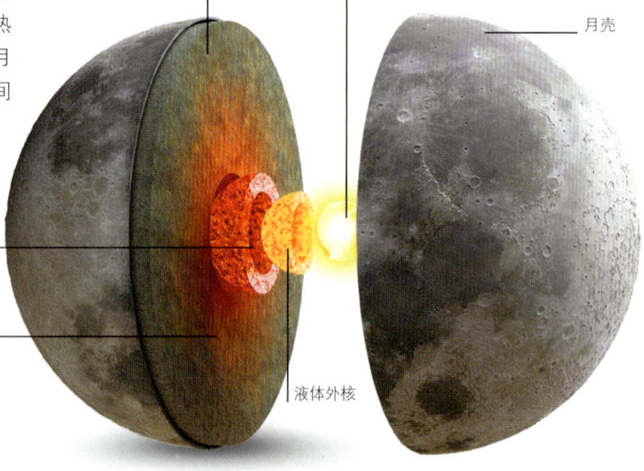

绕地运动

月球环绕地球公转一周需要 27.3 天，自转一周需要相同的时间。我们看到月亮的大小，取决于被太阳照亮的多少在面朝地球。

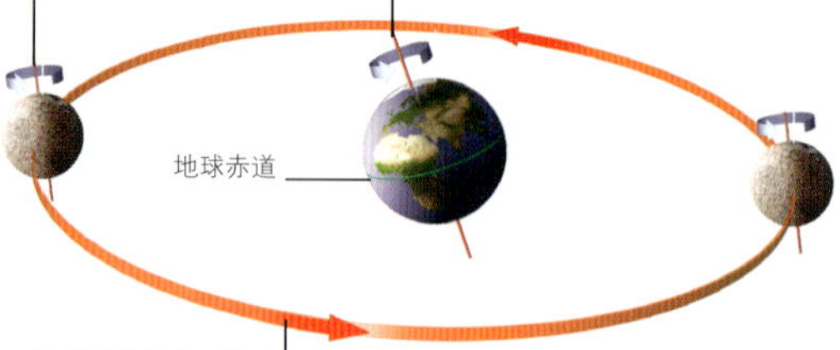

陨石坑

月球是由岩石构成，表面布满陨石坑，这些陨石坑是由几十亿年前的陨石撞击月球表面形成。大的陨石坑叫月海。陨石坑被月球内部涌出的火山熔岩填充凝固，因此陨石坑一般都很平缓。在这张月球地图中，左侧是月球正面，右侧是月球背面。

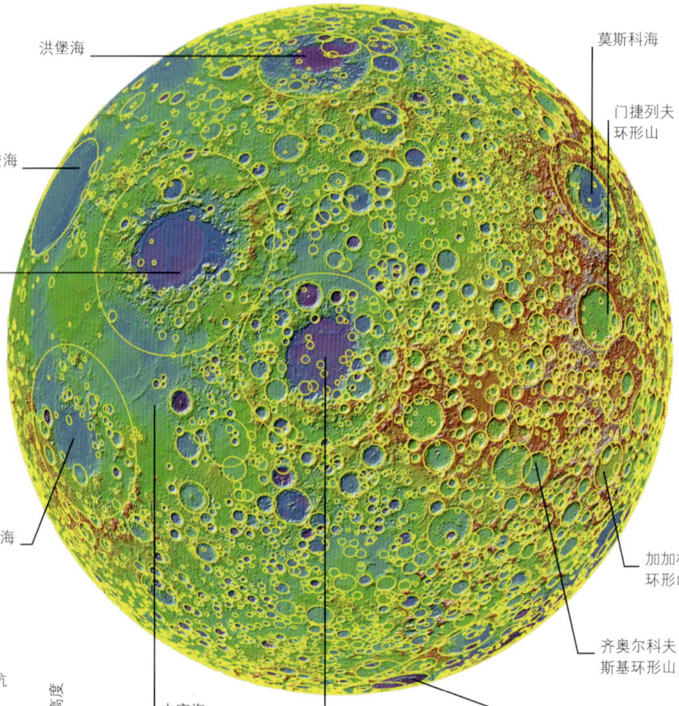

月球正面和背面

由于月球自转一周和绕地球公转一周的时间相等，因此月球有一侧一直朝向地球，这一侧被称为月球正面。另一侧被称为月球背面。

月球背面 月球背面的月壳比较厚，具有较多的高地和较少的月海。

月球正面 月球正面分成两个区域：月球高地和月海。

陨石坑的形成

月球在形成早期，受到许多陨石的撞击。陨石是在行星形成过程中产生的许多石块。这些陨石撞击月球表面，形成了相当于陨石大小 10~15 倍的圆形凹坑。

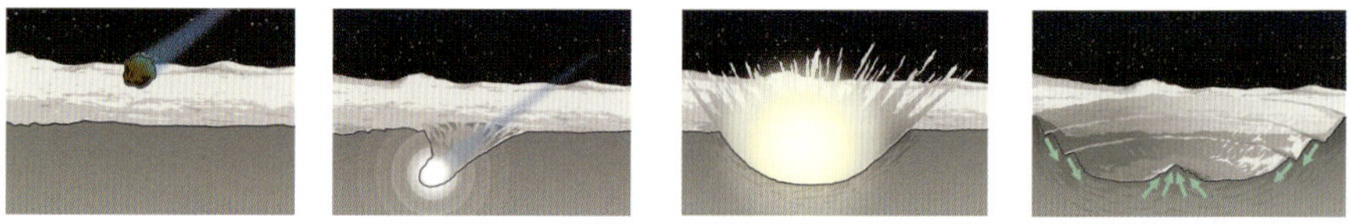

1 飞来的太空石头 月球没有大气层，无法保护自己免受太空飞行物体的撞击。

2 撞击接触 陨石以快于声速的速度撞击月球表面，撞开月壳。

3 冲击波 撞击时，巨大的能量被释放出来，陨石熔化并汽化，高温岩石蒸气被喷射到一片很大的区域。

4 陨石坑 一些熔岩流停留在这个大洞附近，形成了陨石坑。

月相

在一个月的时间里，天上的月亮似乎改变着形状。尽管有半个月球始终沐浴日光，但由于月球围绕地球运动，不停变换位置，所以我们只能看到月球被日光照到的部分。而在夜晚漆黑的天空中，我们看不到月球黑暗无光的部分。

我们在地球上看到的永远是月球的同一面，这一面被称为月球正面。

蛾眉月 从地球上只能看到一弯银月。

上弦月 明亮区域扩大，能看到半个月球被照亮。

渐盈凸月 明亮区域继续扩大，现在可见多半个月亮。

满月 月球的一侧现在完全可见。这时恰好是农历月的月中。

渐亏凸月 被太阳照射的地方开始转离地球，明亮区域开始缩小。

下弦月 在午夜才会升起，这半轮明月在黎明时分最亮。

残月 这个月相出现，表明月球绕地球快要公转一周了。

新月 在这个时间，月球的明亮区域完全被地球挡住了。

探月行动

1969 年 7 月 16 日，三名宇航员开启了登月之旅。他们乘坐的飞船名叫“阿波罗”11 号，通过三级“土星”5 号运载火箭发射升空。它用登月舱将三名宇航员送上月球。

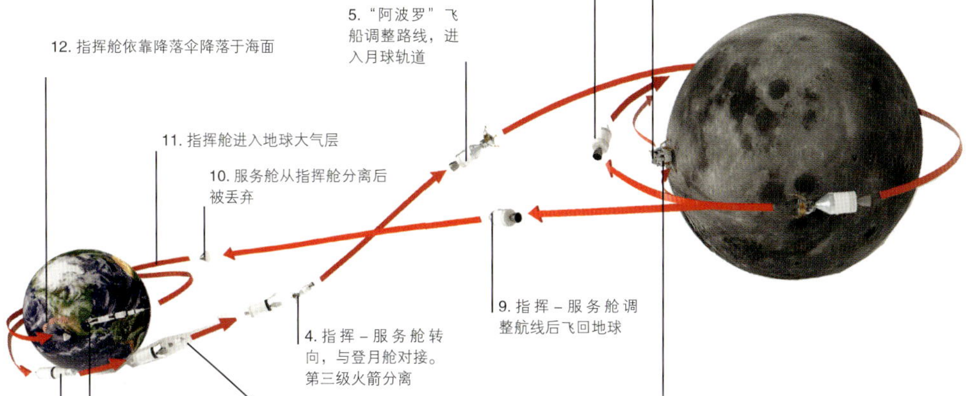

登陆月球

1972 年，“阿波罗”17 号的宇航员登陆月球，并在月球停留了 3 天。他们通过 3 次月面活动对陨石坑和金牛山脉成功进行了勘探。2019 年，中国嫦娥四号探测器成功登陆月球背面，这是人类有史以来第一次成功登陆月球背面。

1972 年，尤金・塞尔南在最后一次登月任务中驾驶月球车

判断对错

自古以来，就有许多关于月球的传说。现代科学可以帮助我们判断哪些月球传说是正确的，哪些是错误的。

✗ **月球上有外星人居住。** 宇航员带回来的月球样本表明，没有证据证明月球在过去或者现在存在生命。

✓ **人们在月球上的重量较轻。** 重量与引力的大小有关。月球的引力比地球的引力小，因此人们在月球上的重量会小一点。

✗ **满月会造成精神失常。** 科学家的研究表明，满月和精神失常之间没有关联。

✓ **月球正在远离地球。** 月球正以 3.8 厘米 / 年的速度远离地球。

✓ **月球引起海洋潮汐的形成。** 月球的引力确实会引起地球上潮汐的形成。

✗ **月球有一个黑暗面。** 月球围绕自转轴自转，因此月球的每个部分都会在某个时刻接受到太阳光的照射。

登月计划

20 世纪下半叶，美国和苏联之间进行了“太空竞赛”，他们竞相将飞船、卫星以及人类送入太空。1959 年，苏联发射月球探测器，成功在月球表面着陆。随后在 1969 年，美国将人类送上月球。此后，其他国家也相继发射航天器，对月球进行了更多的探索。

航天局	成功的任务次数
美国国家航空航天局（美国）	27
俄罗斯联邦航天局（苏联 / 俄罗斯）	23
中国国家航天局（中国）	5
日本宇宙航空研究开发机构（日本）	2
印度空间研究组织（印度）	1
欧洲航天局（欧洲）	1

最近一次人类登陆月球是在 1972 年。

太空探索

20 世纪初，人们发明了火箭。火箭能量巨大，足以冲出地球。20 世纪末，数千个航天飞行器载着数百位宇航员进入太空。21 世纪，将宇航员送上火星，成为人类最大的期待。

太空任务

通过太空任务，人类已实现在月球表面着陆，并完成对火星表面的探测。宇航员收集了木星的大气样本，探索了土星、水星和小行星带。这些太空任务帮助我们了解太阳系以及我们生活的星球。

月球探测任务

已发射飞行器的数量：> 125

主要任务：

- “阿波罗”15 号：于 1971 年发射，是首次长期飞行探测任务，宇航员在月球停留了 3 天。
- 月球勘测轨道飞行器：于 2009 年发射，有助于绘制月球表面的三维地图。十几年后的今天，它仍在对月球进行探测。

木星探测任务

已发射飞行器的数量：9

主要任务：

- “先驱者”10 号：第一个穿过小行星带的飞行器，1973 年拍到木星的近距离图像。
- “朱诺”号：于 2011 年 8 月 5 日发射成功，其任务是环木星运行并对其进行探测研究。

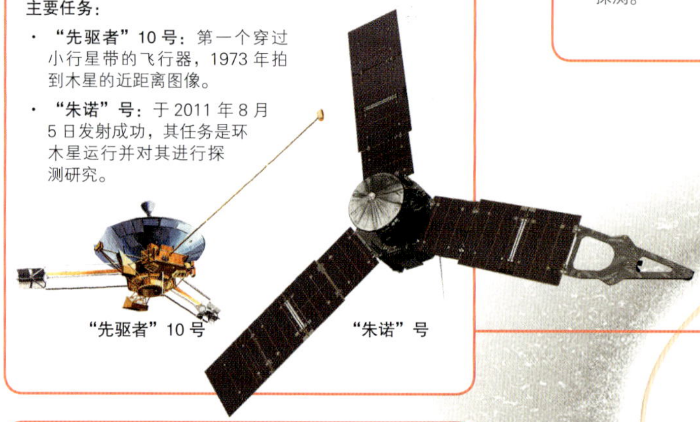

“先驱者”10 号　“朱诺”号

小行星带探测任务

已发射飞行器的数量：13

主要任务：

- “黎明”号：于 2007 年发射，目的是探测小行星带的灶神星和谷神星。在飞往谷神星之前，它要环灶神星飞行一年。
- “罗塞塔”号：其任务是探测一颗彗星，2008 年和 2010 年还拍摄了斯坦斯和鲁特西亚两颗小行星的照片。

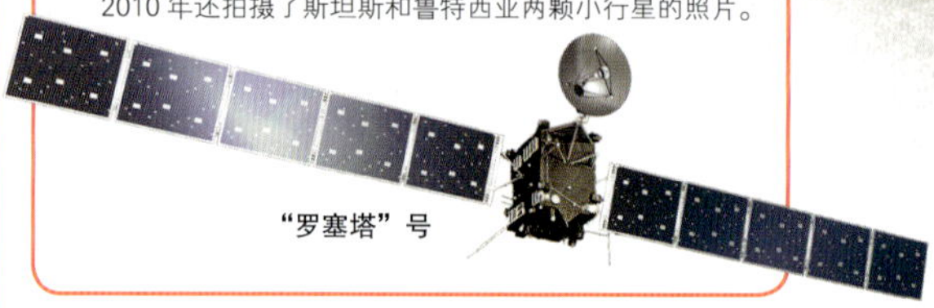

“罗塞塔”号

水星探测任务

已发射飞行器的数量：3

主要任务：

- “水手”10 号：第一艘探测水星的飞行器，于 1973 年发射，已完成 3 次水星探测活动。
- “信使”号：第一艘环绕水星运行的飞行器，于 2004 年发射。2015 年，“信使”号坠毁在水星表面，结束使命。

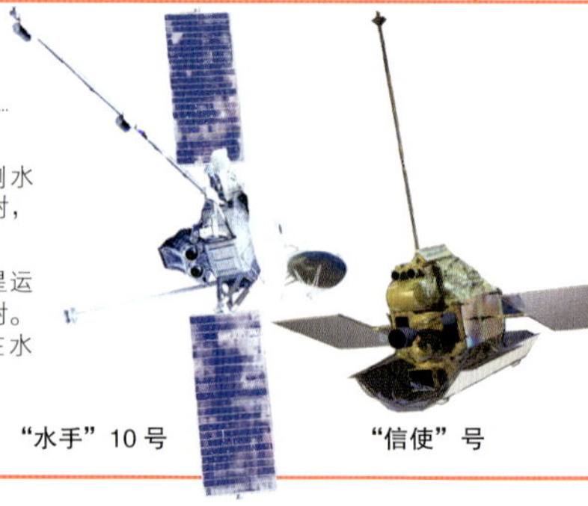

“水手”10 号　“信使”号

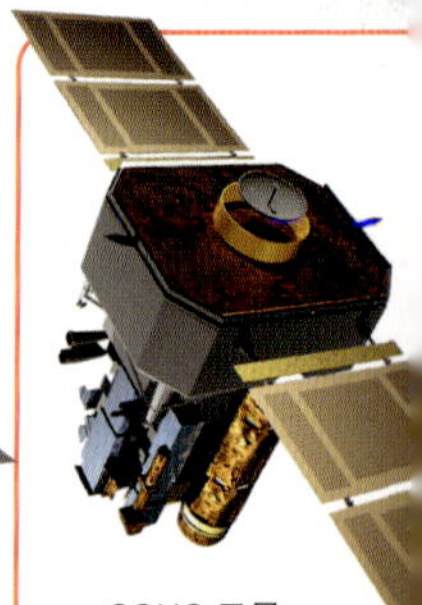

SOHO 卫星

“阿波罗”任务徽章

“阿波罗”计划是由美国国家航空航天局主持的美国宇宙探测项目，而且他们为每次任务都制作了任务徽章。徽章体现了每次任务的不同之处：上面标注了任务目的、空间探测器的名称和官方编码。

“阿波罗”1 号

“阿波罗”7 号

“阿波罗”8 号

“阿波罗”9 号

“阿波罗”10 号

“阿波罗”11 号

“阿波罗”12 号

“阿波罗”13 号

“阿波罗”14 号

“阿波罗”15 号

“阿波罗”16 号

“阿波罗”17 号

太空时代

1957 年，苏联将一个带有温控系统、电池和无线电发射器的抛光铝球发射到地球大气层外。人类由此进入太空时代。

1950 年

1957 年 苏联发射了第一颗人造卫星“斯普特尼克”1 号，标志着太空时代的开始。

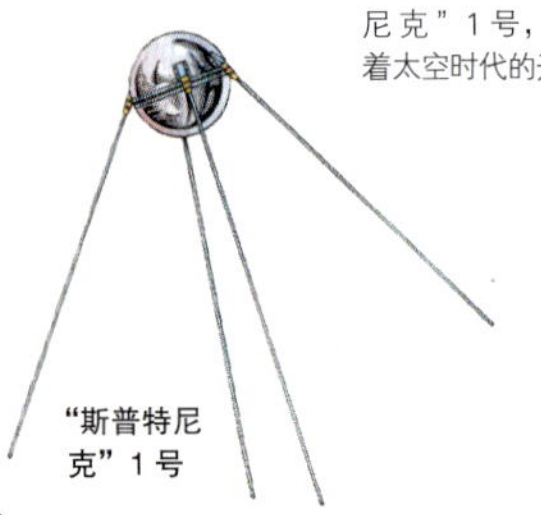

“斯普特尼克”1 号

1958 年 美国发射了“探险者”1 号，这是美国的第一颗人造地球卫星。

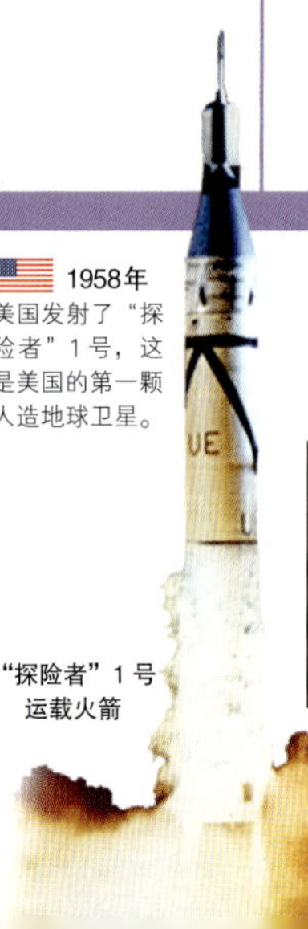

“探险者”1 号运载火箭

1959 年 苏联发射了“月球”2 号，后在月球坠落，成为第一个到达月球表面的人造物体。

尤里·加加林

1961 年 苏联宇航员尤里·加加林成为进入太空的第一人。

1965 年 苏联宇航员阿列克谢·列昂诺夫成为在太空漫步的第一人。

1965 年 美国国家航空航天局发射的“水手”4 号成为第一个飞越火星的航天器。

“水手”4 号

1969 年 美国的尼尔·阿姆斯特朗和巴兹·奥尔德林成为在月球漫步的前两人。

尼尔·阿姆斯特朗

1971 年 苏联发射了人类历史上第一个空间站“礼炮”1 号。

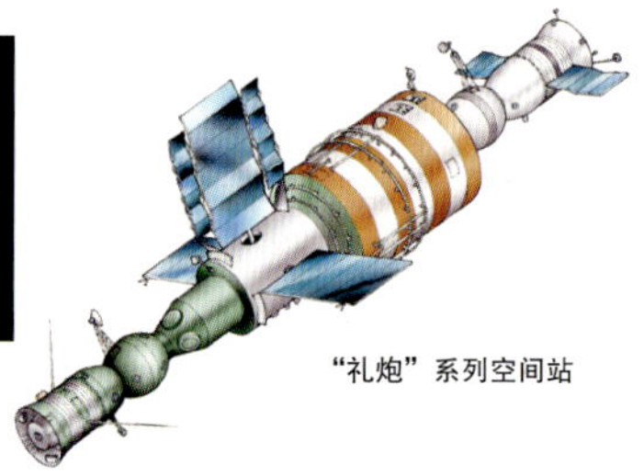

“礼炮”系列空间站

1973 年 美国国家航空航天局的“先驱者”10 号成为第一个飞出小行星带、飞过木星的航天器。

1973 年 美国国家航空航天局发射了美国第一个空间站“天空实验室”。

“天空实验室”

1977 年 美国国家航空航天局发射了“旅行者”1 号和 2 号，它们发回了有关木星和土星的图像和科学数据。

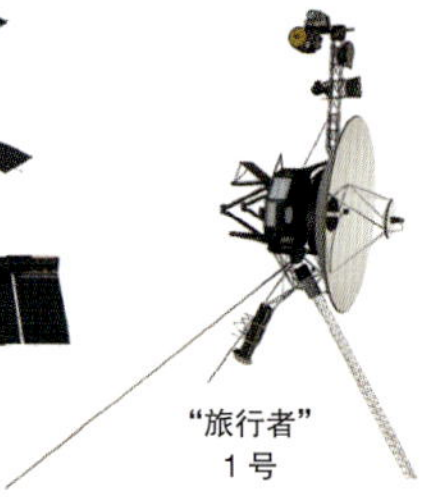

“旅行者”1 号

1981 年 美国国家航空航天局发射了第一架航天飞机——“哥伦比亚”号，它是一种可重复使用的运载工具。

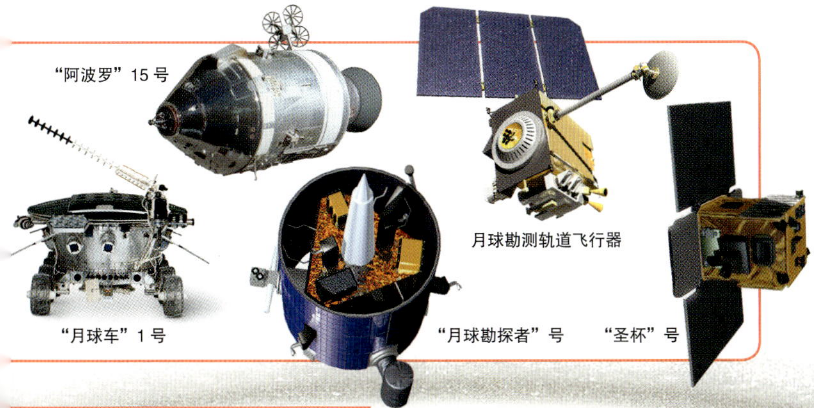

"阿波罗"15 号

"月球车"1 号

"月球勘探者"号

月球勘测轨道飞行器

"圣杯"号

火星探测任务

已发射飞行器的数量：> 48

主要任务：

- "火星全球勘测者"号：于 1996 年发射，2006 年失事，其间在环绕火星的轨道上探测并拍摄火星的细节图像。
- "好奇"号：该探测任务效果显著，于 2012 年在火星着陆，发现了有机物质的存在。

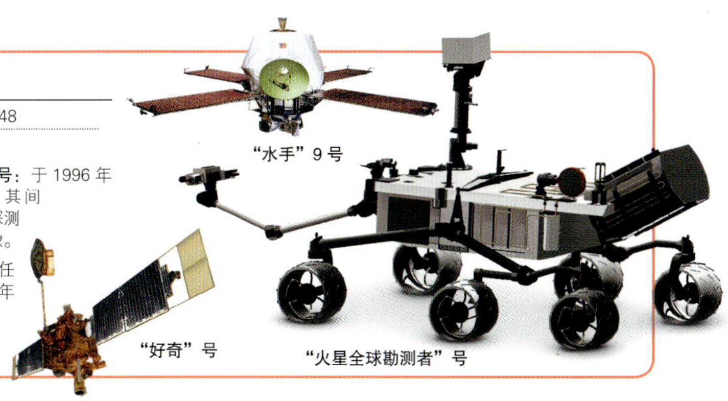

"水手"9 号

"好奇"号

"火星全球勘测者"号

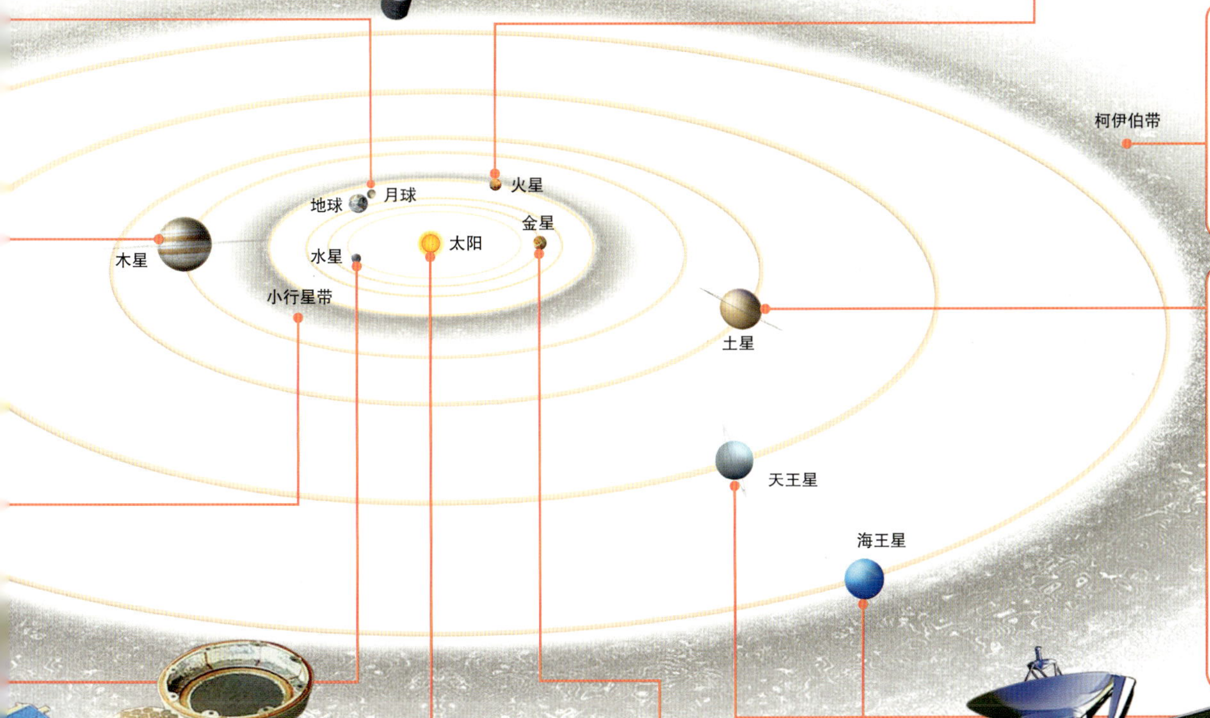

柯伊伯带探测任务

已发射飞行器的数量：1

主要任务：

- "新视野"号：于 2006 年发射，2015 年传送回冥王星及其卫星的近距离特写，并继续探索柯伊伯带更多的冰冷的天体。

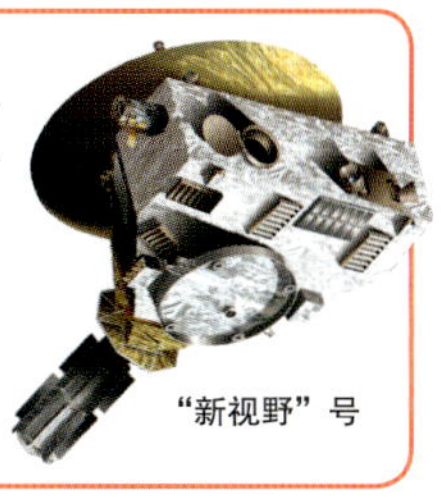

"新视野"号

土星探测任务

已发射飞行器的数量：4

主要任务：

- "先驱者"11 号：于 1973 年发射，并于 1979 年 9 月飞越土星，它是第一个探测土星的航天器。
- "卡西尼"号：于 1997 年发射，通过绕轨道飞行探测土星，2017 年结束探测任务。

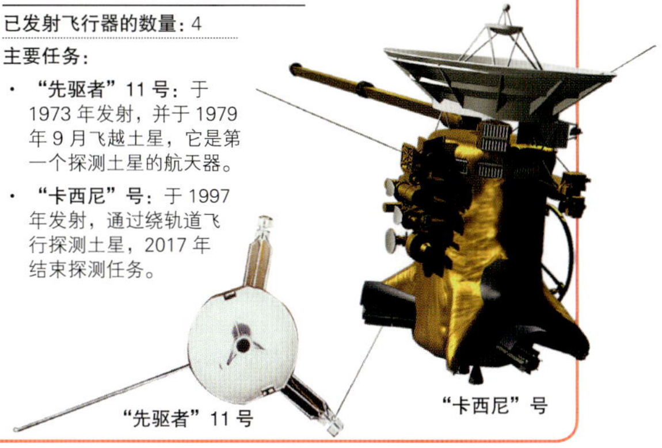

"先驱者"11 号

"卡西尼"号

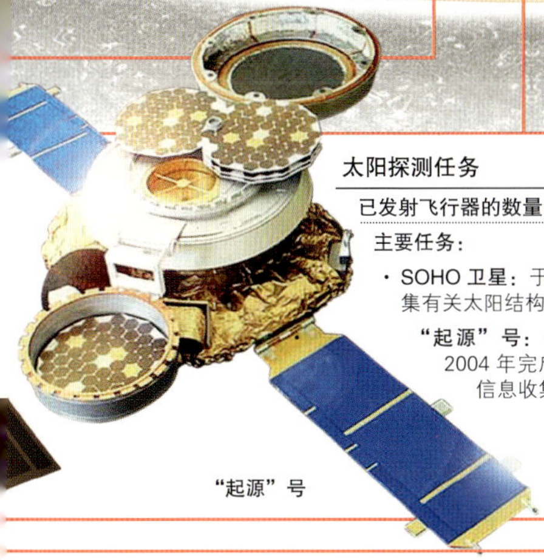

太阳探测任务

已发射飞行器的数量：19

主要任务：

- SOHO 卫星：于 1995 年发射，收集有关太阳结构及其动力学信息。

  "起源"号：于 2001 年发射，2004 年完成对太阳风粒子的信息收集。

"起源"号

金星探测任务

已发射飞行器的数量：> 40

主要任务：

- "麦哲伦"号：1989~1994 年，利用雷达系统拍摄金星，绘制金星地形图。
- "金星快车"号：用于研究金星的大气层，于 2006 年到达金星，2014 年结束任务。

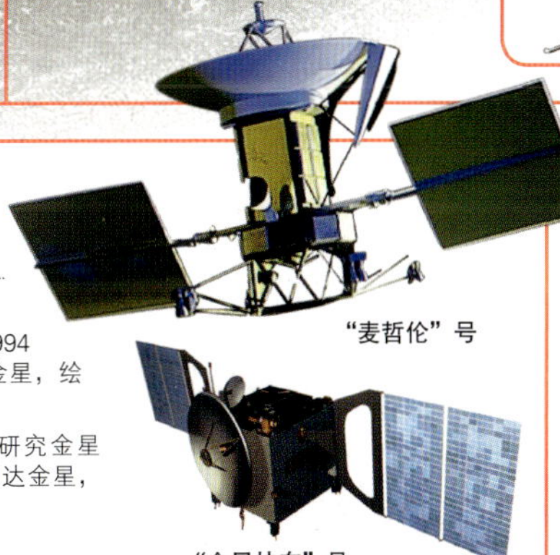

"麦哲伦"号

"金星快车"号

天王星和海王星探测任务

已发射飞行器的数量：1

主要任务：

- "旅行者"2 号：完成了对天王星和海王星的第一次飞行探测。在 2007 年，进入太阳系外面的边界——日鞘。2018 年 12 月，它飞离太阳风层，进入星际空间。

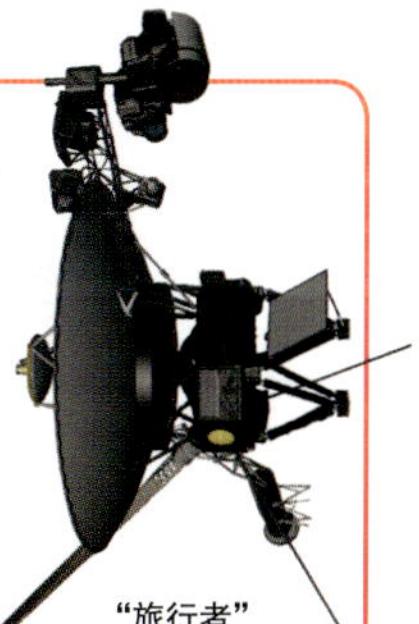

"旅行者"2 号

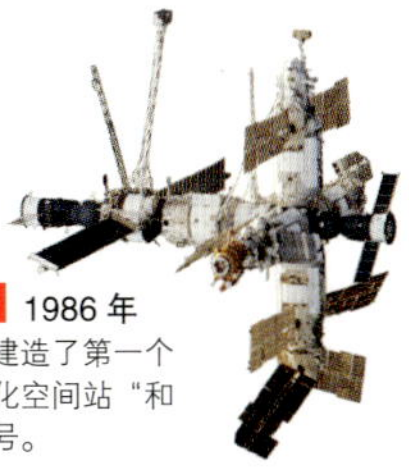

"和平"号

1986 年
苏联建造了第一个模块化空间站"和平"号。

1990 年
美国"发现"号航天飞机将哈勃空间望远镜送入地球轨道。

哈勃空间望远镜

1998 年
国际空间站的组建从第一个舱的发射开始。

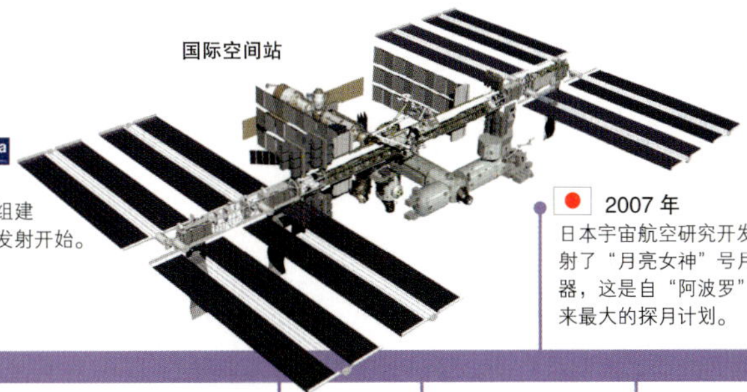

国际空间站

2003 年
欧洲航天局发射了"火星快车"号，这是其第一次探测火星。

2005 年
欧洲"卡西尼－惠更斯"号土星探测器在土星的卫星土卫六上着陆，这是人类探测器第一次在其他行星的卫星上着陆。

2007 年
日本宇宙航空研究开发机构发射了"月亮女神"号月球探测器，这是自"阿波罗"计划以来最大的探月计划。

2008 年
印度首个月球探测器"月船"1 号由印度空间研究组织发射升空。

"月船"1 号

2011 年
中国第一个空间站天宫一号发射升空。

2012 年
美国发射了第一艘商用宇宙飞船"天龙"号（也叫龙飞船），运载国际空间站的货物。

2014 年
欧洲的"菲莱"号着陆器是第一个降落在彗星上的人造物体。

2015 年
美国国家航空航天局的"新视野"号探测器与冥王星邂逅，这是人类探测器第一次造访柯伊伯带。

2015 年
美国国家航空航天局发射的"黎明"号绕着矮行星和谷神星飞行，执行拍摄图像的任务。

"黎明"号

2018 年
日本的"隼鸟"2 号小行星探测器首次在龙宫小行星表面漫游。

2019 年
中国嫦娥四号探测器在月球背面实现首次软着陆。

2021 年
神舟十二号载人飞船与天和核心舱完成自主快速交会对接，三名中国航天员先后进入天和核心舱。

2025 年

眺望星空

天文学是专门研究恒星、行星以及地球周围所有天体的一门学科。天文学试图解释我们从哪里来以及宇宙起源的问题。

仰望苍穹

双筒望远镜是一种观察夜空的很好的工具，使用方便，用它可以看到肉眼所能看见的 1/10 大小的细节。而天文望远镜能更加清晰地展示细节。

肉眼可以看到金星、木星、水星、火星和土星。

肉眼看到的猎户座星云

通过双筒望远镜看到的猎户座星云

通过天文望远镜看到的猎户座星云

光学望远镜是如何工作的？

1609 年，伽利略发明了第一台折射望远镜；1668 年，艾萨克·牛顿发明了反射望远镜。反射望远镜通过使用反射镜来汇聚光线并实现成像。

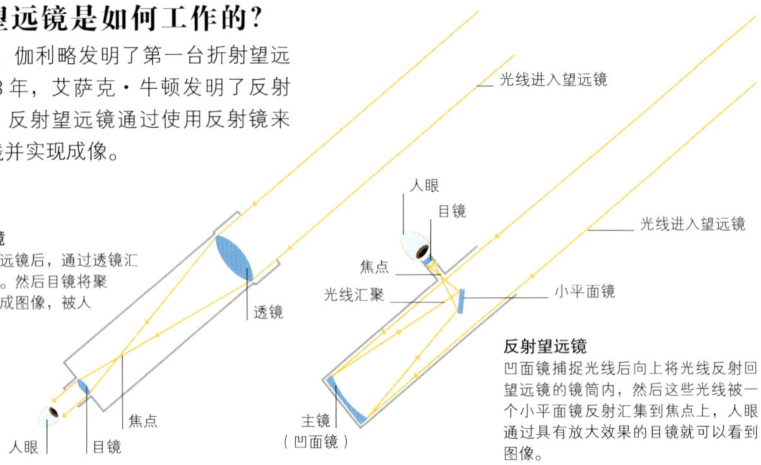

折射望远镜
光线进入望远镜后，通过透镜汇集到焦点上。然后目镜将聚集的光放大成图像，被人眼看到。

反射望远镜
凹面镜捕捉光线后向上将光线反射回望远镜的镜筒内，然后这些光线被一个小平面镜反射汇集到焦点上，人眼通过具有放大效果的目镜就可以看到图像。

图片展示区

天文学家通过望远镜了解太空。每个望远镜都能从太空中接收一种特定类型的电磁波，然后利用这些电磁波创建影像。下方右侧的图片展示了通过不同类型的望远镜观测到的蟹状星云。

红外望远镜
红外望远镜能检测到物体散发的热量，常常用在低温的、远离地球的太空中，因此不会受到地球上的物体散发的热量的影响。

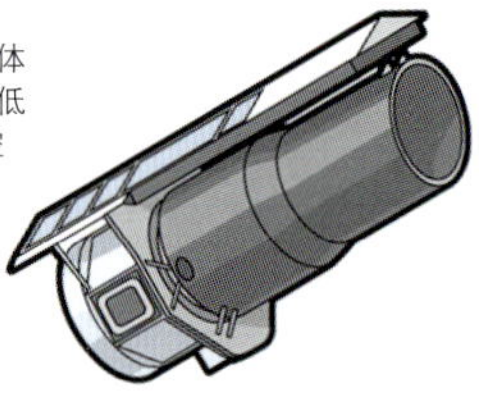

光学望远镜
光学望远镜使用透镜和平面镜来捕捉远处物体的光线。反射和折射望远镜是光学望远镜的两种主要类型。

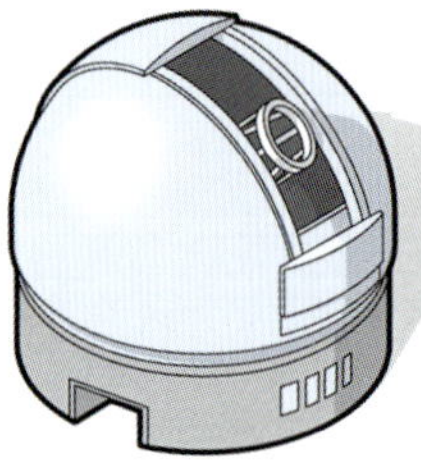

紫外望远镜
宇宙中炽热而活跃的天体会发出大量紫外线，而紫外望远镜能把它们极其清晰地展现出来。紫外望远镜常被用于太空探测。

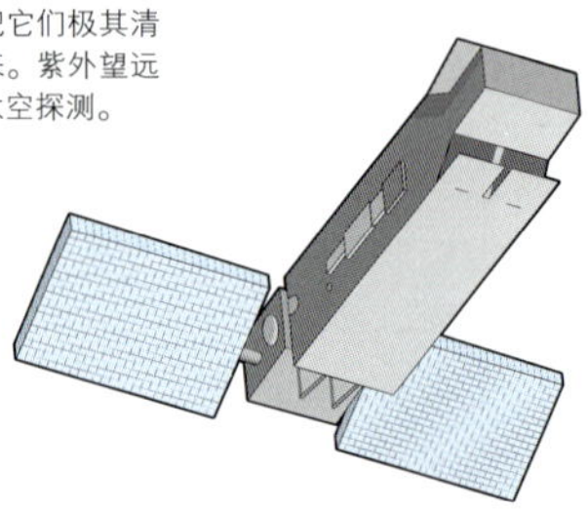

X 射线望远镜
X 射线望远镜能捕捉极热的天体散发出的高能射线。天体散发的 X 射线部分被地球的大气层阻挡，所以 X 射线望远镜要被送入太空中工作。

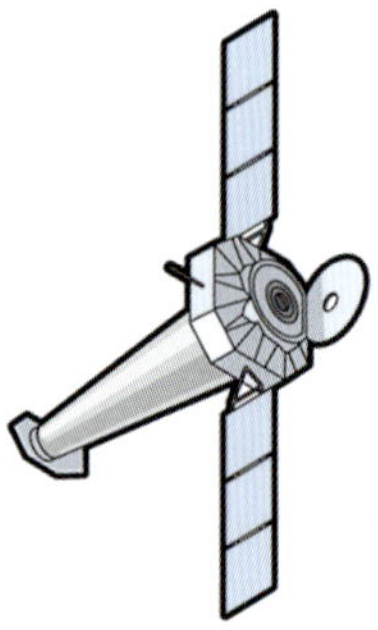

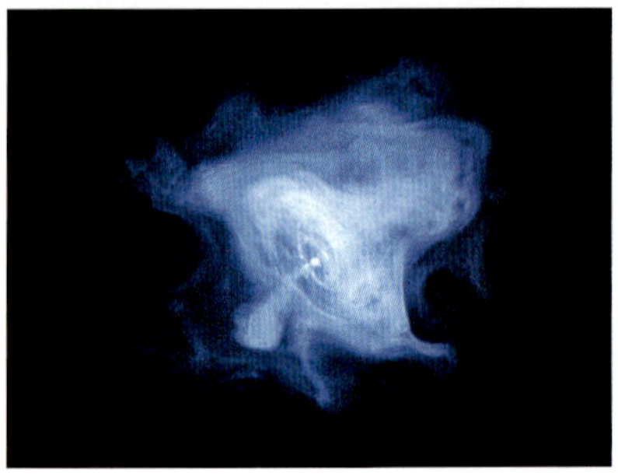

大事年表

自古以来，人们就开始记录天文观测情况。随着科学的进步，我们现在仍在努力探索宇宙的奥秘。

公元前 2500 年

约公元前 2500 年
巨石阵约建于此时，这些石头用来记录冬至日和夏至日太阳的起落点。

巨石阵

约公元前 700 年
古巴比伦人预测日食和月食的周期性规律。

约公元前 330 年
古希腊哲学家亚里士多德相信地球是一个球体。

亚里士多德

约公元前 280 年
古希腊天文学家阿利斯塔克计算出了太阳和月球的大小以及它们与地球之间的距离。

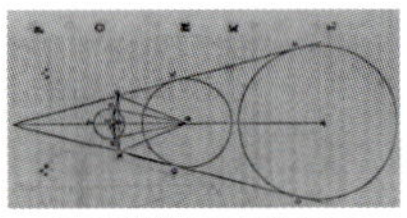
阿利斯塔克的计算结果

公元前 240 年
古希腊天文学家埃拉托色尼估算出地球的周长。

公元前 240 年
关于哈雷彗星的确切记录最早出现在中国的《史记》。

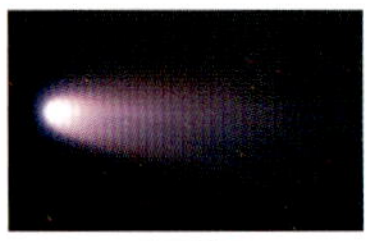
哈雷彗星

约公元前 150 年
克罗狄斯·托勒密认为地球是宇宙的中心。地心说的统治地位大约持续了 1400 年。

克罗狄斯·托勒密

1054 年
中国天文学家观察到了一颗白天可见的超新星。它向外爆发物质后，残留物仍然可见，形成了今天的蟹状星云。

1543 年
波兰天文学家尼古拉·哥白尼的著作《天体运行论》出版，引起了宇宙观的重大变革。他认为太阳是静止不动的，是宇宙的中心。

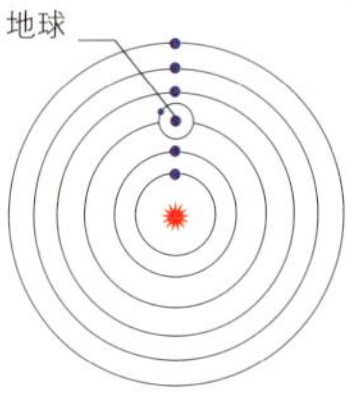

哥白尼日心说模型

1609 年
德国数学家约翰内斯·开普勒发现行星绕太阳运行的轨道是椭圆形的。

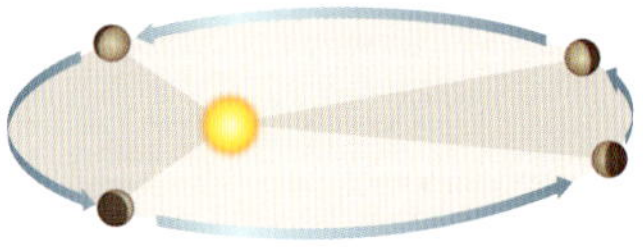
椭圆形轨道

1633 年
天主教审问意大利天文学家伽利略，因为他宣扬哥白尼的日心说。

伽利略

1687 年
英国科学家牛顿发现万有引力使月球围绕地球转动，行星围绕太阳转动。

艾萨克·牛顿

从地球看太空

在地球上不能看出恒星或者行星的实际大小，因为虽然有些恒星或行星本身非常大，但是离地球非常遥远。例如，太阳的直径约是月球的400倍，但是太阳与地球的距离大约也是月球与地球距离的400倍，所以从地球上看，太阳和月亮一样大。

太阳

月球

木星

流星

彗星

北极星

昴星团

天空中的光

由于天空中光和磁的相互作用，有时候我们可以看到天空中绚丽多彩的光，例如北极光。

北极光
北极光是太阳粒子进入地球磁场，与高层大气中的氮氧分子碰撞形成的。

南极光
南极光的形成与北极光类似，只是产生在地球的南半球而已。

月晕
月晕是月光透过高而薄的云时，受到云中冰晶折射而形成的光圈。

幻日
太阳光的光斑出现在太阳两侧。这种现象是由云中的冰晶折射太阳光形成的。

外太空的生命

搜寻地外文明计划项目（SETI）发起于1960年，目的是寻找地球以外的生命迹象。天文学家致力于利用射电望远镜获取地球以外的智慧生物发出的无线电信号，但迄今为止，尚未有任何发现。

美国加利福尼亚州的艾伦望远镜阵列

天球

天球是存在于地球周围的假想圆球。天空中的任何物体都可以被投射到天球上。因为地球在自转，所以天球也在自转。与地球一样，它也有南北极，被天赤道分成两个不同的半球。

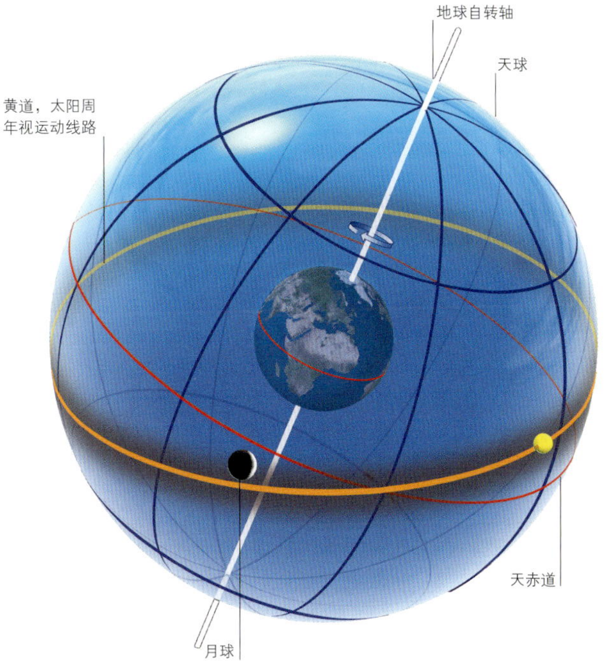

星座

在古代，人们以神话中的人物或动物命名一组星群，这些星群被称为星座，现在仍被用于绘制星图。天空一共有88个星座，每一个都只在特定的时间和特定的地点才能被人们看到。

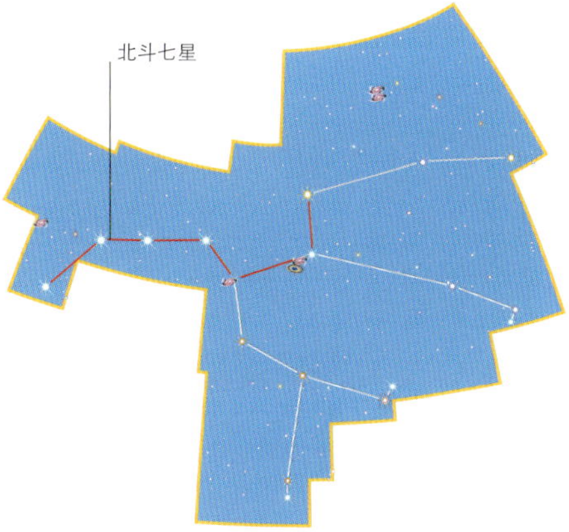

大熊座
大熊座外观像一只巨熊，它包含著名的北斗七星。

视线

不论你站在地球上的什么地方，你都可以看到天球的一部分。尽管同一星座中的星星看似属于一个整体，但事实上，它们在太空中并非紧密相连，与地球的距离也不相同。例如，在北斗七星中，距地球最近的星与地球的距离是最远那颗星的2/3。

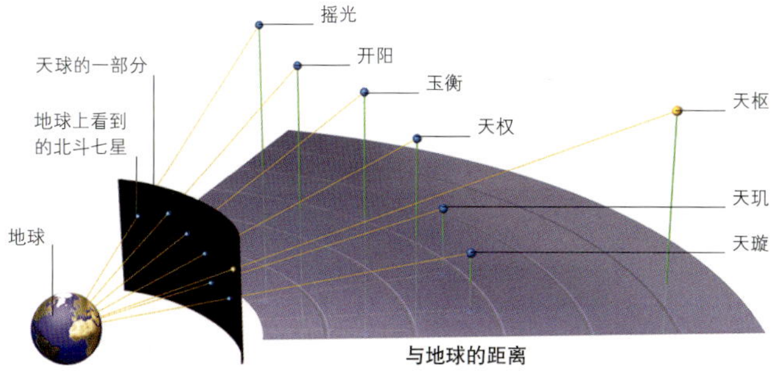

与地球的距离

天王星

1781年
英国天文学家威廉·赫歇尔出生于德国，他发现了天王星——一颗比土星离太阳更远的行星。这就把已知太阳系的范围扩大了一倍。

1933年
美国物理学家卡尔·古特·央斯基首次记录了来自太空的无线电波信号，他认为这些无线电波信号来自银河系。

1992年
天文学家发现了第一个太阳系外行星（简称系外行星）。

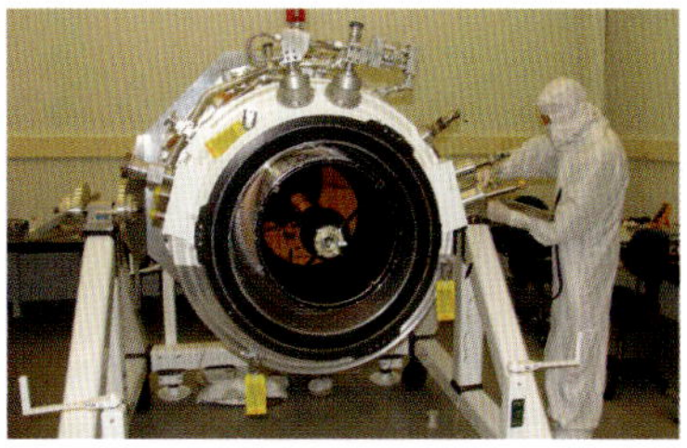
红外天文卫星

2006年
国际天文联合会重新定义了行星的概念，并将冥王星排除在行星之外，划入矮行星。

2023年
巡天空间望远镜是中国首个大型空间天文望远镜，计划于2023年发射升空。

2025年

谷神星

1801年
意大利天文学家朱塞普·皮亚齐在火星和木星之间发现了一颗行星，这颗行星被命名为谷神星。它是小行星带中最大的天体，被归为矮行星。

1843年
德国天文学家萨穆埃尔·海因里希·施瓦贝发现了太阳黑子（低温区）的活动具有周期规律。

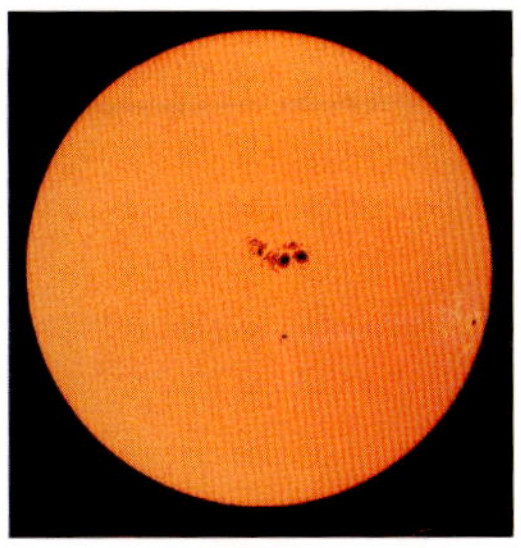
太阳黑子

1922年
美国天文学家埃德温·哈勃发现银河系之外还有更多星系，而且它们在朝远方移动，说明宇宙在膨胀。

詹姆斯·韦布空间望远镜

2021年
詹姆斯·韦布空间望远镜（JWST）简称韦布空间望远镜，由美国国家航空航天局、欧洲航天局和加拿大国家航天局联合研发，于2021年12月25日在法属圭亚那成功发射升空。它是哈勃空间望远镜的继任者，为人们提供清晰的太空物体图片。

北半球星空

如果你住在赤道以北，那么你就位于北半球。在晴朗无云的夜间，你可以看到无数闪闪发光的星星。如果你很熟悉它们，你就会分辨出不同的星星、星座以及其他的夜空奇观。

北半球星空大部分星座的名称来源于古希腊。

图例

以下星图展示了肉眼可见的星星。星等表示星星的明暗程度，数值越小，星星越亮。

黄色星　红色星　橙色星　白色星　蓝色星

小于 1 等　1~2 等　2~3 等　3~4 等　4~5 等　大于 5 等

可寻之物

借助双筒望远镜和小型望远镜，可以看见恒星、星团以及整个银河系。以下是北半球星空可见的主要景象。

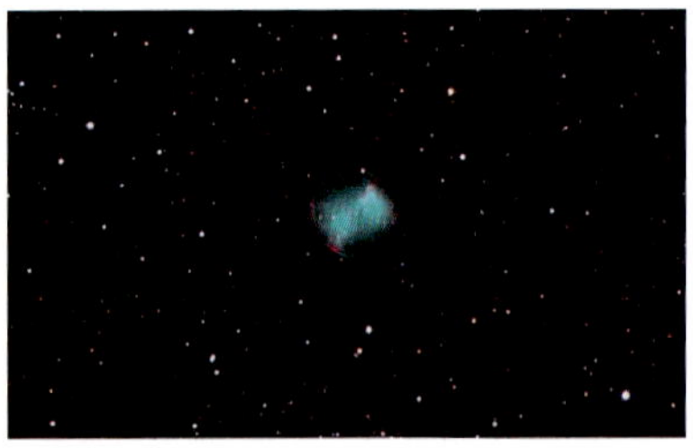

哑铃星云
这是一个行星状星云，其实是由一颗位于中心位置的年老恒星释放出炽热气体而形成，位于狐狸座。

M13 星团
这是北半球最美丽的球状星团，位于武仙座。

毕星团
这个星团构成了金牛座的牛头。明亮的橙色星——毕宿五，是“金牛”的眼睛，但它并不是星团的成员。毕宿五到地球的距离，仅为毕星团与地球距离的 1/2。

仙女星系
仙女星系是一个旋涡星系，距离地球约 250 万光年，是人类肉眼可以看见的最遥远的天体。

昴星团
位于金牛座的这个星团又被称为七姊妹星团，因为其中 7 颗蓝色星星肉眼可见。

英仙双星团
英仙座有两个双胞胎似的星团，它们各自包含了数千颗恒星，距离地球只有 7500 光年。

猎户星云
这一星云位于猎户座“腰带”下方“佩剑”的位置。

M71 星团
这个零星点缀着星星的星团处于银河系的边缘，坐落在天箭座。

鸢尾花星云
这个幽灵般的蓝色星云位于仙王座，其中心为一群恒星。

三角星系
三角星系是位于三角座中的一个旋涡星系，距离地球约 270 万光年，其大小大约是邻近星系银河系的 1/3。

蟹状星云
这是超新星（恒星演化过程中的爆炸阶段）的遗骸，位于金牛座，临近偏南的“牛角”位置。

M15 星团
这一球状星团位于飞马座最明亮的恒星——危宿三的西北方向。

蜂巢星团
这是一群恒星的集合，位于巨蟹座，其大小约为月球直径的 3 倍。

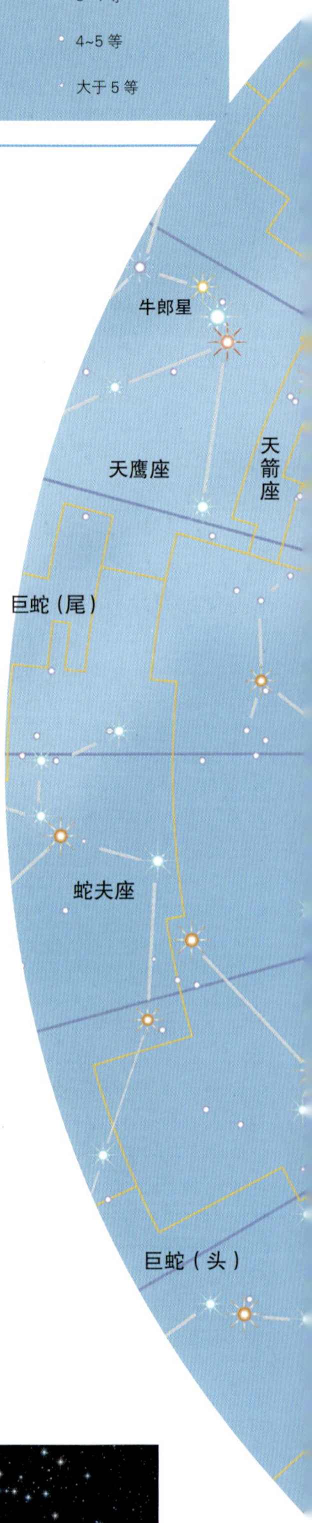

北半球星空

这是一幅以北天极为中心的星图，如果你站在地球的北极，头顶的正上方便是北天极。天空中的北极星与北天极非常接近。

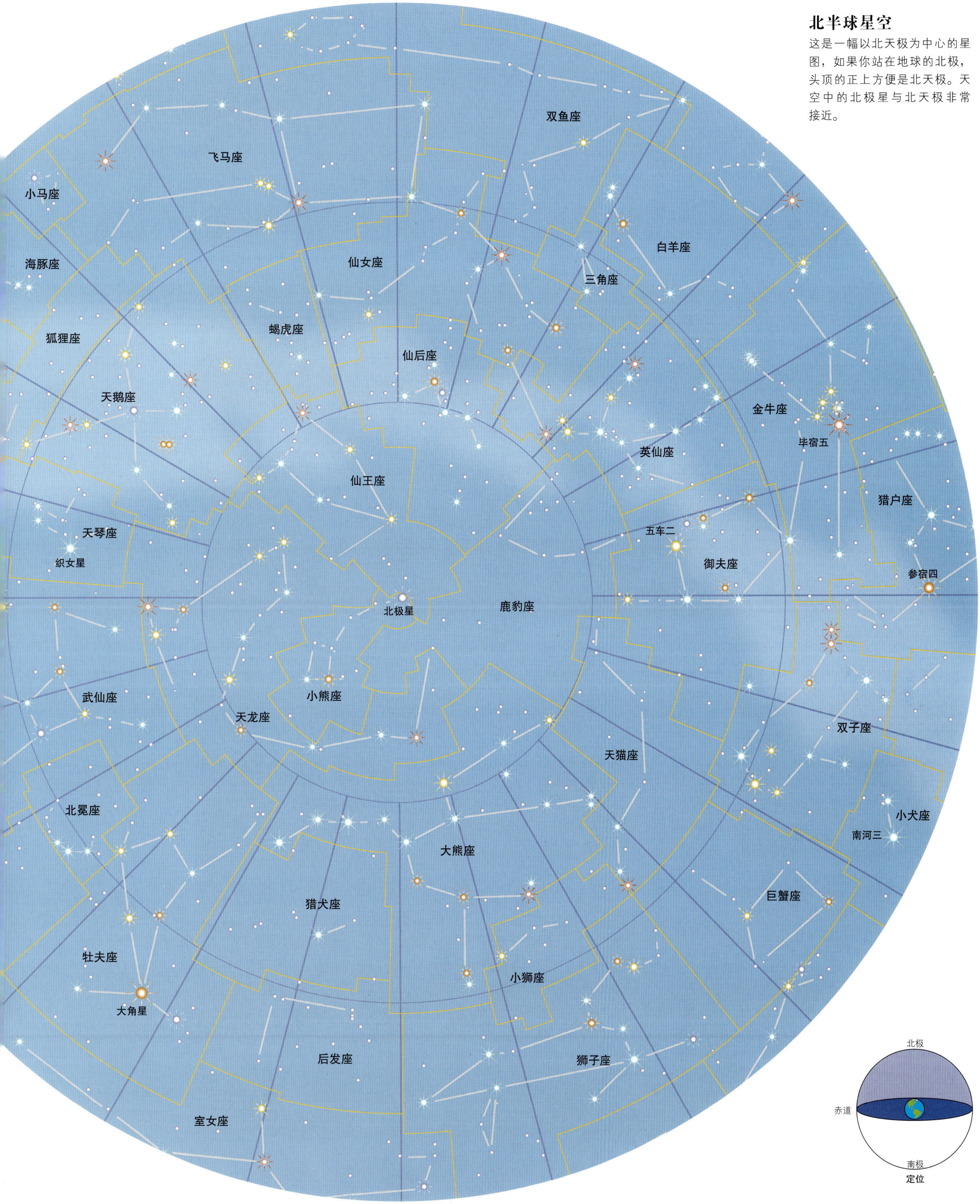

南半球星空

如果你住在赤道以南，那么你就位于南半球。在晴朗无云的夜间，你可以看到南半球壮丽的银河、明亮的星团和星座、多彩的星云以及整个银河系。

半人马座 ω 星团是银河系最大的星团，大约包含 1000 万颗恒星。

图例

以下星图展示了肉眼可见的星星。星等表示星星的明暗程度，数值越小，星星越亮。

- 黄色星
- 红色星
- 橙色星
- 白色星
- 蓝色星

- 小于 1 等
- 1~2 等
- 2~3 等
- 3~4 等
- 4~5 等
- 大于 5 等

可寻之物

南半球星空包含许多北半球星空见不到的壮丽景象，如船底星云和明亮的宝盒星团。

宝盒星团
这一星团包括一颗红超巨星和一些较小的明亮的蓝巨星，星星的色彩对比非常鲜明。它位于南十字座。

大麦哲伦云
这个小星系围绕着银河系运动。它位于剑鱼座和山案座的交界处。

船底星云
这个由银河系中炙热气体组成的复杂的云状物，是天空中最亮的星云。它包含了一些银河系已知的最大的恒星。

鹰状星云
它是一个位于巨蛇座的炽热星云，也是银河系的一个恒星诞生区，所以这里包含了一群年轻、明亮的恒星，它们是星云内部产生的新星。

半人马座 ω 星团
这个星团是地球上最大最明亮的球状星团，在地球上用肉眼望去，它好似一颗模糊的恒星。半人马座 ω 星团是半人马座的中心。

托勒密星团
也叫 M7 星团，位于天蝎座中靠近“蝎子”尾端的地方，很容易被肉眼看到。它距离地球约 1000 光年。

杜鹃座 47 球状星团
这个巨大的星团位于杜鹃座，距离地球约 16700 光年。肉眼看上去，它仿佛是一颗模糊的恒星，其实它包含数百万颗恒星。

南十字座
南十字座是南半球最著名的星座，它的身影还出现在一些国家的国旗上。旁边较暗的星云叫煤袋星云。

南半球星空

如果你站在地球的南极，头顶的正上方便是这张星图的中心。这个中心点的附近没有星星。在南半球的天空中，明亮的南十字座常被视为最主要的向导。

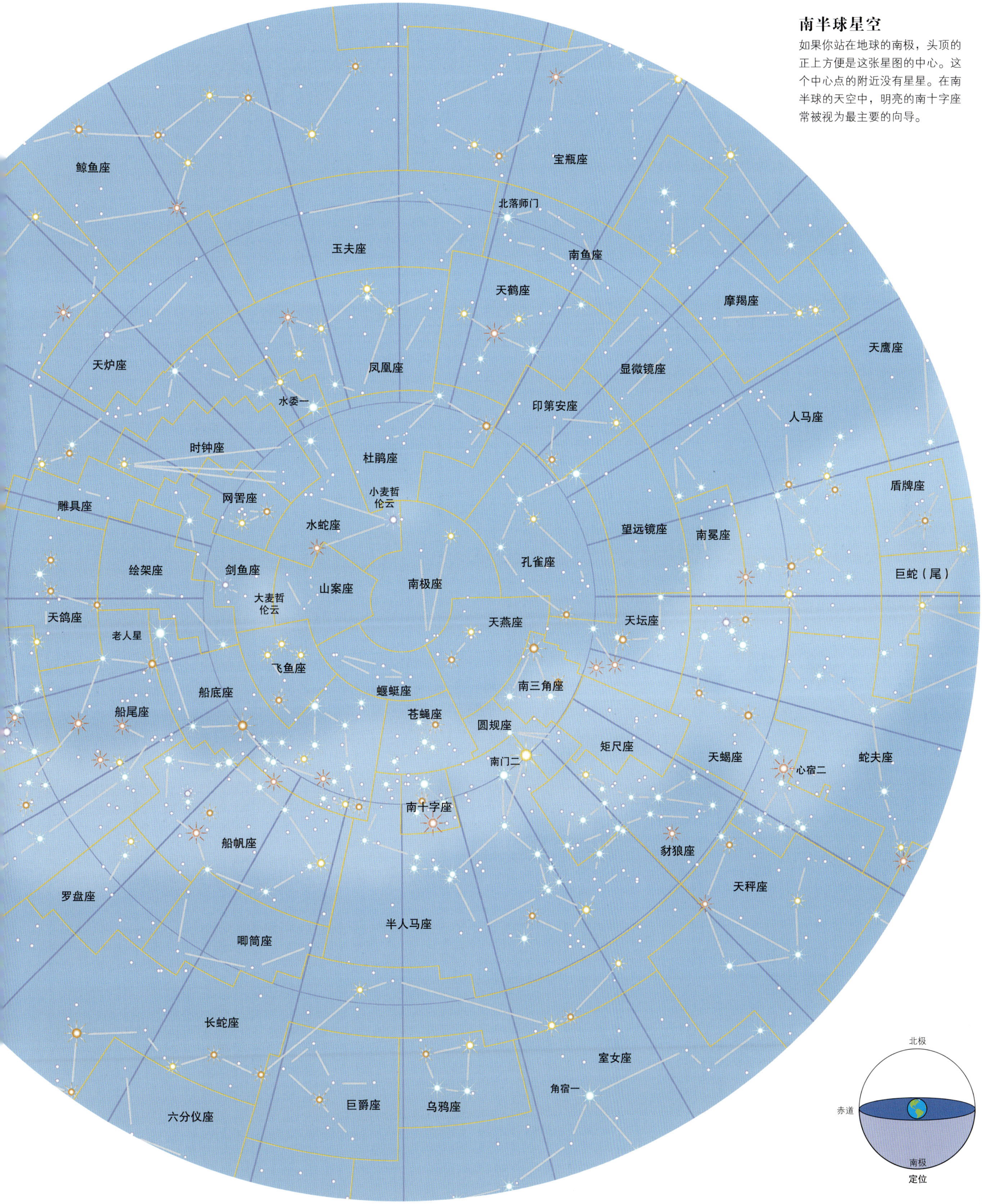

物理

力，如重力和磁力，是如何影响我们身边的物质的？而能量又是如何影响我们的生活的？答案就隐藏在物理学中。物理学家为大家揭开世界运行的规律。

力

力是推动或者拉动物体，使得物体运动的一种作用。任何物体的运动，都是在力的作用下产生的。力可以改变物体的运动速度、方向，还能改变物体的形状。

改变速度
高尔夫球杆打击球的力使高尔夫球移动。高尔夫球获得能量，然后在高尔夫球场上运动。

改变方向
如果一个力作用在一个运动的物体上，比如说用网球拍击球，那么这个力就可以改变网球的运动方向。

改变形状
如果足够用力的话，力就可以大过物体内部原子间的作用力，就可以改变一个物体的形状。

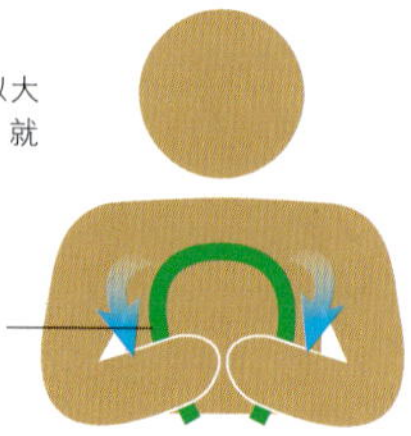

运动定律

所有的运动都是由力产生的。科学家艾萨克·牛顿提出了三大运动定律。牛顿第一定律指所有的物体在不受力的情况下保持静止或者匀速运动状态。牛顿第二定律指力是产生加速度的原因。牛顿第三定律指相互作用的两个物体之间的作用力和反作用力总是大小相等，方向相反，作用在同一直线上。

重力

因为重力的作用，我们才能平稳地站在地球上，即使地球最快以1670千米/时的线速度自转。物体的质量越大，重力也越大。

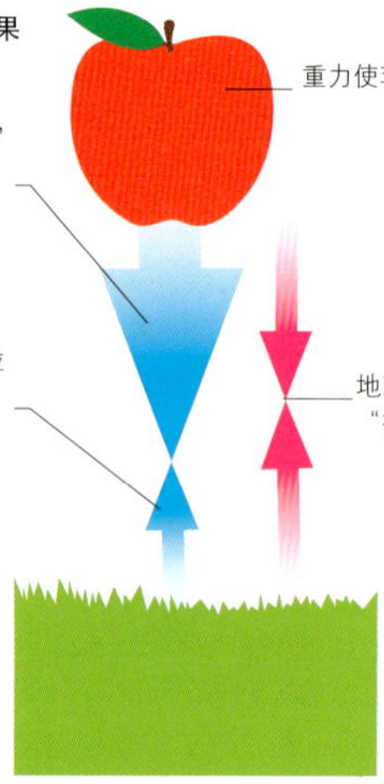

太阳引力可以使地球和太阳系中的其他星球绕着太阳运行。

质量和重量

物体的质量指的是物体所包含的物质的多少，一般是恒定的。但是重量会随物体所在位置的不同而变化，因为重量和物体所受到的引力有关，且引力的大小随地点而发生变化。

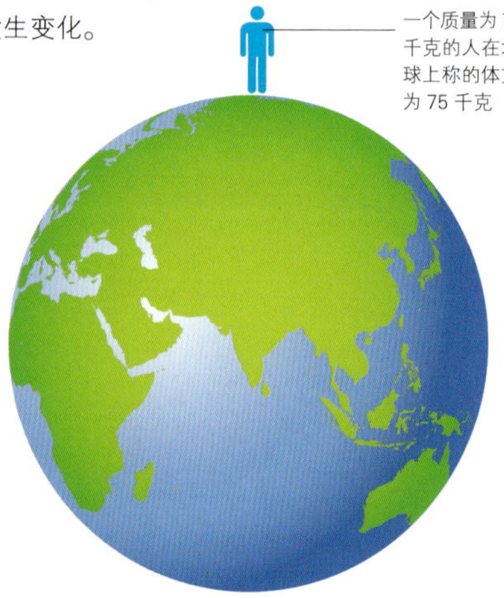

磁力

磁力是一种不可见的作用力。两个磁体之间拥有相互吸引或者相互排斥的作用力。吸引还是排斥取决于两者磁极的异同。

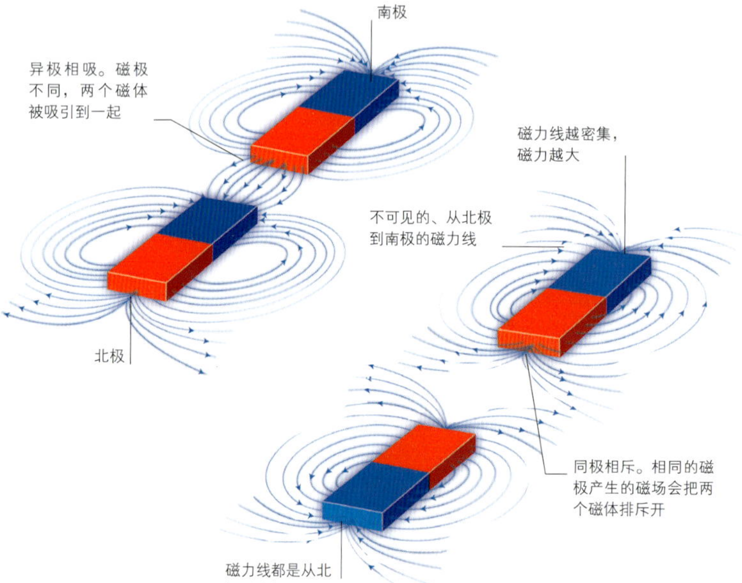

摩擦力

当一个物体在另外一个物体表面移动时，就会产生摩擦力。物体表面越粗糙，产生的摩擦力就越大。即使是比较光滑的表面，也会有微小的凸起，会产生摩擦力。

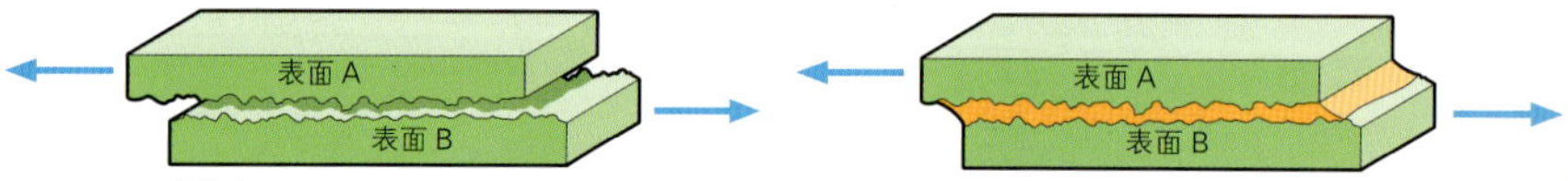

摩擦力
两个粗糙的物体表面相对滑动，两者之间的摩擦力就会减小滑动的速度。

润滑
在两个物体表面之间放一点润滑的物质，比如油，可以使两个物体更易滑动。

能量的类型

自然界中有许多种类的能量，大部分能量之间可以相互转换。例如，煤燃烧的时候，储存在煤中的化学能就转化为热能。

势能
储存在物体内部，可以转化为其他形式的能量。

动能
物体由于运动而获得的能量。

电能
电流流过导线所拥有的能量。

光能
电磁波中的能量。

化学能
不同化学物质发生化学反应释放出来的能量。

核能
由原子分裂或者聚合产生的能量。

声能
声波所具有的能量，由物体的振动产生。

热能
由分子间运动和碰撞产生的能量。

热能

热是一种能量，因此当你加热一个物体时，你在增加这个物体的热能。物体通过内部分子或者原子之间的碰撞挤压来存储热能。即使非常大非常冷的物体也具有热能。

热能具有传递性，因此冷的东西会变热，热的东西会变冷。

冰山
冰山非常冷，但是它们依然拥有一些热能。

电磁波谱

太阳产生的光和热通过电磁波传到地球。太阳光谱只是电磁波谱的一部分，电磁波还包括无线电波、X 射线等。所有的电磁波都以光速传播，但是波长和频率以及能量各不相同。

微波
微波可以用来加热食物。

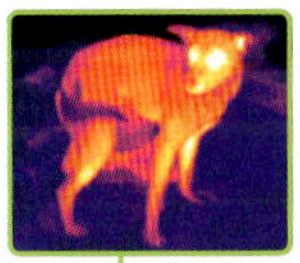

红外线
红外线辐射是一种“热光”。红外线可以在热敏相机上显现。

γ 射线
γ 射线产生于原子核爆炸时的核裂变。

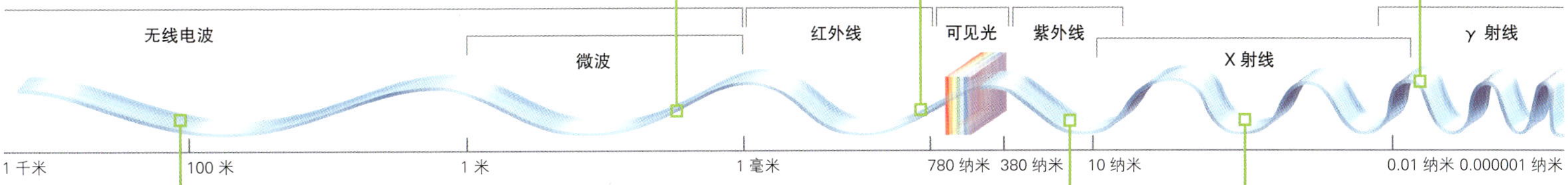

波长
波长范围为 0.000001 纳米 ~1 千米。1 纳米等于十亿分之一米。

无线电波
无线电波携带电视和广播信号，在像图中这种天线之间传播。

紫外线
太阳光中包含紫外线。紫外线可以把皮肤晒成健康的棕色，但是过多的紫外线会使皮肤产生皱纹甚至发生癌变。

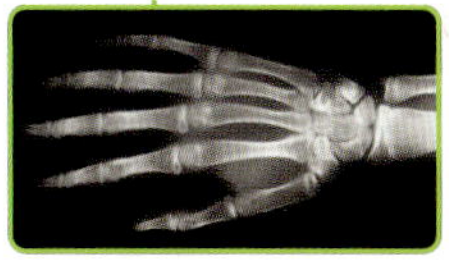

X 射线
X 射线有足够的能量穿透身体上的软组织，如皮肤，但是无法穿透骨骼。

光和颜色

太阳光看起来是白色的，但是实际上，太阳光由许多不同颜色的光组成。透过棱镜，你可以看到可见光的整个光谱。

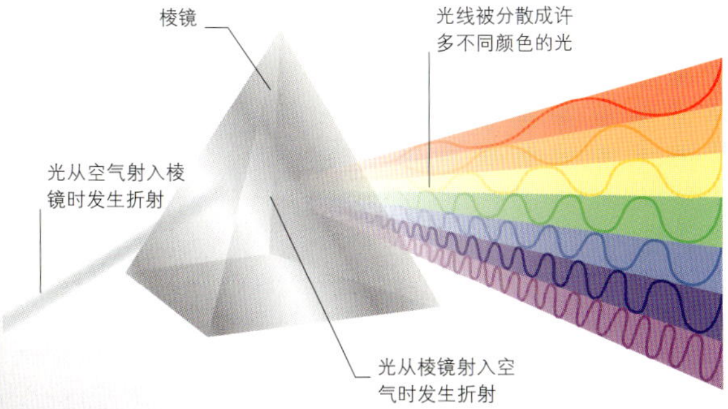

声音

声音是通过声波传播的一种能量。声音越大，声波能量就越大，振幅也越大。声音越尖，声波振动就越快。我们听到的不同的声音就是由不同形状的声波产生的。

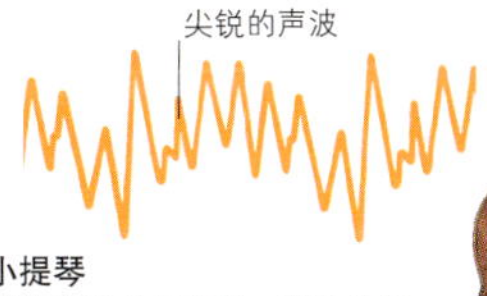

小提琴
当你演奏小提琴时，琴弦的振动使得在空心木箱中的空气振动。小提琴的声波是一种尖锐的波形。

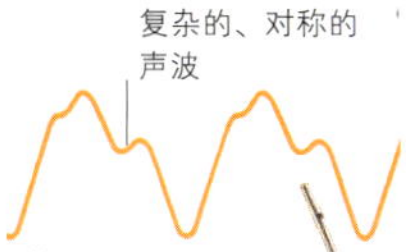

长笛
当你对着长笛吹气的时候，长笛就会在笛管内形成声波，发出声音。这种声音的声波和正弦波比较类似。

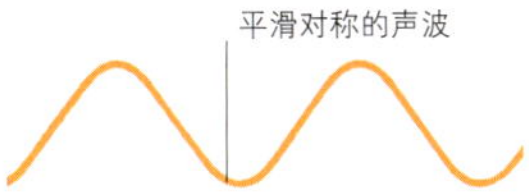

音叉
音叉产生简单的上下振动的声波，这种波形叫作正弦波。每个音叉只产生一个音符。

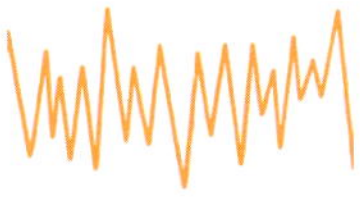

钹
打击乐器通过敲打等方式发出声音。它们的声波就像很随机的噪声（白噪声），波形很不规律。

越大的钹使越多的空气产生振动，所以发出的声音越响亮

小知识

地球以及地球上的人都由原子构成。原子核包含质子和中子，质子和中子由更小的夸克构成。目前科学家还不清楚夸克由什么构成，有些科学家认为夸克由物质或者能量的振动构成，称为弦。研究物质世界微观粒子运动规律的学科叫作量子物理学。

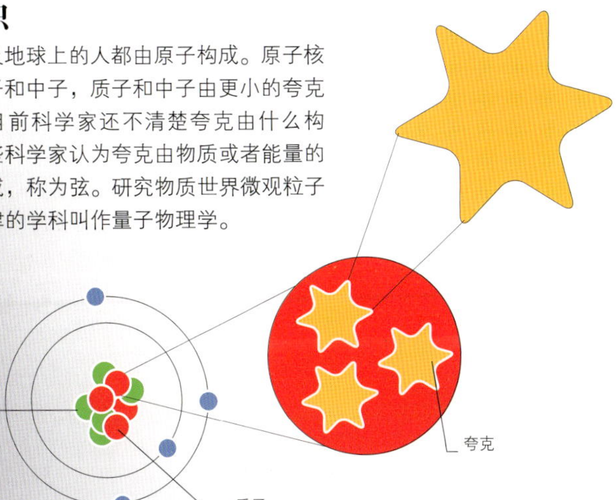

原子

伟大的物理学家

自古以来，人们就试着解释我们的世界和宇宙运行的规律。在过去 400 年中，物理学家已经发现了许许多多物理规律。

- **艾萨克·牛顿（1643~1727年）**
  牛顿提出了万有引力定律和运动定律。
- **欧内斯特·卢瑟福（1871~1937年）**
  卢瑟福证明了原子不是不可分割的，而是包含原子核和绕核运动的带电电子。
- **阿尔伯特·爱因斯坦（1879~1955年）**
  爱因斯坦发现了许多物理规律，最著名的发现是相对论。
- **塞西莉亚·佩恩–加波施金（1900~1979年）**
  加波施金发现了氢是宇宙中最常见的元素。
- **理查德·费曼（1918~1988年）**
  费曼最著名的成就是提出了量子物理学。

阿尔伯特·爱因斯坦

电

在生活中，我们用电来提供能量，工厂、火车和我们家里使用的各种家电都离不开电。电能来自原子内部高速旋转的带电电子。

自然界中的电

电不仅仅由发电厂产生，我们在自然界中也能找到电的存在——从拥有高能量的闪电到我们体内的微弱电流。人的大脑通过电信号控制肌肉的运动。

闪电
一次闪电释放的能量相当于一个发电站在一秒钟内产生的能量。

极光
天空中的极光是带电粒子流。

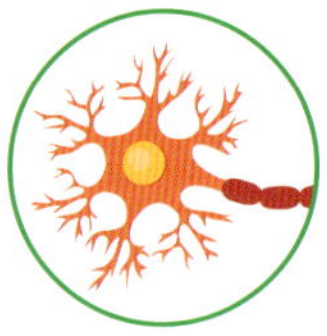

神经系统
人体的神经系统通过电信号传输信息。

电鳗
电鳗在水中可以放电，以捕食鱼类。

电流

当电子在金属导线中流过时，电子将能量从一个地方转移到另外一个地方。在手电筒中，电子在闭合电路的导线中流动，它们携带的能量使灯泡发光。

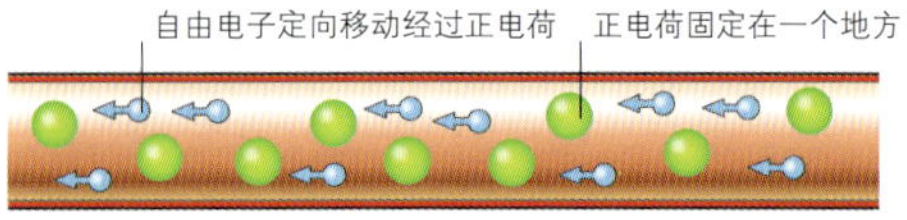

电流流动
开关打开时，电子向一个方向移动，形成电流。

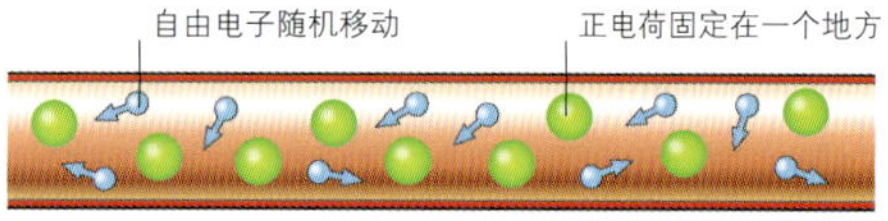

没有电流流动
开关关闭时，电子不能定向移动，因此不能形成电流。

电路

电子移动经过的路径称为电路。电路将电能从电源（比如墙上的插座）输送到需要用电的物体上（比如灯泡）。电路分为两种类型。

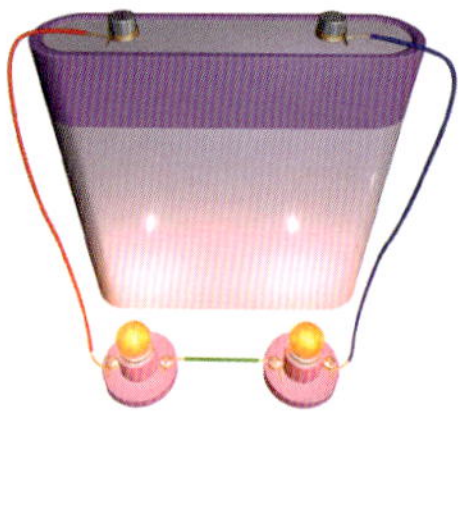

串联电路
电流依次经过电路上的每个元件。

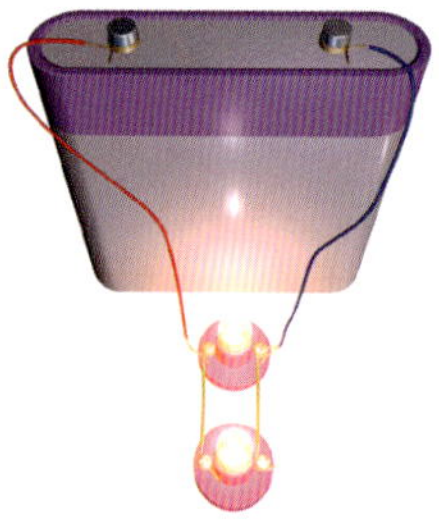

并联电路
如上图所示，电流到达两个灯泡时被分成两份。

开关

如果你用导线把一个灯泡连接在电池的两端，电流就会持续流动，灯泡会一直发光。开关用来控制电路的通断，这样就可以随时打开和关闭灯泡。

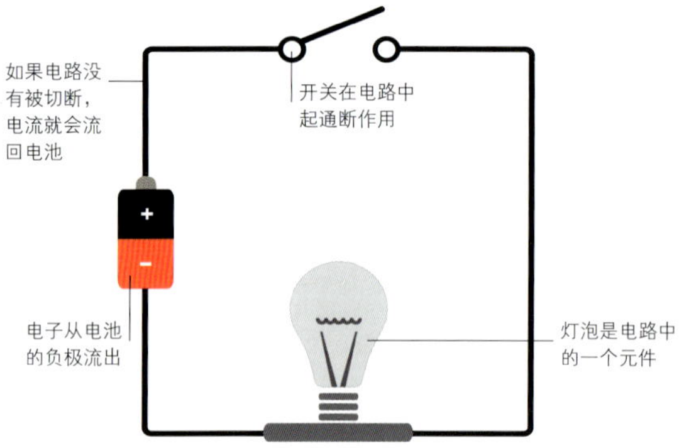

电池

电池通过化学物质产生电。电池连通时，电池内部的化学反应产生电子。

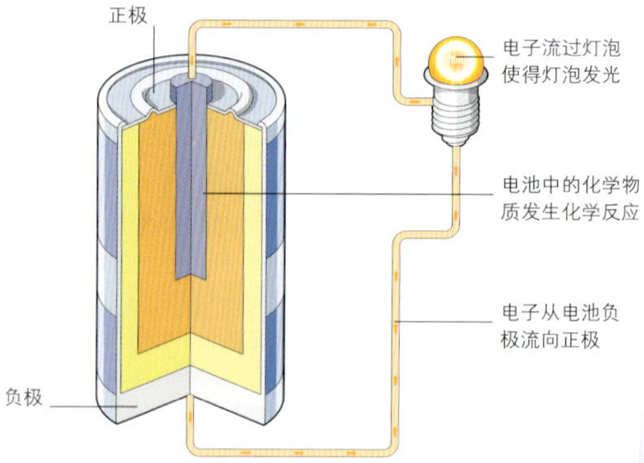

闪电是一种大规模的强静电电击现象。

电磁感应

导线中有电流流过时，会在导线周围产生磁场。将导线缠绕成圈可以增大磁场强度，因为在一个很小的距离内有更多的电流流过。

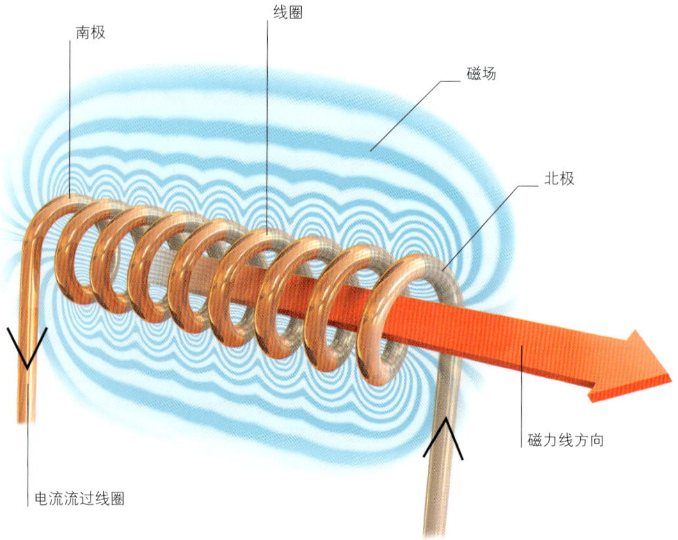

静电

在某些情况下，两个物体之间相互摩擦会产生静电。当接触到导电物体时就会释放电能。

静电电击

人体与表面的衣物等摩擦时，就会产生静电。当你触摸其他导电物体前，静电一直停留在你身上。当你接触到金属物体时，静电从你身体传到金属再传到大地，就会在你身体产生电击。

1 充电
当你与其他物体接触摩擦时，你的身体会带负电荷。在你接触其他带正电的物体前，如金属把手，负电荷会停留在你身上。

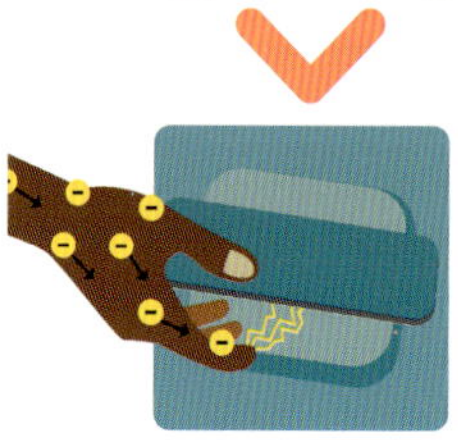

2 放电
当你触摸导体时，如金属把手，静电从你身上传到把手上，再传到大地。因为负电荷从你手上流到把手上，所以你会感觉到静电电击。

导体和绝缘体

电子的定向流动形成电流。不能使电子流动的物体不善于传导电流，这些物体叫作绝缘体。易于传导电流的物体叫作导体。介于两者之间的是半导体。

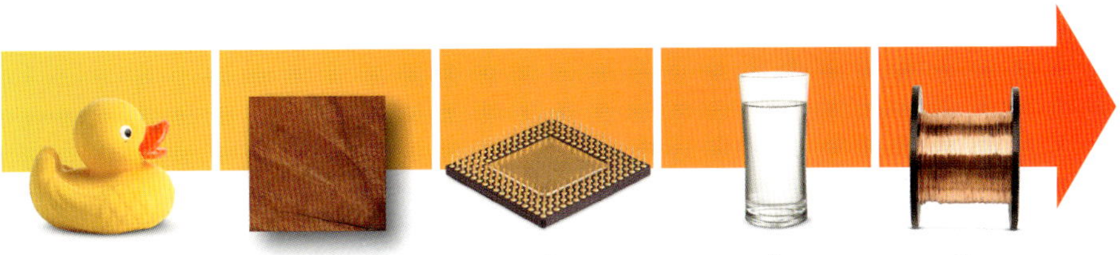

家庭供电

燃烧煤或者使用核能等方式都能发电，这些电经过变电站传送到各家各户。有些家庭还使用太阳能发电。

太阳一小时照到地球的能量比全世界一年消耗的能量还要多。

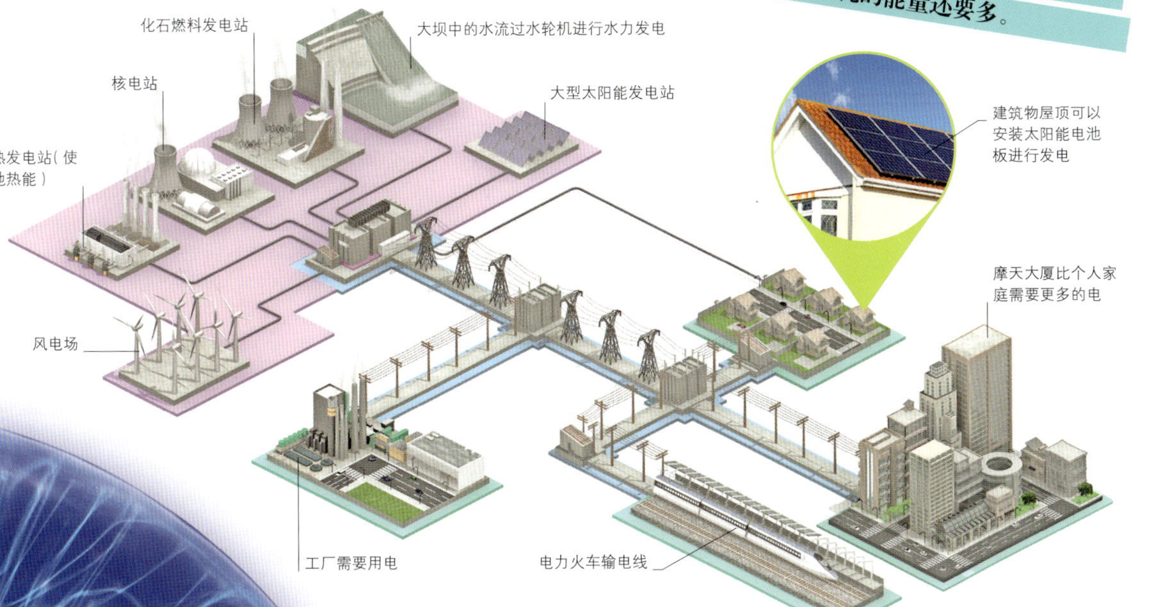

家用电

在家里，我们从早上起床（如起床开灯或者使用电动牙刷）到晚上睡觉，都要用到电。家里面需要用电来供热、照明、做饭、洗衣等，个人常用物品，如吹风机和移动电话也离不开电。

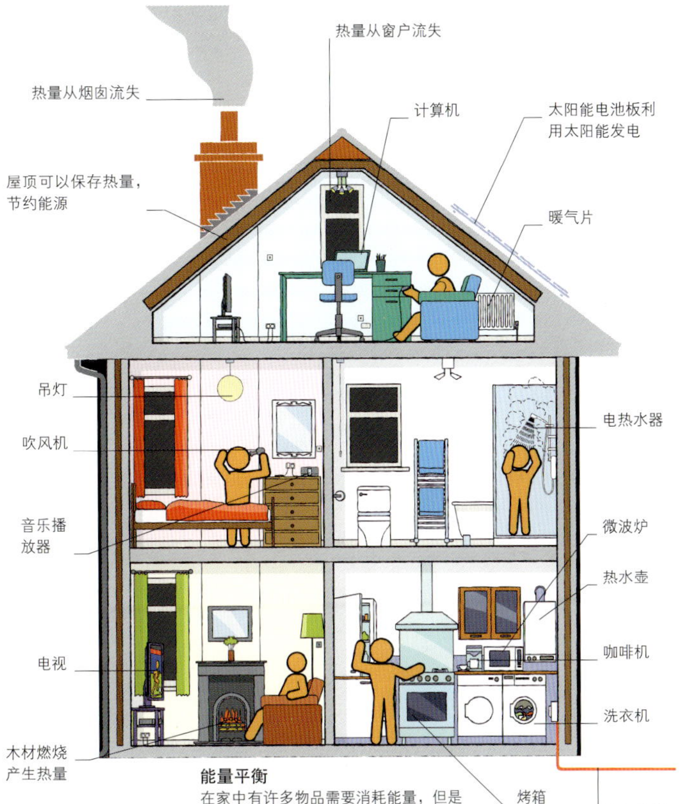

能量平衡
在家中有许多物品需要消耗能量，但是也有许多方法来节省能量。

等离子球
等离子球中的等离子体流由静电释放产生，静电以电流的形式从等离子球的中心流动到等离子球的边缘。

电压

电压是电路中形成电流的原因。电压越高，导线中的电流就越大。电压和电流越大，电能就越多，但是也更加危险。

高压线
这些架在高处的电线用来进行远距离输电。电缆的最高电压可以达到40万伏。而在木制的电杆上的电缆电压为400~11000伏。

电力火车输电线
电力火车通过头顶上方的电缆，或者利用铁轨之间的第三条轨道，将电力引入机车。电缆可以提供25000伏的电压，但有些火车并不需要这么高的电压。相比于小而轻的列车，高铁需要更高的电压。

家用电电压
各个国家家用电电压的标准不完全相同，但是一般为110~250伏。工厂由于使用大型机器所以需要更高的电压。

充电器
笔记本电脑或者手机的充电器需要用5~20伏的电压来充电。笔记本电脑需要用的电压比手机的电压更高，因为笔记本电脑的屏幕更大。

手电筒
电灯和手电筒的灯泡都有额定功率。电池越大，储存的电量越多，使用时间越长。

伟大的电学家

电一直存在于自然界中。下面这些人在电学领域扮演着重要的角色。

- **本杰明·富兰克林（1706~1790年）**
  富兰克林发现闪电是一种电，并命名了正电荷和负电荷。
- **亚历山德罗·伏打（1745~1827年）**
  伏打是实验物理学的教授，他发明了电池，叫作伏打电堆。
- **乔治·西蒙·欧姆（1789~1854年）**
  欧姆发现了电阻。电阻的单位"欧姆"，就是以他的名字命名的。
- **迈克尔·法拉第（1791~1867年）**
  法拉第发现当把导线放在一个移动的磁体附近时，导线中会产生电流。这个现象叫作电磁感应。
- **托马斯·阿尔瓦·爱迪生（1847~1931年）**
  爱迪生建造了第一个发电厂，并且发明了留声机、电影摄像机，改进了电灯。
- **约瑟夫·约翰·汤姆森（1856~1940年）**
  物理学家汤姆森在1897年发现了电子。
- **尼古拉·特斯拉（1856~1943年）**
  特斯拉发现了交流电、水力发电、无线电波和雷达。他发明了变压器、无线系统、感应电动机和X射线设备。
- **玛丽亚·特尔克斯（1900~1995年）**
  又称"太阳女王"，她设计了首个太阳能加热系统，并为房屋供暖。

尼古拉·特斯拉

化学

化学家深入研究化学。他们从组成物质的元素开始，将物质分解成微小的原子。他们分析什么是原子，怎样改变原子的状态，不同原子混合时发生怎样的反应。

化学的应用

在古代，人们就开始使用他们周围的天然材料，例如用木材和石头来制作物件。从那时起，科学家已经发现了成千上万种化学物质，有些化学物质还可以用于制作新材料。

家用日化
在家里我们使用各种化学品，从墙上的涂料到洗发用的洗发水。

生物化学
着眼于生物体内部的化学过程及其影响。

有机化学
这一化学分支侧重于研究碳化合物及其应用。

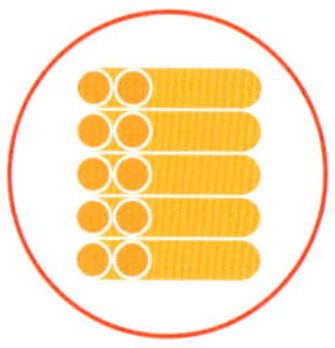

材料科学
这门科学利用物理和化学方法来制造新材料。

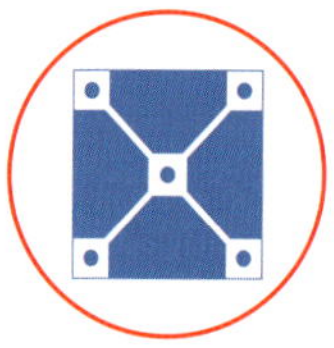

工程
工程师利用相关的材料知识进行工程设计。

原子内部

虽然原子很小，但是它的内部还有更小的物质——质子、中子和电子。质子和中子共同形成了原子核。众多的电子分布在原子核周围。

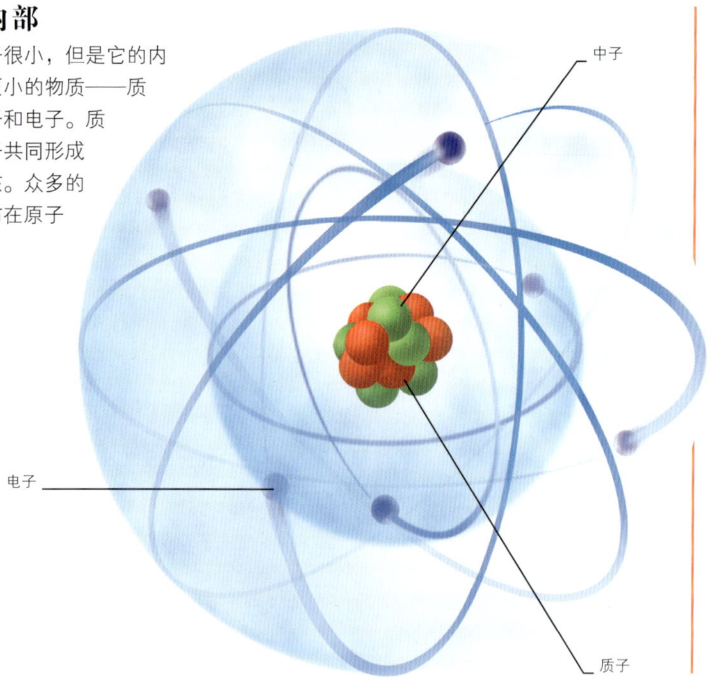

原子结构

原子中的一些微粒是带电的，原子核中的质子带正电荷，核外电子带负电荷，质子和电子数量相等。

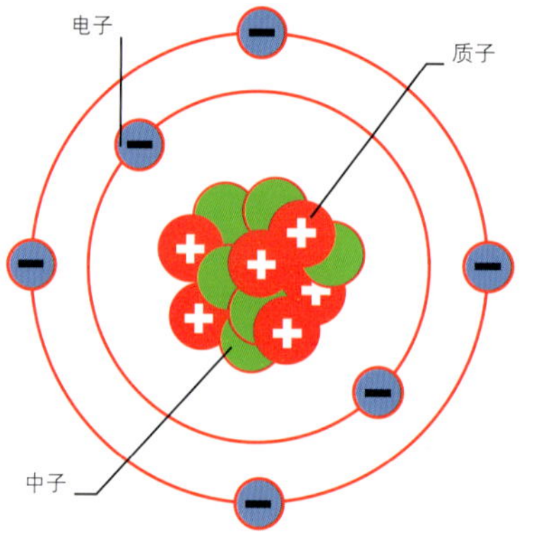

碳原子
原子的质子数决定了该原子的种类。例如，一个碳原子有 6 个电子和 6 个质子。

分子

同种类或不同种类的原子能够结合在一起构成分子。分子可以很简单，有些分子只由 2 个原子组成，比如氢分子。分子也可以很复杂，比如塑胶等物质的分子由数以千计的原子组成。

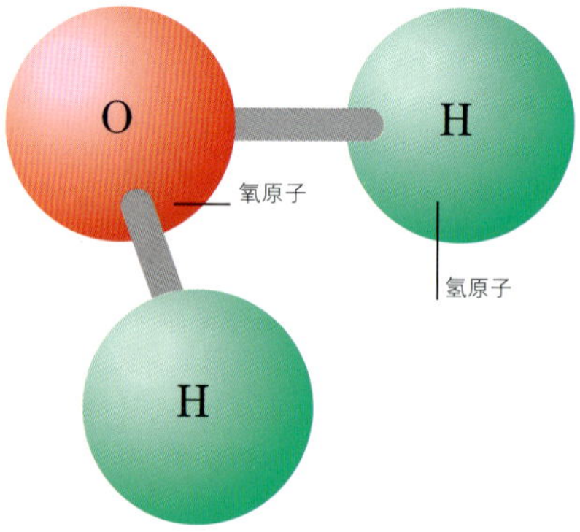

水分子
一个水分子由两种不同的原子组成——2 个氢原子和 1 个氧原子。

物质的状态

所有的物质都可以改变状态。例如，水可以是液体、气体（水蒸气）或固体（冰）。物质的状态由分子或原子的排列方式决定，且随温度的变化而发生变化。水作为固体时，分子紧密排列在一起；水作为液体时，分子间距离远一些；水作为气体时，分子自由独立地移动。

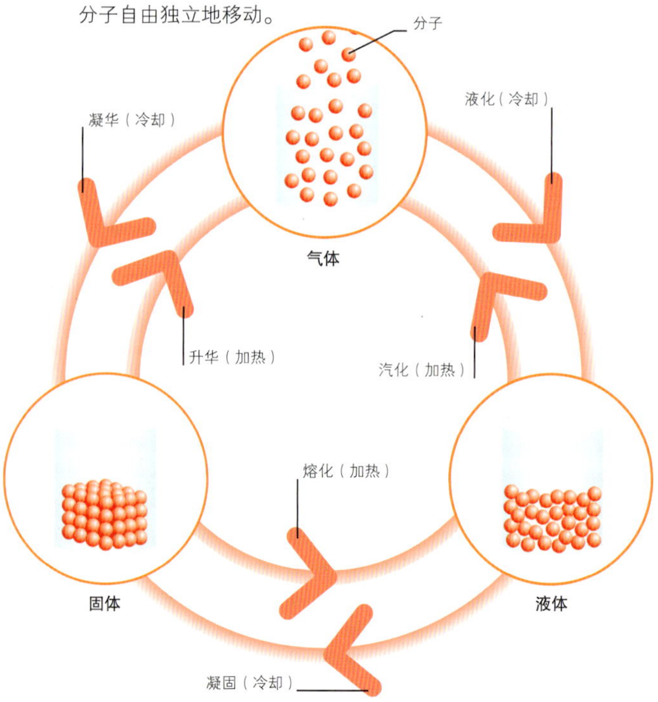

混合物

两种或多种物质混合形成混合物。组成混合物的各种成分之间不发生化学反应。

溶解
浓缩果汁（溶质）在水（溶剂）中溶解制成饮料。

悬浮
液体和部分固体微粒混合在一起，例如水和土壤。

粗混合物
较大颗粒的不同物质不均匀混合在一起。

合金
金属和其他金属或非金属混合制造出的坚硬的材料。

分离混合物

混合物中的物质没有结合成新物质，因此它们可以被分离。然而，混合物中的物质性质越相似，分离难度就越大。

漂浮
摇动这些物质使它们混合到一起，放一段时间，就能实现分离。

磁化
磁性物质会被吸引到磁体上。

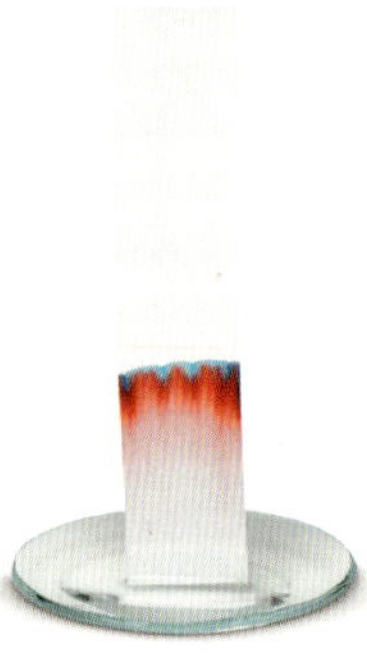

层析
使用一种更能吸附某种微粒的中间物质，把二者分开。

过滤
在过滤过程中，固体颗粒将被收集到过滤器中。

酸碱度

所有的液体和溶剂可以用 pH 试纸来测试酸碱度。pH 值极小和极大的物质是非常危险的。

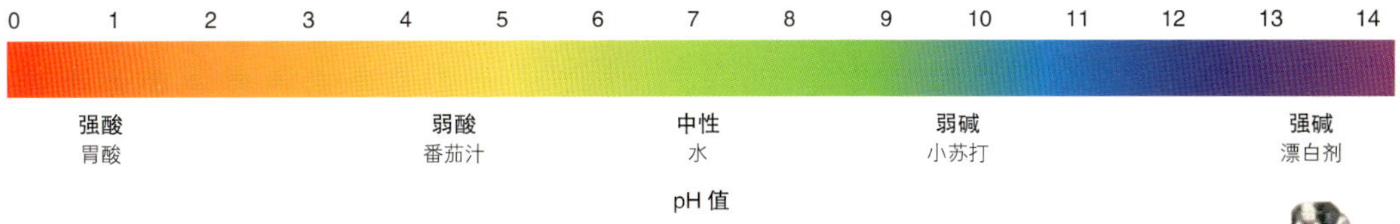

什么是化学反应?

在自然界中，分子分裂成原子，原子重新排列组合生成新分子的过程，称为化学反应。化学反应也可以在化学实验室中完成。当科学家把一种物质（反应物）添加到另一种物质中时，可能会发生化学反应。反应物的分子分解后重新排列组合，然后形成新的物质——化学反应的产物。

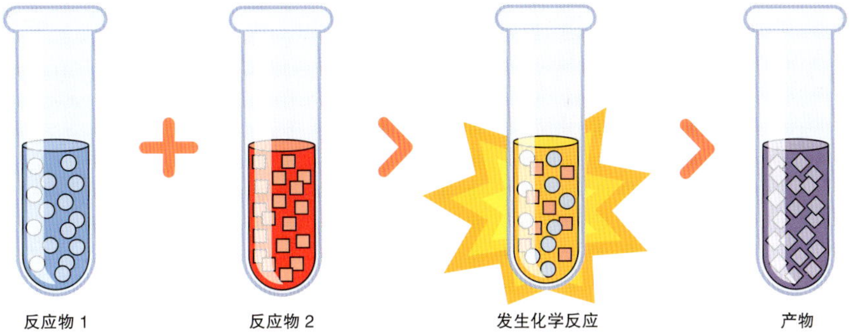

旋涡和烟气
化学反应的产物可以和原始反应物大不相同，这时混合反应非常迅速，会产生旋涡，散发烟气。

化学反应的类型

虽然化学反应的产物与反应物是极其不同的，但是原子不会被破坏，反应前后原子的数目相等。通常有三种类型的化学反应。

化合反应
两种或两种以上的反应物结合在一起生成新的化合物。

分解反应
一种物质分解成两种或两种以上的产物。

置换反应
单质与化合物反应生成新的单质与化合物的化学反应。

石墨在
高温和高压的条件下
可以变为金刚石。

燃烧

汽车发动机和发电站是由燃料燃烧发生化学反应供电的，反应物是汽油、煤等燃料和空气中的氧气。一旦燃烧就开始发生反应。

材料

我们在日常生活中制作物品选取材料时要考虑物品的功能。例如，木材坚硬，是制作椅子的优质材料，但不适合做平底锅，因为它会着火。

木材
坚硬、结实、易燃，是一种很好的绝缘体。

金属
热和电的良导体，坚固且不易变形。

塑料
坚硬、防水，可以做成各种形状，是良好的绝缘体。

陶瓷
易碎，但是能承受高温。

玻璃
透明，可以做成任何形状。薄玻璃易碎。

合成纤维
塑料类纤维坚韧且防水。

凯芙拉
强度高，抗切割，耐高温。

伟大的化学家

伟大化学家的发现为人类发展进程中从医疗到太空旅行的每件事都做出了贡献。

- **罗伯特·波义耳（1627~1691年）**
  《怀疑派化学家》的作者，他是把化学确立为科学的第一人。
- **安托万·拉瓦锡（1743~1794年）**
  第一个证明了水是由氢元素和氧元素组成的化学家，并且表明燃烧需要氧气。
- **玛丽·居里（1867~1934年）**
  两次诺贝尔奖获得者，她发现了镭。
- **莱纳斯·卡尔·鲍林（1901~1994年）**
  美国科学家，发现了分子是如何结合在一起的。
- **多萝西·霍奇金（1910~1994年）**
  发展了 X 射线技术，成功测定了青霉素的结构。

玛丽·居里

元素周期表

地球上的物质是由化学元素构成的，把不同元素对应的原子结合在一起，就可以得到从跳蚤到太空火箭等任何物体。碳元素存在于所有生物中，水由两种元素构成——氢元素和氧元素。

元素周期表

把具有相似原子结构的元素放在一起，可以推测它们的特性。118 种元素大部分存在于自然界的岩石和大气中，但是科学家也通过人工方法将不同的原子进行一定的核反应，制造出了新的元素。

什么是元素周期表？

所有元素按一定顺序排列在元素周期表中，每个条目显示了元素的名称、元素符号、原子序数和相对原子质量。

原子序数
元素在周期表中的序号，在数量上与原子核中的质子数目相等，例如钛的原子序数是 22。

相对原子质量
相对原子质量约等于原子内部质子数和中子数之和。

元素符号
这种科学符号是元素英文名称的缩写。

名称
这是元素的名称。钛在地壳中储量丰富，是一种重量轻、强度高的金属。

	22 47.867 Ti 钛	

周期	1	2	3	4	5	6	7	8	9
1	1 1.008 H 木星 氢								
2	3 6.94 Li 西瓜碧玺 锂	4 9.012 Be 海蓝宝石 铍							
3	11 22.990 Na 盐 钠	12 24.305 Mg 橄榄石 镁							
4	19 39.098 K 香蕉 钾	20 40.078 Ca 奶酪 钙	21 44.956 Sc 钪	22 47.867 Ti 蓝锥石 钛	23 50.942 V 钒铅矿 钒	24 51.996 Cr 铬合金水龙头 铬	25 54.938 Mn 锰铝榴石 锰	26 55.845 Fe 马蹄形磁铁 铁	27 58.933 Co 蓝色玻璃杯 钴
5	37 85.468 Rb 烟火 铷	38 87.62 Sr 锶 锶	39 88.906 Y 钇	40 91.224 Zr 锆石 锆	41 92.906 Nb 火箭发动机 铌	42 95.95 Mo 钢梁 钼	43 (98) Tc 锝	44 101.07 Ru 钌	45 102.906 Rh 镀铑扣 铑
6	55 132.905 Cs 铯原子钟 铯	56 137.327 Ba 钡晶体 钡	57～71 La～Lu 镧系	72 178.486 Hf 核反应堆控制棒 铪	73 180.948 Ta 电容器 钽	74 183.84 W 灯泡的灯丝 钨	75 186.207 Re 喷气式涡轮叶片 铼	76 190.23 Os 钢笔头 锇	77 192.217 Ir 手术针 铱
7	87 (223) Fr 钫	88 (226) Ra 镭	89～103 Ac～Lr 锕系	104 (267) Rf 𬬻	105 (268) Db 𬭊	106 (269) Sg 𬭳	107 (270) Bh 𬭛	108 (269) Hs 𬭶	109 (278) Mt 鿏

57 138.905 La 独居石 镧	58 140.116 Ce 氧化铈 铈	59 140.908 Pr 永磁体 镨	60 144.242 Nd 耳机 钕	61 (145) Pm 钷	62 150.36 Sm 铌钇矿 钐
89 (227) Ac 锕	90 232.038 Th 钍	91 231.036 Pa 镤	92 238.029 U 核电站 铀	93 (237) Np 镎	94 (244) Pu 原子弹 钚

镧系元素和锕系元素
镧系元素和锕系元素之所以被单列开来，是因为元素周期表太长写不下了。原子序数大于 92 的元素是超铀元素，它们很少出现在自然界，通常在粒子加速器或核反应堆制取。

氧、碳、氢和氮四种元素占人体构成的 96%。

阅读元素周期表

元素周期表中一横行称为一个周期，一列称为一个族。每族从上到下原子半径更大，原子质量更重，因为原子核的原子数逐渐增多，核外电子数也逐渐增多。同一周期从左到右，原子的质子数和电子数也越来越多。

周期

在同一周期，元素有不同的化学和物理特性，但是有相同的电子层数。

族

在同一族，从上到下电子层数逐渐增加，因为最外层都有相同的电子数，所以元素性质是相似的。

俄国化学家门捷列夫在 1869 年总结发表了元素周期表。

元素周期表图例

- **碱金属**：质地柔软、非常活泼的金属，通常以化合物形式存在。
- **碱土金属**：性质活泼的金属，不易以单质形式存在。
- **过渡金属**：具有良好的可锻性和延展性的金属，是良导体。
- **镧系和锕系**：性质活泼，具有较强的放射性和毒性，通常为人造元素。
- **其他金属**：其他具有可锻性和延展性的固态致密的金属。
- **半金属**：有金属和非金属两种性质。
- **其他非金属**：大多是不良导体，没有金属光泽的脆性固体或气体。
- **卤族**：卤族元素以固体、液体和气体的形式存在。
- **稀有气体**：气体稳定，很难进行化学反应。

周期	10	11	12	13	14	15	16	17	18
1									2 He 4.003 氦气球 氦
2				5 B 10.811 肥皂 硼	6 C 12.011 钻石 碳	7 N 14.007 咖啡豆 氮	8 O 15.999 氧气瓶 氧	9 F 18.998 萤石 氟	10 Ne 20.180 氦氖激光器 氖
3				13 Al 26.982 铝箔 铝	14 Si 28.086 硅芯片 硅	15 P 30.974 火柴盒 磷	16 S 32.06 硫黄 硫	17 Cl 35.453 光卤石 氯	18 Ar 39.95 灯泡 氩
4	28 Ni 58.693 勺子 镍	29 Cu 63.546 电线 铜	30 Zn 65.38 闪锌矿 锌	31 Ga 69.723 太阳能电池板 镓	32 Ge 72.64 相机镜头 锗	33 As 74.922 砷 砷	34 Se 78.971 硒	35 Br 79.904 溴 溴	36 Kr 83.798 荧光灯 氪
5	46 Pd 106.42 催化转化器 钯	47 Ag 107.868 银吊坠 银	48 Cd 112.414 黄漆 镉	49 In 114.818 LED 发光二极管 铟	50 Sn 118.710 镀锡罐 锡	51 Sb 121.76 子弹 锑	52 Te 127.60 CD 光盘 碲	53 I 126.90 液态碘 碘	54 Xe 131.293 弧光灯 氙
6	78 Pt 195.084 戒指 铂	79 Au 196.967 项链 金	80 Hg 200.592 温度计 汞	81 Tl 204.38 老鼠药 铊	82 Pb 207.2 铅蓄电池 铅	83 Bi 208.980 铋晶体 铋	84 Po (209) 钋	85 At (210) 砹	86 Rn (222) 氡
7	110 Ds (281) 鐽	111 Rg (280) 錀	112 Cn (285) 鎶	113 Nh 286 鉨	114 Fl 289 𫓧	115 Mc 289 镆	116 Lv 293 𫟷	117 Ts 294 鿬	118 Og 294 鿫

63 Eu 151.964 磷钇矿 铕	64 Gd 157.25 钆	65 Tb 158.925 绿色荧光灯 铽	66 Dy 162.500 褐钇铌矿晶体 镝	67 Ho 164.930 硅铍钇矿 钬	68 Er 167.259 光纤电缆 铒	69 Tm 168.934 铥	70 Yb 173.045 原子钟 镱	71 Lu 174.967 镥
95 Am (243) 烟雾探测器 镅	96 Cm (247) 锔	97 Bk (247) 锫	98 Cf (251) 锎	99 Es (252) 锿	100 Fm (257) 镄	101 Md (258) 钔	102 No (259) 锘	103 Lr (262) 铹

生物学

生物学是研究所有生命的科学，小至肉眼看不见的微小细菌，大至象和鲸这样的庞大动物。研究范围包括生物的结构和功能、起源和发展，以及进化和繁衍。

生命要素

几乎所有生命形态都需要相同的生命要素。在缺少生命要素的环境下，几乎没有物种可以生存。

几乎所有的生物生存都需要相同的基础条件。

水
除病毒外，所有生物都是由细胞组成的，而细胞只有在有水的环境下才能生存。大多数生命形态的主要成分是水。

能量
生命需要能量来生长和四处移动。植物利用阳光制造能量。动物通过食用植物或捕食其他动物来获取能量。

氧气
空气或水中的氧气是几乎所有生物生存所必需的。

基本化学元素
氢、氮、碳是生命所需的三种基本化学元素。植物从土壤中吸取这些元素，动物则从食物中获得。

合适的温度
生物不适合生存在极热或极冷的温度下。

什么是细胞?

细胞是生命的基石。除古菌和细菌外，所有生物的细胞均包含细胞核、线粒体及其他细胞器。细胞可以表现出不同的特定功能，例如，我们有神经细胞、肌肉细胞和骨骼细胞。人体大约有 75 万亿个细胞，而低等生物可能只有 1 个细胞。

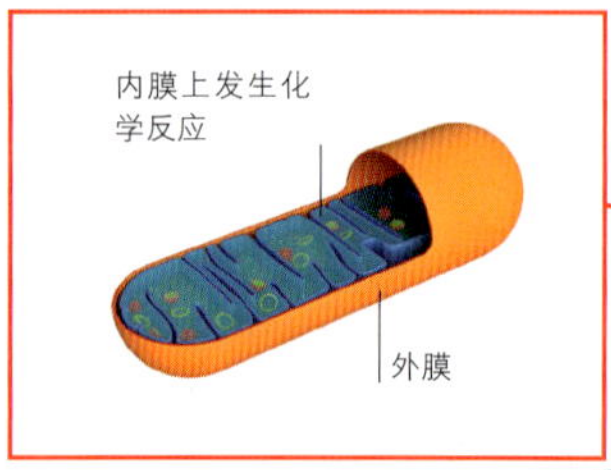

线粒体
这个细胞器可以使身体中的食物分子释放能量。

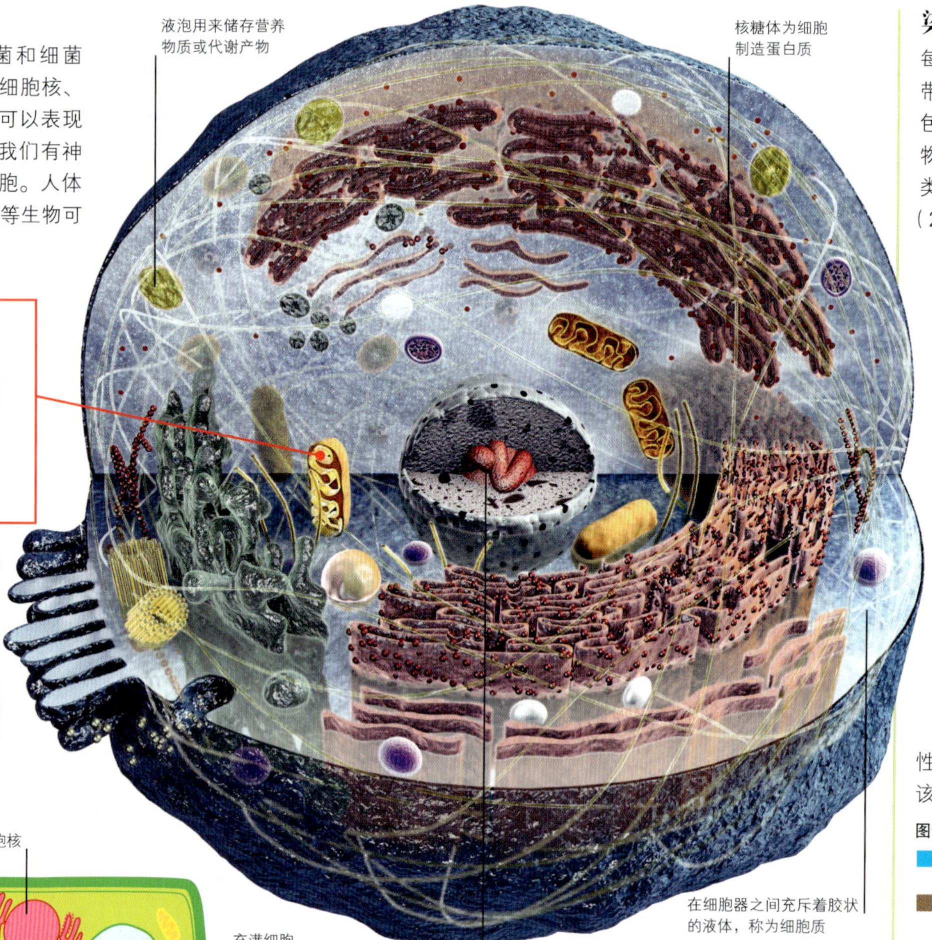

动物细胞
动物细胞含有许多“机器”，称为细胞器，每个细胞器都具有特定的功能。细胞膜包裹着细胞。

植物细胞
植物细胞与动物细胞有很多共同之处，但是植物细胞有细胞壁和叶绿体。

染色体

每个细胞的细胞核中都有携带 DNA 的染色体。DNA 中包含的基因能够决定生物体的形貌与功能。人类细胞中有 46 条（23 对）染色体。

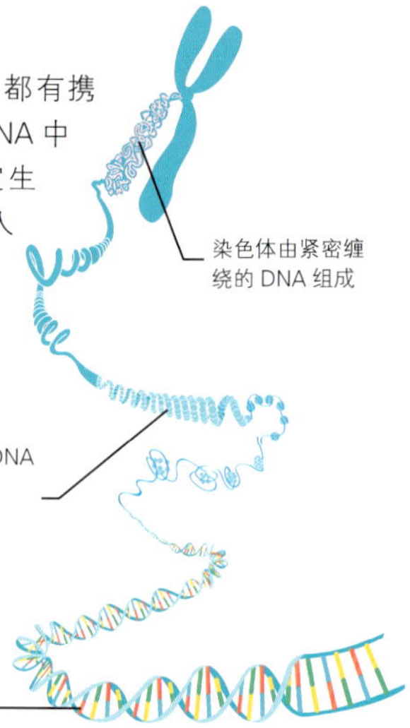

基因

我们的基因是从父母那里遗传来的，一半来自母亲，一半来自父亲。基因决定了我们的性状，比如眼睛的颜色。人类的大部分基因是成对存在的，称为等位基因，一对等位基因共同构成了人的基因型。在一对等位基因中，通常一个等位基因决定生物性状的作用强于另一等位基因，并表现出自身的性状。该作用强的基因为显性基因，另一个为隐性基因。

图例

b 隐性基因。蓝色眼睛的小孩一定有两个基因 b。

B 显性基因。棕色眼睛的小孩有一个或两个基因 B。

父母双方都携带有不同类型组合的眼睛颜色基因

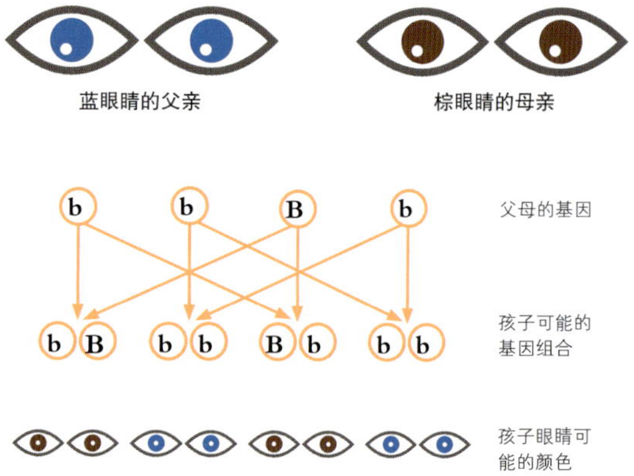

遗传学的作用
母亲有一个隐性基因和一个显性基因，父亲有两个隐性基因。这意味着他们的孩子眼睛为蓝色或棕色的可能性一样大。

细胞分裂

生物体都是由单个细胞不断分裂形成的。在生物体的整个生命周期中，细胞通过有丝分裂持续更新换代。

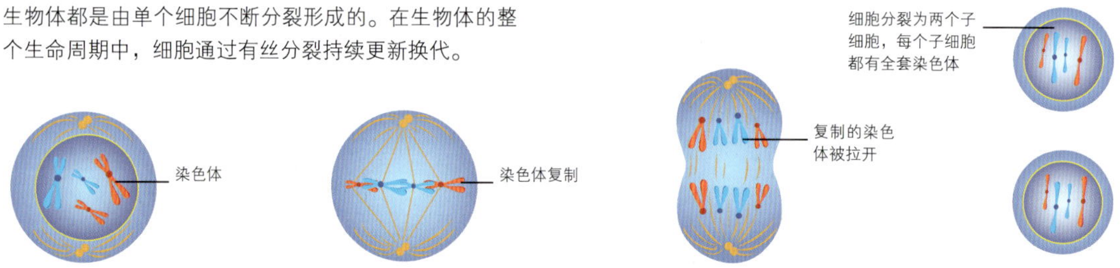

1 第一阶段
细胞中的染色体开始复制，形成新的相同的染色体。

2 染色体排列
细胞核膜破裂，染色体分散排列在细胞中央。

3 分离
一对染色体被拉成两半，分别向细胞的两端移动。

4 子细胞形成
细胞分裂成两个相同的细胞，重新形成细胞核膜。

生物分类

在遥远的过去，地球上的各类生物都有一个共同的祖先。随着时间的推移，许多生物在进化过程中灭绝了。如今，生物可以分为六大类：细菌、古菌、真菌、原生生物、动物和植物，其中后四类属于真核生物。

生物

除病毒外，所有生物都是由细胞组成的。

一茶匙土壤中含有10亿细菌和12万真菌。

细菌

单细胞生物，没有细胞核，可以快速进化。

真核生物，主要是多细胞生物，有细胞核。

古菌

没有细胞核的单细胞生物，可以在极端环境中生存。

动物

通过食用植物和捕食其他动物来获取能量。

真菌

从其他生物有机体中获取能量。

原生生物

大多数是单细胞生物。有些依靠太阳能获取能量，还有些从其他有机体中获取能量。

植物

把太阳能转化为化学能。

伟大的生物学家

生物学家致力于研究各种生物及其相互关系。他们的发现和发明改变了我们的生活方式。

查尔斯·罗伯特·达尔文（1809~1882年）

这位英国博物学家在他的《物种起源》一书中提出了生物进化论的学说。

格雷戈尔·孟德尔（1822~1884年）

孟德尔是奥地利生物学家，曾在修道院担任神父。他发现了遗传定律。

内蒂·史蒂文斯（1861~1912年）

这位美国生物学家解释说，细胞核内的性染色体决定了生物是雄性还是雌性。

路易斯·利基（1903~1972年）

利基是一位肯尼亚科学家，他在肯尼亚的奥杜瓦伊峡谷发现了早期人类的证据，认为人类起源于非洲。

弗朗索瓦丝·巴尔·西诺西（1947~　）

这位法国科学家发现了HIV病毒，这是一种引起艾滋病的病毒。

食物网

植物通过光合作用产生能量。一部分动物通过食用植物获取能量。还有许多动物被其他动物捕食。动物或植物死亡后，残骸会被其他动物食用或被细菌、真菌分解，分解后的养分重新回到土壤中，被植物吸收利用。

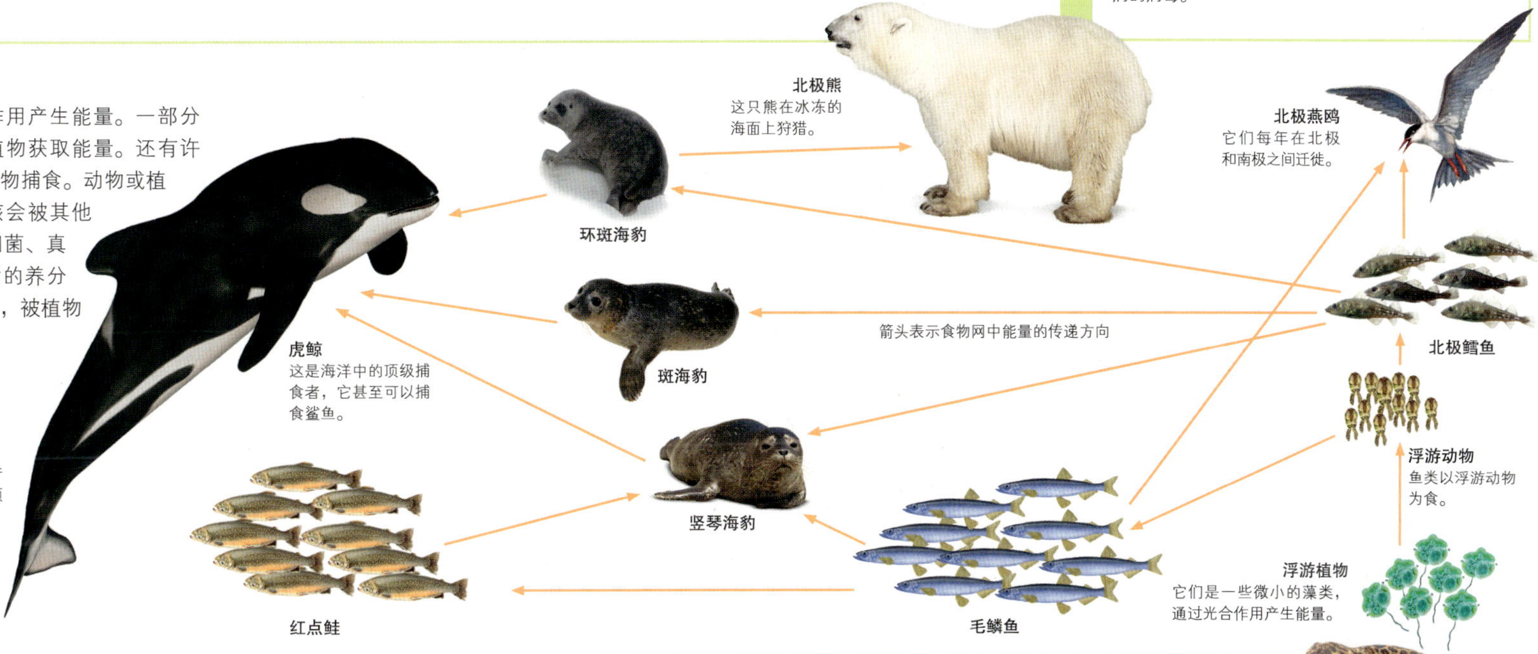

北冰洋

北极有复杂的食物网。藻类等浮游植物可以产生能量，虎鲸是北极顶级的捕食者。

生物进化

物竞天择，适者生存。生物将有利于它们生存的基因传给后代。随着时间的推移，生命的形态会发生变化。这一过程被称为自然选择下的生物进化。

陆地上的鱼

随着时间的推移，总鳍鱼逐渐进化，它们可以离开水在陆地上生活。这些总鳍鱼已经进化为两栖动物。

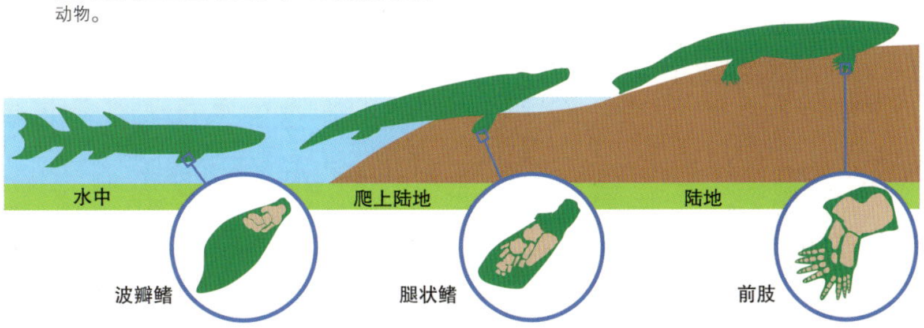

适应

动物能够适应周围的环境，其中鸟喙就是一个适应环境的典型例子。图中的鸟类都是从同一个祖先进化而来，但它们的喙发生了很大的变化，这是为了适应不同的栖息地，便于捕食不同的生物。

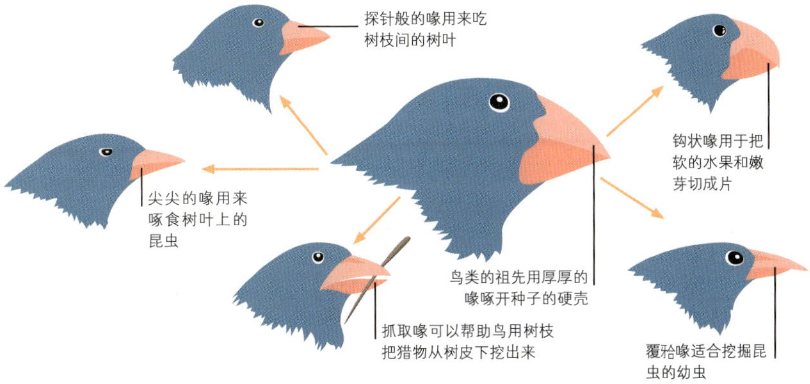

物种灭绝

一个物种的消失称为灭绝。科学家认为，人类正在经历自恐龙灭绝以来最大规模的生物灭绝。

气候变化

只有身处适宜的气候环境，动物才能生存。11000年前，剑齿虎由于气候变化而灭绝。

地质活动

陨石撞击地球、火山喷发都会导致物种灭绝。有观点认为，大多数恐龙灭绝可能是由陨石撞击地球导致的。

人类猎杀

人类过度捕猎会导致动物灭绝。毛里求斯的渡渡鸟很容易被捕捉，而且味道鲜美，因此被人类大量捕杀，最终灭绝。

生境破坏

栖息地的破坏导致大熊猫等物种濒临灭绝。

偷猎

老虎的一些身体部位可以卖个好价钱，因此受到偷猎者的猎杀。

人体解剖

通过解剖可以展示事物的结构。同样，人体解剖图能展示人体的内部结构。下面这张解剖图直观解释了人体内部不同系统间是如何分工合作的。

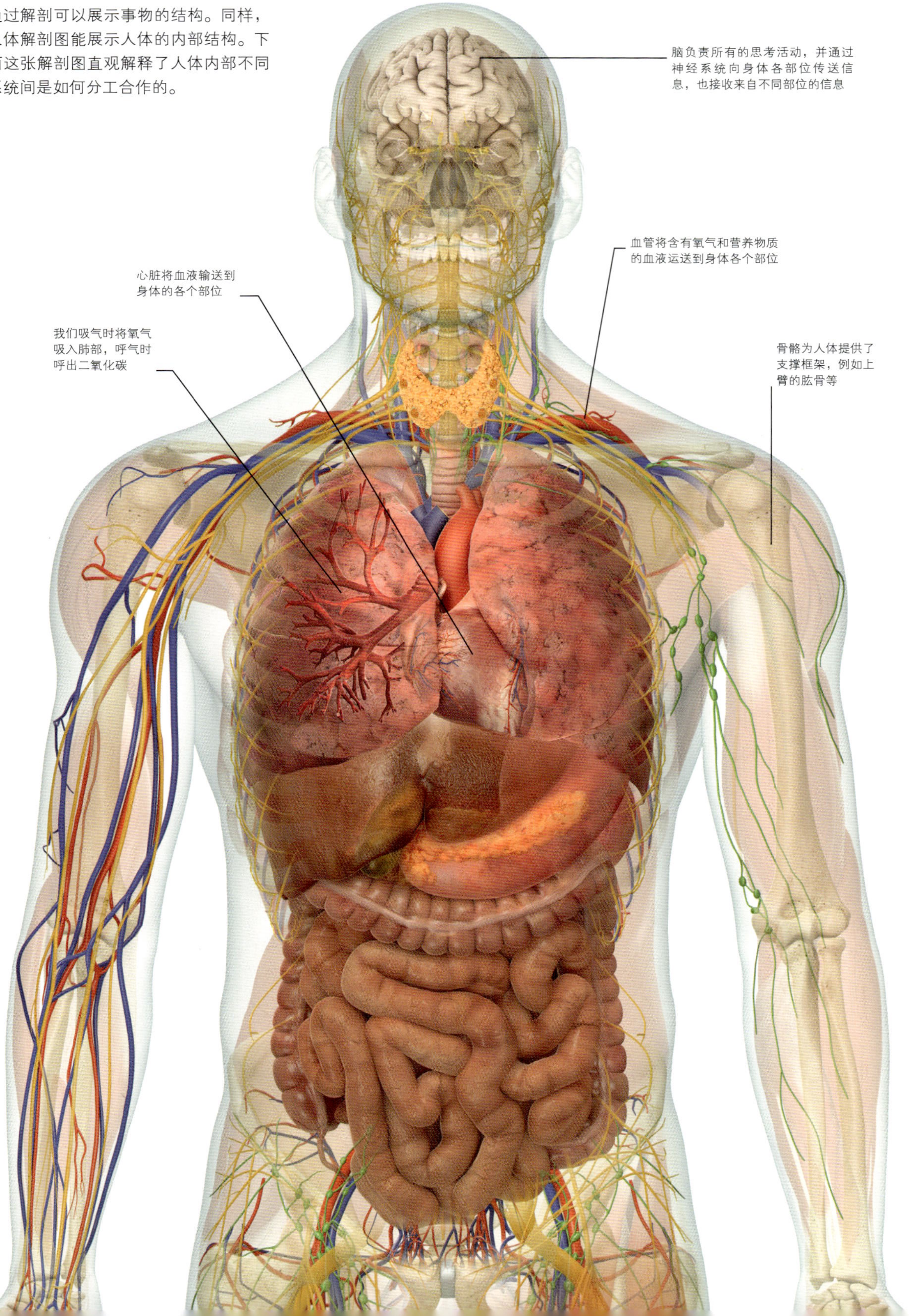

人体

人体是一个非常复杂的系统，由各种组织和器官构成。组织和器官通过连接构成系统进行协同合作，各系统间通过大脑来回传递的电信号进行相互联系。

人体的组成成分

水分占人体重量的一半以上。其余部分是不同种类的组织，如人体的肠道等软组织和人体的骨骼等硬组织。水和组织主要由下图所示的 6 种元素构成。

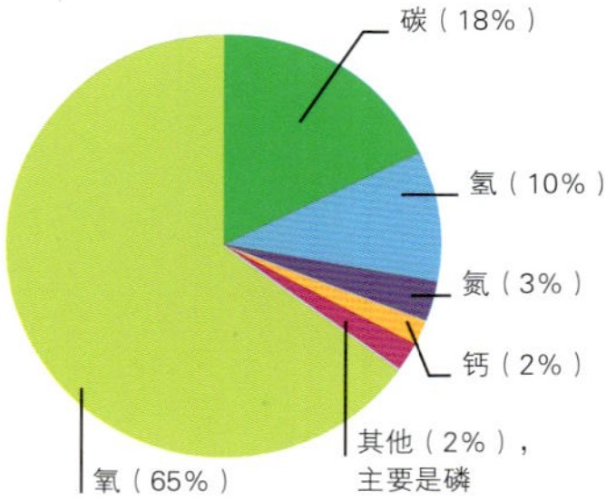

人体内的各种元素全部来自宇宙星尘。

人体构建

显微镜显示人体的各个部位都由微小的细胞构成，根据位置及功能的不同，细胞之间也存在差别。DNA 就好比是人体内部的说明书，所有细胞中都含有 DNA，所以细胞可以根据自己的不同任务正确生长。

DNA（脱氧核糖核酸）
细胞中含有螺旋状的 DNA，指挥细胞正确生长。

细胞
人体内有数以万亿的细胞。

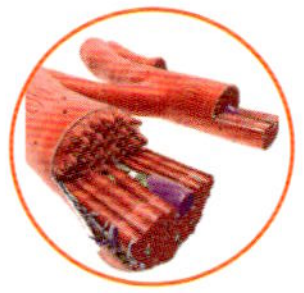

组织
细胞构成组织，如肌肉组织。

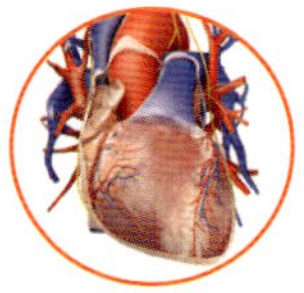

器官
组织构成器官，如心脏。

皮肤

皮肤是覆盖在身体外部的保护层。皮肤很结实但也具有弹性，并且很敏感，可以将信息传送到大脑。皮肤有助于身体保持恒温。

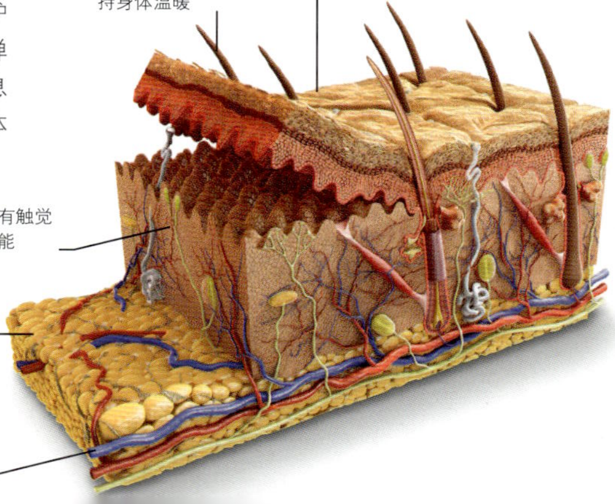

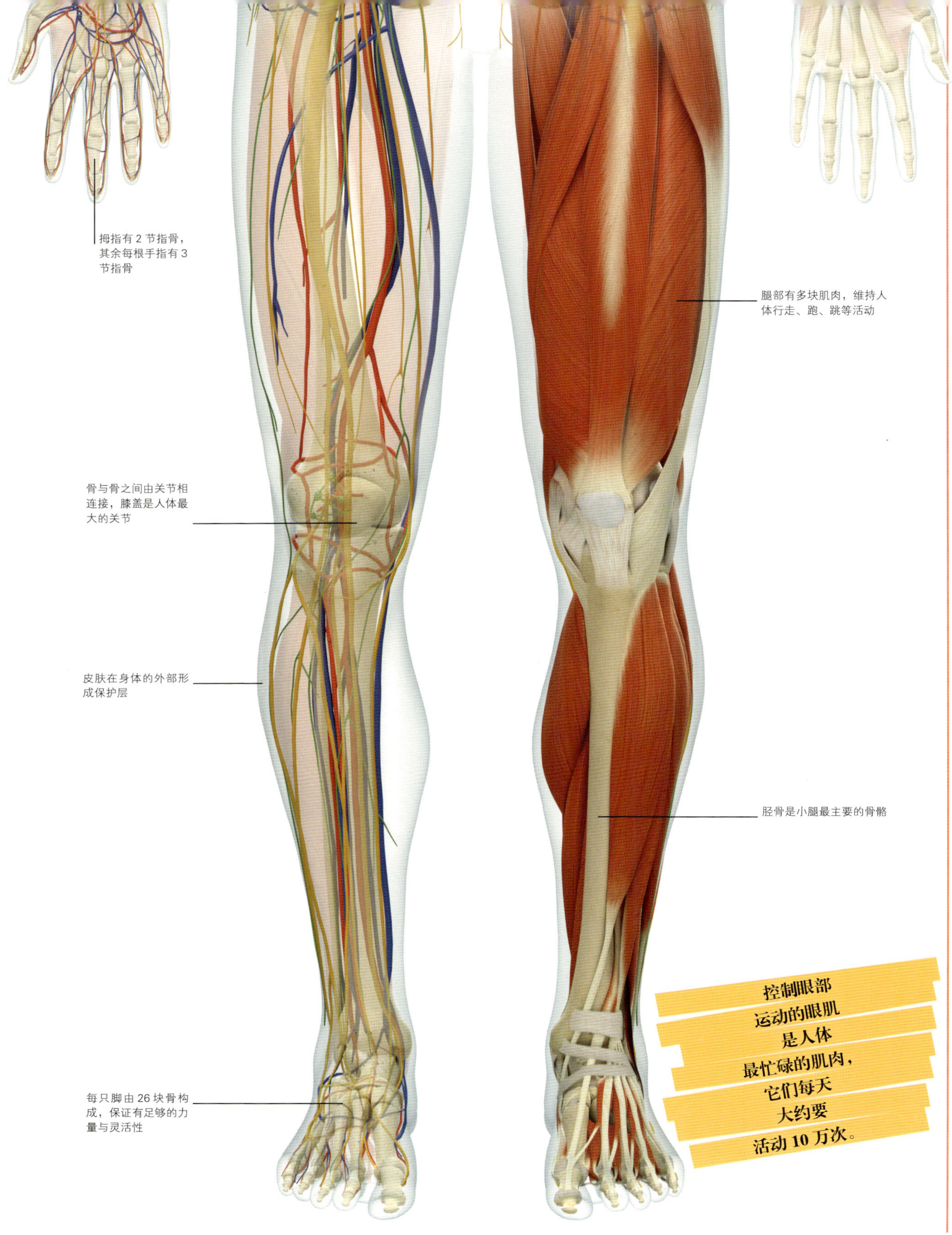

控制眼部运动的眼肌是人体最忙碌的肌肉，它们每天大约要活动 10 万次。

人体系统

人体内部，由组织及器官构成的复杂系统协同合作，以便支持人体的各项活动。每一个系统都有自己特定的任务。例如，有的系统负责消化食物，有的系统负责对抗疾病。人体内共有 11 个系统。

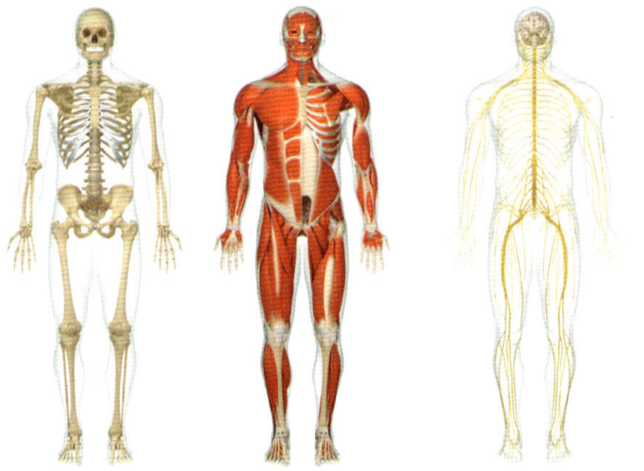

骨骼系统
骨骼和关节构成人体的基本框架。

肌肉系统
肌肉对维持身体运动有很大的作用。

神经系统
神经系统是沟通大脑和身体其他部位的信息系统。

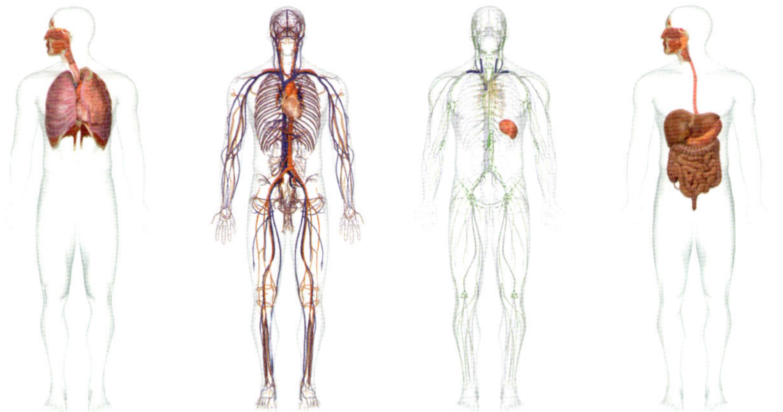

呼吸系统
呼吸系统使我们能够吸气、呼气。

心血管系统
血液经由心血管系统流向身体各处。

淋巴及免疫系统
淋巴及免疫系统帮助人体战胜疾病和感染。

消化系统
消化系统将食物分解为生命所需的营养物质。

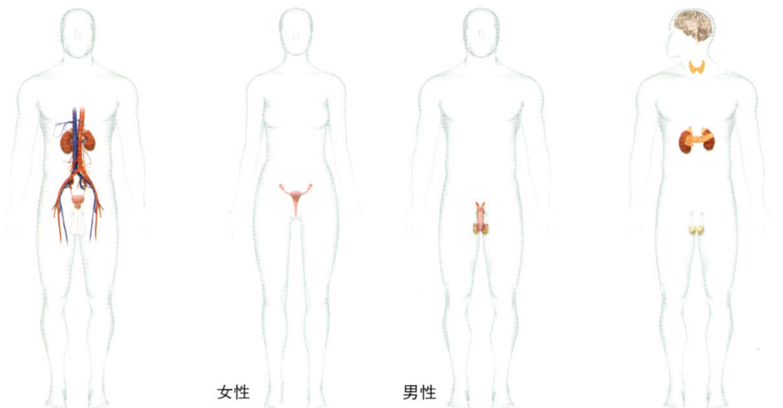

泌尿系统
泌尿系统将人体不需要的代谢废物及水分排出体外。

生殖系统
生殖系统使人类具有生育下一代的能力。男性和女性的生殖系统不同。

内分泌系统
内分泌系统分泌激素，激素可以影响其他系统。

成年人的骨骼由206块骨构成。婴儿出生时有300多块骨，但随着他们的成长，一些骨逐渐长到一起。

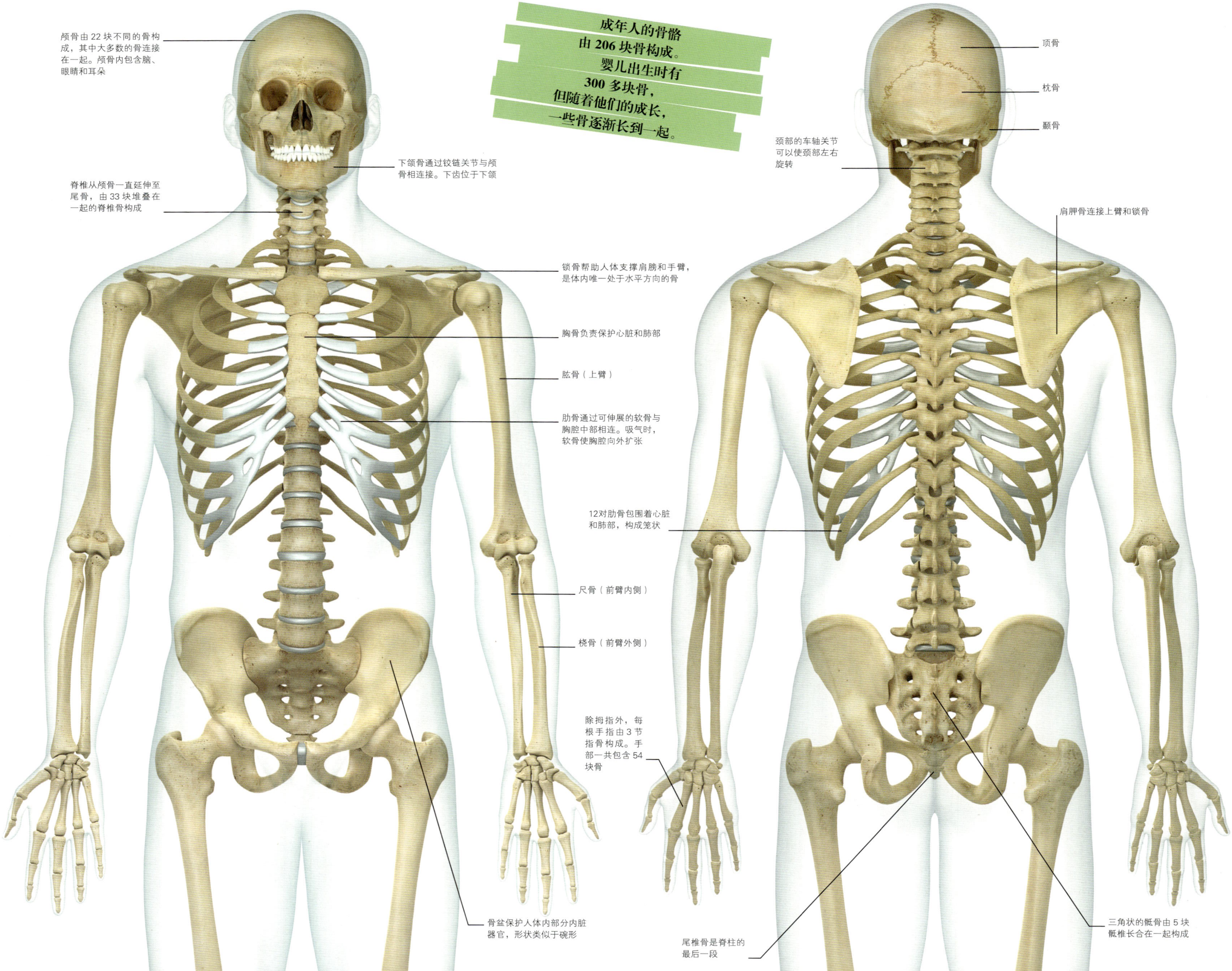

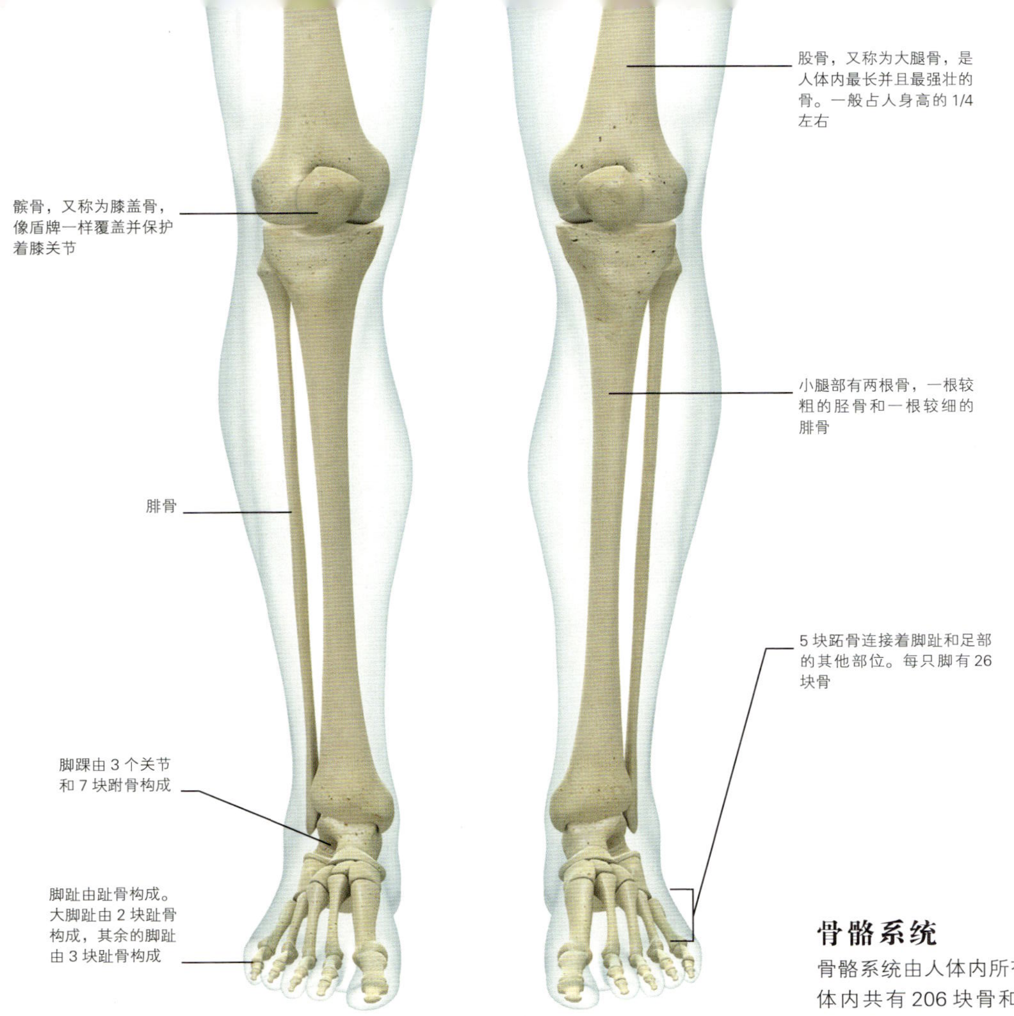

人体正面解剖图

骨骼系统

骨骼系统由人体内所有的骨骼和关节构成。成人体内共有 206 块骨和 6 种不同种类的关节。骨骼由活组织、血管和神经构成。

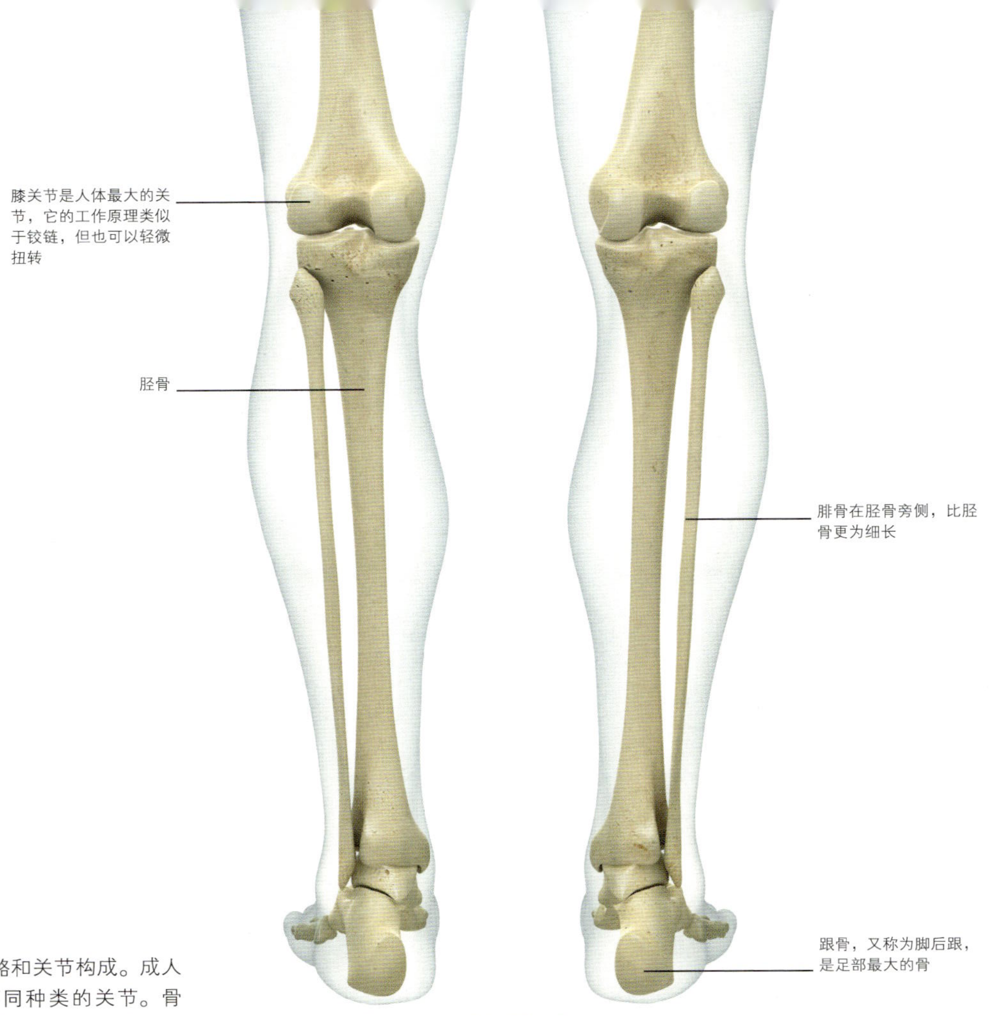

人体背面解剖图

骨骼

骨骼是身体的支架，它不仅勾勒出身体的轮廓并为其提供支撑，还具有其他的重要作用。骨骼同肌肉一起，使肢体四处活动。骨骼对我们的内部器官具有保护作用，并且可以制造红细胞。

骨的内部结构

骨坚硬的外表下是类似于蜂巢结构的骨松质。在较大的骨的内部，充满着像果冻一样的骨髓，骨髓可以制造红细胞。

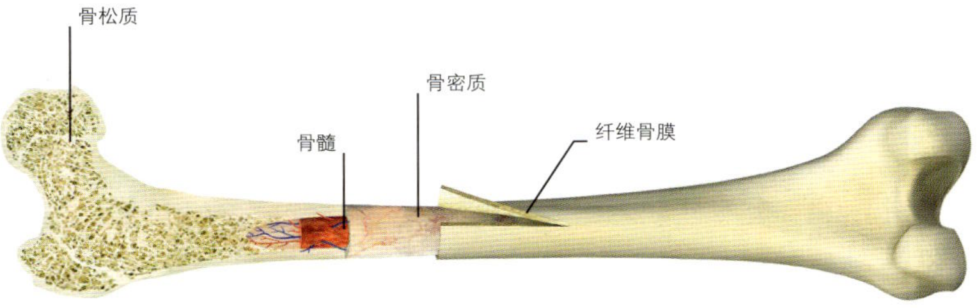

什么是关节？

骨与骨之间由关节和组织连接，关节和组织使骨可以灵活活动。如果没有关节，我们的身体则不能运动。关节所能承受的运动幅度由骨的形状决定。

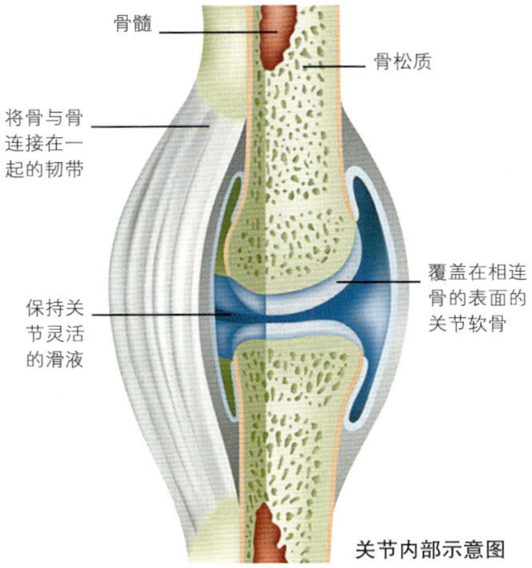

关节内部示意图

滑膜关节

滑膜关节是最常见的关节类型。滑膜关节共分为 6 种，由于骨与骨之间连接方式不同，每种关节的运动方式也不同。

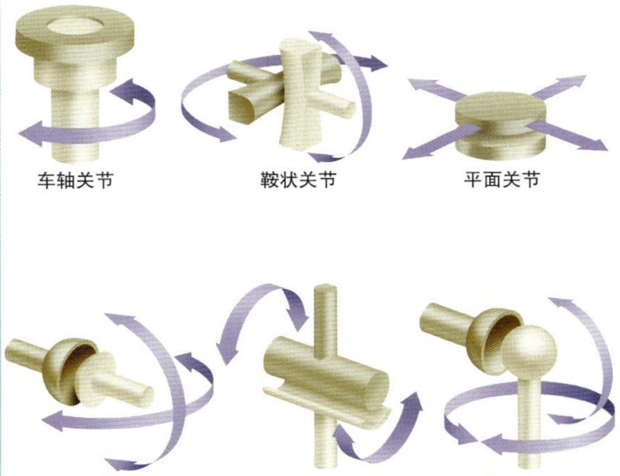

人体有
500 万根汗毛，
每根汗毛都有
自己独属的肌肉。

人体正面解剖图

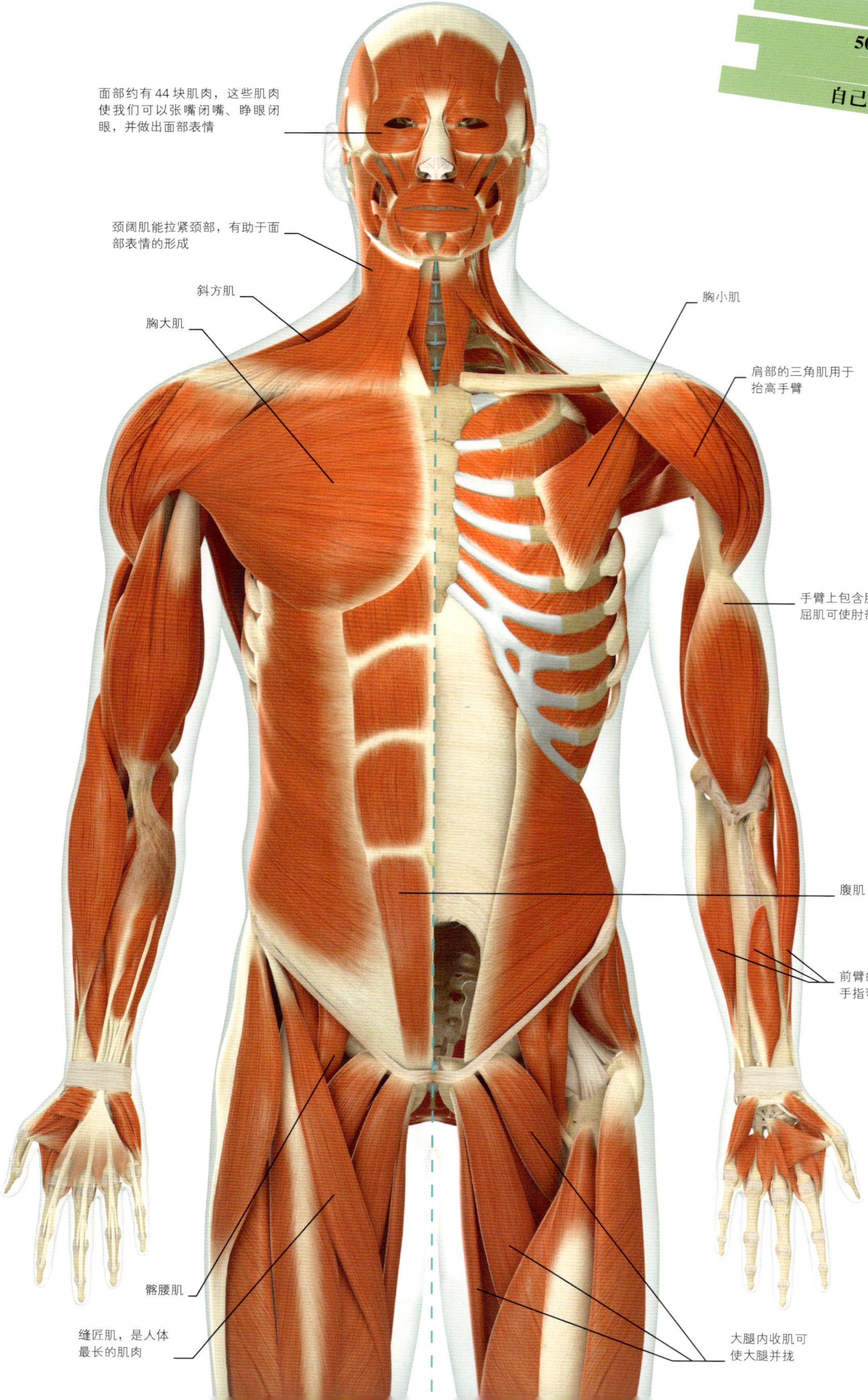

人体背面解剖图

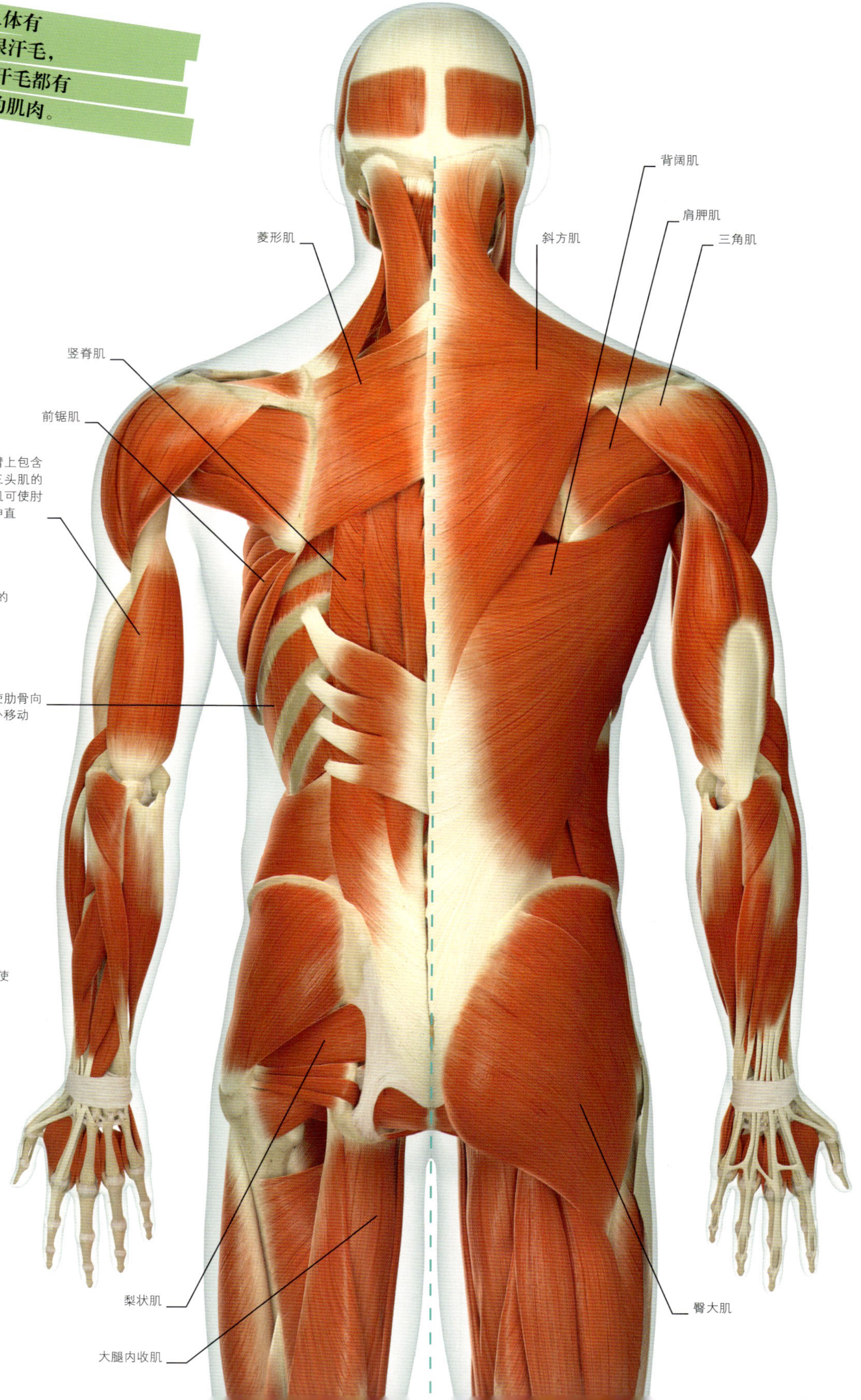

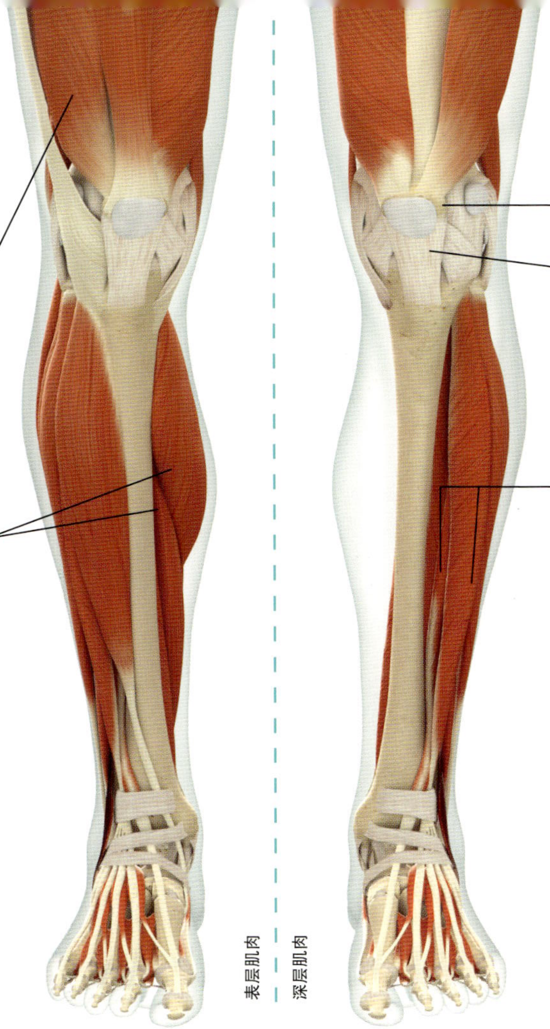

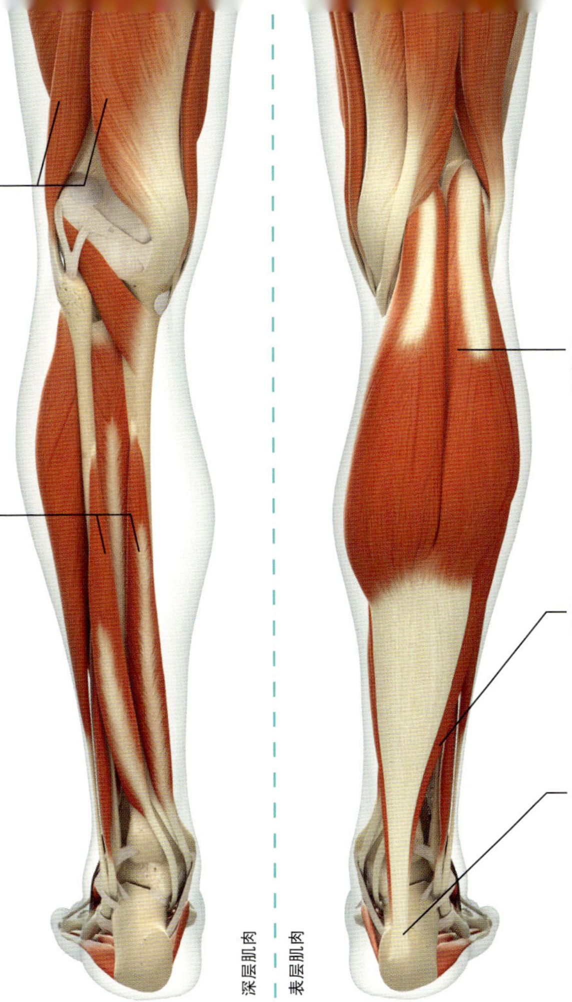

肌肉系统

人体包含 600 多块骨骼肌，它们分层分布在骨骼四周。底层被称为深层肌肉，上层被称为表层肌肉。多块骨骼肌联合协作组成肌肉群。屈肌肌肉群使关节弯曲，伸肌肌肉群使关节伸展。

肌肉

人体的每一项活动，小至眨眼，大至赛跑，都需要肌肉的支撑。即使是我们无意识的活动，如心脏跳动、消化食物等，实际上也是由肌肉控制的。

什么是肌肉?

肌肉是可伸展的纤维束，具有收缩能力。每块肌肉由成千上万的纤维构成。

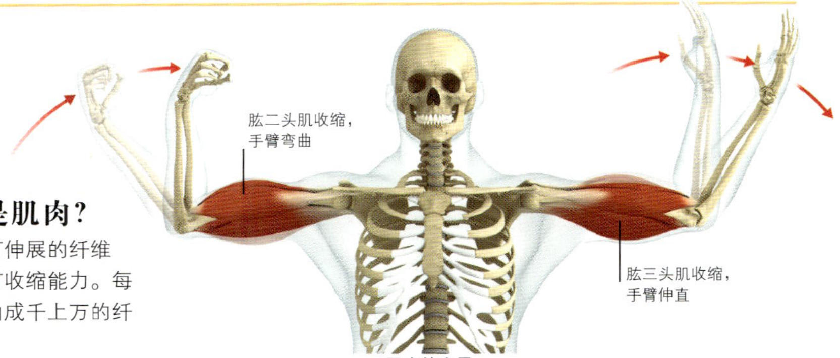

肌肉的力量

肌肉的种类

按照结构和功能的不同，肌肉可分为骨骼肌、平滑肌和心肌。骨骼肌根据脑所传送的意识信息控制骨骼的移动。平滑肌和心肌不受意识控制。

骨骼肌
骨骼肌附着在骨骼上，通常也被称为横纹肌。

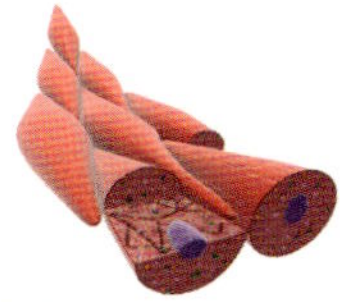
平滑肌
平滑肌位于肠道和其他人体器官中。

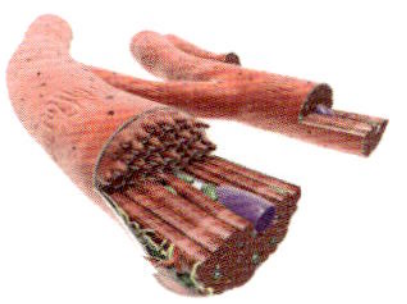
心肌
心肌通过有节奏的收缩促使心脏跳动。

肌肉的形状

人体内的肌肉具有多种形状。根据其不同功能，每种肌肉的大小和结构不同。

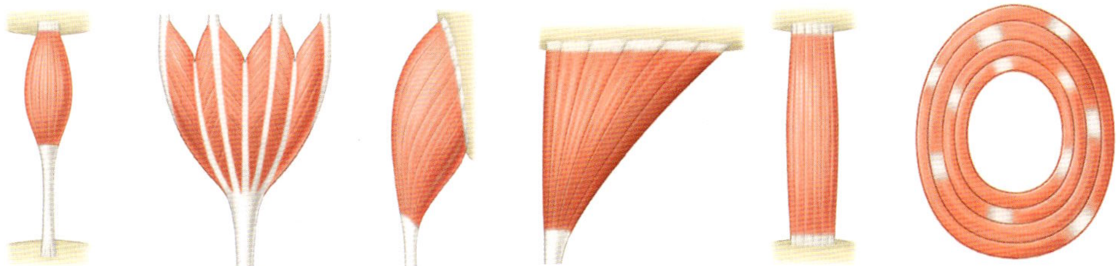
梭形肌（如肱二头肌） 多羽肌（如肩膀的肌肉） 单羽肌（如手指的肌肉） 三角肌（如胸部的肌肉） 带状肌（如大腿内侧的肌肉） 环肌（如口周的肌肉）

脑

人脑是人体最复杂的器官。在颅骨的安全包围下，人脑控制着人体的行动和机能，以保持机体存活。人脑也监控着我们周围的世界，为我们存储记忆，帮我们规划未来。

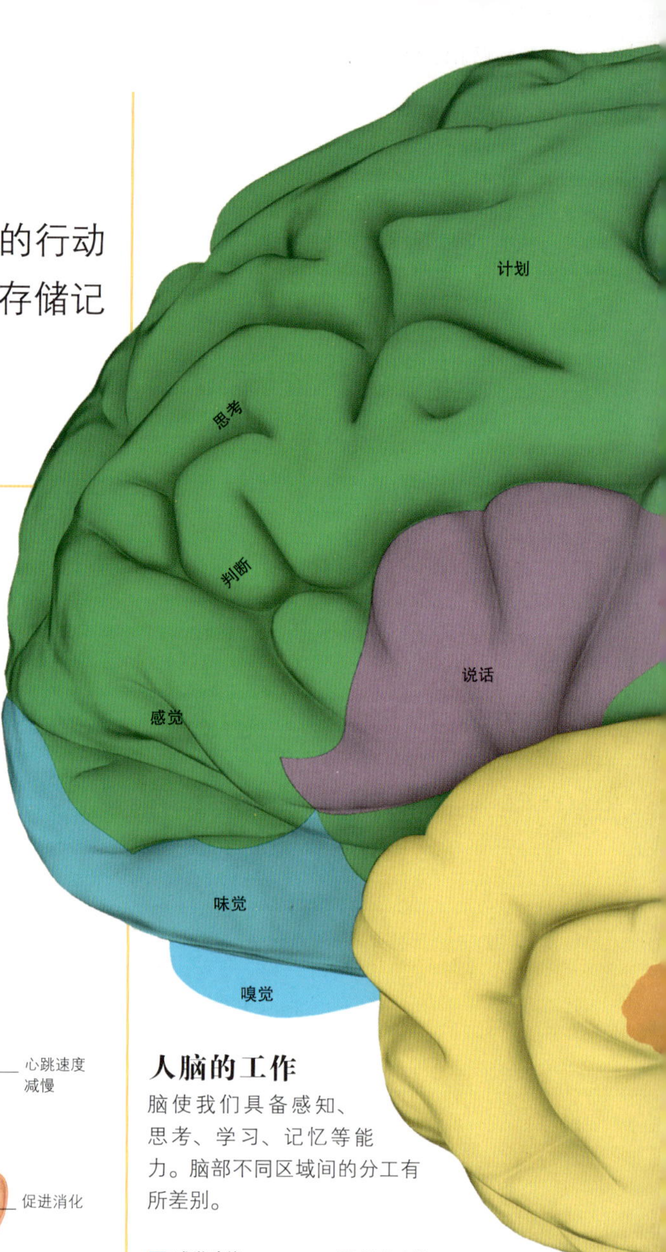

神经系统

人脑通过神经系统与身体的其他部位相连。神经系统就好像是一条信息高速公路，在脑部和身体的其他部位之间传送信息。神经系统中的自主神经系统（ANS）控制着人体的自主活动，如呼吸等，并确保自主活动的正常运行。

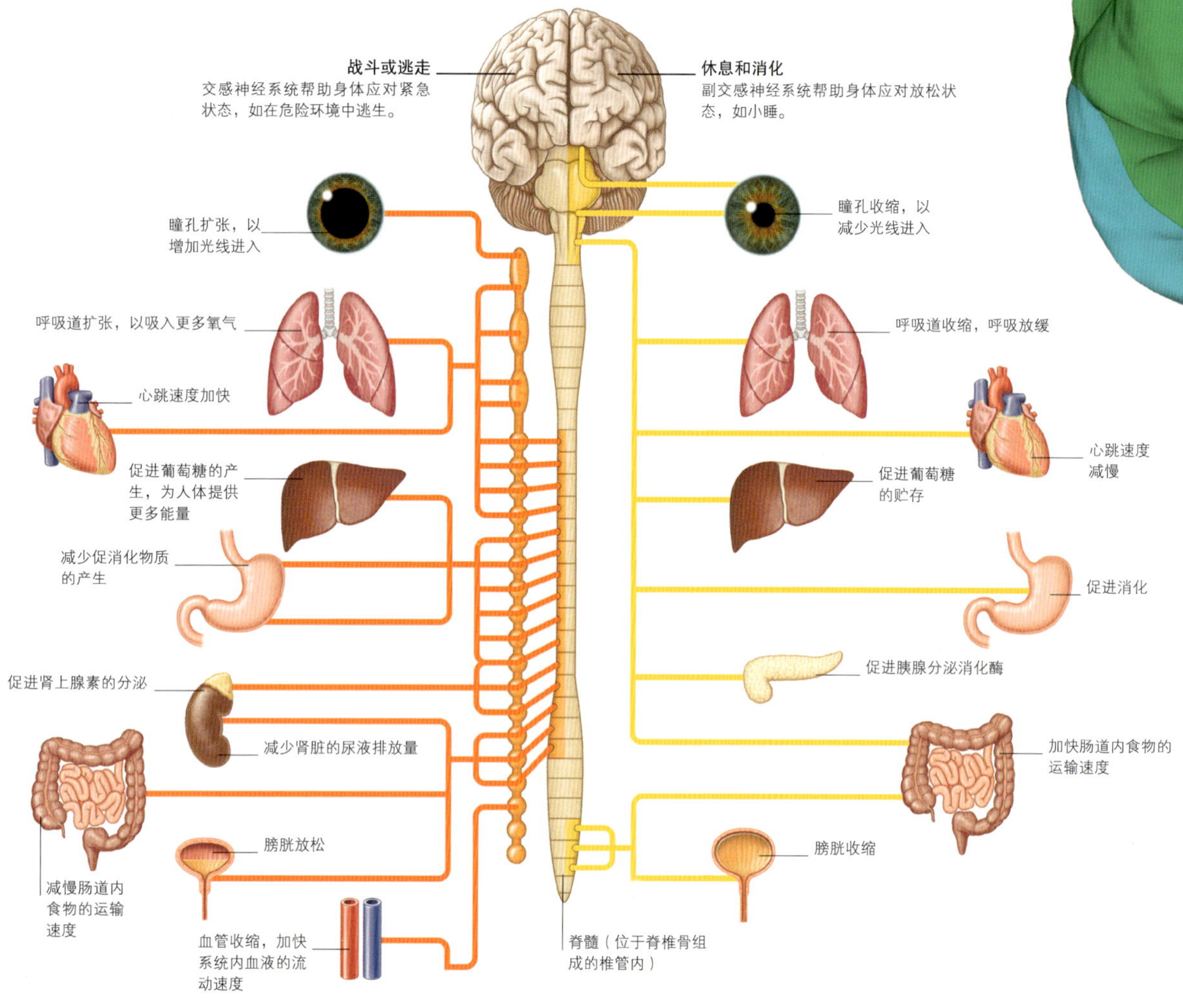

人脑的工作

脑使我们具备感知、思考、学习、记忆等能力。脑部不同区域间的分工有所差别。

感觉功能
人脑中主要有 5 个感觉区域，分别负责处理来自眼睛、耳朵、皮肤、舌头、鼻子这 5 个感觉器官的信号。

语言功能
人脑中的布罗卡区掌管言语能力。韦尼克区和格施温德区有助于语言的学习和理解。

记忆功能
海马区是人脑制造、储存记忆的区域。

运动功能
人脑中的运动皮层区支配身体运动，它将信号传递到肌肉，告知肌肉进行活动。

思维功能
前额叶皮质加工处理人的思维。将思维转变为计划、判断和想法，并帮助人们理解其他人的情绪。

神经之间如何传递信息？

神经系统由数十亿个神经元构成。这些神经元含有许多突起，轴突携带电信号或脉冲，并将其传递至许多更小的树突。再由更小的树突将信号或脉冲传递至下一个神经元。信号通过一系列神经元到达目的地。

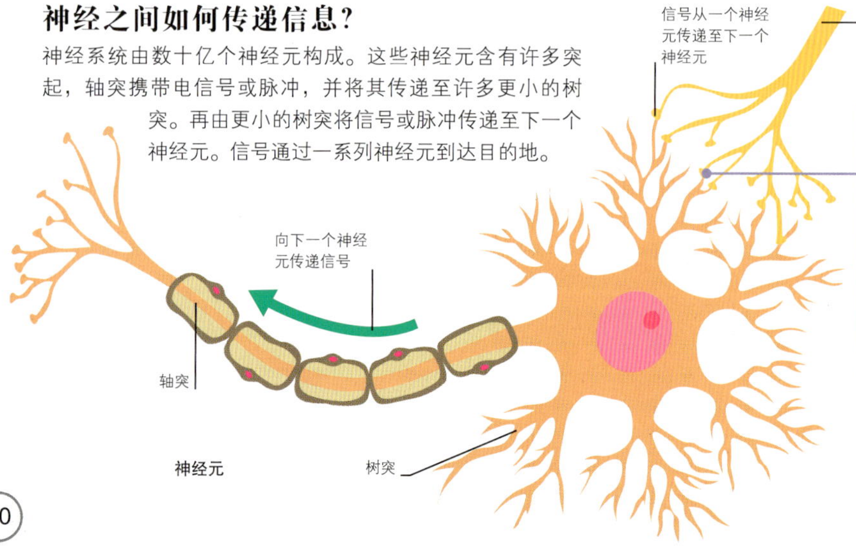

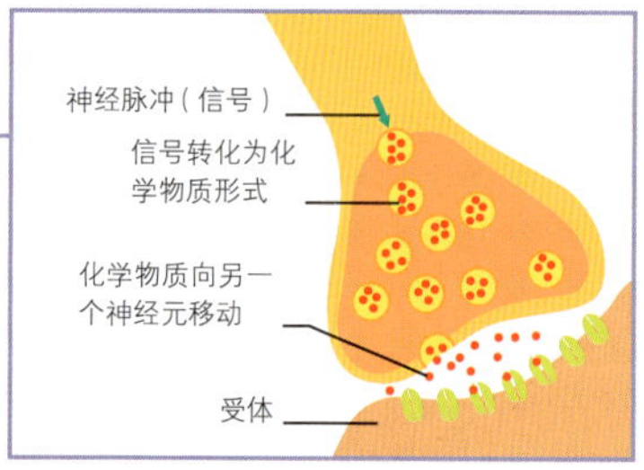

传送信息
神经元间存在突触间隙，神经脉冲转化为化学物质，以便越过突触间隙。

脑部区域

脑部由许多不同部分组成，但是大致可以分为三大主要区域：大脑、小脑和边缘系统。大脑主要处理思想、语言和行为；小脑负责协调运动；边缘系统负责处理情感。

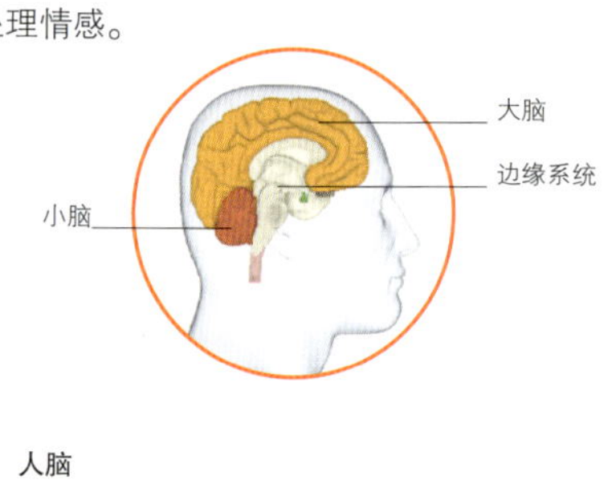

人脑
人脑有许多用于存储信息的褶皱。如果人脑的表面被伸展打开，则它比现在的 2 倍还要大。

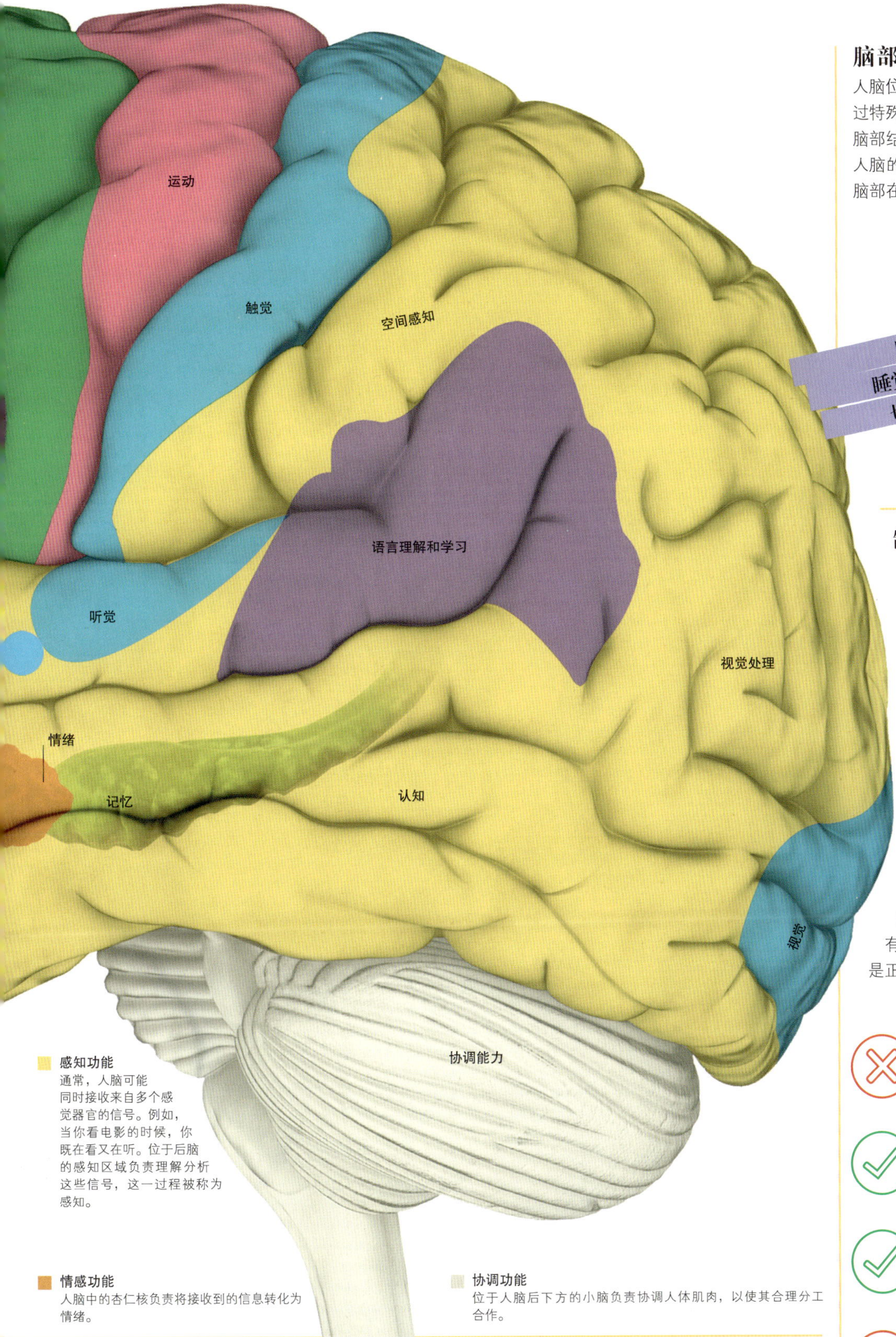

即使是人们睡觉的时候，脑部也一直在工作。

感知功能
通常，人脑可能同时接收来自多个感觉器官的信号。例如，当你看电影的时候，你既在看又在听。位于后脑的感知区域负责理解分析这些信号，这一过程被称为感知。

情感功能
人脑中的杏仁核负责将接收到的信息转化为情绪。

协调功能
位于人脑后下方的小脑负责协调人体肌肉，以使其合理分工合作。

脑部扫描图

人脑位于颅腔内，因此只有通过特殊的扫描仪器才可以看到脑部结构。扫描仪器可以展示人脑的生理结构，也可以突显脑部在工作的部位。

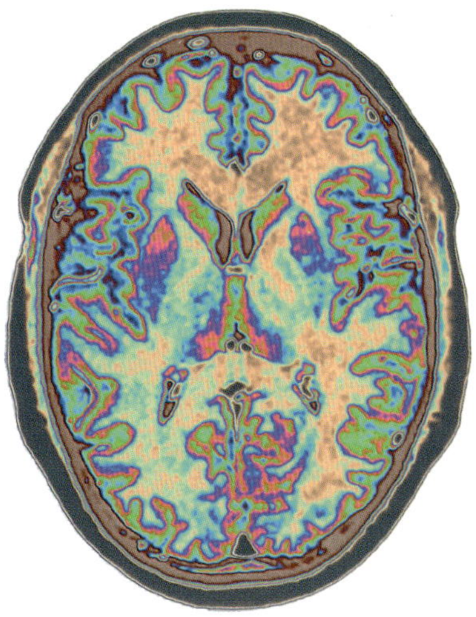

磁共振成像扫描
磁共振成像扫描利用磁性展现脑部不同位置的图像。

制造记忆

人脑通过感官获取信息，将其加工处理为图像或思想，然后将图像或思想作为记忆进行储存。记忆包含短期信息，如仅使用过一次的电话号码，只在拨号的时候才被记住，拨号之后随即忘掉；记忆也包含长期信息，如第一天上学所发生的事情，可能很多年你都不会忘记。

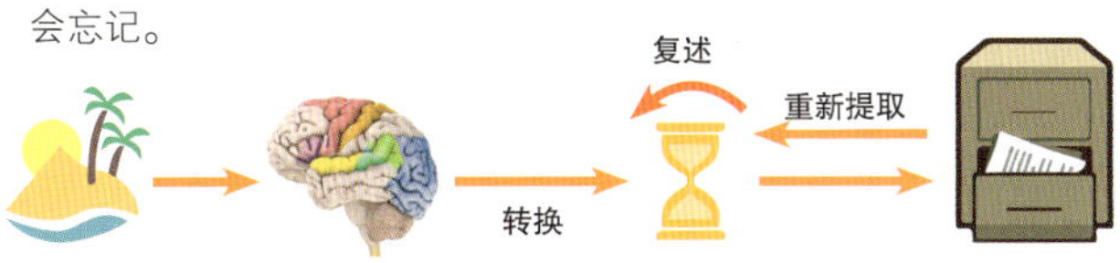

判断对错

人脑非常复杂，我们才刚刚开始了解它的运作方式。有许多关于人脑的观点，一些是正确的，一些是错误的。

我们只使用了人脑的 10%
事实上，我们几乎使用了人脑的全部，以完成每天的日常活动。

3 万个神经元才针尖那么大
这是正确的，人脑中大约包含 1000 亿个神经元。

人脑感觉不到疼痛
人脑中不包含痛觉感受器，因此感觉不到疼痛。

爱因斯坦的脑比普通人的脑要大
事实上，爱因斯坦的脑比普通人的要小一些，脑的大小并不影响智力水平。

人脑的非正常情况

如果人脑的某些部分不能正常工作，则会影响人对世界的认识和理解。

- **失忆**
  因为身体或情感创伤而造成记忆丧失。
- **联觉**
  联觉者会经历错乱的感觉。例如，一些患者在读书或听到数字的时候会看到颜色。
- **痴呆**
  痴呆包含一系列的问题，如思考、记忆、解决问题和语言等方面存在问题。一般情况下，老年人较易患上痴呆。
- **强迫症（OCD）**
  患有强迫症的患者会一直担心某件事情，并且一遍又一遍地重复某种行动。

情绪

脑部负责控制我们的情感。在脑部控制情感的同时，会将情感信号传递到我们的身体上，并伴随某种外部表现。因此，我们的情绪可以被其他人感知。人有 6 种基本情绪，每种情绪都具有独特的面部表达方式。不论是生活在撒哈拉沙漠还是美国纽约的人，同一种面部表情所代表的含义是相同的。

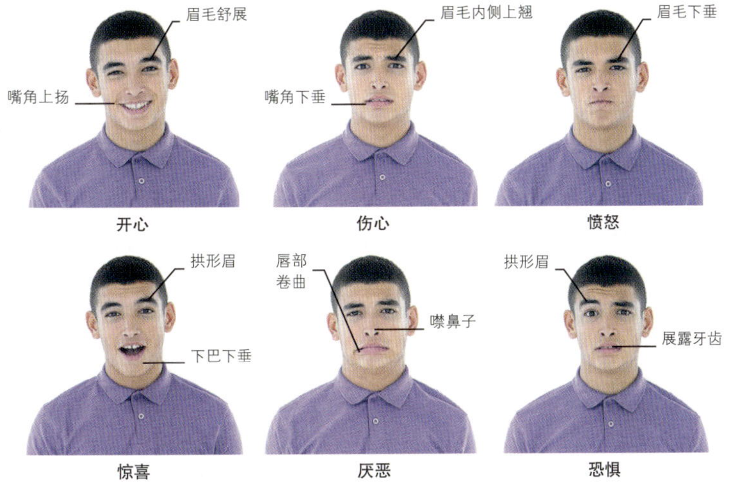

欺骗头脑的小把戏

有时你不能相信自己的眼睛，更准确地说，你无法相信自己大脑所接收到的信息。人脑也可能被欺骗。

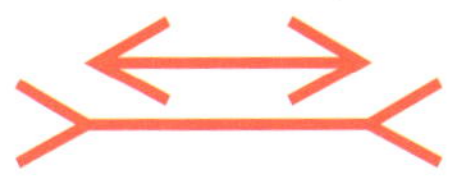

哪条线更长？
是否感觉其中的一条线要更长一些？这是视觉错觉——其实两条线的长度是相同的。

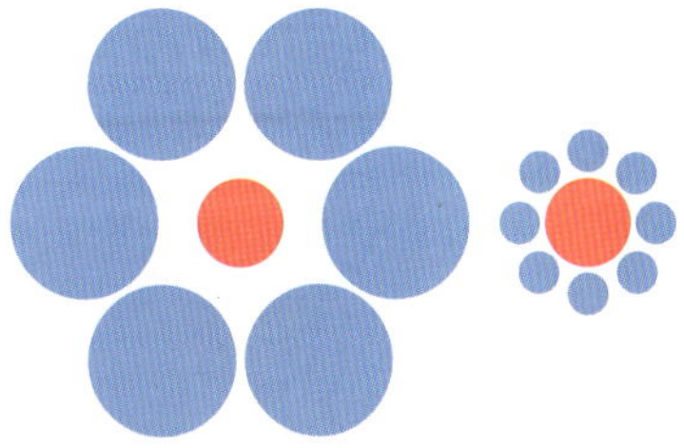

哪个圆更大？
右侧图案中的红色圆看起来更大一些，但实际不是这样的。人脑根据红色圆与周围蓝色圆的关系做了错误判断。

计算机

计算机是电子机器，只需要改变运行程序就可以用计算机做许多不同的事情。如今，计算机变得不可或缺，因为我们用计算机管理着世界——从空中交通管制到个人的移动电话，都离不开计算机的作用。计算机进入家庭后俗称“电脑”。

公元前 600 年 中国人发明了算盘，这是世界上第一种计数工具。

算盘

1666 年 塞缪尔・莫兰发明了一种可以用来加减运算的机器。

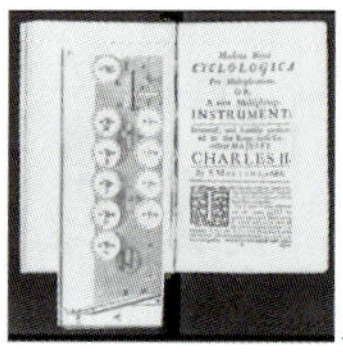

塞缪尔・莫兰的计算器

公元前 600 年

计算机的历史

最原始的计算机器用于数字加减，这对商品交易很重要。之后它们不断改进，直到现代计算机的问世。

1642 年 布莱士・帕斯卡发明了第一台机械计算器——滚轮式加法器，可以自动实现加法运算。

滚轮式加法器

计算机是如何工作的？

计算机通过处理信息来工作：它们输入信息（数据），存储信息（存储器），并根据编好的程序来处理信息，最后显示结果（输出）。

处理器芯片

计算机的处理器就像它的大脑。计算机使用芯片——集成了数十亿个部件的硅片——来实现计算任务。

键盘
键盘和鼠标都是输入设备，通过它们可以将信息输入计算机中。

鼠标

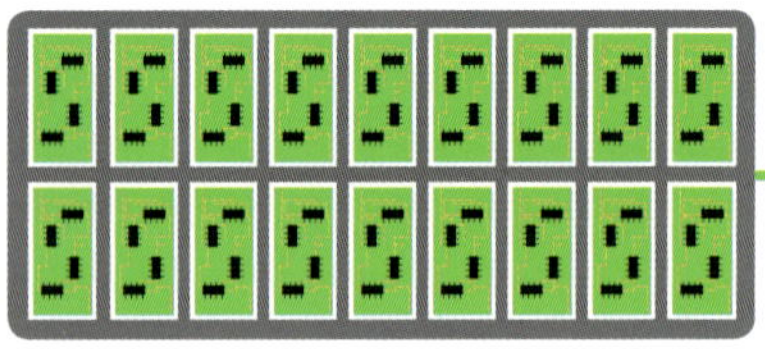

存储器
计算机有两种不同类型的存储器——ROM（只读存储器）和 RAM（随机存取存储器）。

显示器
计算机用显示器来显示处理结果。

输入 存储和处理 输出

软件

软件是已经编好的程序，我们可以用它来让计算机做很多事情。使用软件就可以实现记录文字、编辑照片、使用网络等功能，而不需要自己去编程。

0010 0011 1000 1100
1000 0110 0100 1001
0100 1001 0001 0101

1 二进制编码
计算机只能识别由 0 和 1 组成的二进制编码。

IDLE File Edit Shell Debug Window Help

```
# Ghost Game
from random import randint
print ( 'Ghost Game' )
feeling_brave=True
Score=0
While feeling_brave:
        ghost_door=randint( 1,3 )
        print('Three doors ahead...')
```

2 程序设计语言
程序设计语言用于让计算机执行指令。

3 软件
程序设计语言是用来编写计算机程序（软件）的。

不断瘦身

1949 年，早期的计算机——EDSAC（电子延迟存储自动计算器）占据了一个巨大的房间，被放在 12 个框架上面。如今，个人计算机的计算速度是 EDSAC 的数百万倍，但是却可以很轻巧地放在桌子上或者腿上。

早期的计算机
1949 年

世界上最小的计算机仅 0.3 毫米长，比米粒还小得多。

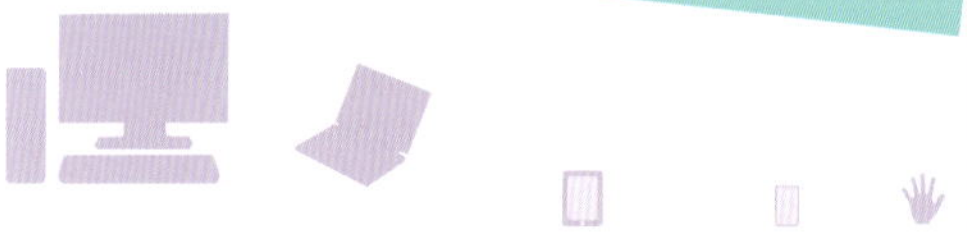

台式电脑 1980 年
笔记本电脑 1983 年
平板电脑 1993 年
智能手机 2007 年

网络

网络是由一系列的事物通过某种方式连接在一起的。计算机网络可以连接计算机和打印机等外部设备。计算机网络主要有三种类型的结构。

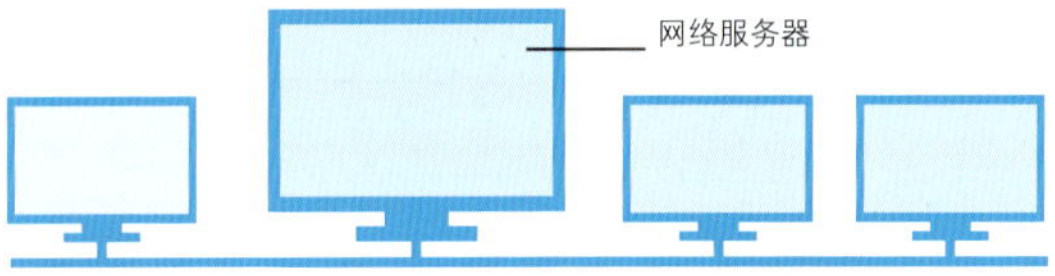

总线网络
总线网络使用一根电缆连接所有的设备。其中的一台计算机作为服务器。

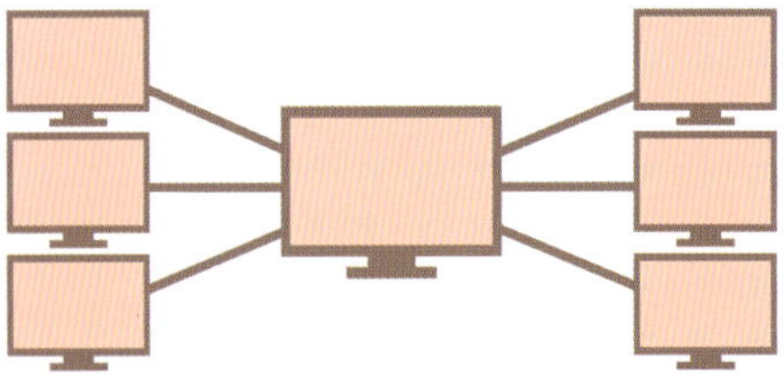

星形网络
星形网络里每台计算机都连接到一个中央枢纽，每台计算机单独使用一根电缆。即使一台设备出现故障，其他设备也不会受到影响。

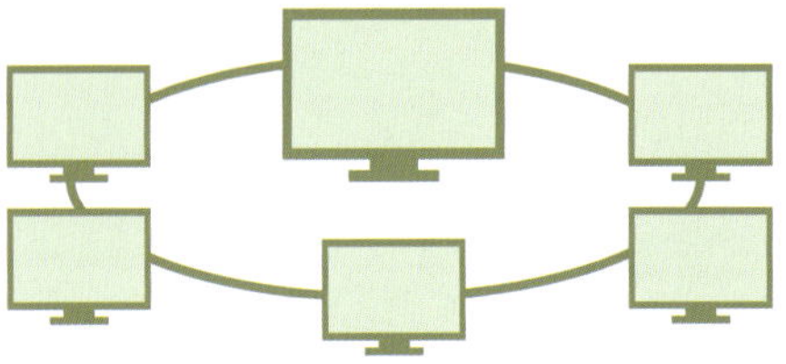

环形网络
环形网络中计算机连成环状，信息向一个方向传送。每台计算机和下一台计算机相连。

超级计算机

解决某些科学问题时需要使用超级计算机，它有着强大的处理能力。有些超级计算机同时使用数万个处理器来解决一个问题。

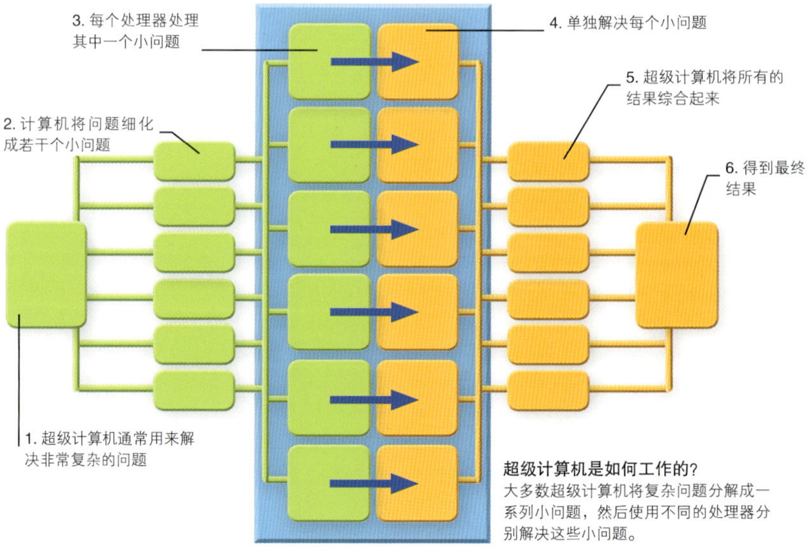

超级计算机是如何工作的？
大多数超级计算机将复杂问题分解成一系列小问题，然后使用不同的处理器分别解决这些小问题。

1805 年
约瑟夫·玛丽·雅卡尔发明的提花织机首次使用了程序——利用打孔的卡片来织布。

1906 年
现代计算机的重要组成部分——真空管诞生。

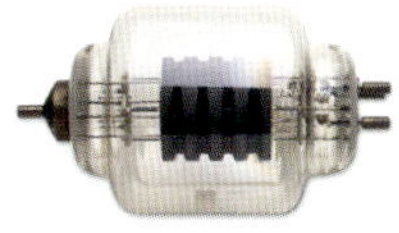
真空管

1943 年
英国工程师托马斯·弗劳尔斯制造了巨人计算机，它是世界上第一台电子化数字计算机，在战争时期用于破解密码。

1946 年
ENIAC（电子数字积分计算机）问世，它是世界上第一台通用电子计算机，重约 100 吨，包含 18000 个电子开关。

1962 年
IBM 公司建立了 SABRE 系统，连接了 1500 个计算机终端。

微芯片

1971 年
英特尔公司推出英特尔 4004 处理器，它是第一个单片机微处理器。

USB

1995 年
USB 第一次被用于将其他设备连接到计算机上。

2007 年
苹果公司推出第一款智能手机 iphone，并大获成功。

2025 年

1822 年
查尔斯·巴贝奇的差分机诞生，它由输入、内存和数字处理器构成。

查尔斯·巴贝奇的差分机

1888 年
赫尔曼·霍利里思制造了第一台用穿孔的卡片制表和分类的机器。

赫尔曼·霍利里思

1941 年
第二次世界大战期间，德国发明家康拉德·楚泽设计了 Z3 计算机，它是世界上第一台可编程的全自动数字计算机。

1947 年
晶体管的发明使得电子元件变得更小。

晶体管

1976 年
世界上第一台超级计算机 Cray-1 问世。

1981 年
IBM 发布了 MS-DOS 操作系统。

1991 年
万维网开始被大众使用。

2019 年
谷歌公司推出量子计算机，它利用现代量子力学规律处理信息。

互联网

互联网是延伸到整个世界的计算机网络，连接着地球上的大部分计算机。每台计算机都有自己的 IP 地址，可以接收或发送数字信息（比如邮件）。

发送一张图片
通过邮件发送文件，如一张图片时，互联网将它分解为许多小片段然后重组。

我们利用互联网做什么？

我们可以利用互联网做各种社交活动，可以是娱乐活动，也可以是商业活动。

电子邮件
电子邮件是发送电子信件的即时手段。

游戏
我们可以通过互联网和远方的朋友玩游戏。

购物
我们可以通过互联网从世界各地购买东西。

社交
我们可以通过网络相互交流。

无处不在的计算机

从个人音乐播放器、智能手机到微波炉和监控摄像机，计算机被用于各种设备。

便携式导航设备

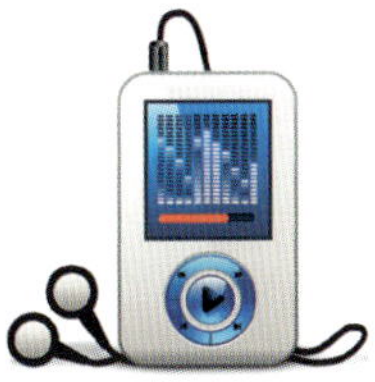
便携式媒体播放器

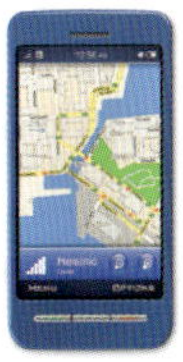
智能手机

数字望远镜

数字收音机

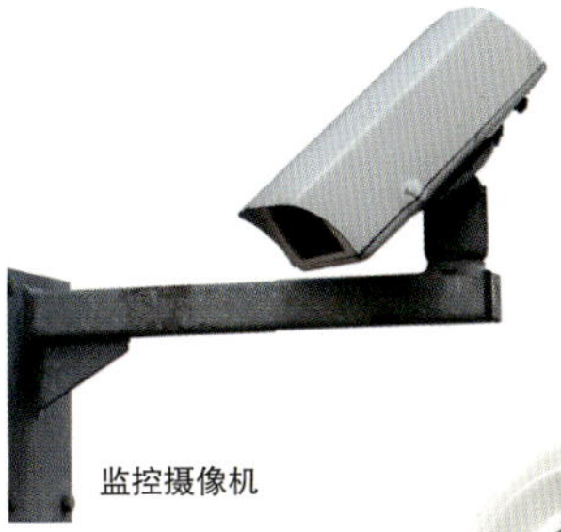
监控摄像机

微波炉

自行车码表

数字时钟

NAO 机器人

发明

发明家的成果在我们身边随处可见。我们用的手机和游戏机，我们坐的椅子，外面的汽车甚至头顶的灯泡都是发明家发明出来的。有些早期的发明，比如轮子，将会永远使用下去。而有些发明，比如矛，已经被新的更有效的东西替代。

公元前 176 万年

燧石手斧

手斧

燧石是一种特殊的岩石，可以被敲碎成尖锐的碎块。石器时代，人们发现这些坚硬的石块可以作为很好的工具。燧石被做成斧头的形状后，就可以用来切肉、刮兽皮、砍木头，还能用作武器。

公元前 3.5 万年

矛

使用手持式武器面临的一个问题就是猎人必须和猎物站得非常近才行，但这样又会比较危险。矛的发明解决了这一问题。猎人可以站在后方较远处瞄准猎物，然后投出武器。早期的矛头用燧石做成。后来的矛头就用到了金属，做成又长又尖的形状。

短矛

公元前 1.75 万年

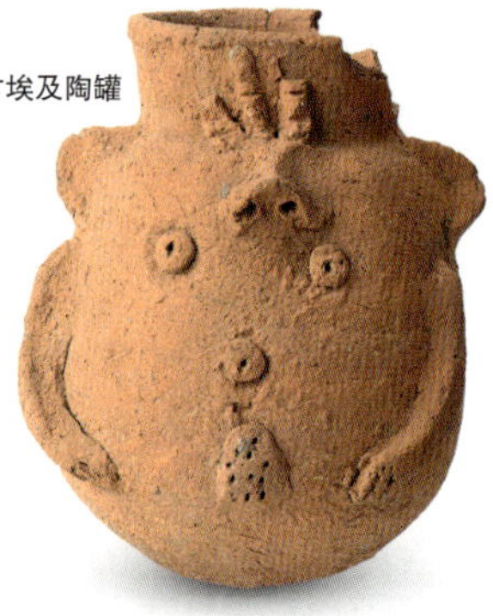

古埃及陶罐

陶器

中国古代的发明家发现，用从地下挖出的黏土做成罐子的形状，然后经烧制硬化就能制作陶器。陶器不透水，所以可以用来盛水或者加热水和食物。

1759 年

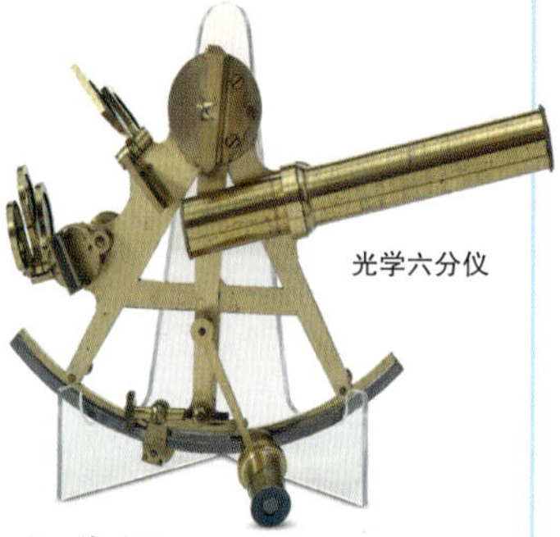

光学六分仪

六分仪

探险家要在海洋中远行，就要有精确的导航仪器。1759 年，英国仪器制造商约翰・伯德改进了六分仪，他的这种六分仪现在还在船上使用，作为当 GPS（全球定位系统）出现故障时的备用导航设备。

1834 年

冰箱

早前，人们一直使用装有冰块的密封的箱子来保存食物。直到 1834 年，美国费城的雅各布・帕金斯发明了制冷机器，这是第一代家用冰箱。

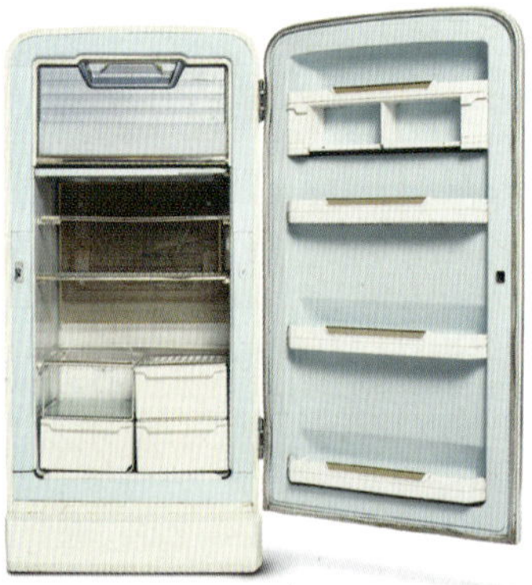

19 世纪 60 年代的冰箱

1862 年

塑料

英国发明家亚历山大・帕克斯试着制造一种在高温下可以改变形状，而在低温下会变硬的合成物质。1862 年，他展示了研制出的新物质“帕克辛”，这是世界上第一种塑料。

现代塑料瓶

1876 年

拨号电话

电话

19 世纪初，人们发现利用电线可以传送信号。1876 年，亚历山大・格雷厄姆・贝尔发明了电话，人们可以利用电线长距离传送声音。电话的发明革新了我们的通信方式。

1878 年

爱迪生改进的灯泡

灯泡

19 世纪，世界上许多科学家进行着关于电灯和照明的实验。美国发明家托马斯・阿尔瓦・爱迪生改良了灯丝，制造了可以持续照明 1200 小时的灯泡。后来，人们不断改进灯泡来节省能源。

1886 年

汽车

1879 年，德国的卡尔・本茨发明了第一台固定式汽油发动机，并决定把它用到“无马马车”上去。1885 年，他发明了一辆拥有紧凑单缸发动机的双座车辆。1886 年，这种车获得了专利，此专利被视为汽车的“出生证明”。

1900 年奔驰 ideal

1895 年

1932 年的盒式无线收音机

无线电通信

1895 年，意大利发明家古列尔莫・马可尼使用无线电波代替电线成功发送了莫尔斯电码。他使用的这种设备后来被称为收音机。

1903 年

飞机

1903 年，美国发明家奥维尔・莱特在美国北卡罗来纳州驾驶一架配备小型汽油发动机的飞机首次飞上了天空。飞机飞行了 12 秒，飞行距离为 36.5 米。过去 5 年，他和他的哥哥威尔伯・莱特在俄亥俄州的工作间里设计机器，终于设计出结实、轻便的飞行器，并且在飞行中可以控制和保持平衡。

莱特兄弟 1903 年发明的飞机的模型

1923 年

20 世纪 50 年代的电视

电视

1923 年，来自英国的约翰・洛吉・贝尔德成为第一个成功发送电视图像的人。1927 年，美国人菲洛・泰勒・法恩斯沃思制造了第一台电子式电视。

公元前 8000 年

斐济独木舟模型

船

早期的人类需要用可以漂浮的筏来捕鱼或者在岛间通行。最早的船是把原木或者竹子捆在一起制作而成。公元前 3000 年左右，人们才发明了金属工具，把树干做成木板船。

公元前 6000 年

木犁

犁

公元前 8500 年之前，人们通过狩猎获取食物，之后才开始种植谷物，比如小麦。人们发明了犁，借助动物的力量耕地。牛拉着犁可以翻耕更多的土地。

公元前 3500 年

轮子

最初的轮子都是实心木盘状，中心有一个洞。陶工用轮子制作陶器。后来，轮子被一根杆连接起来，这根杆叫车轴。这样一来，轮子就能用作交通工具帮助运输人和物料了。

木制轮子

900 年

火药燃烧

火药

中国的炼丹师（早期化学家）使用化学物质做了数个世纪的实验，然后有人发现硝石、硫黄和木炭的混合物可以爆炸，这就是火药最早的配方。这种混合物最初用来驱邪，后来被用作武器。直到 13 世纪，火药配方才传到世界其他地方。

1300 年

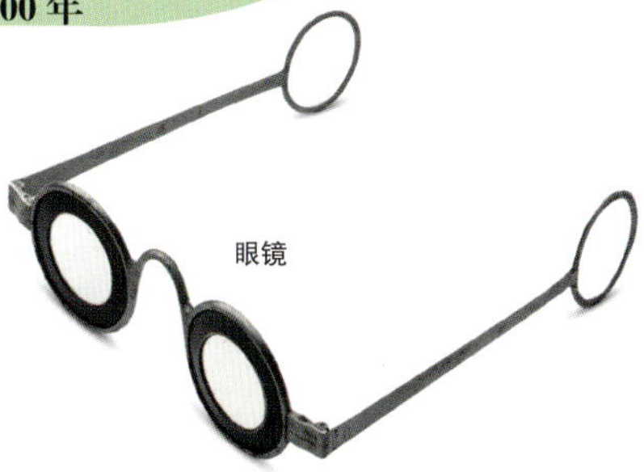

眼镜

眼镜

早期的人类，如维京人，使用矿物晶体作为透镜来增大人们的视野。据说，14 世纪，意大利人发明了眼镜，因为当时意大利的玻璃吹制技术很先进。早期的眼镜镜片用放大镜做成，镜架用骨头、金属或者皮革做成，架在鼻梁上。

1590 年

显微镜

撒迦利亚・扬森是荷兰一个眼镜工匠的儿子，他将一根长管和一些透镜组合起来发明了显微镜。1665 年，英国科学家罗伯特・胡克改进了这个设计，他在边上增加了一个油灯来照亮需要分析的标本。显微镜从此一直被科学家所使用。

罗伯特・胡克显微镜的复制品

1712 年

蒸汽机

第一台蒸汽机是由西班牙发明家赫罗尼莫・德阿杨斯在 1606 年发明的，用来从水井里面提水。后来又有其他一些蒸汽机问世，如 1712 年托马斯・纽科门发明的蒸汽机。但是，直到詹姆斯・瓦特在蒸汽机上加了压缩机（将水蒸气冷却成水）和齿轮（使机器速度更快）后，蒸汽机才成为工厂、煤矿和交通工具中的有效动力来源。

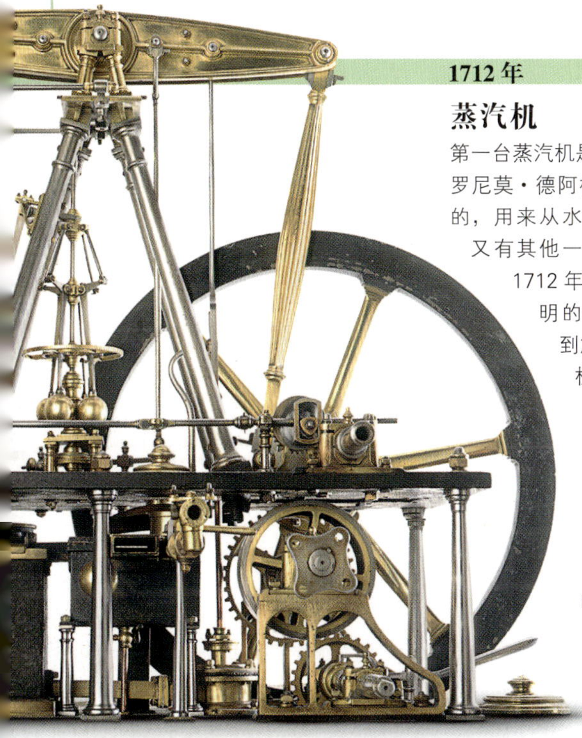

詹姆斯・瓦特蒸汽机的复制品

1928 年

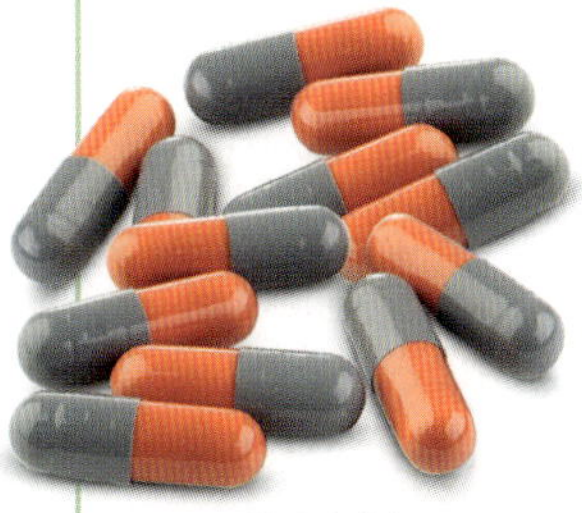

抗生素药物

抗生素

英国生物学家亚历山大・弗莱明发现青霉素可以杀死很多种细菌，这个发现改变了现代医学的进程。现在，有许多种抗生素能有效抑制细菌、真菌和寄生虫。

1946 年

计算机

世界上第一台通用电子计算机 ENIAC 诞生于美国。这种巨大的计算机在接下来的几十年里变得越来越小，功能也越来越强大。

1977 年，康懋达公司生产的个人电脑

1957 年

太空卫星

1957年10月4日，苏联发射了第一颗人造卫星，名字叫作“斯普特尼克”1号。这颗卫星就像沙滩排球一样大，绕地球运行一周需要 98 分钟。“斯普特尼克”1 号卫星的发射标志着太空时代的到来。

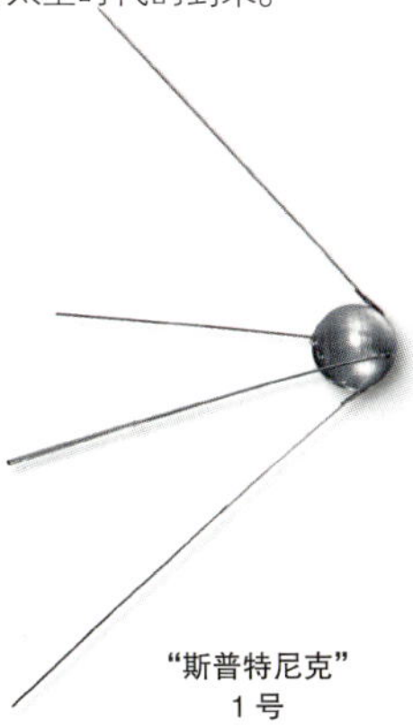

“斯普特尼克”1 号

1973 年

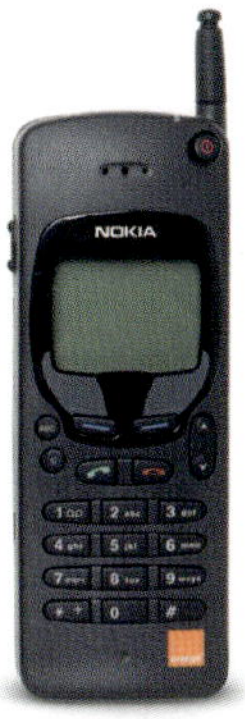

20 世纪 90 年代的移动电话

移动电话

在美国摩托罗拉公司工作的马丁・库珀发明了第一部移动电话。它像砖头一样大，虽然在之后 10 年中都没有面向普通大众出售，但是它标志着个人移动通信的开始。

1989 年

万维网

20 世纪 70 年代，美国计算机科学家文顿・瑟夫开发了一套允许全世界微型计算机网络互相发送文件的系统。1994 年，英国计算机科学家蒂姆・伯纳斯－李创建了我们至今仍在使用的万维网。任何人，只要拥有联网计算机，就可以访问万维网。

地球上有近 80 亿人，约 41 亿人都在使用网络。

2010 年

3D 人体器官

3D 打印发明于美国。20 世纪 80 年代以来，人们就开始根据数字信息制造三维物体。最近几年，科学家开始使用 3D 打印机制造人体器官和身体组织。

数字

数字是用来表示数量的符号。数千年以来，数字都被用来表示某些东西的“多少”。最初人们只用到了自然数，到后来才出现了分数（小数）和负数。

数字符号

许多古代文明使用了各种形式的符号表示数字。现今的印度–阿拉伯数字表示方式在数学计算中最为简单方便。

现今的印度–阿拉伯数字	1	2	3	4	5	6	7	8	9	10
玛雅数字	𝋡	𝋢	𝋣	𝋤	𝋥	𝋦	𝋧	𝋨	𝋩	𝋪
汉字中的数字	一	二	三	四	五	六	七	八	九	十
罗马数字	I	II	III	IV	V	VI	VII	VIII	IX	X
古埃及数字	𓏺	𓏻	𓏼	𓏽	𓏾	𓏿	𓐀	𓐁	𓐂	∩
古巴比伦数字	𒁹	𒈫	𒐈	𒐉	𒐊	𒐋	𒑂	𒑄	𒑆	𒌋

加法

加法是表示两个或者多个数之和的运算。数字之间用“+”表示。

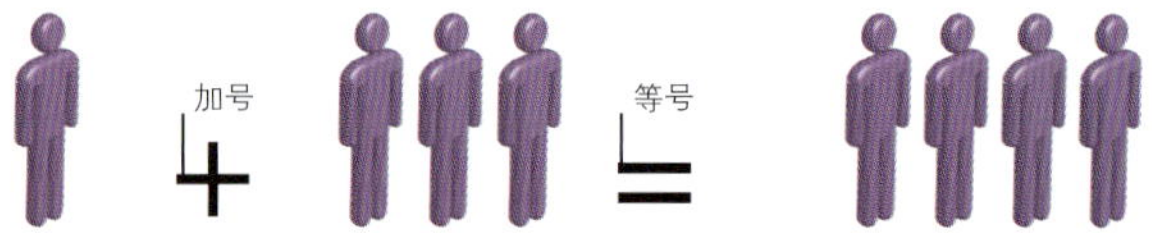

1 + 3 = 4

加数　加数　和

减法

减法是表示在最初的数中减去一个数的数学运算。数字之间用“–”表示。

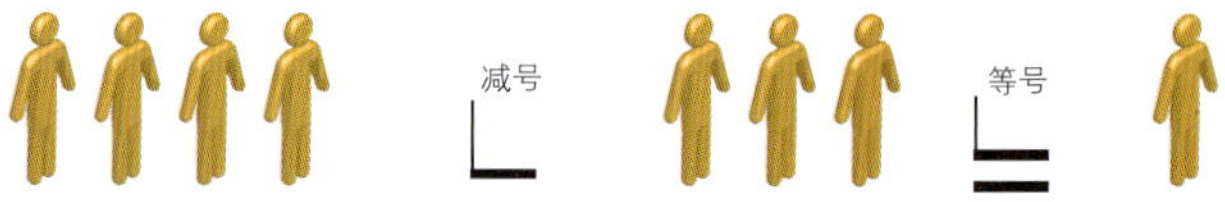

4 – 3 = 1

被减数　减数　差

乘法

乘法在重复相加时非常有用。例如，每行有 13 个人，计算 9 行人的总人数，可以重复把 13 相加 9 次，或者计算 13 与 9 的积。

13 × 9

乘号

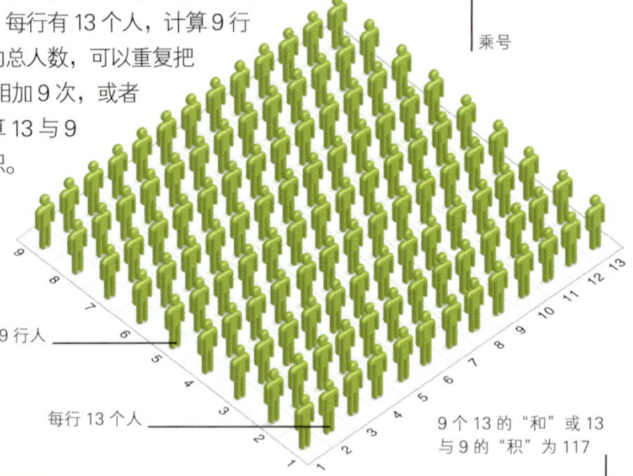

13×9 =13+13+13+13+13+13+13+13+13 =117

10 ÷ 3

除号

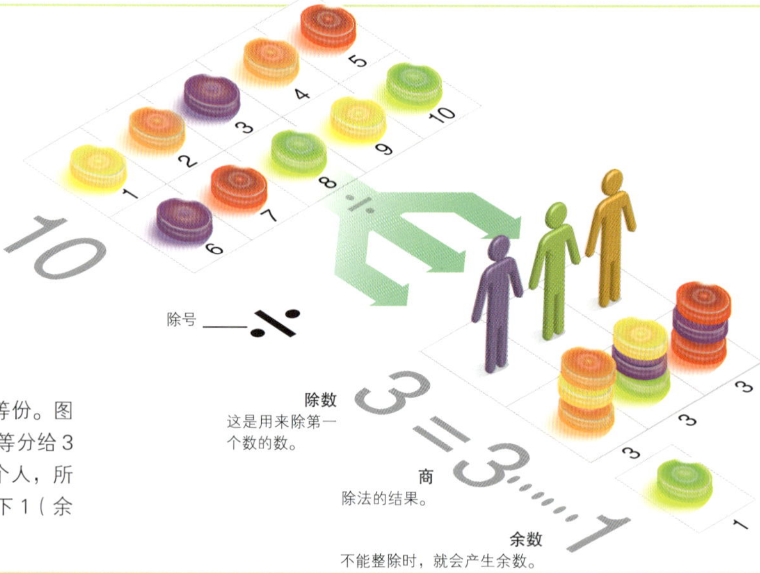

除法

除法用来表示将一个总数分成几等份。图中的例子解释了将 10 个甜点等分给 3 个人。实际上不可能平均分给 3 个人，所以每人分到 3 个甜点后，还会剩下 1（余数）个甜点。

幂

幂表示一个数自乘若干次。例如，“5×5×5×5”称为 5 的 4 次幂，写成 5^4。

5^3 — 指数，表示有多少个底数相乘（5^3 表示 5×5×5）

底数

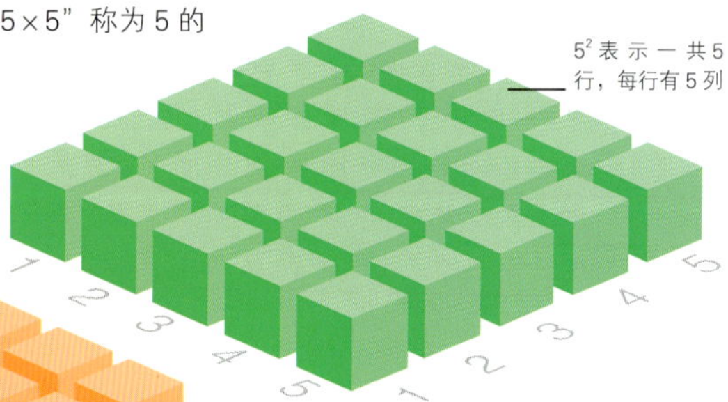

平方

$5 \times 5 = 5^2$
$=25$

5^2 称为 5 的平方

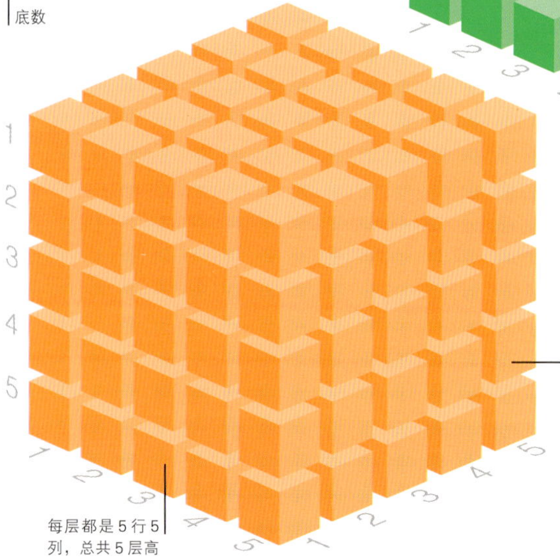

立方

$5 \times 5 \times 5 = 5^3$
$=125$

5^3 称为 5 的立方

数列

数列表示按照某种规律排列在一起的一组数，比如下面一组数中，后一个数等于前一个数加 2。

一个简单的数列

这个数列的规律就是后一个数等于前一个数加 2。

这个数列中每个数都比前面一个数多 2

+2　+2　+2　+2

2，4，6，8，10，……

第一个数是 2，所以第二个数应该是 2+2

第五个数是 10

后面就不需要写出来了

斐波那契数列

这是一个非常著名的数列，这个数列也经常出现在日常生活中，比如某些花瓣的花瓣数和海螺壳的结构。

从第三项开始，数列中每个数是前两个数字之和

1+1　1+2　2+3　3+5　5+8

1，1，2，3，5，8，……

数列从 1 开始

数列按照同样的规律无限延伸

正数和负数

正数比 0 大，负数比 0 小。

小数

小数部分用于表示一个整数的十分之几或者百分之几……

分数

分数是表示一个物体或者一个数的一部分的方法。比如，把一个蛋糕平均切成 2 份，每份都是原来的二分之一，表示成$\frac{1}{2}$。

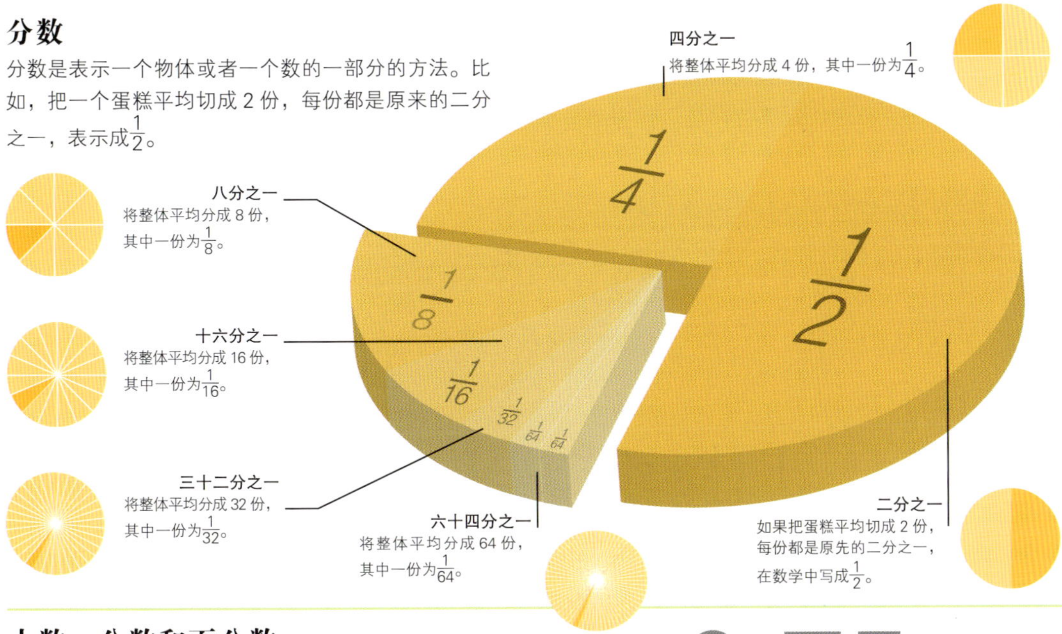

百分数

百分数是表示一个物体或者一个数的一部分的另外一种方法。在百分数中，一个整体（比如一个班级）表示百分之百，写成 100%。半个班级就可以表示成 50%。这样，一个整体就可以分成很多小份，所有小份之和为 100%。

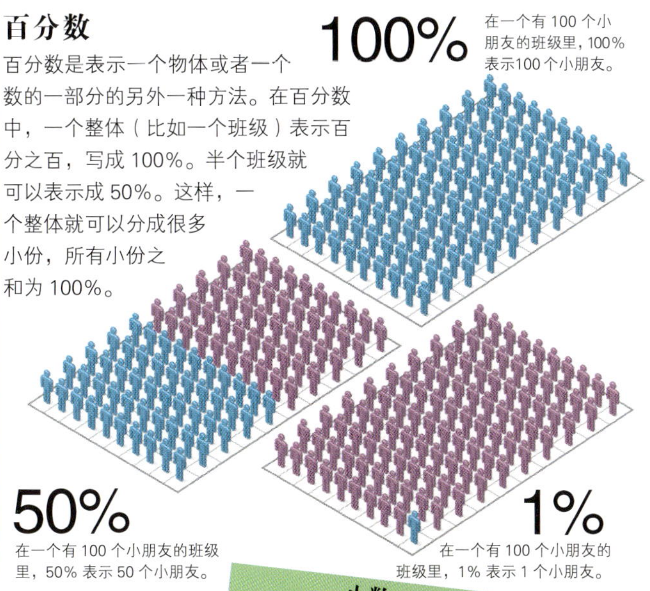

小数、分数和百分数

这些都是表示一个数的一部分的方法（比如 0.5 米、蛋糕的$\frac{1}{2}$或班级人数的 50%）。小数、分数和百分数之间可以相互转换。比如，$\frac{3}{4}$可以写成 0.75、75%。

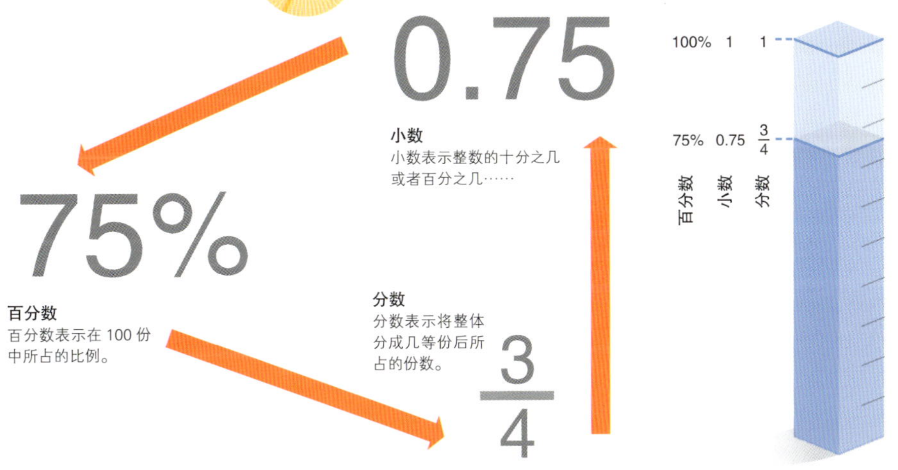

小数、分数和百分数都是同一个数的不同表示方法。

常用的数

下表列出了一些常用的小数、分数和百分数。

小数	分数	百分数	小数	分数	百分数
0.1	$\frac{1}{10}$	10%	0.625	$\frac{5}{8}$	62.5%
0.125	$\frac{1}{8}$	12.5%	0.667	$\frac{2}{3}$	66.7%
0.25	$\frac{1}{4}$	25%	0.7	$\frac{7}{10}$	70%
0.333	$\frac{1}{3}$	33.3%	0.75	$\frac{3}{4}$	75%
0.4	$\frac{2}{5}$	40%	0.8	$\frac{4}{5}$	80%
0.5	$\frac{1}{2}$	50%	1	1	100%

质数

质数是不能被除了它本身和 1 以外的数整除的数。比如，13 只能被 13 和 1 整除。可以被其他数整除的数叫作合数。

1	2	3	4 (2)	5	6 (2 3)	7	8 (2)	9 (3)	10 (2 5)
11	12 (2 3)	13	14 (2 7)	15 (3 5)	16 (2)	17	18 (2 3)	19	20 (2 5)
21 (3 7)	22 (2 11)	23	24 (2 3)	25 (5)	26 (2 13)	27 (3)	28 (2 7)	29	30 (2 3 5)
31	32 (2)	33 (3 11)	34 (2 17)	35 (5 7)	36 (2 3)	37	38 (2 19)	39 (3 13)	40 (2 5)
41	42 (2 3 7)	43	44 (2 11)	45 (3 5)	46 (2 23)	47	48 (2 3)	49 (7)	50 (2 5)
51 (3 17)	52 (2 13)	53	54 (2 3)	55 (5 11)	56 (2 7)	57 (3 19)	58 (2 29)	59	60 (2 3 5)
61	62 (2 31)	63 (3 7)	64 (2)	65 (5 13)	66 (2 3 11)	67	68 (2 17)	69 (3 23)	70 (2 5 7)
71	72 (2 3)	73	74 (2 37)	75 (3 5)	76 (2 19)	77 (7 11)	78 (2 3 13)	79	80 (2 5)
81 (3 27)	82 (2 41)	83	84 (2 3 7)	85 (5 17)	86 (2 43)	87 (3 29)	88 (2 11)	89	90 (2 3 5)
91 (7 13)	92 (2 23)	93 (3 31)	94 (2 47)	95 (5 19)	96 (2 3)	97	98 (2 7)	99 (3 11)	100 (2 5)

图例

17

质数

表格中绿色框里面的数是质数。

42（2 3 7）

合数

蓝色框里的数是合数。它可以被合数下面更小的质数整除，比如 42 可以被 2、3、7 整除。

代数

当数学家想要解出一个等式中缺失的数的时候，他们先用一个符号表示这个缺失的数。比如 2 加上一个数（用 *b* 表示）等于 8。

变量

用字母表示的未知数称为变量。

代数式

代数式是以代数形式编写的语句，如 2 + *b* = 8。

答案：$b = 6$

平均数

平均数是一组数的平均值，等于这组数的和除以这组数的个数。

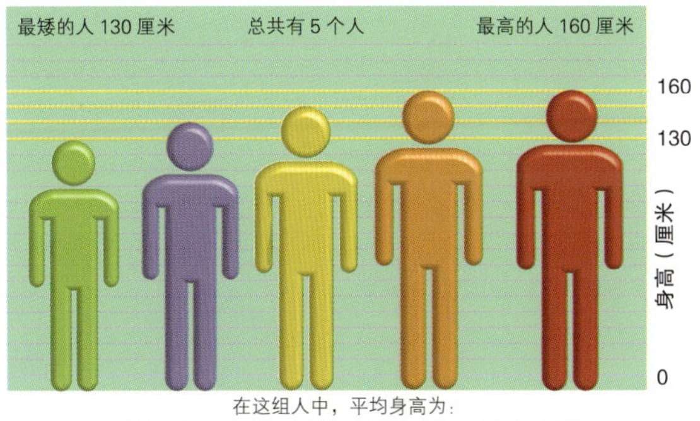

在这组人中，平均身高为：

（130 + 140 + 150 + 160 + 160）÷ 5 = 148（厘米）

几何

几何是数学的一部分，几何的研究对象是点、线、角、形状和体积。用几何可以得到距离、面积和体积，在小到建筑学，大到天文学等领域都有广泛应用。

常见的角

把一条射线沿着端点转一圈，射线就会回到起始位置。因此，围绕一个点转动一圈可以得到一个周角，角度为 360°；转半圈会形成一个平角，角度为 180°。

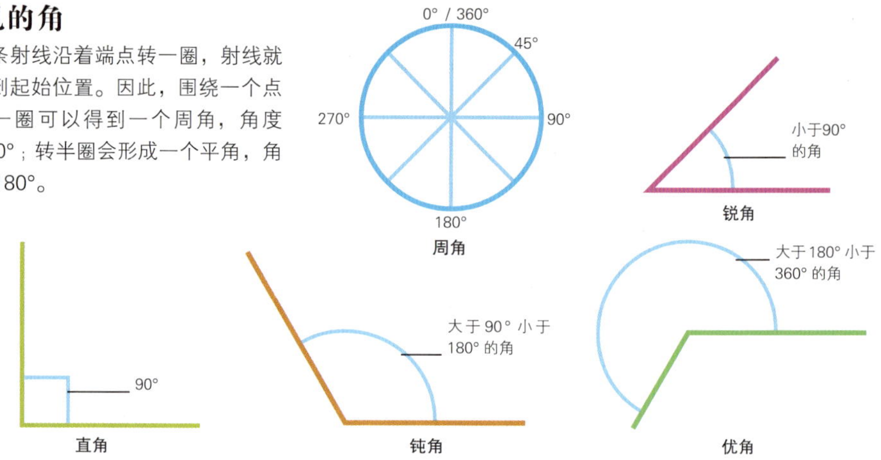

三角形

由 3 条或 3 条以上的线段首尾顺次相接构成的平面图形叫作多边形。三角形由 3 条线段连接而成，是最简单的多边形。三角形内角和等于 180°。三角形有好几种不同的类型。

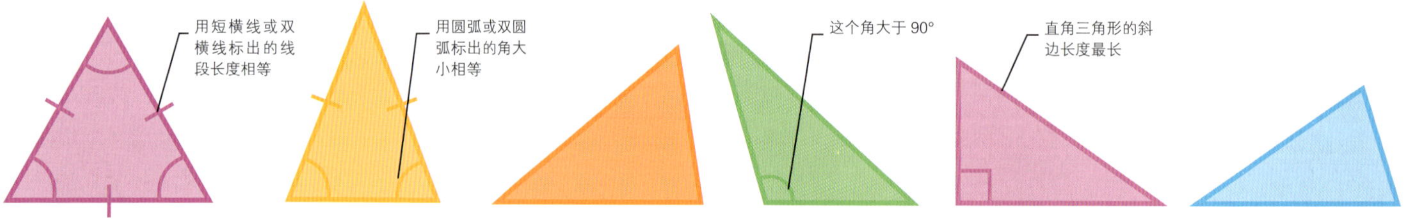

等边三角形 这种三角形的3条边长度相等，3个内角相等，都是60°。

等腰三角形 这种三角形有两条长度相等的边。这两个对称的角是相等的。

不等边三角形 这种三角形有 3 条不同长度的边以及 3 个各不相等的内角。

钝角三角形 这种三角形有一个角大于直角，即大于 90°。

直角三角形 直角三角形内角中有一个直角，即 90°。

锐角三角形 这种三角形包含 3 个锐角，即各内角均小于 90° 。

四边形

由 4 条线段组成的多边形叫作四边形。它们有 4 个顶点（4 条边相交的点）。四边形 4 个内角和等于 360° 。四边形有好几种不同的类型。

正方形 正方形的 4 条边长度相等，且 4 个内角也相等。相对的边互相平行。

长方形 长方形就像一个加长版的正方形：长方形有 4 个直角和两对平行的边。但是一对边的长度比另一对长。

菱形 菱形具有 4 条相等的边，其中相对的角两两相等。

平行四边形 平行四边形具有两对两两相等的对边和两对两两相等的对角。相对的边是互相平行的。

梯形 梯形有一对相对的边互相平行，但是长度不等。

风筝形 风筝形有两对长度相等的邻边，以及一对相等的对角。

多边形

多边形是具有 3 条或者多条边的封闭平面几何图形。通常根据边数来命名多边形。例如，有 6 条边的多边形就是六边形。多边形的边数和角数相等。多边形的形状可以是规则的，各边和各角相等；也可以是不规则的，各边和各角不等。

三角形 具有 3 条边和 3 个角。

四边形 具有 4 条边和 4 个角。

五边形 具有 5 条边和 5 个角。

六边形 具有 6 条边和 6 个角。

七边形 具有 7 条边和 7 个角。

八边形 具有 8 条边和 8 个角。

九边形 具有 9 条边和 9 个角。

十边形 具有 10 条边和 10 个角。

十一边形 具有 11 条边和 11 个角。

十二边形 具有 12 条边和 12 个角。

十五边形 具有 15 条边和 15 个角。

二十边形 具有 20 条边和 20 个角。

圆

圆是围绕中心点，并以一定长度为距离旋转一周所形成的封闭曲线。从中心点到圆上任何一点的距离都相等。在数学中，圆的每个部分都有自己的称呼。

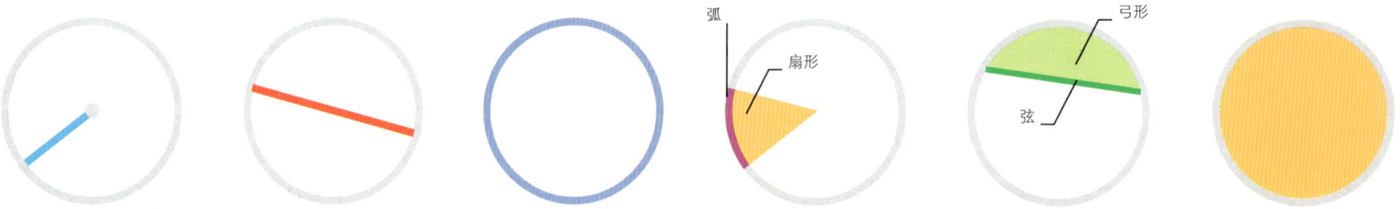

半径 半径是从圆心到圆上任意一点的线段。

直径 直径是从圆上一点经过圆心到达圆上另外一点的线段。

周长 周长是绕圆一周的长度。

弧和扇形 弧是圆的一部分。扇形是弧和经过弧两端的两条半径所围成的区域。

弦和弓形 弦是连接圆上任意两点的线段。弓形是弦和它所对的较小的弧围成的区域。

面积 面积是圆所围成的平面区域的大小。

圆周率 π

圆的周长与直径的比值是个常数，略大于3，这个数叫作 π。我们不可能精确地写出 π 的大小，因为 π 是无限不循环小数。

$\pi = 3.14159265\cdots\cdots$

圆周率

计算面积

二维图形的面积是它内部区域的大小。一些多边形的面积可以用公式来计算。

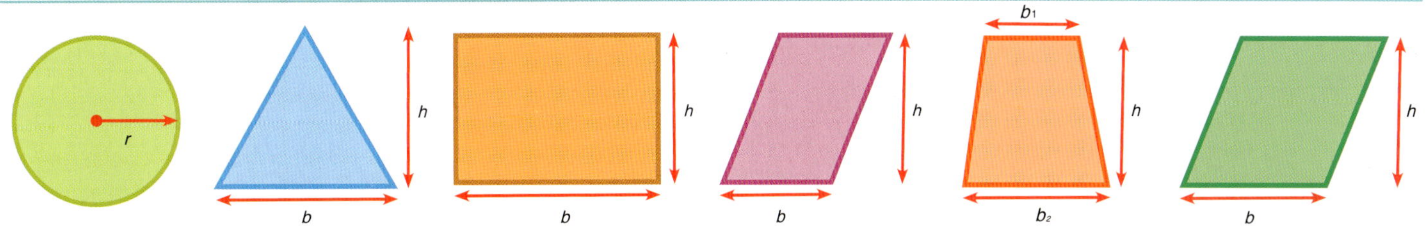

面积 $= \pi r^2$

圆
圆的面积等于 π 乘以半径的平方。

面积 $= \frac{1}{2}bh$

三角形
三角形的面积等于底边乘以高除以 2。

面积 $= bh$

长方形
长方形的面积等于长乘以宽。

面积 $= bh$

平行四边形
平行四边形的面积等于底边乘以垂直高度。

面积 $= \frac{1}{2}(b_1+b_2)h$

梯形
梯形面积等于互相平行的两边之和乘以高，再除以 2。

面积 $= bh$

菱形
菱形的面积等于底边乘以高。

毕达哥拉斯定理

这个定理以古希腊数学家毕达哥拉斯的名字命名，也叫勾股定理。毕达哥拉斯发现，基于直角三角形的每条边各画一个正方形，最大的正方形面积等于较小的两个正方形面积之和。

几何学的英文单词"geometry"由希腊语演变而来，是"geo"和"metria"的组合。"geo"意为地球，"metria"意为测量。

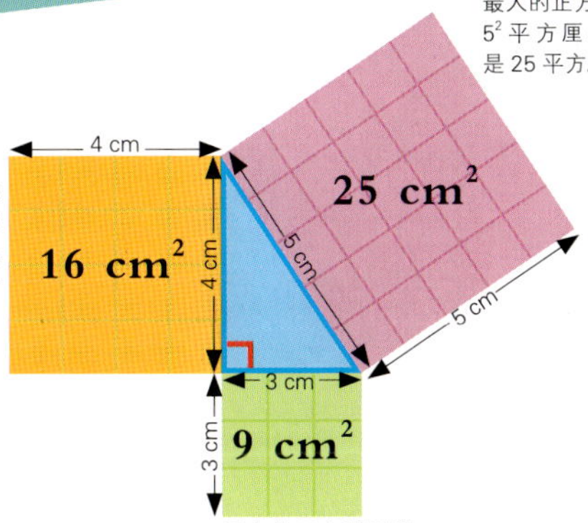

最大的正方形面积为 5^2 平方厘米，也就是 25 平方厘米。

较大的正方形面积为 4^2 平方米，也就是 16 平方厘米。

最小的正方形面积为 3^2 平方厘米，也就是 9 平方厘米。

定理的应用
如果已知直角三角形的两个直角边长度，可以用毕达哥拉斯定理计算斜边的长度。

$a^2 + b^2 = c^2$

计算体积和表面积

体积是三维图形所占据的空间的大小。表面积是三维图形各个表面面积之和。

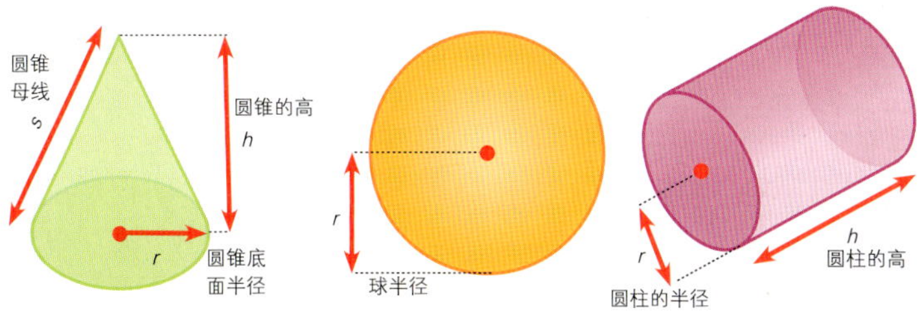

表面积 $= \pi rs + \pi r^2$
体积 $= \frac{1}{3}\pi r^2 h$

圆锥
用底面半径、高度和母线长计算圆锥表面积。用高度和半径计算圆锥体积。

表面积 $= 4\pi r^2$
体积 $= \frac{4}{3}\pi r^3$

球
球的表面积和体积只与半径有关，因为公式的另一部分是 π，而 π 是一个常数（约为 3.14）。

表面积 $= 2\pi r(h+r)$
体积 $= \pi r^2 h$

圆柱
圆柱的表面积和体积可以通过半径和高求出来。

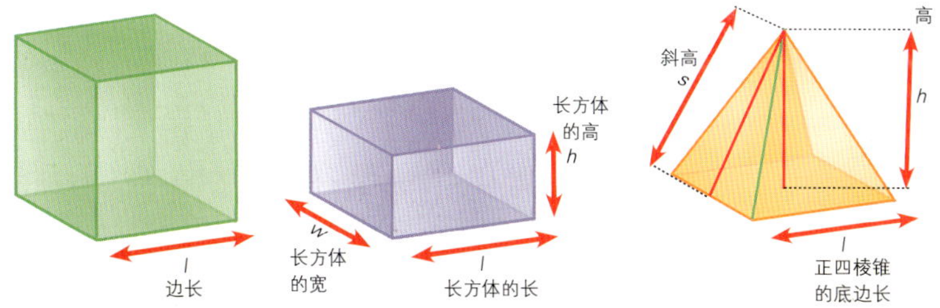

表面积 $= 6l^2$
体积 $= l^3$

立方体
立方体的表面积和体积只需要用边长就可以求出来，不需要其他的信息。

表面积 $= 2(lh+lw+hw)$
体积 $= lwh$

长方体
只要知道长方体的长、宽和高，就可以求出长方体的表面积和体积。

表面积 $= 2ls+l^2$
体积 $= \frac{1}{3}l^2 h$

正四棱锥
正四棱锥的表面积可以通过斜高和底边长求出。它的体积通过底边长和高求出。

旋转对称

如果一个平面图形围绕一点转过一定角度后和原图形一模一样，我们就说这个图形具有旋转对称性。旋转对称的阶数指的是一个图形围绕中心点有多少种旋转方式可以和原图形完全重合。

等边三角形
等边三角形是 3 阶旋转对称图形。当它围绕中心点旋转时，有 3 种方式可以和原图形一模一样。

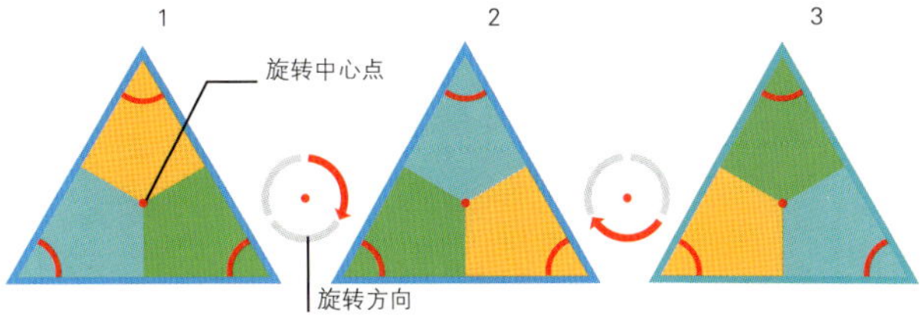

正方形
正方形围绕中心点旋转时，有 4 种方式能使旋转的结果和原图形完全重合，因此阶数为 4。

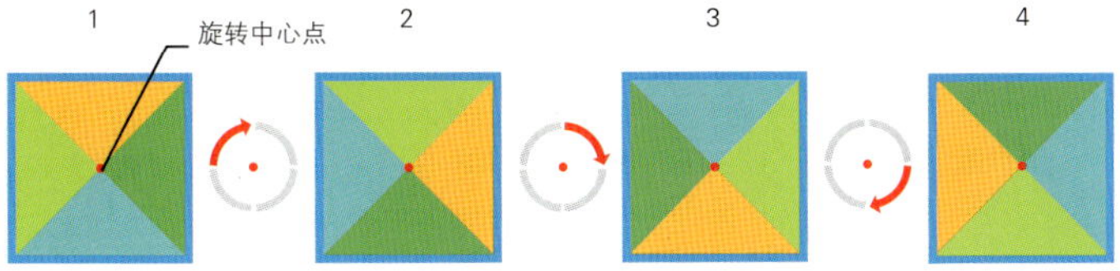

轴对称

通过镜面反射可以呈现一个物体的镜像，就像湖中山的倒影。如果一个平面图形可以分成两个部分，每个部分都是另外一个部分的镜像，我们就称这个图形具有轴对称性。把这个图形分成两个对称图形的线称为对称轴。

等腰三角形
等腰三角形具有轴对称性：对称轴两侧边长及角都相等，对称轴垂直于底边并将底边分成相等的两份。

等边三角形
等边三角形沿每条边的中点都可以画出一条对称轴。

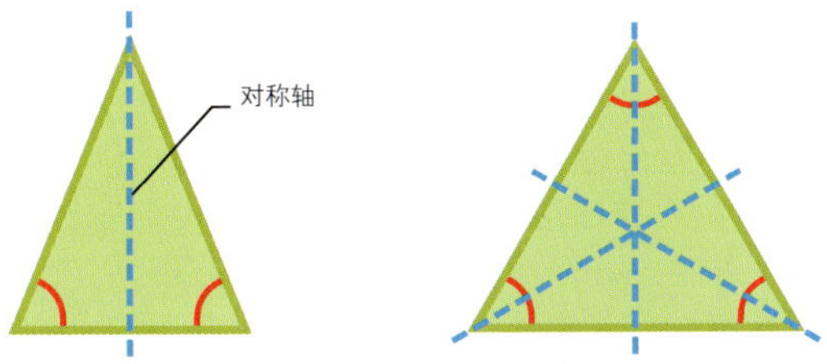

七巧板

任何用线段围成的图形都可以分割成多个三角形。如果把一张纸切割成许多不同的三角形，这些三角形可以重新组合成多种不同的形状。七巧板游戏是一个智力拼图游戏，把一个正方形分割成 7 个多边形，其中大部分是三角形，这些多边形可以重新组合成许多新图形。

七巧板　　用七巧板拼成的图形

汽车

第一辆现代汽车发明于 19 世纪末。最初的汽车被称为“无马马车”，它们是速度慢的敞篷汽车。相比之下，现代的汽车速度快，而且可以用汽油、柴油或者电力驱动。

汽车是如何工作的？

驱动车轮转动的动力来自汽车内部的内燃机。在发动机内部，空气与汽油或者柴油混合、压缩后被电火花点燃。

1. 发动机内部
空气和汽油（或者柴油）由活塞吸进发动机的气缸，然后在气缸内压缩后，由电火花引燃来提供能量。

2. 挂挡
活塞的运动速度非常快，但是汽车要启动需要更多的动力和较低的速度。齿轮可以控制汽车所需要的动力和速度。

3. 转动车轮
齿轮带动驱动轴转动，而由于车轮连接在驱动轴上，所以车轮也被转动起来。

4. 前进
车轮比驱动轴要大很多，所以车轮转动时会迅速移动很长的距离，这样汽车就前进了。

最热卖的汽车品牌

1901年，全世界仅仅售出了600 辆汽车。如今，全球汽车年销量达到 9130 万辆。下面这些型号的汽车非常畅销。

1 **丰田卡罗拉**
这是世界上销量最大的汽车，自 1966 年上市至今，这款日本汽车全球累计销量超过 4300万辆。

2 **福特 F 系列**
自 1948 年生产至今，福特 F 系列皮卡全球累计销量达 4000万辆。

福特 F 系列汽车
1948 年

3 **大众高尔夫**
1974 年推出以来，大众高尔夫一直广受欢迎，全球累计销量达 3000 万辆。

4 **大众甲壳虫**
首次生产于 1933 年，全球共销售了 2350 万辆。

大众甲壳虫汽车
1948 年

5 **拉达・里瓦**
1980 年上市的拉达・里瓦，是 1966 年老款车型的升级版，全球累计销量 1900 多万辆。

6 **本田思域**
在 1972 年生产思域之前，本田差点就要停止生产汽车了。本田思域全球累计销量 1850 万辆。

7 **本田雅阁**
这是第一款在美国生产的日本汽车。本田雅阁从 1976 年生产以来，全球累计销量 1800 万辆。

8 **福特T型车**
这款车价格低廉，是大众可以买得起的平价车。1908~1927 年，共销售 1700 多万辆。

9 **大众帕萨特**
自 1973 年以来，七代帕萨特总共售出了 1500 多万辆。

10 **雪佛兰羚羊**
自 1958 年诞生以来，全球累计销量超过 1500 万辆。

由法拉利出产的 F8 Tributo 超级跑车的速度能够在 9 秒内达到 200 千米 / 时。

玛莎拉蒂格兰特主义跑车
2011 年

法拉利 F8 Tributo 跑车
2019 年

超级跑车

速度更快、动力更强劲、造型更华丽的汽车被称为超级跑车。这些车的材质和性能都是顶尖级别的，而且非常昂贵。人们看到超级跑车后往往会惊呼“哇哦”。超级跑车的制造数量通常非常有限。

奔驰 1 号汽车

1850 年

1886 年
奔驰 1 号汽车是第一辆以汽油为燃料的三轮汽车。

1893 年
杜里埃四轮汽车是第一辆由汽油提供动力的四轮汽车。

1901 年
洛纳 – 保时捷是第一辆混合动力汽车，可以由电池和汽油提供动力。

1903 年
梅赛德斯 Simplex 60HP 的速度能达到 120 千米 / 时。

梅赛德斯 Simplex 60HP 汽车

1908 年
福特 T 型车成为第一款大众可以买得起的汽车。

1910 年
位于苏格兰的阿盖尔汽车公司拿到了第一个四轮刹车系统的专利。

阿盖尔
小型轿车

1913 年
福特开始运行第一条汽车生产线。

1928 年
宾利赢得了勒芒 24 小时耐力赛冠军。

宾利 4.5 升赛车

1934 年
雪铁龙开路先锋成为第一款成功面向大众的前轮驱动汽车。

雪铁龙开路先锋汽车

1948 年
捷豹 XK120 的速度达到 200 千米 / 时。

1954 年
梅赛德斯 – 奔驰 300SL“鸥翼”成为第一款速度超过 241 千米 / 时的汽车。

汽车随时间的演变

第一辆汽油驱动的汽车最快速度可达 19 千米 / 时。从那以后，技术的发展让汽车变得更便宜、更安全、更快速，目前一些汽车的速度可以达到 480 千米 / 时。

越野车

这种汽车通常用来行驶在复杂的路面上，比如泥泞或不平整的道路。因为这种汽车的 4 个轮子都由发动机驱动，所以这种汽车也被称为四驱车。这样的设置使每个轮子都可以转动，能够使汽车驶出泥泞的道路。

路虎系列 1 越野车
1949 年

梅赛德斯－奔驰 G300D 越野车
1993 年

路虎揽胜越野车
2002 年

悍马 H3 越野车
2008 年

丰田普拉多越野车
2007 年

未来的汽车将是绿色能源车

混合动力汽车有两个动能来源：一个是汽油或柴油发动机，另一个是电动机。当汽车使用汽油或柴油发动机工作时也在给电动机充电，所以电动机也可以用来驱动汽车。这种汽车消耗较少的能源，造成的污染也比别的汽车少。纯电动汽车是最环保的。

福特锐际混合动力汽车，2009 年
在美国纽约，这种车被越来越多地用作出租车。

特斯拉 Model 3 电动汽车，2017 年
这款汽车是纯电动汽车。

宝马 i8 混合动力跑车，2014 年
这款混合动力跑车的速度可以达到 250 千米 / 时。

迈凯伦 F1 GT 跑车
1997 年

布加迪“威龙”跑车
2005 年

柯尼塞格 Agera RS 跑车
2015 年

兰博基尼“飓风”跑车
2014 年

保时捷 918 Spyder 跑车
2015 年

赛车

赛车分为多种形状和尺寸。每一种都是为特定的比赛而设计，比如世界一级方程式锦标赛（F1）、拉力赛、耐力赛，以及改装车比赛。

F1 赛车：迈凯伦－梅赛德斯赛车，2008 年
由 2008 年世界冠军刘易斯・汉密尔顿驾驶。

巡回赛车：梅赛德斯－奔驰赛车，2003 年
这辆车在 10 次德国房车大师赛（DTM）中赢得了 9 次冠军。

耐力赛：标致赛车，2009 年
法国勒芒 24 小时耐力赛的冠军，由三人组成的小组驾驶。

改装车比赛：丰田凯美瑞赛车，2009 年
布莱恩・维克斯用这款混合动力车赢得了 Carfax 400 比赛的冠军。

电动汽车

电动方程式锦标赛：DS E-TENSE FE19 第 2 代赛车，2020 年
由 2019 年世界冠军让－埃里克・维尔涅驾驶。

纪录缔造者

多年来，制造商不断努力改进车辆性能以超越其他竞争者。下面是一些里程碑式的“纪录缔造者”。

首款平价车

汽车问世初期，通常只有富人才开得起。亨利・福特在 1908 年改变了这个状况。他发明了大众能买得起的福特 T 型车。

福特 T 型车

路上速度纪录

1997 年，在美国内华达州沙漠地区，一款超声速汽车——超声速“推进”号使用两台涡轮喷气发动机，行驶速度达到 1228 千米 / 时，超过声速。

超声速“推进”号汽车

可以上路行驶的最小的汽车

这款车由奥斯汀・科尔森公司于 2012 年在美国设计，大约 63.5 厘米高、65.41 厘米宽、126.47 厘米长，刚好达到能够上路的尺寸标准。

最贵的车

2019 年，布加迪公司发布了一款世界上最贵的车：La Voiture Noire。这款车造价将近 1550 万欧元（约合人民币 1.2 亿元），速度可以达到 420 千米 / 时。

最快的量产车

最快的量产车是布加迪凯龙。这款车的速度在 2019 年就达到了 490.484 千米 / 时，它配有一个 8 升四涡轮 W16 发动机。

梅赛德斯－奔驰 300SL“鸥翼”汽车

1959 年
这种袖珍的迷你车节约了空间，激发了人们对经济型汽车的需求。

迷你车

1971 年
克莱斯勒的帝国系列轿车引进了一种可靠的电子式四轮防抱死制动系统（ABS），称为 Sure-Brake 系统。

1982 年
德国博世公司生产出了第一个全数字化的电控燃油喷射系统。

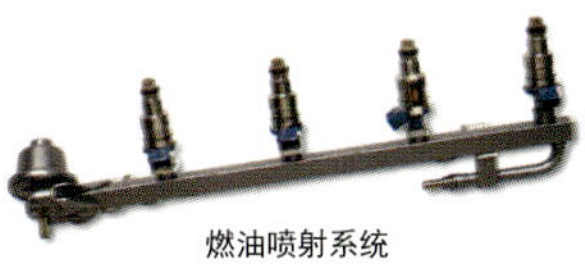

燃油喷射系统

2019 年
布加迪凯龙突破了 482 千米 / 时的速度极限，其最快速度可达490.484 千米/时。

2025 年

1958 年
阿斯顿・马丁 DB4 的速度达到 227 千米 / 时。

阿斯顿・马丁 DB4 汽车

1966 年
兰博基尼缪拉的速度达到 275 千米 / 时。

兰博基尼缪拉汽车

1973 年
汽车催化转化器被发明出来。这个装置可以过滤汽车尾气，减少污染。

催化转化器

1997 年
丰田普锐斯是第一款量产的混合动力汽车。

丰田普锐斯混合动力汽车

2008 年
特斯拉推出了第一款纯电动汽车，Roadster。

特斯拉 Roadster 纯电动汽车

拖拉机

拖拉机是用来拉货物的车辆，特别用于拉大型农用机械。拖拉机使用特殊的齿轮箱将发动机的功率全部转化为拉力，所以拖拉机的速度不快。旧式的拖拉机用煤作燃料，而现在则使用柴油作燃料。

现代拖拉机的结构

现代拖拉机通常体形巨大且功率强大。4 个巨大的车轮轮胎上有深深的花纹，使拖拉机可以在潮湿泥泞的地面上行驶。而牢固的驾驶室即使在拖拉机倾翻的情况下，也可以保障驾驶员的安全。此外，拖拉机上的挂钩可以连接其他农用机械，而拖拉机上的动力输出轴也可以为其他农用机械提供动力。

插座
用于提供电力。比如为机器上的刹车灯提供电力。

液压悬挂装置
用来装卸重物。

三点悬挂装置
其他机械可以通过这个连接点连接到拖拉机上。

拾取装置
驾驶员可以用这个装置钩住其他设备。

动力输出轴
从拖拉机获取动力以提供给连接在拖拉机上的其他农用机械。

农场上的一年

农民依季节劳作，因为种子和作物只有在合适的条件下才能生长。在从培育土地到收获庄稼的每个阶段，拖拉机都是非常有用的。

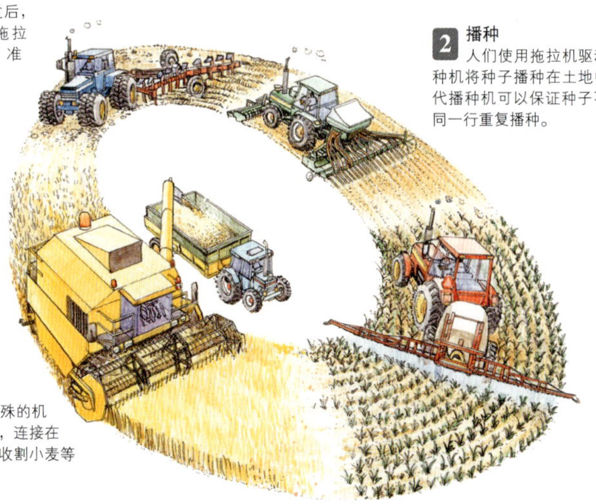

1 犁地和耕作
每次丰收过后，农民都会使用拖拉机来犁地耕作，准备再次播种。

2 播种
人们使用拖拉机驱动的播种机将种子播种在土地中。现代播种机可以保证种子不会在同一行重复播种。

3 播撒肥料
撒肥料机连接在拖拉机后面，将促进农作物生长的肥料播撒到土地中。

4 丰收
农民们将特殊的机械，比如收割机，连接在拖拉机上，以便收割小麦等农作物。

初代拖拉机

19 世纪 60 年代，人们发明了拖拉机，取代了马在农场中的作用。这些拖拉机装有蒸汽发动机和很大的金属车轮，在后面还有个座位。

艾威农业摩托
1903 年

Mogul 8-16 拖拉机
1915 年

莫林通用 D 型拖拉机
1918 年

农用拖拉机

汽油拖拉机发明于 19 世纪 90 年代，可以提供巨大的拉力，是农场中不可或缺的工具。

阿利斯－查默斯 U 型拖拉机
1933 年

约翰迪尔 B 型拖拉机
1935 年

希尔曼拖拉机
1941 年

福格森 TE-20 拖拉机
1947 年

戴维布朗 850 拖拉机
1962 年

YTO 180 拖拉机
2013 年

费尔德曼迷你 16 拖拉机
2014 年

索利斯 20 拖拉机
2014 年

履带式拖拉机

从 20 世纪 20 年代开始，农场开始使用履带式拖拉机，也叫链轨式拖拉机。这种拖拉机用履带代替车轮，可以在湿滑的地面和陡峭的山地中安全行驶。

乔治维达尔葡萄园拖拉机
1925 年

万国 T20 型拖拉机
1933 年

卡特彼勒 D7 拖拉机
1948 年

约翰迪尔 MC 拖拉机
1950 年

布雷达 50TCR 拖拉机
1952 年

马歇尔科隆尼尔 A 级拖拉机
1908 年

泰坦国际 D 型拖拉机
1910 年

双子城 40-65 拖拉机
1913 年

克莱顿和沙特沃尔思－多萝西拖拉机
1914 年

泰坦 10-20 拖拉机
1919 年

格拉斯哥拖拉机
1919 年

斯堪尼亚通用型拖拉机
1919 年

富勒 BB1 拖拉机
1920 年

麦赛・哈里斯 101 初级型拖拉机
1939 年

驾驶室由防倾杆加固，以在拖拉机倾翻时保护驾驶员

厚厚的轮胎和轮胎上的花纹可以使拖拉机避免在泥泞的地面上打滑

发动机隐藏在引擎盖下

麦赛福格森 8740S 拖拉机
2019 年

凯斯 L 型链轨式拖拉机
1938 年

卡特彼勒 D2 拖拉机
1942 年

马歇尔拖拉机
1958 年

明尼阿波利斯－莫林 Motrac 拖拉机
1960 年

万国 TD14 拖拉机
1944 年

1880 年

拖拉机的历史

从 1869 年美国第一台由马牵引的蒸汽拖拉机出现至今，拖拉机的发展可谓突飞猛进。

1892 年
在美国艾奥瓦州，约翰・弗勒利希发明了第一台可以使车辆前进和后退的汽油发动机。

1896 年
人们用霍恩斯比－阿克罗伊德公司生产的发动机来给英国第一代汽油拖拉机提供动力。

霍恩斯比－阿克罗伊德拖拉机

1908 年
澳大利亚拖拉机工业开始于第一代麦克唐纳帝国型拖拉机。

麦克唐纳帝国型拖拉机

帕维奇阿美瑞卡拖拉机

1913~1917 年
此时正值欧洲陷入第一次世界大战，意大利帕维奇公司意识到了用军用拖拉机取代马来拉重型负载的需求，从而制造了名为帕维奇阿美瑞卡的拖拉机。

1918 年
福特森 F 型拖拉机是第一款大规模量产并投入市场的平价拖拉机。

福特森 F 型拖拉机

1924 年
万国收割机公司发布了法尔毛型拖拉机，这是一款集拖拉机与翻耕、耕种、收割功能为一体的机械。

1931 年
卡特彼勒拖拉机厂生产出了第一台柴油拖拉机——卡特彼勒 60 型拖拉机。

卡特彼勒 60 型拖拉机

1940 年
第二次世界大战期间，英国皇家空军使用了能够牵引飞机的拖拉机。

1958 年
探险家埃德蒙・希拉里乘坐拖拉机到南极探险。

Doe Triple-D 型四驱拖拉机

1964 年
英国农场主乔治・普赖尔制造了第一台双头拖拉机——Doe Triple-D。

1990 年
杰西博（JCB）公司发布了当时最快的拖拉机 Fastrac，速度高达 64 千米/时。

杰西博 Fastrac 拖拉机

2013 年
印度成为世界上最大的拖拉机生产国。

2019 年
美国约翰迪尔公司发布了纯电动无人驾驶拖拉机。

2025 年

卡车和挖掘机

人们常常会对在路上和工地中看到的各种车辆感到好奇。这些车的形状、大小不同，功能也各异。

用途

卡车可以装运各种货物。罐车常用来运输油和其他液体，而大型运输车还能装载其他车辆。有些卡车，如道路铺砂机、垃圾车和救护车，能提供重要的服务。

最长的卡车被称为“公路列车”，它同时牵引着几十个车厢。

建筑施工
水泥搅拌车、挖掘机、推土机对于建设施工来说至关重要。

应急车辆
消防车和警车等专用车，通常用来应对紧急情况。

货运
大货车和铁路货车能长距离运输重物。

专业车辆
高度专业化的车辆，如履带式挖掘机，能够执行特定作业。

轻型卡车

虽然有些轻型卡车只有小汽车一般大小，但是它们却结实耐用，十分实用。这些轻型卡车适于运输少量货物，便于在狭小的空间内作业。

三轮卡车

小型平板车

铲车

轻运货车

小型自卸卡车

中型卡车

同城运货车和提供公共服务的卡车，例如垃圾车和车辆抢修车，往往都是中型卡车。

街道清扫车

带小型起重机的轻运货车

运货车

垃圾车

重型卡车

这些大型车辆有非常强大的发动机和坚固的结构，可以运输重型货物。它们常以铰链连接，即一台牵引机拖着一辆拖车。最大的卡车是矿用自卸卡车，通常用来装载大量的土石。

巨轮卡车

厢货车

木材运输卡车

混凝土搅拌车

汽车被装载在运输车的甲板上

大型载重运输车

油罐车

大货车

自卸卡车

液压

液压指的是利用充满液体的管子给机器提供动力。由于液体不能被压缩到更小的空间里，因此可以在充满油的管道中施加压力。如果管道一端比另一端更宽，则压力会增大。

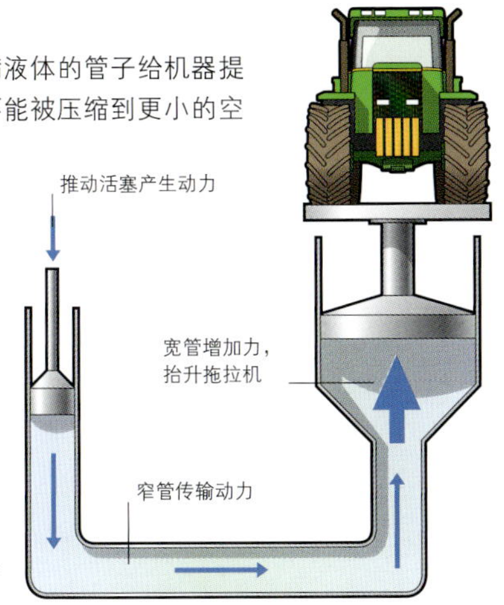

液压油缸是怎样工作的？
因为抬升管比增压管更宽，所以抬升的力就被增强了。

起重机

车载起重机能在建筑工地搬运非常重的物体。起重机的发动机驱动液压泵，液压泵能够使起重机吊臂上下移动进行工作。

巨型机械

世界上最大的自卸卡车（也叫超级搬运工），大约有8米高。这些庞大的机器常用于矿山中，它们能够搬运500吨的货物，约相当于100头大象的重量。最大的液压挖掘机有10米高，重达980吨。它们每小时能够铲挖将近1000吨材料。

超级搬运工

液压挖掘机

应急车辆

最重要的是那些用于拯救生命的车。消防车上备有梯子、水箱和其他工具。装甲特警车常被军队和警察使用，而救护车则用于将病人送到医院。

房车

救护车

警车

特警车

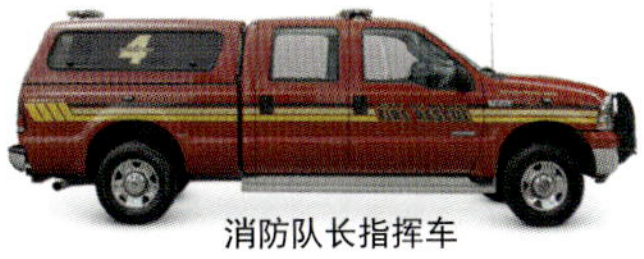
消防队长指挥车

飞机牵引车

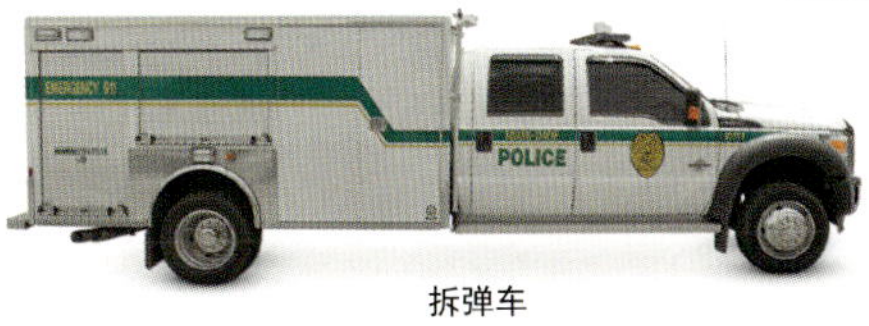
拆弹车

消防车

挖掘机

挖掘机又称挖土机，它们利用动臂一端的铲斗来挖掘。轮式挖掘机适用于在较硬的地面作业，而履带式挖掘机则适合在泥土中作业。装载机用来从地面铲起砾石等松散的材料。

挖掘装载机

前端装载机

履带式装载机

小型挖掘机

轮式挖掘机

履带式挖掘机

经验丰富的操作人员使用挖掘装载机表演特技，被称为“用挖掘机跳舞”。

火车

1804 年，英国工程师理查德 · 特里维西克尝试着把一台蒸汽发动机安装在四轮马车上，它能轻而易举地拉动重物，而在此之前，这些工作是由马来完成的。如今的火车借助柴油或电力，行驶得既快又平稳。当然，还有更先进的磁悬浮列车。

蒸汽机

蒸汽机靠燃烧煤或者其他燃料产生的热能运行。蒸汽机锅炉内的水被加热沸腾，由此产生的蒸汽进入汽缸，推动活塞运动。活塞连接着车轮，带动车轮转动。

1 活塞向下移动
蒸汽从锅炉进入汽缸。蒸汽压力推动活塞，活塞牵拉连杆，从而带动车轮转动。转动的车轮推动控制蒸汽流的阀门控制杆。

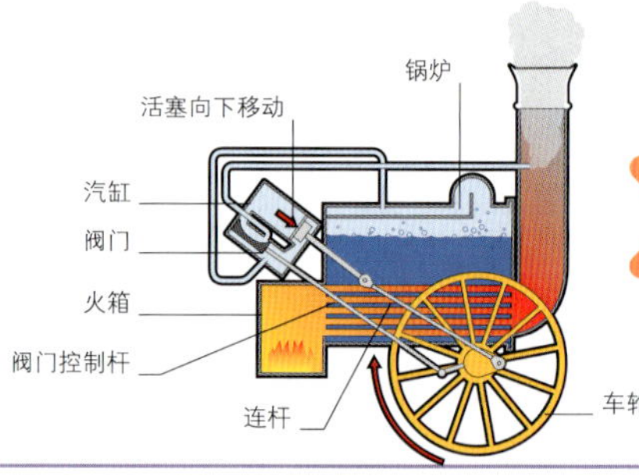

2 活塞向上移动
当活塞靠近汽缸底部时，阀门将蒸汽流从顶部推到底部。蒸汽推动活塞向上运动，拉动连杆，从而带动车轮转动。

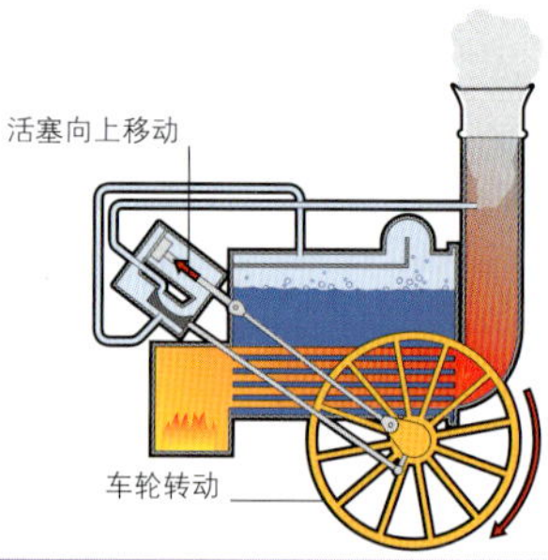

柴油机车

蒸汽机车不但污染空气，而且热效率很低。因此，人们开始寻找更好的方式为火车提供动力。1892 年，德国工程师鲁道夫 · 狄塞尔发明了柴油机，依靠液态燃料运行。

博克斯利的惠特科姆公司
30-DM-31 级机车 1941 年

英国电气公司的"戴尔提克"号机车
1955 年

一辆早期的柴油机车被称为"汉堡飞人"。

蒸汽机车

蒸汽机车是机车的第一种形式，自 19 世纪初在英国最先开始使用，然后迅速传遍全世界。早期的机车行驶速度很慢，但在 1934 年，一辆名为"苏格兰飞人"号的蒸汽机车，在英国利兹和伦敦之间试运行时，速度达到 160 千米 / 时。

"国王爱德华二世"号机车
1930 年

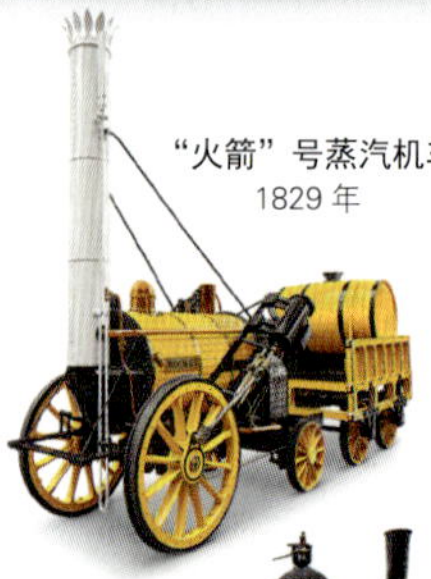

"火箭"号蒸汽机车
1829 年

"塔利辛"号机车
1876 年

"莫丁 · 埃姆里斯"号机车
1879 年

伦敦－布莱顿－南海岸铁路公司 B1 级机车
1882 年

兰开夏－约克郡铁路公司
"鹪鹩"号机车 1887 年

东北铁路公司（XL 级 66 号）机车
1902 年

弗吉尼亚铁路公司 SA 级 4 号机车
1910 年

大西部铁路公司府第级机车
1928 年

"野鸭"号机车
1938 年

亨利莱特机车公司简易型机车
1944 年

德国国营铁路公司 99. 73-76 级机车
1954 年

布加迪轨道车
1932~1933 年

德国国营铁路公司克级机车
1934 年

GHE T1 机车
1934 年

马里兰－宾夕法尼亚铁路公司 EMD NWZ 机车
1946 年

鲍德温 S-12 级机车
1950 年

英国铁路公司 08 级机车
1953 年

英国铁路公司 05 级机车
1954 年

诺福克－西部铁路公司 41 级机车
1958 年

诺福克－西部铁路公司易安迪 GP9 级机车
1955 年

德国国营铁路公司 V15（101 级）机车
1959 年

德国国营铁路公司 V60（105 级）机车
1961 年

联合铁路 2233 号机车
1963 年

英国铁路公司 D9500（14 级）机车
1964 年

普勒斯顿港哨兵型机车
1968 年

电力机车

电力机车依靠架空线路或者电轨提供的电力运行，不排放烟雾，且速度很快。

英国铁路公司 0-4-0 电力机车
1930 年

雷丁动力分散式 800 号电力机车
1931 年

德国国营铁路公司 E04 电力机车
1933 年

美国宾夕法尼亚铁路公司（GG1 级）电力机车
1934 年

德国国营铁路公司（243 级）电力机车
1982 年

英国铁路公司（92 级）电力机车
1993 年

英法海底隧道穿梭电力机车
1994 年

英国贾维林 395 017 号电力机车
2009 年

英国铁路公司（802 级）
电力机车 2019 年

最快的火车

早期创纪录的火车是乔治・斯蒂芬森发明的“火箭”号蒸汽机车，速度为 46 千米 / 时。20 世纪 60 年代，日本开通了世界上第一条高速铁路，可以供时速约 210 千米的“子弹头”列车行驶。如今，一些火车的速度更快。

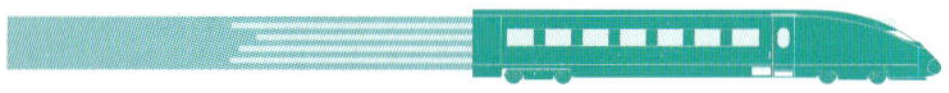
中国上海磁悬浮列车，
速度达 431 千米 / 时

穿梭在中国北京—上海的“复兴”号 CR400AF/BF 动车组，
速度达 400 千米 / 时

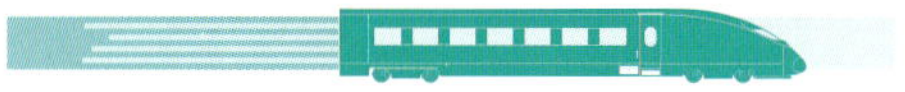
穿梭在中国北京—上海的“和谐”号 CRH380A 动车组，
速度达 380 千米 / 时

穿梭在西班牙马德里—莱里达的塔尔戈 350 火车，
速度达 363 千米 / 时

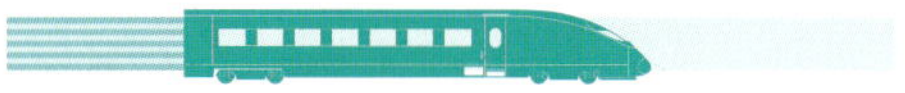
穿梭在意大利那不勒斯—米兰的 AGV Italo 火车，
速度达 360 千米 / 时

磁悬浮列车

磁悬浮列车利用磁悬浮技术驱动列车，无须接触地面或任何形式的铁轨。磁悬浮技术利用磁力使列车悬浮在特殊轨道上，以超高速行驶。

磁悬浮列车

磁悬浮列车工作原理

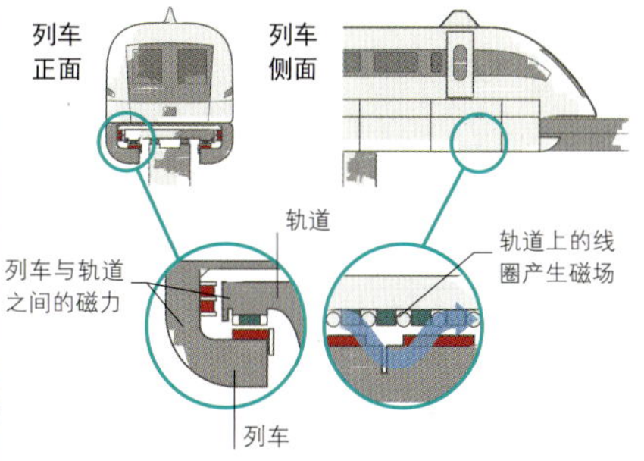

1800 年 — **2025 年**

1804 年
特里维西克发明的“潘尼达伦”号机车在英国南威尔士试运行。

1808 年
特里维西克在伦敦的布卢姆斯伯里驾驶蒸汽机车。

特里维西克的蒸汽机车

1812 年
蒸汽机车的商业应用在英国约克郡首次成功实现。

1829 年
乔治・斯蒂芬森发明的“火箭”号蒸汽机车成为当时速度最快的机车，速度为46 千米 / 时。

1863 年
英国伦敦开通地铁。

伦敦地铁线路图

1869 年
横贯北美大陆的洲际铁路的开通使美国成为世界上占主导地位的经济大国。铁路为美国创造了巨大利润，推动了工业革命。

1890 年
伦敦地铁首次使用电力机车。

1913 年
瑞典使用首批柴油机车。

1914~1918 年
第一次世界大战中，火车输送了大量军火。

20 世纪 60 年代
美国和英国逐步淘汰了蒸汽机车，转而使用柴油机车或电力机车。

1964 年
日本推出高速“子弹头”列车。

日本“子弹头”列车

东德电力机车
1966 年

2015 年
在高速试验铁轨上，日本磁悬浮列车最高时速可达 603 千米。

火车的历史

在过去 300 多年中，火车发生了巨大的变化。最早的火车依靠蒸汽平稳运行。现代火车则通常靠电力驱动，可以达到很快的速度。

摩托车

作为一种流行的交通工具，摩托车已有 100 多年的历史。摩托车的速度快于自行车等交通工具。摩托车种类繁多，有的只适用于普通骑行，有的则适用于竞技类比赛。

速度最快的摩托车

有许多特制摩托车的速度可以达到 600 千米/时。但如此快速的摩托车不能行驶在公共道路上。

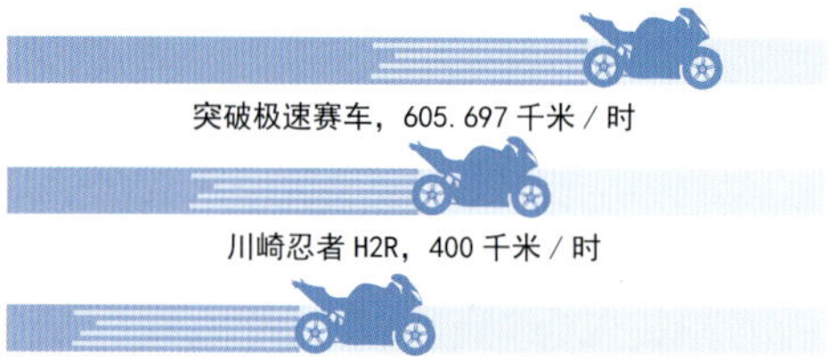

突破极速赛车，605.697 千米/时

川崎忍者 H2R，400 千米/时

MTT 涡轮超级摩托车 Y2K，365.3 千米/时

运动型摩托车

这种摩托车的设计目的是为驾驶者带来刺激感。它们具有快速加速装置和强有力的刹车系统，能够在高速转弯时控制住车身。有些车型既可以用于公路行驶，又可以用于竞赛。

本田 VFR700F 拦截者摩托车
1987 年

雅马哈 YZF600R 雷猫摩托车
1998 年

特技摩托车

驾驶特技摩托车的车手会表演一些高难度动作，比如让车离开地面。轻便的运动型摩托车往往是表演者的首选。

刹车

单手刹车

前轮高仰行进

着装

骑手需要穿防护服，这样当他们从摩托车摔下时可以避免受伤。其中，最重要的装备是头盔。

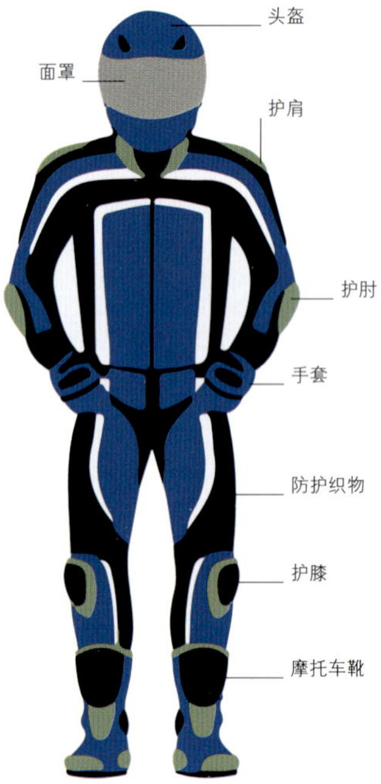

标准摩托车

这类摩托车的车身几乎没有多余的部分。驾驶者可以笔直地坐在车上，视线比较宽阔。特别是对于在车流拥挤的城镇中的驾驶者来说，这大大提高了安全性。对于新手而言，标准车型是首选。

宝马 R32 摩托车
1923 年

考文垂的鹰飞翔 8 摩托车
1925 年

诺顿国际摩托车
1948 年

凯旋奖杯 TR6 摩托车
1958 年

皇家恩菲尔德拦截者摩托车
1965 年

本田 CB250 K4 摩托车
1972 年

杜卡迪 M900 怪兽摩托车
1994 年

巡航摩托车

现代巡航摩托车十分昂贵、高级。它们造型时尚，但是驾驶起来舒适性不及旅行摩托车。

旅行摩托车

这类摩托车骑行舒适且速度不快，适合长途旅行，同时也适合日常出行。

常春藤 3 号摩托车
1924 年

阳光 S7 豪华摩托车
1949 年

皇家恩菲尔德星座气流摩托车
1959 年

哈雷－戴维森 FLH 双滑行摩托车 1960 年

铃木 T500 摩托车
1975 年

挎斗摩托车

挎斗摩托车是一种小型的独轮摩托车，侧面装有挎斗。一般用来载人或载物。

聪达普 KS750
国防军挎斗摩托车
1940 年

NSU 18PS 运动型摩托车
1924 年

艾克沙修手扶式摩托车
1949 年

威斯利克霍比特改装高速赛车
1978 年

本田 RC30 摩托车
1988 年

本田 CBR900RR 火刃
摩托车 1992 年

铃木 GSX-R1100 摩托车
1994 年

川崎 ZX7R 摩托车
1995 年

川崎忍者 ZX-12R 摩托车
2000 年

凯旋代托纳 675 摩托车
2006 年

杜卡迪大魔鬼摩托车
2015 年

杜卡迪是一家意大利摩托车生产商，其发动机在意大利博洛尼亚工厂组装。

弗朗西斯－巴尼特巡洋舰
摩托车 1933 年

本田 VF500C 麦格纳摩托车
1983 年

哈雷－戴维森 XLH883 赛车
1987 年

凯旋美式摩托车
2012 年

本田 VT 750C2 暗影摩托车
1998 年

莫托古兹加利福尼亚 EV 摩托车
2001 年

铃木林荫大道 M90 摩托车
2019 年

柯比 BSA 竞速挎斗摩托车
1968 年

宝马 R50 摩托车
1957 年

节省空间的军用摩托车

第二次世界大战期间，英国军队采用了一种非常小型的威尔摩托车，它们甚至可以通过降落伞投放。这种车重量只有 34 千克，能装进非常小的筒状空投容器里。

威尔摩托车投伞包

威尔摩托车
1942 年

摩托车的发展历史

摩托车的发展要追溯到 19 世纪末，发明家发明了一种用发动机驱动自行车的方法，摩托车由此诞生。

1850 年

戴姆勒骑式双轮车

1885 年
德国发明家戈特利布·戴姆勒和威廉·迈巴赫发明设计了第一辆由汽油驱动的木制自行车。

1894 年
希尔德布兰德 & 沃尔夫穆勒摩托车是第一辆真正投入生产线的摩托车。

希尔德布兰德 & 沃尔夫穆勒摩托车

1908 年
第一届摩托车比赛在英国萨里的布鲁克兰兹举行，获胜的是 944cc NLG 标致摩托车。

NLG 标致摩托车

1936 年
第一辆踏板式摩托车在美国诞生。1938 年，库什曼公司生产出了名为“自由滑行”的踏板摩托车。后来，这款车经改装用于战争。

自由滑行踏板摩托车

1969 年
本田汽车公司生产了第一辆超级摩托车——本田 CB750。这是第一辆标准摩托车，具有顶置凸轮轴、四缸发动机和前盘式制动器。

本田 CB750 摩托车

大力鼠摩托车

1977 年
布赖恩·查普曼驾驶的“大力鼠”是第一辆短程高速赛车，能够在不到 9 秒的时间内行驶 400 米。

凯旋雷鸟 1600 摩托车

2010 年
凯旋雷鸟 1600 投入生产线，其发动机是当时世界上最大的平行双缸发动机。

2011 年
凯旋火箭 Ⅲ 跑车的发动机是当时世界上最大的发动机，为 2294 毫升。

2015 年
来自印度古吉拉特邦的巴特拉·辛·帕马，制造出世界上最长的摩托车，车身长达 26.29 米。

2019 年
哈雷－戴维森，标志性的美国摩托车制造商，推出了旗下第一辆电动摩托车。

2025 年

战斗机

战斗机是为攻击其他飞机而设计的，它们体积小、速度快、非常灵敏 。第一代战斗机出现于第一次世界大战期间。现今的战斗机通常拥有精密的追踪和武器系统。

福克 DⅦ单发单座双翼战斗机

福克－沃尔夫 FW-190 战斗机

梅塞施米特 Me262 战斗机

索普威思“幼犬”战斗机

索普威思“骆驼”战斗机

布里斯托尔“斗牛犬”战斗机

P-38“闪电”战斗机

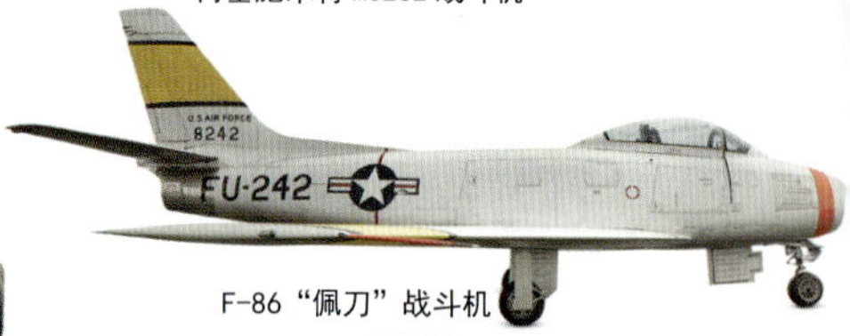

F-86“佩刀”战斗机

纽波特 17 战斗机

福克 Dr.1 单座三翼战斗机

超级马林“喷火”战斗机

P-51“野马”战斗机

F-4“鬼怪”Ⅱ型战斗机

英国皇家飞机制造厂 S.E.5A 型战斗机

索普威思“海豚”战斗机

“零”式战斗机

雅克-9 型战斗机

霍克“猎人”战斗机

轰炸机和攻击机

这种飞机的任务是打击地面和海上目标。重型轰炸机通常用来执行远程战略打击任务。低空飞行的攻击机可以精确打击作战目标，比如坦克和部队。

德哈维兰－“蚊”式战斗轰炸机

B-52“同温层堡垒”轰炸机

英国皇家飞机制造厂 B.E.2C 轰炸机

B-25“米切尔”轰炸机

A-4“天鹰”攻击机

维克斯“维米”双翼轰炸机

阿弗罗“兰开斯特”轰炸机

容克斯 87B“斯图卡”轰炸机

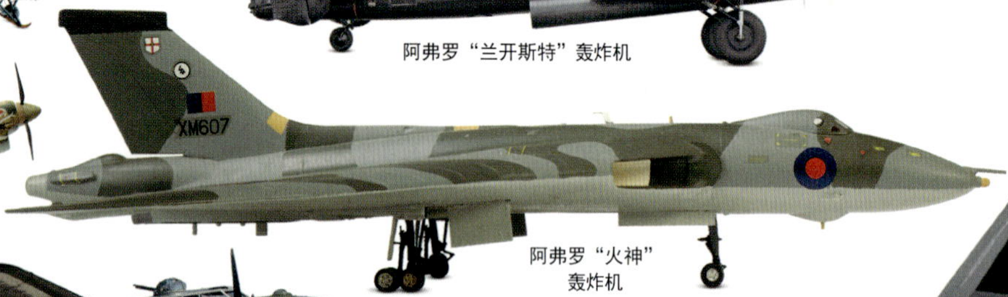

阿弗罗“火神”轰炸机

B-17“飞行堡垒”轰炸机

F-117A“夜鹰”隐形攻击机

维克斯“威灵顿”轰炸机

B-58A“盗贼”轰炸机

飞机

自 1903 年出现第一架动力飞行器以来，航空业已经取得了很大的进步。现在，大型飞机可以搭载数百名乘客飞越半个地球，超声速战斗机的飞行速度也早已超越声速。

飞机是怎么飞起来的？

所有飞机都有机翼和发动机。为了起飞，飞机需要在升力和重力、推力和阻力之间展开“激烈斗争”。

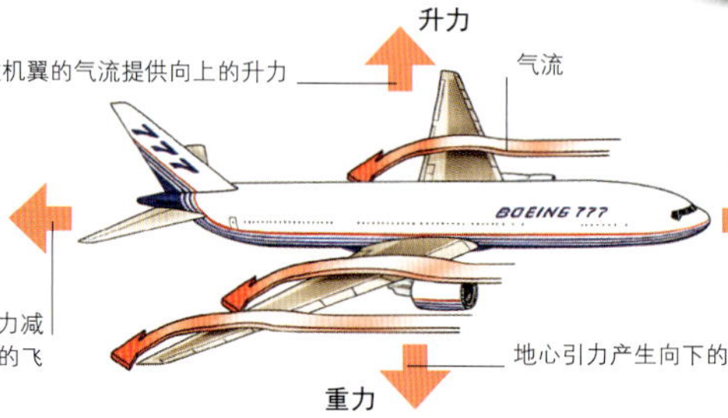

客机

第一代商用客机出现于 1914 年，当时只能乘坐 1 名乘客。而现在最大的客机——空中客车 A380 最多可以承载 853 名乘客。

F-14 “雄猫”战斗机

AV-8B “鹞”式战斗机

F-35 “闪电” II 战斗机

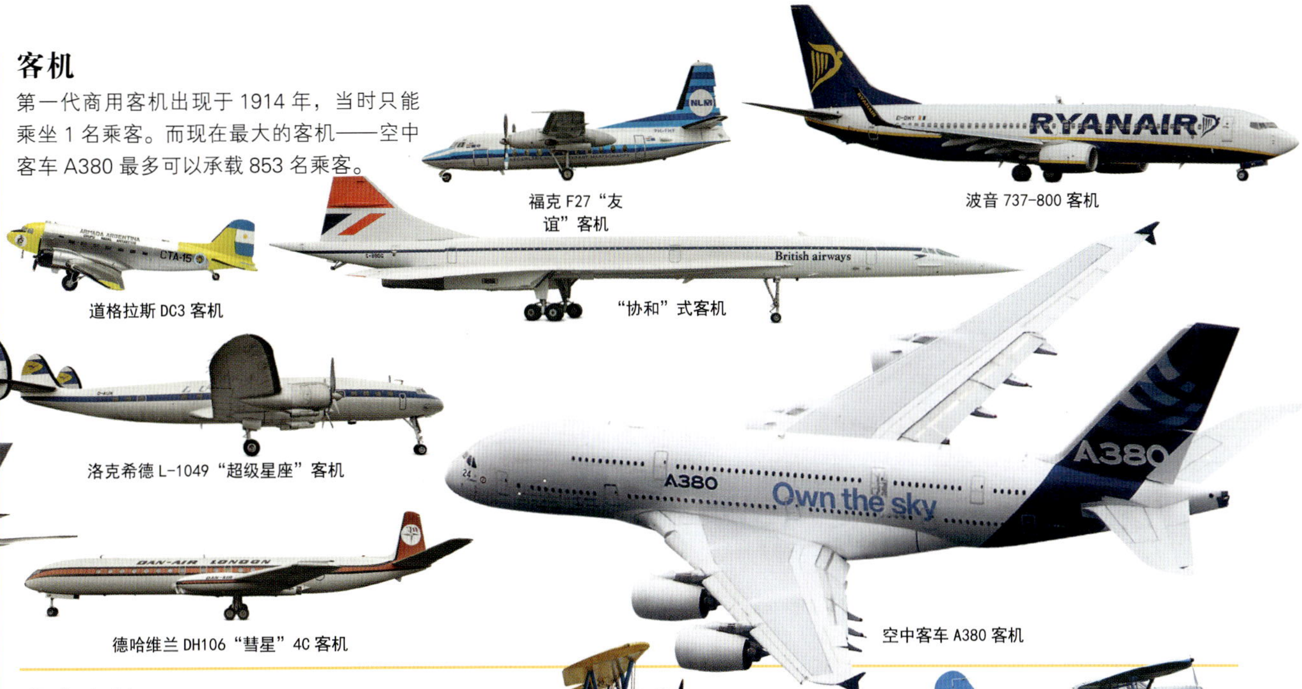

福克 F27 “友谊”客机

波音 737-800 客机

道格拉斯 DC3 客机

“协和”式客机

洛克希德 L-1049 “超级星座”客机

德哈维兰 DH106 “彗星” 4C 客机

空中客车 A380 客机

私人飞机

私人飞机指私人拥有的，多用于娱乐和运输的轻型、螺旋桨飞机。有些商务人士使用奢华的喷气式私人飞机作为空中巴士。

波音－斯蒂尔曼 75 型飞机

奥斯特 J/1 “独断者”飞机

塞斯纳 F177RG “红衣主教”飞机

DH60M “吉普赛蛾”飞机

皮茨 S1-S 飞机

庞巴迪－李尔杰 75 飞机

B-2 “幽灵”轰炸机

A-10 “雷电” II 攻击机

“夜鹰”是世界上第一款隐形攻击机，雷达难以发现其踪迹。

直升机

直升机通过机翼的旋转可以实现垂直起降、盘旋，并且可以向各个方向飞行。这种灵活的飞机可以降落在小型区域，也可以到达交通不便的地区。

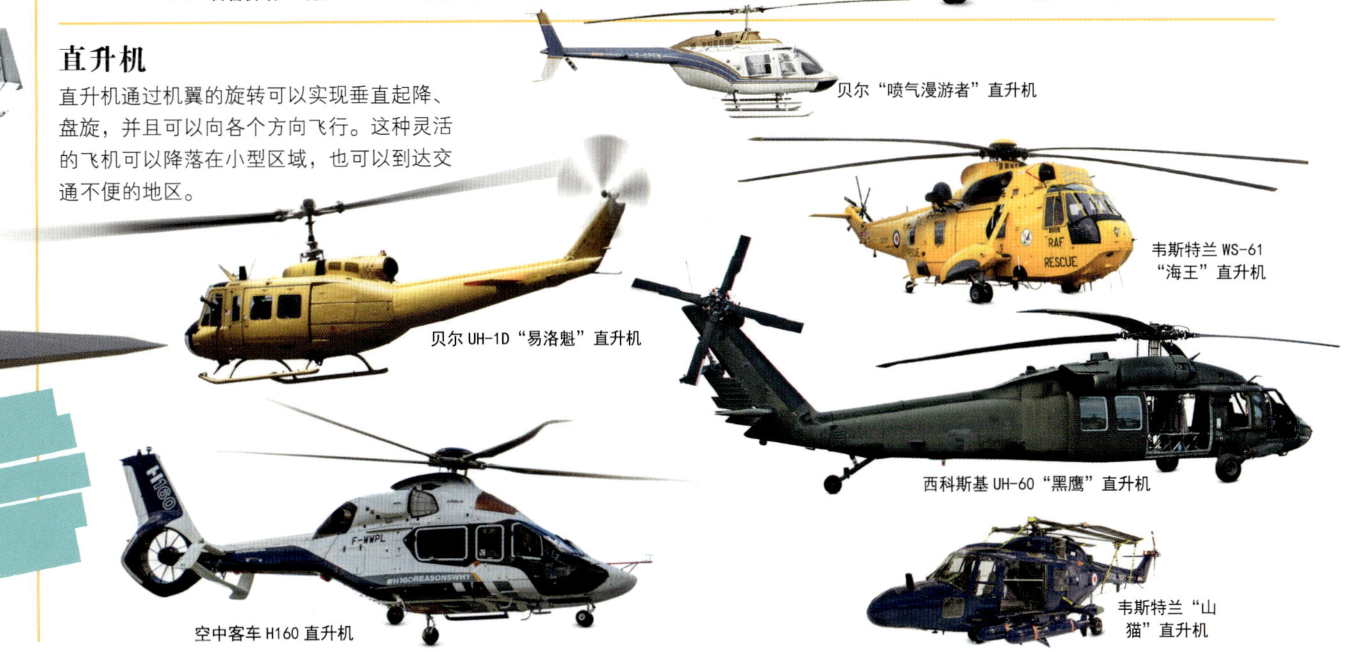

贝尔“喷气漫游者”直升机

韦斯特兰 WS-61 “海王”直升机

贝尔 UH-1D “易洛魁”直升机

西科斯基 UH-60 “黑鹰”直升机

空中客车 H160 直升机

韦斯特兰“山猫”直升机

超越声速

超声速喷气式飞机的飞行速度超过声速时会产生强烈的冲击波，称为“声爆”。要以如此不可思议的速度飞行，这些飞机需要有细长的机体、很薄的机翼和尖尖的机头。

1 低于声速
普通飞机跟在它们自己的声音后面，所以大家可以听到它们飞来。

2 等于声速
当超声速飞机接近声速飞行时，声波聚集在一起形成冲击波。

3 高于声速
冲击波在飞机后面形成很响的“声爆”。

直升机怎么飞行？

直升机的旋翼就像旋转的飞机机翼。每片桨叶通过旋转把空气往下推。这就为飞机提供向上的升力。

起飞
当倾斜的桨叶提供的升力大于飞机的重力时，直升机就飞起来了。

降落
当平直的桨叶提供的升力小于飞机的重力时，直升机就开始下降。

飞行
旋翼向前倾斜时提供推力，推动直升机向前飞行。

飞行的故事

从发明第一个热气球到滑翔机再到太阳能飞机，人类一直痴迷于飞行。载人飞机的发明是 20 世纪人类文明的一项重大成果，对现代世界影响深远。

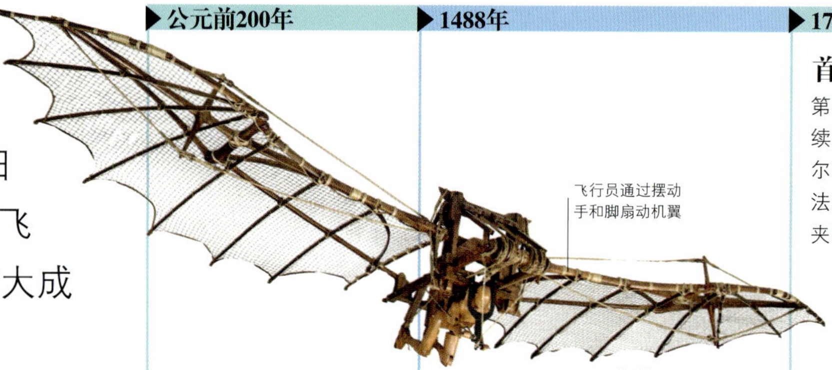

扑翼机

公元前200年

孔明灯

古代中国人发明了天灯，也叫孔明灯，这是一种用纸做成的热气球。最初用于军队之间的通信。

1488年

莱奥纳多·达·芬奇

意大利文艺复兴时期的艺术家莱奥纳多·达·芬奇发明了一种扑翼机，这是一种通过机翼拍打产生动力的飞行器。他还设计出了直升机和降落伞的结构图，但并没有发明出实物。此外，他还研究了流体力学。

1783 年

首次载人飞行

第一次有记录的载人飞行持续了大约 25 分钟，由蒙戈尔菲耶兄弟用一个热气球在法国实现。这个气球由棉布夹杂薄纸制成。

蒙戈尔菲耶兄弟的热气球

1932 年

阿梅莉亚·玛丽·埃尔哈特

美国飞行员埃尔哈特是第一位独自飞越大西洋的女性。她驾驶着鲜红色的洛克希德“织女星”5B 飞机从加拿大纽芬兰飞到爱尔兰，历时 15 小时，飞行途中遭遇了强风和机械故障。

阿梅莉亚·玛丽·埃尔哈特

1939 年

第一次直升机飞行

苏联人伊戈尔·西科尔斯基驾驶着他的 VS-300 直升机实现了直升机的首次飞行。这架直升机拥有一个主旋翼和一个小尾旋翼，这种设计结构到现在依然常用。

由西科尔斯基设计研制的 R-4 直升机在第二次世界大战中投入使用。

1944 年

第一架喷气式战斗机

当年 7 月，英国的格罗斯特“流星”喷气式战斗机成为第一架服役中的喷气式战斗机。此后不久，德国就生产出了梅塞施米特 Me262 战斗机，并于同年 10 月用来攻击美国轰炸机。

1947 年

第一次超声速飞行

美国空军上尉查尔斯·耶格尔是第一位驾驶比声速还快的飞机的飞行员，他驾驶的是贝尔 X-1 试验机。这架由火箭驱动的飞机并不是从地面起飞的，而是挂在波音 B29 轰炸机上，升到 7000 米的高度发射出去的。

格罗斯特“流星”喷气式战斗机 F MK8

1952 年

德哈维兰“彗星”4C 客机

第一架喷气式客机

德哈维兰“彗星”是世界上第一架投入使用的喷气式客机。它的首飞是从英国伦敦到南非约翰内斯堡，共有 36 名乘客。这次飞行包含经停时间在内共用时 23 小时 38 分钟，往返票价为 315 英镑。

1967 年

北美 X-15 试验机

最快的载人飞机

北美 X-15 试验机由火箭发动机驱动，时速可达 7273 千米，接近声速的 7 倍。这个飞行时速目前仍是载人飞机的最快纪录。

1969 年

第一架超声速客机

世界上第一架超声速客机是“协和”式飞机，1969 年完成了它的首飞。1976 年，“协和”式飞机投入运营，从英国伦敦到美国纽约的飞行时间只需要 3.5 小时。但是，“协和”式飞机的运营成本巨大，使得它的票价非常昂贵。“协和”式飞机现已退役。

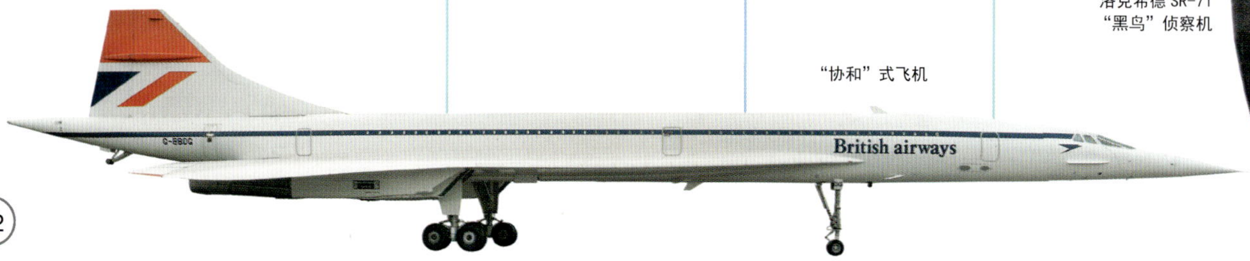

“协和”式飞机

1976 年

最快的喷气式飞机

洛克希德 SR-71“黑鸟”以 3530 千米/时的速度创下了载人喷气式飞机的飞行速度纪录。

洛克希德 SR-71“黑鸟”侦察机

1853 年

第一架载人滑翔机

英国工程师乔治·凯利最先认识到机翼运动的力学规律。1853 年，他用自称为“可控制的降落伞”将他的车夫带上天空，运送出了山谷。这便是第一架载人滑翔机。

基于这项研究，乔治·凯利被誉为“空气动力学之父”。

1896 年

奥托·利林塔尔

在进行了超过 2000 次手控滑翔机试验后，德国的飞行先驱奥托·利林塔尔在一次滑翔机试飞中从 15 米的高空摔落，在医院不治身亡。他留下的飞行研究成果激励、启发着许许多多的后人。

奥托·利林塔尔手控滑翔机

1900 年

齐柏林硬式飞艇，1928 年

第一艘飞艇

LZ1 是第一艘硬式飞艇，由费迪南德·冯·齐柏林伯爵设计制造。它的首次飞行是在德国腓特烈港附近的博登湖上的一个机库中起飞，载有 5 人，在空中停留了 17 分钟。

1903 年

第一架动力飞机

第一架可控的动力飞机由美国发明家莱特兄弟发明。它仅在空中飞行了 12 秒，飞越了 36.5 米的距离。

莱特兄弟的飞机

1909 年

第一次飞跃海峡

法国人路易·布莱里奥驾驶着他的“布莱里奥”11 型单翼飞机飞越了英吉利海峡，这是人类首次驾驶重于空气的飞行器飞越英吉利海峡。最后，这架飞机降落在英国海岸的多佛尔港口。

1910 年

第一次从船上起飞

1910 年 11 月，美国飞行先驱尤金·伊利从一艘军舰的甲板上成功起飞。2 个月之后，他又完成了在另一艘军舰上的成功降落。

为了确保安全，尤金·伊利戴着一个美式橄榄球的头盔，身穿一件由自行车轮胎做成的救生服完成飞行。

1917 年

尤金·雅克·布拉德

第一位黑人战斗机飞行员

出生于美国佐治亚州的尤金·雅克·布拉德在整个一战期间为法国飞行军团服务。由于种族问题，他被美国陆军航空兵团拒之门外。1959 年，布拉德被授予法国荣誉军团勋章。

1919 年

第一次横跨大西洋的飞行

1919 年 5 月，由艾伯特·库欣·里德指挥的一架 NC-4 型水上飞机从美国长岛分段飞到葡萄牙，横跨大西洋。6 月，约翰·阿尔科克和阿瑟·布朗从加拿大纽芬兰不停歇地直接飞到爱尔兰。

寇蒂斯 NC-4 型水上飞机

1927 年

第一次单人飞越大西洋

美国飞行员查尔斯·林德伯格完成了从美国纽约到法国巴黎的不着陆飞行，并横跨大西洋，用时 33.5 小时。他驾驶着单引擎飞机，还遇到了大雾和结冰的恶劣状况，但相比之下，林德伯格遇到的最大挑战是在飞行过程中要一直保持清醒。

1930年

埃米·约翰逊

她是第一位独自成功从英国飞到澳大利亚的女性。她驾驶的是一架叫作“詹森”的“吉普赛蛾”飞机。在此之前，她仅有的飞行经历是从英国伦敦到赫尔。这次，约翰逊驾驶着一架仅适合俱乐部飞行的小型低功率双翼飞机完成了她壮丽的飞行。

“吉普赛蛾”飞机

1988 年

最重的飞机

为运输苏联 250 吨重的“暴风雪”号航天飞机而研制设计的安-225 运输机，拥有 6 台发动机，创下了世界上最大和最重的飞机两项纪录。

安-225 运输机是迄今为止世界上承载重量最大的运输机。

安-225 运输机

1991 年

F-117A“夜鹰”隐形攻击机

第一架隐身作战机

美国的洛克希德 F-117A“夜鹰”隐形攻击机在对巴拿马的军事行动中崭露头角。

2005 年

空中客车 A380 客机

最大的量产飞机

空中客车 A380 是四引擎的超大双层客机，可以运载 853 名乘客，并可携带充足的燃料从澳大利亚悉尼直飞美国达拉斯，航程约13804 千米。

2017 年

翼展最大的飞机

美国“平流层发射”巨型双机身飞机，可以将火箭运送到地球大气层的边缘，并发射至太空。它的翼展达 117 米，相当于 5 个网球场的长度之和。它也是迄今为止全球最大的飞机。

自行车

大多数人把自行车视为一种高效的交通工具。自行车价格便宜，容易骑行并且不会造成污染。骑行者可以根据不同的地形和路况选择不同种类的自行车。

自行车的工作原理

自行车将蹬车所产生的 90% 的能量转换为前进的动能。链条从一个轮齿挂到另外一个上，带动齿轮转动，这让蹬车过程更加省力。

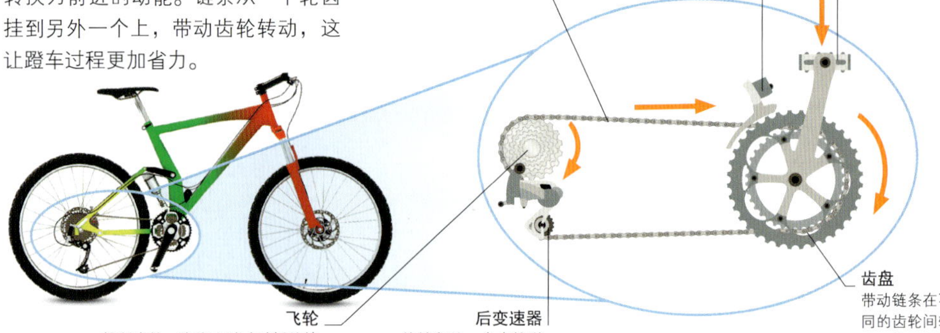

越野自行车

这些自行车非常坚固，能够适应崎岖不平的越野路况。它们有一个结实的车架，而表面凹凸的轮胎则能在粗糙的地面上增加抓地力。越野自行车通常配有全系列的齿轮。

欧－埃迪胖胎车

崔克 6000 山地车

崔克 8900 专业山地车

DMR Trailstar 自行车

马林帕利塞德追踪者自行车

闪电全减震专业山地车

落基山顶点团队自行车

科纳初刺自行车

马林自行车

专用自行车

如同其他伟大的发明一样，自行车也一直在改进。卧式自行车使骑行者能够以更舒适的姿势向后倾躺。串联式自行车能够让多人一起骑行。

辛克莱 C5 电动自行车

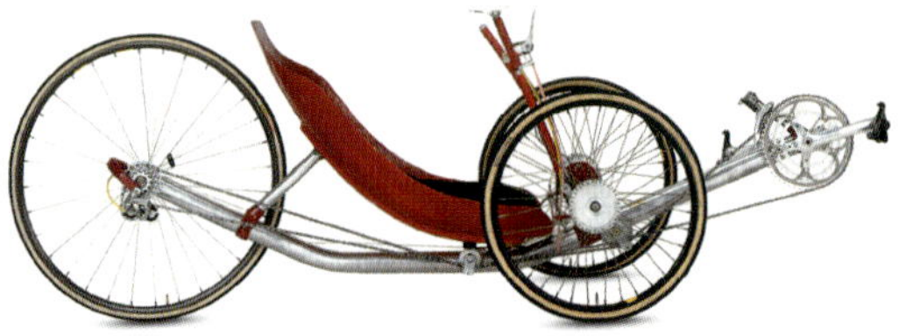
风豹 SL 马克 VI 型“敏捷”自行车

威乐卡自行车

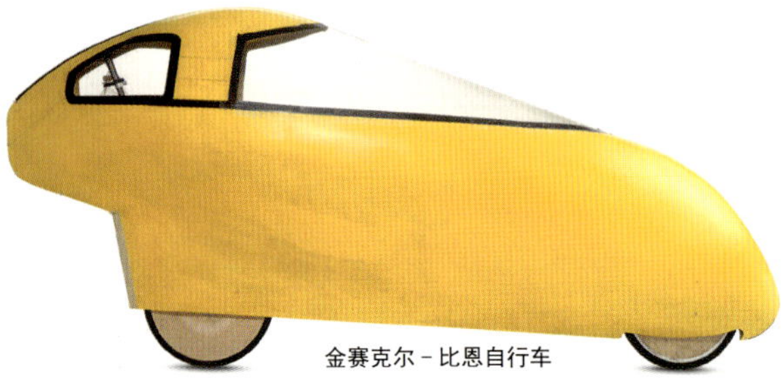
金赛克尔－比恩自行车

金赛克尔自行车

道斯“银河双星”自行车

早期的自行车

最早的自行车是木制的且没有刹车装置。1863 年，第一辆脚踏式自行车成功问世。19世纪 80 年代，链条、橡胶轮胎和大小几乎相同的车轮的出现，大大改进了自行车的设计。

最初的脚踏式自行车骑起来非常不稳。人们称之为“震骨车”。

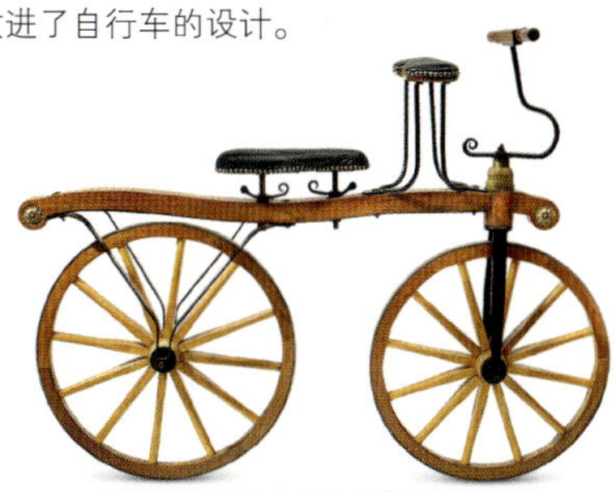

“玩具木马”自行车
1817 年

“米肖”自行车（“震骨车”）
1869 年

前轮大后轮小的旧式自行车
1871 年

快速型安全自行车
1887 年

轻便型安全自行车
1888 年

公路自行车和场地自行车

若是在坚硬、平坦的路面上骑行，公路自行车是理想的选择。其车架轻便，轮胎狭窄。相比之下，场地自行车速度较快，通常只有一个齿轮，没有刹车。骑行者通过反踩踏板来减速。

罗辛计时赛赛车

风豹碳纤维悬臂梁赛车

赛沃洛 P5 自行车

莲花 108 型场地自行车

Litespeed 天狼星自行车

艾萨克“力量”自行车

美洲狮自行车

德达驰艾“独裁者”自行车

皮纳雷洛“王子”自行车

加能戴尔 ST1000 山地车

崔克 1000 自行车

科利马自行车

第二次布尔战争期间，串联式自行车被改装成在铁轨上使用的轨道车，可供 8 人同时骑行。

独轮车

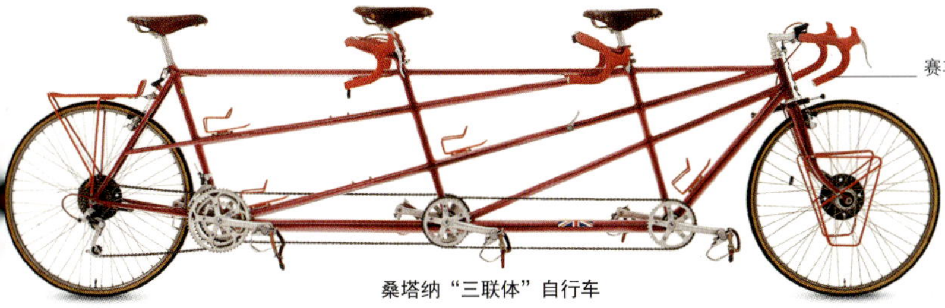

桑塔纳“三联体”自行车

折叠自行车

折叠自行车由 1200 多个零件组成，车轮很小，可以折叠后放进便携式包裹中。对于乘火车或公共汽车的骑行者，或是家里储存空间有限的人来说，折叠自行车是理想的交通工具。

1 折叠 这种自行车可在 20 秒内被折叠起来。外出携带时，抓住车座或车架即可。

2 打开 所有车型的车架都是全尺寸框架，主要由钢制成。布朗普顿是著名的折叠自行车品牌，它生产的折叠自行车可以让骑行者保持坐直的姿势。其设计理念是轻便、敏捷、快速。

自 然

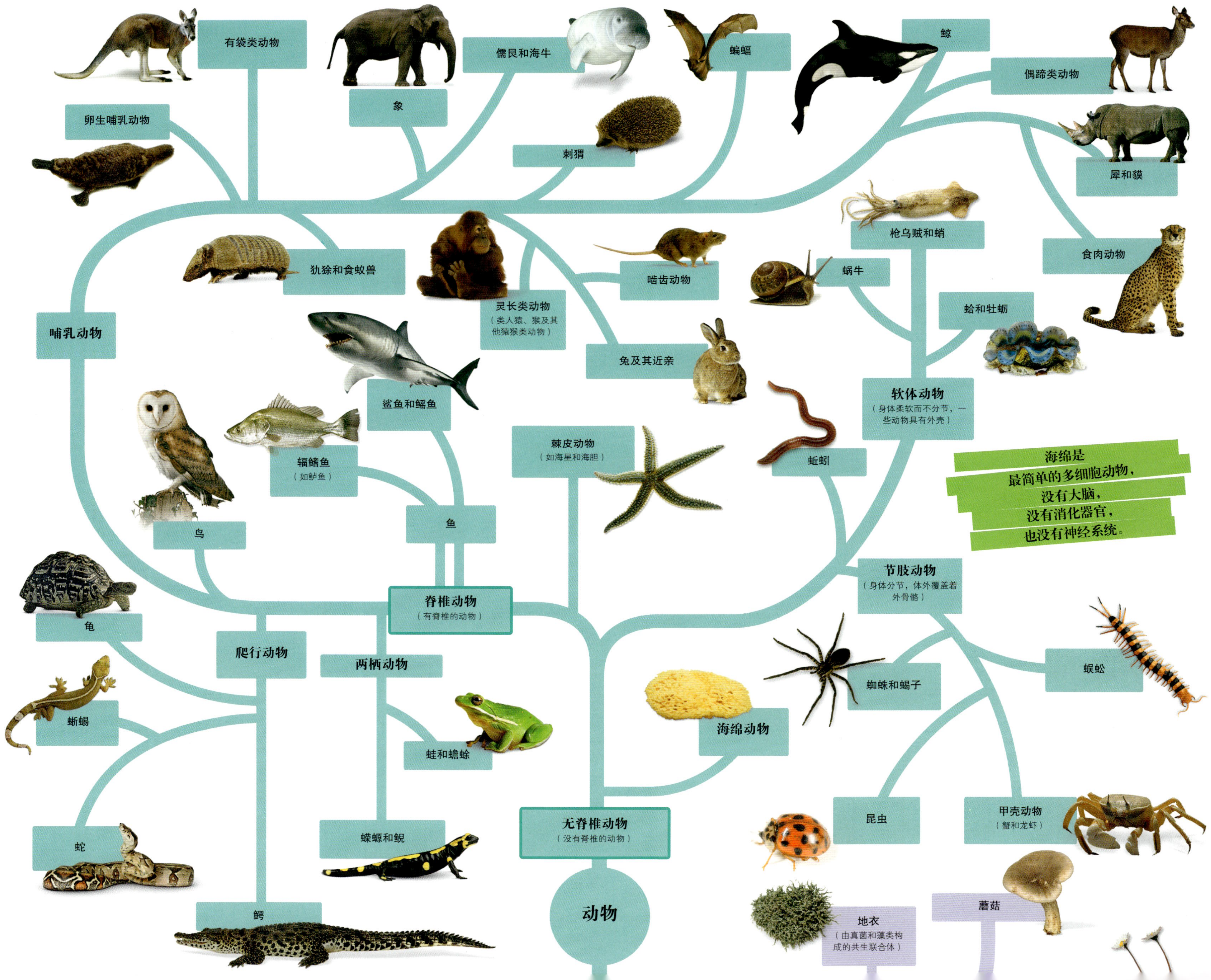

海绵是
最简单的多细胞动物，
没有大脑，
没有消化器官，
也没有神经系统。

生命树

35 亿年前，地球上最早出现的生物是单细胞微生物。这颗“生命树”展示了如此简单的单细胞生物是如何演化发展成我们今天所看到的丰富物种的。

分支

在过去的 2 个多世纪，科学家使用类似图表的方法解释生命是如何进化的。通过“分支”图谱，我们可以追溯主要动物、植物、真菌与早期生命类型之间的关系。图中只展示了现存的物种，像恐龙这类已灭绝的动物，没有包括在内。

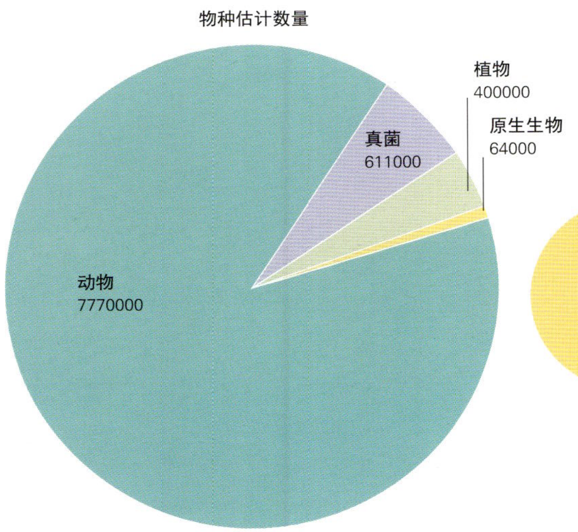

有多少物种？

动物的物种数量远比植物、真菌和原生生物的总和都多。没人能统计出细菌和古菌的数量，因为它们实在太多了。

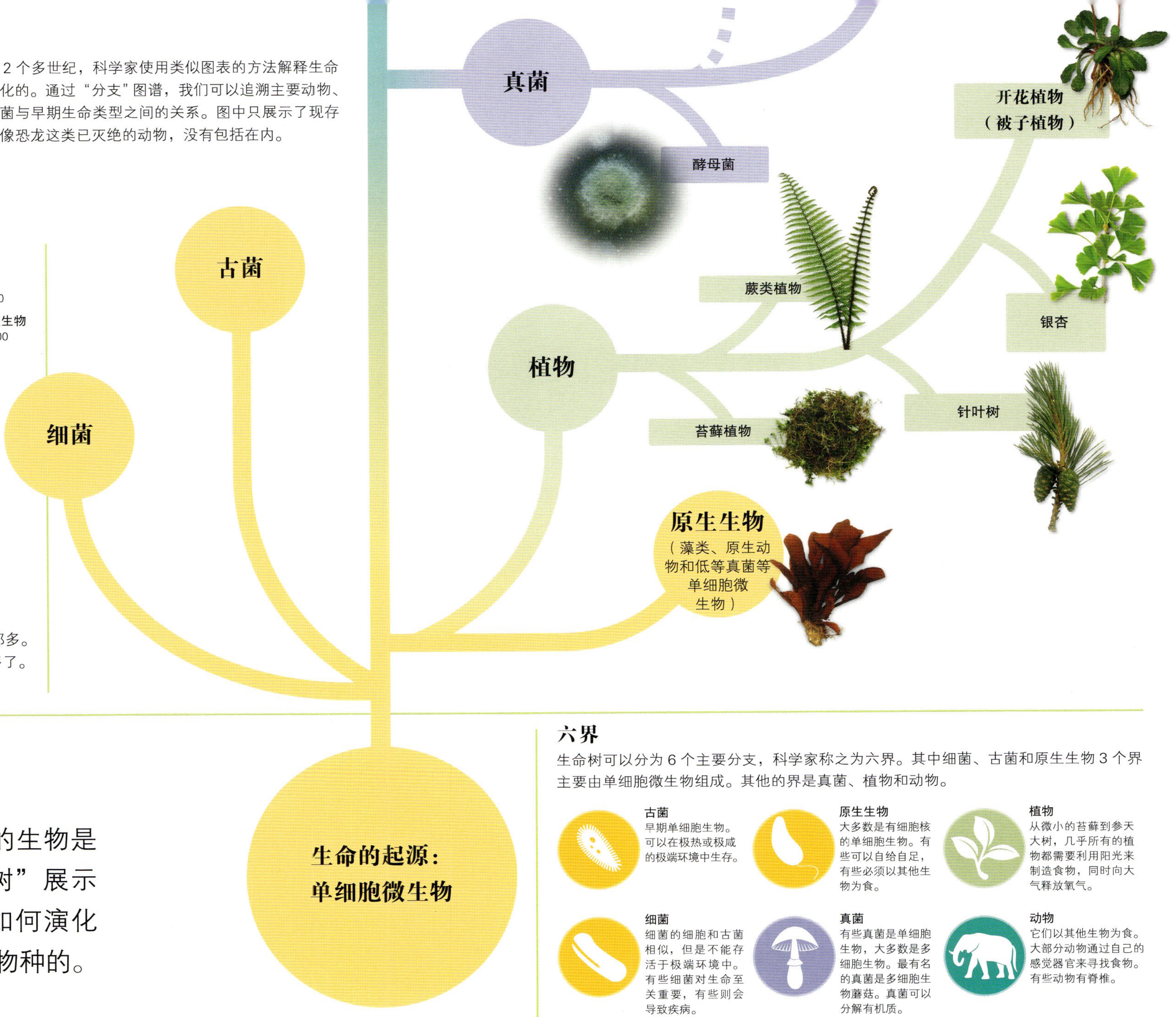

六界

生命树可以分为 6 个主要分支，科学家称之为六界。其中细菌、古菌和原生生物 3 个界主要由单细胞微生物组成。其他的界是真菌、植物和动物。

古菌
早期单细胞生物。可以在极热或极咸的极端环境中生存。

原生生物
大多数是有细胞核的单细胞生物。有些可以自给自足，有些必须以其他生物为食。

植物
从微小的苔藓到参天大树，几乎所有的植物都需要利用阳光来制造食物，同时向大气释放氧气。

细菌
细菌的细胞和古菌相似，但是不能存活于极端环境中。有些细菌对生命至关重要，有些则会导致疾病。

真菌
有些真菌是单细胞生物，大多数是多细胞生物。最有名的真菌是多细胞生物蘑菇。真菌可以分解有机质。

动物
它们以其他生物为食。大部分动物通过自己的感觉器官来寻找食物。有些动物有脊椎。

生物的分类

从界开始，所有的生物都能根据它们之间的联系进行进一步的细分。生物的分类单位从大到小依次为：界、门、纲、目、科、属、种。下面展示了虎是如何分类的。

界	门	纲	目	科	属	种
1 动物界 以其他生物为食的多细胞生物。多数可以四处移动。	**2 脊索动物门** 身体内有起支撑作用的棒状结构的动物，如脊椎动物，体内有脊椎。	**3 哺乳纲** 有毛的恒温脊椎动物，雌性用自己的乳汁喂养后代。	**4 食肉目** 多数哺乳动物通过抓捕其他动物来获取食物，它们有着可以撕咬肉的锋利的牙齿。	**5 猫科动物** 它们是灵巧、专业的猎手。大多数猫科动物的脚趾有爪鞘，爪子可以缩进鞘内保持锋利。	**6 大型猫科动物（豹属）** 猫科中最大最有力量的动物，包括狮、虎和豹等。	**7 虎** 生活在丛林中最大最重的大型猫科动物，有着独特的条纹皮毛。

生命的起源

地球上最早的生物出现在约 35 亿年前。化石有助于我们追踪最初的单细胞微生物是如何进化成如今在地球上活动的动物的。

时间的划分

地球的地质历史可以划分为不同的时间段。一个“代”有几百万年，并且又被分为更小的“纪”。地球现在处于新生代的第四纪。

前寒武纪
46 亿 ~ 5.41 亿年前

古生代
5.41 亿 ~ 2.52 亿年前

中生代
2.52 亿 ~ 6600 万年前

新生代
6600 万年前至今

▶ 46 亿 ~ 5.41 亿年前

前寒武纪

这个时期涵盖了地质时期近 90% 的时间。地球上的火山活动产生了水。简单的生命形式出现，其中一些还能产生氧气。

火山活动

▶ 5.41 亿 ~ 4.85 亿年前

寒武纪

许多海洋生物开始出现，这一现象被称为“寒武纪生命大爆发”。这一时期出现的生物主要包括软体动物、海绵动物和节肢动物。

三叶虫

海百合

2.52 亿 ~ 2.01 亿年前 ◀

三叠纪

二叠纪晚期的生物大灭绝，意味着不同种类的生物开始进一步进化。最早的哺乳动物、会飞的爬行动物翼龙，以及长脖子板龙等恐龙开始出现。

叉叶松（植物）

板龙（恐龙）

菊石

摩尔根兽（哺乳动物）

真双型齿翼龙（翼龙）

六角木（植物）

海百合（海洋动物）

罗伯特兽
（兽孔目）

稀囊蕨
（蕨类植物）

管茎蕨
（蕨类植物）

斯龙（爬行动物）

菊石

翼手龙（翼龙）

▶ 2.01 亿 ~ 1.45 亿年前

侏罗纪

爬行动物开始主宰陆地和海洋，其中一些还霸占了天空。从大型食草恐龙到凶猛的食肉恐龙等许多不同种类的恐龙横扫大陆。

曙蚓螈（两栖动物）

达克龙（海洋爬行动物）

威氏苏铁（植物）

肯氏龙（恐龙）

▶ 1.45 亿 ~ 6600 万年前

白垩纪

这个时期的气候相当温暖，直到白垩纪晚期气候变冷。白垩纪开花植物首次出现，百花齐放。这一时期最终随大灭绝事件而结束，约 75% 的物种于此时消失。

孔子鸟（鸟）

古花（植物）

古海龟（龟）

维加鸟（鸟）

蹄鲭鱼（鱼）

鲨齿龙（恐龙）

原盖龟（龟）

船菊石（菊石）

始祖兽（哺乳动物）

4.85 亿 ~ 4.44 亿年前

奥陶纪

最早的鱼类出现，如多鳞、无颌的星甲鱼。大量的软体动物和珊瑚占领了海洋。第一次生物大灭绝事件标志着奥陶纪的终结。

海绵动物

三叶虫

马尔三叶形虫

腕足动物（贝壳类）

沙筛贝

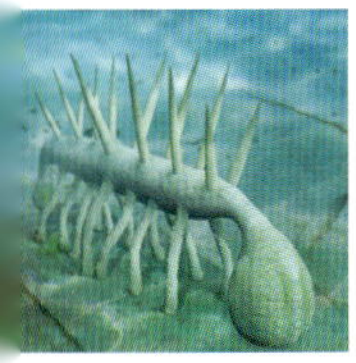
怪诞虫

藻苔虫

星甲鱼（鱼）

4.44 亿 ~ 4.19 亿年前

志留纪

陆地上生长了一些植物，如没有叶子的库克逊蕨。海洋里，鱼更多了，棘皮动物等多刺动物日益壮大。早期的节肢动物离开了海洋，来到了陆地。

库克逊蕨（植物）

棘皮动物

珊瑚

花鳞鱼（鱼）

4.19 亿 ~ 3.59 亿年前

泥盆纪

大量的鱼类开始进化发展，如提塔利克鱼出现，这是肉鳍鱼类，逐渐进化为两栖动物。

硬盾菊石（菊石）

提塔利克鱼（鱼）

胸脊鲨（鲨鱼）

盘囊蕨（植物）

3.59 亿 ~ 2.99 亿年前

石炭纪

随着郁郁葱葱的湿地森林的出现，地球上的生物变得更加丰富多彩。像齐椎螈和蛇齿龙之类的爬行动物开始进化出现。

齿羊齿（蕨类植物）

齐椎螈（爬行动物）

石松

蟑螂

两栖螈（两栖动物）

蛇齿龙（爬行动物）

2.99 亿 ~ 2.52 亿年前

二叠纪

这个时期气候又热又干，非常有利于像始蜥龙之类的爬行动物生存。在二叠纪末期，一场灾难性的大规模灭绝事件爆发，导致了约 70% 的陆地物种和 90% 的海洋物种灭绝。

棘皮动物

珊瑚

始蜥龙（爬行动物）

菊石

6600 万 ~ 2300 万年前

古近纪

随着恐龙的灭绝，哺乳动物和鸟类快速进化。大多数现存的哺乳动物是在这个时期开始出现的。

猿头蛤和衣笠螺（软体动物）

紫萁（蕨类植物）

伊神蝠（蝙蝠）

轮海胆亚目（蠕虫）

尤因他兽（哺乳动物）

2300 万 ~ 260 万年前

新近纪

现代人的祖先在这个时期进化出现。袋鼠、长颈鹿等现代哺乳动物也开始出现。

袋剑齿虎（哺乳动物）

噬人鲨（鲨鱼）

260 万年前至今

第四纪

过去 260 万年，寒冷的冰期和温暖的间冰期交替出现。现代人类——智人在东非出现，并逐渐扩散到全球。

香螺（软体动物）

人类祖先

猛犸象

化石

化石是保存在岩石、琥珀（树脂）或冰块中的生物遗体或遗迹。化石向我们展示了数千年甚至数十亿年前动植物的样子，有时也能告诉我们生物的栖息地以及它们是如何生活的。

化石是如何形成的？

动植物死后很快被深埋起来，之后就有可能形成化石。在数千年的时间里，附近的沉积物连同死去的动植物尸体，慢慢石化形成岩石。这个过程就叫化石化作用。

1 死后
古代陆生动物死后，遗骸坠入湖泊或被埋于土壤，然后开始腐烂。

2 骨架
骨骼和身体其他坚硬的部分被淤泥或沙子等沉积物覆盖。

3 骨骼矿物化
来自沉积物中的矿物质代替了动物骨骼中原有的矿物质。

4 时光飞逝
矿物结晶，与其附近的沉积物固结成岩石，形成化石。

植物

植物化石通常只是植物的一部分，而不是整株植物。常见的植物化石包括树叶、花朵、球果、树皮和木化石。

鳞木

树干

钙化的藻茎

枫香叶

球果

智利南洋杉球果碎片

种子蕨的种子

栉羊齿叶

种子蕨的叶子

隐核荚蒾种子

无脊椎动物

目前已发现大量无脊椎动物的化石，而且种类多样。

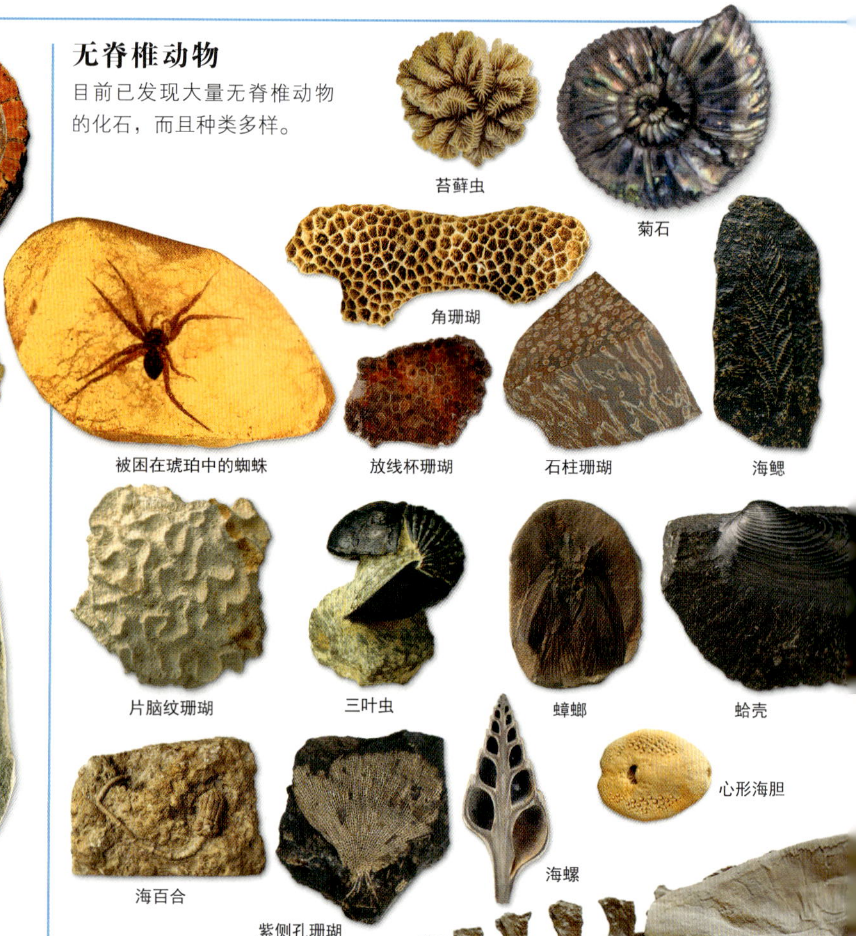

苔藓虫

菊石

角珊瑚

被困在琥珀中的蜘蛛

放线杯珊瑚

石柱珊瑚

海鳃

片脑纹珊瑚

三叶虫

蟑螂

蛤壳

心形海胆

海百合

紫侧孔珊瑚

海螺

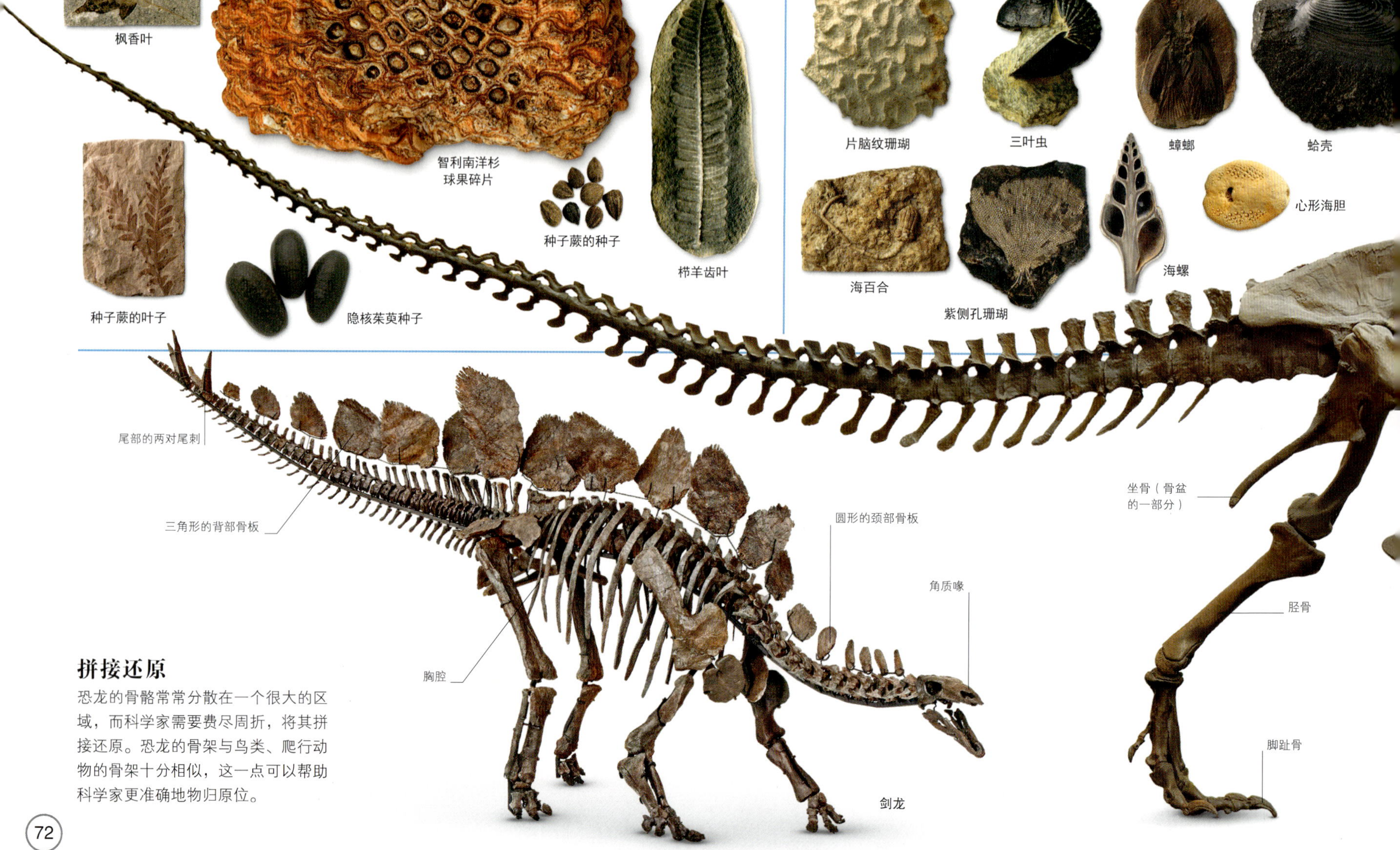

剑龙

拼接还原

恐龙的骨骼常常分散在一个很大的区域，而科学家需要费尽周折，将其拼接还原。恐龙的骨架与鸟类、爬行动物的骨架十分相似，这一点可以帮助科学家更准确地物归原位。

5 地表侵蚀

数千年来，随着地表不断被冲刷侵蚀，生物化石开始显露。

6 挖掘

化石被小心翼翼地从包围它们许久的岩石中挖掘出来。

化石分布

世界上一些地方的化石资源尤其丰富。这张地图展示了一部分发现大量化石的地区。

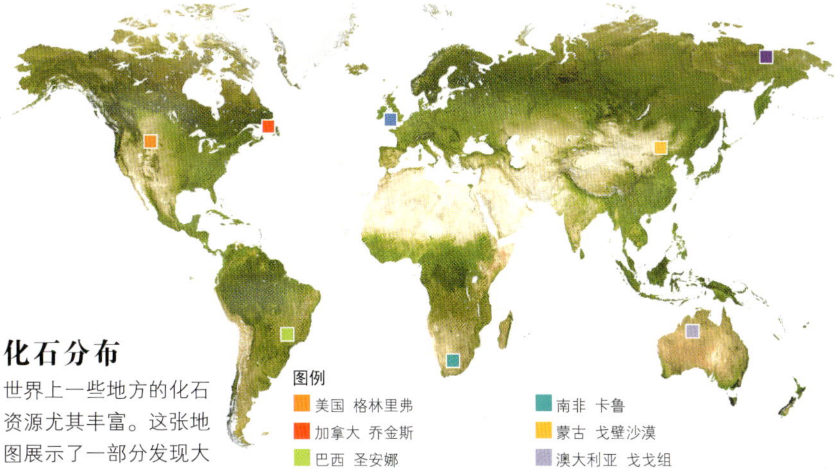

化石的种类

化石可以由动植物的遗骸形成，也可以由它们生命活动过程中的遗迹形成。

遗迹化石

这类化石能展示动物的生命活动，如脚印、洞穴或巢穴。

印痕化石

这类化石是由于动植物遗骸完全腐烂，只在沉积物中留下了一个印记而形成的。

石化化石

这类化石是由于矿物在生物身体细胞中结晶，并保存在岩石中而形成的。

自然铸型化石

在铸型化石中，动物的自然缝隙，如贝壳内部，逐渐被沉积物填充，硬化而成。

脊椎动物

脊椎动物化石的发现是最让人兴奋的发现之一。它们揭示了几百万年前恐龙和会飞的爬行动物的存在。

奇异石
（三叶虫化石）

星苔藓虫

菊石

恐龙的脊椎骨

上龙头骨

下孔型头骨

鲨鱼的牙齿

拟始蜥的遗骸

恐龙的脊椎骨

槽齿龙的下颌

板龙的脚骨

猛犸象的上颌臼齿

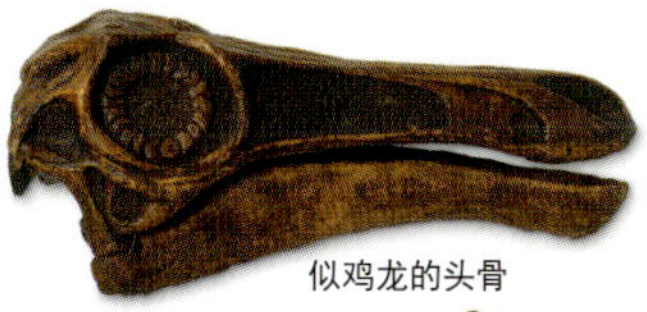

似鸡龙的头骨

豹的下颌

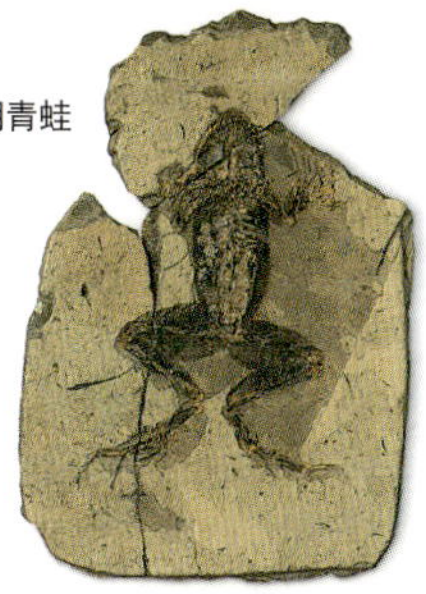

早期青蛙

辐鳍鱼骨

嗜角窃蛋龙
的蛋化石

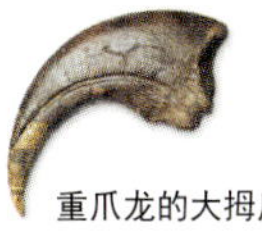

重爪龙的大拇爪

包括南极洲在内的所有大陆上都发现了恐龙化石。

君王暴龙

似鸵龙

嗜鸟龙

食草恐龙

食草恐龙在地球上生活了长达 1.4 亿多年的时间，遍布各地。它们的种类很多，其中一些曾是世界上最大的陆生生物。

食草恐龙的解剖图

许多食草恐龙是四足动物——它们用四肢行走。最大的食草动物拥有强有力的肌肉和坚硬的骨骼来支撑自己笨重的身体。它们的消化系统更适合消化植物，尽管植物比动物更难消化。

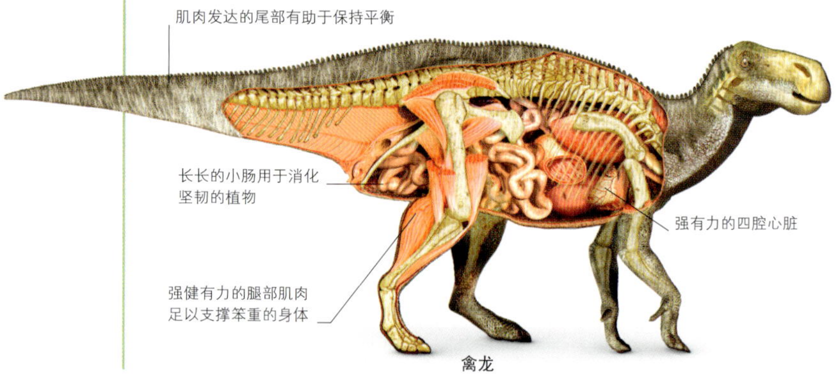

禽龙

蜥脚类和原蜥脚类

研究化石的古生物学家把恐龙划分成不同的种类。蜥脚类，如梁龙，有着长脖子、长尾巴和小脑袋。它们的祖先——原蜥脚类，通常用两条腿行走。板龙就属于原蜥脚类。

安琪龙

迷惑龙

马门溪龙

火山齿龙

埃弗拉士龙

长颈巨龙

圆顶龙

伊森龙

禄丰龙

梁龙

萨尔塔龙

阿根廷龙

蜀龙

剑龙类

剑龙类是行动迟缓的大型恐龙，有着尖钉似的尾巴，沿着背部有奇怪的骨板。这些骨板嵌在恐龙的皮肤上，而不是嵌在骨头上。剑龙类出现在侏罗纪时期（2.01 亿 ~ 1.45 亿年前）。

华阳龙

肯氏龙

剑龙

角龙类

许多角龙类，如三角龙，它们的头上长着巨大的角和独一无二的骨质褶皱头盾。它们也有咀嚼坚韧植物的整齐的牙齿。和如今的很多食草动物一样，角龙类通常群居活动。

戟龙

五角龙

三角龙

自卫

即便是最大的食草恐龙，也有着被食肉恐龙捕杀的风险。随着时间的推移，食草动物慢慢进化出了特殊的身体防御构造，如角、骨板、刺，还有极具杀伤力的尾巴，这些都有利于它们生存。

骨板
骨板包裹着包头龙的头部，可以抵挡食肉恐龙的下颌或牙齿的袭击。

带刺的头骨
厚厚的头骨的顶端是尖尖的刺，可以保护蜥结龙的脆弱脑部。

锋利的角
大型食草动物三角龙有着又长又锋利的角，它们通常用角和暴龙等巨型食肉动物斗争。

棍状尾巴
一些食草动物，特别是甲龙，拖着笨重的由骨头组合成的棍状尾巴。结实的尾巴能打断食肉动物的腿。

尖尾
剑龙的尾巴末端有着锋利的尾刺，对攻击者有着可怕的杀伤力。

体形庞大
巨大的蜥脚类是很危险的目标，因为猎食者很容易被它们一脚踩个稀碎。

三角龙的角长达1米。

重量级动物

和人类、象一样，恐龙也是脊椎动物。它们有内骨骼，脊椎用来支撑它们的身体。恐龙体形庞大，重量很重。阿根廷龙大约重 70 吨，大约是一头非洲草原象体重的 15 倍。

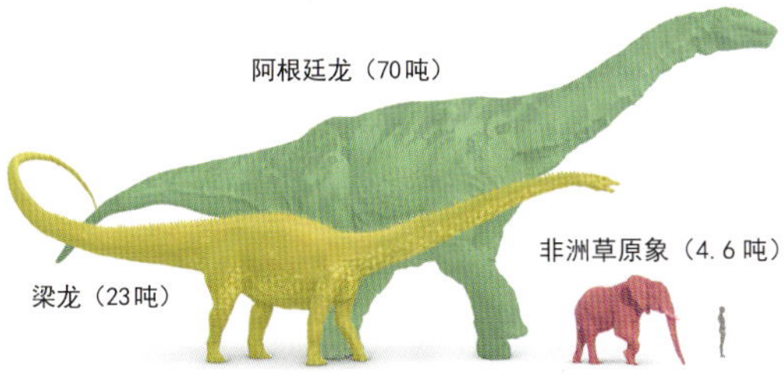

泰坦巨龙

巨脚龙

板龙

叉龙

鸟脚类

鸟脚类，如禽龙，生活在 1.45 亿～6600 万年前。它们可以两脚站立，去抓树上的东西，然后细细咀嚼。冠龙拥有数百颗便于嚼碎植物的牙齿。

穆塔布拉龙

冠龙

莱索托龙

雷利诺龙

畸齿龙

橡树龙

禽龙

副栉龙

埃德蒙顿龙

腱龙

慈母龙

甲龙类

甲龙类看起来很像装甲坦克或犰狳，因为它们头上和肩膀处有很多骨板，能保护它们免受食肉动物的攻击。它们用又短又粗的腿来支撑庞大的身躯。

鹦鹉嘴龙

原角龙

怪嘴龙

加斯顿龙

敏迷龙

包头龙

蜥结龙

甲龙

埃德蒙顿甲龙

食肉恐龙

恐龙约在 2.45 亿年前出现。它们遍布各个大陆，在白垩纪末期灭绝之前统治地球数百万年。很多恐龙是强大的、极具攻击性的食肉动物。

食肉恐龙的解剖图

最大的兽脚类，如君王暴龙，是极其可怕的猎手，它能够击倒大型食草恐龙。较小的兽脚类则行动迅速又敏捷，善于捕捉身手矫捷的猎物。虽然我们无法见识恐龙的真面目，但我们可以依据化石展开想象。没准儿这只君王暴龙的后背还长着羽毛呢！

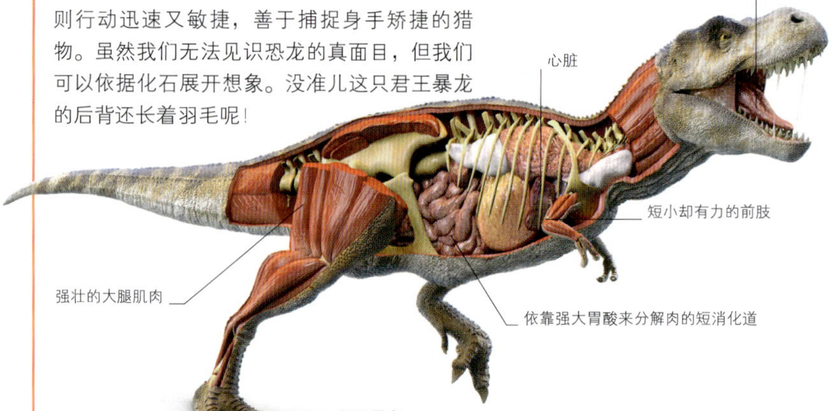

君王暴龙

兽脚类

食肉恐龙属于兽脚类。兽脚类可用后肢直立行走，其前肢短，手部活动灵活。兽脚类种类很多，从体形巨大的食肉恐龙异特龙，到小巧并长着羽毛的葬火龙，都属于兽脚类。

似鳄龙

角鼻龙

始盗龙

棘龙

中华龙鸟

五彩冠龙

似鸡龙

伶盗龙

尾羽龙

第二次世界大战期间，德国慕尼黑遭到轰炸，摧毁了该地古生物博物馆内的许多棘龙化石。

腔骨龙

伤齿龙

重爪龙

单脊龙

葬火龙

恐爪龙

冰脊龙

激龙

气龙

奥卡龙

理理恩龙

捕食

兽脚类是陆地上最强壮的食肉动物。它们以昆虫、鱼类、小型哺乳动物，甚至其他恐龙为食。

昆虫
昆虫大约在 3.5 亿年前进化而来。

鱼类
海洋和河流内鱼类资源丰富。

恐龙
食草恐龙为食肉恐龙提供了食物。

早期哺乳动物
啮齿类哺乳动物和恐龙共存。

早期鸟类
鸟类由小型食肉恐龙进化而来。

牙齿

通过对恐龙爪子和牙齿化石的研究，科学家揭开了许多关于恐龙的秘密。他们通过恐龙体形的大小、身体的形状、力量的多寡，推断出它们的食物种类，甚至展示了它们是如何狩猎的。

刀型牙
异特龙等兽脚类有着像小刀一样锋利的牙齿，用于使猎物骨肉分离。

尖牙
重爪龙和其他食鱼恐龙都有像针一样尖利的牙齿，可以撕开鱼皮。

碎骨型牙
暴龙的大牙齿可以直接咬碎骨头。

群体狩猎

恐龙足迹化石表明，有些恐龙是群体狩猎的，它们一起捕捉大型食草恐龙。下图中这些恐爪龙，它们通力合作击倒了一只腱龙。

鲨齿龙

异特龙

迪布勒伊洛龙

在三角龙骨骼化石中发现了来自君王暴龙的深深咬痕。

君王暴龙

艾伯塔龙

史前动物

在 35 亿年前，微小的单细胞微生物在海洋中进化，最初的生命形态出现。几百万年以来，一些生物慢慢进化发展，逐渐爬上陆地，甚至飞向天空。

史前动物的种类

我们用“史前”来形容那些存在于有历史记录之前的生物。史前动物多种多样，恐龙是最有名且大家最熟悉的史前动物。此外，还有无脊椎动物、鱼类、两栖动物、爬行动物和哺乳动物。

无脊椎动物
这个像枪乌贼一样的箭石生活在约 2 亿年前的海洋中。

科学家认为，小行星碰撞地球，导致了 6600 万年前史前动物的大规模灭亡。

在空中

许多史前动物能飞向天空，如双型齿翼龙和真双型齿翼龙等各种翼龙，它们是会飞的爬行动物。随着时间的推移，鸟类和会飞的哺乳动物也出现了。

在陆地上

大约 4.72 亿年前，植物在陆地上开始进化。生物从海洋爬上陆地，逐渐进化成两栖动物、爬行动物和哺乳动物。

在水中

史前海洋中有各种早期生物，如威瓦西亚虫、欧巴宾海蝎和奇虾，它们对我们而言都很陌生。但是，之后出现的巨齿鲨和弓鲛的鱼化石，看起来很像今天的鱼类。

鱼类
世界上最早的脊椎动物就是鱼类。

两栖动物
和现在的蛙有些相像，史前两栖动物也可以呼吸空气，但生活在淡水中。

爬行动物
约3.15亿年前，最早的爬行动物从两栖动物进化而来。它们有着鳞状皮肤。

哺乳动物
约2.2 亿年前，最早的哺乳动物出现在地球上。

向现生动物过渡

约 6600 万年前，一场大灾难使得许多史前生物灭绝。仅鸟类和一些哺乳动物生存了下来。之后，新的动物开始出现，包括我们所熟知的哺乳动物的祖先。

始祖象
这头像猪一般大小的象，生活在距今3500多万年的非洲沼泽和森林中。

渐新象
大约出现在 3500 万年前。和现在的象很像，在它的头骨中有空气填充的空间，以减少重量。

恐象
恐象约在 2400 万年前生活在非洲、亚洲和欧洲。站立高度达 4.5 米。

象
如今，象是陆地上最大的动物，和它的祖先在象鼻等方面有着相似的特征。

原鳄

上新马

多瘤齿兽

尤因他兽

恐狼

剑齿虎

猛犸象

雕齿兽

披毛犀

滑齿龙

弓鲛

利兹鱼

硬齿鱼

沧龙

克柔龙

薄片龙

巨齿鲨

植物

地球上约有 40 万种植物。植物通过阳光、水、二氧化碳制造有机物，并且植物对于陆生动物而言，也是非常重要的食物来源。它们还为所有生物提供了至关重要的氧气。

植物的生长

春天，种子活跃起来，吸收热量和水分，开始发芽。根系开始向下生长，获取来自土壤中的水分和养分，而嫩芽则朝着阳光，向上生长。

光合作用

植物通过光合作用制造食物——葡萄糖。它们从土壤中吸收水分，从大气中获取二氧化碳，然后利用太阳的光能产生葡萄糖。

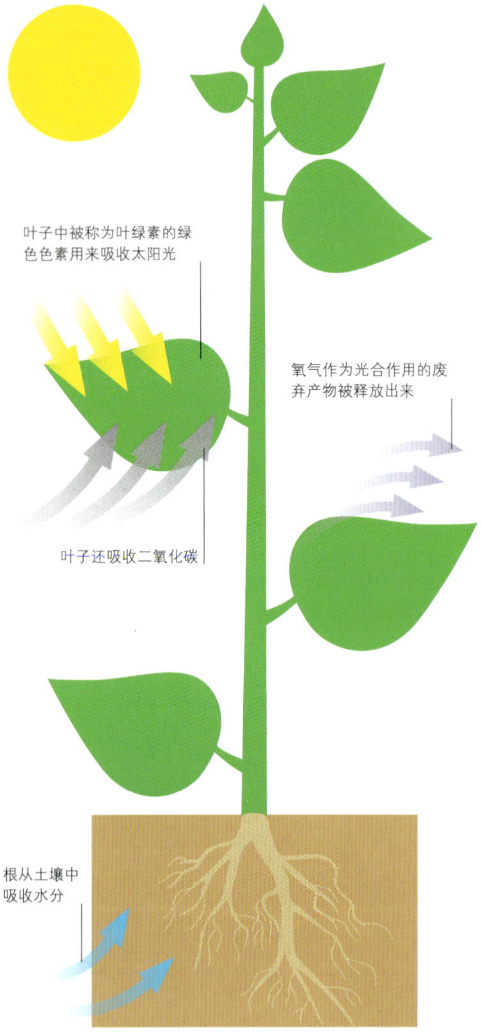

种子的传播

植物需要尽可能远离母体散播它们的种子，这样就可以防止因为种植过于密集而死亡。种子的传播方式有很多种。

爆裂
有些种子成熟后，种荚会裂开，然后种子从母体上散开。

风力传播
一些种子的形状特殊，可以轻易地在风中飞舞。

流水传播
一些种子是防水的，它们可以漂浮在水面上，如椰子。

动物传播
种子可以被动物吃掉再排出，或者沾在动物的皮毛上，被运到其他地方。

人工传播
人们在吃完水果后会丢弃种子，或者通过衣物带走种子。

无花植物

大多数无花植物通常生长在潮湿、背阴的地方，通过孢子繁殖。针叶植物的种子则被包裹在鳞片状的松果中。

奥地利松树

欧洲紫杉

加利福尼亚肉豆蔻

金钱松

开花植物

开花植物色彩缤纷，带有香气，并产生花粉。花粉依靠风力或昆虫传播到同类花上，花朵接受花粉并结出果实。

木兰花

林仙

慈姑花

红千层

鹅掌楸

卡罗来纳多香果

睡莲

植物的适应性

在遇到动物袭击或极端天气的时候，植物不能靠移动位置来保护自己，经过长期的自然演化，它们对环境具有很强的适应性。在干旱的沙漠里，植物非常耐旱，凭借非常少的水分就可以生存下来，而那些生活在海边的植物则是耐盐的。

仙人掌
仙人掌生活在极热地区，所以它们没有叶片，满身是小刺，因为刺可以减少水分蒸发。仙人掌的茎可以储存水分。

针叶树
针叶植物常年都是绿色的。它们有着又长又细的针状叶子，需要少量的水分，可以在寒冷的天气屹立不倒。

红树
这类植物生长在海边，它们的叶子可以分泌体内多余的盐分。如果含盐量过高，叶子则会凋落。

科学家认为
一些蕨类植物
在地球上已经生存了
3.5 亿年。

食虫植物

有些植物生长在贫瘠的土壤中，不能获取足够的养分，所以它们从昆虫等动物身上获取额外的营养。很多食虫植物靠着美丽的颜色和诱人的气味引诱猎物，然后困住它们。植物的消化液可以分解猎物，将其吸收。

眼镜蛇草
这种植物的捕虫部位看起来像是眼镜蛇的头部。它有透光的斑纹，还能释放出诱人的气味，诱惑饥饿的昆虫前来觅食。

毛毡苔
这种植物的叶子上覆盖着一层黏液。一些像蚋之类的小昆虫触碰到叶子就会被困住，然后这些小昆虫的挣扎刺激了植物消化液的释放。

猪笼草
这是一种热带植物，依靠悬挂在叶子末端呈瓶状体的捕虫笼捕捉昆虫。瓶状体的“瓶盖”能分泌香味，引诱昆虫。瓶口光滑，昆虫会滑落瓶内，成为猪笼草的美食。

捕捉猎物

捕蝇草捕捉昆虫的速度非常快，它们能在 0.1 秒内迅速关闭张开的叶片。如果有昆虫落在此植物上，并触碰到感觉毛，植物就会迅速采取行动。

1 准备期
植物内部有感觉毛，为猎物时刻准备着。

2 触发期
靠近的昆虫触碰到感觉毛，植物细胞就会发出电信号。

3 关闭
植物的叶片闭合在一起，将昆虫困住，分泌并释放消化液，消化猎物。

有毒植物

有些植物用毒素作为自己的武器，使得人类和动物不敢吃它们。下面这些植物对人类是致命的。

- **夹竹桃**
整株夹竹桃都是有毒的，甚至夹竹桃燃烧后产生的烟毒性也是极强的。
- **毒芹**
这是北美地区毒性最强的植物。哪怕食用微量，也是致命的。这种植物在欧洲也有品种分布。
- **相思子**
鲜红的种子中包含人类所知的剧毒。
- **颠茄**
这种植物全身都是毒，根是最危险的部分。
- **蓖麻子**
它们包含蓖麻毒素，这是一种剧毒植物蛋白。吸入蓖麻毒素比口服的方式毒性更强。

花

花通常是色彩缤纷且带有香味的，在植物的生命周期中扮演着至关重要的角色。它们能产生花粉，也能发育成果实和种子。花粉以多种方式从一朵花传递到另一朵花，这个过程叫作传粉，然后产生种子长成新植物。

花的结构

花的各部分是围绕繁殖任务为中心的。花瓣包围着含胚珠的子房和可接收花粉的柱头。当胚珠和花粉相遇，会发育成种子。

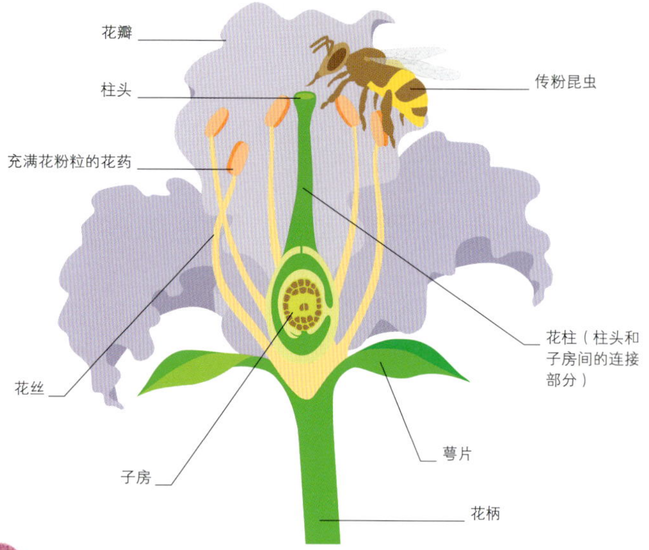

单子叶植物

这类植物的花朵通常有以下共同的特点：花瓣数量通常是 3 的倍数；有一根主茎，上面带着些许叶子；叶脉常为平行走向。

剑叶兰

鸢尾

风信子

象牙参

地涌金莲

蝴蝶兰

大叶火烧兰

百合

紫露草

纳茜菜

花序

一些植物在茎上有按一定顺序排列的一簇簇的花朵，被称为花序。在单子叶植物和双子叶植物上都能看到类似的现象。有些花在主茎上每隔一段长出一根侧枝，在侧枝上开出花，还有的花聚集在茎的顶端。

猪草

唐菖蒲

金凤花

蓝铃花

红车轴草

野雏菊

白柳

绿色的花

通过风力进行传粉的花往往是绿色的，因为它们不需要吸引昆虫。绿色的花通常很小且不易被发现。它们储存花粉的位置是易于被风吹到的地方。

鹿食草

百花藜

传粉

很多植物通过传粉进行繁殖。传粉就是花粉从一朵花转移到另一朵花。一些植物可以实现自花传粉，动物、风和水在传粉过程中发挥了重要作用。

动物
许多花朵有花蜜，可以吸引蜜蜂这类动物。当动物吃下花蜜后，身上就沾上了花粉，这些花粉会被带到其他花朵上。

风
一些植物依赖风力进行传粉。它们会产生大量花粉，以增加落在正确位置的机会。

水
一小部分水生植物靠流水来传粉。花粉落在水中，随着水流被带到其他植物上。

自花传粉
一些植物可以自花传粉，在同一朵花上自花药到柱头传输花粉，或在同一株植物上的花朵之间相互传粉。

果实

果实是绿色开花植物的一部分。一些植物的果实成熟后，会改变颜色，变得鲜嫩多汁，这些特征都会吸引动物。一旦果实被动物吃掉，种子就会进入动物的消化道，通过排泄排出体外，达到传播的效果。有些植物的果实有“翅膀”或“钩”，可以随着风传播，或者沾在动物的皮毛上传播。

1 种子
受精后，种子在西瓜花的子房中形成。

2 子房膨胀
花瓣凋落，子房开始膨胀。

3 小果实
表皮变坚硬，子房现在是一个小果实了。

4 成熟
在生长的季节，果实越来越大，逐渐成熟。

5 成熟的果实
西瓜已经成熟。如果被动物吃掉，种子就会被四处传播。

双子叶植物

这类植物的花瓣数量通常是 4 或 5 的倍数。它们有许多从主茎伸展出来的小分枝，叶子具有网状叶脉。

蝴蝶草

黄花酢浆草

醉蝶花

豌豆花

天竺葵

栎木银莲花

奇仙玉

红羽扇豆

金鱼草

玫瑰

雏菊

开绿色花的植物的花粉是花粉过敏的主要诱因，因为这些植物在一年中的特定时间内产生大量的花粉。

狗尾草

草花

海甜菜

景天科植物

伪装者

一些花进化成了仿佛只能在童话中才能见到的样子。它们中的一些长得像昆虫，一些闻起来像腐肉或者有着臭鼬般的恶臭。它们拥有这些奇特的特征可以吸引传粉的昆虫，能更好地适应自然环境。

大花草
因为它们闻起来像是腐烂的尸体，所以也被称为“腐尸花”。它们无根无叶，依靠其他植物的营养和水分而存活。

眉兰
这种花看起来很像蜜蜂，同时还会模仿雌蜂特有的气味，吸引雄蜂和它们交配，这样眉兰就能接受或者传播花粉。

西部臭菘草
这种植物的花被“佛焰苞”的亮黄色结构所包围。一些昆虫喜欢这种植物的臭鼬味。

臭百合
这种植物上面又长又黑的尖状物闻起来像是腐肉一样，会吸引饥饿的苍蝇。

树

作为地球上最大的植物，树已经存在几百万年了。它们对地球万物的生存是至关重要的。树叶负责吸收大气中的二氧化碳并释放出氧气。树使空气保持湿润，这有利于产生降雨，树还为动物提供栖息地和食物。

树冠形态

常见树木树冠的典型形态特征包括叶呈散形，形窄且层性明显，叶子呈现规整的圆锥形。树种通常可以通过树冠形态来区分，即使冬天树叶凋零也可由此辨别。

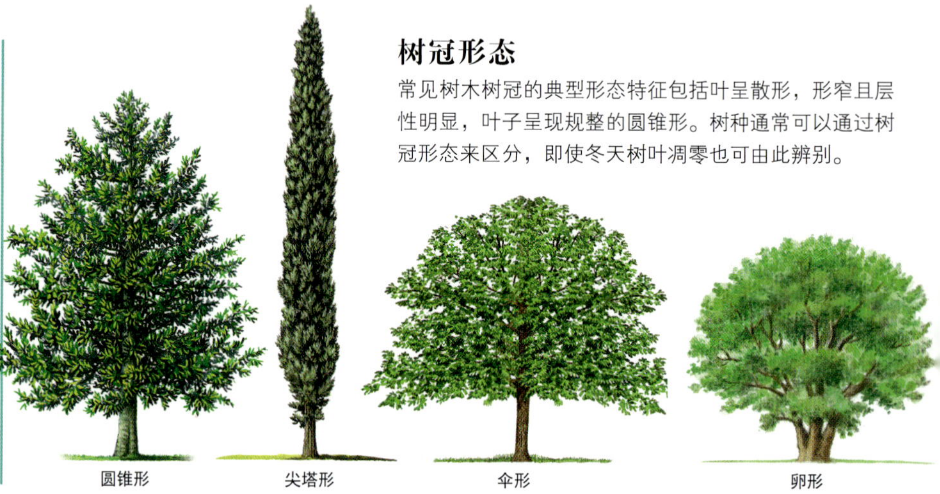

什么是树?

树是一类高大的植物，通常有一根木质的树干，从树干上又长出更小的、可以生长树叶的树枝。树根深埋于地下，负责从土壤中吸收水分和无机盐。

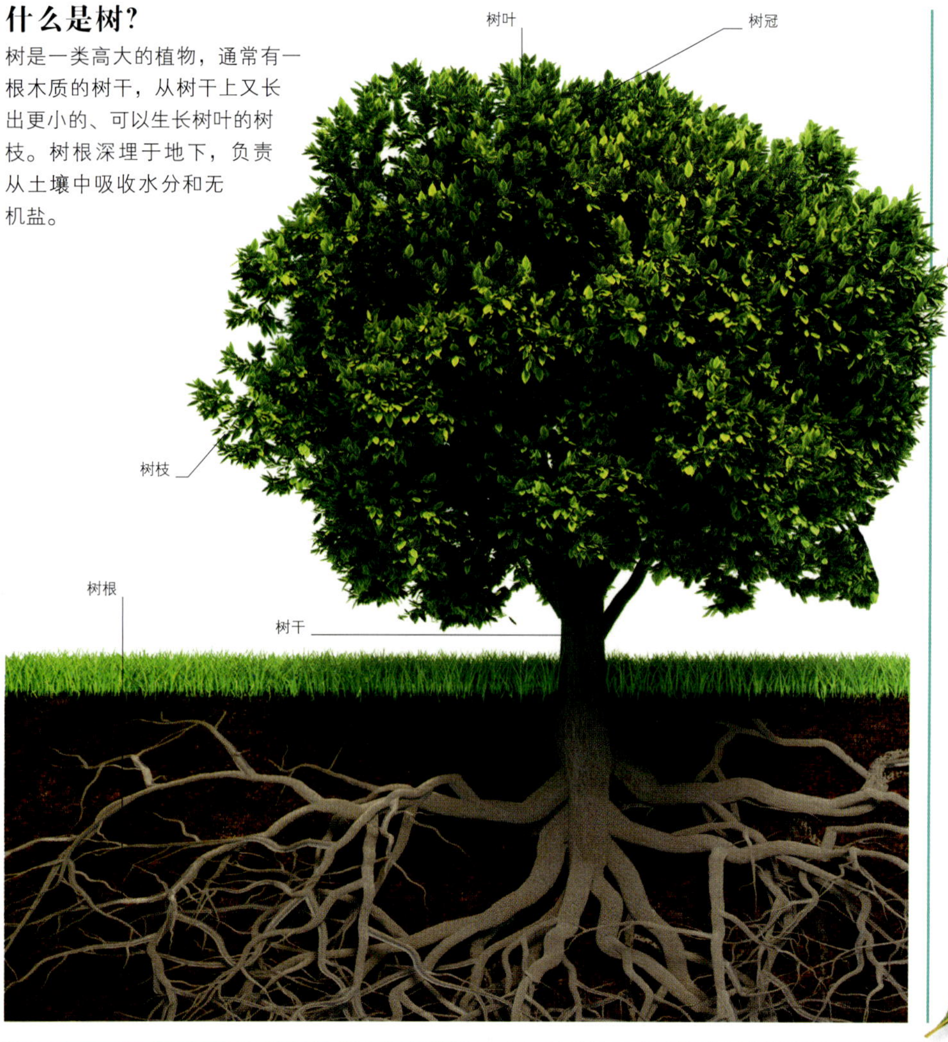

树皮的种类

树皮是树的外壳。它保护树干和树枝免受损伤，还能帮助树木保持水分。树皮的颜色、质地及脱落的方式，都可以用来辨别树种。树皮的外观会随着树龄的增长而改变。

叶形

在寒冷干旱的地区，冷杉、松树等树种的树叶呈针状，像小鳞片一样。在温暖湿润的地区，树叶通常非常宽大，形状更多样。

树木年轮

树每生长一年，树皮内部就会增加一层新的木质。如果树被砍倒，你可以看到一圈圈的环。数一数这些环，就可以推算出树龄。

四季

很多树都会随着季节的变化而发生规律性变化，这被称为生长周期。它们在春季冒出新叶、开花，在夏季结种。随着秋天白昼缩短，树停止生长，树叶开始脱落。在冬季，树有一个休眠期。

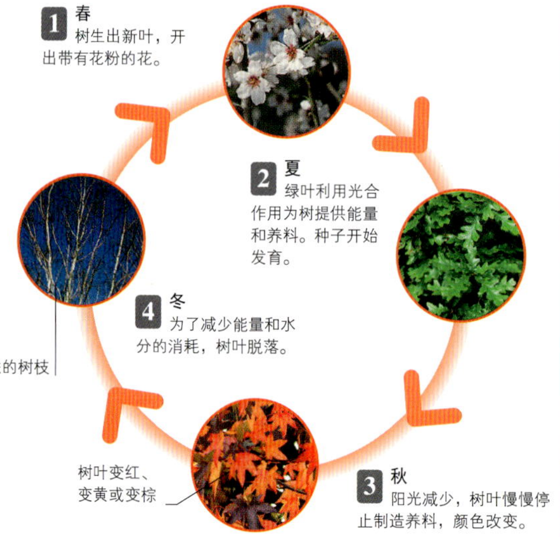

树叶的变化

在秋天，树叶的颜色会发生变化。绿色消失了，随之而来的是红色、黄色和棕色，把大地装扮得色彩缤纷。

最高的树

四季常绿的北美红杉是世界上最高的树种之一。它们原产于美国，分布于加利福尼亚州太平洋海岸。最高的红杉——亥伯龙神红杉竟高达116米，其确切的生长地点尚未被官方公布。

落叶树

像夏栎和山毛榉这类树，在一年中的某个时段树叶会掉光，这种树被称为落叶树。它们有着各种形状的平展的叶子，这些叶子在寒冷或干燥的季节会脱落。直到天气转暖，光秃秃的树才长出新叶。落叶树在世界许多地区都很常见。

桤木　白桦树　鹅耳枥　欧洲栗　山毛榉

花白蜡树　美洲落叶松　糖枫　颤杨　樱桃树　白柳　红果花楸　英国榆树

桑树　夏栎　榅桲　紫荆　无花果　松节油树

常绿树

这些树的树叶终年常绿。哪怕老树叶脱落，也有新树叶不断代替。冷杉、松树、雪松和云杉都是常绿树。很多常绿树生长在北方地区，在那里它们和恶劣、寒冷的气候做着斗争。

银枞　大冷杉　智利南洋杉　依兰　地中海柏木

世界上现存最古老的树种之一是位于美国加利福尼亚州的狐尾松，树龄大于 4850 年。

蓝桉树　麦哲伦山毛榉　杨梅树　柠檬　黎巴嫩雪松　巨杉

挪威云杉　蓝云杉

可可树　木兰　杧果树　欧洲刺柏　欧洲赤松　欧洲紫杉　铁杉

古树

约 3.8 亿年前，地球上最早的像树一样的植物——孢子植物出现。这种植物并不依靠种子繁殖，而是从叶子底部被称作孢子的细胞中产生。如今存活的唯一的木本蕨类植物是木桫椤。另外一种古老的树种是银杏，在恐龙时代之前就存在，一直存活至今。

木桫椤

银杏

盆景

古老的东方盆景艺术创造了大型树木的小型复制品。修剪蟠扎等技法阻止盆景中的植物充分生长。盆景适用于多种类型的树，你可以在一个小容器内栽培植物的迷你版。

鸡爪槭（日本红枫）　矮生海棠

子实体

蘑菇是常见的真菌。蘑菇长在草地和林地地上的部分被称为“子实体”。蘑菇的另一部分藏在地下。最常见的蘑菇由菌盖和菌柄构成。菌盖下的褶皱组织是菌褶，在那里产生微小的生殖细胞——孢子。

杯状真菌

有许多种类的真菌的形状像杯子或圆盘。内表面携带孢子。这些真菌从地下或潮湿的木头中长出。

球状真菌

一些真菌呈球状。它们大小不一，小一些的在菌柄上成簇生长，大一些的像足球那么大。真菌马勃裂开后，会释放储存在内部的孢子。

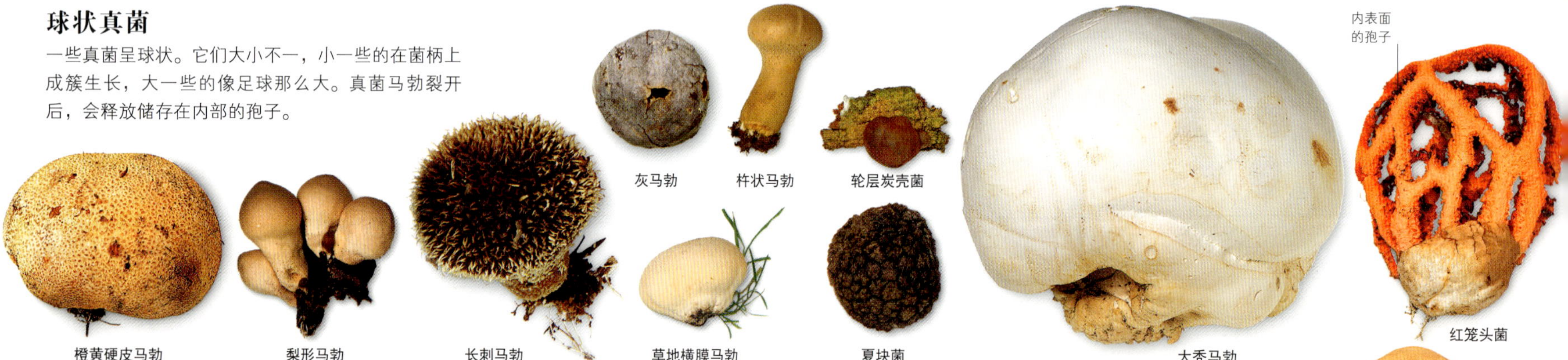

伞状真菌

最容易被认出的真菌就是伞状真菌，或者叫菌盖－菌柄型真菌。它们有各种各样的形状和大小。有些又小又细，有些有着粗壮的菌柄和厚厚的菌盖。

真菌

尽管真菌看起来很像植物，但是两者差异很大，它们分属不同的界。真菌颜色、形态各异，以有机物为食，我们熟知的蘑菇就属于真菌。有些真菌是可食用的，有些却有致命的毒素。

蘑菇的生命周期

蘑菇在人眼看不到的地方进行繁殖。在地下，从孢子（生殖细胞）中繁殖产生菌丝，然后逐渐生长出更多的蘑菇。

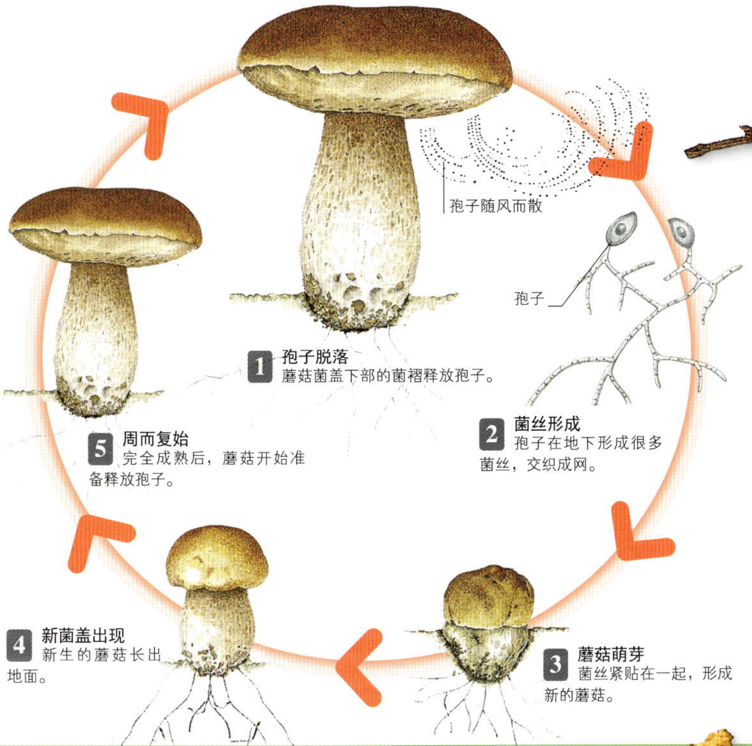

真菌生长的地方

想要寻找并识别真菌就要知道真菌的生长环境。比如，一些真菌长在特定的树木周围。

掉落的树枝
这种棕色盘菌长在橡树皮上。

杉木球果
耳匙菌直接从腐烂的杉木球果上长出来。

叶子
红色棒瑚菌出现在桦木根茎，以及枫树或桤木叶子上。

树下
拟褐疣柄牛肝菌生长在榛木和鹅耳枥树下的落叶上。

在其他真菌上
直立小包脚菇寄生在其他腐烂真菌上。

毒蘑菇

一些毒蘑菇看起来和那些用于烹饪的蘑菇非常像。任何人都不可以在没有完全确认蘑菇的种类前就进行采摘。

毒鹅膏
世界上最致命的真菌之一。

卷边桩菇
卷边上的毒素可以损害红细胞，造成肾脏和肝脏衰竭。

黄盖鹅膏菌
人食用这种奶油色或黄色的蘑菇后，在一小时之内就会恶心和胃痛。

纹缘盔孢伞
这种黄棕色的蘑菇生长在腐烂的木头中，其毒性会导致肝脏受损，如果不及时治疗，会导致死亡。

淡红丝膜菌
这种蘑菇很危险，因为它们看起来很像可食用的鸡油菌。如果吃了这种蘑菇，会损害肝脏和肾脏。

弧状真菌

这种真菌出现在树上或者死木上。它们看上去像是架子，有时在每一层的顶部会再长一层。弧状真菌最终会破坏所在树的组织，导致树死亡。

弗氏灵芝

硫黄绚孔菌

糙皮侧耳

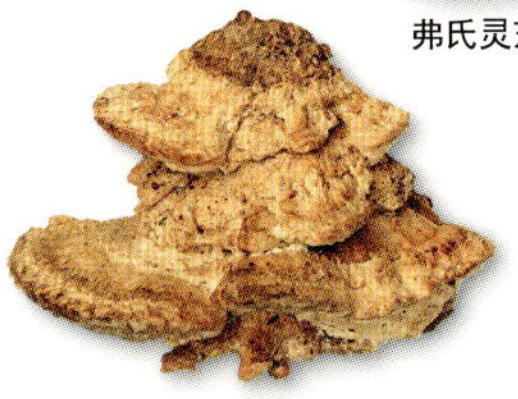

横迷孔菌

虎掌刺银耳

胶皱干朽菌

星状真菌

在这类真菌中，孢子存储在圆形容器中。容器的外层裂开后，就像个多角星，孢子从中释放。

矮地星

粉红笼头菌

尖顶地星

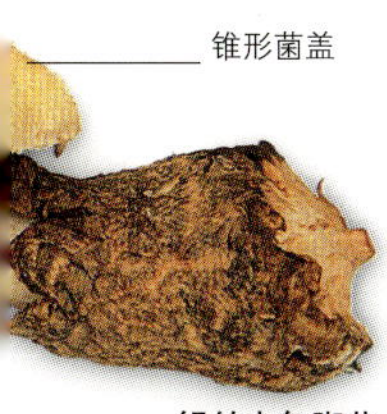

银丝小包脚菇

橙盖鹅膏

紫皮丽蘑

棒状真菌

棒状真菌上下直立，没有明显的菌盖，看起来与常见的蘑菇很不一样。有些种类成丛生长。

绿小舌菌

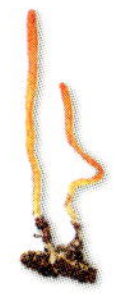

蛹虫草

湿生地杖菌

多形炭角菌

管状大核瑚菌

微黄拟锁瑚菌

鹿角炭角菌

珊瑚状真菌

珊瑚状真菌通常颜色艳丽，丛生，由茎部向上生出许多枝杈，看起来很像热带海区的珊瑚。

密枝瑚菌

葡萄色枝瑚菌

黏胶角耳

蜘蛛

蜘蛛的种类大约有4500种。蜘蛛有8条足，大多数有8只单眼。在避开病害和天敌的前提下，有些蜘蛛可以存活1年。一些大蜘蛛，如塔兰托毒蛛，寿命长达20年。

奇异盗蛛

家幽灵蛛

北美蝗蟷

木土隅蛛

水蛛

蒙氏窨蛛

弓拱猎蛛

胸斑花皮蛛

棒脚络新妇

捕鸟蛛

红斑蛛

悉尼漏斗网蜘蛛

革带豹蛛

蜘蛛和蝎子

蜘蛛和蝎子都属于蛛形纲，有8条有关节的足。它们在某些方面很相似，但不同之处也显而易见，如蝎子的尾巴上有毒针，而蜘蛛则长着有毒的螯牙。

蝎子

蝎子的身体被坚硬的外壳包裹着。靠近头部的触肢用来抓住猎物，还用来与捕食者搏斗，尾部有毒针。

黄肥尾蝎

帝王蝎

智利穴居蝎

蜘蛛的解剖图

蜘蛛的身体分成两部分。前半部分包括眼睛、螯牙、胃和腿，后半部分包括丝腺。蜘蛛有4对足，并且通过足上的毛来辨别气味和声音。

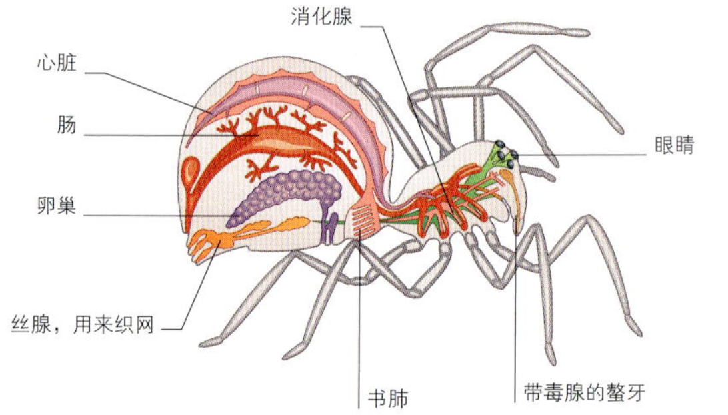

幼蝎

幼蝎在母蝎体内生长发育。出生后，它们爬到母蝎的背上生活，直到它们的外骨骼初次蜕皮。

乳头棘蛛

墨西哥红膝鸟蛛

橙巴布

水涯狡蛛

其他蛛形纲动物

蛛形纲包括很多动物，如螨虫、蜱虫和盲蛛等。它们常被误认为是昆虫，但事实并非如此，它们的区别是：蛛形纲动物大多有8条足，而昆虫有6条足；蛛形纲动物身体分为2节，而昆虫分为3节。

鞭蛛

盲蛛

宽头伪蝎

蜘蛛网的类型

不同种类的蜘蛛织的网也不同。园蛛织的网是最常见的网。

圆形网
这种网由园蛛织成，每天都需要修补。

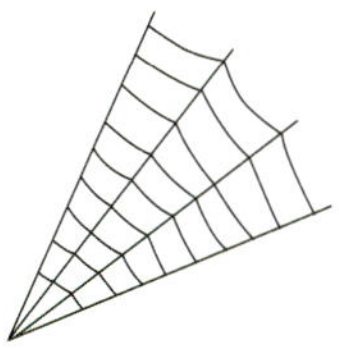

三角网
这种网由无毒的扇妩蛛织成。

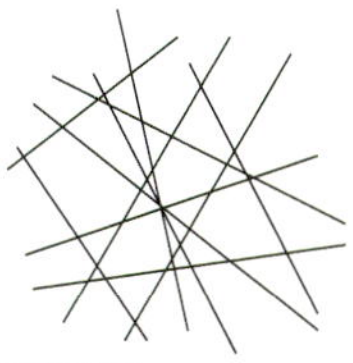

不规则网
这种网也被称作“杂乱的网”，由家隅蛛织成。

漏斗网
这种管状结构的网是由漏斗网蜘蛛织出来的。

最古老的蜘蛛网是形成于1.4亿年前的化石。

织网

园蛛通过腹部丝腺吐丝结网。蜘蛛网黏性很好，所以能困住路过的昆虫，供蜘蛛食用。

1 框架
蜘蛛先在树枝上吐出一根丝，然后把丝的另一端连接到另一根树枝上。接着，它在同一位置再吐出一根松弛的丝，并将自己挂在中间的第三根丝上。

2 螺旋线
一旦第三根丝被连起来，蜘蛛就开始不断吐丝直到把网织完。这些丝其实并不怎么黏。

3 黏性网
最终，蜘蛛用带有黏性的丝替代螺旋形的丝，为抓捕猎物做准备。然后它会把不黏的丝吃掉。

大小比较

世界上最小的蜘蛛是巴图迪古阿蜘蛛，这种蜘蛛的身体和一根大头针的针头差不多大。最大的蜘蛛是亚马孙巨人食鸟蛛，足展28厘米。

巴图迪古阿蜘蛛

亚马孙巨人食鸟蛛

捕食

蜘蛛用螯牙杀死猎物。一些蜘蛛还会用消化液分解猎物，把猎物变成液态，然后慢慢吸食干净。所有的蜘蛛都吃昆虫，但一些大型蜘蛛也会捕食蜥蜴、蛙甚至是鱼。

有危害的蜘蛛

只有一小部分的蜘蛛对人类构成危害。

巴西漫游蜘蛛
这是世界上毒性最强的蜘蛛之一，晚上在丛林里漫步以获取食物。

悉尼漏斗网蜘蛛
当猎物进入其网的范围内，悉尼漏斗网蜘蛛会非常迅速地冲出来，不停地咬猎物。

褐色隐士蜘蛛
也被称为“小提琴形蜘蛛”，被它咬过的伤口会溃烂，数月无法愈合。

红斑蛛
别看它个头小，但其毒液的毒性非常强，被它咬伤极其危险。

甲壳动物

甲壳动物是一个很庞大的家族，包括蟹、龙虾和虾等。它们中的大多数生活在水里，少数栖息在陆地，如体形很小的鼠妇。甲壳动物都有坚硬的外骨骼，随着身体的生长，它们的外骨骼会停止生长，所以它们要定期蜕壳，换上更新更大的“盔甲”来满足自身需求。

甲壳动物的解剖图

龙虾和蟹的身体由三部分组成：头部、胸部和腹部。它们有 5 对步足，有些种类的步足上长着螯。

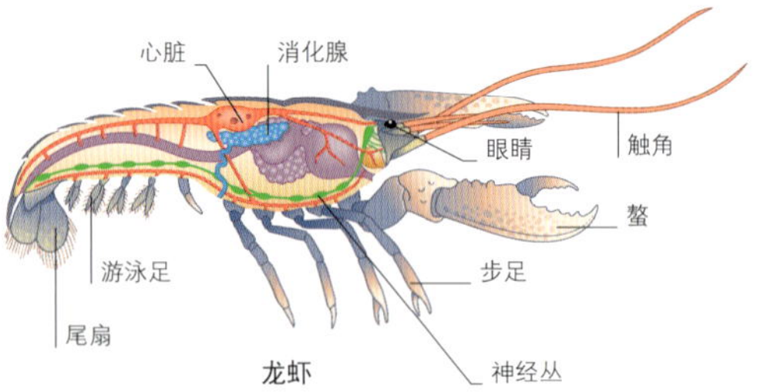

龙虾

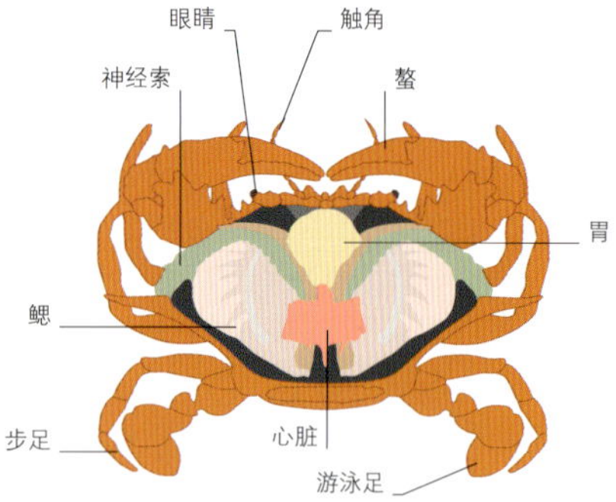

蟹

蟹的生命周期

和许多甲壳动物一样，刚孵化的小蟹和它们的父母不太一样。它们成长为成年形态要经过几个阶段。母蟹产下数百万颗卵，但只有一小部分能够存活下来。

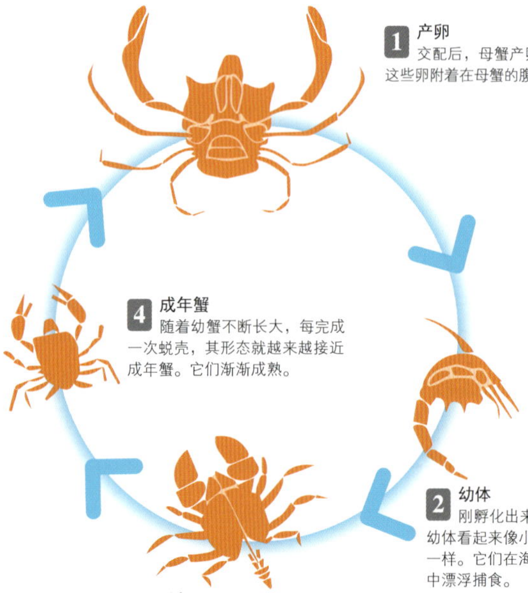

1 产卵
交配后，母蟹产卵，这些卵附着在母蟹的腹部。

2 幼体
刚孵化出来的幼体看起来像小虾一样。它们在海洋中漂浮捕食。

3 幼蟹
幼体经过多次蜕壳过程才长成幼蟹，它们居住在海底。

4 成年蟹
随着幼蟹不断长大，每完成一次蜕壳，其形态就越来越接近成年蟹。它们渐渐成熟。

生存策略

蟹是许多海洋生物的美味佳肴。它们经常待在岩石下或海藻丛中躲避捕食者。如果被困在远离庇护所的地方，那么蟹会采用不同的策略来摆脱困境。

模拟攻击
蟹抬起头，挥动着大螯，试图让自己看上去很强大。

蜷缩
蟹的另一个逃生技巧是蜷缩身体蹲伏下来，这样就不容易被伺机而动的捕食者发现。

逃跑
如果幸运的话，蟹会迷惑攻击者，从而争取时间迅速逃往安全地带。

致命的气泡

相较于其大约 5 厘米长的体长，鼓虾常常发出不可思议的巨大声音。当遇到猎物时，鼓虾张开它大大的螯，光速般钳住猎物。这个过程会产生气泡，气泡破裂的声响足以吓退猎物。

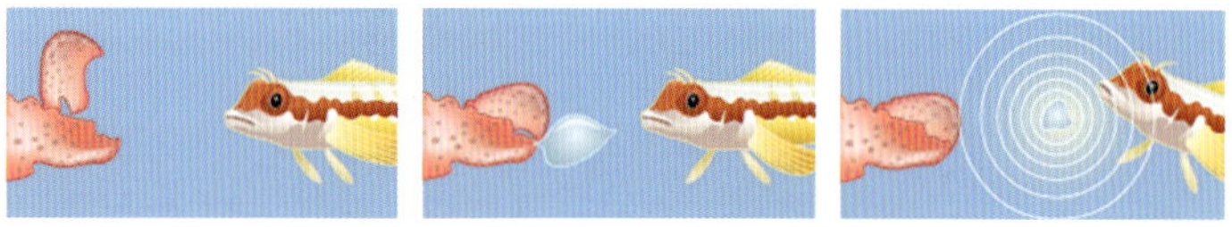

1 张开大螯
鼓虾张开它那可开合的大螯。

2 合上大螯
大螯迅速合拢，产生气泡。

3 猎物被吓退
气泡的破裂声将猎物吓退。

蟹

大多数蟹生活在海里。它们大多数有扁平的身体和宽大的外壳。软腹寄居蟹通过居住在其他海洋动物的空壳里面来保护自己。非常有意思的是，蟹横着走。

棕色盒蟹

黄道蟹

圆蟹

蜘蛛蟹

人面蟹

沙蟹

龙虾及其近亲

和许多蟹一样，龙虾也生活在海洋里。这类大型甲壳动物有坚硬的外壳和强有力的尾扇。各种各样的虾——既包括海水虾，也包括淡水虾——属于小型甲壳动物。海蟑螂属于由海洋向陆地进化的过渡类型，生活在海边高潮带附近。鼠妇已适应陆地的生活，在海边和高地都有分布。

春塘鲎虫

大龙虾

伊索虾

欧洲螯龙虾

圣诞岛红蟹
眼柄
触角
柄真寄居蟹
寄居蟹
作为传感器的绒毛
珍宝蟹
作为便携式住所的空壳
斑点真寄居蟹
天鹅绒梭子蟹
巴拿马箭蟹
扇蟹
红斑新岩瓷蟹
红珊瑚寄居蟹
橘色招潮蟹
青蟹
南极岩礁扇虾
雀尾螳螂虾
花斑扫帚虾
挪威海螯虾
东方扁虾
褐虾
长毛蹲伏虾
海蟑螂
南极磷虾
白螯小龙虾
白须长足龙虾
球鼠妇
眼斑龙虾
斑节对虾

辨别昆虫

昆虫种类繁多，形态各异。大部分昆虫有翅膀，还有很多特征可以简单辨别昆虫。

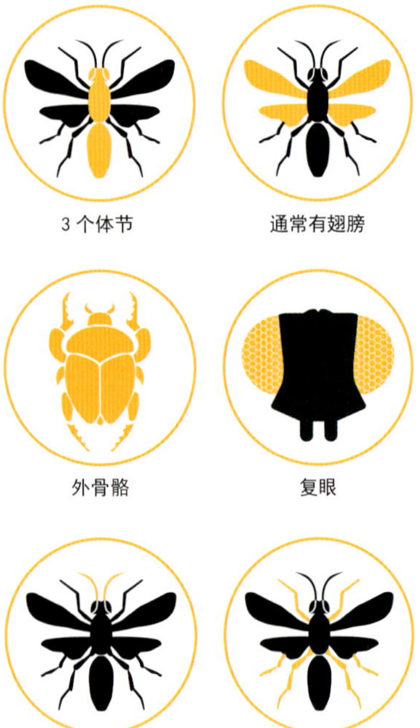

昆虫

在地球上所有的动物中，昆虫是进化史上最成功的物种。与其他种类的生物相比，昆虫的数量更多，分布更广泛。目前已知的昆虫种类有 100 多万种，还有数百万种的昆虫等待人类去发现研究。

昆虫的身体

昆虫的身体由三部分组成：头部、带有足和翅膀的胸部、腹部。所有这些部分都被坚硬的外骨骼保护着。

昆虫是世界上最早的飞行动物，距今约有 4 亿年的历史。

甲虫

大约每 3 只昆虫里面就有 1 只甲虫。人类所知的甲虫至少有 37 万种。它们都有坚硬的前翅，可以合拢形成保护虫体的保护鞘。

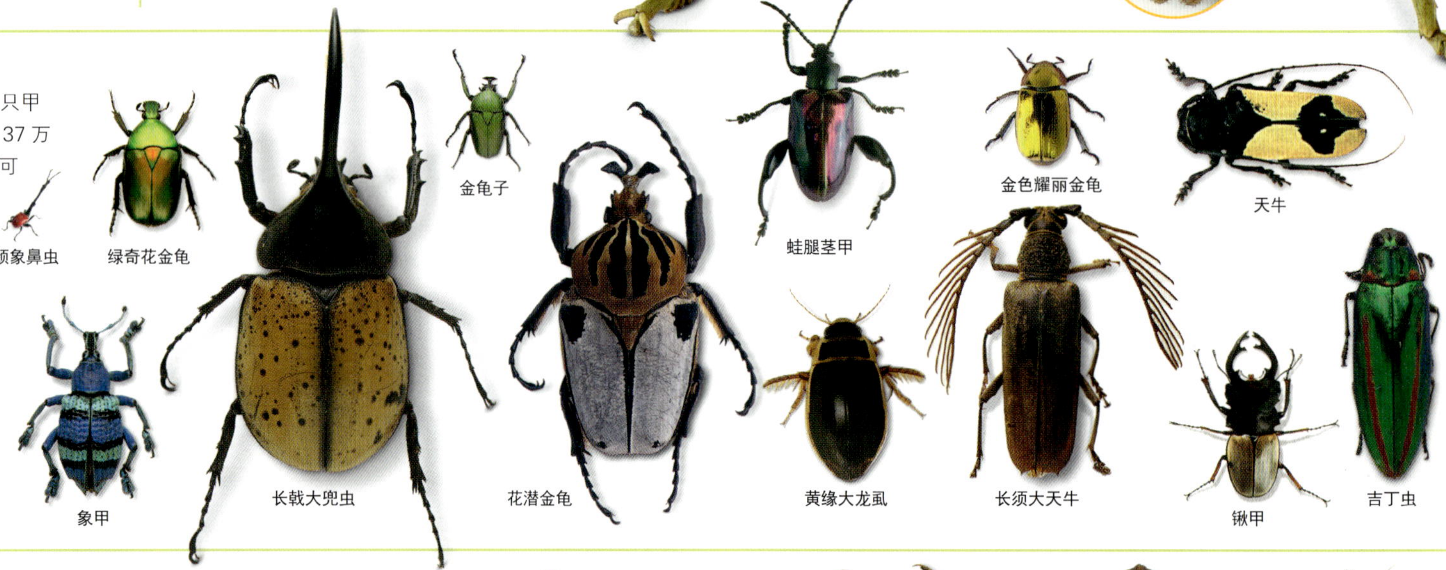

蝽

蝽长着长长的喙状口器，口器可用来吮吸动植物的汁液。

蝗虫和蟋蟀

蝗虫通过后足摩擦翅膀发出声音。蟋蟀通过翅膀间的摩擦来“唱歌”。这两类昆虫都能飞能跳。

蚂蚁、蜜蜂和胡蜂

这些昆虫中的某些种类有螯针。蚂蚁和几乎所有种类的蜜蜂和胡蜂都生活在有组织的群体中。

蝇

世界上大约有数千种蝇。尽管一些蝇是携带细菌的害虫，但仍有许多蝇科物种是植物的传粉者。

蜻蜓和豆娘

发达的肌肉和大大的翅膀使得它们成为昆虫界的王牌飞行员。它们也是灵巧的捕食者，在空中捕捉其他昆虫。

蝶和蛾

蝶是白天飞行的动物，通常色彩缤纷。蛾是夜间飞行的暗色动物。两者的翅膀上都有小鳞片。

昆虫的生命周期

所有昆虫的生命都从卵开始。一旦孵化出来，它们的身体将会经历好几次变化，直至长成成虫。右侧图片展示了瓢虫的生命周期，这也是多数甲虫的生长过程。

1 卵 雌虫在春天和初夏产下数百颗的卵。

2 幼虫 每一颗卵孵化成一只幼虫——幼年的未发育的昆虫。

3 皮肤改变 幼虫吃吃长长，几周内数次蜕皮。

4 蛹 当幼虫长大后，身体变形形成蛹，这时它们处于不进食阶段。

5 成虫 在紧紧包裹的蛹体内部发生着改变，最终，发育为成熟的瓢虫。

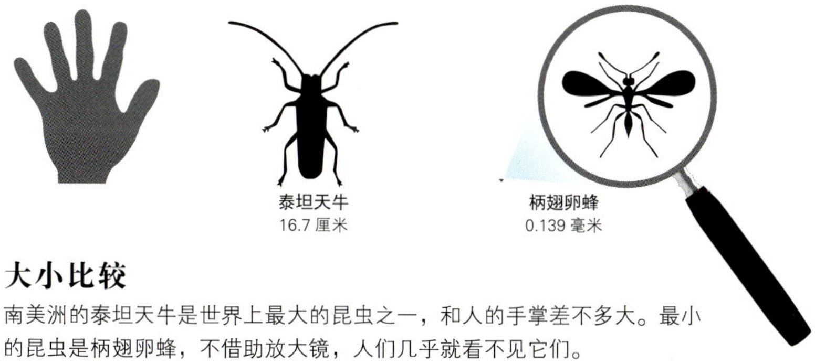

大小比较

南美洲的泰坦天牛是世界上最大的昆虫之一，和人的手掌差不多大。最小的昆虫是柄翅卵蜂，不借助放大镜，人们几乎就看不见它们。

全方位视野

复眼是昆虫的主要视觉器官。人类的每只眼睛只有一个晶状体，而昆虫的复眼却由成百上千的晶状体（小眼）构成。这使得昆虫可以同时看向不同的方位。

马蝇

蝶和蛾

精致的外形和极漂亮的颜色，使得蝶和蛾成为很美丽的昆虫。它们都有 4 个翅膀，上面覆盖着微小的鳞片，形成有马赛克效果的精美图案。大多数蝶和蛾以花蜜为食，对植物传粉很重要。

区别

蝶色彩艳丽，在日间飞行。停落时，它们的翅膀是向上折叠并收拢的。大多数的蛾则在夜间出没，它们色彩暗淡，身上毛茸茸的，雄蛾还有一对羽状触角。休息的时候，蛾要么将翅膀摊开放在身体两侧，要么将翅膀折叠靠近身体。

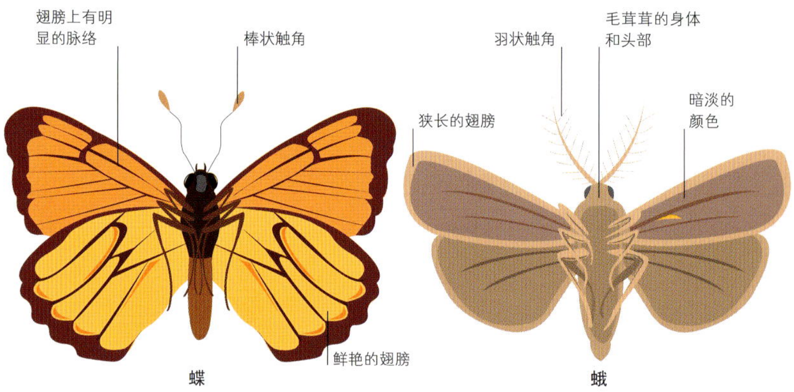

蝶

在世界各地几乎都有蝶。大翅膀、图案明显的蝶大多是来自热带地区的物种。蝶鲜艳的颜色不仅能吸引异性，也能提供自我保护。在自然界中，亮色的翅膀对天敌是一种警告——猎物有毒不能吃。

橙灰蝶

金贝粉蝶

褐小灰蝶

白缘眼灰蝶

亚历山大鸟翼凤蝶

黄纹菲粉蝶

斑粉蝶

螯蛱蝶

青蓝宝石眼蝶

黄斑黑弄蝶

豆粉蝶

裙绡蝶

巴西王朝环蝶

虎凤蝶

青凤蝶

孔雀蛱蝶

阿波罗绢蝶

蛾

蛾的种类比蝶更多。大多数蛾是不引人注目的，但引人注目的也的确存在。巨大的月形天蚕蛾的翅膀展开后长达 30 厘米。

普罗旺斯斑蛾

日落蛾

婴儿蛾

响盒蛾

黄豹大蚕蛾

光翡翠蛾

墨西哥皇帝蛾

蝶的生命周期

蝶和蛾都是从卵发育为成虫，这个过程叫作变态发育。蝶的整个过程分为四个阶段：卵、幼虫、蛹、成蝶。成蝶交配，雌蝶产下数量众多的卵。

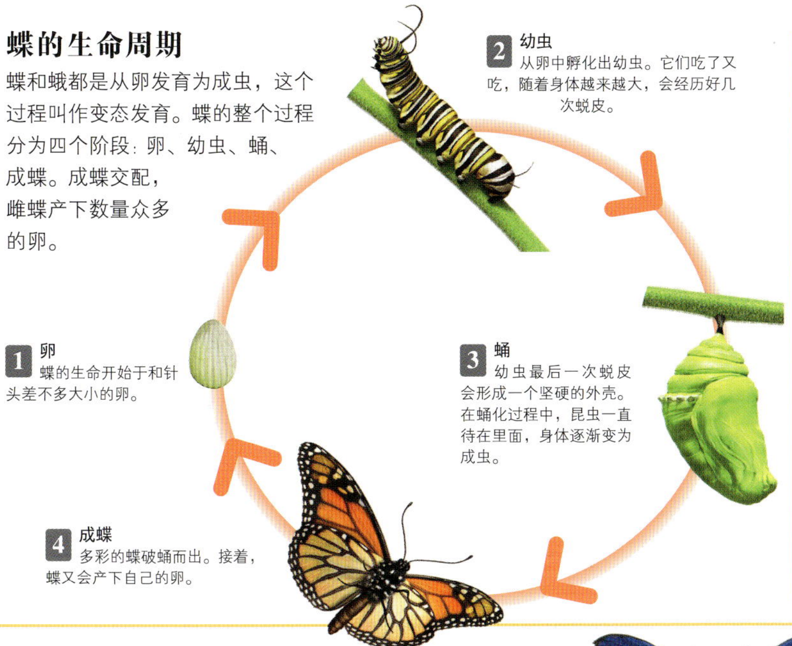

大小比较

亚历山大鸟翼凤蝶是世界上最大的蝶，翅展长达 28 厘米。褐小灰蝶是世界上最小的蝶之一，翅展小于 2 厘米。

幼虫的移动

幼虫前部有 3 对步足，后端有 2~ 5 对腹足，这些腹足能给后端提供抓地力。它们用波浪形的动作来完成移动。

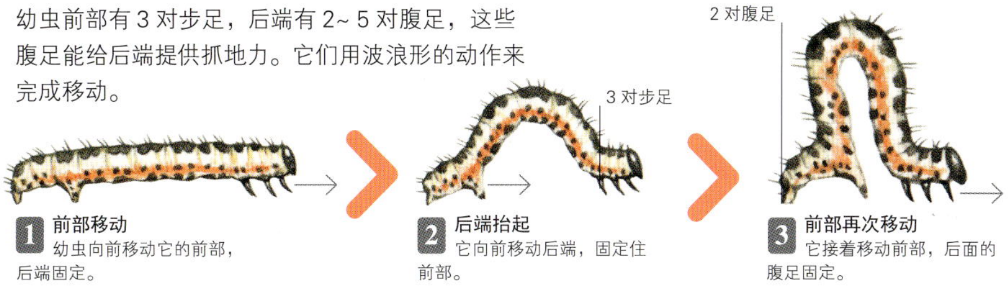

幼虫

不同种类的幼虫的外形有很大的差异，但它们都是大食量的家伙。多数幼虫以单一植物为食。少数吃不太寻常的食物，例如死牛的角和毛。

蛞蝓和蜗牛

蛞蝓和蜗牛很相似，都生活在潮湿地区，几乎遍布全球，爬过之处会留下自身制造的黏液。生活在水中的蛞蝓和蜗牛很少见，除非被作为水族馆的宠物。它们中的大多数，特别是来自温暖海域的物种，都有鲜艳的色彩和形状奇特的外壳。

蛞蝓

由于没有保护性的外壳，蛞蝓只能躲起来，在夜间出没寻食。一些蛞蝓住在地下。尽管蛞蝓会吞噬庭院植物和农作物，但是它们在分解腐烂植物方面扮演着重要的角色。

庭院蛞蝓

克里斑蛞蝓

黑蛞蝓

海蛞蝓

海蛞蝓的身体像果冻一样柔软且色彩鲜艳，常常附着在海底或珊瑚上。一些海蛞蝓会以笨拙的方式游泳。在它们的背上，有羽状或尖刺状的呼吸器官。

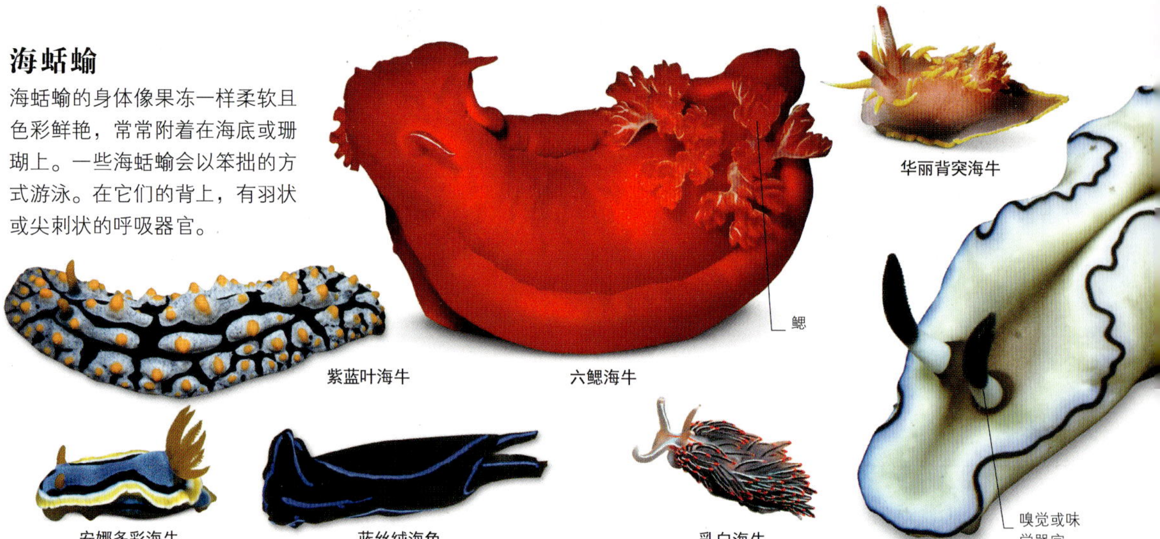

华丽背突海牛

紫蓝叶海牛

六鳃海牛

安娜多彩海牛

蓝丝绒海兔

乳白海牛

蜗牛

作为地球上广为人知的动物之一，蜗牛大小不一，小到比大头针的针头大不了多少，大到长达 30 厘米、重达 900 克，如非洲大蜗牛。蜗牛的壳不仅是它们的住所，当它们缩进壳内，壳的颜色和图案还能帮蜗牛伪装起来。

一些种类的蜗牛以蠕虫、蛞蝓，甚至是其他种类的蜗牛为食。

褐唇大蜗牛

罗马蜗牛

美丽尖柱螺

毛蜗牛

花园葱蜗牛

散布大蜗牛

玫瑰橡子螺

非洲大蜗牛

区别

蛞蝓和蜗牛的身体十分相似。但是，蜗牛的身体可缩进其坚硬的、白垩质的壳里，既可以保护自己，又能防止天气干燥时失去维持生命所必需的水分。

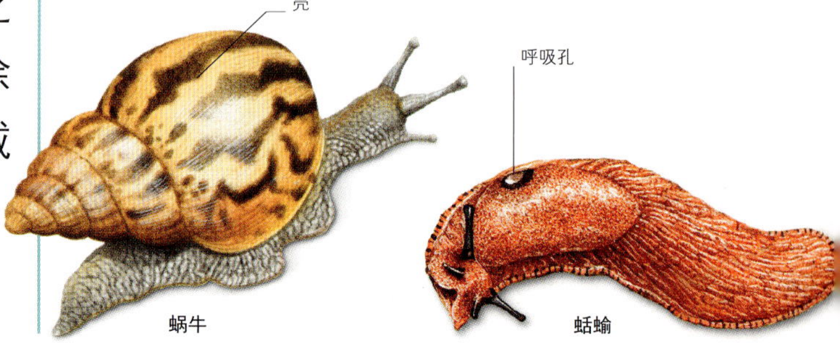

蜗牛

蛞蝓

莴苣海蛞蝓

黑边多彩海牛

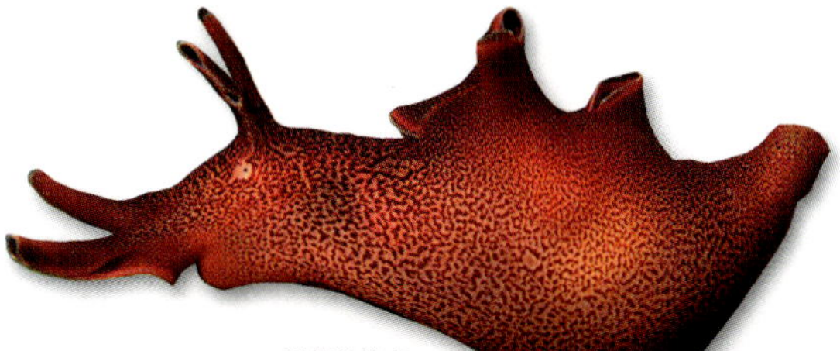

黑指纹海兔

条凸卷足海牛

水生蜗牛

一些蜗牛生活在海里，也有一些生活在淡水里。螺壳的颜色很鲜艳，大多有精巧的螺旋结构，如凤尾螺。凤尾螺是一种食肉动物，通过向猎物注射毒素捕食。

犬峨螺

福寿螺

静水椎实螺

苹果螺

壳长达 50 厘米

法螺

欧洲峨螺

让人惊讶的近亲

蛸（章鱼）看上去不是蛞蝓和蜗牛的近亲，但它们确实属于同一个动物门类——软体动物。还有很多其他动物，同样出人意料，也属于这个群体。下面列出其中的一部分。

库氏砗磲

伞膜乌贼

象拔蚌

海菊蛤

普通乌贼

花斑石鳖

真蛸

莱氏拟乌贼

鹦鹉螺

无骨的身体

蛞蝓和蜗牛体内没有骨头。它们柔软的身体由头部、包含器官的中央部分、帮助身体移动的腹足组成。头部有一对或两对触角，包含眼睛和其他感觉器官。

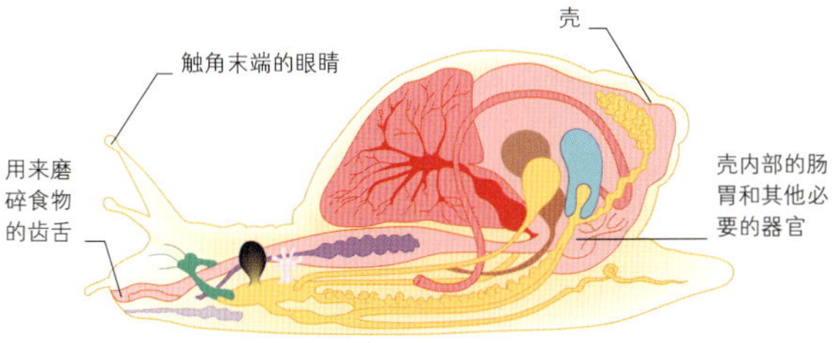

壳的形状

大多数蜗牛有螺旋形的壳，这些壳大小各异、形状不尽相同。海螺的壳通常不同寻常，各式各样，如纺锤形、布满刺的不规则形和扁平的帽形等。

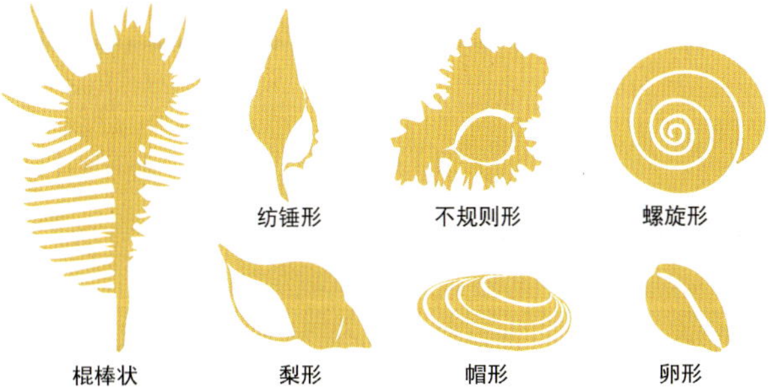

栖息地

数以万计的不同种类的蛞蝓和蜗牛，生活在多种多样的环境中。它们可以栖息在山上、海底、河流中，也可以栖息在森林和庭院中。

海洋
很多蛞蝓和蜗牛栖息在珊瑚礁和温暖的海域附近，有些出现在深海中。

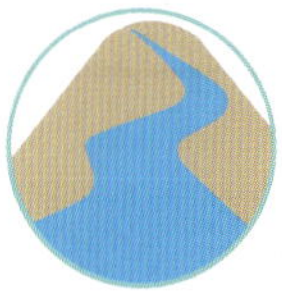

淡水
池塘、湖泊、河流和溪流边是淡水蜗牛常见的栖息地。

陆地
极少有蜗牛可以生活在干旱地区。大多数蛞蝓只可以栖息在潮湿的地方。

咸水鱼

生活在海里的鱼被称为咸水鱼，大约有 15000 种。

鱼

从山间小溪到深海，几乎在各种水环境中都能找到鱼。它们的种类繁杂，有 28000 多种，体长变化很大，从 12 毫米到 16 米不等。

鱼的解剖图

大多数鱼是流线型身体，所以它们可以在水中畅游。它们全身覆盖着鳞片，通过鳃呼吸。鳃是位于头部两侧收集水中氧气的器官。

锦鲤的寿命最长可达 200 多年。

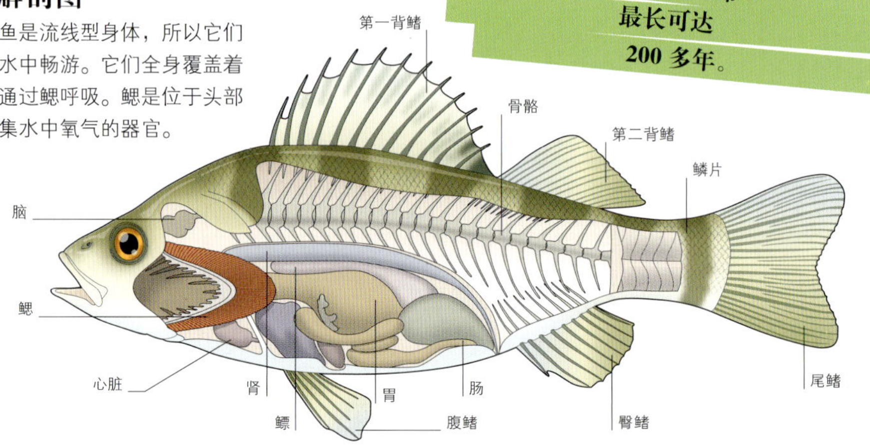

条纹裸海鳝 裸躄鱼 斑点管口鱼 白胸刺尾鱼 哈氏异康吉鳗 颌针鱼 纹腹叉鼻鲀 大西洋鳕 翱翔蓑鲉

淡水鱼

生活在湖泊、河流、溪水和池塘等淡水中的鱼被称为淡水鱼，大约有 13000 种。一些鱼属于广盐性鱼，既可以生活在咸水中，又可以生活在淡水中。

玻璃缺鳍鲶 胸斧鱼 奇普黑丽鱼 金鱼 五彩搏鱼

彼氏锥颌象鼻鱼 斑点非洲攀鲈 墨西哥丽脂鲤 锦鲤 长吻复齿脂鲤 蓝太阳鱼 鸭嘴虎纹鲶 红尾上口脂鲤 饰妆铠甲弓背鱼 红腹食人鲳 欧洲鳗鲡 三间鼠鱼 北极红点鲑 河鲈 匙吻鲟 尼罗罗非鱼 虹鳟 江鳕

鱼的种类

鱼主要有三大类：无颌鱼、硬骨鱼、软骨鱼。硬骨鱼种类最多，约有 27000 种；其次是软骨鱼，约有 970 种；种类最少的是无颌鱼，仅约有 100 种。

无颌鱼
这是最早出现的一类鱼。它们没有颌，也没有鳞片。

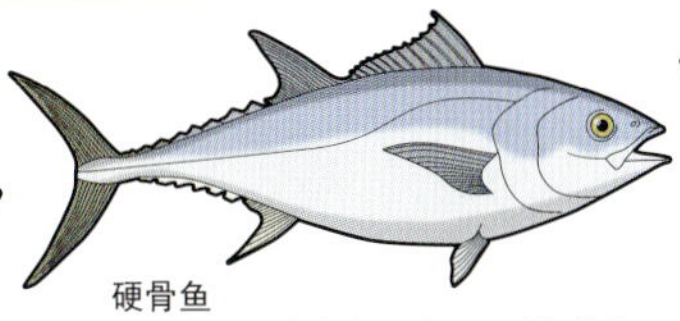

硬骨鱼
这是唯一一类由真正的硬骨质构成骨骼的鱼。

软骨鱼
它们和硬骨鱼很相似，但是骨骼是由软骨构成的。

防御

大多数鱼的身体上没有能自我保护的武器，比如刺。所以，它们很聪明地选择了一些方法进行自卫，如使自己看起来更强大，或从捕食者视线中迅速消失。

成群游动
鱼成群结队地游来游去，在捕食者看来很像一条大鱼。

埋在沙子里
比目鱼可以根据环境改变颜色和图案，这样它们就能通过躲在沙子里面来隐藏自己。

躲在海葵中
眼斑双锯鱼躲在海葵带刺的触手中，以躲避捕食者的攻击。

膨胀起来
当刺鲀受到威胁时，它们会大口吞进海水，使身体膨胀起来，并竖起锋利的刺，使敌害望而生畏。

雄性照顾幼鱼

鱼通常不照顾自己的孩子。但是，对少数物种而言，如海马，由雄性照顾幼鱼。雄性海马将受精卵放在育儿袋中，直到小海马出生。

受精卵安然无恙地待在育儿袋中

雄性海马

鲨鱼

鲨鱼在海洋中已经存在 4 亿年了，这就意味着它们出现的时间比恐龙还要早。它们自出现以来变化不大，或许是因为它们完美地适应了环境。鲨鱼的种类有500多种。

鲨鱼的解剖图

鲨鱼的骨骼由软骨构成。大多数种类有 8 个鳍和多排牙齿。强壮有力的尾巴帮助它们游动和调整方向。

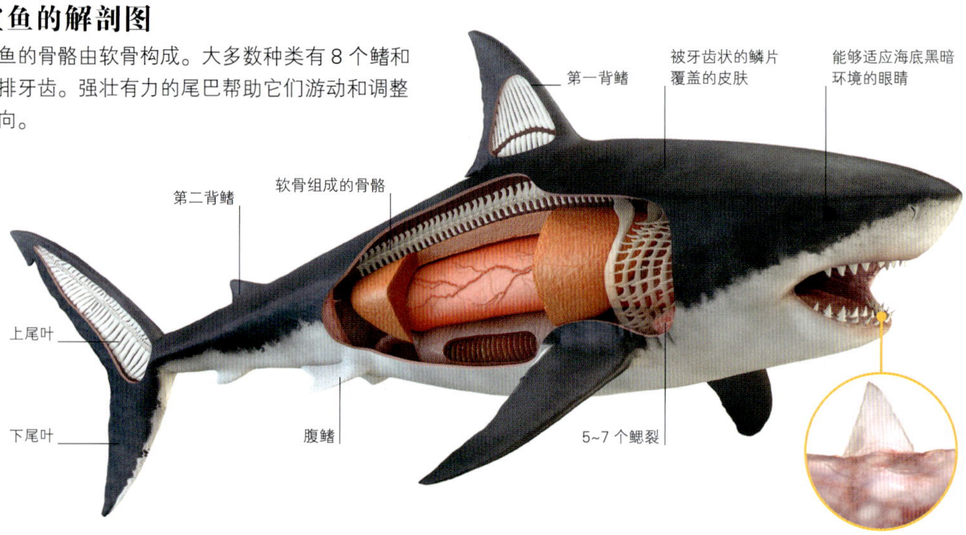

鲨鱼的种类

鲨鱼的大小千差万别，行动缓慢的鲸鲨大约 8 米长，而侏儒额斑乌鲨比人类的手还小。一些鲨鱼以大型动物（如海豹）为食；一些鲨鱼则以小型浮游生物为食。

感官

鲨鱼不仅有出色的视觉、听觉和嗅觉，还有一种人类所没有的出色感官——电感受器。它们皮肤上的特殊毛孔可以接收到其他动物发出的电磁场。

口鼻部

两个鼻腔为鲨鱼提供了灵敏的嗅觉。

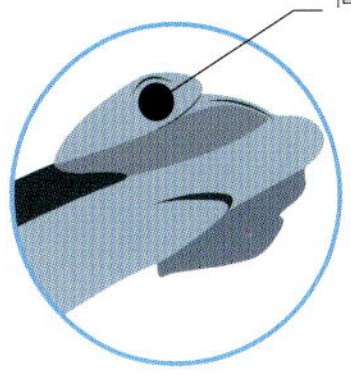

眼睛

鲨鱼的眼睛对光的灵敏度非常高，约是人眼灵敏度的10倍。

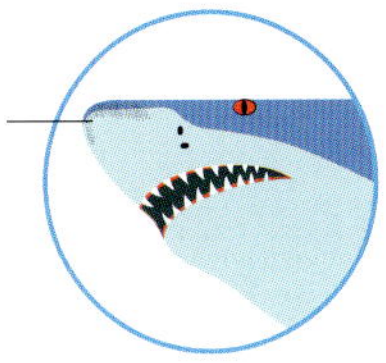

电感受器

口鼻部有鲨鱼用来接收附近猎物电信号的细胞。

夺命大白鲨

为了捕获猎物，大白鲨抬高它的口鼻，降低上颌，向前伸出下颌，紧紧咬住猎物。大白鲨的牙齿很锋利，牙齿边缘通常是锯齿状的，能轻易撕开猎物的肉。

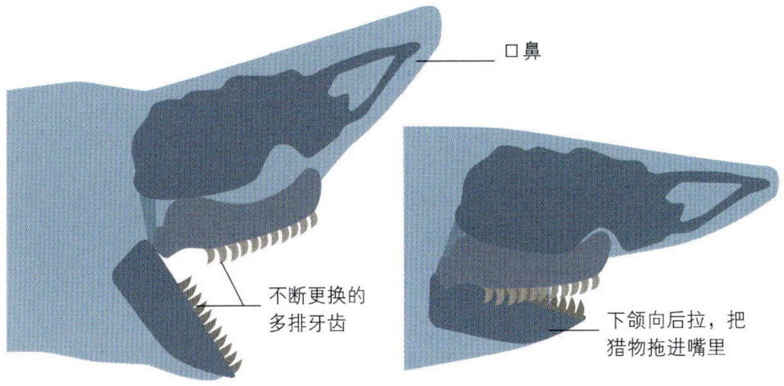

误解

尽管世界上有 500 多种鲨鱼，但已知的会袭击人类的只有 25 种。鲨鱼袭击人类也可能是因为它们把人类误认为是鱼、海豹、海狮或海龟了。

鲨鱼通常在咬了一口猎物后，将它们放走。

澳大利亚虎鲨

巨口鲨

大白鲨

鼠鲨

大白鲨的重量或超过 2 吨。

近亲

魟鱼、鳐鱼和锯鳐都是与鲨鱼有较近亲缘关系的扁平形的鱼。它们的骨骼都由软骨组成。这些鱼在地球上至少生活了 1.5 亿年。

金鳐

波状魟

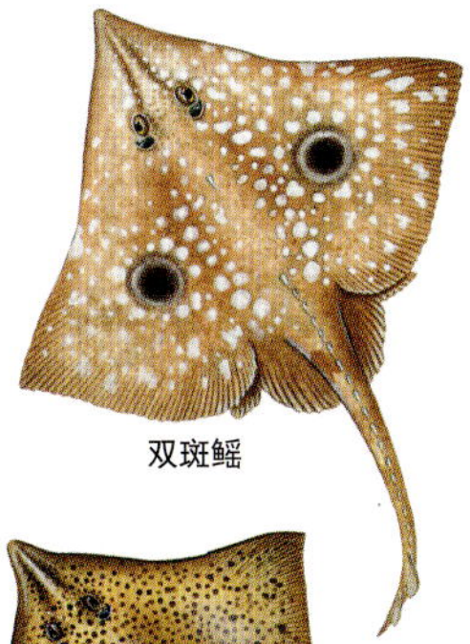

双斑鳐

团扇鳐

滑鳐

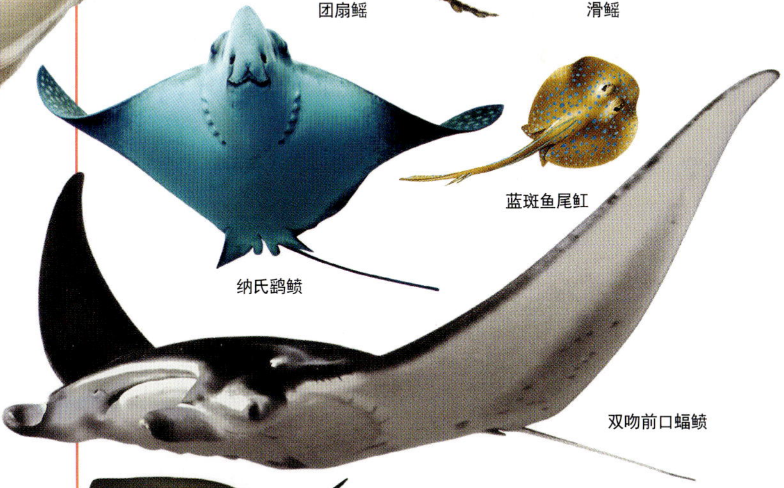

纳氏鹞鲼

蓝斑鱼尾魟

双吻前口蝠鲼

美洲魟

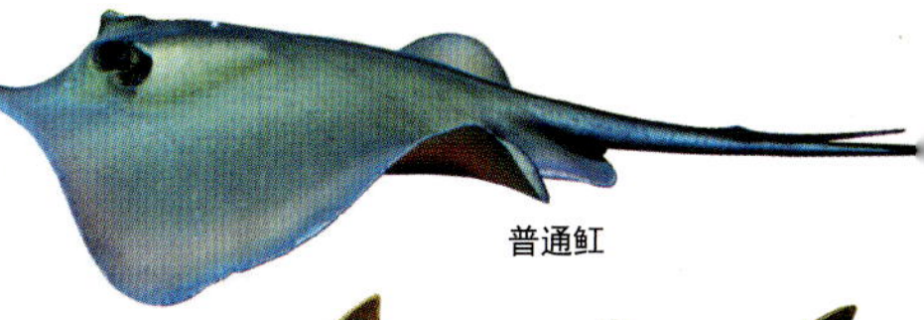

普通魟

小齿锯鳐

科氏兔银鲛

贝壳

那些被冲上海滩的空贝壳是软体动物的“房子”。贝壳的形状和颜色各种各样。一些贝壳由连在一起的两片组成，一些由一片组成，纹理通常呈线圈状或螺旋状。世界上没有两个完全一样的贝壳，哪怕是同一物种的贝壳，也不会完全相同。

谁需要壳？

软体动物的身体很容易受到伤害，而且它们遇到危险的时候逃离速度很慢。在遇到捕食者的时候，坚硬的壳可以提供安全的庇护所，软体动物可以躲进去。空壳也可以成为其他动物的避难所。

目前已知的软体动物有9万多种。

帽贝
帽贝柔软的身体藏在壳下面，紧紧攀附在岩石上，很难将它赶走。

火焰贝
两片贝壳一旦牢牢合上，捕食者很难将其打开。

欧洲峨螺
和陆地上的近亲一样，这种海螺通常躲进贝壳来躲避危险。

寄居蟹
这种软腹蟹通常把废弃的海螺壳作为自己的居所。

滨蟹
滨蟹通常会脱壳。在长出坚硬的新壳之前，它们会用一个“借来的”壳作为保护。

贝壳的内部

螺旋形贝壳的螺纹从内部的中心杆开始形成。随着内部生物越长越大，贝壳会逐渐增加螺纹的圈数。最早形成的螺纹最小，位于贝壳的最顶部。

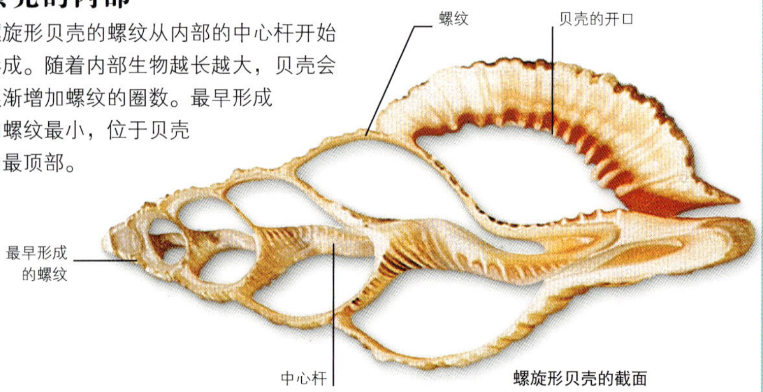

螺旋形贝壳的截面

大小比较

地球上最大的贝类是砗磲，重量可达227千克。最小的贝类是一些小海螺，有的只有指甲盖那么大。

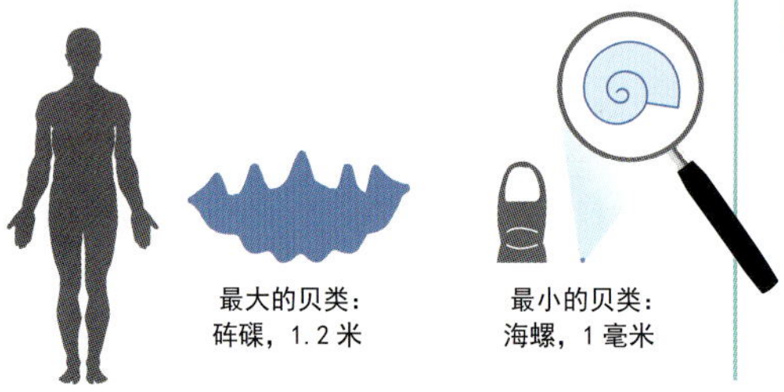

最大的贝类：砗磲，1.2米

最小的贝类：海螺，1毫米

双壳纲

许多软体动物，如蚌、扇贝、牡蛎等，都属于双壳纲。它们的贝壳分为两片，通过铰合部连接。这种生物打开壳来觅食，关闭壳来躲避危险。

鸡帘蛤

澳大利亚三角蛤

大刀蛏

海菊蛤

珠母贝

海螺

海螺身背贝壳，用肉质的腹足缓缓地移动。海螺贝壳的大小、形状和图案各不相同。有的呈螺旋形，有的像帽子，还有的呈亮晶晶的卵形。

海兔螺

龟甲宝螺

百眼宝螺

地图宝螺

女巫骨螺

棕红芋螺

金翎芋螺

法螺

花点鹑螺

翼法螺

红肋嵌线螺

掘足纲

这些海贝很少出现在沙滩上，大多数在深海的沙子下面掘洞生活。

绿象牙贝

欧洲象牙贝

美丽象牙贝

石鳖

石鳖的贝壳由 8 块壳板覆瓦状排列而成。石鳖生活在海边的岩石下面。

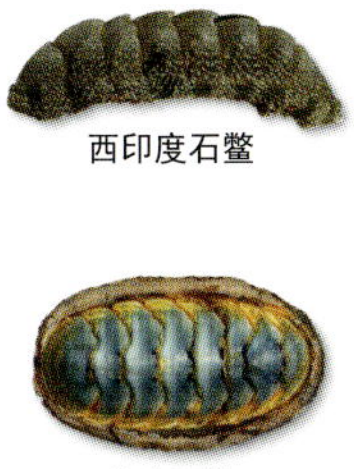

西印度石鳖

花斑石鳖

气室

一些贝壳的内部分为好几个气室。鹦鹉螺的一些壳室内充满气体，可以控制沉浮。卷壳乌贼的壳裹在动物的软体内部，而不是外部。船蛸的空壳薄如纸，俗称“纸鹦鹉螺”。

鹦鹉螺

卷壳乌贼

船蛸

蛙和蟾蜍

世界上有 6300 多种蛙和蟾蜍。它们分布在除南极洲以外的所有大陆。

红眼树蛙

黄斑蟾蜍

东方铃蟾

异舌穴蟾

钟角蛙

无斑雨蛙

亚马孙牛奶蛙

华丽树雨蛙

草莓箭毒蛙

迷彩箭毒蛙

红带箭毒蛙

染色箭毒蛙

黄纹箭毒蛙

平铲三腭齿蛙

灰树蛙

巨雨滨蛙

绿雨滨蛙

十字拟蝗蛙

马达加斯加彩蛙

黄金箭毒蛙

黄带箭毒蛙

蝾螈

蝾螈看起来很像蜥蜴，有着长长的身体和尾巴。但是，和蜥蜴不同的是，蝾螈的皮肤柔软湿润。

邓氏小鲵

红背蝾螈

火蝾螈

墨西哥钝口螈

两栖动物

两栖动物是变温的脊椎动物，通常将卵产在水中，幼体用鳃呼吸。成年后，它们长出了肺，可以生活在陆地上。蛙、蟾蜍、蝾螈都是两栖动物。

特征

大多数两栖动物有一些共同的特征。它们的初始形态是卵，然后发育为水生幼体，长大后生活在水源附近。

变温

皮肤湿润

多数孵化为蝌蚪

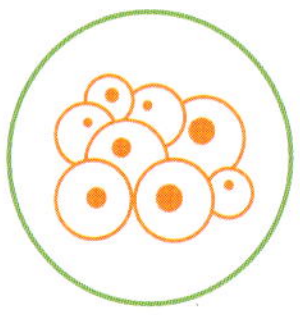
卵生

蛙的生命周期

蛙每次都会产数百颗的卵，因为很多卵会被捕食者吃掉。那些存活下来的卵都经历了显著的变化，从蝌蚪最终变成蛙，整个过程需要持续 2 个月左右。

绿蟾蜍

华西蟾蜍

黄条背蟾蜍

松林蟾蜍

南非豹蟾蜍

产婆蟾

蟾蜍

红点蟾蜍

美国蟾蜍

湖蛙

花狭口蛙

木蛙

泡蟾

食用蛙

非洲巨蛙

奇异多指节蛙

美洲狗鱼蛙

蔗蟾蜍

细瘰疣螈

欧洲滑螈

理纹欧螈

蚓螈

这些没有脚的、像蠕虫的两栖动物很难被发现。它们生活在泥土中、地洞里或水下，用它们锋利、弯曲的牙齿捕食蠕虫。

鱼螈

捕食

捕食中的蛙通常待在那里一动不动，直到猎物出现在视线中。它们会跳起来或向前倾，用又长又黏的舌头抓捕猎物。

亲代抚育

产婆蟾因其生殖行为著名。雌性蟾蜍在交配时产下许多卵。在小蝌蚪孵化之前，雄性蟾蜍会一直把卵背在背上。

剧毒

世界上毒性最强的蛙生活在中美洲和南美洲湿热的雨林中，它们在地面的树叶上活动。

黄金箭毒蛙

这种蛙是地球上毒性最强的动物之一。尽管每只蛙体内只携带 1 毫克的毒素，但是却足以杀死 10 个人。它们生活在哥伦比亚，其皮肤内储存着毒素。

两色叶毒蛙

这种蛙是黄金箭毒蛙的近亲，在哥伦比亚也有发现。它们的毒素可以抹在箭的尖端，用于狩猎。

幽灵箭毒蛙

这种颜色鲜艳的红白色蛙生活在厄瓜多尔。尽管它们体形很小，只有 1~4 厘米，但是却是致命的，每只蛙身上的毒素足以杀死一个人。

蛙如何游泳？

多数蛙通过它们蹼状的后足推水来驱动身体向前。它们较小的前腿用于调整方向。

1 收腿 收缩大腿肌肉，拉动后腿靠近身体。

2 蹬水 后腿蹬水的同时，将前腿向下推到身体两侧。

3 前进 当后腿完成蹬水的动作，前腿向前伸展，以控制在水中的前进方向。

水龟

大多数龟在水中度过一生。少数水龟生活在海水中，也有一些种类生活在淡水中，后者被称为淡水龟。水龟拥有蹼和流线型的壳，很适合游泳和潜水。

平胸龟

蠵龟

布氏拟龟

拟鳄龟

密西西比地图龟

星点水龟

红腹彩龟

陆龟

这些行动迟缓的陆地生物有着坚硬的壳，且顶部耸起，这样捕食者就很难咬住它们。它们的腿又短又弯，脚非常强壮，又短又粗。

红腿象龟

希腊陆龟

四爪陆龟

加拉帕戈斯象龟是世界上最大的龟，长大后可以达到 1.2 米长，重量高达 270 千克。

沙漠地鼠龟

缅甸陆龟

锯齿折背龟

扁平陆龟

加拉帕戈斯象龟

豹纹陆龟

水龟和陆龟

水龟和陆龟出现在地球的时间早于恐龙。它们都属于龟鳖目。水龟和陆龟都有壳，并且通过产卵繁殖后代。它们之间最主要的区别是水龟生活在水中，而陆龟生活在陆地上。

壳的内部

水龟和陆龟都有不寻常的骨骼。它们的肋骨、脊椎和其他一些骨骼组成了坚硬的外壳——龟甲。几乎所有的龟，壳内都覆盖着一层薄薄的角蛋白——与人类指甲的成分相同。

陆龟骨骼

澳洲长颈龟

黄腹彩龟

非洲侧颈龟

巴西红耳龟

泽龟

中华鳖

普通麝香龟

锦龟

木雕水龟

钻纹龟

三线闭壳龟

阿尔达布拉象龟

射纹龟

印度星龟

赫曼陆龟

水龟的生命周期

所有的水龟都会到岸边挖坑产卵。它们年复一年地在相同的沙滩筑巢。不同种类的水龟产卵数量不同，雌龟每次产卵 50~200 颗。

1 产卵 雌龟在挖好的巢穴里产下软壳的卵。

2 孵化 新孵化出的幼龟伸出头，自己从巢穴中爬到海里。

3 海洋生活 幼龟在海中度过很多年，它们在海中捕食，在海中成长。

4 返回岸边 在 25~50 岁的时候，成年龟会回到它们出生的海滩，产下自己的卵。

躲避危险

陆龟行动迟缓，无法快速躲避乌鸦、狐狸和狗等天敌的攻击。幸运的是，它们有自己的藏身之所，当危险来临时，坚硬的外壳可以确保安全。

1 探测威胁 陆龟有着灵敏的嗅觉，当疑似捕食者潜伏在附近的时候，它能很快发现。

2 撤回壳内 陆龟立刻收回腿和又长又灵活的脖子，躲在壳内。这是躲避捕食者很有效的方法。

蜥蜴

蜥蜴是世界上种类最多的爬行动物，种类超过 3700 种。它们是变温动物，生活在除南极洲之外的世界各地。

蜥蜴的解剖图

蜥蜴是爬行动物，皮肤覆盖着角质鳞片。大多数蜥蜴有 4 条腿、可活动的眼睑、外耳孔，有些种类的蜥蜴会缺少其中某个特征。

巨蜥的骨骼

壁虎

壁虎又称守宫，是蜥蜴的一类。每只壁虎脚上约有 50 万根腺毛，这些腺毛有很强的黏附力，帮助它们在平滑的表面上攀爬。它们捕食蜘蛛和蚊子。一些壁虎在攀爬的时候会发出声音。

钴蓝日行守宫

豹纹守宫

环尾弓趾虎

褶虎

大壁虎

石纹叶趾虎

伊犁沙虎

白线壁虎

睫角守宫

土耳其蜥虎

腰纹日间壁虎

肥尾守宫

密疣蜥虎

带斑壁虎

巨蜥

这些大蜥蜴非常强壮、有力，且能快速游泳。它们有着叉状的舌头，可以从空气和水中侦测到气味。世界上最大的蜥蜴——科莫多巨蜥，就是一种巨蜥。

杜氏巨蜥

圆鼻巨蜥

刺尾巨蜥

草原巨蜥

绿树巨蜥

科莫多巨蜥

鬣鳞蜥

鬣鳞蜥又称美洲鬣蜥，生活在美国、斐济和马达加斯加的热带雨林和沙漠中。它们可以使用如鞭子般的长尾巴自卫。海鬣蜥是唯一一种能在海洋中找寻食物的蜥蜴，它们以海草为食。

低冠鬣蜥

海鬣蜥

马达加斯加黑颈鬣蜥

黑刺尾鬣蜥

绿鬣蜥

一条新尾巴

一些蜥蜴在躲避捕食者的时候可以断掉尾巴。当尾巴脱落后，断开的地方会像伤口一样慢慢愈合，大约 10 天后开始生出新尾巴。

蜥蜴断掉的尾巴会继续跳动一会儿，分散捕食者的注意力。

1 尾巴断掉 当蜥蜴遭遇袭击或受到威胁时，尾巴会断掉。断裂部位开始愈合。

2 尾巴生长 10 天左右，一条新尾巴开始生长。大约 25 天后，新尾巴已经足够强壮，可以动弹了。

3 以旧换新 大约 60 天后，新尾巴完全长好。它和原来的尾巴不完全一样，因为新尾巴是由软骨而非硬骨长成的。

大小比较

世界上最小的蜥蜴只有人的指甲盖那么大。最大的蜥蜴重达 70 千克，可以抓获大型动物。

变色龙

变色龙是避役科动物的统称，主要生活在树上。它们有长长的舌头，用来捕捉昆虫。还有一双奇特的眼睛，眼球突出，两眼可以独立转动，各自分工，同时看向不同的东西。

杰克森变色龙

地中海变色龙

变色

变色龙有特殊的皮肤细胞，内含不同颜色的小囊。变色龙情绪的变化，如由兴奋变为恐惧，会引起小囊中色素释放，使得身体颜色发生改变。

豹变色龙
平静状态下的豹变色龙通常是淡绿色的。当它们想要向可能的伴侣炫耀的时候，豹变色龙会马上展示各种颜色。

巨人犹冠变色龙

高冠变色龙

国王变色龙

豹变色龙

蛇蜥

这些蜥蜴看起来像蛇，但是有几个可以将其与蛇区分开来的特征。和蛇不同的是，它们有眼睑和外耳孔，而且在遇到捕食者袭击的时候，尾巴也会断开。

普通蛇蜥

欧洲蛇蜥

三线脆蛇蜥

石龙子

石龙子有着又长又圆的身体和尖尖的头部。它们的腿很短，甚至有的已经退化或缺失。它们喜欢在柔软的沙地上挖洞。它们捕食蜗牛、蛞蝓和昆虫。

丽纹石龙子

砂鱼蜥

珀氏箭蜥

火焰石龙子

种群大小

蜥蜴的种类有很多。一些蜥蜴种群较小，如树栖蜥只有 11 个种；还有一些种群较大，如变色蜥有 425 个种。

古巴安乐蜥

绿安乐蜥

斗篷蜥

长鬣蜥

红泰加

蛇

地球上有几千种蛇。它们大多没有毒，对人类没有危险。多数蛇很漂亮，有鲜艳的色彩和花纹。蛇在捕食时会把猎物整个吞下。

蛇的身体内部

蛇内部的器官很好地适应了又长又窄的空间。这些器官的伸展性很好，可以让蛇吞下整个猎物。

蛇的特征

蛇是变温动物，需要从外界获取热量，比如通过太阳获取热量来保暖。蛇通过舌头来闻气味，再通过识别震动来“听声音”。

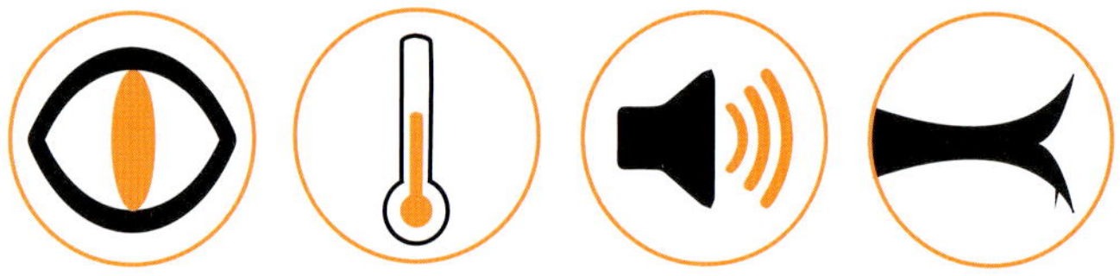

不能活动的眼睑　变温　没有外耳　舌头分叉

游蛇

游蛇是个大类群，它们有着不同的颜色和大小。少数游蛇有毒。一些蛇通过身体缢缩杀死猎物。

黑唇牛蛇　克氏王冠游蛇　加州王蛇　薰衣草王蛇　玉米蛇

蝰蛇

蝰蛇有毒，几乎分布在所有国家。它们有短粗的身体和宽大的头部。有些蝰蛇的眼睛下面有颊窝，可以感受红外线，探测恒温动物，帮助它们在黑暗中捕食。

红口蝮　加蓬咝蝰　西部菱斑响尾蛇　尤卡坦蝮蛇　矛头蝮

蚺

蚺是世界上体形最大的蛇。大多数蚺生活在美洲或非洲。它们用身体将猎物缠绕，最后猎物窒息而亡。

玫瑰蚺　库式树蚺　橡皮蚺　虹蚺　东非沙蚺

眼镜蛇及其近亲

所有的眼镜蛇都是有毒的。一些毒性很强，可以快速杀死大型动物或人类。

埃及眼镜蛇　孟加拉眼镜蛇　黑纹珊瑚蛇　红喷毒眼镜蛇　眼镜王蛇

蟒

蟒通常来自亚洲和非洲，体形庞大，无毒，甚至有人会将一些物种当作宠物。

缅甸蟒　黄金蟒　斑点星蟒

剧毒

许多人因被蛇咬而死。下面 5 种蛇是有剧毒的。

- **矛头蝮**
  作为南美洲最恐怖的蛇，它们倾向于生活在人类居住地附近。
- **鼓腹咝蝰**
  这种毒蛇生活在非洲，身体厚重，爬行缓慢，在遇到威胁时会舞动身体并发出咝咝声。
- **澳大利亚太攀蛇**
  一旦被这种蛇咬伤，必须要立即就医。
- **眼镜王蛇**
  这种长蛇出没于印度和东南亚地区。只要咬一口，其产生的毒液就能杀死一头大象。
- **黑曼巴**
  黑曼巴行动快速且有剧毒，每年造成很多非洲人死亡。

狠狠挤压

大蟒蛇，如巨蟒，会迅速攻击猎物，并用锋利的牙齿咬住猎物。然后蛇开始缠绕猎物，慢慢紧缩使猎物窒息而亡。

1 抓牢
蛇紧紧挤压猎物致死。

2 咬住头部
蛇先咬住猎物的头部，准备开吃。

3 整个吞下
蛇张开大大的嘴巴，把猎物整个吞下。

被毒蛇咬伤

毒蛇有中空的毒牙，通过毒牙，毒液可以从它们嘴里的毒腺喷射出来。毒蛇在咬食猎物时，毒牙会向前伸出。

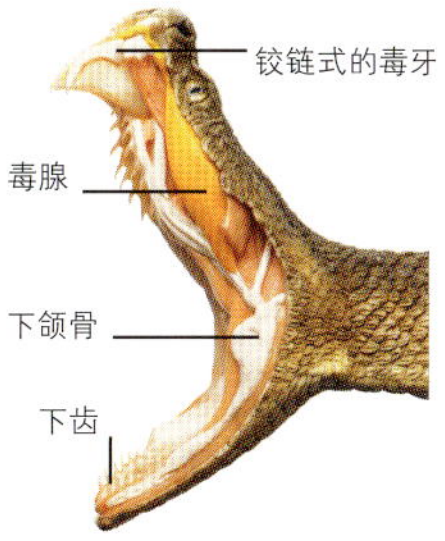

巨蟒

人们在哥伦比亚发现了 6000 万年前的巨蛇化石，这种蛇被命名为泰坦蟒。它长达 15 米，重达 1130 千克。

鼠蛇　露云尼王蛇　加州王蛇　棕树蛇　糙鳞绿树蛇　挛斑金花蛇　束带蛇

角蝰　草原蝰　草原响尾蛇　铜头蛇　鼓腹咝蝰　极北蝰　毒蝰

亚马孙森蚺　黄水蚺　巨蚺　杜氏蚺　卡拉巴尔地蚺

饱餐一顿之后，蚺在未来一周甚至是一个月内可以不吃东西。

区别

真鳄的口鼻部比短吻鳄的更尖。当真鳄的嘴巴闭起来的时候，下颌的第 4 颗牙齿是伸出来的。长吻鳄有又窄又长的口鼻部。

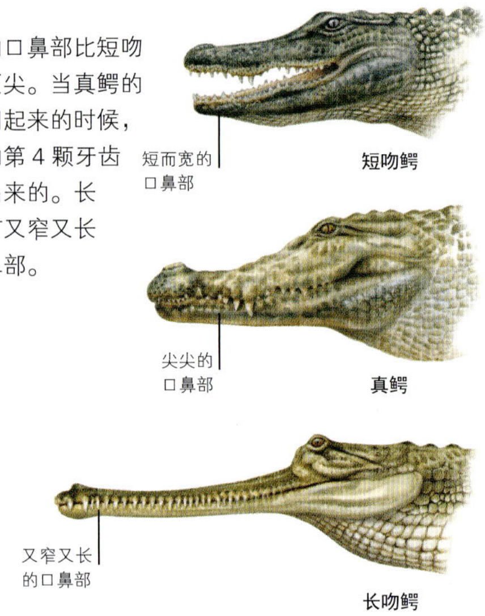

身体

鳄长长的身体和尾巴上都覆盖了一层坚硬的鳞片。鳄的腿很短，在陆地上活动非常受限。鳄的眼睛、耳朵和鼻子长在头顶，所以哪怕全身沉入水中，鳄也能在水下捕猎。鳄的肺部能容纳足够的氧气，所以鳄潜泳时间长达 15 分钟。

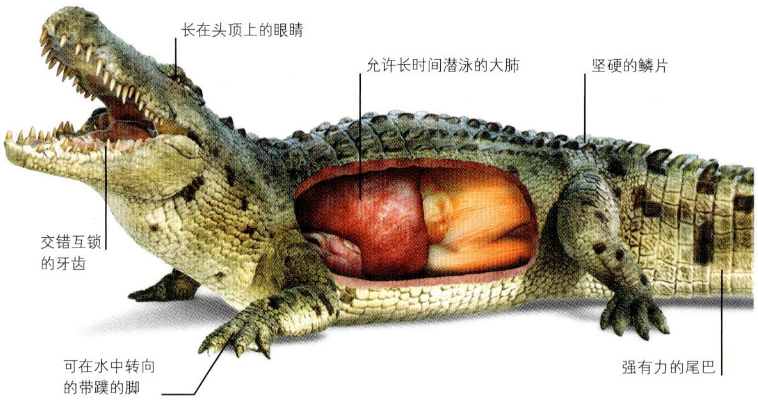

繁殖

鳄蛋被产在一个巢穴里面，这个巢穴由雌鳄建造并严格守卫。当蛋孵化后，雌鳄为了保护孩子，通常会和孩子多待一段时间。

刚孵化出来
雌鳄把刚刚孵化出来的小鳄叼在嘴里，带到水源处。

真鳄、短吻鳄和长吻鳄

鳄目约在恐龙时代就存在了，包括真鳄、短吻鳄和长吻鳄。它们暗中伏击猎物并用凶猛的两颌来撕杀猎物。这些爬行动物有的生活在水里，有的生活在陆地上。

突然伏击

鳄是突袭的高手，它们以鱼、鸟、爬行动物和哺乳动物为食。小一点的猎物被鳄直接整个吞下，而大一点的猎物，鳄必须先把它们淹死，再吃下去。

1 等待 鳄只把眼睛、耳孔还有口鼻的一角暴露在水面上，一动不动地等待着毫无戒备心的动物靠近。

2 突然猛扑 毫无征兆，鳄突然从水里钻出来，用强有力的牙齿咬住猎物。

3 杀死猎物 鳄狠狠咬住猎物，下潜到水里，等待猎物被淹死。

真鳄

这些爬行动物生活在热带地区，既可以生活在淡水中，也能生活在海水中。两种最大最危险的真鳄就是湾鳄和尼罗鳄。

湾鳄

湾鳄有着极大的咬力，一只雄性湾鳄可以咬碎水牛的头骨。

恒河鳄

长吻鳄

濒临灭绝的恒河鳄也叫食鱼鳄，是长吻鳄科下的唯一物种，多出现在印度和尼泊尔的河流中。它的长下巴是抓鱼的有力武器。和其他鳄不同，母鳄不会叼着小鳄到处走，只是给它们一些照顾。

短吻鳄

除了中国有少量的扬子鳄（中国短吻鳄），其他种类的短吻鳄多分布在美洲。它们的近亲，如凯门鳄，生活在中美洲和南美洲。短吻鳄生活在淡水沼泽地和河流中，以鱼、鸟和哺乳动物为食。

美国短吻鳄

侏儒凯门鳄

扬子鳄

巴拉圭凯门鳄

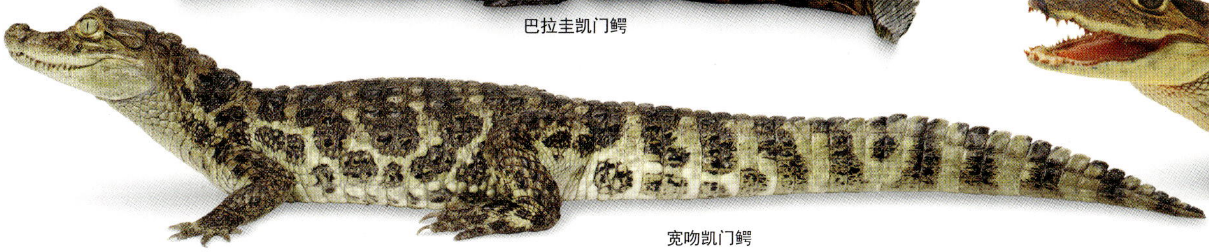
宽吻凯门鳄

眼镜凯门鳄

古巴鳄

侏儒鳄

暹罗鳄

澳洲淡水鳄

尼罗鳄

卵

许多动物在卵内发育，因为卵既可以提供保护又提供营养。目前所有鸟类以及大部分鱼类和昆虫都是卵生动物。此外，爬行动物、蛙、蟾蜍、蛞蝓、蜗牛，甚至一些哺乳动物也是用产卵的方式繁殖后代。其中，鸟、龟、蛇等所产的卵也叫作蛋。

卵的形状

鸟蛋通常为椭圆形。但对于那些在悬崖峭壁上筑巢的海鸟而言，它们的蛋呈梨形，因为这样鸟蛋可以滚动但不易掉入悬崖。同时，有些鸟类，如一些猫头鹰，它们的蛋是圆球形的。

椭圆形
这是典型的鸟蛋形状。

梨形
这种形状的鸟蛋不易从峭壁上滚落。

圆球形
通常，巢较深的鸟的蛋为这种形状。

圆锥形
在鸟巢中，这种鸟蛋可紧紧挨在一起，从而获得温暖。

卵的内部

正在卵内发育的幼体叫胚胎，胚胎处于一个充满液体的囊袋中。卵黄可为胚胎提供成长所需的大部分营养物质。与此同时，卵白为其提供蛋白质和水分。

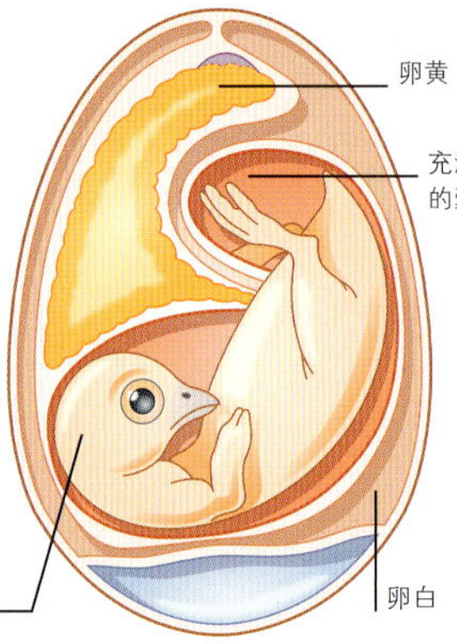

卵里的胚胎

鸟卵

鸟卵也叫鸟蛋，鸟蛋的形状和颜色多种多样，因为这样有助于躲避捕食者。鸟蛋的颜色在一定程度上取决于鸟所吃的食物。如果鸟从捕食的昆虫中获取了大量的钙物质，那么鸟蛋的颜色就会较浅，更加白皙。

红喉北蜂鸟蛋　棕煌蜂鸟蛋　褐头鹪莺蛋　林柳莺蛋　大山雀蛋　宽尾树莺蛋　湿地苇莺蛋　岩鹪鹩蛋

蓝短翅鸫蛋　黑短脚鹎蛋　马尼拉夜鹰蛋　小灰眉夜鹰蛋　绿阔嘴鸟蛋　旅鸫蛋　鹌鹑蛋　紫翅椋鸟蛋　丽色掩鼻风鸟蛋　灰钟鹊蛋　环颈鸻蛋

金鸻蛋　亚洲鳍趾鹛蛋　鸡蛋　游隼蛋　鹗蛋　蛎鹬蛋　白兀鹫蛋

海鸠蛋　疣鼻天鹅蛋　褐几维鸟蛋　鸸鹋蛋

母鸡孵蛋

若没有温暖的环境，卵内的胚胎不可能成长发育。因此，母鸡会卧在蛋上面，提供热量，一直到小鸡孵出，这个过程被称为“孵化”。如图所示，一只母鸡要连续卧在鸡蛋上 21 天，直至小鸡孵出。

正在孵蛋的母鸡

孵化

下图为日本鹌鹑从蛋中孵出的过程。开始时，幼鸟用喙啄击蛋壳，最终蛋壳破裂，幼鸟脱离蛋壳，从而孵化出来。

一些鸟会把蛋放在堆积得厚厚的植被下面孵化。

1 开始孵化
幼鸟开始啄击蛋壳。

2 蛋壳破裂
蛋壳破裂，分成两半。

3 挣脱蛋壳
幼鸟用腿和身体全力挣脱蛋壳。

4 孵出
孵出后，精疲力竭的幼鸟会休息一会儿。

林岩鹨蛋

红领带鹀蛋

普通翠鸟蛋

田鹨蛋

山椒鸟蛋

大杜鹃蛋

绿林戴胜蛋

锡嘴雀蛋

大嘴乌鸦蛋

剑鸻蛋

寒鸦蛋

圭拉杜鹃蛋

仓鸮蛋

叫隼蛋

凤头麦鸡蛋

灰鸫蛋

南方鹤鸵蛋

鸵鸟蛋

爬行动物的蛋

大部分爬行动物都产蛋。鳄和陆龟的蛋壳像鸟蛋一样坚硬，而水龟、蛇和蜥蜴的蛋摸起来非常柔软、坚韧。

非洲侏儒鳄蛋

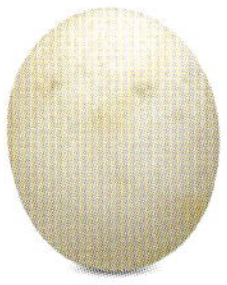

希腊陆龟蛋

加拉帕戈斯象龟蛋

尼罗巨蜥蛋

游蛇蛋

鼠蛇蛋

非洲屋蛇蛋

其他动物的卵

鱼、昆虫和蛞蝓会产下大量的卵，数量多但个头较小。点纹斑竹鲨等一些物种的卵会被置于一个保护罩——卵盒内。

金鱼的卵

虹鳟的卵

姬透目天蚕蛾的卵

猫头鹰环蝶的卵

蛞蝓的卵

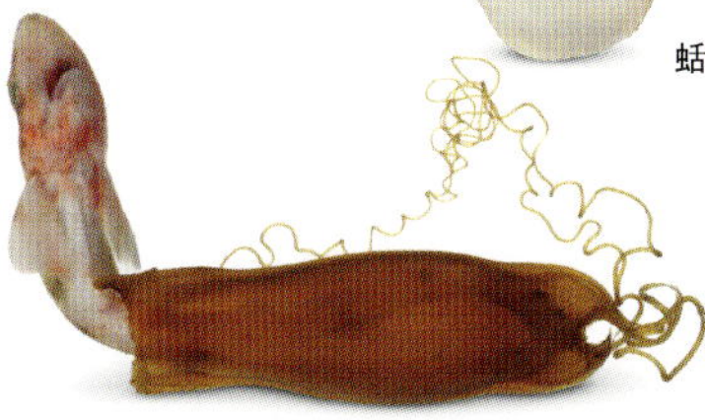

点纹斑竹鲨的卵

鸟

鸟几乎遍布世界上各种各样的栖息地中，无论是炽热的沙漠还是冰冻的极地地区，都可以找到它们的身影。在已发现的约10721种鸟中，有些鸟体形比人还大，而有些鸟却刚刚与蜜蜂一般大小。所有鸟都有羽毛，大部分鸟可以飞行。

鸟的特征

鸟是体表被羽毛覆盖的脊椎动物。所有鸟都有翅膀，即使那些不能飞的鸟，它们也有翅膀。同时，大部分鸟拥有非常灵敏的视觉和听觉。

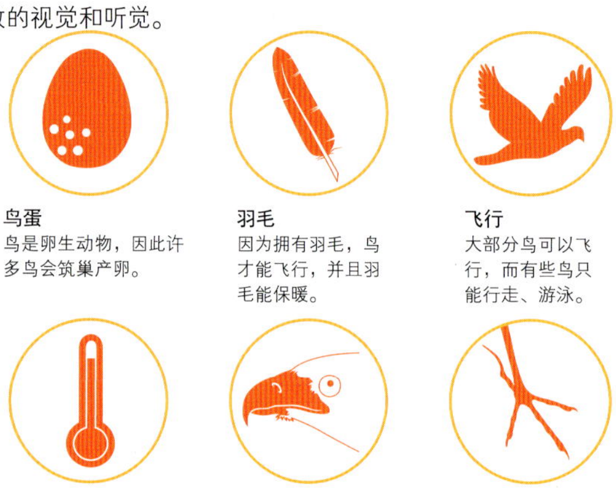

鸟蛋 鸟是卵生动物，因此许多鸟会筑巢产卵。

羽毛 因为拥有羽毛，鸟才能飞，并且羽毛能保暖。

飞行 大部分鸟可以飞行，而有些鸟只能行走、游泳。

恒温 和哺乳动物一样，鸟可以保持体温恒定。

鸟喙无齿 鸟没有牙齿，它们借助“砂囊”磨碎食物。

爪 不同鸟的脚和爪呈现出不同的形状。

鸟的身体内部

鸟拥有强壮却轻巧的骨骼。硕大的胸肌为翅膀提供飞行的力量。鸟在空中飞行需要消耗许多能量和氧气，因此，其身体内有一系列的气囊，以维持飞行时肺部氧气的流通。

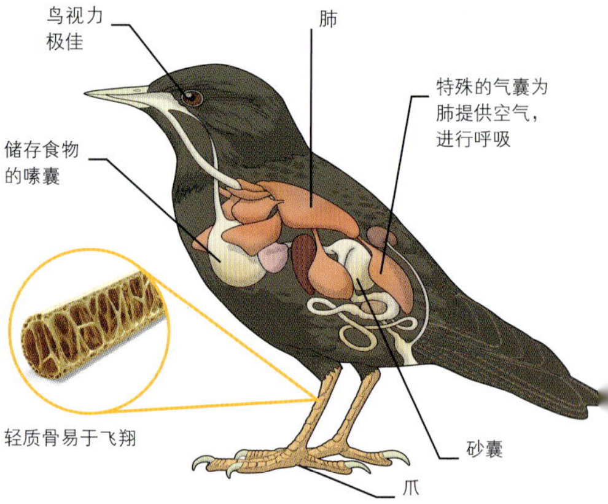

不会飞的鸟

世界上最大的鸟是鸵鸟，因为其身体过重，所以不能飞行。但是，它们可以依靠强壮有力的腿快速奔跑，躲避捕食者。还有一类不会飞的鸟是几维鸟，它们与鸡差不多大小，小小的翅膀躲在厚厚的羽毛下面，完全看不见。

几维鸟　鸵鸟

鸵鸟比大多数马跑得还快，速度可达70千米/时。

陆禽

人们曾猎杀陆禽或用作食材，或以供娱乐。陆禽大部分时间在地面行走，只有遇到危险时才会飞。它们有强壮的爪和脚趾，可以刨土寻找食物。同时，它们跑得飞快。

灰山鹑

雉鸡　珠颈翎鹑

蓝孔雀　松树鸡　火鸡

蕉鹃和杜鹃

蕉鹃只生活在非洲，而杜鹃分布较广。有些杜鹃将自己的蛋产在其他鸟类的巢内，从而骗取它们养大自己的“孩子”。

大斑凤头鹃　走鹃　红冠蕉鹃

鸮

鸮俗称猫头鹰，为夜行动物。其双目向前，因此即使在昏暗的情况下，它们也可以看得很清楚。同时，流苏般柔软的羽毛能消除噪声，使它们飞起来几乎是无声的。

雕鸮

纵纹腹小鸮

巨嘴鸟和啄木鸟

巨嘴鸟和啄木鸟这些树栖鸟类的爪子抓握力很强。抓握时，两个脚趾向后，两个脚趾向前。

鞭笞巨嘴鸟

北美黑啄木鸟

大斑啄木鸟

红头拟鴷

猛禽

鹰、雕、隼都为猛禽。这些敏捷的捕食者有3个共同点：钩状的喙、长长的爪、极好的视力。

赤鸢

白头海雕

企鹅

作为游泳高手，企鹅的翅膀已经特化为鳍脚。许多企鹅生活在南极洲寒冷的水域，只有一小部分企鹅生活在北部较温暖的水域。

帝企鹅和它的宝宝

鹳、鹮和鹭

鹳、鹮和鹭这些涉禽会在浅水区寻找猎物。鹳和鹭会以闪电般的速度袭击鱼和昆虫，而鹮会把嘴插入泥中和植物下面探觅猎物。

绿鹭

美洲红鹮

苍鹭

白鹳

鹈鹕

鹈鹕拥有长长的喙。鹈鹕及其近亲都是捕鱼能手。鹈鹕会将捕到的猎物放于它们的喉囊中。

褐鹈鹕

北鲣鸟

多种多样的鸟喙

鸟喙形状反映了鸟类不同的饮食方式。例如，琵鹭的喙像铲子一样在水中“扫荡”以搜寻食物；啄木鸟坚硬的喙极其适合啄开树皮，找到昆虫。

适合在水中“扫荡”的鸟喙　适合捕捉飞行昆虫的鸟喙　适合捡食地表猎物的鸟喙　适合撕咬肉食的鸟喙　适合削开水果的鸟喙　适合啄开木头的鸟喙　适合刺穿猎物的鸟喙　适合探入沙泥的鸟喙　多用途鸟喙

幼鸟

鸟类的繁殖期通常是一个短暂却忙碌的时期。大部分鸟类在巢内产蛋，然后孵化。有些刚孵出的雏鸟需要父母持续喂食，好在它们长得很快。一旦幼鸟掌握了飞行本领，它们就会离开鸟巢，自己寻找食物。

1 鸟蛋 在孵化过程中，大部分鸟类会卧在鸟蛋上，从而使鸟蛋处于适宜的温度。

2 雏鸟 雏鸟浑身裸露，看不见东西，因此它们完全依赖父母的照顾和喂食。

3 5天后 此时雏鸟长大了些，它们的眼睛渐渐睁开，绒羽也开始长出。

4 9天后 雏鸟的羽翼几乎丰满，眼睛可以大大地睁开。

5 准备飞翔 2周后，雏鸟羽翼丰满，发育为幼鸟，可以离开鸟巢，学习飞翔。

鸠鸽

短短的喙、圆鼓鼓的身体、不停点头的小脑袋，通过这些特点，人们可以非常容易地认出鸠鸽。

哀鸠　斑鸽　紫胸凤冠鸠

鹦鹉和凤头鹦鹉

这些热带鸟类活泼可爱，色彩鲜艳，以聪慧著称。

褐头绿吸蜜鹦鹉　鹰头鹦鹉

蓝冠短尾鹦鹉

蜂鸟和雨燕

蜂鸟，小巧玲珑，是所有鸟类中最小的鸟。雨燕，以极快的飞行速度知名，它的腿非常短，爪子非常小，通过这些特点，人们可以认出它们。

红玉蜂鸟　瑰丽蜂鸟　白喉雨燕

翠鸟及其近亲

颜色鲜艳的翠鸟及其近亲大多为“坐等型”捕食者，它们会从栖息处奇袭猎物。

斑鱼狗　笑翠鸟　短尾鴗　白喉蜂虎

鸭、雁和天鹅

鸭、雁和天鹅这些水禽遍布世界各地，它们都有蹼足和扁平的喙，同时它们几乎全都巢居在水上或水边。

黑天鹅

尖羽树鸭　花脸鸭　王绒鸭　斑头雁　长尾鸭

鹤及其近亲

优雅的鹤及其近亲栖息于沼泽湿地、草原或宽阔的农田。求偶时，鹤会展示非常精彩的表演。

紫青水鸡

长脚秧鸡　美洲白骨顶　小鸨　灰冠鹤

鸻鹬、海鸥和海雀

海雀，如海鹦，是海洋游泳健将，而海鸥靠飞行捕食，鸻鹬则在泥潭边觅食。

北极海鹦　红脚鹬

红嘴灰鸥　蛎鹬　反嘴鹬

雀

雀种类繁多。它们独特的爪子可以抓住非常纤细的树枝，故也叫栖禽。此外，许多雀善于鸣唱，所以这类雀也叫鸣禽。

家燕　黄鹡鸰　小极乐鸟　云雀　黄林莺　林岩鹨　鹡鹩雀鹛

猛禽

猛禽拥有超常的视力、强劲的爪和锋利的钩状喙，它们分布于除南极洲之外的各个大洲。这些凶猛的猎手可以分为两类：日行猛禽和夜行猛禽（后者也叫鸮，俗称猫头鹰）。

猛禽的特征

与夜行猛禽相比，日行猛禽的视力更好，它们从很远处就可以发现猎物，并且精确地计算出袭击时间，而许多夜行猛禽更多依靠它们敏锐的听觉。强劲的脚和爪是猛禽袭击猎物的主要工具，钩状喙则用来撕咬食肉。

钩状喙
强有力的喙可以刺穿猎物，扯掉猎物的皮毛，将鲜肉撕成块状。

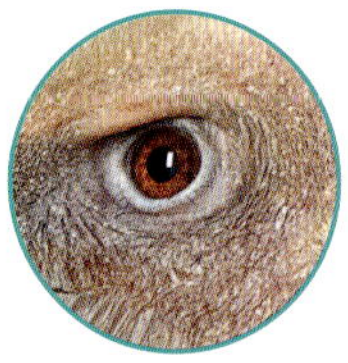

敏锐视觉
向前的大大的双目使猛禽能够发现并捕捉猎物。

致命的爪
长长的弯曲的爪可以紧紧抓住猎物，如野兔。

鹰眼的敏锐度至少是人眼的4倍。

高空翱翔

有些鹰、雕等日行猛禽的翅膀非常宽大，因为这样有助于它们借助上升暖气流翱翔长空。鹰、雕只需消耗很少的能量就能够一边长距离滑翔，一边寻找猎物。

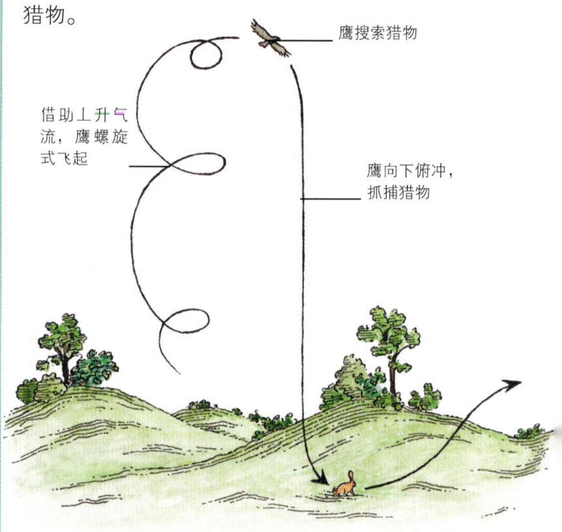

日行猛禽

日行猛禽包括鹰、隼、雕这样的空中猎手，也包括体形较大的陆栖猛禽蛇鹫。秃鹫几乎从不捕杀猎物，而是以动物死尸为食。

短尾雕

食蜥鵟

棕尾鵟

欧亚鵟

金雕

白腹海雕

白头海雕

非洲隼雕

北鹞

栗翅鹰

黑白兀鹫

土耳其秃鹰

苍鹰

鹗

埃及白兀鹫

红尾鵟

安第斯神鹫

棕榈鹫

鸮吐出的吐弃块

夜行猛禽鸮通常会将猎物整个吞下，然而，它们不能消化猎物的毛皮和骨骼，所以它们会吐出这些未消化的残余物，即吐弃块。下图的吐弃块表明灰林鸮进食过田鼠。

吐弃块里的东西

下面展示的全部骨骼都来自一个吐弃块。

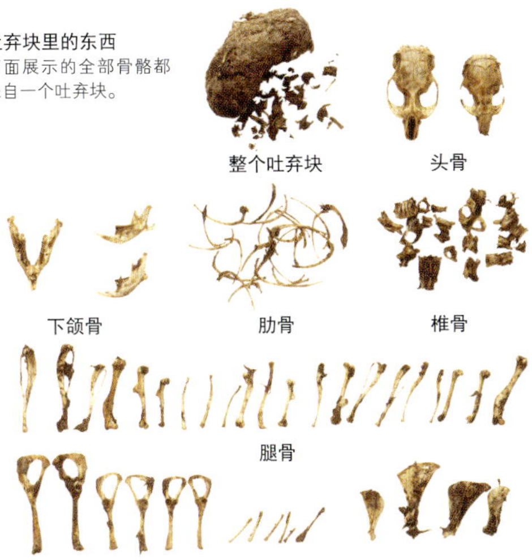

食螺鸢

密西西比灰鸢

白尾鸢

地中海隼

美洲隼

非洲侏隼

红隼

凤头巨隼

红腿巨隼

蛇鹫

夜行猛禽

尽管有些鸮在昏晓时捕猎，但是多数鸮都为夜行动物，只有一小部分鸮在白天也比较活跃。鸮拥有极其敏锐的听觉和视觉，即使在黑暗中也看得很清楚。此外，鸮的羽翼柔软，飞起来无声无息，所以它们通常秘密偷袭猎物，而不是靠速度捕捉猎物。

乌林鸮

长尾林鸮

孟加拉雕鸮

美洲雕鸮

仓鸮

马来渔鸮

雪鸮

穴小鸮

眼镜鸮

长尾鸮

短耳鸮

长耳鸮

斑眉林鸮

灰林鸮

棕鸺鹠

东美角鸮

南白脸角鸮

布克鹰鸮

领角鸮

普通鸮

古巴鸺鹠

棕榈鬼鸮

姬鸮

热带角鸮

羽毛

鸟类之所以分布于地球上的各个大洲，部分原因是它们拥有飞行的能力。羽毛对鸟类飞行起着关键性作用，同时羽毛有助于鸟类保持身体恒温、吸引异性、伪装等。羽毛形状各式各样，大小不一，有不同的作用。

羽毛的作用

拥有羽毛，鸟类才可以飞行、伪装避敌、吸引异性，并为身体保暖。对许多筑巢鸟类而言，某些部位的羽毛脱落，有助于更多热量从雌鸟传递到鸟蛋上。

飞行
高挺的翅膀和尾羽有助于飞行。

温度控制
羽毛的绒羽可抑制空气流动，起到保暖作用。

吸引力
羽毛鲜艳的颜色有助于吸引异性。

伪装
不同颜色和图案的羽毛有助于鸟类与周围环境融为一体。

羽毛种类

鸟类羽毛可分为两大类：用来取暖的绒羽和用来飞行的廓羽。生长羽毛的地方称为“羽区”，羽区之间裸露着皮肤，但裸露的地方又被羽毛覆盖。

初级飞羽
初级飞羽位于翅膀前部，用于飞行。

尾羽
飞行时，尾羽用来平衡身体、减速及上升。

陆禽

陆禽大部分时间在陆地上活动，与飞行相比，它们更喜欢步行。陆禽的飞羽有明显的弧度，这样可为其飞行提供爆发力。

白冠长尾雉羽毛

白鹇羽毛

孔雀羽毛

白腹锦鸡羽毛

丘鹬羽毛

鸡羽毛

松鸡羽毛

珍珠鸡羽毛

角雉羽毛

多姿多彩的表演

雄孔雀的尾上覆羽非常漂亮。求偶时，它们会展开尾上覆羽，形成尾屏。雌孔雀会根据雄孔雀尾屏上眼点的数量进行选择。当然，眼点越多越好。

收起尾上覆羽

展开尾屏

鹦鹉和凤头鹦鹉

鹦鹉和凤头鹦鹉用它们色彩鲜艳的羽毛来吸引异性。同时，羽毛鲜艳的色彩也有助于伪装，让鸟与栖息地的葱郁树林融为一体。

至尊鹦鹉羽毛

鸡尾鹦鹉羽毛

非洲灰鹦鹉羽毛

虎皮鹦鹉羽毛

黄蓝金刚鹦鹉羽毛

巨嘴鸟和啄木鸟

巨嘴鸟和啄木鸟没有柔软的绒羽，即使是在幼鸟时期，它们也没有绒羽。

绿啄木鸟羽毛

巨嘴鸟羽毛

猛禽

猛禽可以分两大家族：其一为白天活动的隼形目猛禽，其二为夜里活动的鸮形目猛禽。有些猛禽可在空中盘旋多个小时寻找食物，有些则可急速俯冲捕捉猎物。

仓鸮羽毛

灰背隼羽毛

红隼羽毛

鹭羽毛

灰林鸮羽毛

雕鸮羽毛

金雕羽毛

羽毛结构

覆羽和飞羽中间有坚硬的羽轴，羽轴两侧布满羽片，羽片又由羽支组成。羽支则由更小的羽小支构成，羽小支又通过羽小钩互相紧密地连接在一起。

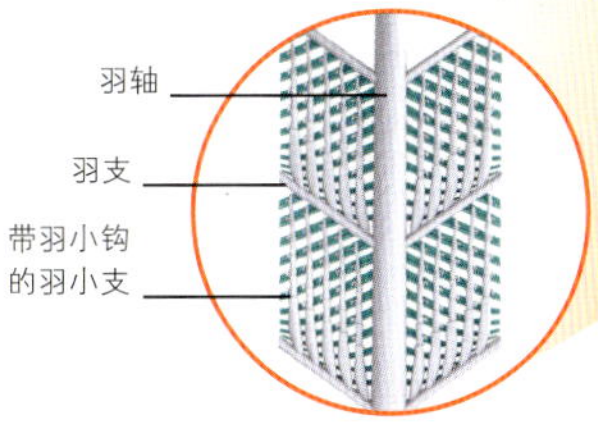

羽毛特写
这种复杂又坚挺的结构促使羽毛紧密地连接在一起。

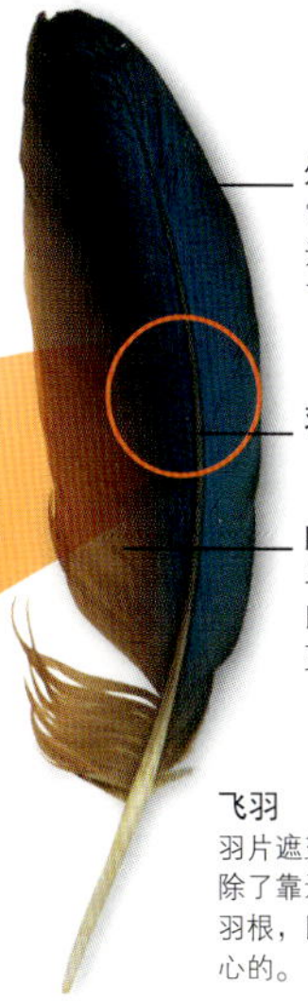

鸟类如何飞行?

鸟类利用强壮的胸肌，鼓翼而飞。当鸟扇动翅膀的时候，产生升力，促使鸟向上向前飞行。

鸭、雁和天鹅

鸭、雁和天鹅这些禽类喜水，因此它们羽毛上面披覆着一种油性物质，起到防水的作用。

鸳鸯羽毛

绿头鸭羽毛

林鸳鸯羽毛

世界上羽毛最多的禽类为小天鹅。在冬季，其羽毛数量多达25000根。

鸻鹬、海鸟和涉禽

鸻鹬、海鸟和涉禽这些鸟类的羽毛既可防水又可保暖。它们背部的羽毛多为深色，胸部的羽毛多为白色，以便伪装。

杓鹬羽毛

海鸥羽毛

火烈鸟羽毛

鹳羽毛

雀

当雀在树枝或灌篱上栖息时，它们坚挺的尾羽有助于身体保持平衡。

乌鸦羽毛

天堂鸟羽毛

乌鸫羽毛

欧亚松鸡羽毛

喜鹊羽毛

冠蓝鸦羽毛

秃鼻乌鸦羽毛

其他鸟类

世界上有很多种鸟，而且每种鸟都有适合自己生活习性的羽毛。鸠鸽会产生一种白色粉末，使羽毛防水。然而，与鸠鸽不同，翠鸟可以分泌防水的油脂，达到防水的目的。鸵鸟不会飞行，因此它们没有成片的羽毛和流线型的外廓，只有柔软的绒羽。

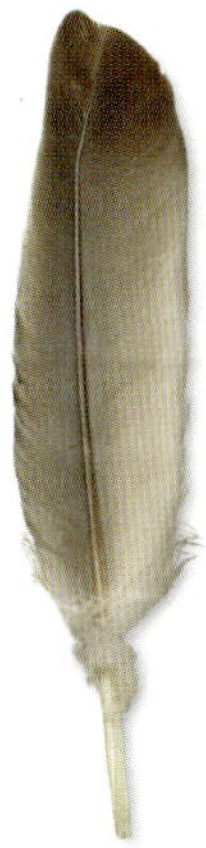
原鸽羽毛

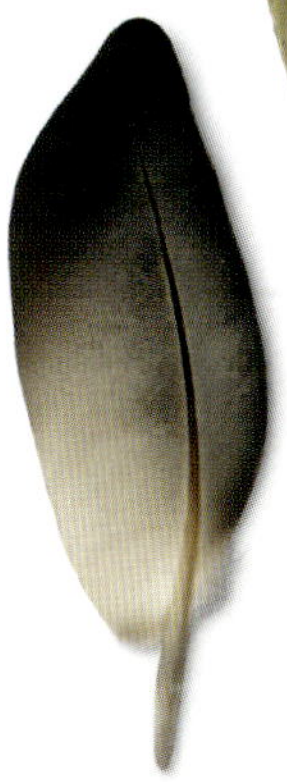
家鸽羽毛

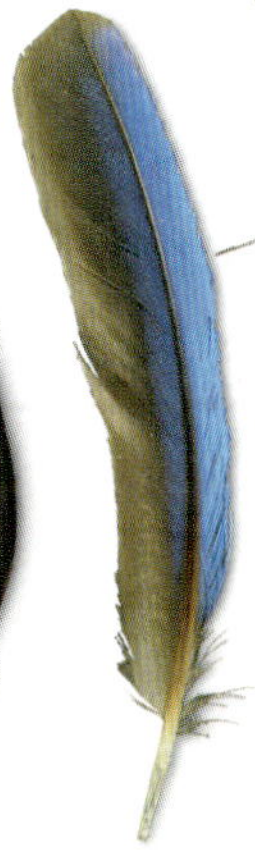
白胸翡翠羽毛

鸵鸟羽毛

动物迁徙

每年，有的动物会长途跋涉，从一个地方迁移到另一个地方，再从这个地方返回出发地，这种旅行就是人们熟知的“迁徙”。迁徙时，动物结群而行，数量可达上百万，这样的迁徙方式可以保证物种的存活。

动物为什么迁徙？

当本能告诉动物需要迁移时，它们就会开始漫长时伴危险的迁徙之旅。通常而言，动物迁徙是为了寻找食物、伴侣、更好的气候环境以及一个可哺育孩子的安全地带。

海象总是雄雌分开，各自成群进行迁徙。

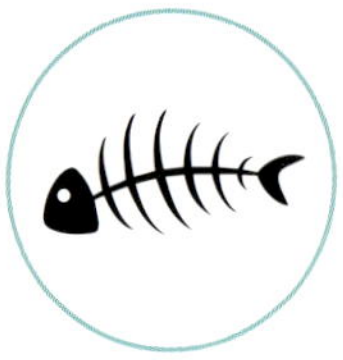

觅食
因为一个栖息地的食物会耗竭，所以许多动物为寻找食物而每年迁徙。

图例

塞伦盖蒂白须角马
它们围绕东非地区呈环形迁移。

北极燕鸥
它们从北极的繁殖区南迁至南极洲附近的海洋，之后飞回北极，每年都要在两极之间往返一次。

大西洋鲑
它们从海洋洄游到自己出生的河流产卵。

座头鲸
座头鲸在寒冷、食物充裕的海洋中觅食，又游向温暖的海洋繁殖。

欧洲鳗鲡
它们从欧洲河流游向巴哈马群岛附近的马尾藻海产卵。

黑脉金斑蝶
它们从墨西哥向美国、加拿大迁徙，或者从美国加利福尼亚穿越落基山脉，然后再飞回来。

家燕
家燕在北方非常常见，每年冬季飞往温暖的南方。欧洲家燕飞往南非地区。

蝗虫
当蝗虫种群数量过大时，它们会进行大规模的群体迁徙，数量在 4000 万到 8000 万只不等。

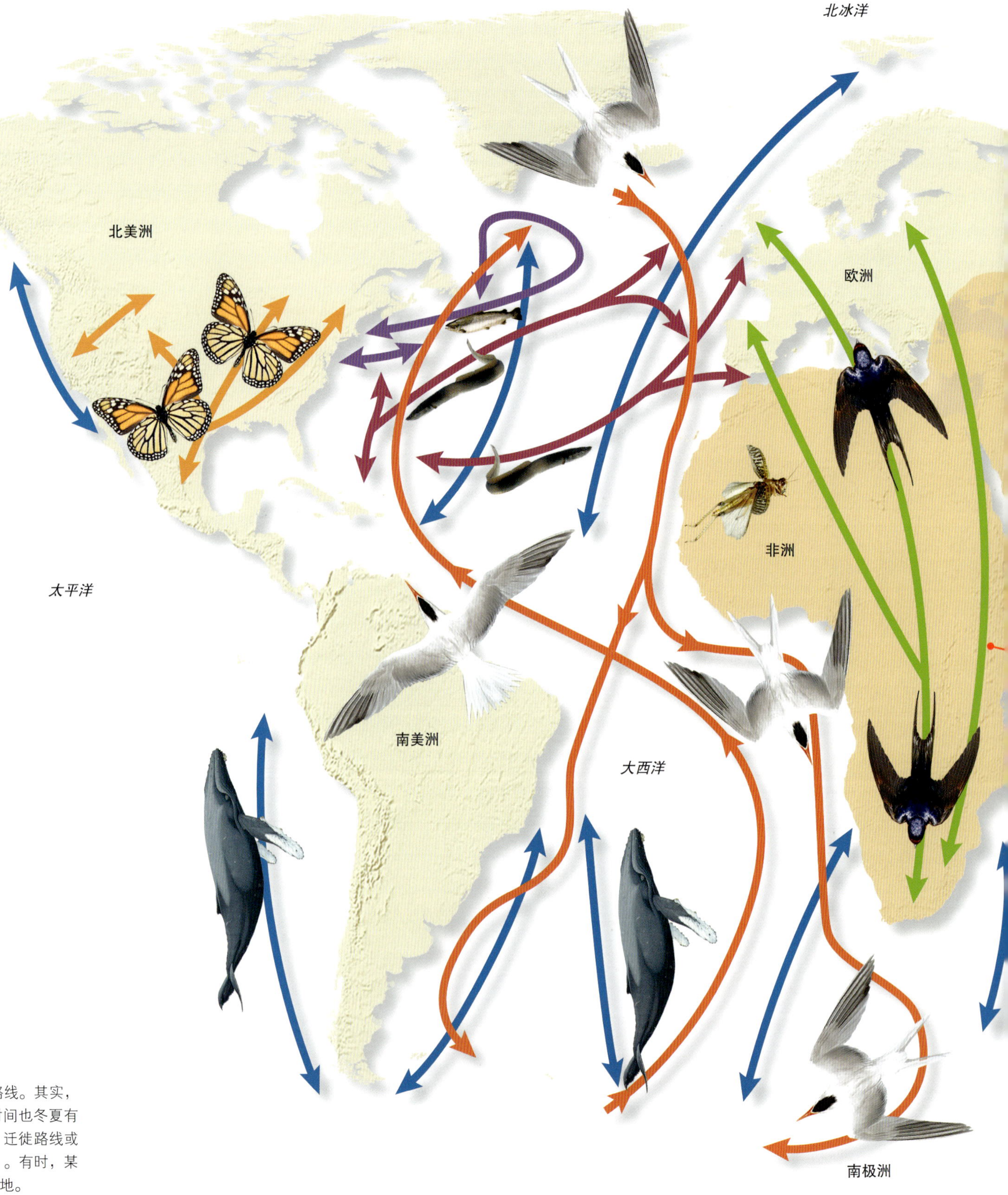

主要迁徙路线

这幅地图描绘了一些动物的迁徙路线。其实，动物的迁徙类型多种多样，迁徙时间也冬夏有别，迁徙方向或南北向或东西向，迁徙路线或呈环形，或上山下山（垂直迁徙）。有时，某种动物仅部分迁徙，而其余留在原地。

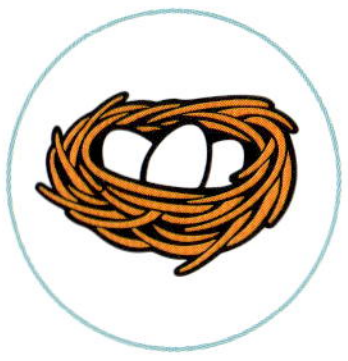

繁殖
动物之所以迁徙也可能是为了寻找伴侣，从而产卵、生子、哺育后代。

躲避恶劣天气
在极度寒冷的条件下，动物会迁移到气候相对温暖、食物较充足的地方。

避免过度拥挤
当某一种群数量过大时，动物会大规模迁徙，例如蝗虫。

鸟类迁徙

春季和秋季时，鸟类开始迁徙。鸟类之所以迁徙是由于日照时间和温度的变化。迁徙过程中，许多鸟类呈“V”形飞行，整个迁徙之旅可持续数周，甚至数月。

蓄势待发
在迁徙前数周，鸟类会释放一种激素，帮助它们储备脂肪。

正常体脂

准备迁徙时的体脂

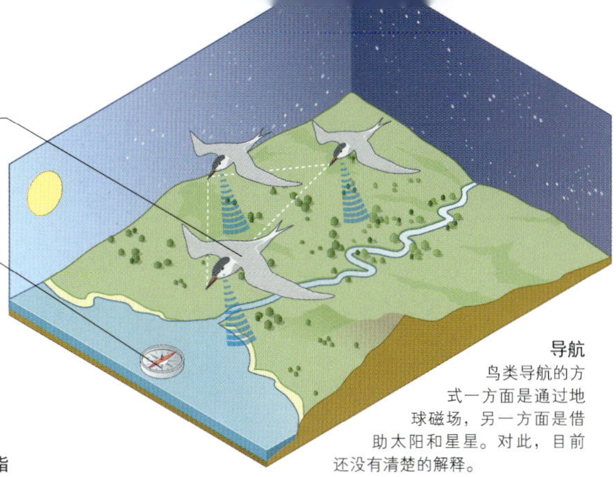

导航
鸟类导航的方式一方面是通过地球磁场，另一方面是借助太阳和星星。对此，目前还没有清楚的解释。

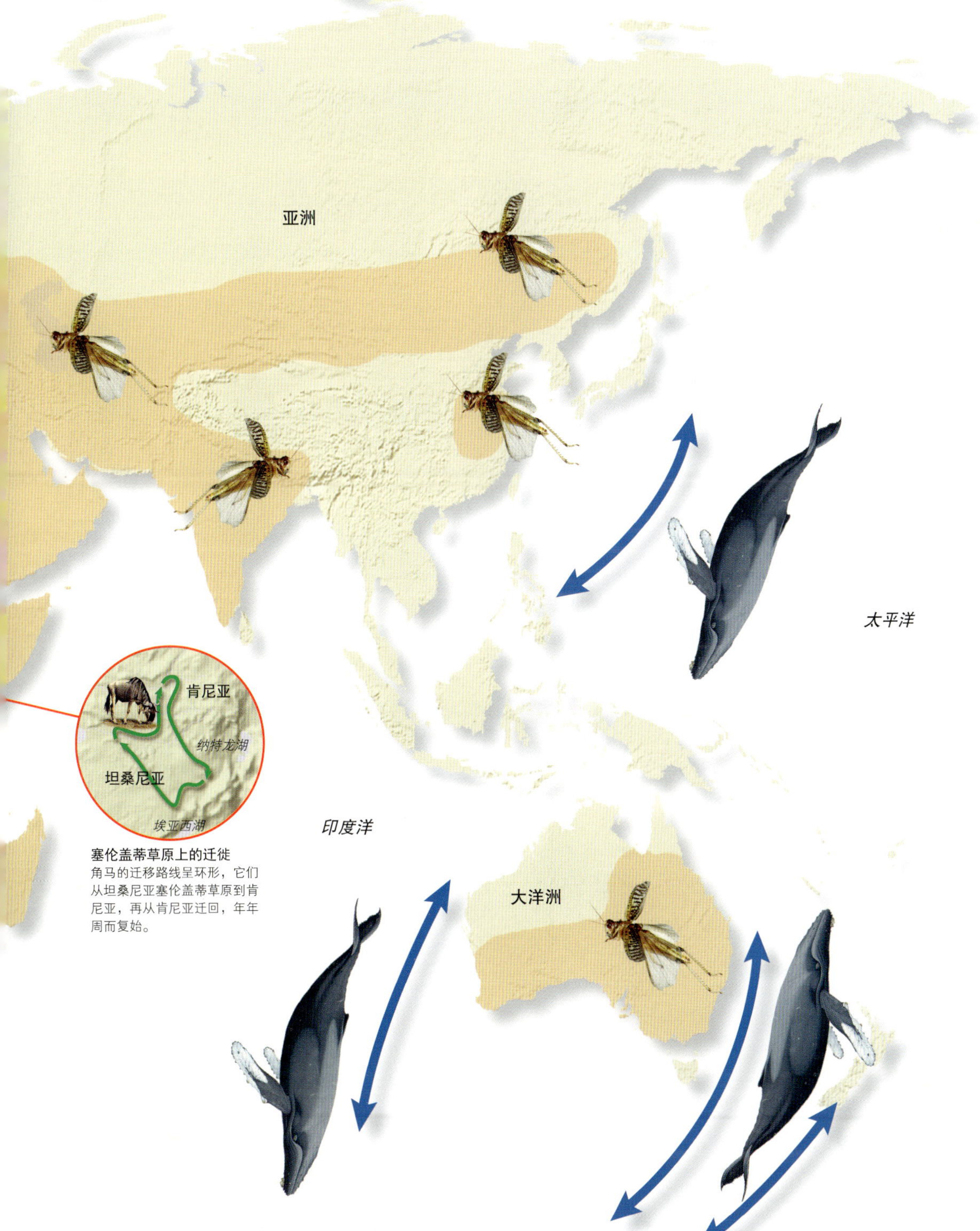

塞伦盖蒂草原上的迁徙
角马的迁移路线呈环形，它们从坦桑尼亚塞伦盖蒂草原到肯尼亚，再从肯尼亚迁回，年年周而复始。

追踪迁徙

科学家采用多种方式将超轻无线电发射机安放在动物身上，如腿部，以追踪迁徙的动物。这种超小发射机会向太空卫星发射信号，进而绘制出动物迁移路线图。此外，科学家还给鸟类戴上有唯一数字编码的腿环，以追踪其迁移。

迁徙纪录

动物迁徙的距离、数目惊人，而且迁徙途中它们可能不会停下来进食或饮水。下面是一些动物迁徙的世界纪录保持者。

北极燕鸥
最长环形迁徙距离——71000 千米
北极燕鸥这种小型鸟在格陵兰岛和南极洲之间曲曲折折地迁徙，其迁徙距离比世界上其他任何动物都要长。

斑尾塍鹬
最长无停歇飞行——11500 千米
作为一种鸻鹬类，斑尾塍鹬能够在8天内飞行11500千米，且中间无任何进食停歇。

棱皮龟
最长水中迁徙距离——20558 千米
棱皮龟横穿太平洋回到它们出生的沙滩。

塞伦盖蒂白须角马
最大规模的陆地迁徙——130 万只角马
规模壮观的角马群每年迁徙距离达 1610 千米。

斑头雁
最高迁徙高度——7290 米
在高空中，氧气含量只有海平面附近的 10%。然而，据追踪记载，在此条件下，斑头雁可持续飞行 17 小时。

沙漠蝗
最大规模的空中迁徙——690 亿只蝗虫
2004 年，当一群蝗虫迁徙穿过摩洛哥时，非洲西北地区的庄稼被大规模摧毁。

啮齿动物

世界上几乎没有什么地方是啮齿动物不能生活的，因为它们大部分体形较小，适应许多不同类型的栖息环境。此外，它们“人丁”兴旺，数量巨大。啮齿动物的门齿会不断地生长，有助于弥补进食时磨损的部分。

啮齿动物的特征

尽管啮齿动物种类繁多，但是小巧的身体、长长的触须和尾巴是啮齿动物的普遍特征。此外，啮齿动物的牙齿让它们与众不同，它们有 4 颗锋利的门齿，口腔后面还有几颗臼齿。

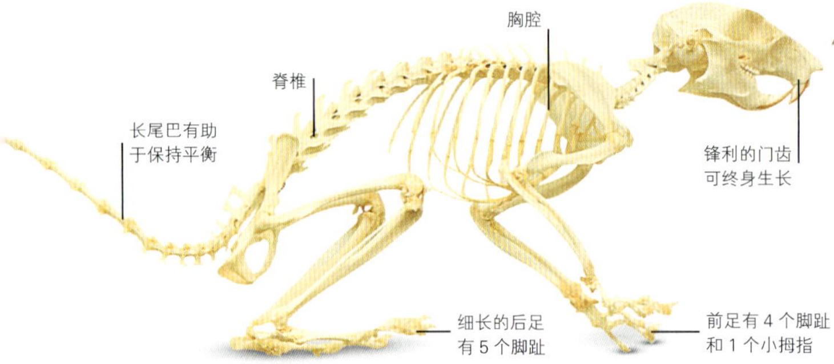

松鼠骨骼

灵活多变的身体

许多啮齿动物拥有特别的身体部位，以适应不同的生活方式。例如：足部极其灵活的关节可攀爬树木，突出的门齿可挖掘打洞，有蹼的脚趾可游泳。

攀爬高手
松鼠脚踝处可旋转的关节使其成为为数不多可头朝下爬下树的哺乳动物之一。

打洞高手
鼹形鼠先用它们突出的门齿挖洞，再用宽平的后足将土推向后面。

游泳高手
河狸足部具蹼，尾巴扁平，可充当航舵。在水中，河狸厚厚的绒毛起到保暖的作用。

松鼠如何“飞”起来?

啮齿动物也包括会“飞”的松鼠——鼯鼠。当鼯鼠在树间移动时，它们看起来好像是在空中飞行似的。但事实上，它们在滑翔。鼯鼠四肢间有薄薄的、松软的皮膜，展开后像降落伞一样，使其在空中飘浮。在空中，鼯鼠通过移动前肢来掌舵。着陆时，鼯鼠高耸起蓬松的尾巴，起到制动的作用。

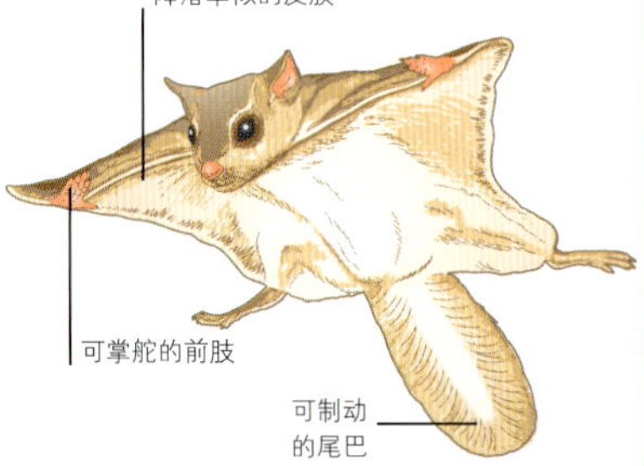

一只会“飞”的鼯鼠可以滑翔 50 米。

鼠

家鼠、沙鼠、仓鼠、旅鼠和田鼠都是世界上数量非常多的物种。此类啮齿动物种类繁杂，几乎遍布世界各国。有些成了受人喜爱的宠物，而有些却是住宅和田地的祸害。

长爪沙鼠

小亚细亚沙鼠

黑鼠

埃及小沙鼠

斑草鼠

黄喉姬鼠

小林姬鼠

非洲刺毛鼠

小家鼠

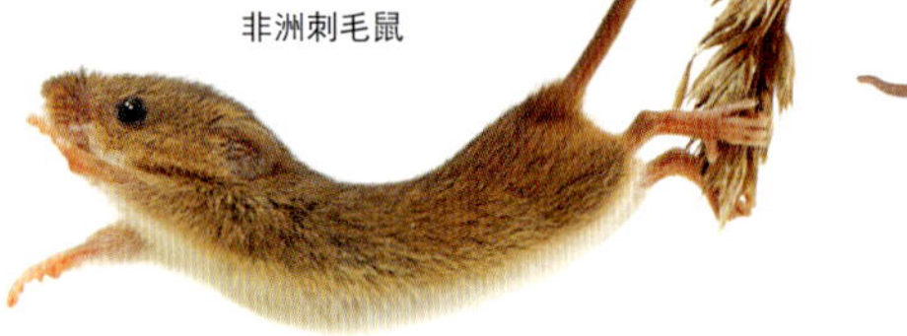

巢鼠

松鼠

松鼠及其近亲拥有圆柱形的身体和厚厚的毛皮，它们大部分还有毛茸茸的尾巴和大大的眼睛。它们的栖息地遍布全球，从雨林到半干旱沙漠，从乡间到大城市，人们都能发现它们的身影。有些松鼠生活在树上，而有些生活在地上。

欧亚红松鼠

冈比亚的太阳松鼠

北美灰松鼠

豪猪

在此类啮齿动物中，最为人熟悉的当属天竺鼠，也叫豚鼠。它有大大的脑袋、强壮的身体、短短的尾巴和纤细的腿，这些都是此类啮齿动物的普遍特征。此类啮齿动物还包括水豚和裸鼹形鼠。水豚是世界上最大的啮齿动物。裸鼹形鼠在地下生活，将近全盲。

家养豚鼠（荷兰猪）

长毛豚鼠

刺豚鼠

棕色豚鼠

马岛仓鼠

褐鼠

短尾侏儒仓鼠

原仓鼠

小毛足鼠

黄金中仓鼠

叙利亚仓鼠

欧旅鼠

麝鼠

普通田鼠奥克尼郡岛亚种

堤岸田鼠

林睡鼠

非洲睡鼠

榛睡鼠

普通田鼠

南非地松鼠

北美飞鼠

哈氏羚松鼠

美东金花鼠

金花鼠

南非红松鼠

黄腹土拨鼠

黑尾草原犬鼠

裸鼹形鼠

毛丝鼠

长耳豚鼠

非洲冕豪猪

水豚

河狸

河狸分为两种，即北美河狸和欧亚河狸，两者均在水中生活。它们用树枝、泥和石头搭建堤坝，筑成适合自己生存的巢。

欧亚河狸

猴和猿

与人类一样，猴和猿都为灵长类动物。它们像我们人类一样使用手指，将大拇指与其他手指相对，抓握东西。同时，猴和猿都有较好的视力和智力。有无尾巴是分辨猴和猿的标志，因为大部分猴有尾巴，而猿没有。

四处走动

有些猿，如大猩猩，大部分时间都在地面活动，而有些猿则是攀爬和跳跃能手。猴依靠四肢蹦跳和奔跑，同时利用尾巴平衡身体，尾巴成为“第五肢”。

两脚着地
猿可以依靠后肢行走一小段时间。

四脚着地
猴依靠四肢走动，因此它们的四肢差不多一样长。

跖行
爬行时，大猩猩和黑猩猩用前肢跖骨支撑整个身体的重量。

“荡秋千”
有些猿利用它们长长的前肢从一个树枝荡到另一个树枝上。

使用工具

猿很聪明，能制作、使用工具。据观察，黑猩猩可以用石头砸碎坚果，也可以用树叶和苔藓作为“海绵”收集水分。此外，黑猩猩还可以将棍子戳进白蚁丘或树里“钓取”昆虫。

群体行为

大部分猿和猴以群居形式生活，这样可以自我保护，躲避捕食者的侵害。此外，它们通过肢体语言和声音相互沟通。黑猩猩甚至一起捕猎，然后在群体中分享食物。

亲代抚育
猿和猴一次会生产一个或两个幼崽，但抚养下一代需要投入多年时间。

社交生活
对猿和猴而言，梳理毛发很重要，不仅可以清洁皮毛，还可以在群体成员之间建立亲密关系。

猴

新大陆猴在南美洲和中美洲的雨林中生活。它们有宽宽的鼻子，且鼻孔朝向鼻梁两侧。此外，许多新大陆猴的尾巴非常引人注目，具有抓握功能。与新大陆猴不同，旧大陆猴生活在亚洲和非洲，它们的鼻子较窄，且鼻孔朝下。此外，尽管狒狒主要在地面活动，但是大部分旧大陆猴喜欢树栖。

黑带卷尾猴

北夜猴

松鼠猴

金狮面狨

棉冠獠狨

侏狨

普通狨

红吼猴

灰绒毛猴

豚尾猕猴

巴巴利猕猴

猿

猿分布于非洲和东南亚地区。与猴相比，猿的身体形态更加直立，且没有尾巴。大猩猩、黑猩猩、猩猩都是大型类人猿，而长臂猿为小型类人猿。

婆罗洲猩猩

青腹绿猴 加纳长尾猴 东非黑白疣猴 埃及狒狒 几内亚狒狒 食蟹猕猴 猕猴 兰卡猕猴 山魈

其他灵长类动物

除了猿和猴，还有很多灵长类动物。狐猴就是其一，不过它们只生活在非洲的马达加斯加岛。猿和猴的其他近亲还包括婴猴等，它们大多喜欢在夜间活动。

粗尾狟 塞内加尔婴猴 驯狐猴 维氏冕狐猴 黑美狐猴 大竹狐猴 环尾狐猴 獴美狐猴 红腹美狐猴 领狐猴 红领美狐猴

白掌长臂猿 戴帽长臂猿 白颊长臂猿 合趾猿 倭黑猩猩 黑猩猩 西部大猩猩

野生猫科动物

野生猫科动物，皮毛柔滑，行动隐秘，忍耐性强，聪明伶俐，是天生的猎杀者。大部分野生猫科动物单独捕猎，用爪子和牙齿来抓捕、刺杀、撕碎猎物。它们身体强壮，肌肉发达，稳健灵活，非常擅于奔跑、攀爬、跳跃，甚至游泳。此外，它们的栖息地多种多样，遍布非洲、亚洲、欧洲和美洲地区。

物种保护

野生猫科动物遭受着各种各样的威胁，而具体威胁取决于其所生活的环境。对于它们而言，主要威胁当属偷猎者的猎杀和栖息地的丧失。目前，众多大型猫科动物濒临灭绝。

图例

- 极危物种
- 濒危物种
- 易危物种
- 近危物种
- 无危物种

远东豹	东北虎	印支云豹
亚洲狮	雪豹	马来云豹
孟加拉虎	非洲狮	美洲豹

小型猫科动物

在世界上，超过3/4的野生猫科动物被归为小型猫科动物。目前，有30种小型猫科动物已经适应了它们的生存环境——其身体颜色使它们与环境融为一体。其中，家猫从北非野猫分化而来。

薮猫

乔氏猫

伊比利亚猞猁

欧洲野猫

欧亚猞猁

渔猫

南美草原虎猫

狞猫

大型猫科动物

狮、虎、美洲豹和豹都为大型猫科动物。除了狮，其他大型猫科动物都为独居动物。狮成群生活，为群居动物。世界上最大的猫科动物是东北虎，其体重约相当于100只家猫的体重之和。

狮

母狮

云豹

为速度而生

猎豹是地球上速度最快的陆生哺乳动物，时速可达 113 千米。猎豹强壮的肌肉和硕大的心肺组织使其可以快速呼入大量的氧气，因此奔跑速度极快。但大约 20~60 秒后，它们就得休息。

猎豹只需要 60 秒就可靠近并捕获猎物。

1 开始跳跃
猎豹只能短距离飞奔。它们先跟踪猎物，直到离猎物很近时，才会突然冲出来，捕捉猎物。

2 直奔而出
猎豹的脊椎特别修长而且灵活。它们跳跃一步，即可达到 7~8 米。

3 弯腿着地
猎豹强壮的后肢会推动身体向前奔跑，其推力如此之大以至于后足会超过前足，准备再次一跃而出。

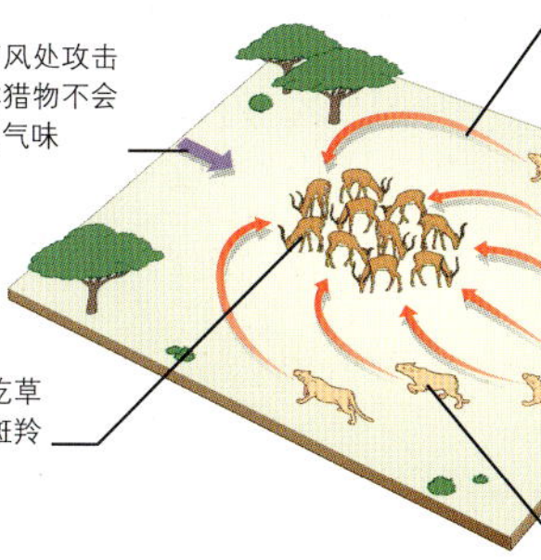

狮群捕猎

多数捕猎活动由母狮完成。一旦猎物被杀死，周围的狮子都能大饱口福。幼狮通常会等长辈吃完后再吃。所有成员都被雄狮统领。

豹猫

丛林猫

短尾猫

长尾虎猫

沙丘猫

美洲狮

虎猫

亚洲野猫

猎豹

加拿大猞猁

孟加拉虎

东北虎

雪豹

远东豹

黑豹
（豹的黑化个体）

美洲豹

鲸、海豚和鼠海豚

尽管鲸、海豚和鼠海豚生活在水中，但是它们都是哺乳动物。它们会不时地浮出水面，通过头顶类似鼻孔的呼吸孔，吸入新鲜空气，呼出污浊气体。

牙齿和过滤器

齿鲸有牙齿，能捕食鱼和乌贼这样的猎物。滤食性的须鲸的上颌长有鲸须，像木梳齿一样。游泳时，须鲸大口大口地吸入海水，接着闭上嘴巴将水排出，这样鲸须就可以把微小猎物留在口中。

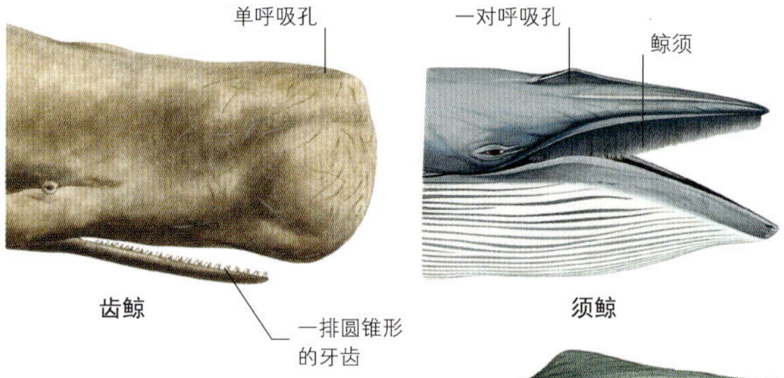

鲸

鲸主要可以分为两个类群。一类是须鲸，属于滤食性鲸，世界上最大的哺乳动物蓝鲸就属于此类。另一类是齿鲸，有牙齿，有的甚至有喙。不同鲸拥有不同的栖息地，从大陆架的浅海海域一直延伸到深海海域。

海豚

海豚大多只在海洋中生活。它们种类繁多，共同的特点为有喙状嘴和额隆。

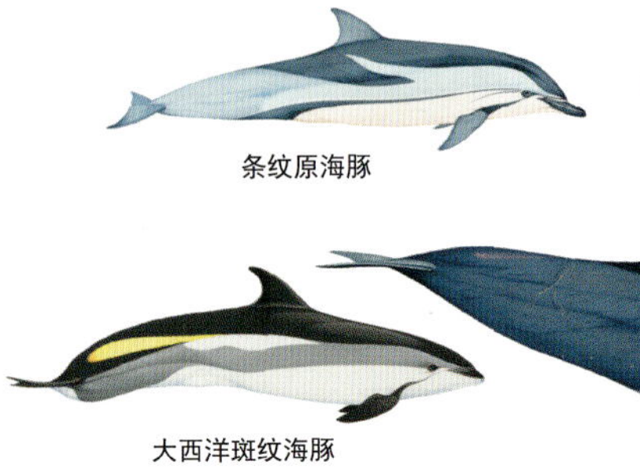

从陆地到海洋

约 5000 万年以前，鲸的祖先不是在海洋中生活，而是在陆地上活动，用四肢走路。渐渐地，它们开始花更多的时间在水中捕食，因此身体慢慢地发生了变化。最终，鲸永远离开了干旱的陆地。

蓝鲸
身长可达
30.5 米。

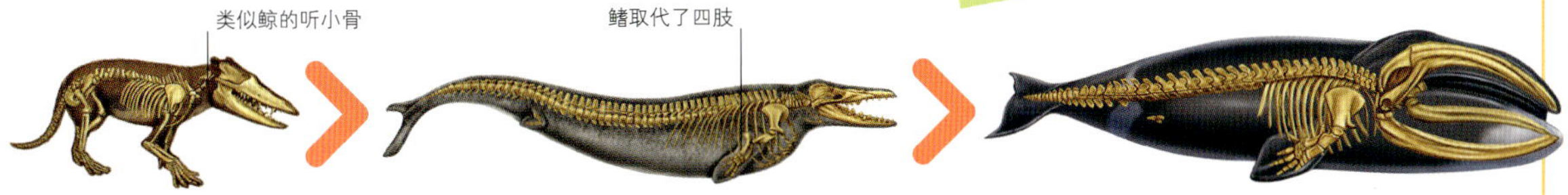

1 巴基鲸（约 5000 万年以前）
巴基鲸大小与一只大狗相似，它们有时会追赶鱼群。巴基鲸的化石显示，其听小骨与现生鲸的很像。

2 矛齿鲸（约 3800 万年以前）
这种早期的鲸长有前鳍，后肢小巧，尾巴灵活，善于游泳。它们的鼻孔已经转移到头顶，变成了呼吸孔。

3 现生鲸
现生鲸完全适应了海洋生活，它们拥有流线型的身体、强有力的鳍，还有扁平的尾鳍有助于推动身体前行。同时，后肢已经完全退化掉了。

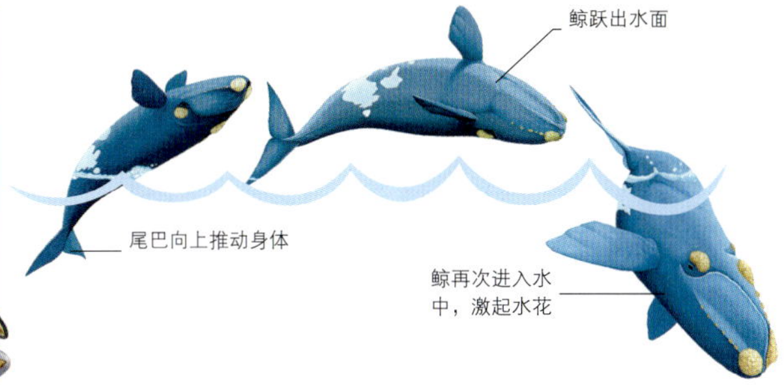

冲浪

鲸常常高高地跃出水面，再进入水中，激起大大的水花。目前，科学家也无法解释清楚鲸为什么要这样，或许是一种信号，或许是为了清理身上的寄生物。

鼠海豚

大部分鼠海豚比其近亲的体形要更小更圆，通常生活在海岸边的浅海区域。

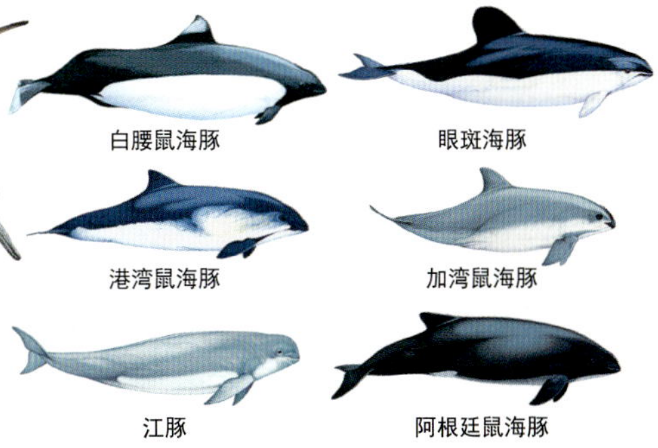

动物骨骼

如果没有骨骼，多数动物都将是一个难以名状的肉团。脊椎动物，如哺乳动物和鸟类，都有一副强壮的内骨骼。许多无脊椎动物，如昆虫，拥有一副具有保护作用的外骨骼。

骨骼的作用

骨骼不仅使动物身体有力量，有形状，还可以起到保护作用。同时，肌肉附着在骨头上。骨之间的关节可以使身体运动起来。此外，骨里还储藏着重要的矿物质，且能够生成红细胞。

支撑作用
骨架使得动物身体有力量，有形状。

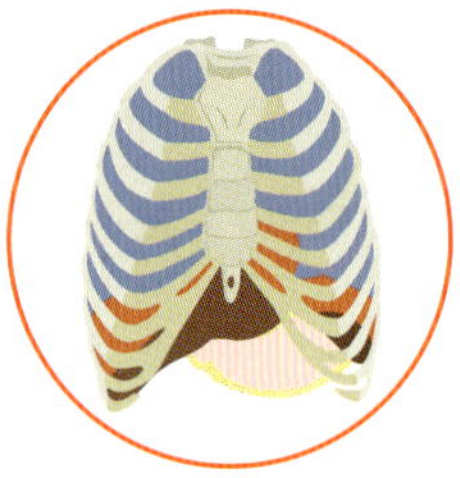

保护作用
像胸腔和头骨这样的骨骼可以保护重要器官，以防受伤。

运动作用
骨骼既可以在运动中充当杠杆，又是肌肉的附着点。

内骨骼

所有脊椎动物都有内骨骼，既可以支撑身体，又能保护器官。通常而言，骨骼由硬骨组成，而有些动物的骨骼由灵活的软骨组成，如鲨鱼。

比目鱼骨骼

常见的鱼骨骼

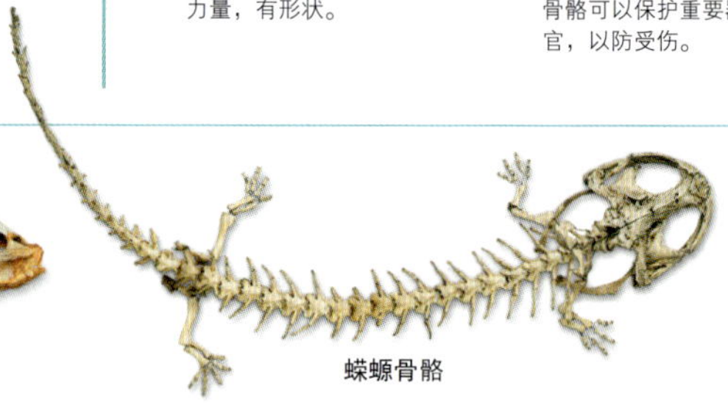

蝾螈骨骼

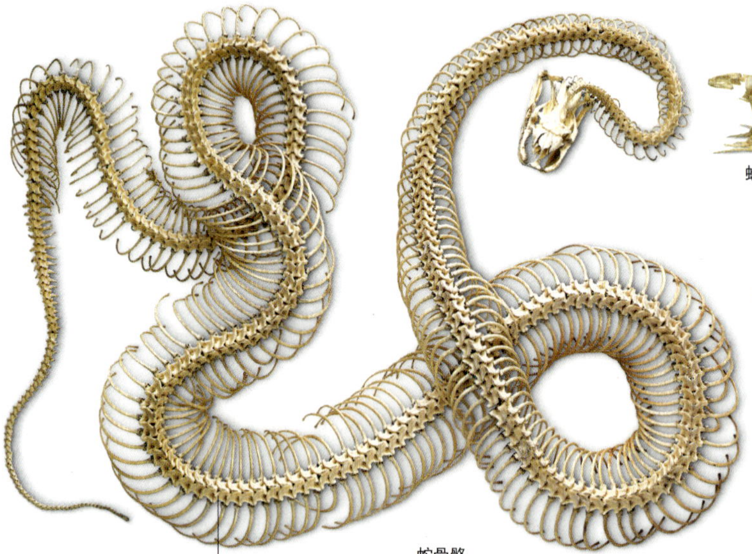

长长的脊柱上有数以百计的弯曲的肋骨

蛇骨骼

蛙骨骼

水龟骨骼

陆龟骨骼

变色龙骨骼

壁虎骨骼

蜥蜴骨骼

灵活的脊柱延展成一条长长的尾巴

凯门鳄骨骼

企鹅骨骼

椋鸟骨骼

乌鸦骨骼

鸭骨骼

鸽骨骼

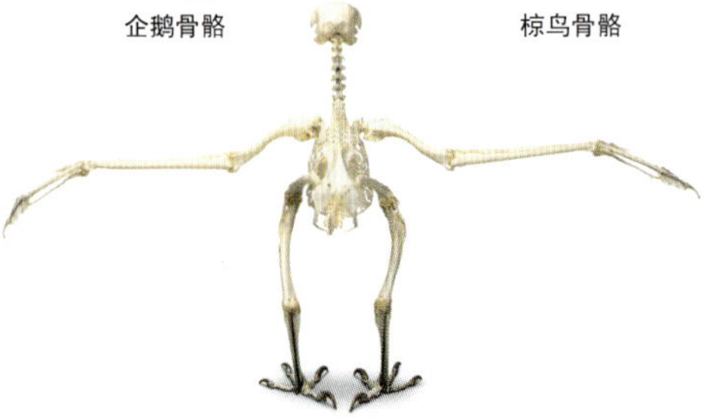

鹫骨骼

隼骨骼

鸮骨骼

雕骨骼

外骨骼

有些无脊椎动物拥有像铠甲一样的外骨骼。坚硬的外壳既可以保护动物免受伤害，也有助于摆脱捕食者。当昆虫、螃蟹等生物生长时，旧壳会脱落，再生出新壳。

龙虾

犀金龟

蜻蜓

捕鸟蛛

蟹

马陆

黄粉虫幼虫

棘皮动物骨骼

棘皮动物包括许多海洋无脊椎动物，如海胆、海星及其近亲。它们表皮披覆着一层薄薄的棘，内骨骼由坚硬的钙化小骨板构成。随着棘皮动物的生长，骨骼也会跟着一起生长。

海胆

流体静力骨骼

许多软体无脊椎动物的形状是由一种以水为基础的“骨骼”做支撑。这种骨骼是一个充满液体的囊腔，周围由肌层包裹起来。

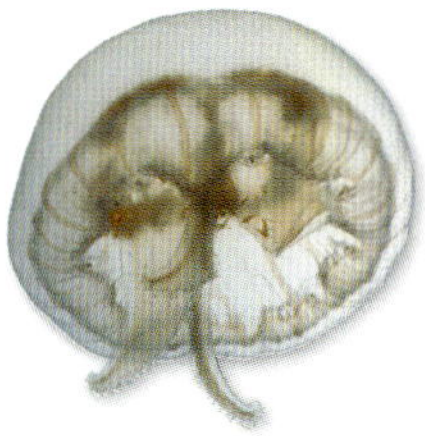

水母

在所有陆生哺乳动物中，大象的骨骼最重。

非洲象骨骼

蝙蝠骨骼

松鼠骨骼

野兔骨骼

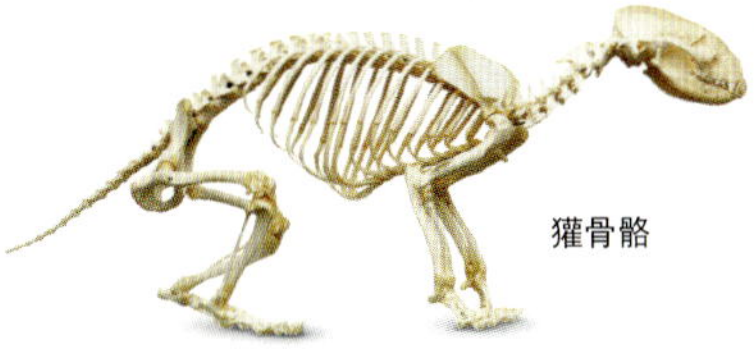

獾骨骼

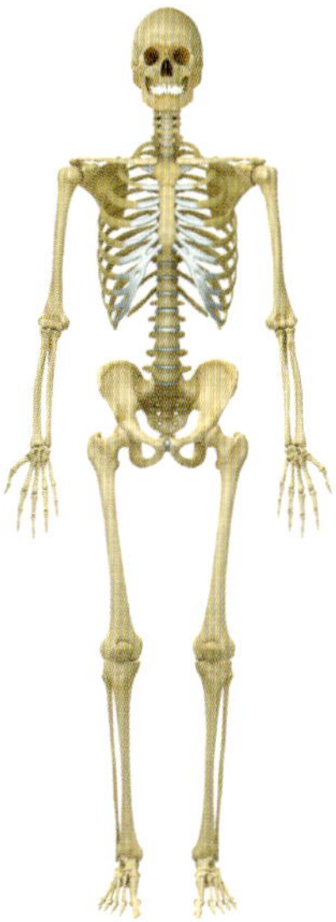

人类骨骼

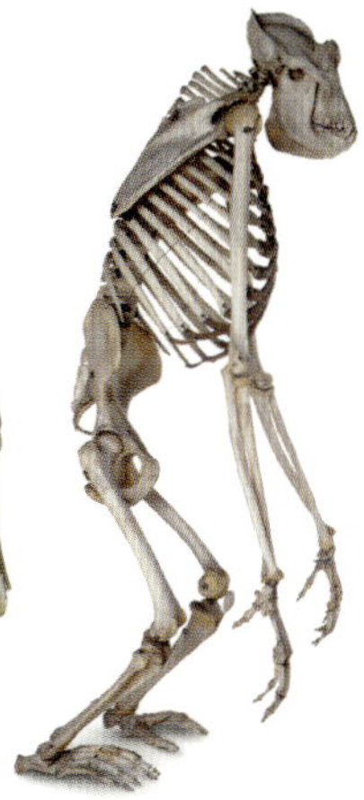

大猩猩骨骼

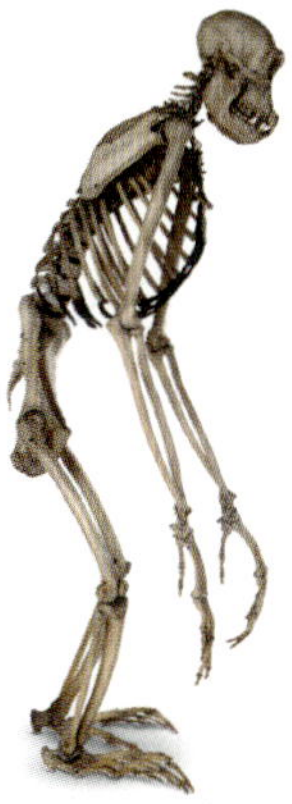

黑猩猩骨骼

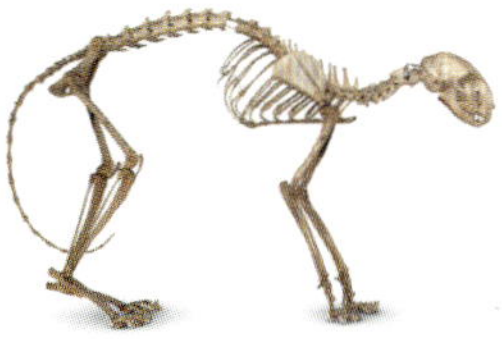

猫骨骼

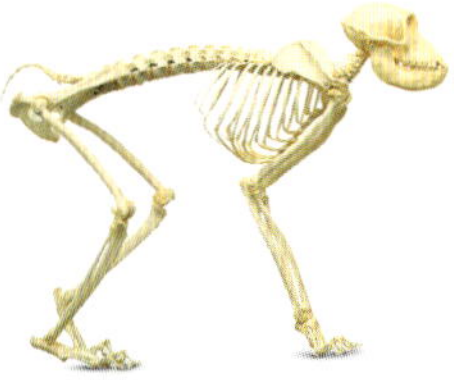

猴骨骼

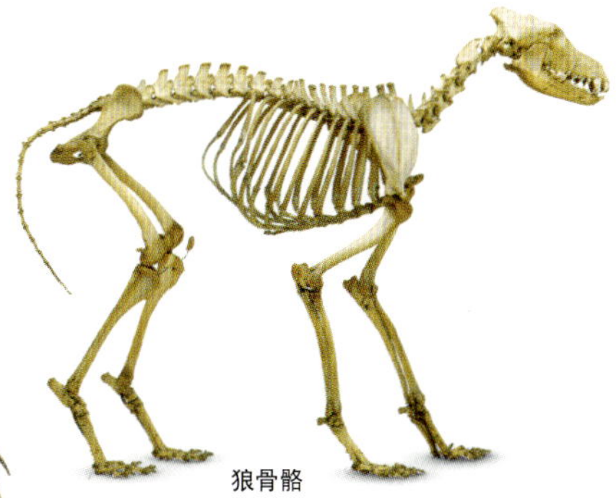

狼骨骼

马骨骼

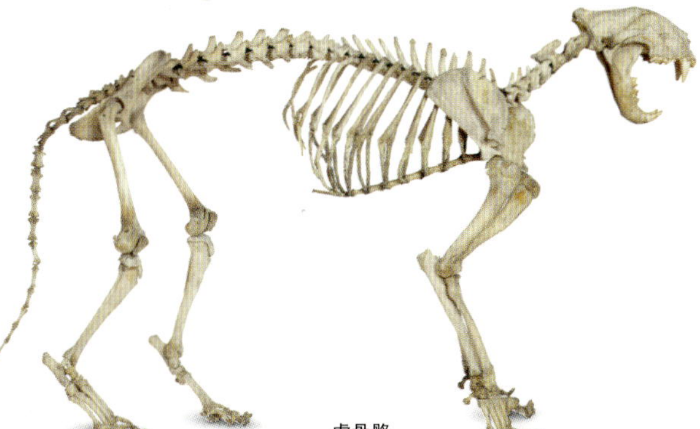

虎骨骼

狗

狗和人类在一起生活已有12000多年的历史。其实，所有狗都是狼的后代，当时狼离开野外栖息地来到史前猎人的营地，慢慢被驯化为狗。从远古时代至今，人们已经培育了成百上千的犬种，大小不同，形态各异。

身体结构

狗，或大或小，或高或矮，或毛茸茸或光秃无毛，虽种类各异，但它们的身体结构大致相同。

进化过程

世界上现有约5亿只狗，它们因其共同祖先——狼，而相互关联着。

狼

古代部落居民开始驯化狼，将其变成有用的捕猎伙伴。

狗

为达到各种目的，人们开始饲养狗，改变狗的形态，使其越来越标准化。

狼的近亲

经过几个世纪的驯化，多数狗和它的祖先狼已经完全不一样，只有少数一些品种的狗仍和狼的形态相似。现在，有些狗成了受欢迎的宠物，有些狗则处于半野生状态。

伊维萨猎犬　法老王猎犬　葡萄牙波登可犬　墨西哥无毛犬

迦南犬　秘鲁印加兰花犬　新几内亚歌唱犬　卡罗来纳犬　巴辛吉犬　秘鲁无毛犬

斯皮茨犬

最知名的斯皮茨犬为像西伯利亚雪橇犬（俗称“哈士奇”）这样的狗。在极地探险中，西伯利亚雪橇犬曾被用来拉雪橇。狐狸犬拥有极其厚实的双层皮毛，连脚部也是毛茸茸的。

西伯利亚雪橇犬　格陵兰犬　萨摩耶犬　松狮犬　莱卡犬

㹴犬

㹴犬种类多样，大小各异。它们大多活泼勇敢，意志坚强，必须进行合理训练，以防养成不良习惯，如追赶其他宠物。此外，许多㹴犬最喜爱的游戏当属挖洞。

苏格兰㹴　西部高地白㹴　猎狐㹴　杰克罗素㹴　约克郡㹴　凯恩㹴　诺福克㹴

波士顿㹴　曼彻斯特㹴　爱尔兰软毛㹴　贝德灵顿㹴　牛头㹴　俄罗斯黑㹴

猎犬

训练猎犬是为了让它们和猎人一起工作。有些猎犬可以用来找到猎物，有些则可以驱赶隐藏的猎物，并叼拾那些被主人用猎枪杀死的猎物。

西班牙水犬　拉戈托罗马阁挪露犬　布列塔尼猎犬　可卡犬

金毛寻回犬　爱尔兰赛特犬　切萨皮克海湾寻回犬　匈牙利维兹拉犬

灵敏的嗅觉

狗的鼻子上有数亿个嗅觉细胞。这些嗅觉细胞可以捕捉到周围的细节信息。

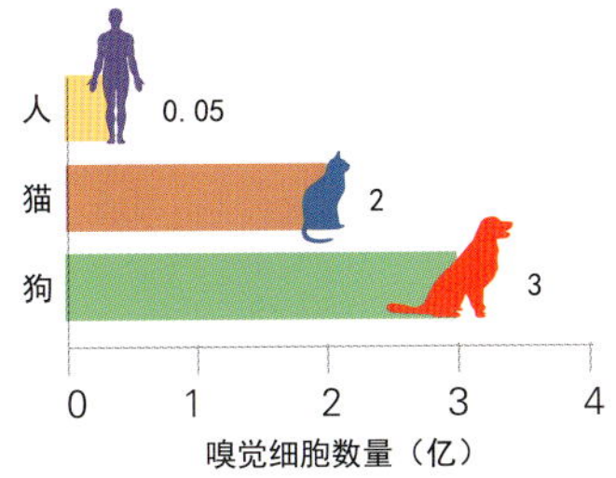

耳朵

狗的耳朵形状千变万化。多数狗的听力极佳，但尖耳朵的狗比耷拉耳朵的狗的听力要好得多。

竖耳　烛焰耳　玫瑰耳

纽扣耳　垂耳　吊坠耳

视野

与人类相比，狗的视野要宽阔得多。它们无须移动头就可以看到更广的范围，而且它们能清晰地观察到细微之处，并带有很好的3D效果。此外，狗还能望到远处移动的物体。

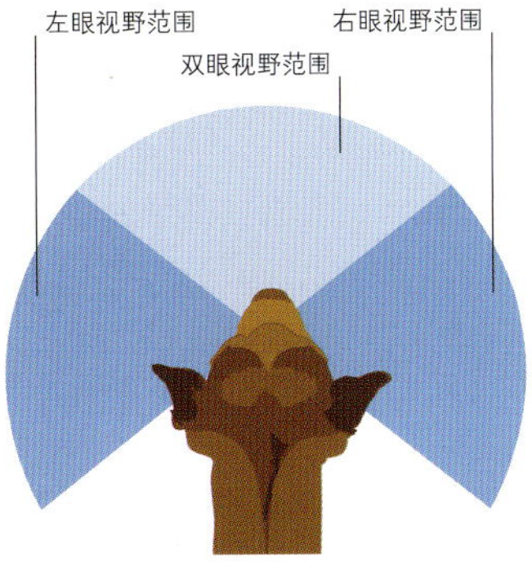

视野范围

行为

有时，宠物狗会停下来在树旁撒尿做标记。其实，诸如此类的行为与狼相同，因为狗与狼共享一种肢体语言。

嚎叫
狗不会经常嚎叫。若把它们单独关起来，它们就会嚎叫，可能因为它们渴望陪伴。

标记地盘
为了宣示主权，狗会留下气味标记自己的地盘。

舔鼻子
在紧张状态下，舔鼻子可以让狗慢慢放松下来。

打呵欠
打呵欠也是狗的一种自我调节信号，可以避开威胁、避免冲突。

挖洞
狗挖洞，或为了埋藏物体，或为了寻找地下生物。

工作犬

牧牛牧羊、守护财产、营救失踪者，这些都是工作犬的工作。许多工作犬现在已经成为可爱的宠物。

马士提夫獒犬　潘布鲁克威尔斯柯基犬　匈牙利牧羊犬　苏格兰粗毛牧羊犬　圣伯纳犬

嗅觉猎犬

在所有狗中，嗅觉猎犬的鼻子最灵敏。数百年来，嗅觉猎犬一直被用于追踪猎物。它们有很强的狩猎本性，有些嗅觉猎犬结群捕猎。

巴吉度猎犬　达克斯猎犬　比格犬　罗得西亚脊背犬　比利犬　杜宾犬

视觉猎犬

视觉猎犬，腿又长又细，是迅捷的猎手。它们依靠视觉跟踪猎物。如今，它们主要作为赛狗和宠物。

爱尔兰猎狼犬　萨卢基猎犬　灵缇　阿富汗猎犬

伴侣犬

许多小型犬种被特别培育出来，成为人类良好的伴侣，这就是伴侣犬。伴侣犬拥有讨人喜爱的外表和温柔可爱的天性。

俄罗斯玩具犬　吉娃娃　法国斗牛犬　大麦町犬　卷毛比雄犬　拉萨犬　泰国脊背犬　查理士王小猎犬　哈巴狗　贵宾犬　喜马拉雅牧羊犬

杂交犬

有些狗是由两个已知品种的狗杂交而成，被称为杂交犬。如果狗出身不明，它们则被称为混种犬。

金色贵宾犬　拉布拉多贵宾犬　斗牛拳师犬　卢卡斯㹴犬　长耳卷毛狗　比熊约克犬　勒车犬

猫

目前，世界上有上亿只宠物猫。有些为纯种猫，相貌独特，有引人注目的花纹或长长的毛。很多人之所以喜爱猫是因为它们可爱的性格和独立的行为方式。

眼睛
眼部的反射层有助于猫在晚上看清物体。当光线照射到反射层时，它会发出绿光。

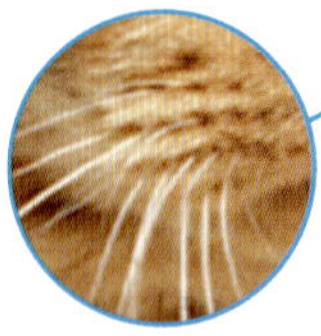

胡须
猫的胡须非常敏感，有助于猫判断洞口宽度。

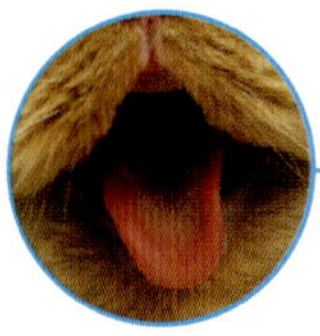

舌头
猫舌头上的小倒刺虽然使舌面有点粗糙，但是有利于梳理皮毛和舔食骨头上的肉。

灵活的身体

猫生来速度快，动作敏捷。柔韧的脊柱、松软的毛，使猫能够向着各个方向伸展身体。此外，猫强有力的腿部肌肉有助于它们疾跑、跳高和攀爬。

跳跃和攀爬时，猫的尾巴可以平衡身体

强壮的后肢使猫可以进行有力的弹跳

松软的毛使猫行动自如

不需要用锋利的爪子时，猫会将其缩进脚部的鞘中

短毛猫

大约 4000 年以前，人类养了第一只猫作为宠物，这只宠物猫就是短毛猫。现如今，短毛猫是猫主人们最喜爱的品种，因为它们的颜色和斑纹非常清晰，皮毛也易于梳理。

沙特尔猫

泰国御猫

曼切堪猫

暹罗猫

长毛猫

长毛猫的毛，或粗糙蓬乱，或柔顺丝滑，或细密柔软，取决于猫的品种。像波斯猫这样的长毛猫拥有极其厚实的下层毛，需要每日梳理。

土耳其梵猫

西伯利亚猫

挪威丛林猫

尾巴的语言

猫会利用尾巴传递感情信息，通晓这种“语言”有助于我们了解猫。

猫妈妈
会竖起尾巴，
召唤小猫
跟随自己。

兴奋
尾巴直直地竖起来，并不断地抖动。

警觉
尾巴微微从一边摆动到另一边。

准备攻击
尾巴竖起，弯向后背。

焦急
尾巴竖直，皮毛抖开，呈蓬松状。

判断对错

猫是一种神秘的动物，人们对它非常好奇。下面是我们经常听到的一些观点或传说，但有些并不科学。

黑猫带来厄运
错。这是个流传于许多地区的民间传说。不过，也有人说黑猫是好运的象征。

猫有九条命
错。在坠落或脱离危险时，猫善于四脚着地，但无论怎样，猫只有一条命。

猫既是左撇子又是右撇子
对。雌性猫更倾向于用右边的爪子，而雄性猫喜欢用左边的爪子。

猫花大部分时间睡觉
对。即使一只猫非常活跃，它平均每天也要花 2/3 的时间睡觉。

猫用胡须来保持身体平衡
错。猫的胡须是用于寻找道路的“感觉器”，而不是为了保持身体平衡。

小猫

刚出生的小猫眼睛紧闭，非常无助，不过一段短暂的时间过后，它们的眼睛就睁开了。约 10 周后，小猫不再依赖猫妈妈，它们可以自己攀爬、跳跃，捕捉想象中的猎物。

1 4 天后
尽管小猫的眼睛仍紧闭着，但它们可以感觉到周围环境。

2 2 周后
小猫的眼睛虽然睁开了，但还不能清晰地看见东西。

3 4 周后
小猫可以到处走动，试着用尾巴保持身体平衡。

4 8 周后
此时的小猫非常活跃，学习如何成为一只成熟的猫。

5 10 周后
小猫几乎可以完全独立，即将离开猫妈妈。

无毛猫

有些品种的猫几乎完全无毛，其中最著名的无毛猫当属斯芬克斯猫，皮肤多皱有弹性。

马

大约6000年前，古代人类第一次驯服野马，用于骑射、驮运重物。从那以后，马一直是快捷的交通运输工具，也是农牧生活的重要组成部分。现如今，马多用于娱乐骑射以及其他运动。目前，世界上有数百种马，体形大小不一。

部位名称

马身各部位都有专门的名称。骑手、马倌等与马相关的工作人员通常会使用这些名称。

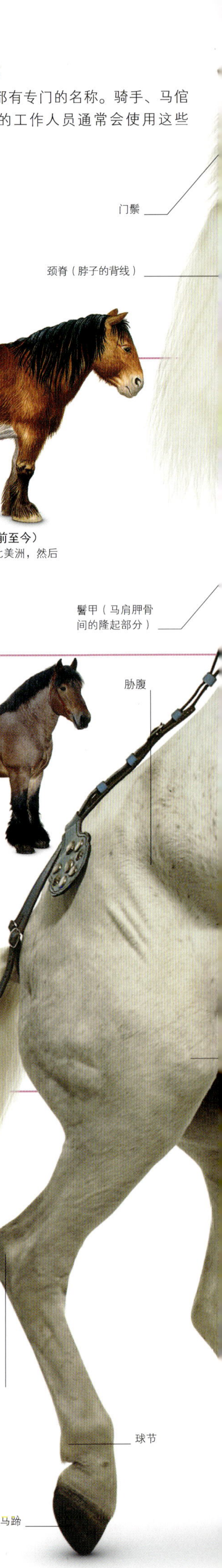

进化过程

约5500万年以前，马的先祖出现，它们同小狗一般大，与当今的马迥然不同。右图描绘了马的进化过程。

真马的进化过程发生在末次冰期。

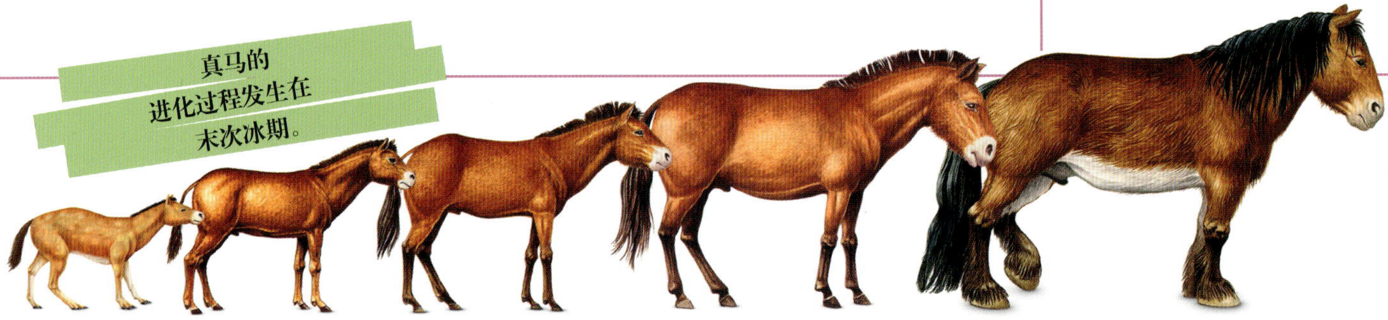

1 始祖马（5500万～4500万年前）
这种生活在森林里的小动物拥有肉趾，而不是蹄子。

2 中新马（3200万～2500万年前）
到此阶段，一些史前马开始长得高大些。

3 草原古马（1700万～1100万年前）
草原古马，大小如矮种马，生活在绿色的草原上。

4 上新马（1200万～600万年前）
上新马与我们今天所见的马非常相像。

5 真马（500万年前至今）
真马首先出现在北美洲，然后散布到世界各地。

重型马

重型马，又称挽马、役用马，体形较大，身体健硕，主要用于驮拉沉重的货物。以前，重型马大多用来做农活，现在它们主要用于表演和比赛等。

夏尔马

克莱兹代尔马

普瓦图马

阿登纳斯马

佩尔什马

诺曼柯伯马

萨福克矮马

日德兰马

轻型马

与重型马相比，轻型马体形较小，力量较弱，广泛用于休闲骑射和一些运动中，如赛马、马术比赛、马车赛等。

纯血马

安达卢西亚马

阿拉伯马

丹麦温血马

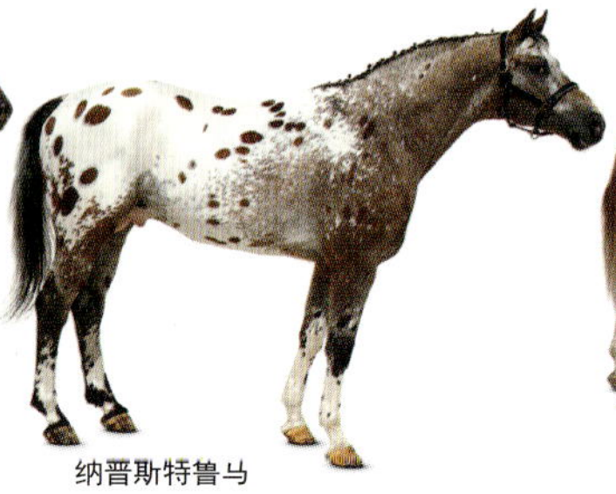
纳普斯特鲁马

卡拉巴赫马

阿帕卢萨马

马如何看见东西呢?

作为被捕食者，马需要及时发现危险。马头部两侧的眼睛几乎可以让它们看到周围全部的事物。

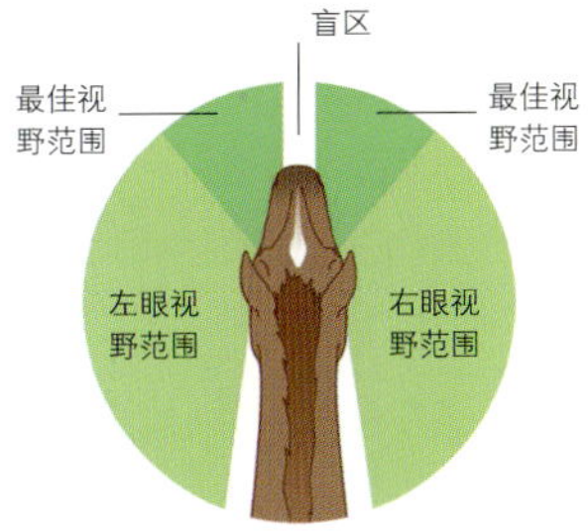

腿部斑纹

通常而言，马的腿部有一个或多个白色斑纹。这些斑纹都有不同名称，而具体名称取决于斑纹延伸到腿部上面多高的位置。

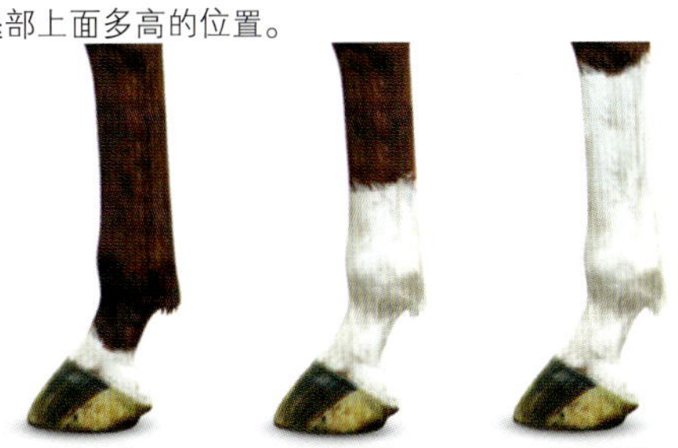

马的高度

一般而言，马的高度以“手”为单位进行测量。1 手等于 10.2 厘米，长度约为人类手掌的宽度。

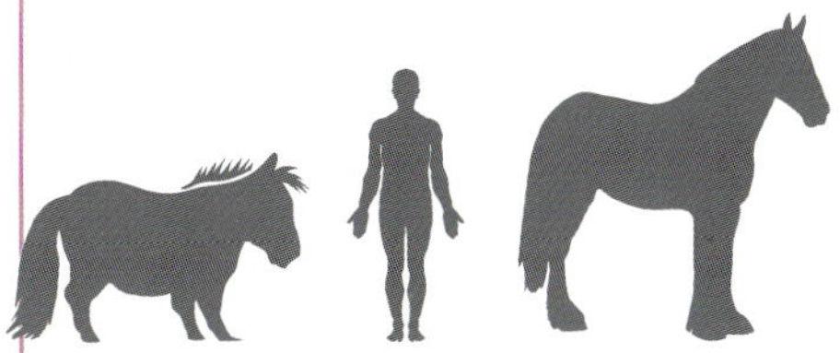

头部斑纹

马头部的白色斑纹是非常常见的，同时还伴有许多毛色。斑纹样式不同，其名称也各异。

毛色

马会有许多不同的毛色和斑纹。马鬃和马尾的颜色通常有别于马身的颜色。

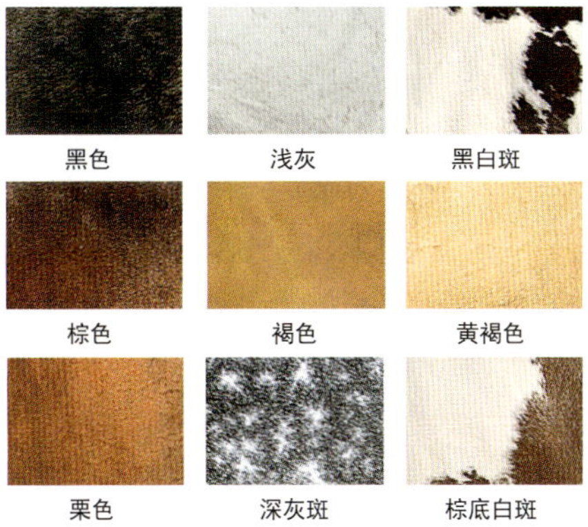

矮种马

矮种马是一类小型马。当它们站起来时，从其背脊最高处测量，它们的高度不超过 147 厘米，约 14.4 手。矮种马有许多品种，生长于不同国家和地区。

近亲

家马有一些近亲，包括许多不同种类的驴和斑马。现今，只有一种野马仍存活着，即亚洲的普氏野马。

鹅和鸭

人们饲养鹅和鸭这些家禽主要是为了产肉或蛋，有时也用它们柔软的绒毛制作床上用品或衣服。鹅，体形大，嗓门也大，对任何可疑事物都非常警惕，所以它们是出色的“门卫”。

卡基康贝尔鸭

疣鼻栖鸭

北京鸭

印度跑鸭

爱滕鹅

土鲁斯鹅

鸡

在全世界范围内，人们每年饲养上百亿只鸡。有些鸡用于为人类提供鸡肉，有些用于为人类提供鸡蛋。

北京矮脚鸡

婆罗门鸡

浅黄奥平顿鸡

马兰鸡

浅花苏赛斯鸡

金边怀安多特鸡

家畜

家畜的祖先曾是野生动物，但现在它们却被饲养在农场里，为人类提供食物或原料。有些农场专门饲养一种动物，如奶牛、猪、鸡等，而有些农场会饲养多种家畜。

灰脸达特穆尔绵羊

牛

牛的种类繁多，有些牛养来产奶，而有些则产肉。经过上千年的细心培育，家牛长得一点也不像它们的祖先野牛了。

棕色德克斯特牛

黑白花乳牛

赫里福德牛

高地牛

荷斯坦奶牛

长角牛

娟姗牛

绵羊

绵羊通常比其他多数家畜拥有更多的走动自由。有时，驯养绵羊的数量巨大，或为获取羊肉，或为获取羊毛。此外，有些品种的绵羊每年都需要修剪其厚厚的羊毛。

科茨沃尔德绵羊

林肯长毛羊

温斯利代尔长毛羊

特克塞尔杂交绵羊

赫布里底绵羊

雅各布绵羊

第一代家畜

养殖技术已发展数千年，在此过程中，人们渐渐认识到哪种动物对自己有用。此外，人们也知道了如何驯服那些较大较危险的动物，如马和骆驼。然而，人类究竟是在什么时候开始驯养家畜的呢？目前，这仍是一个谜。

山羊

山羊因其奶、肉和皮毛而大受欢迎。由于山羊比牛更易饲养，所以对于亚洲和非洲的许多小农场主而言，它们显得尤其重要。

金毛根西岛山羊

巴戈特山羊

安哥拉山羊

英国阿尔卑斯山羊

侏格米山羊

猪

大部分家猪用来生产猪肉、火腿和培根。目前，中国是世界上家猪数量最多的国家。

英国白肩猪

格洛斯特郡花猪

大黑猪

皮特兰猪

大白猪

其他家畜

有些国家几乎没有牛，所以驴和骆驼被作为主要奶源。通常，一些农场不会饲养大型动物来获取肉，而是选择饲养像豚鼠和兔这样的小型动物。现今，火鸡成为流行的鸡肉替代品。同时，人们饲养鹌鹑来获取肉和蛋，饲养羊驼和美洲驼来获取细毛。

驴

鹌鹑

豚鼠

兔

火鸡

一只蜜蜂会一次性采摘 100 多朵花来收集花粉和花蜜。

蜂

现今，许多人为了乐趣而养蜂，但养蜂其实也是一种农业经营活动。有些养蜂者照看上百个蜂箱，并将蜂蜜和蜂蜡卖给一些超市等大客户。

赫德威克绵羊

马恩岛绵羊

双峰驼

羊驼

大羊驼

森林

地球上约 30% 的土地被森林所覆盖，这些大面积的树木形成了浓密的林冠，减少了到达地球表面的太阳辐射。气候不同，森林里树木的种类也不同，但各种类型的森林都是动植物生活的家园。

森林分布在哪里呢?

森林分布在气候温暖、雨水充足的区域，这样才能供养大量的树木。其实，这就意味着不同类型的森林可以生长在各个大洲（南极洲除外）。从赤道附近炽热的热带雨林到靠近极地寒冷多雪的针叶林，森林类型多种多样。

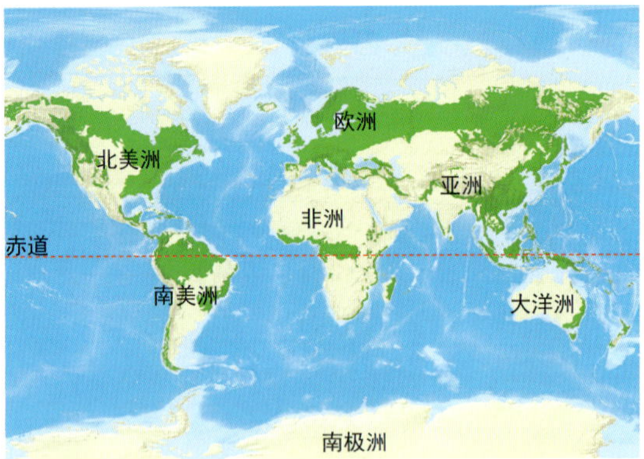

森林的种类

有些森林里生长着许多不同种类的树木，而有些则主要被同一种树木所覆盖。在一些地区，树木需要拥有特殊的适应能力，才可以在寒冷、炎热、干旱、潮湿的环境中生存下来。

硬叶常绿林
这种森林主要分布在夏季炎热干燥、冬季温和湿润的地中海气候区域。在此条件下，树木终年常绿。

温带落叶林
落叶树有薄薄且宽大的叶子。夏季，叶子可以通过光合作用，为树木提供养料。冬季，天气寒冷，阳光稀薄，树叶枯黄凋落。

北方针叶林
在严寒地区，夏季过于短暂，不适合落叶树木生长。因此，北方树木多为针叶树种，其厚厚的针状叶子，可抵御严寒。

生态多样性

每个天然森林里都生长着各种各样的树木以及其他植物，并为许多动物提供了栖息地。在那些寒冬和酷暑交替的地区，许多树木会在冬季落叶。为了求得生存，动物们或冬眠或迁徙到温暖地区。春季来临，万物生长，森林里会生养大量昆虫，它们会成为鸟类及其他动物的食物。

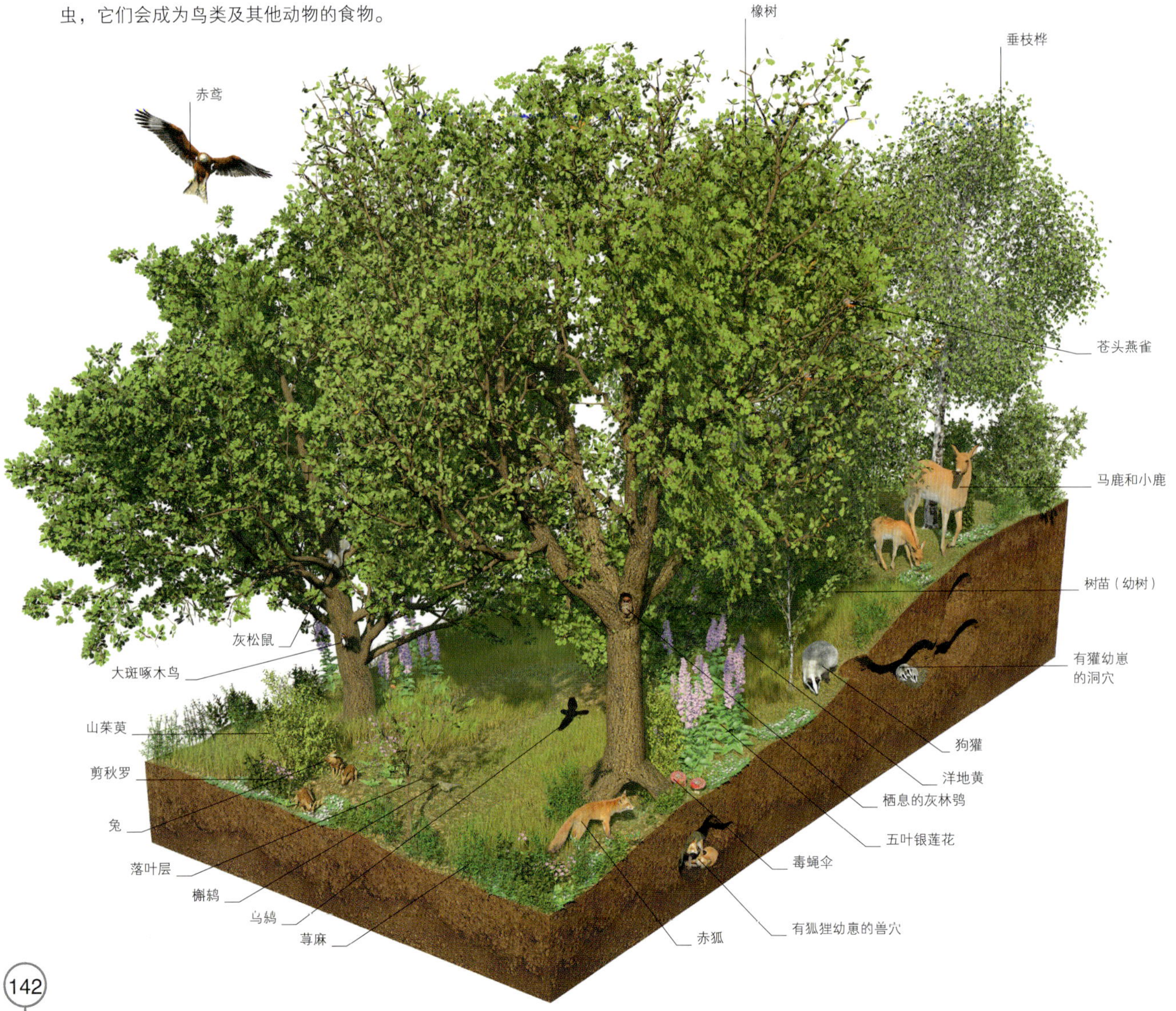

哺乳动物

森林里许多哺乳动物以树叶、浆果、坚果和种子为食。像蝙蝠这样的哺乳动物会捕食昆虫。通常，小型哺乳动物会成为狐狸等大型猎食者的捕食对象。同时，一些森林里生活着许多狼群。

北美水貂

狗獾

刺猬

浣熊

石貂

条纹臭鼬

鸟

对于要经历寒冷冬季的森林，许多鸟只会在夏季来访，它们从更加温暖的地区飞过来，在森林里筑巢、哺育下一代，等到冬季来临前再飞走。当然，也有一些鸟会长年生活在森林里。

煤山雀

仓鸮

欧亚鸲

植物

许多不同种类的树木生长在森林里，它们可以为较小的喜阴植物提供庇护。在春季的落叶林中，趁着树木新生的叶子还无法完全遮住阳光，一些低矮植物开出了花。

苔藓

夏栎

蒙彼利埃枫树

睡鼠　堤岸田鼠　欧亚野猪　褐山蝠　梅花鹿　考拉　赤狐　欧亚猞猁　狍　小熊猫　郊狼　狼　棕熊

红嘴蓝鹊　雀鹰　乌鸫　红交嘴雀　绿啄木鸟　红腹灰雀　棕腹鱼狗　苍鹰　林鸳鸯　鸳鸯

无脊椎动物

森林里的动物多为昆虫、蜘蛛、蜗牛、蠕虫以及其他无脊椎动物。夏季，它们生机盎然，而到冬季，大部分蛰伏起来或死去。

柳紫闪蛱蝶

瓢虫　红褐林蚁　大杨透翅蛾　锹甲　普通黄胡蜂

蒲公英　荨麻　铁角蕨　蹄盖蕨　延龄草　五叶银莲花　蓝铃花　酢浆草

山毛榉　桉树　欧洲山杨　扭叶松　欧洲赤松　雪松

真菌和地衣

枯叶和其他植物残留物会被蘑菇及其他真菌再利用。蘑菇等真菌可以分解植物组织，将其转化成植物所需的肥料。地衣是真菌的近亲，可以自给自足。

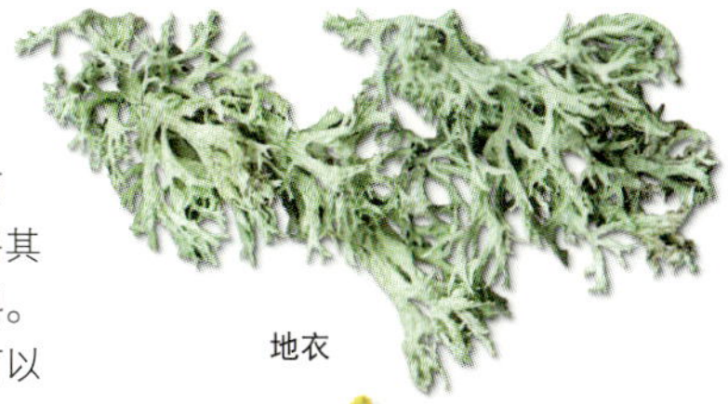

地衣

蘑菇

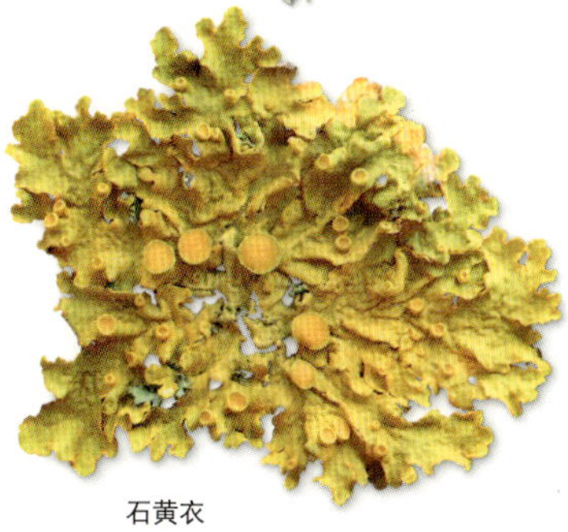

石黄衣

露生层

雨林呈垂直分层结构，因此，动物可以在不同的高度生活。高耸在整个雨林之上的巨高树木形成了最高的层，即露生层，这些参天树木是鸟类栖息的好地方。

日光量

角雕
生活在从北美洲墨西哥到南美洲的雨林中

蓝闪蝶
生活在中美洲和南美洲

金刚鹦鹉
生活在从北美洲墨西哥到南美洲的雨林中

短尾鹦鹉
生活在东南亚

石斛兰
生长在东南亚

林冠层

大部分雨林树木拥有宽大的树冠，这样形成了一个连贯的树枝层，即林冠层。树冠高高地笼罩着森林地面层。林冠层也生活着许多动植物。

日光量

辉绿蜂鸟
生活在南美洲

白喉巨嘴鸟
生活在南美洲

非洲灰鹦鹉
生活在非洲西部和中部

钴蓝箭毒蛙
生活在南美洲

红眼树蛙
生活在中美洲

绿树蟒
生活在新几内亚岛、澳大利亚

槲寄生
生长在中美洲

林下层

在林冠层下面，有一层较小的乔木和灌木，它们能够在高大树木的荫庇下生长。林下层中生活着各种各样的昆虫、壁虎和树栖蛇类。

日光量

无尾肩章果蝠
生活在非洲西部和中部

褶虎
生活在东南亚

国王变色龙
生活在马达加斯加岛

丽色极乐鸟
生活在巴布亚新几内亚

翡翠树蚺
生活在南美洲

黑猩猩
生活在非洲西部和中部

地面层

很少的光照透过繁茂的枝叶到达地面层，这使得除了一些空旷地带，几乎没有植物生长于此。然而，掉下来的果实和种子喂养着许多小动物，而小动物又被美洲豹等捕食者猎食。

日光量

虎斑蜈蚣
生活在东南亚

金甲虫
生活在南美洲

西部大猩猩
生活在非洲中部

帝王蝎
生活在非洲

大花草
生长在东南亚

眼镜王蛇
生活在南亚和东南亚

山魈
生活在非洲中部

河流

阳光普照的河岸边长满了浓密的植被。在雨季，一些河流河水涨高，有时甚至导致河水泛滥，周围的大面积森林被淹没。

日光量

玛塔玛塔龟
生活在南美洲

食人鲳
生活在南美洲

水豚
生活在南美洲

尼罗鳄
生活在非洲

马达加斯加番茄蛙
生活在马达加斯加岛

雨林

雨林分布在终年温暖湿润的地区，因此树木及其他植物可以全年生长、开花、结果。同时，雨林中的树木可以为各种动物提供栖息地和食物，所以雨林中的动物数量和种类多得惊人，比地球上其他任何生态系统都要多。

吸血蝠
生活在从北美洲墨西哥到南美洲的热带地区

巴西栗树
生长在南美洲

美洲木棉
生长在非洲西部、中美洲和南美洲

马来大狐蝠
生活在东南亚

黑蜘蛛猴
生活在南美洲

东非黑白疣猴
生活在非洲

蜜熊
生活在从北美洲墨西哥到南美洲的热带地区

孔雀石蝶
生活在从北美洲到南美洲的热带地区

白带螯蛱蝶
生活在南亚

戴帽长臂猿
生活在东南亚

眼树莲
生长在东南亚、澳大利亚

雨林分布在哪里呢？

热带雨林集中分布在赤道附近，因为赤道地区的气候终年高温多雨，没有寒冷的冬季或干燥的夏季。中美洲、南美洲、非洲中部、东南亚和新几内亚岛是热带雨林面积最为广大的地区，澳大利亚北部、马达加斯加和印度也分布有一些较小的雨林斑块。

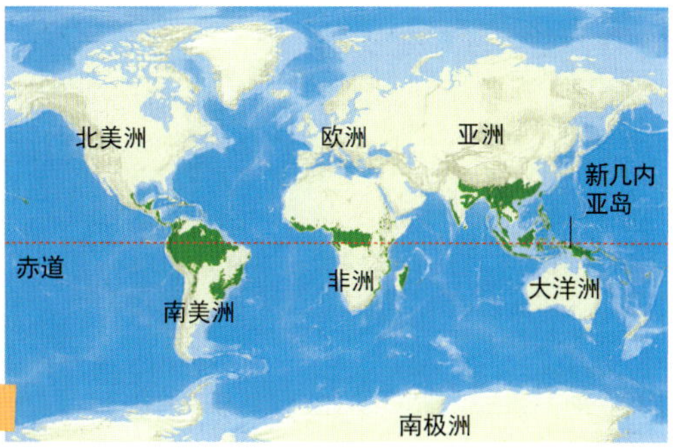

亚马孙热带雨林是世界上最大的雨林。

红带袖蝶
生活在中美洲和南美洲

猪笼草
生长在东南亚、澳大利亚

南美浣熊
生活在南美洲

巨扁竹节虫
生活在东南亚

凤梨
生长在从北美洲墨西哥到南美洲的热带地区

可可树
生长在中美洲和南美洲

大食蚁兽
生活在中美洲和南美洲

美洲豹
生活在中美洲和南美洲

森蚺
生活在南美洲和特立尼达岛

美洲红鹮
生活在南美洲和加勒比地区

雨林中的致命生物

雨林中有许多危险的动物和植物。下面列了一些雨林中最致命的生物。

- **箭毒蛙**
  这类小型但颜色艳丽的蛙来自美洲的热带地区，它们可以通过皮肤释放毒液。

草莓箭毒蛙

- **加蓬蝰蛇**
  这种毒蛇身体笨重，常藏匿于非洲雨林的地面上，伺机而动。
- **各种有毒植物**
  箭毒是从多种南美洲植物中提取出来的毒液。人们通常将箭毒涂在箭头顶端，用于打猎。

加蓬蝰蛇

- **巴西漫游蜘蛛**
  这种毒蛛体形较大、四肢较长，毒性极强，是世界上最致命的蜘蛛之一。
- **子弹蚁**
  子弹蚁源于中美洲和南美洲地区，体形巨大。被它蜇后会感到非常疼痛，有人形容被蜇的感觉——仿佛是被子弹射中一般。

雨林的种类

雨林的种类取决于它生长的环境。参天树木生长在温暖的低地，而较小的树木等多种植物生长在气候较凉爽的山区高地里。

低地雨林
低地雨林，气候温暖湿润，拥有数量最多的动植物，且物种也最为丰富。

云雾林
山地森林经常云雾缭绕，树木表皮通常较湿润，长满了苔藓。

洪溢雨林
每年，河流沿岸的森林都会被洪水淹没。河水环绕着树木，里面还游荡着鱼和水龟。

消失的雨林

目前，世界上有至少一半的雨林已经被砍伐，或用作木材，或开辟农场。据估计，每秒钟，一块足球场大小的雨林就会被砍伐掉。如果人类一直这样砍伐下去，雨林终有一天会消失。

农业
砍伐树木，留出的土地用来种植庄稼。有些庄稼可以用于生产汽车所需的燃料。

养牛场
汉堡里的牛肉是由农场生产的，而农场的大片土地原本是雨林。

伐木
人们破坏雨林、砍伐树木是为了获取珍贵的木材，它们远销世界各地。

采矿
人们从森林中的巨大矿井里开采矿产资源，如铜。这些活动会污染河流。

稀树草原

有些热带地区尤其干旱，不适合茂密雨林的生长，但可以供养开阔的草地，草地上偶有树木零星点缀，人们称这样的地方为稀树草原。热带湿润季节，稀树草原苍翠繁茂、郁郁葱葱。然而，半年后，草原则变得燥热、干旱，仿佛被野火灼烧似的。

稀树草原分布在哪里呢？

稀树草原分布在赤道附近的温暖地区，这些地区拥有较长的干旱时节。稀树草原主要分布在非洲，还有一些分布在南美洲、印度和澳大利亚北部地区。

处于危险中

稀树草原上的野生动植物遭受许多威胁，如偷猎者的捕杀、栖息地的破坏、农耕活动、气候变化等。

猎杀
象、犀牛、羚羊等草原动物遭受非法猎杀。现今，一些物种已濒临灭绝。如果非法狩猎一直持续下去，这些物种必将灭绝。

过度放牧
许多牧民在草原上养殖牛羊。如果动物数量过多，野生植物将被吃尽，那时草原将变成贫瘠的沙漠。

农耕
越来越多的草原正被开垦成耕地。现在，南美洲近一半的热带草原已被开垦为耕地，种上了玉米等庄稼。

水源流失
农田里的庄稼需要定期灌溉才可以在热带干旱的季节里存活下来，而灌溉水源取自天然水源，那么就没有足够的水留给野生动植物。

气候变化
全球气候变化会导致更多的草地退化为沙漠，同时也将造成一些雨林地区越来越干旱，变成草原。

食草动物

稀树草原上的植物为各种动物提供食物。有些食草动物主要以树木的叶子为食；有些食草动物主要以草为食，并经常集群生活。

葛氏瞪羚　黑斑羚　鸸鹋　河马

遍布全球

许多热带草原比较干旱，只有少许树木。然而，有些草原树木较为茂盛，有时会被季节性降雨所淹没。此外，有些草原上的植物已适应了高山环境。

矮草大草原
东非的塞伦盖蒂草原水草丰茂，偶有树木点缀其中。

多树大草原
澳大利亚的多树大草原更像是广阔的林地。

洪溢大草原
南美洲的大草原常在雨季被淹没。

山地大草原
在树线之上，山地大草原的气温比矮草大草原要凉爽得多。

食肉动物和食腐动物

像狮这样强壮的猎手会捕食较大的食草动物。有些动物，如大食蚁兽，会捕食昆虫。食腐动物则以动物的尸体残骸为食。

黑美洲鹫

薮猫　狮

非洲稀树草原上的生命

在数月降水稀少的情况下，非洲稀树草原上的动植物仍可以存活下来。许多植物能够避免流失过多的水分，动物也知道在哪里可以找到救命的饮用水源。

在干旱季节，非洲稀树草原上的降水量只有100毫米左右。

爬行动物、两栖动物和昆虫

稀树草原的草地上生活着大量的昆虫，如白蚁、舌蝇和蜣螂，还有许多其他物种，如蛙、蜥蜴和蛇等。

非洲岩蟒

尼罗巨蜥

南美泽鹿

角马

东部灰大袋鼠

长颈鹿

非洲草原象

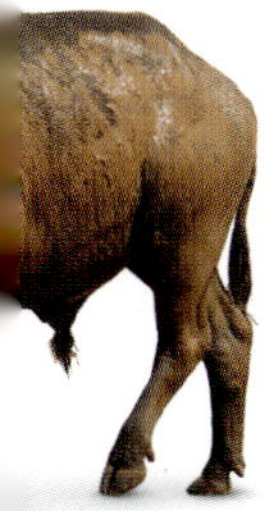
非洲野水牛

白犀

水豚

非洲白背兀鹫

大食蚁兽

鬃狼

非洲野犬

美洲豹

斑鬣狗

斑鬣狗以大团体形式生活，由雌性斑鬣狗领导。

白蚁

舌蝇

蜣螂

非洲牛蛙

海蟾蜍

平原巨蜥

非洲食卵蛇

豹纹陆龟

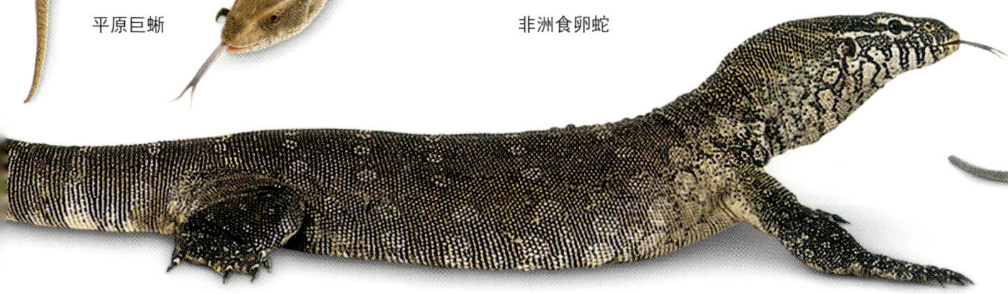

飞蜥

植物

在干旱季节，草及其他矮小植物通过地上茎叶的枯萎凋谢而存活下来。雨季时，它们借助地下根茎或种子发芽再次生长。金合欢生命力极其顽强，可以在干旱季节存活，而猴面包树则在树干中储存大量的水分度过干旱季节。

金合欢

塔斯马尼亚蓝桉

猴面包树

沙漠

沙漠是地球上最干旱的栖息地。在沙漠中，每年的降水量通常不足 200 毫米，有的沙漠甚至不足 50 毫米。不同地理位置的沙漠有不同的特点，或燥热，或寒冷，或位于沿海，但所有沙漠终年干旱。因此，沙漠里的动植物必须能够适应缺水甚至无水的生存环境，同时它们必须承受每天巨大的温差。

沙漠分布在哪里呢？

世界上最大的几个沙漠位于非洲北部、阿拉伯半岛、澳大利亚大陆的炎热干旱地区，其他沙漠大多分布在亚洲和美洲地区，或远离海洋，或被山脉阻隔。

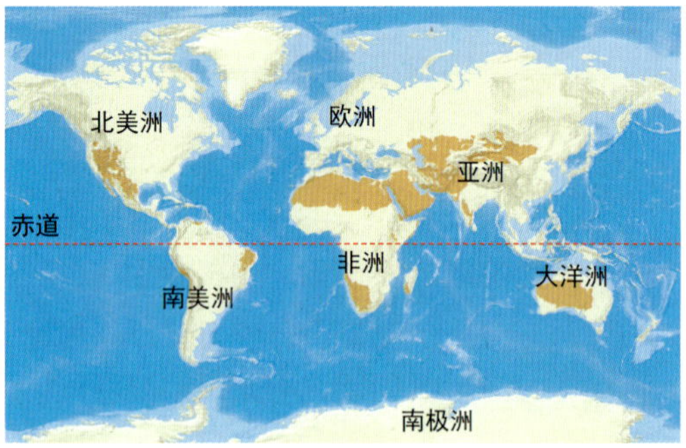

沙漠的种类

所有沙漠都有一个共同特点，即干旱。然而，它们形成的原因各不相同。大部分沙漠多沙，有些多石，少部分有雪。此外，有些沙漠并非极端干旱，会有一些植被生长。

热带沙漠

像撒哈拉沙漠这样的沙漠，高温促使水分蒸发。此类沙漠白天炎热、夜晚寒冷。同时，热带沙漠既可以是沙质的，也可以是砾质的。

高寒荒漠

许多高寒荒漠分布在远离海洋的高山或大陆内部，远比热带沙漠寒冷得多。在高寒荒漠，夏季较短，冬季多大雪。

沿海沙漠

沿海沙漠临近海洋，尽管它们可能被雾霭笼罩，但终年没有降水，十分干旱。

沙丘

沙漠风暴可以将干沙吹成沙堆，形成沙丘。当风力变弱时，被风携带的沙粒就会落地，最终沙丘的形状取决于风向和沙的质地。

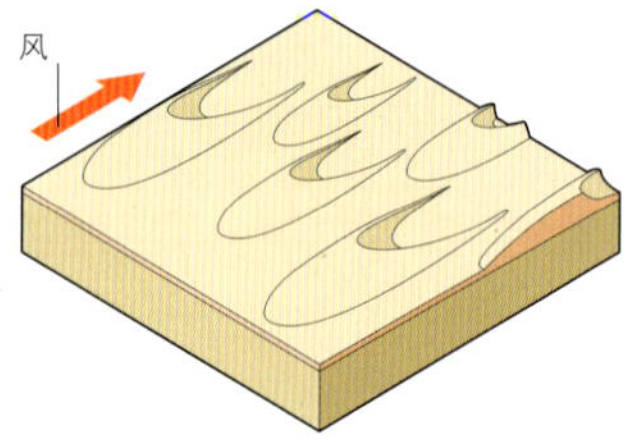

新月形沙丘

新月形沙丘边缘的沙子较少，这意味着沙丘边缘沙子移动速度较快，最终形成了独特的新月形状。

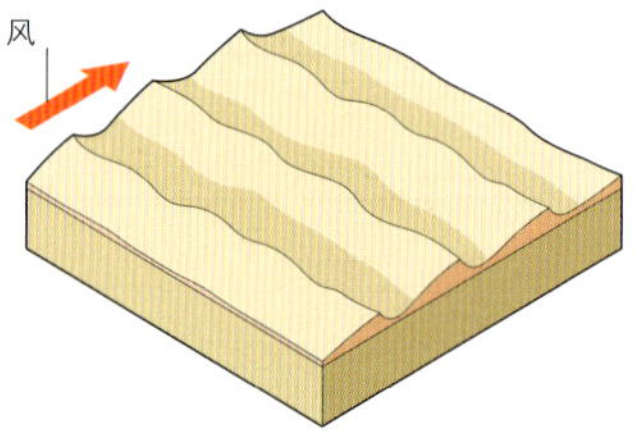

横向沙丘

持续吹的风促使沙丘形成长长的沙脊，看起来就像层层海浪一样。沙丘形态走向与风向之间的夹角大于 60° 或相互垂直。

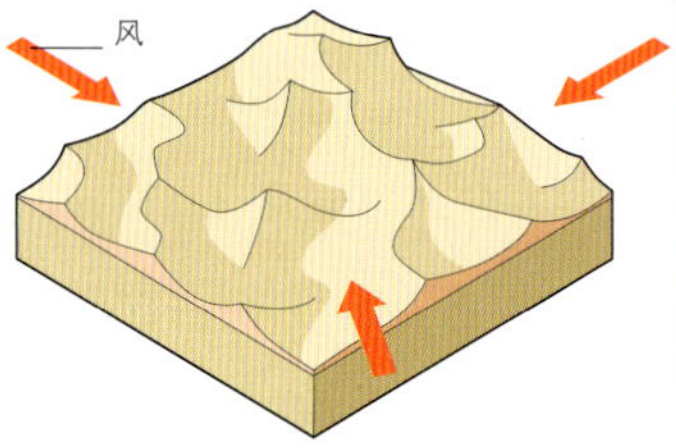

金字塔形沙丘

当风从不同方向刮来时，沙子会堆成不规则形状，这样的沙丘会堆得很大。

哺乳动物

沙漠哺乳动物多为小型动物，它们白天藏在地洞里，躲避炽热的天气。有些大型哺乳动物已经适应了干燥的气候，可以自己蓄水，如骆驼。

爬行动物

蜥蜴等爬行动物身体带鳞，能够防水，这样在沙漠烈日下它们就不会因缺水而死。许多蛇带毒，所以它们无须消耗过多的能量就可以快速杀死猎物。

植物

多数沙漠植物的根扎得或深或广，有的既深又广，从而汲取充足水分。一些植物长有像海绵似的茎，可以储备水分，如仙人掌类植物、大戟类植物等，还有一些植物以种子的形式存活，等到一场罕见的降雨后发芽生长。

鸟类

鸟类非常适应沙漠生活，因为许多鸟类可以自由飞行去寻找水源、猎物或暴雨后发芽生长起来的植物。虽然鸵鸟不能飞行，但是它们可以远距离跋涉。

走鹃

粉红凤头鹦鹉

吉拉啄木鸟

地中海隼

鸵鸟

穴小鸮

红头美洲鹫

无脊椎动物

昆虫、蜘蛛、蝎子拥有坚硬的外壳，所以它们不易缺水而死。许多无脊椎动物能够多天不进食，这种能力有助于它们在食物稀少的地方生存下来。

沙漠蝗

收获蚁

扁头泥蜂

六斑步甲

沙漠蟋蟀

拟步甲

墨西哥红膝鸟蛛

蟹蛛

伪鞭尾蝎

蝎子

沙漠中的生命

只有少数动植物能够在极其干燥的沙漠里生存。有些沙漠，如墨西哥索诺拉沙漠，每年会有少量降雨，因此那里成了众多动植物的栖息地，有微小的昆虫，也有较大的猎手，如郊狼。然而，也有一些沙漠，如阿塔卡马沙漠，终年无降雨。

降雨过后，沙漠中万物复苏，许多植物欣欣向荣。

极地

寒季，寒冷的极地地区几乎没有日照。暖季，海洋生命盎然，供养着大量的鱼及其他动物。相比而言，北极地区生活着许多陆生动物，而南极陆地上生活的物种并不多样。

极地季节

由于地球的自转，形成了昼夜交替现象。然而，由于地轴保持倾斜，极地地区在寒季时会出现极夜，在暖季时会出现极昼。

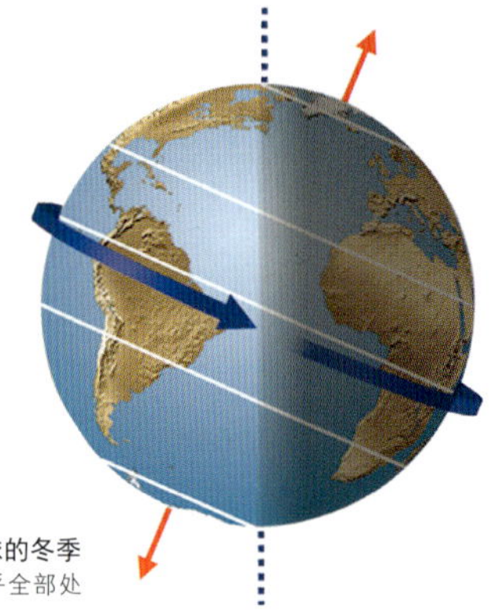

北半球的冬季
12 月，北极地区几乎全部处于持续的黑暗之中。

食物网

在南极地区，几乎所有的动物都从海洋中觅食。微小的浮游植物被成群的磷虾所食，而磷虾又成为须鲸、海豹、企鹅和鸟的食物。海豹和鸟捕食鱼，而虎鲸是北极顶级的捕食者，会吃掉任何可以捕捉到的食物。

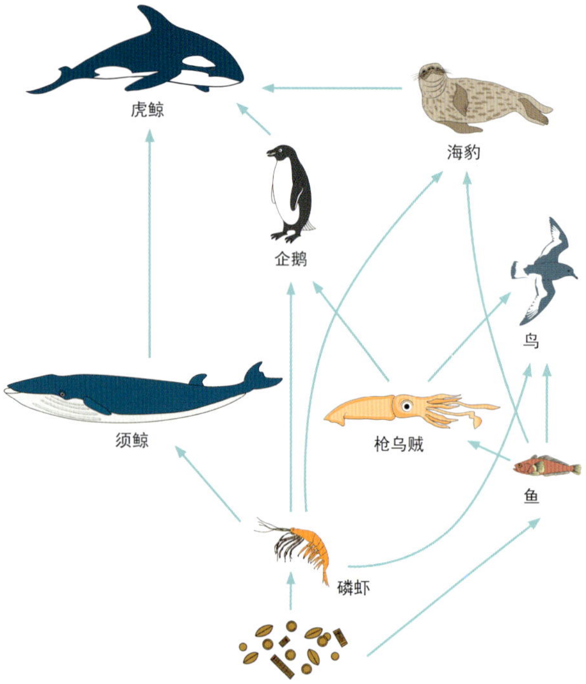

陆生哺乳动物

北极地区有许多陆生哺乳动物。有些哺乳动物只在暖季迁徙到北极，而有些哺乳动物长年生活在北极，如麝牛。

北极熊主要在海冰上活动。

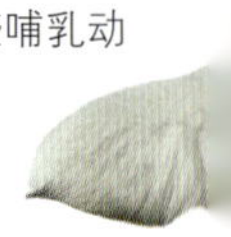

北极兔

斑颈鼠兔

雪靴兔

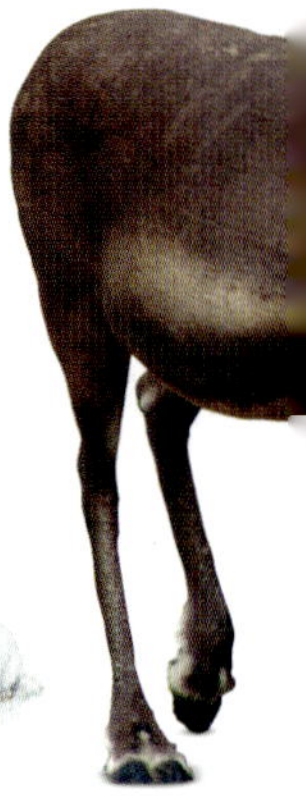

白鼬

北极旅鼠

极地栖息地分布在哪里呢？

极地地区包括北冰洋及其周围的陆地、南极洲及其周围的海洋。寒季，极地地区的大部分海洋都会结冰。

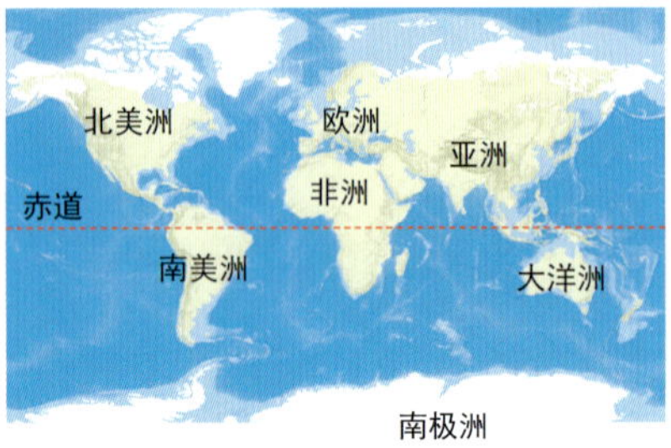

极地地区

地球有南北两极，北极地区位于地球的最北端，南极地区位于地球的最南端。

北极
北极是一片冰封的海洋，四周陆地环绕。动物可在陆地上生活。

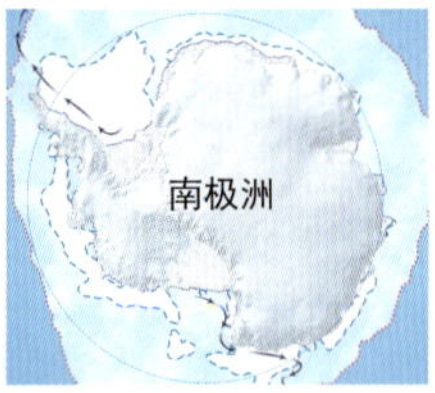

南极
南极是一片寒冷的大陆，其中多数生物生活在海洋中。

海洋生物

较大的鲸在极地海洋中巡游，它们捕食大量的磷虾和鱼。同时，较小的鲸和海豹捕食鱼、枪乌贼和贝类。

北露脊鲸

北极生物

与南极相比，北极生物更加多样化，因为许多陆生动物生活在北极。此外，北极海洋也有更加丰富的食物和海洋生物。

鸟

许多鸟在北极上空翱翔。在南极，有些鸟在海洋中觅食，如企鹅。

信天翁

雪鸮

游隼

北极狐

狼獾

北极狼

驯鹿

麝牛

北极熊

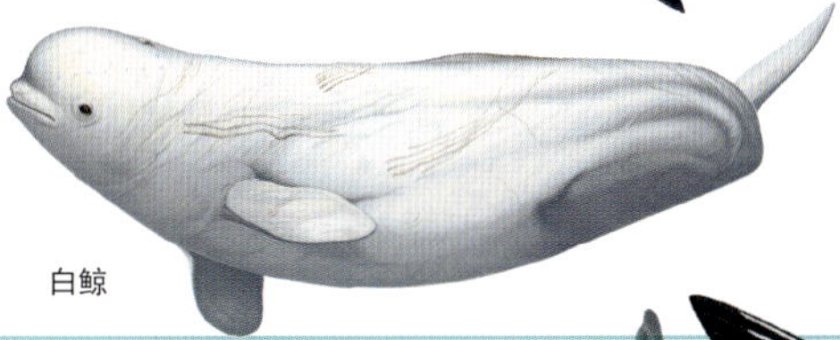
白鲸

虎鲸

髯海豹

豹形海豹

海象

竖琴海豹

一角鲸

格陵兰睡鲨

北极燕鸥

北极贼鸥

南极贼鸥

美洲金斑鸻

小海雀

角嘴海雀

岩雷鸟

雪鹀

白头海雕

加拿大雁

王企鹅

植物

只有生命力极强的植物才能在极地异常寒冷的寒季存活下来，这样的植物大多低矮，可以躲避风暴，所以极地地区没有高大的树木。暖季到来时，北极万物迅速复苏，以充分利用短暂的光热。

羊胡子草

北极柳

北极罂粟

白头翁

透光层

在海洋表面，阳光可以穿过，提供重要能源，促进漂浮在水面的微小生物生长。海藻是成群的小型动物的食物，而小型动物又被鱼和其他海洋生物捕食。

弱光层

在 200 米以下的海水中，只有微弱的蓝光穿过，而需要光照的海藻不能在此生存，所以此区域没有足够的食物供养小型动物。同时，较大动物之间相互捕杀。

无光层

在 1000 多米以下的海水中，除了发光动物产生的神秘光线之外，海水一片黑暗。因此，此区域生命稀少，但是一些深海潜水器会从水面潜入此区域观测。

深渊带

深渊带深至水下 6000 米，是无光层的最深层部分，也包括海底部分。在此区域，多数动物以枯死的海藻和从上层落下的残屑为食。

深渊带黑暗寒冷，有较高的水压，甚至可以挤压死一个人。

海洋

海洋为地球野生动物提供了最大的栖息地。大部分生物生活在阳光明媚的海洋表层，尤其是那些靠近陆地的浅水区域，因为那里富含食物。然而，有些生物能够在深海中生活，即使那里没有阳光，食物也比较匮乏。

海洋分布在哪里呢?

相互连通的四大洋覆盖了整个地球表面的71%。其中，最大的洋为太平洋，最小的洋为位于北极的北冰洋。大西洋贯穿南北，从北极一路延伸至南极洲附近。所有的海洋，无论寒冷还是温暖，都富含各种生物。

动物关系

海洋中充满了危险，因此有些动物成群生活，提高它们生存的可能性，而有些动物尾随较大动物，从而尽情享用大型动物留下的食物残屑。

眼斑双锯鱼和海葵 海葵的触手带刺，但丝毫不会伤害眼斑双锯鱼，反而保护它们免遭捕食者捕获。

蝠鲼和鮣鱼 鮣鱼头部的吸盘使其能够依附在较大鱼身上，如图中的蝠鲼。当蝠鲼在海洋中巡游的时候，许多鮣鱼附着在它们身上。

拳击蟹和海葵 这种热带小蟹用每个蟹钳抓住一只带刺的海葵，这样它们便可以用海葵进行防御或捕捉食物。

鱼群

在开阔的水域，许多鱼成群结队地游行。有的鱼群有上万条鱼，这样的群居方式使得较大捕食者（如鲨鱼）很难锁定单一目标。

超深渊带

在一些地方，深海海沟比海底还要深。有些动物生活在此区域，但人类对它们知之甚少。

高体金眼鲷

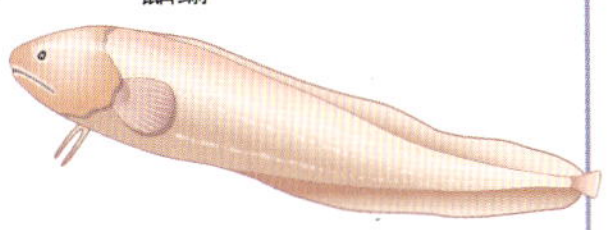

鼬鳚

鮟鱇

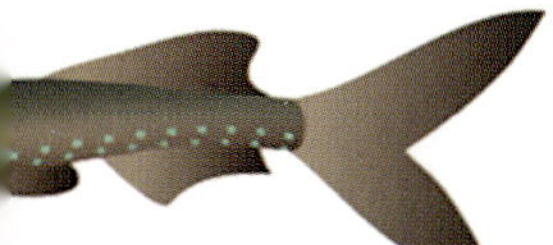

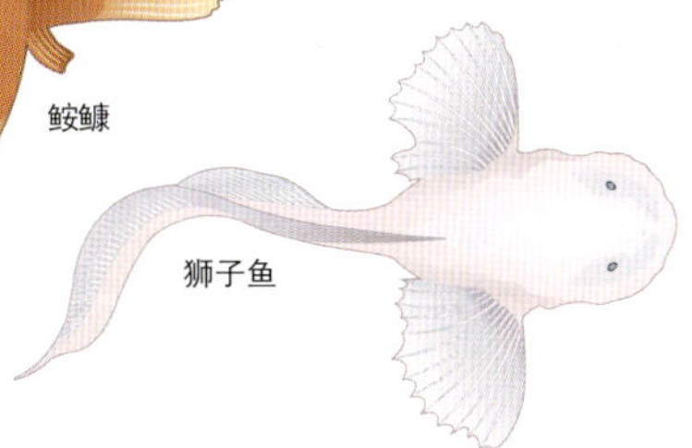

狮子鱼

日光量

海底黑烟囱

在一些深海区域，海水会渗入洋底，被炽热的岩浆加热，溶解周围岩石中的矿物质。被加热的海水在洋底形成一股热泉，不断地喷发，宛如“烟”一般。当被加热的海水与冰冷的海水相遇时，矿物质转化成固态颗粒，渐渐沉淀堆积起来，形成“烟囱”，其高度可达55米。令人惊奇的是，在这种极其炽热的环境中，一些独特的生物仍可以生存，如管虫。

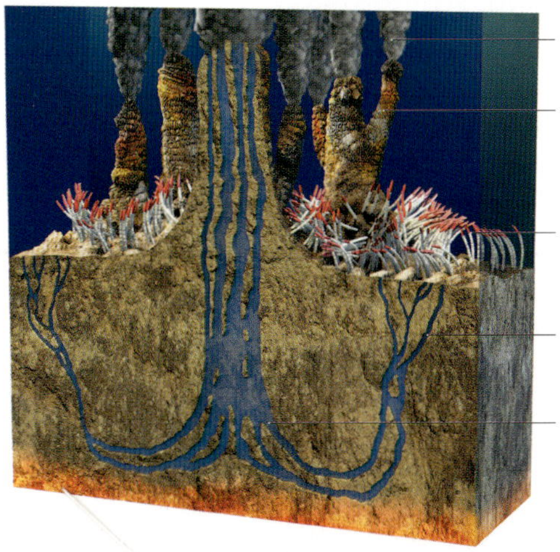

珊瑚礁

热带珊瑚礁是水下栖息地中最为复杂的一个，它由低等生物——珊瑚虫构成。珊瑚虫喜群居，拥有较硬的石灰质骨骼。这些珊瑚群落为大量海洋生物提供了栖息地，其中包括各种鱼和无脊椎动物。

珊瑚礁分布在哪里呢？

珊瑚礁一般生长在热带海岸较为干净、温暖的浅水区域，大多分布在太平洋西部和印度洋。

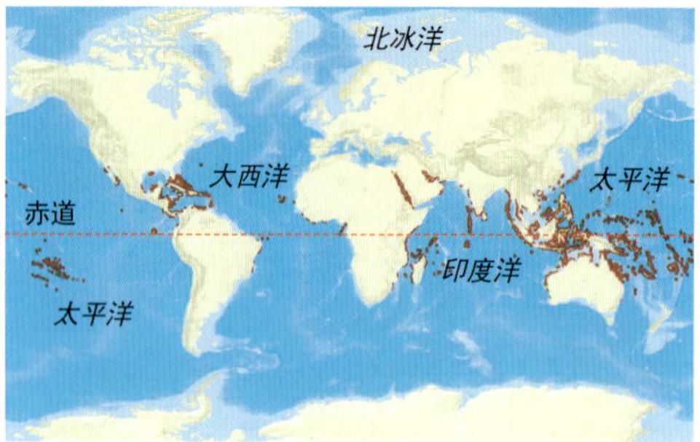

珊瑚礁类型

许多珊瑚礁环绕海岛而生，在浅水区形成岸礁。如果海岛为一座死火山，它会逐渐下沉，然而珊瑚礁会持续生长，这样就形成了堡礁。最终，海岛沉入海底，消失不见，留下一片环礁。

岸礁
此热带火山岛被岸礁环绕。死火山慢慢地下沉。

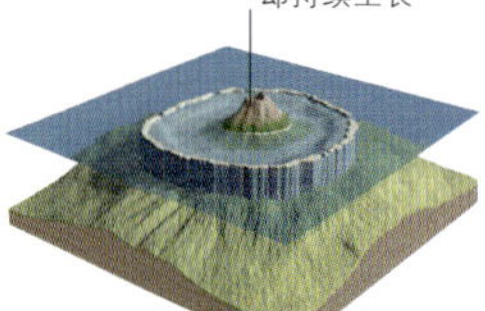

堡礁
在海岛一直下沉的过程中，珊瑚礁不断向上生长，从而在环形潟湖中形成堡礁。

环礁
原海岛下沉至水面以下，留下呈环状分布的珊瑚礁，即环礁。

珊瑚礁中的生物

造礁珊瑚虫有刺细胞，可以用来捕获食物。一些微小的藻类生长在珊瑚礁内，这样珊瑚虫可以获取这些藻类产生的糖。作为回报，珊瑚礁为藻类提供了一个安全的生存环境。此外，珊瑚礁也为许多其他生物提供食物，与珊瑚虫一起生活在珊瑚礁的生物有色彩斑斓的鱼、海星、虾、蟹，甚至还有海蛇。

大型“访问者”

珊瑚礁上的生物会吸引大型捕食者，如鞍带石斑鱼、鲨鱼和海豚。这些大型捕食者通常在珊瑚间的深层通道中捕食。海龟偶尔也会在海边由珊瑚碎屑堆积成的沙滩中产卵。

虎鲨

钝吻真鲨

鞍带石斑鱼

珊瑚礁鱼类

珊瑚礁水域中生活着各种小型鱼类，因为它们可以在浅滩嬉游。有些鱼居住于礁石的裂缝里，周围环境安全时就会溜出去捕食。它们大部分以小型低等动物为食，有的也会吃海草。

刺鲀

拟刺尾鲷

丝鳍线塘鳢

蝠鲼

珊瑚礁中的无脊椎动物

与珊瑚虫一样，许多无脊椎动物也生活在珊瑚礁中。海绵、海鞘、蛤会通过过滤海水获取食物，而海蛞蝓、虾、蟹会吃食物残屑，也会捕食活的生物。

红色清洁虾

库氏砗磲

珊瑚

珊瑚礁由各种不同种类的珊瑚构成，包括片脑纹珊瑚、鹿角珊瑚和扇形珊瑚等。而珊瑚是由成千上万的珊瑚虫彼此粘连，聚居而成。

蘑菇珊瑚

片脑纹珊瑚

侏儒海马是世界上速度最慢的鱼，它的最高时速仅为 1.5 米。

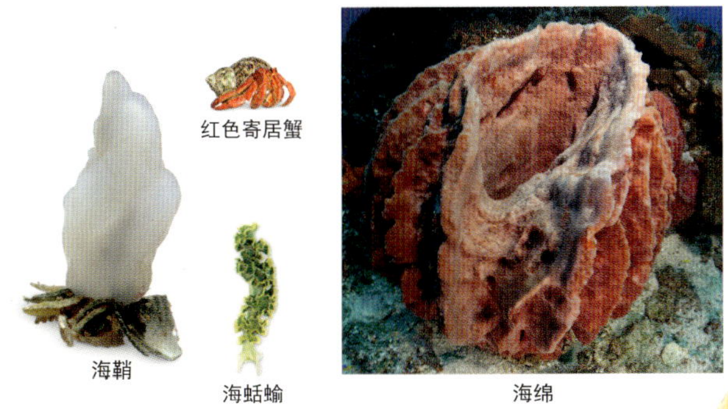

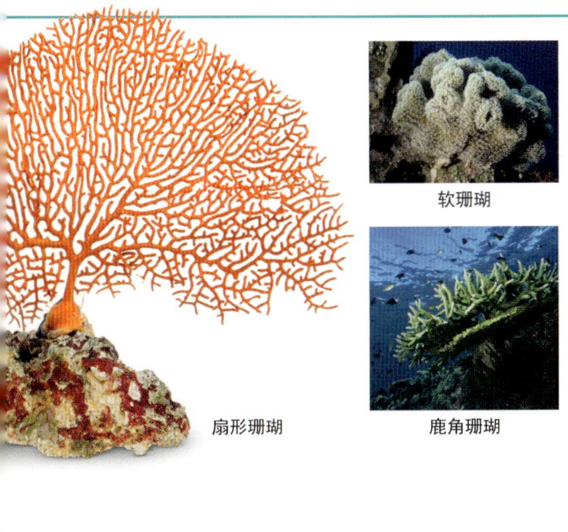

珊瑚礁
珊瑚虫在枯死珊瑚的石灰质残骸上面生长，从而渐渐地筑起珊瑚礁。

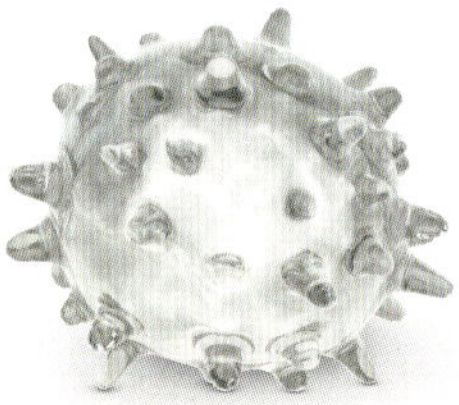

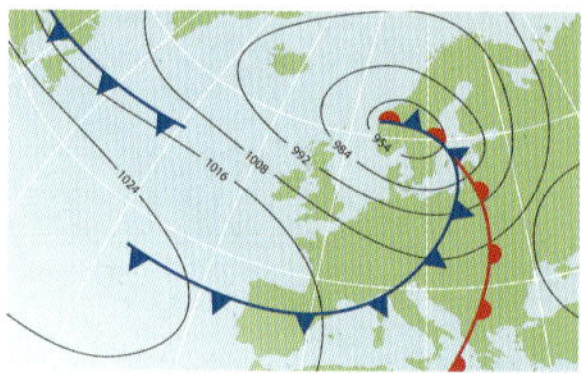

地 理

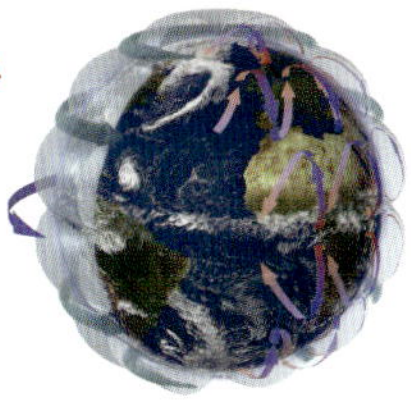

地球

地球大约形成于 46 亿年前，是迄今为止人类已知的唯一具有生命的星球。可供呼吸的空气、浩瀚海洋中的液态水以及广阔无垠的陆地孕育了地球上丰富多彩的生物。

地磁场

因为地核中含有大量的铁，所以地球就像一根巨大的带有正负极的磁力棒。当地球自转时，外核的熔融金属也会随之流动发生摩擦，继而产生强烈的磁场。

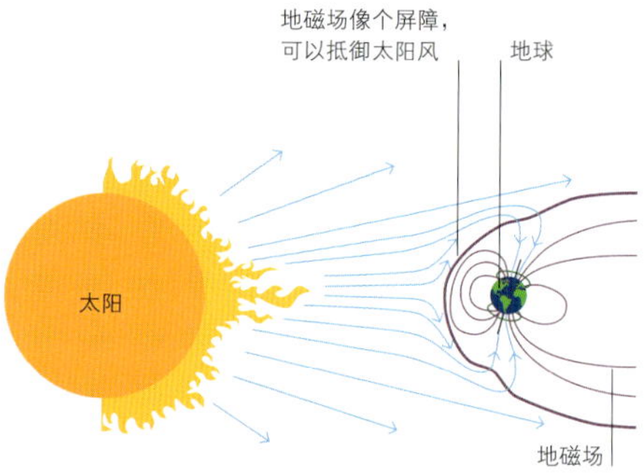

地球结构

地球由不同圈层构成。中心是炽热的地核，核外包裹着一层厚厚的可以缓慢移动的固态岩石，称为地幔。最外层较薄，称为地壳。

动植物栖息地

动植物生活的自然环境称为栖息地。栖息地因降水、温度及地域的不同而呈现出千姿百态。

海洋
浩瀚的海洋是地球上最大的动植物栖息地，孕育着上百万种海洋生物。

珊瑚礁
形成于热带温暖清澈浅海海域的珊瑚礁，好像一座座生机勃勃的水下花园，充满了各种海洋生物。

极地地区
由于气候严寒，极地地区是地球上最不适宜居住的地方之一。

草原
草原分布广泛，遍布六大洲（南极洲除外），覆盖大约 1/3 的陆地面积。

地壳物质

地壳是指由岩石组成的固体外壳。它包含多种不同的化学元素，并构成了大陆和洋底。构成地壳的主要成分是二氧化硅，二氧化硅是硅元素与氧元素组成的化合物。

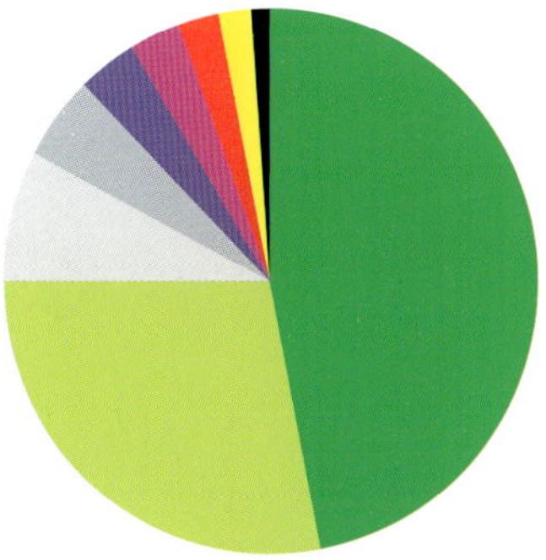

地壳中化学元素的组成

大气层

地球被一层厚厚的气体包围着，这层气体就是大气层。没有大气层，地球上就没有生命。大气的主要成分为氮气，占 78% 左右，氧气占 20% 左右，二氧化碳等其他气体含量极少。

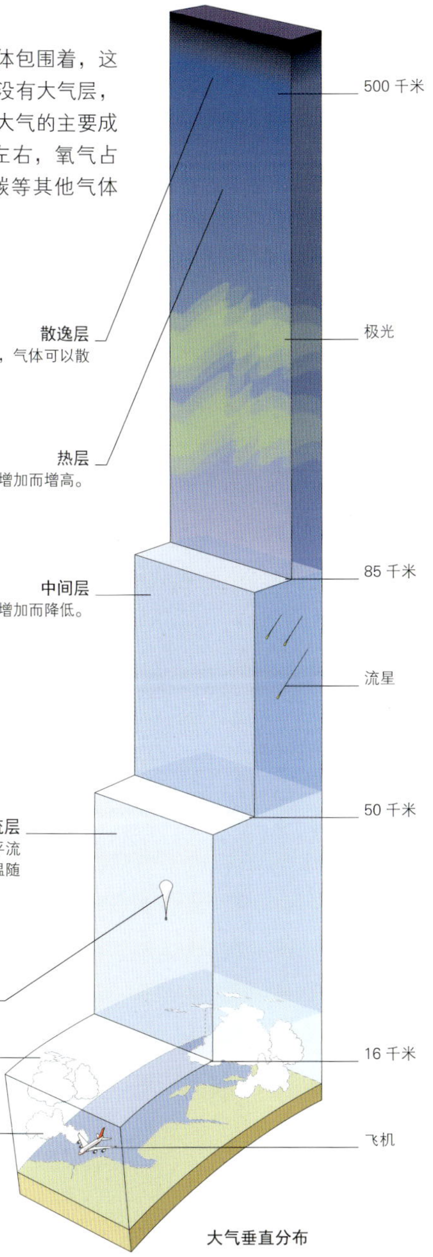

大气垂直分布

构造板块

地壳被分割成碎片，即构造板块，它们像拼图一样拼凑在一起。板块漂浮在地幔上。地幔活动是板块漂移的动力之源。

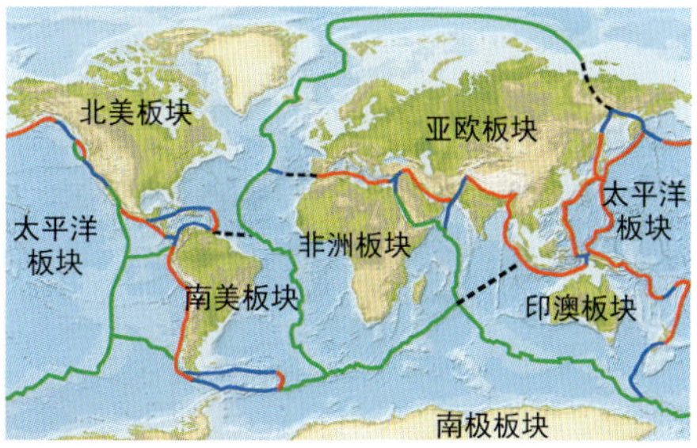

板块运动
板块处在不断运动中，板块之间相互靠近、远离或错动。

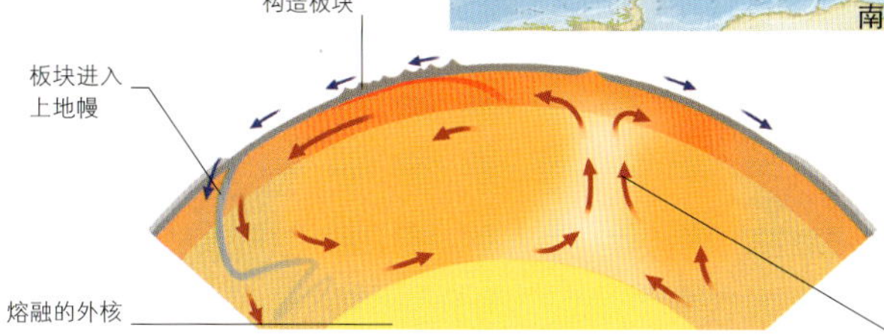

地幔活动
热流从下地幔向上涌动，到达表层附近时冷却，继而下沉。

板块边界类型

不同类型的板块边界取决于板块之间是相向运动、相背运动还是水平错动。

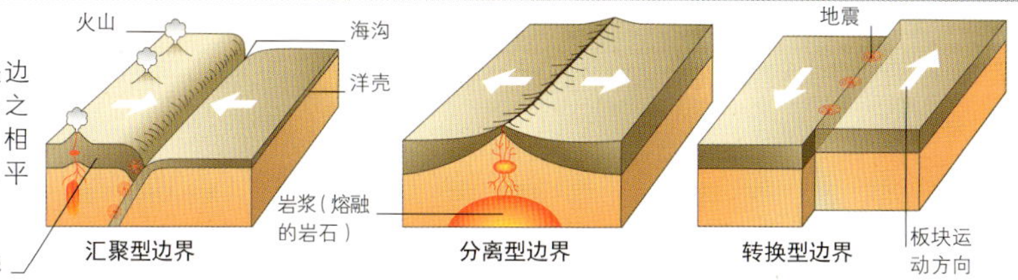

汇聚型边界　分离型边界　转换型边界

造山运动

在漫长的地质年代中，构造运动不断塑造着地表形态，形成了许多“褶皱山脉”。许多山脉，如喜马拉雅山脉，仍在不断升高。

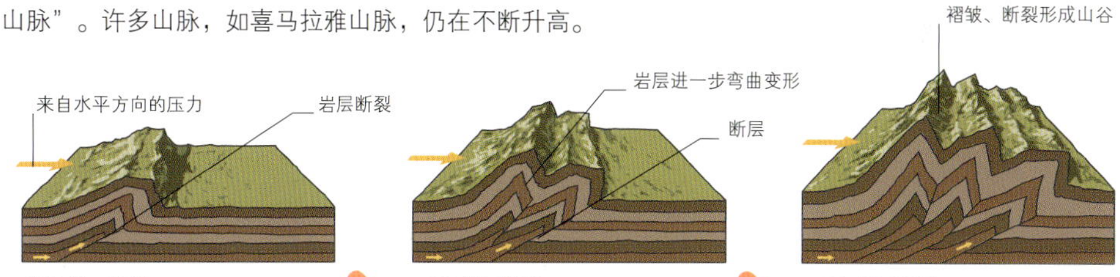

1 第一阶段
两个板块相遇时，岩层受到水平方向的挤压力，发生弯曲变形或断裂。

2 第二阶段
岩层继续受到水平方向的力挤压，导致岩层进一步弯曲变形形成褶皱，或断裂形成断层。

3 第三阶段
随着时间的推移，断裂弯曲的岩层形成崇山峻岭。

最高点与最低点

地球上的最高峰是亚洲喜马拉雅山脉主峰珠穆朗玛峰，高达 8848.86 米。太平洋马里亚纳海沟最深处位于海平面以下 11034 米，是海洋最低点。

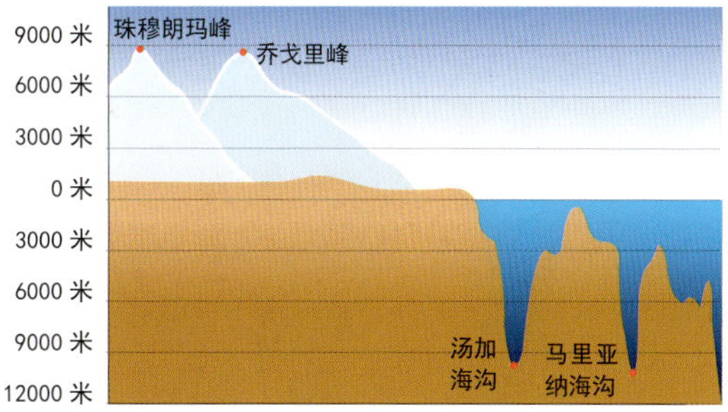

地球上的生命

距今 35 亿年前，地球上开始有了生命迹象。历经漫长的地质年代，生物不断演变进化以求适者生存。

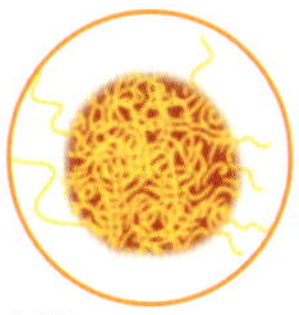

古菌
早期生命形式，由单细胞构成。

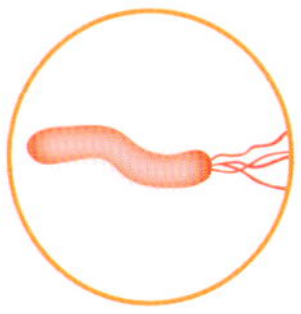

细菌
微小的细菌广泛存在于自然界，其中一些可以致病。

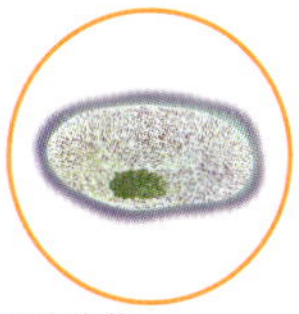

原生生物
由有核单细胞构成，一部分原生生物是自养生物。

真菌
从死亡的有机体中获取养分。

植物
利用阳光获取养分，释放氧气。

动物
以外界有机体为食。

沙漠
降雨稀缺，天气极端，生物很难在这里生存。

河流与湿地
尽管河流与湿地在地表的覆盖面积不足 1%，但却是动植物欣欣向荣的家园。

山地
在气候温和、海拔较低的山脚下，繁衍着大量野生生物。然而随着地势升高，温度降低，物种愈来愈少。

森林
森林由地球上最大的植物——树木构成，为形形色色的动物提供了食物与栖息地。

火山

深藏于地球内部的炽热岩浆及有关气体、碎屑等物质以喷发的形式到达地表，形成火山。一些火山在数百万年内活动频繁，目前仍有岩浆活动或喷出，叫活火山；一些则喷发几年就处于休眠状态，以后可能再次喷发，叫休眠火山；还有一些不再喷发，叫死火山。

火山的概念

地球内部的炽热岩浆及有关气体和碎屑等物质被强行抛出地面的活动称为火山喷发。喷出物冷却、凝结、堆积形成火山。

火山的演变

火山由其自身的喷出物如熔岩、火山灰构成。炽热的熔岩到达地表会冷却凝结形成坚硬的岩石。

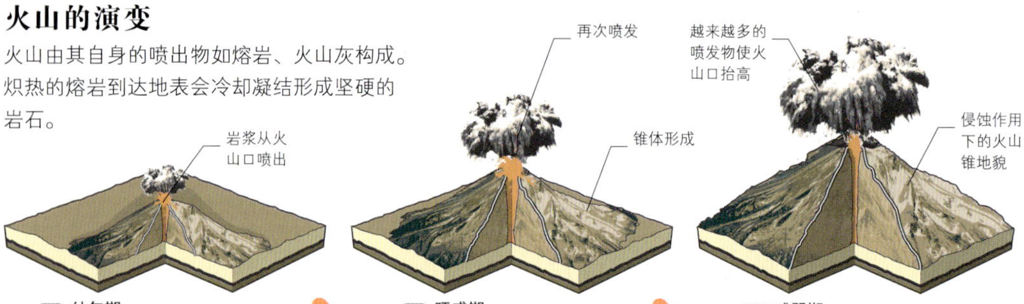

1 幼年期
火山喷发后，炽热的熔岩、火山渣和火山灰在火山口周围堆积。

2 旺盛期
随着喷发次数增多，堆积物体积增大，新生火山成长迅速。

3 减弱期
火山活动减少，侵蚀作用增强。

火山地貌

并非所有火山都有规则的锥形外观。盾状火山看上去好像一个倒扣的餐盘，火山渣锥规模很小，而破火山口实际上是火山崩塌后的残骸。

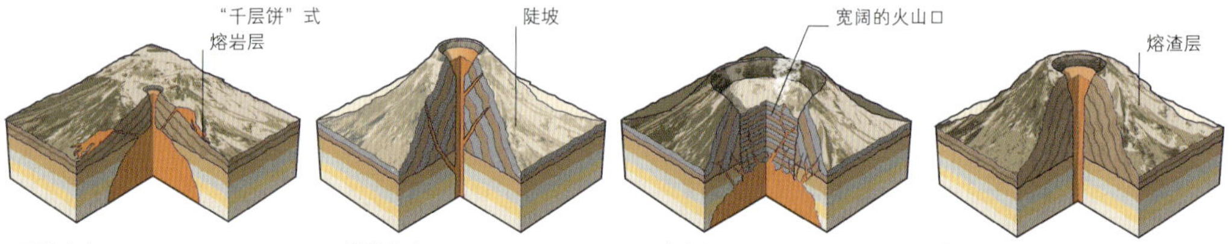

盾状火山
通常有宽阔、平缓的侧坡和接近圆形的底部。

锥状火山
高而陡，规模较小，多数堆积高度不超过 500 米。

破火山口
火山口崩塌形成凹陷。

火山渣锥
火山渣锥坡度较大，开口较宽。

著名盾状火山

名称	形状	海拔	基座直径
夏威夷冒纳罗亚火山		4170米	95千米
埃塞俄比亚尔塔阿雷火山		613米	80千米
科隆群岛内格拉火山		1500米	50千米
刚果民主共和国尼亚穆拉吉拉火山		3055米	45千米
夏威夷基拉韦厄火山		1247米	50千米

火山喷发类型

火山喷发类型多种多样，有的火山喷发时间短，但激烈且伴有巨响，而有的只是安静地冒出蘑菇状火山灰云。

普林尼式
稳定但极端猛烈的爆炸式喷发。

斯特龙博利式
中等强度的短时熔岩喷发。

裂隙式或冰岛式
岩浆沿裂隙溢出地表。

武尔卡诺式
喷发猛烈，伴有巨响。

苏特赛式
海底火山喷发。

培雷式
火山灰及气体向上喷涌，形成火山碎屑流和涌浪。

蒸汽喷发或岩浆－蒸汽喷发
熔融状态的岩石与地下水相遇。

火山喷出物

火山喷发可将大量危险物质带到大气中。火山弹、炽热的火山渣、大大小小的石块及火山灰统统被抛向空中，继而落到地表。与此同时，火山喷发也会释放令人窒息的毒气。

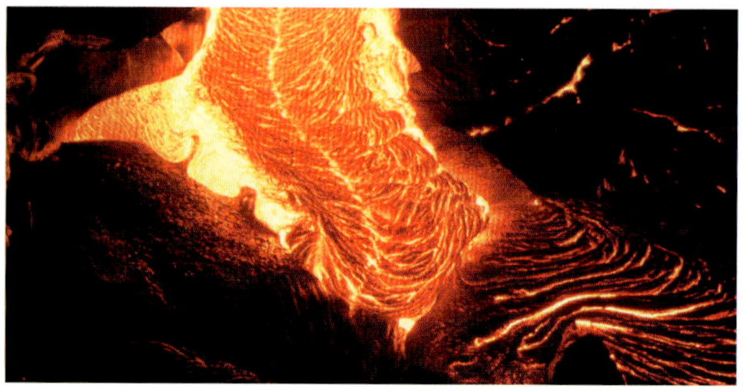

火山熔岩

炽热的岩浆从火山中喷出，一旦到达地表，就被称为熔岩。熔岩在温度高时流速快、流程长、冷凝速度慢，温度低时则相反。

破火山口

破火山口是火山顶部的巨大圆形凹陷。火山在喷发过程中形成火山口，后期火山口崩塌下陷，填塞空的岩浆房。

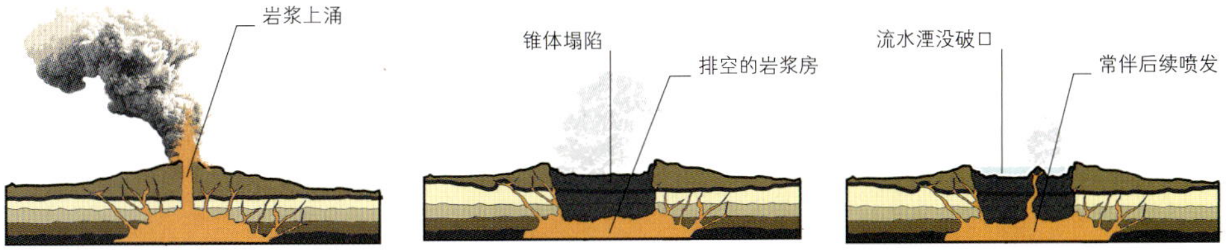

1 火山喷发
岩浆涌出，排空岩浆房。

2 锥体塌陷
火山口塌陷，填塞岩浆房。

3 破火山口形成
有时流水侵入破口形成湖泊，新的火山也许已悄然而生。

与火山为邻

人们选择居住在火山附近，是因为火山可以给当地人带来一些好处。当然，他们也要承担一定的风险。

优势	劣势
 **旅游业** 火山为旅游观光业带来收益。	 **死亡** 火山喷发可导致人员伤亡，毁坏家园。
 **农业** 肥沃的火山土壤有利于庄稼生长。	 **泥石流** 火山喷发可引发岩屑洪流。
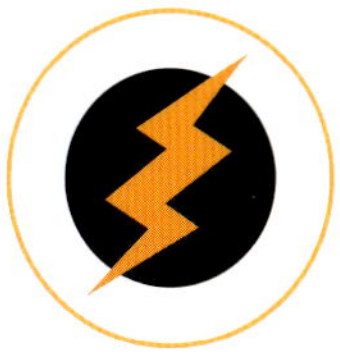 **能源** 地热能可用于工业生产。	 **难民** 居民被迫逃离家园。

黏稠的熔岩流也许需要若干年才能够完全冷却。

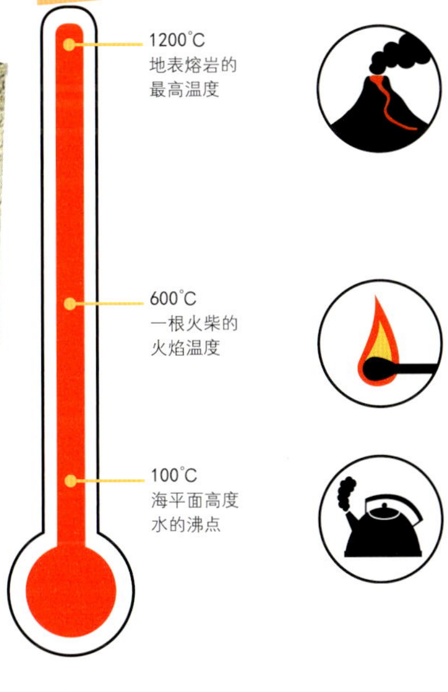

熔岩温度

科学家正在探索多种途径以充分利用岩浆的热能。或许有一天，岩浆能成为未来世界的清洁能源。

火山碎屑流和涌浪

火山碎屑流中的气体、火山灰和岩石碎块在高温高压及重力作用下沿山坡奔泻，杀伤力极强。它可以摧毁并烧焦沿途的一切。涌浪宛如令人窒息的滚滚烟尘，其气体含量比火山碎屑流更大，流动速度更快。

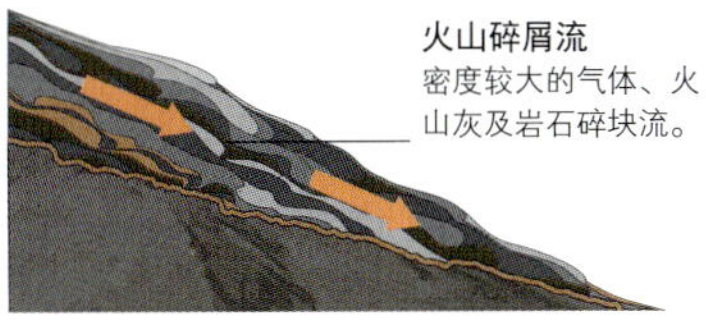

火山碎屑流
密度较大的气体、火山灰及岩石碎块流。

涌浪
流速更快、更湍急。

火山岛链

潜藏于海底的火山活动区域即热点。热点地区火山活动频繁，熔岩不断堆积直至露出海面形成岛屿。随着板块移动，经过热点的区域常常留下火山的足迹——火山岛链。

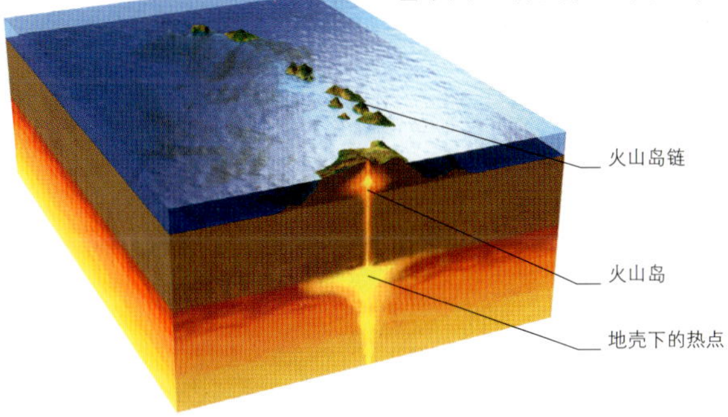

十大火山灾难

最为严重的火山灾难当属1815年的印度尼西亚坦博拉火山喷发，7万多人因此丧生。而公元79年的维苏威火山在历史上最为著名。

1 **1815年 坦博拉火山**
位于印度尼西亚松巴哇岛，火山灰遮天蔽日，全球气温因此降低。

2 **1883年 喀拉喀托火山**
位于印度尼西亚巽他海峡，在有史以来最响的火山喷发轰鸣声中，大半个岛屿被摧毁。

喀拉喀托火山喷发

3 **1902年 培雷火山**
位于加勒比群岛中的马提尼克岛，这次火山喷发导致其南部6千米的圣皮埃尔全城被毁，约3万人丧生。

4 **1985年 鲁伊斯火山**
位于哥伦比亚，铺天盖地的泥石流掩埋了整座城镇。

5 **1792年 云仙岳火山**
位于日本，引发了排山倒海般的海啸和山体滑坡。

6 **1783年 拉基火山**
位于冰岛，有毒气体导致大规模家畜死亡。

7 **1919年 凯拉特火山**
位于印度尼西亚爪哇岛，泥石流摧毁了100多个村庄。

8 **1902年 圣玛丽亚火山**
位于危地马拉，在4000千米外的地方检测到了火山灰。炙热的熔岩流摧毁了山下的村庄。

9 **1822年 加隆贡火山**
位于印度尼西亚爪哇岛，摧毁村庄多达114个。

10 **公元79年 维苏威火山**
位于意大利，赫库兰尼姆古城与庞贝古城在火山喷发中消逝。1631年的再次大喷发也造成重大灾难。

庞贝古城遇难者的“木乃伊”

超级火山

超级火山是指能够引起大规模喷发的火山，其杀伤力非普通火山可比。幸运的是，该类火山并不多见，以下是其代表。

黄石火山
地图标示了历史上黄石火山喷发的波及范围，北美广大地区受到影响。

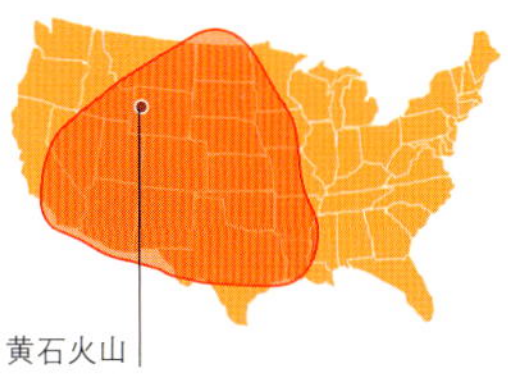

- **黄石火山**
  位于美国怀俄明州，黄石国家地质公园便是火山喷发的产物。
- **长谷火山**
  位于美国加利福尼亚州，近期监测到该火山口开始出现缓慢抬升。
- **瓦尔斯破火山口**
  位于美国新墨西哥州，温泉是其火山活动的重要标志。
- **多巴湖**
  位于印度尼西亚苏门答腊岛，它是世界上最大的火山湖。
- **陶波湖**
  位于新西兰，已喷发28次。
- **阿苏山火山**
  位于日本，是一座处于活跃期的活火山。

全球火山分布

火山主要分布在地球板块的交界处，如太平洋边缘的环形火山分布地带，被称为“太平洋火圈”。还有许多火山是在大洋底部喷发，从而形成海底火山。还有一些火山在热点的上地幔向上喷发形成。

太阳系火山

火山并非地球的专利，太阳系诸多星球上都有其印记。

海卫一
海王星最大的卫星海卫一的火山喷发可持续整整一年。

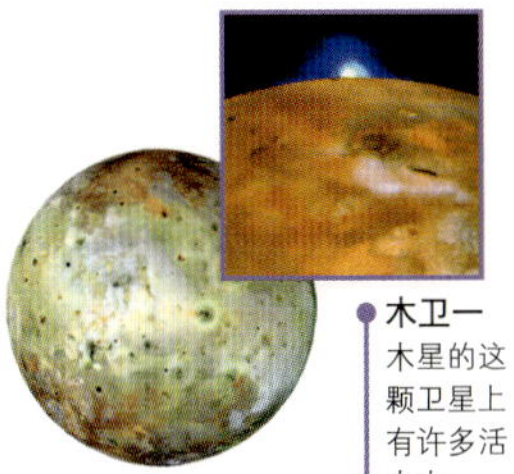

木卫一
木星的这颗卫星上有许多活火山。

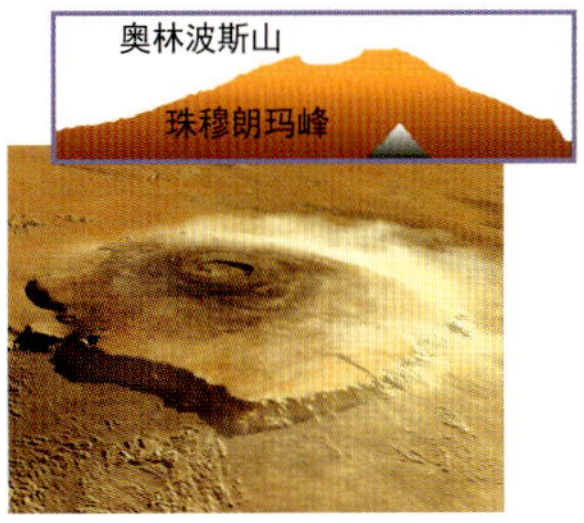

休眠火山
奥林波斯山，位于火星，它的高度是珠穆朗玛峰的3倍。但当前不活跃。

金星
金星表面火山遍布。

地震

地球表层由不连续块体构成，这些块体被称为构造板块。构造板块在不断运动过程中会相互挤压碰撞引发剧烈的振动，即为地震。

地震多发区

构造板块交界处为地震多发区，因此有些国家更易成为震灾受害者。右图标出了世界地震死亡率排名前十的国家。

地震成因

构造板块在运动过程中相互碰撞、挤压甚至导致岩层断裂，引起振动，发出地震波。地震波从地震发生处向外传播。

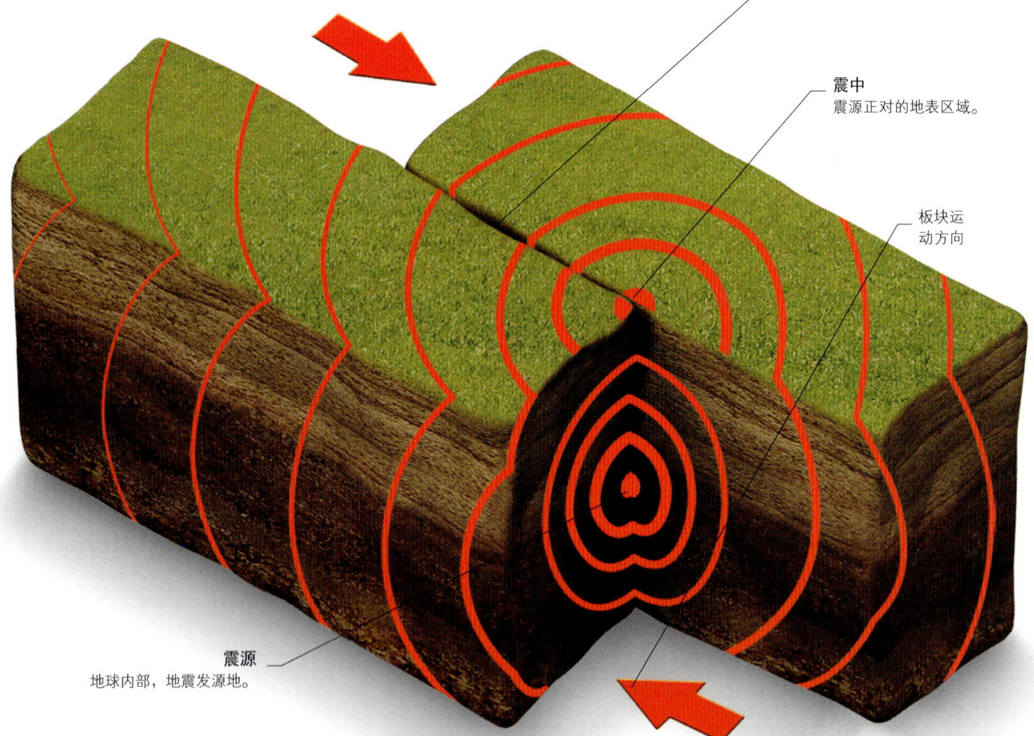

断层类型

断层可以引发地震，它们通常发生在板块交界处。当地壳的压力超出岩石强度时，地震发生并产生新的断层。断层面两侧的岩体有多种移动方式。

正断层
断层面上侧岩体相对下降，而低于下侧岩体。

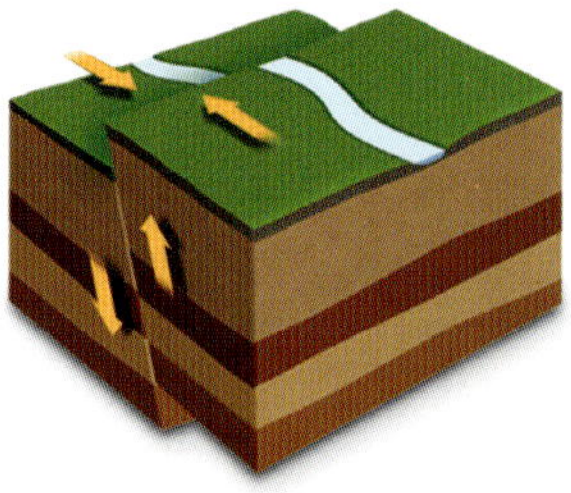

逆断层
断层面上侧岩体相对上升，而高于下侧岩体。

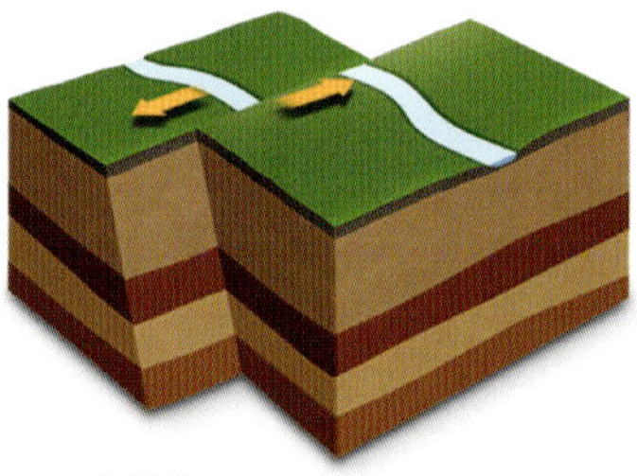

走滑断层
两侧岩体沿相反方向水平移动。

斜滑断层
两侧岩体既有水平移动又有上下移动。

地震波

一次地震可以在地球内部产生两种地震波：固态与液态物质中都可传播的纵波；只能在固态物质中传播的横波——速度虽慢，但危害较大。

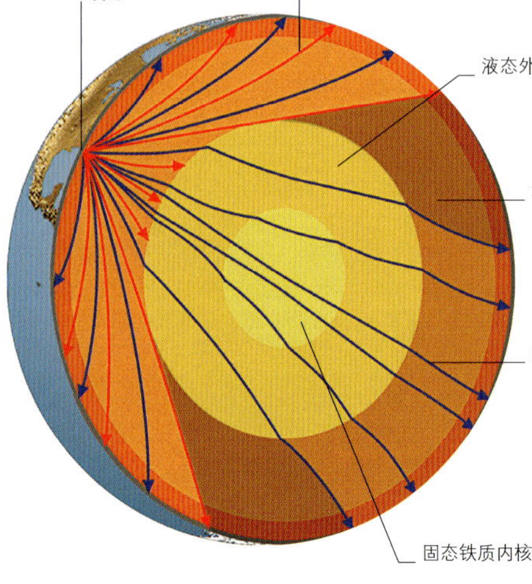

地震烈度

下图表示的“麦卡利地震烈度表”是衡量地震破坏程度的方法之一。

Ⅰ～Ⅱ级
无感地震，但仪器可以监测。

Ⅲ～Ⅳ级
室内可感到轻微震颤，悬挂的物品明显摇摆。

Ⅴ～Ⅵ级
震感明显，建筑物颤动。

Ⅶ～Ⅷ级
建筑物显著颤动，树木折枝甚至倒伏。

Ⅸ～Ⅺ级
建筑物破损甚至倒塌，地下管道破裂。

Ⅻ级
房倒屋塌，河流改道。

特大地震

地震会造成非常可怕的灾害。以下是有史以来震级最高的几次地震。

1 **1960年5月22日 智利**
震级 9.5 级，为观测史上的最高纪录。震中位于太平洋，引发了特大海啸，造成 200 万人无家可归。

2 **1964年3月28日 美国阿拉斯加威廉王子湾**
震级 9.2 级，引发海啸，巨浪高达 67 米，殃及美国和加拿大。主震当天 6.0 级以上的余震多达 11 次。

3 **2004年12月26日 印度尼西亚苏门答腊岛**
震级 9.1~9.3 级，这次地震在短短 10 分钟之内形成了一条绵延 1500 千米的断裂带，是世界最长的地震断裂带。它引发了 2004 年的印度洋海啸。

4 **2011年3月11日 日本本州岛沿岸海域**
震级 9.0 级，震源深度 24.4 千米。地震引发的海啸造成超过 1.58 万人遇难。

5 **1952年11月4日 俄罗斯堪察加半岛**
震级 9.0 级。引发海啸波及整个太平洋沿岸，包括秘鲁、智利、新西兰、太平洋诸岛及美国加利福尼亚州。

地震监测

科学家们监测地震所使用的仪器即为地震仪。地震仪以各种形式存在了约 2000 年。随着对地震研究的不断深入，地震仪也在日趋完善。

1855 年
意大利地质学家路易吉・帕尔米里设计的地震仪可监测到地震的方位、强度以及时长。

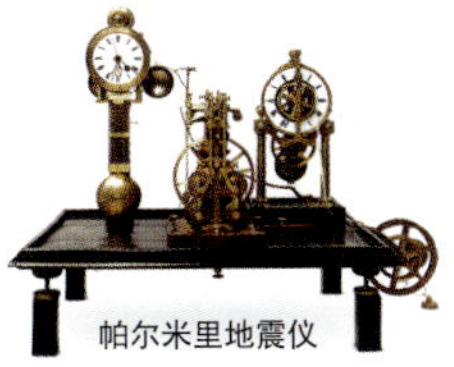

帕尔米里地震仪

1902 年
意大利科学家朱塞佩・麦卡利提出了"地震烈度表"。

1925 年
美国人哈里・伍德与詹姆斯・安德森联手制作的地震仪以精准著称，10 年后应用于里氏震级。

20 世纪 20 年代的地震监测记录

平均每年用仪器监测到的地震次数多达 50 万次。

1 世纪 —— **21 世纪**

132 年
《后汉书・张衡传》记载了中国东汉科学家张衡制造了候风地动仪，这是历史上最早记录地震的仪器。但由于历史久远，地动仪已经失传。

1751 年
意大利教师安德利亚・比纳根据带有圆锤的单摆在细沙上的划痕来判定地震。

比纳摆

1880 年
英国地质学家约翰・米尔恩在日本工作期间发明了早期精密地震仪。

1907 年
德国物理学家维歇尔特制造了一台用摆动的钟摆记录地震的仪器。

维歇尔特地震仪

1934 年
美国地震学家查尔斯・里克特提出了从能量释放角度衡量地震强度的里氏震级。

20 世纪 90 年代
全球导航卫星系统 GNSS 技术被引入地震领域，其在认识地震变形现象、探索强震机理等方面发挥着不可替代的作用。

地震预警系统

早期预警系统可在地震来临之际提醒人们，使人员、牲畜及财产紧急避险。预警可为人员躲避、商务中止、电站设备关闭以及启动应急机制争取宝贵时间，从而将损失降至最低。

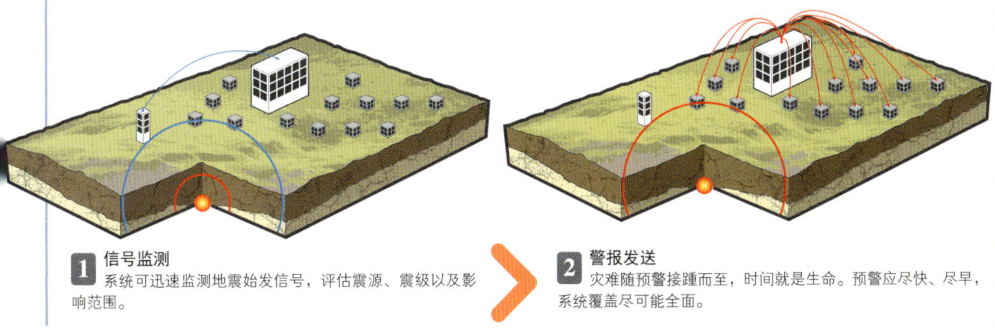

1 信号监测
系统可迅速监测地震始发信号，评估震源、震级以及影响范围。

2 警报发送
灾难随预警接踵而至，时间就是生命。预警应尽快、尽早，系统覆盖尽可能全面。

防震演练

事实证明，简单演练可有效降低人员伤亡。因为伤亡大多由坠落物——吊灯或玻璃窗等造成，而非房屋倒塌。

1 蹲下
无论在哪里，快速贴近地面，最大限度地保护自己。

2 藏身
就近躲在坚固的桌椅等物品下面。如果没有坚固的物品，可以躲到房间角落。

3 抓牢
抓住桌椅，抱住头颈。

抗震建筑

虽然没有绝对安全的抗震建筑，但以下几座都经受住了严峻考验。

墨西哥金字塔
玛雅遗迹，位于墨西哥尤卡坦州的奇琴伊察古城遗址，得益于其"底大顶小"的建筑结构。

伊朗赛勒斯陵墓
始建于公元前 400 年，为"不倒翁式"（底座与地基分体）建筑构造。

日本横滨标志塔
这座摩天大楼拥有主体减震系统，安装在滚轴底座上，由韧性材料制成。

美国泛美金字塔
位于圣弗朗西斯科（旧金山），塔身高 260 米，地基深 16 米。

中国台北101大楼
比泛美金字塔高出近一倍，依赖巨大的质量阻尼器抗震。

中国台北 101 大楼

质量阻尼器

高大建筑应对强烈地震的有效措施之一，便是设置质量阻尼器——一个巨大钢球，由缆绳悬挂在较高层的位置。通过钢球振动有效抑制地震中建筑物的失衡。

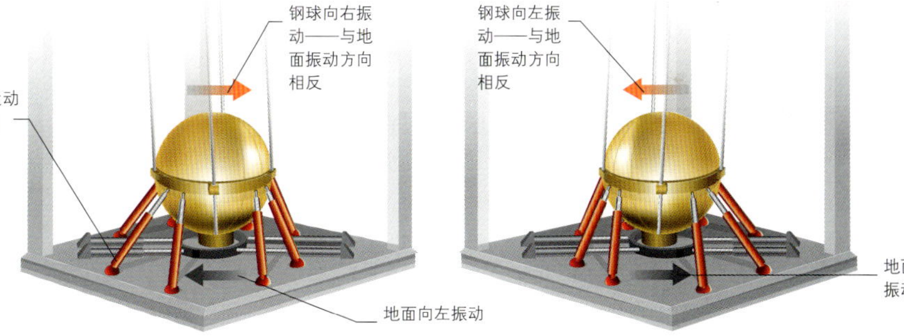

建筑物振动
地震发生时，建筑物主体振动方向与地面振动方向一致。

阻尼器反向振动
为保持平衡，钢球与建筑物振动方向相反。

海啸

海底发生地震时，海床隆起引发海啸。

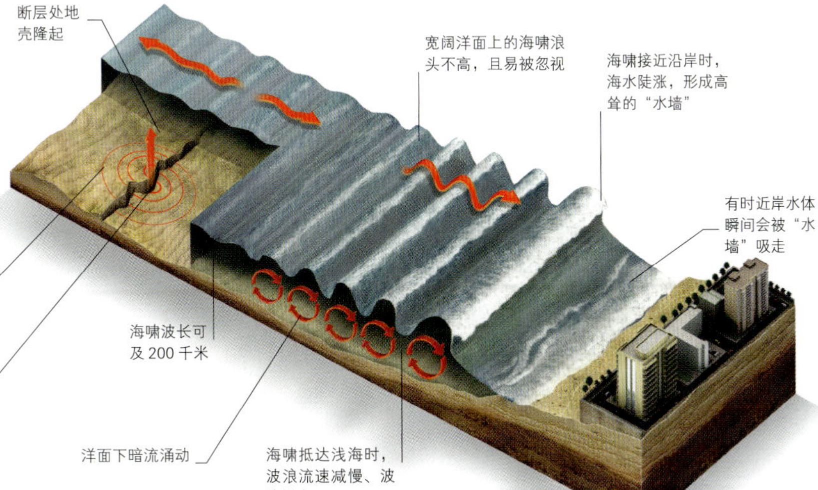

特大海啸

海啸强度主要依据其浪高、频率、波及范围和破坏程度进行评估。

1 **2004年12月26日 印度洋**
浪高 50 米，殃及 14 国，22.7 万余人遇难。

2 **2011年3月11日 日本北太平洋沿岸**
浪高 10 米，以 800 千米 / 时的速度席卷日本海岸，45 万人被迫逃离家园。

3 **1755年11月1日 葡萄牙**
由 8.5 级强震引发，浪高 30 米，袭击了葡萄牙、摩洛哥及西班牙。

4 **1883年8月27日 印度尼西亚**
由喀拉喀托火山喷发引起，浪高 37 米。

5 **1498年9月20日 日本远州滩海域**
海啸巨浪登陆，直抵滨名湖。

塑造地表形态

在漫长的地质年代中，地表形态经历着沧海桑田的变迁。风、流水、冰川和其他外力作用，磨蚀崖壁、峰岭，切削沟壑、峡谷。与此同时，地表的山脉又在构造板块的不断运动中孕育、成长。

侵蚀作用

流水、风和冰川剥离岩石与土壤，并将其细碎物搬运、堆积到其他地方的自然现象称为侵蚀作用。侵蚀作用时刻改变着地表形态。另外，人类活动，如滥砍滥伐亦可改变地形地貌。

冰蚀
巨型冰川沿山谷移动，刮擦地面岩石。

水蚀
流水冲刷海岸、崖壁与河床，搬运石块、沙砾及泥土。

风蚀
在强大的风力的作用下，地表物质被侵蚀、磨蚀并被带走。

河流的侵蚀与沉积作用

江、河、溪流塑造着地表形态。自冰川发源，上游水流湍急，裹挟岩屑，深切谷底；中游流速减慢，泥沙沉积，但侵蚀依旧；抵达入海口，泥沙进一步沉积，形成三角洲及沙滩。

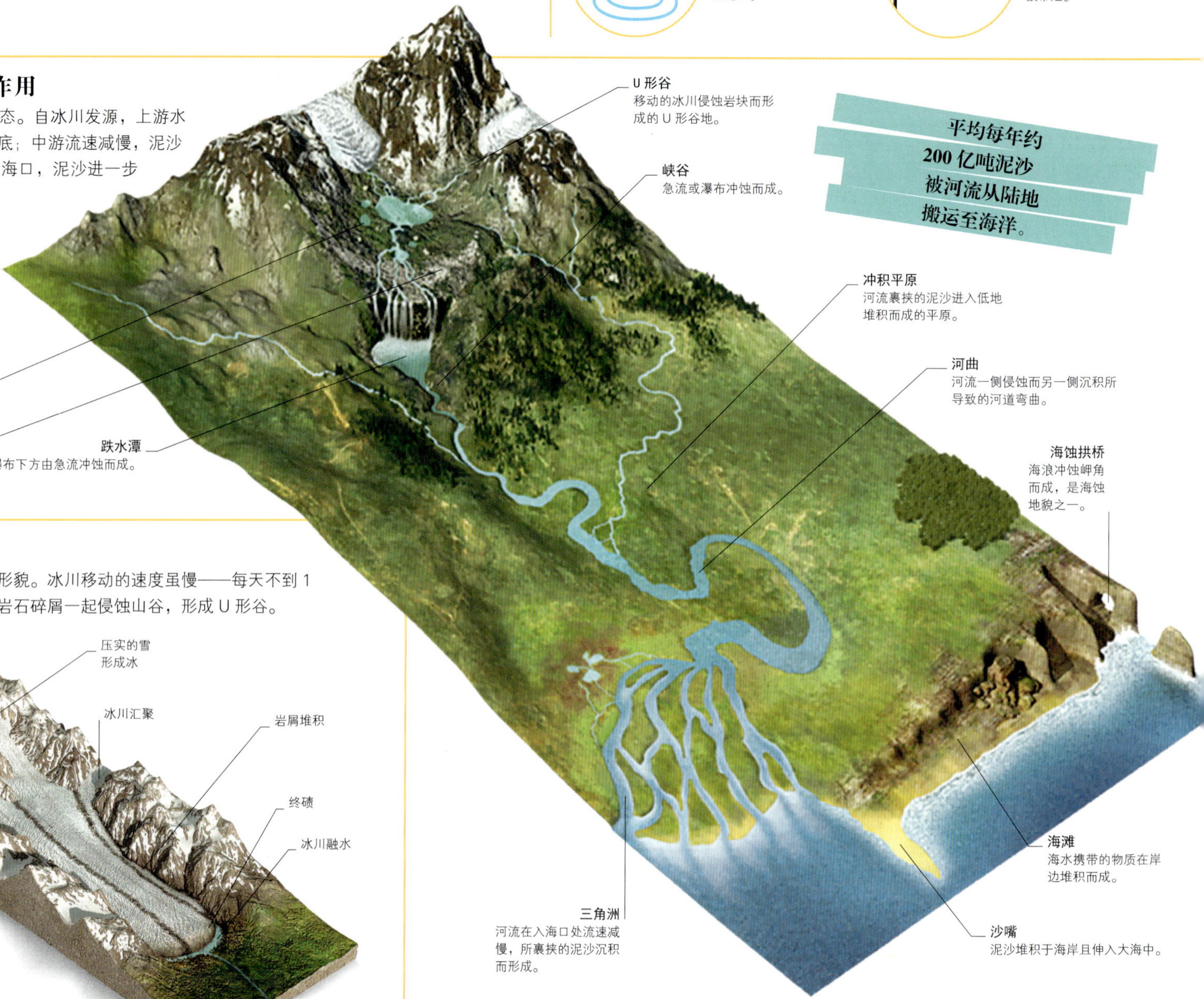

冰川侵蚀

冰川经过山谷，改变着它的形貌。冰川移动的速度虽慢——每天不到 1 米，但力量惊人，和携带的岩石碎屑一起侵蚀山谷，形成 U 形谷。

瀑布的形成

河水从悬崖处急流而下便形成瀑布。在流水侵蚀作用下，瀑布下方的岩层形成凹陷。水蚀作用强度与岩石质地、瀑布落差、水体流量密切相关。

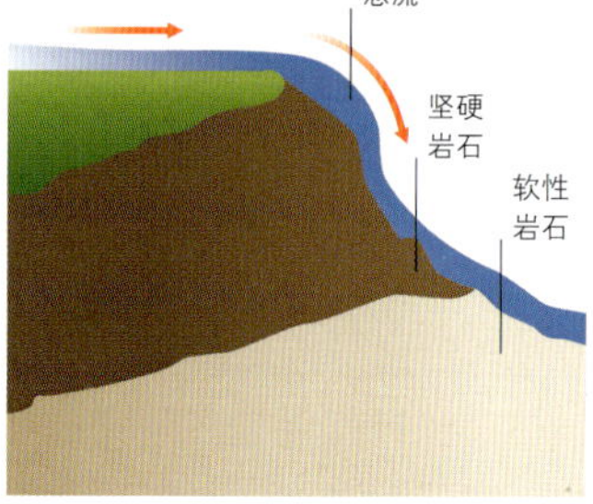

急流
坚硬岩石突出水面阻挡水流，致使其流速加快形成急流。

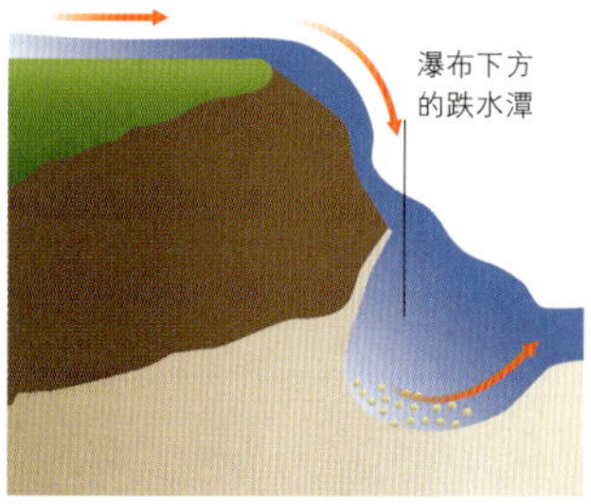

瀑布
急流冲蚀软性岩石，在瀑布下方形成跌水潭。

海蚀地貌

乱石穿空，惊涛拍岸。 海浪一边吞蚀低矮的礁石，一边剥蚀高耸的岬角与崖壁。

澳大利亚洛克阿德大峡谷的海蚀地貌

海蚀拱桥与海蚀柱

岬角处海岸曲折，海浪侵蚀岬角两侧，形成裂缝。裂缝逐渐扩大，侵蚀作用瓦解岩体使之从岬角变为海蚀拱桥，继而变为海蚀柱。

海蚀拱桥与海蚀柱主要是海蚀作用下的产物。

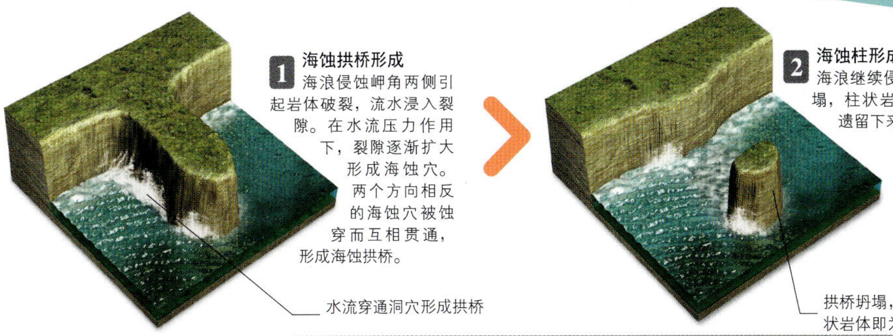

1 海蚀拱桥形成 海浪侵蚀岬角两侧引起岩体破裂，流水浸入裂隙。在水流压力作用下，裂隙逐渐扩大形成海蚀穴。两个方向相反的海蚀穴被蚀穿而互相贯通，形成海蚀拱桥。

2 海蚀柱形成 海浪继续侵蚀岬角，拱桥坍塌，柱状岩体与母体分离，遗留下来，形成海蚀柱。

石灰岩景观

在地下有巨大的溶洞系统。石灰岩层在雨水（弱酸性）的侵蚀作用下溶解形成裂隙，乃至断裂、塌陷，从而形成溶洞系统。

1 水滴石穿 雨水可以溶解石灰岩，形成裂隙。

2 溶洞系统 随着溶蚀作用不断深入，裂隙加宽、纵横交错，形成溶洞。

3 深谷幽峡 最终，溶洞崩塌，形成天坑。塌陷的石灰岩洞坑相连成为凹陷地带，形成峡谷。

溶洞奇观

在漫长的地质年代中，石灰岩的溶解作用塑造了大小不一、形态各异的洞室、石柱与暗河，构成石灰岩溶洞景观。世界各地的溶洞规模不等、深浅各异。最深的溶洞位于法国，洞深近 1.5 千米。

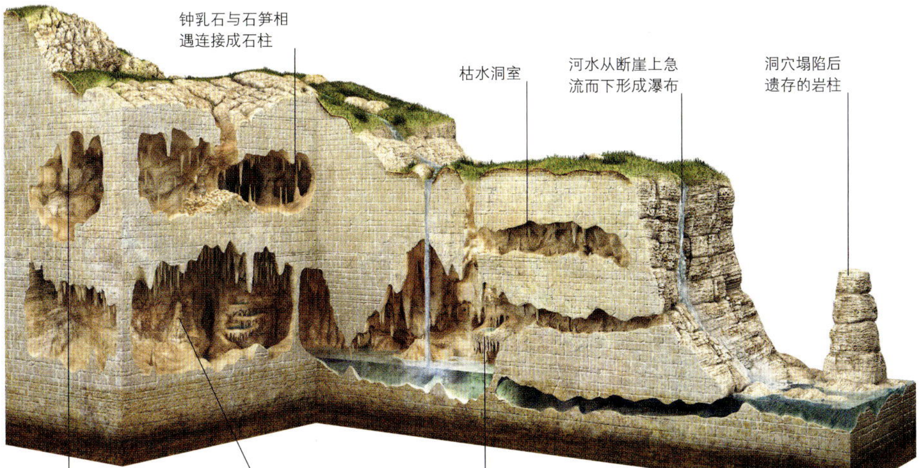

钟乳石与石笋

纤细、美丽的钟乳石悬挂于洞顶，而石笋由地面长出。二者均由水滴中溶解的矿物质——主要是方解石（主要成分是碳酸钙）沉积而成。随着时间的推移，方解石发育成了千奇百怪的地貌景观。

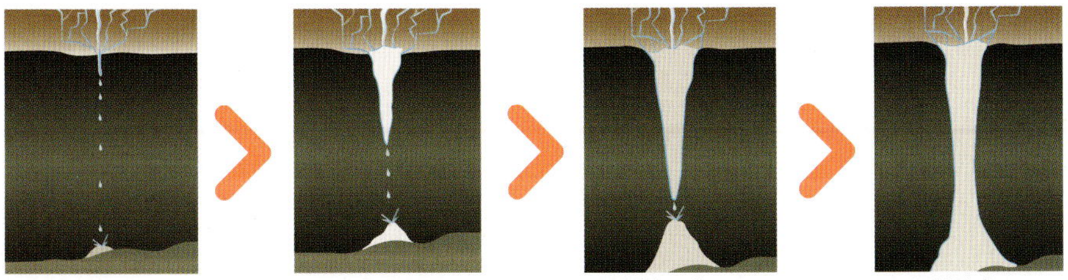

1 水滴渗漏 饱含矿物的水滴自洞顶滴落下来，水分蒸发、二氧化碳逸出后，留下矿物残余。

2 钟乳石形成 水滴继续渗漏，矿物聚积形成钟乳石，悬挂于洞顶。

3 石笋形成 一些水滴掉落到底部，水分蒸发、二氧化碳逸出后，留下沉积物逐渐生成石笋。

4 石柱形成 钟乳石与石笋继续生长，直至相遇连接形成石柱。

牛轭湖

在平原低地，河流转弯处易形成河曲，进而发育成牛轭湖。河流在河曲的一侧持续侵蚀，而在另一侧持续沉积。

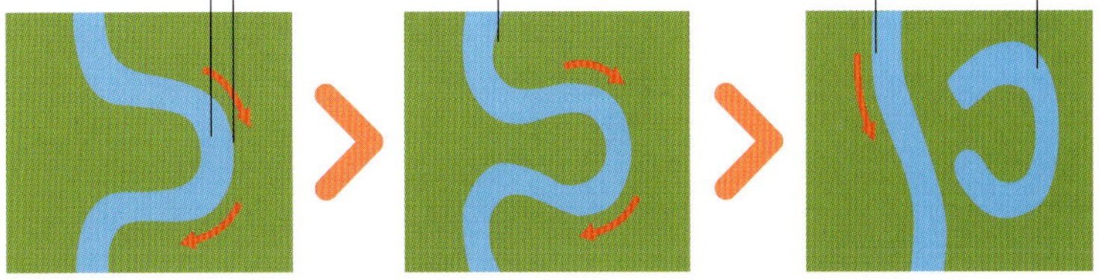

1 河曲 河道轻度弯曲，水流侵蚀凹岸，而在凸岸沉积。

2 弯度加剧 随着侵蚀与沉积作用的不断深入，河曲收紧呈 C 形环。

3 裁弯取直 河流切通曲流颈部，裁弯取直。沉积物淤塞原河道，形成牛轭湖。

风蚀地貌

风力是地表侵蚀作用的重要营力。狂风搬运沙尘及其他较轻的物质并将它们堆积在其他地方，从而改变着地貌。风蚀作用对农业生产不利，然而树林与梯田能够有效抑制水土流失。

土耳其“精灵烟囱”
在土耳其卡帕多西亚，风蚀作用塑造了独特的锥状岩石。

美国“砂岩雕刻”
风连同它所挟卷的沙粒侵蚀着沉积岩，如砂岩，塑造成奇幻的“砂岩雕刻”景观。

埃及“巨型蘑菇岩”
沙漠地区的岩石被大风及其所携带的沙粒侵蚀，呈现“风蚀蘑菇”地貌。

岩石与矿物

地球表层为坚硬的岩石。地表大多被海洋、土壤覆盖，高山、深谷处的岩石多裸露在外。岩石由矿物构成，岩石会被大气、流水等破坏，也会随地球内部温度、压力的变化而变化。在地壳中发现了大约 4000 种不同的矿物，且每种矿物都有独特的晶体。

矿物与岩石的异同

矿物是天然化学物质，多以具有结晶构造的固态存在，可依据其硬度、颜色及原子结构分门别类。岩石是矿物的混合物，例如花岗岩由石英、长石、云母等多种矿物构成。

矿物：石英

火成岩

火成岩，也叫岩浆岩，由冷却的岩浆形成。火成岩种类繁多，有的形成于地下深处，如粗粒花岗岩；有的为火山喷发、熔岩冷却后的产物，如细粒玄武岩。

浮岩

安山岩

电气石伟晶岩

黑曜岩

花岗闪长岩

流纹岩

斑岩

沉积岩

沉积岩是地球表面最主要的岩石类型，分布广泛，由风化侵蚀的岩屑与泥沙构成。岩屑与泥沙在漫长的地质年代中历经沉积作用等，从而发育成质地坚硬的岩石。

杂砂岩

石灰岩化石

燧石

油页岩

页岩

圆砾岩

矿物

自然界有数千种矿物，最为常见的仅 30 余种。矿物由地壳中的化学元素组成，地球内部不同深度的温度和压力不同，形成的矿物也不同。

磁铁矿

硫砷铜矿

砷黝铜矿

玉髓

鸡冠重晶石

砷黄铁矿

普通角闪石

板钛矿

辉铜矿

岩盐

黄铜矿

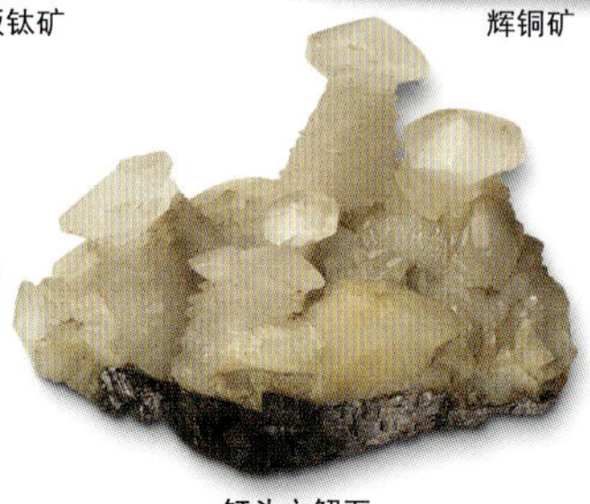
钉头方解石

方铅矿

刚玉

硫黄矿石

金矿石

岩石：花岗岩

矿物硬度鉴定

“莫氏硬度表”为一种矿物硬度鉴定标准，于 200 多年前提出。此表依据矿物耐磨性差异将矿物硬度划分为十级。

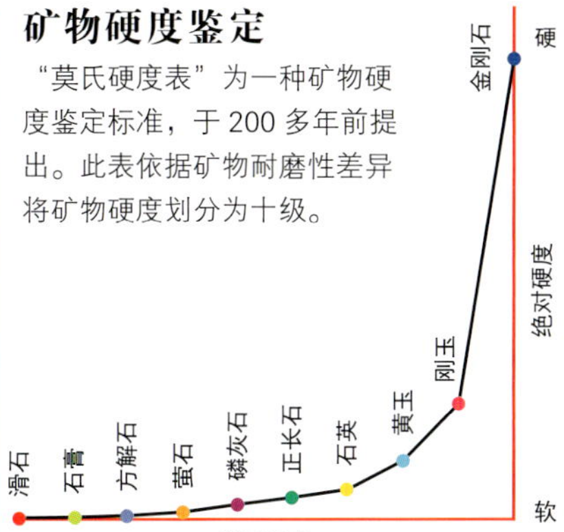

莫氏硬度

岩石循环

各类岩石在无尽的循环往复中相互转化。熔化的岩石从地球内部涌出地表，表层岩石被侵蚀风化分解成碎屑，岩屑深埋地下，在沉积等作用下生成新的岩石，继而又遇热熔化……

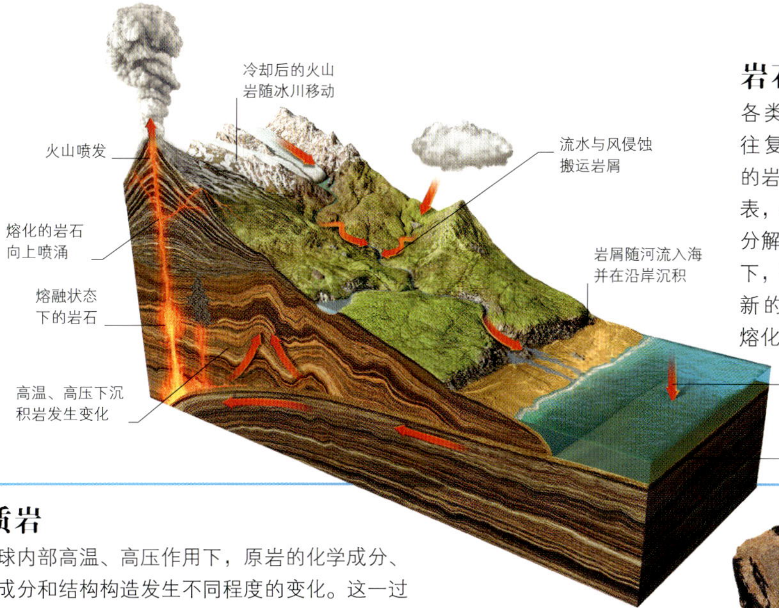

角砾灰岩

白云岩

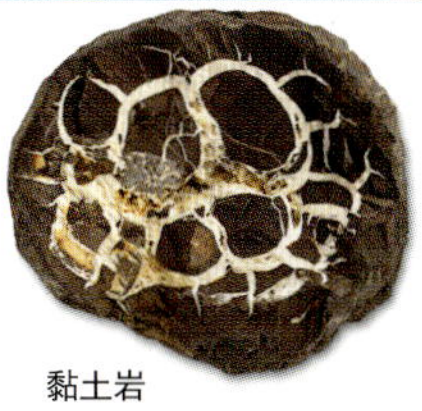
黏土岩

红色泥灰岩

白垩

黄土

铁矿

砂岩

变质岩

在地球内部高温、高压作用下，原岩的化学成分、矿物成分和结构构造发生不同程度的变化。这一过程所产生的岩石便是变质岩。

夕卡岩

糜棱岩

榴辉岩

混合岩

绿色大理石

蛇纹岩

板岩

片麻岩

金刚石

紫萤石

雄黄

蔷薇石英

闪锌矿

蓝铜矿

赤铁矿

红砷镍矿

淡红银矿

辉锑矿

葡萄砷矿

铜蓝

雌黄

菱锰矿

烟水晶

蓝宝石

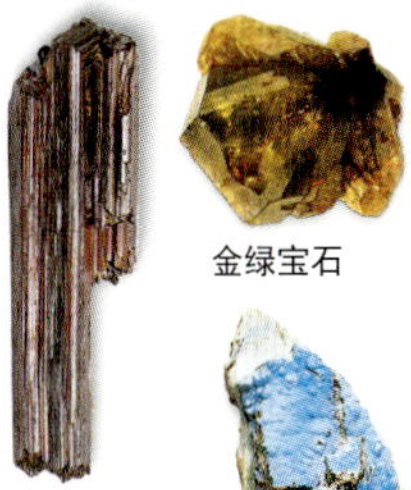
金红石

金绿宝石

异极矿

孔雀石

绿柱石

斑铜矿

宝石

宝石是经工匠打磨、塑形后的色泽美观的矿物的统称。宝石愈耐磨、愈稀有，价值愈高。世界上已探明的天然矿物多达 3000 余种，而能够成为宝石的只有 200 余种。

宝石形状

宝石原石可被切磨成多种形状，圆形最为普遍，常用于制作戒指，特别是钻石戒指。如今被制成的钻石中，3/4 以上是“圆形明亮式”。

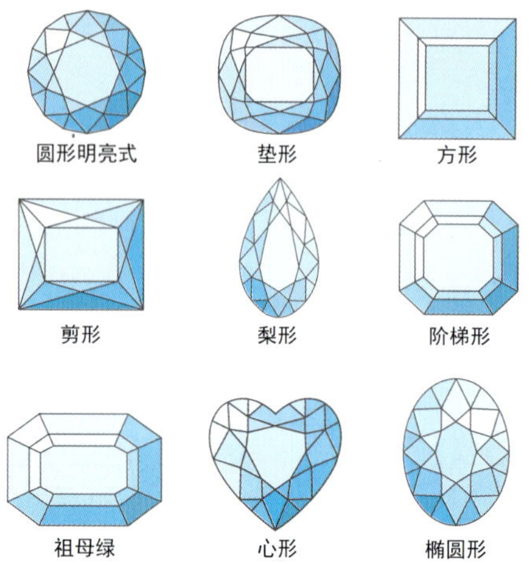

生辰石

宝石与出生月份的联系由来已久，人们相信佩戴生辰石可以带来好运。

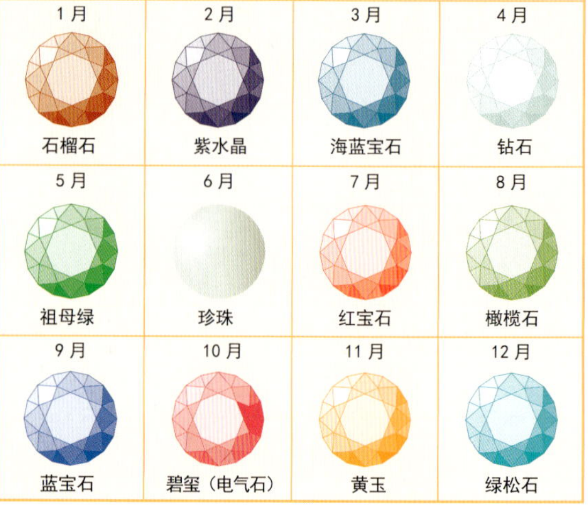

1 月	2 月	3 月	4 月
石榴石	紫水晶	海蓝宝石	钻石
5 月	6 月	7 月	8 月
祖母绿	珍珠	红宝石	橄榄石
9 月	10 月	11 月	12 月
蓝宝石	碧玺（电气石）	黄玉	绿松石

贵重宝石

俗话说物以稀为贵，传统上蛋白石、祖母绿、蓝宝石、红宝石、钻石因十分稀有而被称为贵重宝石。

半宝石

大量开采的宝石曾被称为半宝石，因其价值逊于储量稀少的贵重宝石。然而，当代社会宝石的美感及受喜爱程度同样是其价值的一部分，一些半宝石比贵重宝石更具市场潜力。

水晶宝石

水晶亦称石英，是地球上储量最丰富、形态最多样的矿物之一。其晶体结构极为复杂，颜色多变。

钻石刻面

钻石原石被开采出来时，通常看起来暗淡无光，必须要经过切磨、抛光等过程。透明宝石的最佳加工方式是在其表面切磨出一系列反光面——刻面，以提升光学美感。

1 选料 选择钻坯——一块八面体金刚石，进行切磨加工。

2 磨圆 在车床上用另一块钻石将其磨圆，切下尖顶形成“台面”。

3 起瓣 切出腰围上下 16 个主刻面。

4 切磨 继续在冠部及亭部切磨出 32 个刻面，以提升宝石亮度。

5 抛光 为了增强宝石亮度而做最后的打磨。

宝石分布

世界各地不同的地质环境中都蕴藏着宝石，而与金属矿物相关的环境，宝石更为丰富。火山喷发可将宝石携带至地表。

海蓝宝石

宝石之最

奥林匹克南极光蛋白石重达3.45千克。美国金色黄玉重4.57千克。最大透明钻石“库利南”足有10厘米长。

库利南钻石　美国金色黄玉　奥林匹克南极光蛋白石

正色蓝宝石　“帕帕拉恰”蓝宝石　淡蓝色黄玉　白色蓝宝石　粉红黄玉　“雪利”黄玉

钻石　红宝石

碧玉　石青（蓝铜矿）　绿色贵橄榄石　月光石　镁电气石　赤铜矿　硅硼钙石　赤铁矿

红石榴子石　绿松石　蓝锆石　蓝色坦桑黝帘石　榍石　日光石

蓝晶石　变石　孔雀石　红紫尖晶石　红尖晶石　粉红尖晶石　符山石　舒俱来石（也叫杉石）

蓝线石水晶　紫水晶　乳水晶　玫瑰水晶　烟水晶　灰黄色猫眼水晶

有机宝石

有机宝石以动植物为原料形成，例如红珊瑚源自海洋生物，珍珠是某些甲壳类水生动物——牡蛎等的伴生物，琥珀是树脂化石。

红珊瑚　黑珍珠与牡蛎　白珍珠

琥珀

地球上的水

地球上丰富的水资源是生命之本。水汇聚成浩瀚的大海，然后蒸发升腾为云，又凝结成雨降落到地表，流入河流和湖泊。而在南极、北极和高高的山上，水还会结成冰。

海纳百川，地球上约 97% 的水是海水。

海水温度

海洋深处水体温度较低且维持稳定，表层海水温度受外界影响较大。赤道附近因太阳辐射较强，水温较高；在南北两极，风使温暖的水冷却并下沉，驱动大洋环流的形成。

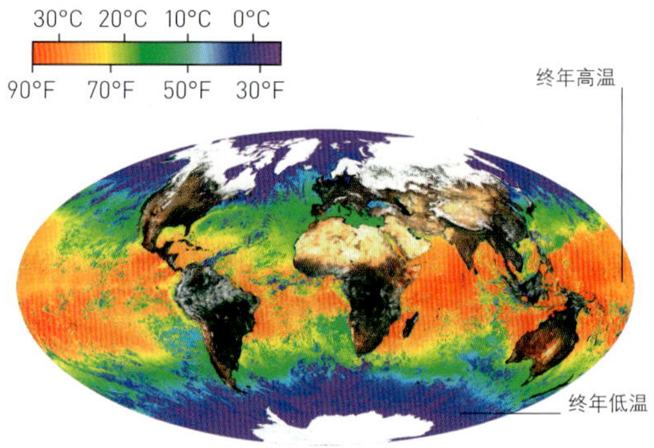

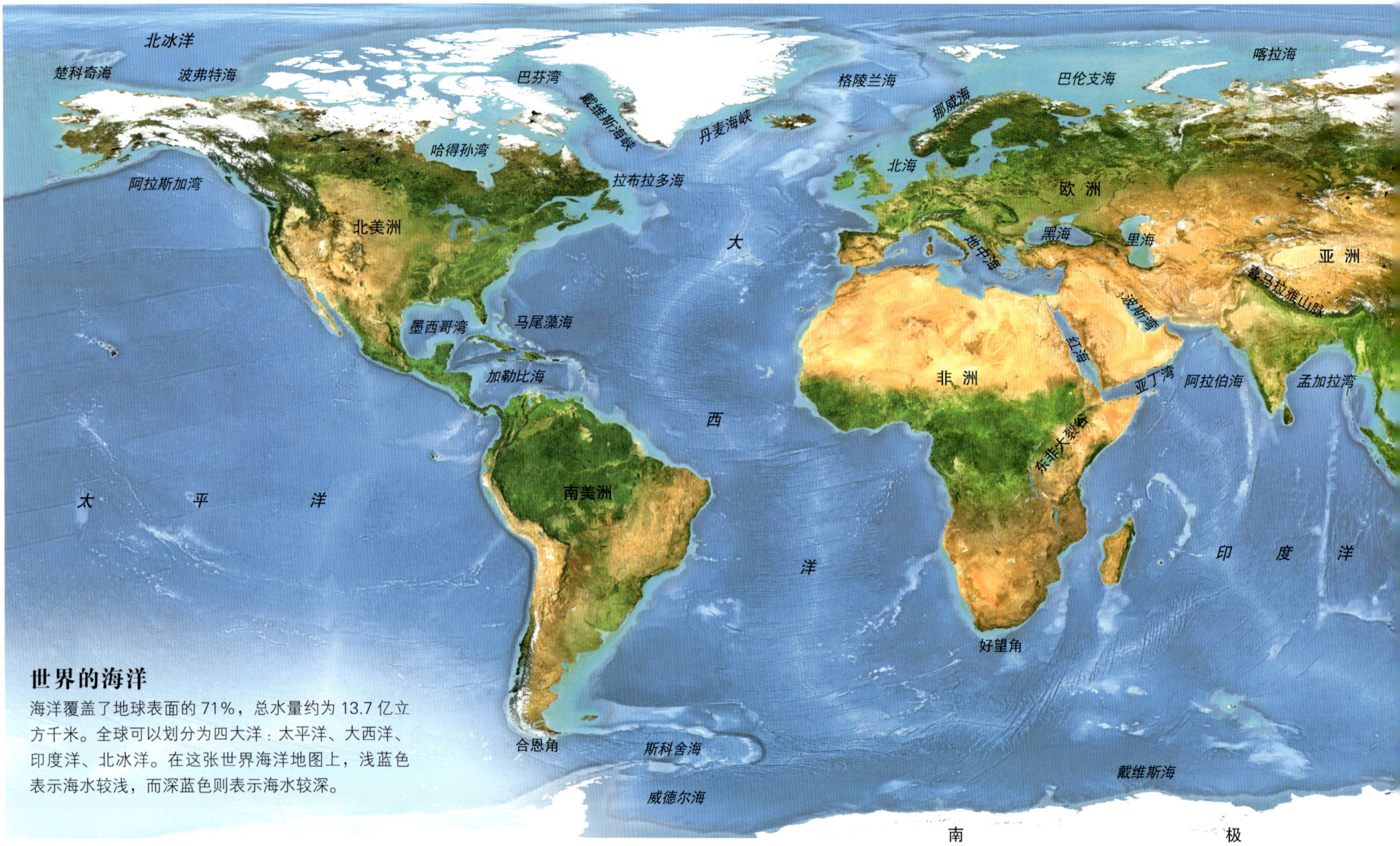

世界的海洋

海洋覆盖了地球表面的 71%，总水量约为 13.7 亿立方千米。全球可以划分为四大洋：太平洋、大西洋、印度洋、北冰洋。在这张世界海洋地图上，浅蓝色表示海水较浅，而深蓝色则表示海水较深。

海底地貌

表面平静的海洋，底部却蕴含着无限风光——活跃的火山、高耸的山岭、宽阔的平原、深邃的海沟、长长的海底山脉。海洋地壳又称洋壳，它们在大洋中脊处生成。

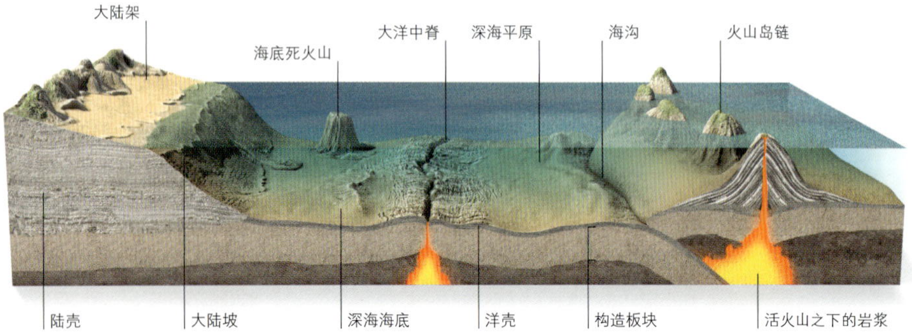

海水中的盐

最初，地球上只有淡水。经过数百万年的风化、流水侵蚀作用，岩石中的矿物质，包括氯化钠等可溶性盐类，被溶解并被搬运到海洋。这一过程亘古未变。如今，经江河带入海水中的盐分，通过蒸发与沉淀保持着平衡。

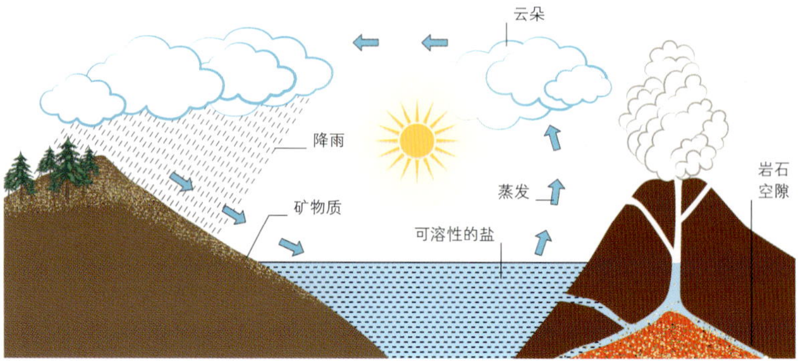

水循环

在太阳辐射的驱动下，水循环贯穿海、陆、空三界。地表水不断蒸发形成水汽，然后被抬升至高空凝结成云，云朵在空中飘移并使水分以雨雪的方式落回地表，一部分陆地降水汇入江河形成地表径流并最终回归海洋。地球上约 70% 的淡水资源存在于冰川和冰盖中，其余则主要由江河及湖泊水等组成。

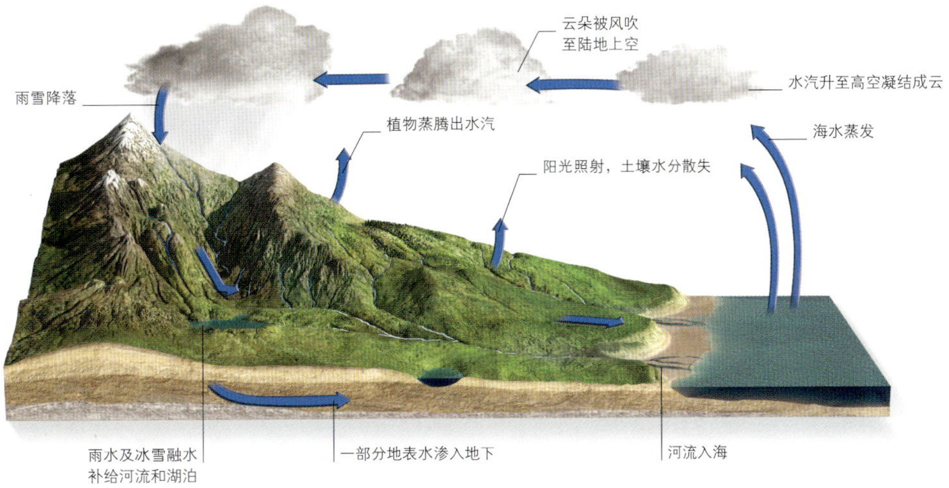

世界大湖

一些湖泊不过是浅水洼地，终将干涸；而有一些则横无际涯，浩瀚如海。

1 **里海**
面积 371000 平方千米， 曾是古地中海的一部分，于末次冰期水位降低，独立成湖。

2 **苏必利尔湖**
面积 82400 平方千米， 北美五大湖之首，世界最大的淡水湖。

3 **维多利亚湖**
面积 69400 平方千米， 东非高原中部凹陷盆地形成的浅水湖泊。

4 **休伦湖**
面积 59600 平方千米， 北美五大湖中第二大湖。

5 **密歇根湖**
面积 58000 平方千米， 北美五大湖之一，完全位于美国境内。

湖泊类型

湖泊成因众多、分布广泛，大部分为淡水湖。一些湖泊已有几百万年的历史，而有一些则很年轻。

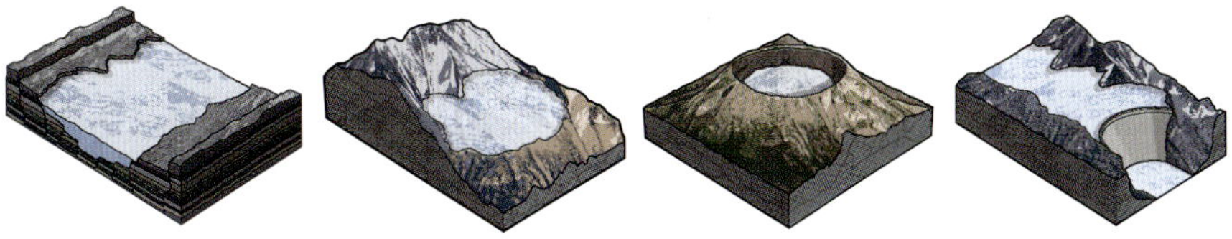

断层湖
地壳运动产生长长的洼地，积水成湖。断层湖是地球上最古老、水体最深的湖泊类型。

锅穴湖
冰川退却过程中，埋藏在沉积物中的巨大冰块融化后的产物，因其形状像一口大锅而得名。

火山口湖
火山喷发形成巨大的火山口，雨水填满火山口后形成湖。

人工湖——水库
人为建造的湖，可以储存直接用于生产、生活的淡水或者进行水力发电。

河流

河流大多发源于地势较高、水量丰沛的山地高原，一股股涓涓细流（雨水或冰雪融水）随山势流下，汇聚成大江大河。另外，河流亦可发源于湖泊、山泉。

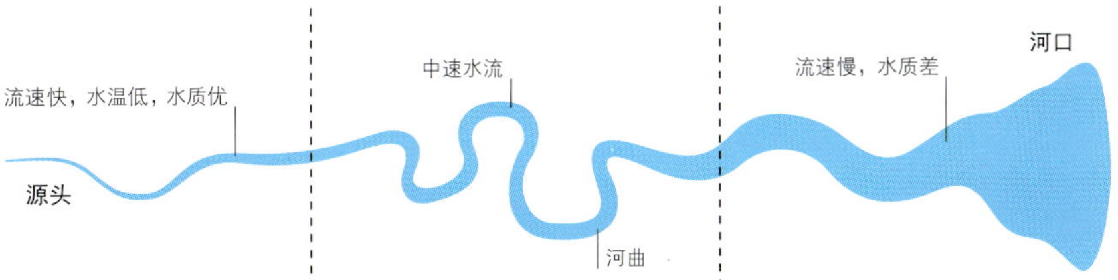

上游
水流湍急，裹挟砂砾侵蚀河道，河道加深。

中游
地势较平坦，流速减慢，形成河曲。水流继续侵蚀外侧河床，河曲弯度加剧。

下游
地势较低，流速继续减慢，河面变宽，河流注入湖、海。所携泥沙于河口处堆积。

世界长河

地球表面有一些河流，蜿蜒曲折，长度惊人。下面是世界五大长河。

1 **尼罗河**
全长 6671 千米， 位于非洲，汇聚了两大支流——青尼罗河与白尼罗河。

2 **亚马孙河**
全长 6480 千米， 位于南美洲，是世界流量最大的河流。

3 **长江**
全长 6397 千米， 位于亚洲中国，是世界第三长河流。

4 **密西西比河**
全长 6262 千米， 是北美洲最长的河流，注入墨西哥湾。

5 **黄河**
全长 5464 千米， 位于亚洲中国，因河水黄浊而得名。

海洋面积

下图显示四大洋面积和深度的对比情况。太平洋最大、最深，覆盖了近半个地球；北冰洋最小、最冷、最浅。

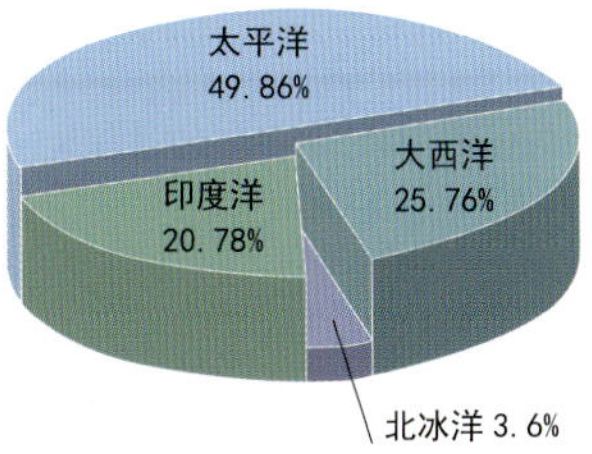

水能利用

水是自然界基本资源之一，江河湖海蕴含着巨大水能。随着科技发展，水能已被极大地开发利用。

水力发电
修建在河道上的水电站大坝可将水的动能和势能转换为电能。

潮汐发电
与水力发电原理相同，潮水涨落的动能和势能转换为电能。

水电能源

水力发电站利用流动的水生产电能，主要设备包括压力管道、水轮机、发电机以及输电线路。影响水力发电的主要因素是水位落差和流量。

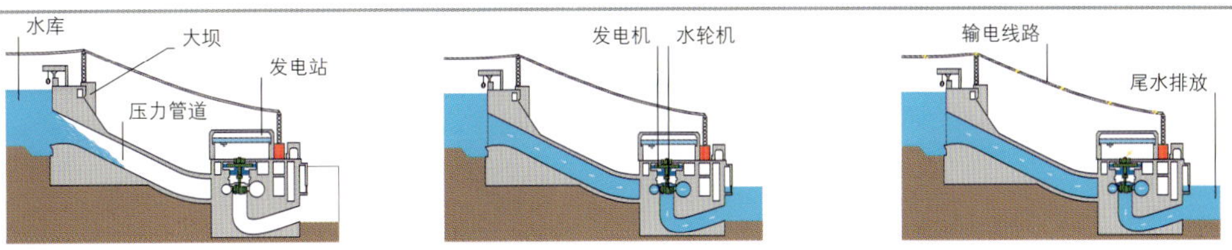

1 水库开闸
水储存在水库中，开闸后，水顺着压力管道进入发电站。

2 水压驱动
水压驱动水轮机带动发电机生产电能。

3 发电完成
电能通过输电线路输送。尾水从下游流出。

天气与气候

阳光、空气与水三者相互作用影响着不断变化的天气，天气在一天内变化很快。某地多年的大气和大气活动的综合状况即为气候，气候比较稳定。

气候

气候是指某地区长时间的天气的综合情况。影响气候的因素颇多，如距离赤道的远近。

气温
距离赤道愈远，气温愈低。

降水
全球降水量分布并不均衡。

天气系统

温度、水汽含量、大气密度和气压等物理性质较均匀的大范围空气块，称为气团。随着气团运动，形成不同的天气系统。

暖锋
暖气团向冷气团方向移动，暖空气缓慢抬升，水汽冷却凝结，成云致雨。

冷锋
冷气团向暖气团逼近，暖空气被迫迅速抬升、冷却，易形成暴雨天气。

世界气候带

根据各地区气温、降水以及植被的差异，世界被划分为若干气候带，从高温、多雨的赤道气候带逐渐过渡到寒冷、干燥的极地气候带。全球主要有以下几种气候类型。

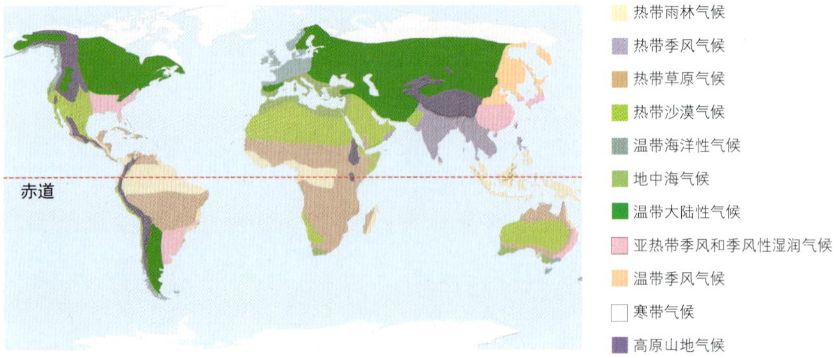

季节变化

因地轴倾斜，所以南北半球存在季节差异。夏季，向太阳倾斜的半球白昼较长、气温较高。

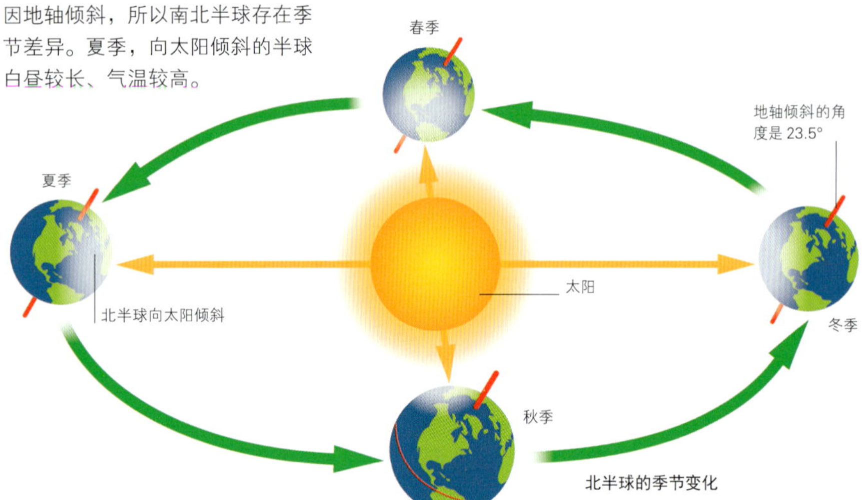

北半球的季节变化

气候变化

陆地、海洋、大气三者相互作用形成了气候。人类活动可以影响这种自然关系，从而导致气候变化。

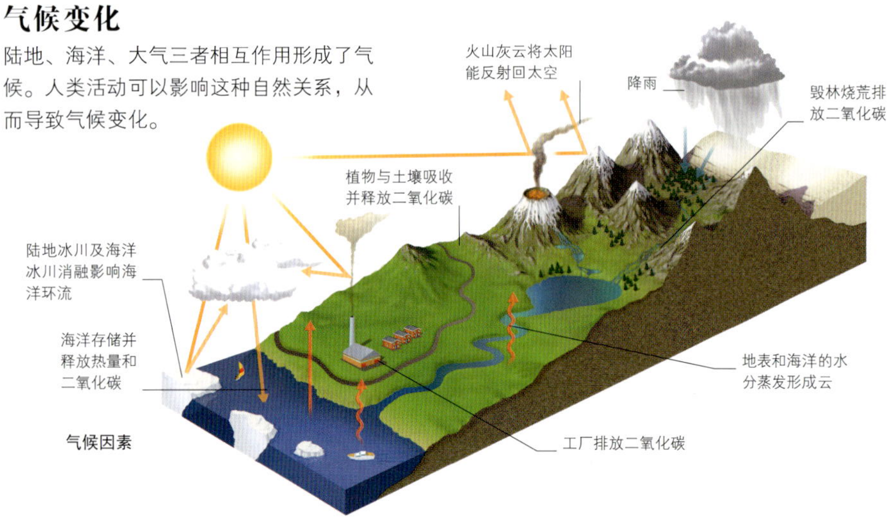

气候因素

大气环流

无休无止的大气运动缔造了全球大气环流。赤道地区的热空气流动至高纬地区，遇冷变为冷空气后又流回热带——这一过程称为环流。高空大气中温度差异大，形成快速流动的强风带，也叫急流。急流可影响局地天气。南北半球对称分布三对环流圈，形成规律性极强的风带。大洋海水在海面风力的驱动下形成洋流。

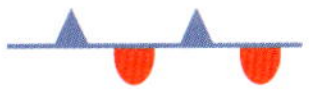

准静止锋
冷暖气团势力相当，锋面相对静止，能够引起大范围降雨。

锢囚锋
速度较快的冷锋追上暖锋，并将暖空气抬升，可连续降雨数天。

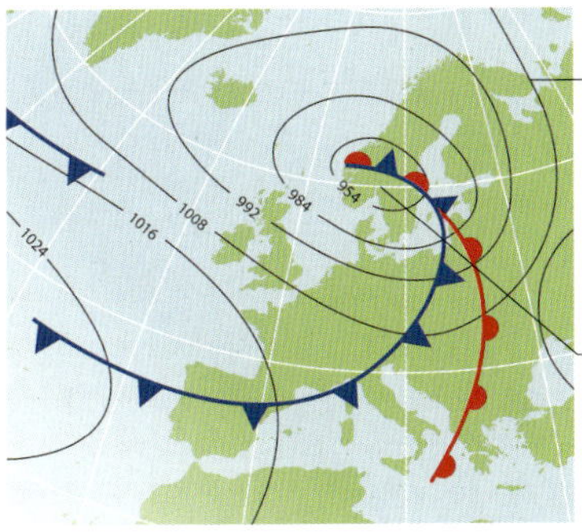

等压线
气压相同的各点连接而成的闭合线。

低气压中心
低气压控制区域，即气压值最低的地方。

气象图

降水

简而言之，降水即水汽下降。至于从天而降的是雨水、冰雹还是雪，则取决于空气的寒冷程度。

雪
雪花是六角形的小冰晶。

雨
云中的水汽遇冷凝结成水滴，水滴下落即为雨。

冰雹
云中的固态降水物。

雨夹雪
气温略高于 0℃时的雨、雪混合物。

雾
暖湿空气在近地面遇冷形成。

风级

空气在高气压与低气压之间流动形成风。蒲福风级用于衡量风速，从静止的 0 级无风到飞旋的 12 级飓风。

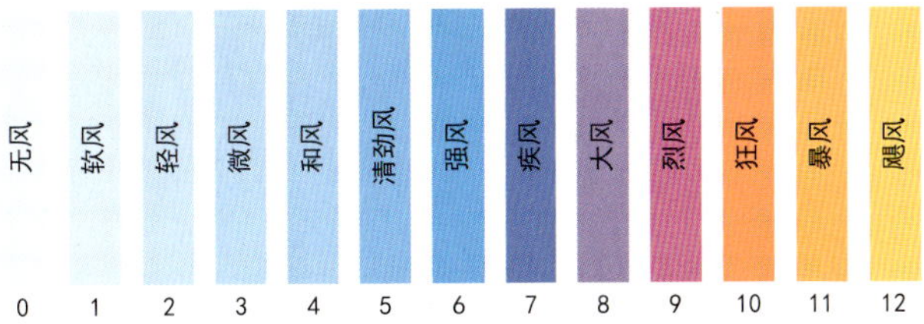

蒲福风级表

天气之最

历史上的一些极端天气事件仍然令人们心有余悸。

最高风速
1958 年，美国威奇托福尔斯龙卷风的中心风速高达 450 千米 / 时。

最高气温
2005 年，据卫星观测，伊朗卢特荒漠气温一度高达 70.7℃，创造了世界陆地表面温度最高纪录。

最低气温
2010 年，据卫星观测，南极洲东部高原气温 –93℃，打破世界纪录。

最大单日降水量
1966 年，印度洋留尼旺岛受热带气旋影响，创造了世界单日降水量最高纪录 1825 毫米。

最小年均降水量
智利阿里卡不幸成为世界上最干旱的城镇，年降水量仅为 0.76 毫米。

智利阿里卡

云的种类

空中的云虽千姿百态，然而不外乎三大类型：垂直发展呈砧状的积云，均匀成层的层云，丝丝缕缕的卷云。

云的命名
依据体积大小、形状特征以及所在高度，云的具体名称如下图所示。

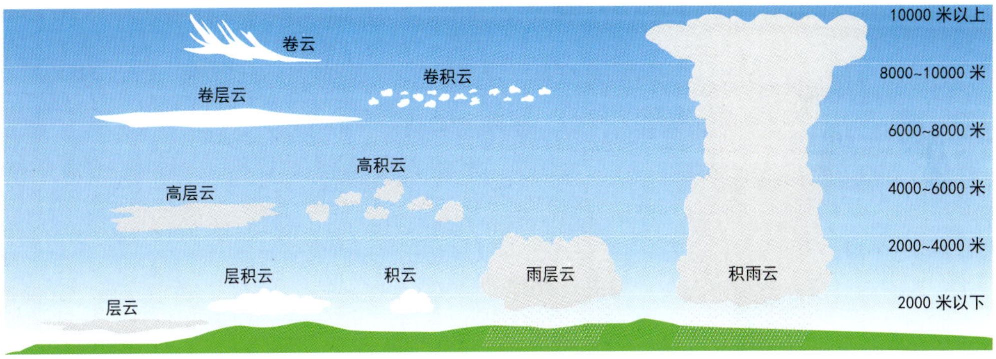

云的形成

1 水分蒸发
太阳照射地表，陆地和海洋中的水分蒸发。

2 水汽凝结
水汽上升、遇冷，凝结成云。

3 云层抬升
随着热量释放，云层抬升。

气象观测

气象站遍布世界各地，以便收集信息，了解全球天气模式。科学家们使用一系列仪器设备，从最简单的温度计、雨量器到高科技的带有传感器的气象球，乃至气象卫星。

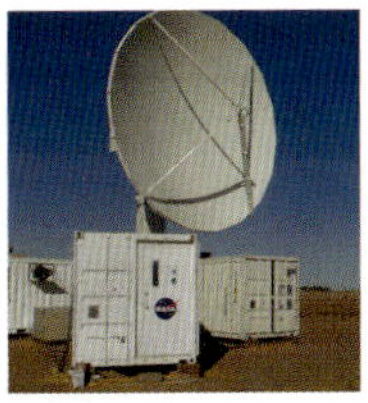

多普勒雷达
该类型雷达使用微波追踪移动雨带。

气象气球
将载有传感器的氦气球升入高空，进行气象观测。

气象卫星
包括极地轨道卫星和同步气象卫星。

极端天气

在地球的一端，龙卷风、飓风和洪水摧毁房屋与田地，而另一端长期干旱导致水资源短缺使得庄稼干枯。人类历史上的极端天气灾害事件并非罕见，现在看来，这种反常现象的多发态势极可能与全球气候变化相关。

极端天气成因

太阳辐射是形成极端天气的关键因素，辐射热在大气中制造了极端的高气压与低气压，从而为极端天气的形成创造了条件。另外，火山喷发产生的火山灰也是灾害性天气的诱因之一，全球气候变暖的破坏性同样不容低估。

全球变暖
1970 年以来，全球平均气温已上升 0.5℃，大气热量增加可能对固有天气模式产生不良影响。

极端天气概念

世界上不同地区气候差异极大，那么应当如何判断天气是否“极端”？印度人对季风带给当地的强降雨早已习以为常，如同遥远北极地区大面积冰冻一样不足为奇。简而言之，极端天气是指某地区不同寻常的天气状态。例如，风更猛了，天更热或更冷了，空气更潮湿了，或者灾害的破坏性更强了。

美国是世界上龙卷风最为频发的国家，每年约经历 1000 次。

雷暴
雷暴形成于炎热、湿润的天气条件下，雷暴带来暴雨、冰雹、电闪雷鸣。

季风
大范围地区盛行风随季节而有显著改变的现象。在夏季风异常的情况下，常会发生旱涝灾害。

洪水
山区或者沿海地区短时间内的强降雨可以引发洪水泛滥。

龙卷风
此类旋风的威力足以踏平房屋、卷走车辆。

飓风（台风）
携带着狂风暴雨的飓风（台风）堪称地球上威力最大的天气系统。

沙尘暴
在严重干旱地区，狂风挟卷沙尘，沙尘愈积愈多，形成令人窒息的沙尘暴。

热浪
热浪滚滚的日子里，气温飞升，水库干涸，水资源严重短缺。

干旱
由于长期受高气压控制，不具备成云致雨的天气条件，该地区因干旱颗粒无收。

浓雾
小水滴附着在空气中的尘埃上便形成雾。能见度小的浓雾多发生于污染地区。

雹暴
雹暴过境，冰块遍地，玻璃碎裂。

雪暴
雪暴是指厚度达到 15 厘米的强降雪，该天气现象对日常生活会造成不利影响。

寒潮
寒潮来袭气温骤降，人们的生产生活面临严重威胁。

季风

夏季盛行风为热带、亚热带地区带来庄稼生长所需的丰沛降雨，而反方向的冬季盛行风吹来干燥、凉爽的天气。

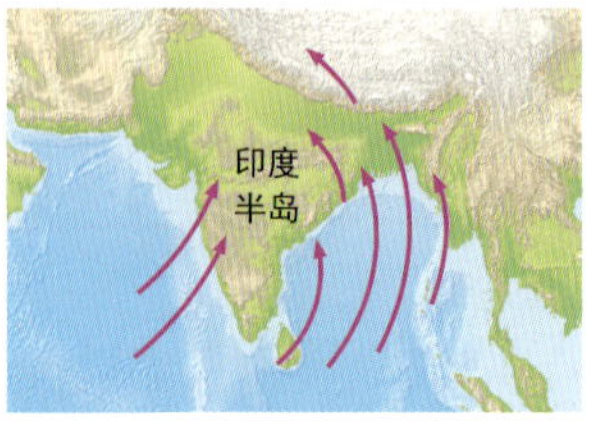

夏季
南亚夏季风来自印度洋，为整个印度半岛带来丰沛的降雨。

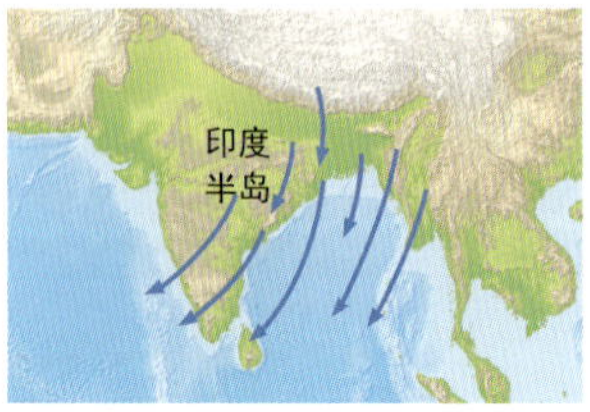

冬季
掉转方向后，南亚冬季风为整个印度半岛吹来晴朗、干爽的天气。

强对流天气

在炎热、潮湿的天气里，庞大的积雨云可以迅速生成。伴随高耸的积雨云而来的常常是狂风暴雨、冰雹以及电闪雷鸣。当云团中的水滴、冰晶及冰雹相互摩擦产生电荷后，闪电的形成条件便已具备。闪电发生时空气急剧热膨胀，发出轰鸣的雷声。

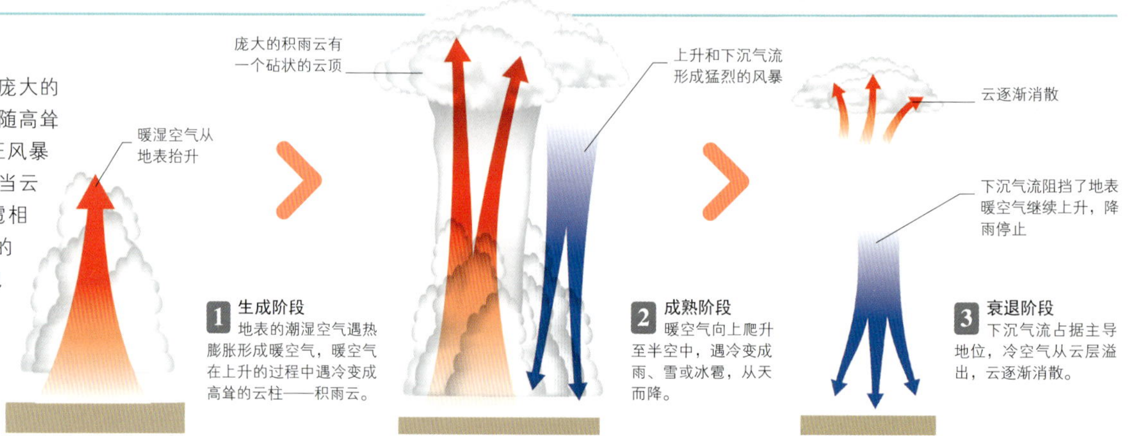

1 生成阶段
地表的潮湿空气遇热膨胀形成暖空气，暖空气在上升的过程中遇冷变成高耸的云柱——积雨云。

2 成熟阶段
暖空气向上爬升至半空中，遇冷变成雨、雪或冰雹，从天而降。

3 衰退阶段
下沉气流占据主导地位，冷空气从云层溢出，云逐渐消散。

闪电

克服空气阻力需要相当高的电压，然而雷雨云一旦形成便所向披靡，当接触到一个地面制高点——比如一棵大树时，更加剧烈的放电现象随之产生，称为回击。

云间闪电
该类型闪电最为常见，发生在云之间，未及地面便已消失。

云地闪电
雷雨云中的电流与地面物体电流汇合产生的放电现象。

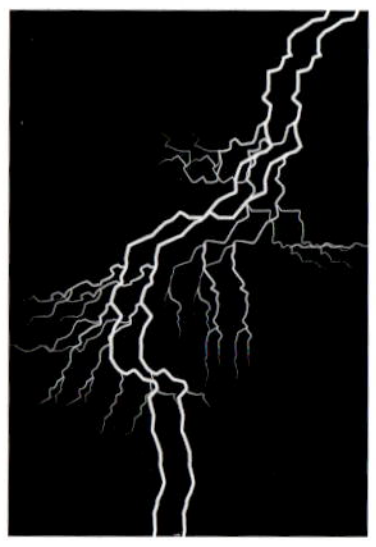

带状闪电
回击过程中产生条带效应的闪电。

片状闪电
在云中闪过，使云发亮的闪电。

太阳辐射
太阳辐射的剧烈变化，引起气压异常变化。

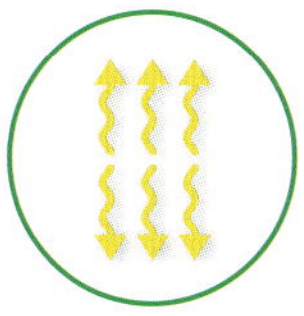

气压
低气压可引发雷雨、大风等强对流天气；超强高气压可导致干旱。

天气怪象

天气可以形成奇异的自然现象，举例如下：

- **红色精灵与蓝色喷流**
  红色精灵为天空中的红色闪电，蓝色喷流是雷雨云中锥形的蓝光。
- **滚地雷**
  学名球状闪电，火球仅持续数秒钟，可能是雷暴天气时土壤元素的氧化反应。
- **下吹风**
  沿坡面向下吹的风。由密度较大的冷空气受重力作用形成，多发生于夜间。
- **非水态雨**
  蜘蛛、青蛙甚至海蜇被狂风挟卷到高空，之后又如同雨点般纷纷落下。
- **圣艾尔摩之火**
  雷雨天气中桅杆或电线杆顶端的放电现象。

巨型冰雹

这种巨大的冰雹于 2010 年 7 月在美国南达科他州的一场雹暴中现身。雷雨云中的强气流可将冰粒不断向上托举，从而加厚冰层，形成巨型冰雹。

巨型冰雹
重量 1000 克，直径 20 厘米，是标准网球的 3 倍。

飓风

形成于大西洋和东太平洋温暖海域的强热带风暴称为飓风。飓风时速超过 300 千米，直径可达 4000 千米。飓风经过时，沿途岛屿以及沿岸地区一片狼藉。如果这种强热带风暴形成于西北太平洋和南海，则称为台风。

在美国，飓风常以孩子的名字命名，但有时也以动物、甚至食物的名称命名。

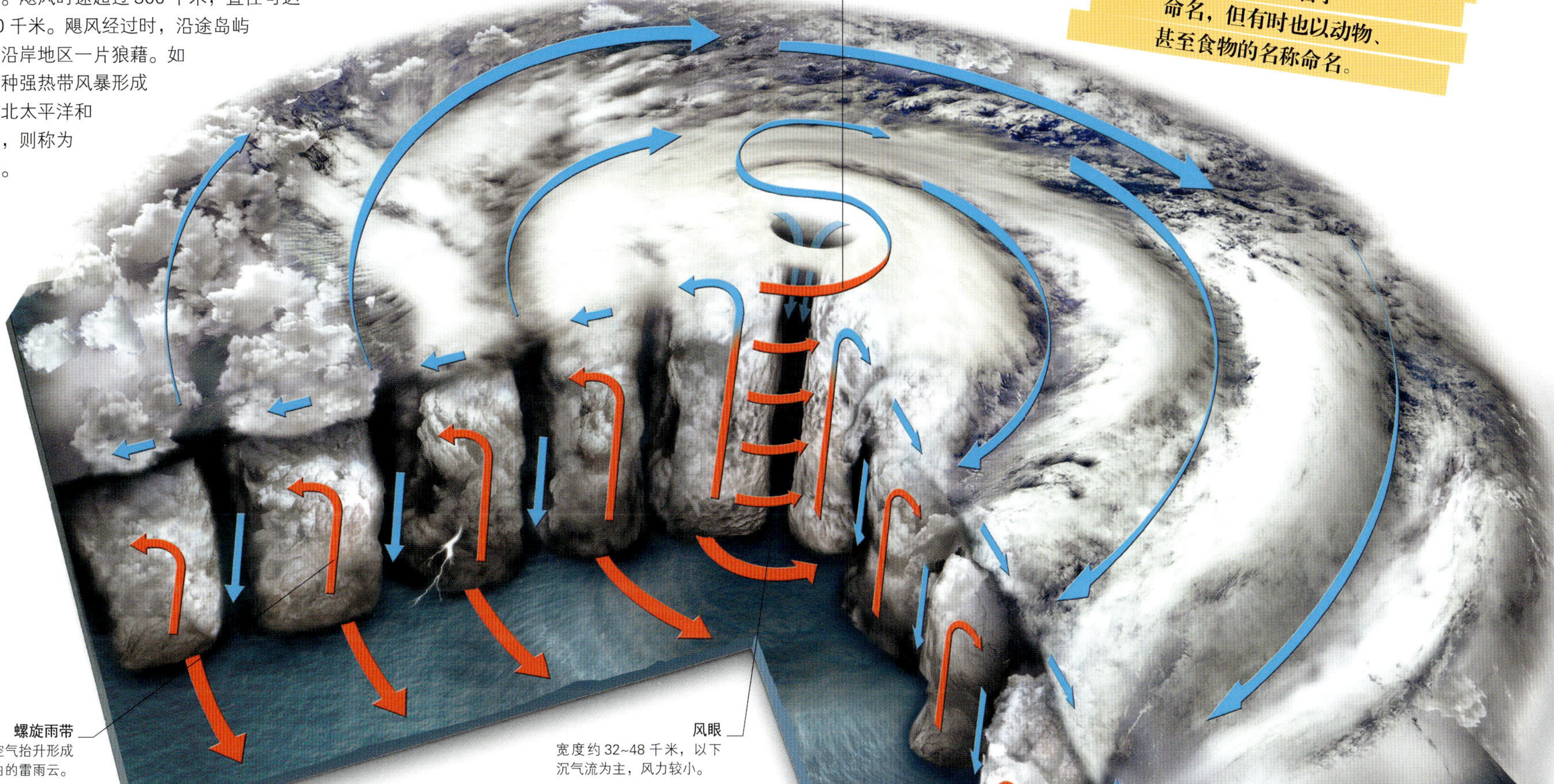

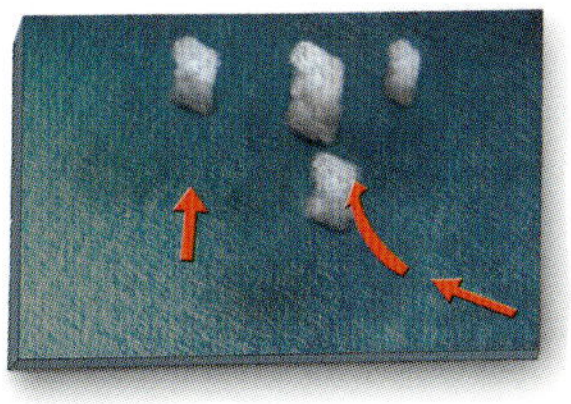

1 雷雨云
起初，温暖的洋面上生成一串串高耸的雷雨云。

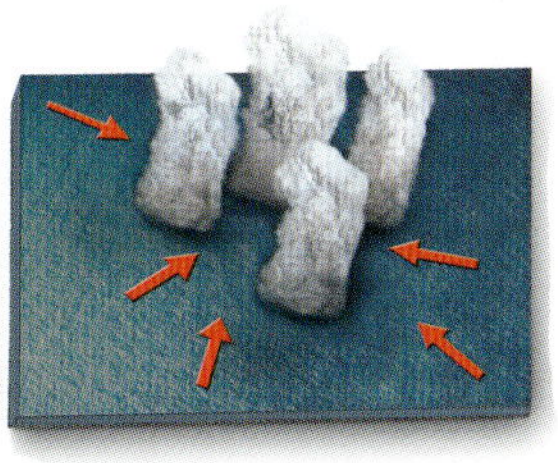

2 低气压区
随着低气压区逐渐形成，周围暖气流不断涌入，旋动开始。

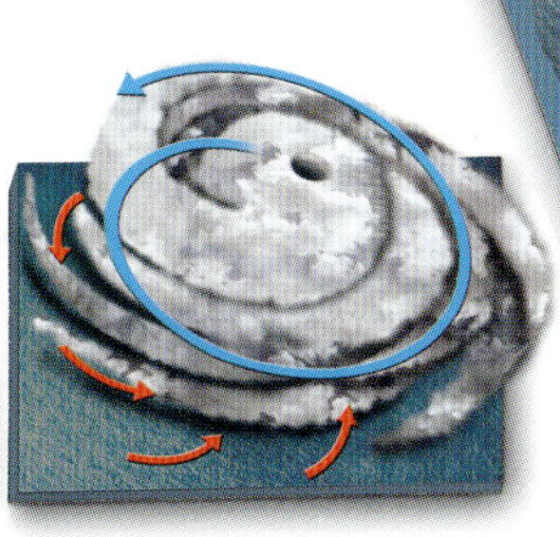

3 热带风暴
旋速加剧，云层抬升，大雨如注。

4 飓风
当风速超过 120 千米 / 时，风眼——飓风中心风力较小的圆形区域形成。

龙卷风

暖空气上升时，从地面带走更多的空气，而冷空气则从云层下沉。巨大的气团不断旋转，形成柱状，从云端直抵地面。龙卷风形似漏斗，中心风速最高可达 480 千米 / 时。

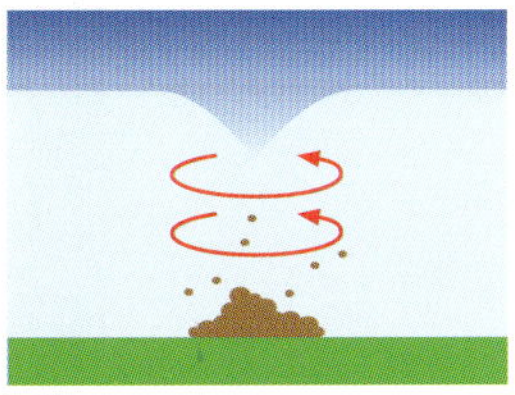

1 气旋
暖空气从地面上升并开始旋转。在云底部形成漏斗状。

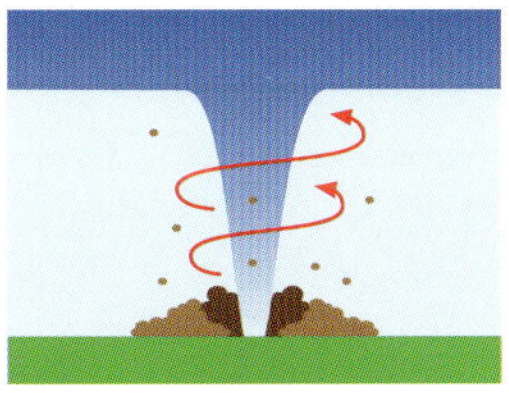

2 漏斗
随着漏斗状的云伸向地面，暖空气愈积愈多、愈转愈快。

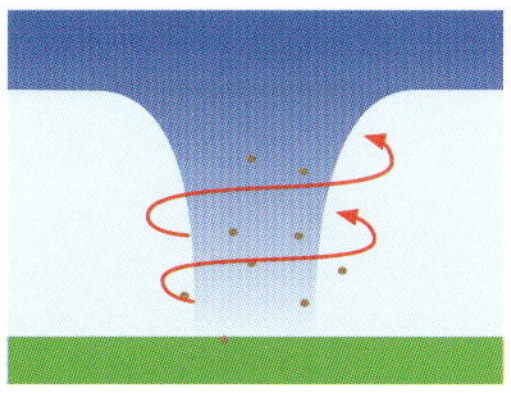

3 风柱
巨大风柱形成，宽度可达几千米，杀伤力极强。

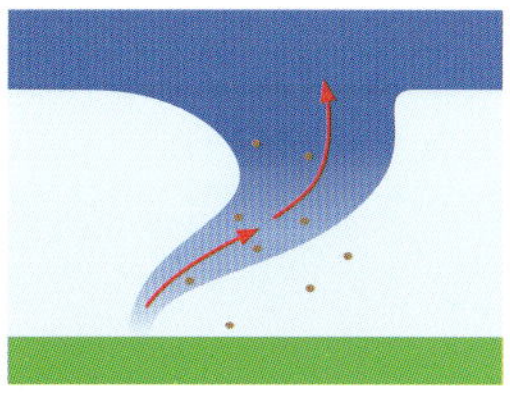

4 衰退
风速减弱，风柱变窄，漏斗消失。

环境问题

地球环境非常脆弱。制造污染、滥砍滥伐以及化石燃料的过度使用等人类活动正在改变着环境，并使众多动植物陷于生存困境。与此同时，人们也开始思考应当如何减缓对环境的有害影响，方法有许多，如寻找可循环利用的绿色清洁能源等。

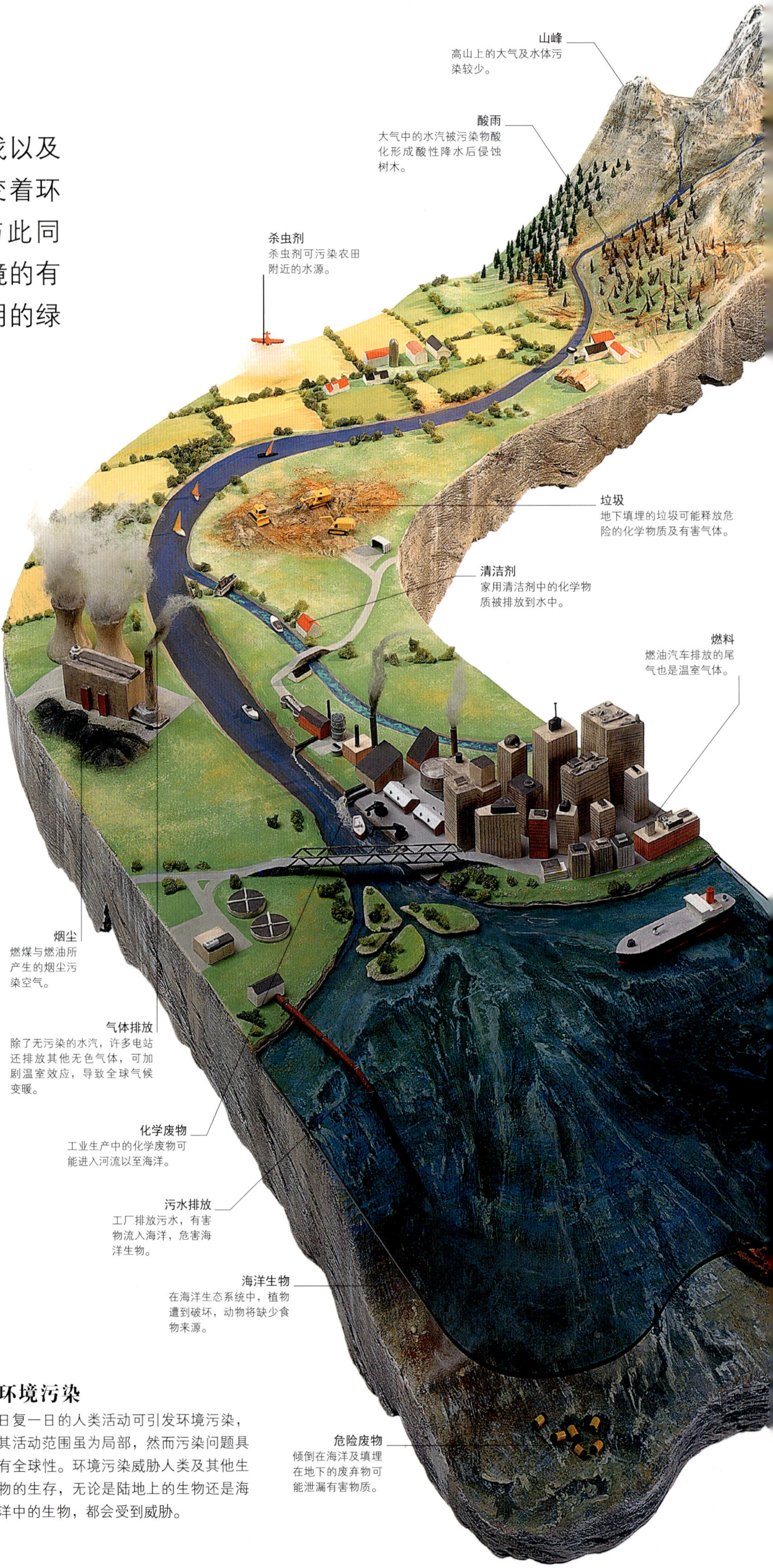

温室效应

大气中的二氧化碳等气体，能够像温室的玻璃一样让太阳光透过而被地表所吸收，使地面增温。地面增温后，放出的热量绝大部分被大气吸收后返回地面，从而使地球表面温度舒适宜人。这种大气对地球的保暖作用称为温室效应。

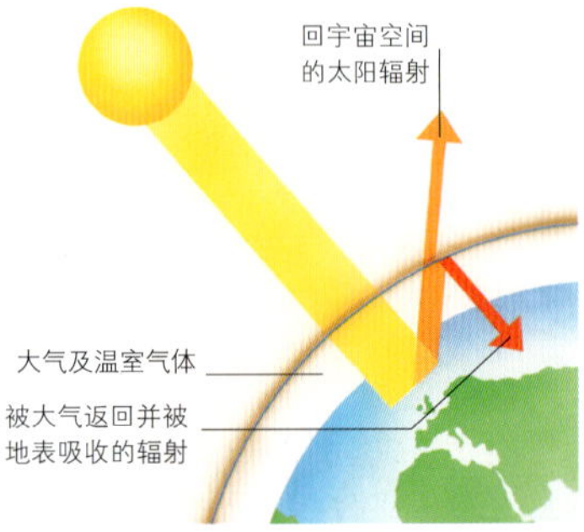

全球气候变暖
煤炭、石油等化石燃料的过度使用，在大气层中产生过多的温室气体，导致全球气候变暖。

全球气候变暖

“气候变暖”听上去并不可怕，但事实上其后果不堪设想。哪怕是1℃~2℃这样微小的气温变化都能够打破自然界的生态平衡，破坏野生生物赖以生存的栖息地，并最终导致人类丧失家园乃至生命。

海平面上升
随着极地冰川融化、海平面上升，沿岸可利用土地大量减少。

海洋酸化
珊瑚礁等海洋生物会死于环境变化。

极端天气
全球气候变暖诱发毁灭性的风暴、洪水以及干旱。

沙漠化
全球气温普遍升高将导致沙漠面积不断扩大，侵吞动植物栖息地和人类农业用地。

环境污染

日复一日的人类活动可引发环境污染，其活动范围虽为局部，然而污染问题具有全球性。环境污染威胁人类及其他生物的生存，无论是陆地上的生物还是海洋中的生物，都会受到威胁。

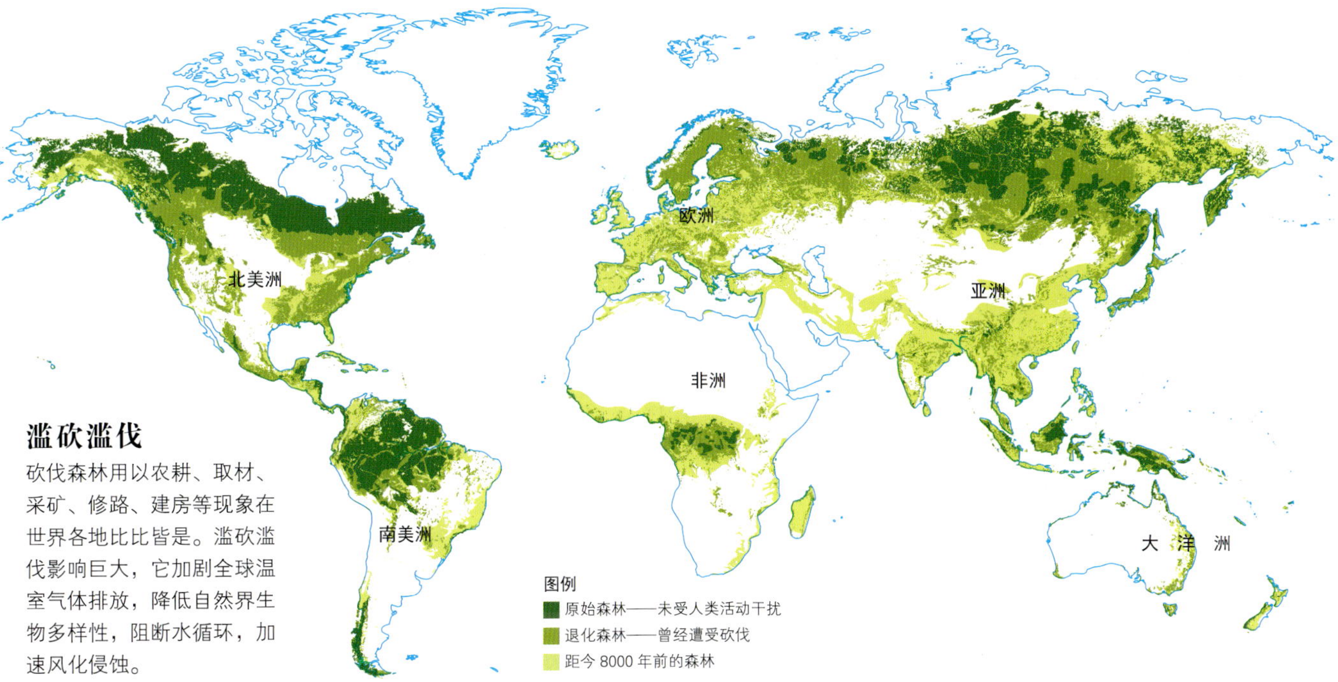

全球平均每年约有2600万公顷的森林遭到破坏。

滥砍滥伐

砍伐森林用以农耕、取材、采矿、修路、建房等现象在世界各地比比皆是。滥砍滥伐影响巨大，它加剧全球温室气体排放，降低自然界生物多样性，阻断水循环，加速风化侵蚀。

濒危物种

每年都有成百上千的物种因疫病、猎杀、栖息地的丧失等原因濒临灭绝。

植物
目前，全球共有 1 万多种濒危植物。

爬行动物
将近半数的龟类动物濒临灭绝。

两栖动物
约 41% 的两栖动物生存受到威胁。

鸟类
约 14% 的鸟类处在脆弱的生活环境中。

鱼类
人类为了获取鱼翅，平均每年捕杀几百万头鲨鱼。

哺乳动物
约 25% 的哺乳动物生存面临威胁。

日用品

不经意间，人们的日用品可以对环境造成压力。例如，购物时使用塑料袋是小事一桩，然而如果全世界的人都这样做，地球可要吃苦头了。

棉织品
带有杀虫剂及有害化学品残留。

电池
用后须无害化处理，否则可释放危险的化学物质。

塑料袋
每年有几百万的海洋动物因误食塑料袋而亡。

手机和计算机
每年约有 5000 万吨电子废物被丢弃。

互联网
年均制造约 10 亿吨二氧化碳。

原油
油轮及油井原油泄漏会威胁海洋生物。

沉船
事故中失事的沉船可能载有危险货物。

肉类食品
超过 14% 的温室气体因加工肉类食品而产生。

巧克力
生产 1 千克巧克力所需水量高达 2.5 万升。

塑料瓶
美国年均使用 500 多亿个塑料瓶。

循环利用

有些材料，如塑料与玻璃，被填埋后需要成百上千年才能够被土壤分解。将这些物品循环利用可以节约资源与能源，同时也对环境有利。

塑料
可被再造为公园长凳、排水管道甚至外套。

玻璃
再造 1 吨玻璃比首次生产相同质量的玻璃，少排放 315 千克二氧化碳。

纸张
再生纸较原材料造纸可节约 70% 能耗。

铝
再生铝仅需原生铝 5% 的能耗。

可再生能源

虽然核能满足了全世界 10% 的能源需求，但化石燃料仍旧是当今世界的主要能源。然而，化石燃料将变得逐渐稀缺，同时带来一系列的环境问题。于是，清洁环保的可再生能源渐成主流。

风能
风可吹动风轮发电机，从而将风能转换为电能。

太阳能
太阳能电池板可吸收太阳能，并将其转换为电能。

潮汐能
潮水涨落可推动水轮机转动，产生动能。

水能
水库放水可推动水轮发电机运转，产生电能。

地热能
冷水吸收地下的热能，通过管道泵渗出地表。

环境保护

环境保护，我们并非无能为力。如果地球公民都能够从我做起，受益者将是整个生态环境。

- **关闭电源**
  随手关闭电灯及计算机，这样做可以节电。
- **绿色出行**
  步行、骑车或者乘坐公共交通工具，而不是开私家车出行。
- **节约用水**
  快速淋浴取代盆浴，刷牙时关掉水龙头。
- **避免浪费**
  抵制过度包装商品。避免使用一次性塑料瓶。
- **循环利用**
  许多材料可循环利用，如纸张、玻璃、塑料。
- **废物利用**
  厨余垃圾可制作混合肥料。
- **请勿乱丢**
  随手乱丢的垃圾可能伤害动物，也可能被冲入大海、长眠海底。
- **植树造林**
  花草树木可以吸收二氧化碳，减少温室气体。
- **合理饮食**
  少吃肉食，购买当地的应季食品。
- **人人有责**
  鼓励家人、朋友爱护环境，做好宣传工作。

世界地形

地球表面大多被水覆盖，其余则被陆地和许多岛屿占据，构成大洲。世界上有七大洲，分别是亚洲、北美洲、南美洲、欧洲、非洲、大洋洲和南极洲。全球陆地的平均海拔约为 800 米，海洋的平均深度约为 3700 米。

经度与纬度

赤道好似一条辅助线，将地球平均分为南北两个半球。纬度用以衡量地球上某点与赤道的相对位置，经度则指示其与本初子午线的相对位置。本初子午线穿过英国伦敦格林尼治天文台原址，连接南北两极。

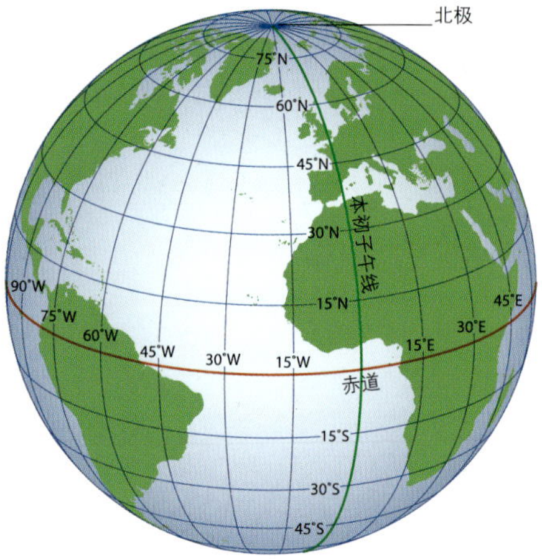

地理坐标
经度与纬度相结合便得到一组地理坐标，如纽约的地理坐标为 40.7°N、74°W。

地球表面积

地球表面积约 5.1 亿平方千米。水体占 70% 以上，其中大部分为海洋中的咸水。

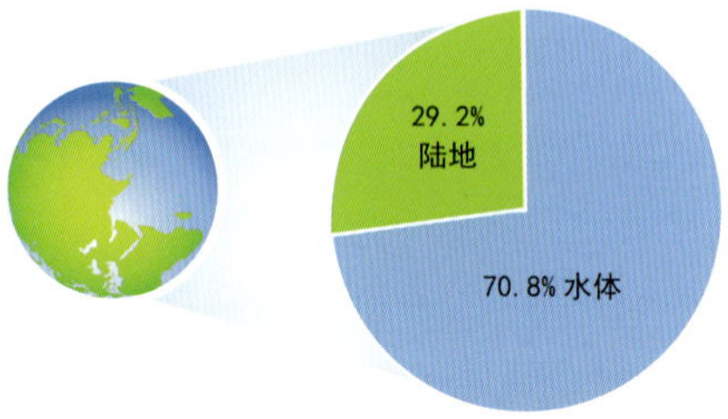

地球的
赤道周长
大约为
4 万千米。

陆地面积

距今几千万年前，地球上只有一块统一的大陆——泛大陆。历经若干地质年代，泛大陆逐渐分裂并缓慢漂移，才形成如今的大陆格局。地壳板块的构造运动，缓慢地改变着海洋的面积和陆地的位置。

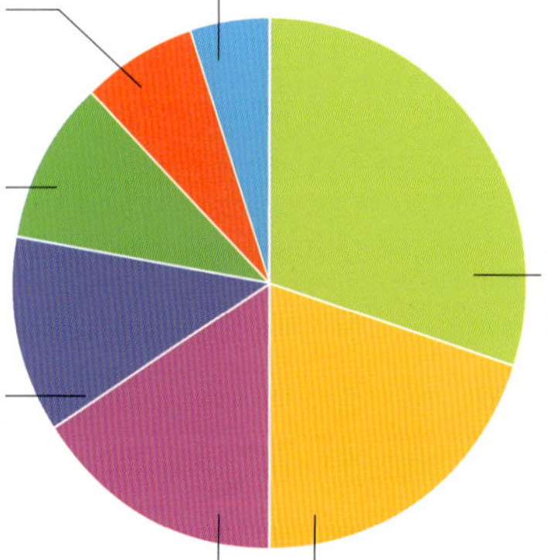

极端地区

由于地轴的倾斜及地球的公转运动，导致地表各地的温度与湿度存在显著的差异。全球最炎热的地区为埃塞俄比亚宽干谷，年平均气温高达 34.4℃；最寒冷的地区位于南极洲东部的冰原制高点——冰盖之巅，年平均气温仅有 -58.3℃。印度西卢村为全球最潮湿的地区，年降水量高达 11870 毫米；最干旱的地区则终年无降水，位于南极洲干谷。

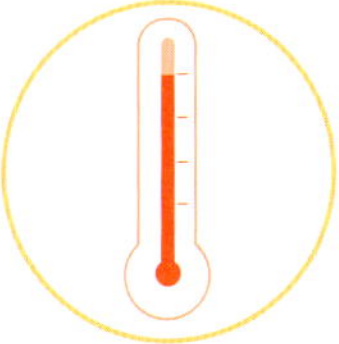

最炎热的地区：
埃塞俄比亚宽干谷

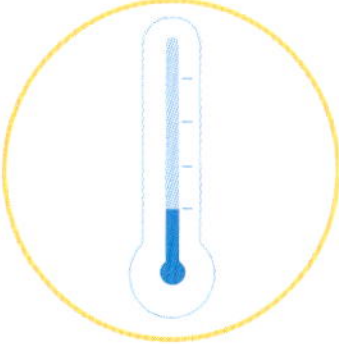

最寒冷的地区：
南极洲冰盖之巅

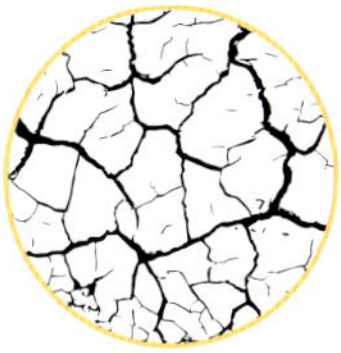

最干旱的地区：
南极洲干谷

最潮湿的地区：
印度西卢村

最高峰

地壳运动形成山脉。亚洲的喜马拉雅山脉是世界上最雄伟高大的山脉，分布于世界屋脊——青藏高原的南缘。南美洲的安第斯山脉绵延约 8900 千米，是世界上最长的山脉。

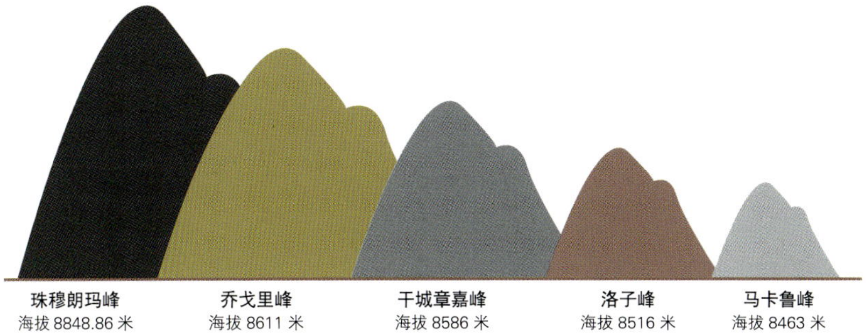

世界五大高峰

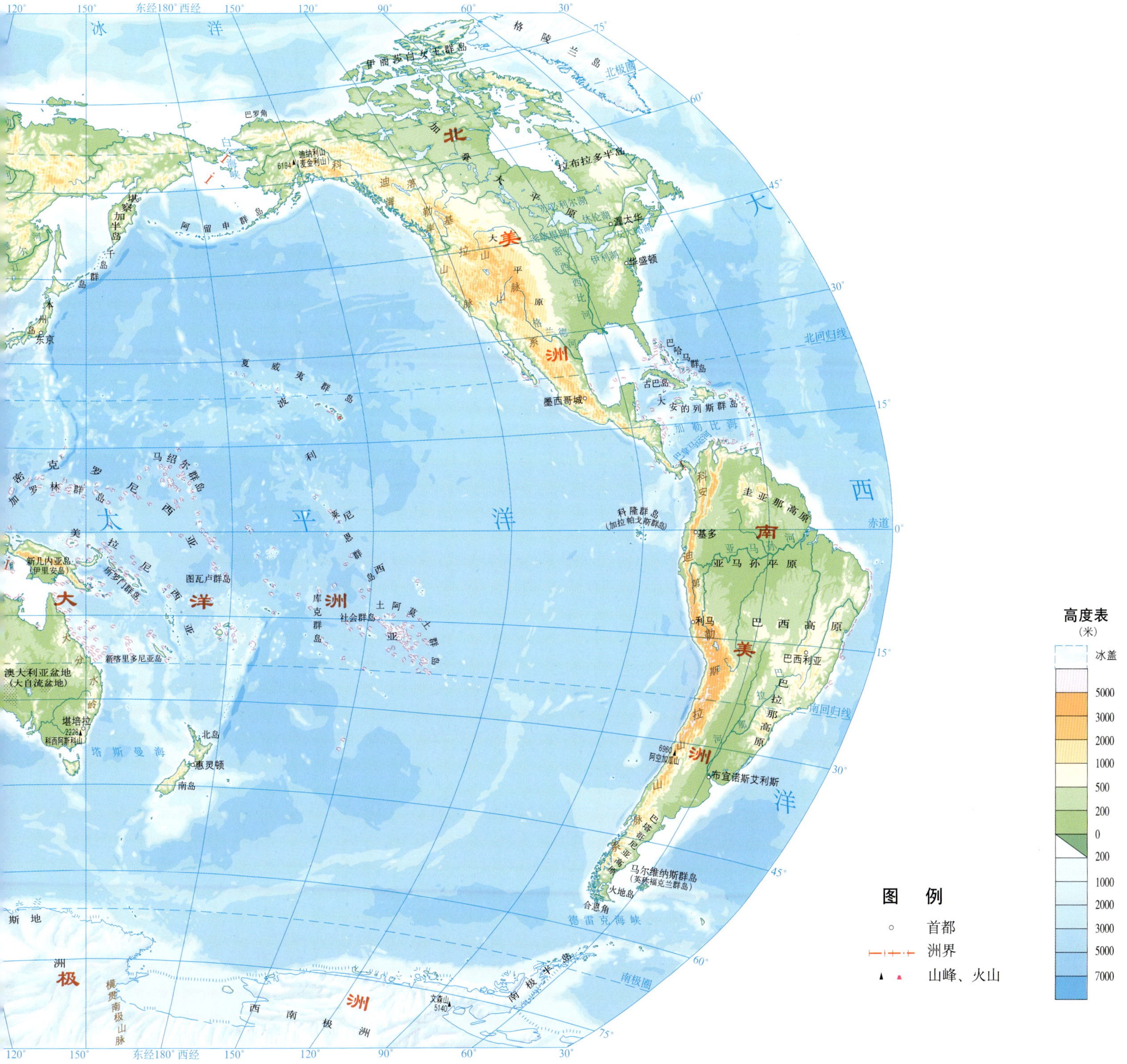

世界政区

当今世界共有 197 个国家，其面积、地形、人口、语言、政治和文化均各具特色。一个国家的面积大小、人口多寡和边界划定，以及油气等自然资源的贫富，是影响其内政与外交的部分因素。

世界时区

世界被平均分为 24 个时区。从经过伦敦格林尼治的本初子午线（即 0° 经线）算起，向东或向西移动 15° 则意味着增加或减少 1 小时。赤道地区昼夜时长均等，均为 12 小时；离开赤道，日照时长或变长或变短，而两极地区会有极昼与极夜现象。同纬度地区昼夜时长相同。

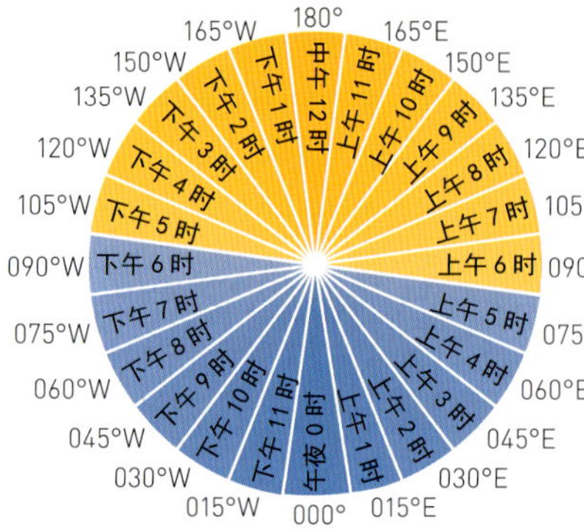

时区计算
相邻时区间隔之所以为 15°，是因为地球自转速度为 15° / 时。

世界人口

目前，世界总人口已超过 70 亿。据联合国预计，2050 年世界人口将达到94 亿 ~101 亿。由于气候、地形、自然及经济资源等因素，世界人口分布不均衡。随着城市化进程不断推进，越来越多的人口由农村迁往城市，城市居民总体已过半数，这一状况在亚洲尤为明显。在所有大洲中，南极洲人口密度最低，只有数千名科学家和技术人员分散在广阔的大地上。

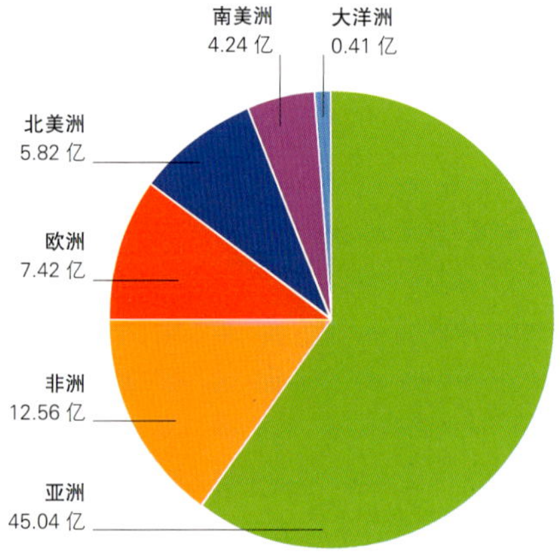

人口分布图

超级都市

超级都市指人口超过 1000 万的大都市。世界前三位超级都市均位于亚洲。

1 日本首都东京
人口：3739.3 万

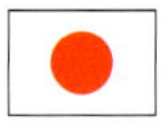

2 印度首都新德里
人口：3029.1 万

3 中国城市上海
人口：2428.1 万

4 埃及首都开罗
人口：2280 万

5 巴西城市圣保罗
人口：2204.3 万

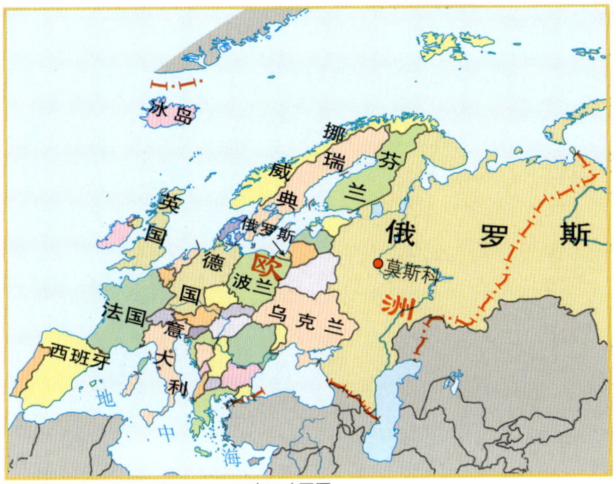

欧洲政区图

面积最大与最小的国家

俄罗斯幅员辽阔，地跨 11 个时区，与 14 个国家接壤，是世界上面积最大的国家。作为天主教中心，梵蒂冈位于意大利首都罗马的东北角，是世界上面积最小的国家。

面积最大的国家

1	**俄罗斯** 面积：1709.82 万平方千米	
2	**加拿大** 面积：998.47 万平方千米	
3	**中国** 面积：约 960 万平方千米	
4	**美国** 面积：937.26 万平方千米	
5	**巴西** 面积：851.49 万平方千米	

面积最小的国家

1	**梵蒂冈** 面积：0.44 平方千米	
2	**摩纳哥** 面积：2.08 平方千米	
3	**瑙鲁** 面积：21.1 平方千米	
4	**图瓦卢** 面积：26 平方千米	
5	**圣马力诺** 面积：61.16 平方千米	

图例	
●	首都
—·—·—	洲界
——— 未定 - - -	国界
-----------	地区界
+++++++++	军事分界线

亚洲

身为七大洲中面积最大的大洲，亚洲占据了世界陆地面积的1/3。其地形复杂多样，地球陆地表面的最高点和最低点均位于亚洲。亚洲热带气候广布，动植物资源极其丰富。复杂多样的自然环境养育了高密度的人口。亚洲的人口超过45亿，中国和印度两大人口大国均位于亚洲。

约旦佩特拉古城

2000多年前被雕琢于玫瑰色砂岩壁上的佩特拉古城，曾是红极一时的商贸之都。古城遗址隐没在峭壁之下的一条狭长山谷之中，于1812年才被探险家发现。

巨型石刻
佩特拉寺院建筑庞大，仅正门就有几层楼高，雕刻精美。

柬埔寨吴哥窟

吴哥窟的寺庙建筑群以其华美的浮雕闻名于世。它建于1113~1150年，是方圆400余平方千米坛庙建筑的残垣断壁中保存较好的一部分。直到现在，错综复杂的建筑群仍有一部分被树木掩盖着。

印度教宇宙观
吴哥窟建筑体现了印度教宇宙观。五座宝塔恰似五朵含苞待放的莲花形成金字塔状的结构，象征神秘的须弥山——印度教的宇宙中心、诸神道场。

印度恒河

恒河发源于喜马拉雅山脉，注入孟加拉湾，历来被印度人视为女神之河。对于两岸居民而言，恒河好似一条生命线，然而近年来恒河已被生活及工业垃圾严重污染。

圣浴
朝圣者聚集到恒河沿岸的圣城赫尔德瓦尔沐浴洁身。赫尔德瓦尔意为“神明之门”，为印度教七大圣城之一。

印度泰姬陵

始建于1631年，为莫卧儿王朝皇帝沙·贾汗献给其爱妃蒙泰吉·玛哈尔最后的礼物。

大理石陵墓
白色大理石陵墓矗立在朝晖夕阴的光影变幻中，仪态万方。

泰姬陵的修建历时20多年，动用工匠2万余人。

日本樱花

樱花盛放的春天是日本人民欢庆的季节。樱花象征着希望与新生。人们聚在一起观赏樱花，惊叹于樱花的美丽，共同追求美好生活。

自南向北竞相开放
每年 1 月，自冲绳向北至京都和东京，樱花竞相开放。3 月末花期结束。

中国长城

为了抵御北方游牧民族的侵扰，中国人民修建了世界最长的建筑——长城。长城在历史上曾历经多次大规模修葺、扩建，现存遗迹大多是 14 世纪的明代建筑。

宏伟建筑
城墙两侧陡峭的侧翼用石块与烧结砖堆砌，内部填充碎石与泥浆。长城绵延数千千米，最宽处达 7.5 米。

珠穆朗玛峰

珠穆朗玛峰高达 8848.86 米，为世界第一高峰。1953 年，新西兰登山家埃德蒙·希拉里与尼泊尔夏尔巴人丹增·诺尔盖首次登顶成功。

艰难攀登
攀登者必须冒着雪崩的危险，克服严寒、风暴、高山缺氧等重重困难，才能够到达顶峰。迄今为止，共有 5000 余人登顶成功。

不断长高
随着构造板块不断运动，珠峰仍在以每年约 4 毫米的速度增高。

加里曼丹岛猩猩

猩猩生活在热带丛林，是树栖动物，以各种果实为食，现已濒临灭绝。加里曼丹岛为世界仅存的两个猩猩天然栖息地之一。

荡秋千
猩猩双臂较长，握力发达。

亚洲概况

亚洲拥有超过半数的世界人口与诸多超级都市。

- **面积**
  4400 万平方千米。
- **人口**
  45.04 亿。
- **国家数目**
  48 个。
- **面积最大的国家**
  中国，面积约 960 万平方千米。
- **人口最多的国家**
  中国，人口 14.2 亿。
- **人口最多的城市**
  日本首都东京，人口 3739.3 万。
- **最高峰**
  珠穆朗玛峰，海拔 8848.86 米。
- **最低谷（陆地表面）**
  死海，湖面海拔 −415 米。
- **最长的河流**
  长江，全长 6397 千米。

北美洲

北美洲是世界第三大洲，跨纬度很广——从极地延伸到热带，气候和植被多样。其北部是世界上最大的岛屿格陵兰岛，而东南部是位于加勒比海地区和中美洲的热带雨林。

迪纳利国家公园

迪纳利国家公园位于美国阿拉斯加州，占地 19187 平方千米。雪山、针叶林、冻土，构成一幅远离喧嚣的旷野画卷。灰熊与黑熊游荡其间，夏季时百余种候鸟如约而至。

迪纳利山（麦金利山）
当地人称作迪纳利山，毗邻太平洋与北极圈，天气条件有时极端恶劣。

灰熊

尼亚加拉瀑布

尼亚加拉瀑布是美、加边界三座瀑布的统称，以其雄浑壮美远近闻名，平均每年有数百万游客纷至沓来。另外，瀑布蕴含丰富的水电资源。

瀑布流速
每秒钟约有 56.78 万升水流过。

北美洲概况

北美洲被北冰洋、太平洋、大西洋环抱。城市众多，广布于沿海与内陆。

- **面积**
  2422.8 万平方千米。
- **人口**
  5.82 亿。
- **国家数目**
  23 个。
- **面积最大的国家**
  加拿大，面积 998.47 万平方千米。
- **人口最多的国家**
  美国，人口约 3.33 亿。
- **人口最多的城市**
  墨西哥首都墨西哥城，人口约 2200 万（含卫星城）。
- **最高峰**
  迪纳利山（麦金利山），海拔 6194 米。
- **最长的河流**
  密西西比河，全长 6262 千米。
- **最大的湖泊**
  苏必利尔湖，面积 82400 平方千米。

图例

高度表（米）

5000
3000
2000
1000
500
200
0
200
1000
2000
3000
5000

- ◎ 首都、首府
- ○ 主要城市
- 珊瑚礁
- ▲ 火山

黄石国家公园

黄石国家公园以其温泉地热景观闻名于世，其中包括 500 多个间歇泉以及活跃的黄石火山。同时，黄石国家公园还是灰熊、野牛、麋鹿等野生动物的栖息地。

老忠实间歇泉
这是黄石国家公园最引人注目的间歇泉。其喷发规律为每隔 35~120 分钟喷发一次，每次持续 1.5~5 分钟。

科罗拉多大峡谷

由科罗拉多河侵蚀而成。大峡谷长 446 千米，最大宽度 29 千米，深度可达 1.6 千米。

自然奇景
大峡谷裸露的岩石层次分明、色彩斑斓，堪称自然奇景。

金门大桥

金门大桥位于美国圣弗朗西斯科（旧金山），长达 2737 米，建造历时 4 年，于 1937 年建成通车，为 20 世纪桥梁工程的杰作。

大型悬索桥
金门大桥是一座悬索桥，桥身凭借钢塔间的钢缆承重。

奇琴伊察

早在五六世纪，美洲原住民玛雅人便在墨西哥尤卡坦半岛的丛林中建造庙宇及城市，如奇琴伊察。

库库尔坎金字塔
位于奇琴伊察古城的中央。

玛雅人的天文学已相当发达，他们甚至能够预测日食。

哥斯达黎加雨林

位于中美洲的哥斯达黎加雨林树木参天，各种兰花、藤蔓、蕨类、苔藓依附其间。这里还是众多珍奇动植物种群生机勃勃的家园。

兰花
哥斯达黎加雨林中的兰花繁多，品种比世界其他地方都多。

树蛙
在哥斯达黎加共发现 133 种蛙及蟾蜍，图为红眼树蛙。

蝴蝶
哥斯达黎加蝴蝶种类众多，图为美丽的翅膀带金属色斑纹的蚬蝶。

佛罗里达大沼泽地

大沼泽地为美国广阔的亚热带湿地沼泽环境，树种主要有红树、月桂和桉树。同时，该地区潮湿的环境还是鳄类尤其是短吻鳄的乐园。

火烈鸟
因食用藻类与褐虾，其体内红色色素使身体呈现火红色。

野生动物园
在大沼泽地可以看到短吻鳄、海龟、白鹭等珍禽异兽。

美洲鳄

南美洲

南美洲大部分地区位于赤道以南，其植被和气候带一直延伸到极地地区。由于气候与自然环境与众不同，其动植物种群独具特色。

科隆群岛

科隆群岛由海底火山喷发形成，共 19 座主岛。为了保护岛上的原生态鸟类和兽类动物，该地区现已被严格管控。

象龟
加拉帕戈斯象龟体重可达 270 千克，身长 1.2 米。

鬣鳞蜥
科隆群岛上的鬣鳞蜥看上去十分凶残，实为食草动物。

军舰鸟
雄性军舰鸟鼓起红色喉囊以吸引异性。

安赫尔瀑布

安赫尔瀑布位于委内瑞拉卡奈马国家公园内的丘伦河上，为世界落差最大的瀑布，高达 979 米。当地土著人称之为“万丈深渊”。

风景名胜
安赫尔瀑布为委内瑞拉著名风景名胜之一。

南美洲概况

南美洲人口大多分布于沿海地区，内陆地区则地广人稀。

- **面积**
  1785 万平方千米。
- **人口**
  4.24 亿。
- **国家数目**
  12 个。
- **面积最大的国家**
  巴西，面积 851.49 万平方千米。
- **人口最多的国家**
  巴西，人口 2.1 亿。
- **人口最多的城市**
  巴西城市圣保罗，人口 2204.3 万。
- **最高峰**
  阿空加瓜山，海拔 6960 米。
- **最长的河流**
  亚马孙河，全长 6480 千米。
- **最大的湖泊**
  马拉开波湖，面积 14344 平方千米。

的的喀喀湖

位于秘鲁与玻利维亚边界，海拔高度 3810 米，为世界地势最高且可以通航的高山湖泊。

漂浮岛

乌罗族居住的“漂浮岛”，是用芦苇在湖面上堆集而成的人工岛。

盐沼

乌尤尼盐沼位于玻利维亚西南部的高原上，表面覆盖着一望无际的盐和其他矿物。它是世界最大的盐沼。

锂

乌尤尼盐沼同时富含锂，其锂储量超过世界总量的 50%。锂可用来制作电池等装置。

安第斯山脉

纵贯南美七国，全长约 8900 千米，为世界上最长的大陆山脉。世界上海拔最高、破坏性极强的火山群亦分布于此。

安第斯羊驼

安第斯山区广泛饲养羊驼，羊驼毛可制成毛毯、毛衣等毛织物。

阿塔卡马沙漠

位于安第斯山脉以西的高原，是世界上除南极洲之外的“旱极”。

据推测，南美洲最早期的人类出现在 13000 多年前。

阿根廷牛肉

养牛及牛肉加工业是阿根廷的支柱产业之一。阿根廷是世界第二大牛肉消费市场，也是世界第三大牛肉出口国。

优质品种

在阿根廷，培育优质牛种是一项商业竞争。

高乔人

在阿根廷从事畜牧业，世代以牧牛为生。生活在潘帕斯草原。

亚马孙雨林

亚马孙雨林约占世界雨林总面积的 50%，迄今已有 5500 万年的历史。这里生态环境丰富多样，被誉为“世界动植物王国”。

亚马孙河

世界流量最大、流域最广、支流最多的河流。长度仅次于非洲的尼罗河，居世界第二。

顶级猎食者

美洲豹是亚马孙雨林中的王者，其身体上的斑点为保护色。

蟒蛇

终生都在生长，体长可达 6.5 米。

欧洲

欧洲经济发达，工业历史悠久，文化底蕴深厚。44 个国家使用 23 种官方语言。

欧洲概况

欧洲在七大洲中面积仅大于大洋洲，其中有世界面积最小、人口仅 618 人的袖珍国家——梵蒂冈。

面积
1016 万平方千米。

人口
7.42 亿。

国家数目
44 个。

面积最大的国家
俄罗斯，面积 1709.82 万平方千米。

人口最多的国家
俄罗斯，人口 1.46 亿。

人口最多的城市
俄罗斯首都莫斯科，人口1230 万。

最高峰
厄尔布鲁士山，海拔 5642 米。

最长的河流
伏尔加河，全长 3690 千米。

最大的湖泊
拉多加湖，面积 18400 平方千米。

挪威峡湾

“峡湾之国”挪威是世界上峡湾分布最广泛的国家。峡湾构造始于末次冰期，冰川侵蚀地表形成U形谷，之后冰川消退，海水灌入，最终形成陡峭的峡湾。

壮美景观
白雪皑皑的山顶、旷世遗存的冰河和远离喧嚣的渔村共同构成挪威峡湾的壮美景观。

阿尔卑斯山脉

阿尔卑斯山脉位于欧洲境内，全长约1200千米，为欧洲最高的山脉，形成于数百万年前的板块构造运动。其最高峰勃朗峰位于法国、意大利交界处，海拔4810米。

阿尔卑斯山脉滑雪
阿尔卑斯山脉是冬季滑雪胜地，这里设施齐备。

多瑙河

多瑙河发源于德国黑林山，注入黑海，途经十国，流程长达2850千米，为欧洲第二长河。

沿岸城市
多瑙河途经四大名都——维也纳、布拉迪斯拉发、布达佩斯（右图）、贝尔格莱德。

白鹈鹕
半数以上的欧亚白鹈鹕生活在多瑙河三角洲。

欧洲的英文“Europe”
源自古希腊
神话中的美丽
公主的名字——欧罗巴（Europa）。

法国埃菲尔铁塔

埃菲尔铁塔高300米，为纪念法国大革命100周年而建于1889年，是当年巴黎国际博览会的一座纪念性建筑。埃菲尔铁塔不仅是建筑工程史上的杰作，也是巴黎乃至法国的文化符号。

最高建筑
在1930年纽约克莱斯勒大厦建成之前，埃菲尔铁塔是世界上最高的人造建筑——这项纪录保持了41年。

意大利罗马

罗马是欧洲最古老的城市之一，是昔日罗马帝国的统治中心。这里集聚了古代遗迹、文艺复兴时期的建筑以及巴洛克风格雕塑，好似一座建筑与艺术的宝库，令人叹为观止。

罗马竞技场
椭圆形的罗马竞技场是古罗马时代的娱乐场所，其娱乐形式包括角斗士格斗、战斗演练甚至行刑。

希腊雅典卫城

古老的卫城遗迹坐落于雅典市内的山丘之上，长年吸引着来自世界各地数以百万的参观者。据说，雅典卫城是古希腊最卓越的成就。

帕提农神庙
帕提农神庙是卫城著名建筑之一，为供奉智慧女神雅典娜而修建。殿中原有一尊雅典娜神像。

地中海

地中海将欧洲与非洲分隔开来，沿岸地区文化丰富多样，历史上曾是西方文明的摇篮，同时也是军事帝国的必争之地。地中海地区地壳活跃，分布着地质断层和火山，引发了许多破坏性的地震和火山喷发。

沙滩生活
地中海地区夏季炎热干燥，波光粼粼的蓝色海面对游客有着无法抵御的诱惑力。

非洲

作为世界第二大洲，非洲有着悠久的历史、灿烂的文化、丰富的地方语言和多样性的地理环境。非洲不仅是人类的发祥地，同时也是种类繁多的哺乳动物、爬行动物、鸟类和昆虫生息繁衍的家园。

吉萨金字塔群

在古埃及第四王朝时期（公元前2613~前2494年），"吉萨"成为帝王陵区。该地区现存的三座大金字塔均为埃及法老的陵寝，周围散落的小金字塔为王室及宫廷大臣的陵寝。狮身人面像象征金字塔的守护神。

建筑石料
建造埃及现存最大的金字塔胡夫金字塔，用了200多万块石头。它位于吉萨高地，现高136.5米，堪称古代历史上最高大的建筑之一。

狮身人面像
这是一座由狮身人面结合在一起的雕像。

撒哈拉沙漠

撒哈拉沙漠横贯非洲大陆北部，为世界面积最大的沙漠。沙漠中约25%的地区为流动沙丘，在风力作用下不断移动，其余则为干旱、贫瘠的岩质地区。全区最高峰海拔3415米，是位于提贝斯提高原的库西山。

沙漠之舟
骆驼的四蹄适宜在沙地上疾速行走。在没有食物与水的情况下，骆驼的生存极限为17天。

非洲概况

非洲约占世界陆地总面积的20%，拥有世界第一长河——尼罗河。

面积
3020万平方千米。

人口
12.56亿。

国家数目
54个。

面积最大的国家
阿尔及利亚，面积238.17万平方千米。

人口最多的国家
尼日利亚，人口2.01亿。

人口最多的城市
埃及首都开罗，人口2280万。

最高峰
乞力马扎罗山，海拔5895米。

最长的河流
尼罗河，全长6671千米。

最大的湖泊
维多利亚湖，面积69400平方千米。

马赛马拉自然保护区

每年 7~10 月，角马群从坦桑尼亚的塞伦盖蒂草原向肯尼亚的马赛马拉自然保护区迁徙。角马的天敌主要有狮、豹、猎豹和鬣狗。另外，保护区内还生活着成群的斑马、黑斑羚、长颈鹿、河马、羚羊。马赛马拉自然保护区是观赏野生动物的旅游胜地。

斑马
世界上没有斑纹相同的两匹斑马。

角马
一种大型羚羊，喜群居，食量大。

河马
为了躲避烈日暴晒，河马几乎整个白天都在“泡澡”。

奥卡万戈三角洲

奥卡万戈河发源于安哥拉高地，流入卡拉哈里沙漠后形成广阔的内陆三角洲。季节性的洪水使三角洲面积不断扩大，成为动植物理想的栖息地，也因此成为野生动物爱好者观光旅游的目的地。成群结队的羚羊、斑马、水牛、河马、象、鳄、狮、猎豹在这里上演着一幕幕扣人心弦的情景剧。

沙漠绿洲
该内陆三角洲位于博茨瓦纳长年干旱的地区，吸引了大批野生动物来此安家。

非洲矿产资源丰富，钻石产量占世界总产量的 65% 左右。

游牧民族

肯尼亚桑布鲁人是传统的牧民，主要饲养牛群，也饲养绵羊、山羊及骆驼。对他们来说，牛的地位很高。牲畜的多少体现了主人的财力与地位。

牧民
为了寻找水源和牧草，桑布鲁人经常赶着牲畜远离定居地。

开普敦

开普敦为非洲名城，始建于 1652 年，以其得天独厚的辽阔港湾闻名于世，旅游业发达。置身于高大平坦的桌山之上，城市风貌一览无余。

繁忙海港
开普敦港是南非最繁忙的港口之一。

维多利亚瀑布

维多利亚瀑布位于赞比亚与津巴布韦接壤处，赞比西河在此从宽阔的玄武岩崖壁骤然跌入 108 米深的峡谷，飞流直下，声如霹雳。

大瀑布
维多利亚瀑布的宽度和高度都极大，是世界上最大的瀑布之一。

乞力马扎罗山

乞力马扎罗山是由三座火山锥构成的休眠火山，被视为非洲屋脊，最高峰位于坦桑尼亚，海拔 5895 米。平均每年的游客和登山者接待量约为 5 万人次。

非洲最高峰
乞力马扎罗山山脚下环绕着干旱、低平的灌木丛林，而山顶却被皑皑冰雪覆盖。它是热带地区为数不多的一座雪山，但由于全球气温升高，冰雪消融严重，山顶冰雪或消失于不久的将来。

大洋洲

大洋洲这一地理概念所辖范围包括：澳大利亚、新西兰和新几内亚岛，以及太平洋海域美拉尼西亚、密克罗尼西亚、波利尼西亚三大岛群。其中，澳大利亚是大洋洲最大的国家，幅员辽阔，人口众多，经济发达。

太平洋群岛

大洋洲有2500余个岛屿，散布在太平洋上。这些棕榈树掩映的秀丽海岛多为火山岛或珊瑚礁，彼此之间自然条件虽相差无几，但人文历史多种多样。

人间天堂

斐济群岛由330多个风景如画的岛屿组成，被誉为人间天堂。

土著文化

迄今为止，土著人已在澳大利亚大陆生息了5万多年，他们拥有部落语言、文化、艺术，凭借虔敬的精神信仰将自身与这片土地水乳交融。如今，许多土著人依然生活在澳大利亚内陆地区，石刻艺术是他们的文化特色。澳大利亚曾经拥有250多种土著语言，但现在仍旧教给后代的土著语言仅剩13种。

石刻艺术

一些古老的土著石刻已有2万多年的历史。

艾尔斯岩

土著人阿南古族的圣地，这块红色巨岩主宰着周围的景致。

悉尼歌剧院

悉尼歌剧院由丹麦建筑师约恩·乌松于1957年设计，1973年竣工。时至今日，悉尼歌剧院平均每年接待游客逾1000万人次。

活灵活现的建筑

悉尼歌剧院独特的屋顶由100多万片白色瓷砖铺成，象征扬帆远航。

冲浪运动

澳大利亚拥有优质、丰富的海浪资源，是世界一流的冲浪胜地。其绵延的海岸线串接了无数海滩、礁群，吸引了水平各异的冲浪爱好者。

冲浪文化

因地利之便，冲浪运动与沙滩文化已然成为澳大利亚人生活的一部分。

野生动物

由于大洋洲与其他大陆相隔很远，孤立于海上，所以动物种类多样且独具特色。例如，鸸鹋与几维鸟因缺少天敌，翅膀退化，丧失了飞行能力。

澳大利亚袋獾

澳大利亚鸸鹋

澳大利亚考拉

澳大利亚鸭嘴兽

新西兰几维鸟

澳大利亚袋鼠

小袋鼠要在妈妈的育儿袋中生活近 10 个月。

大洋洲概况

大洋洲地域广阔，共有 28 种语言。

面积
897 万平方千米。

人口
0.41 亿。

国家数目
16 个。

面积最大的国家
澳大利亚，面积 769.2 万平方千米。

人口最多的国家
澳大利亚，人口 2562 万。

人口最多的城市
澳大利亚城市悉尼，人口 462.6 万。

最高峰
查亚峰，海拔5029 米。

最长的河流
墨累－达令河，全长 3490 千米。

最大的湖泊
北艾尔湖，面积 8884 平方千米。

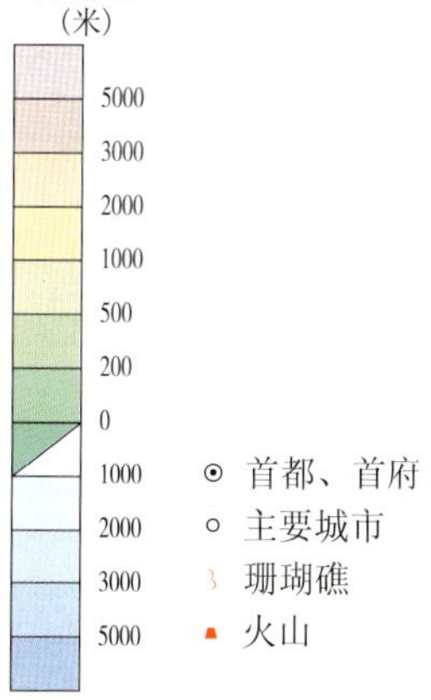

大堡礁

世界最大的珊瑚礁群大堡礁位于澳大利亚，是众多海洋生物的理想的栖息地，其中鱼类就有 1500 多种。

巨型礁群
大堡礁长约 2000 千米。从太空遥望地球，大堡礁清晰可辨。

罗托鲁阿公园

罗托鲁阿公园位于新西兰北岛，是一座天然主题公园。园内遍布理疗温泉与沸腾潭水，云遮雾绕，地热资源十分丰富。

香槟池
二氧化碳气泡从温泉池中汩汩冒出，远远望去好似一杯温热的香槟。

南极洲

南极洲位于地球最南端，是一个冰雪大陆，广袤的冰原之下是由高山、湖泊与峡谷构成的陆地——仅 2% 的区域裸露于地表。南极冰原存储了地球 80% 的淡水资源。因气候恶劣，南极洲无常住人口，仅有科考人员与游客。

早期探险

直至 19 世纪末，南极洲仍是一块充满未知的神秘大陆，然而探险家们已“蠢蠢欲动”。1909 年，欧内斯特 · 沙克尔顿到达距南极点 180 千米处返回。1911 年和 1912 年，罗尔德 · 阿蒙森与罗伯特 · 斯科特先后到达南极点。

探险家沙克尔顿的头罩

探险家斯科特的罗盘

抵达极点的比赛
挪威人罗尔德 · 阿蒙森于 1911 年 12 月 14 日抵达南极点，以 35 天的优势领先于英国人罗伯特 · 斯科特。

探险家斯科特的望远镜

冰冻的世界

南极洲为冰雪世界。覆盖着极厚冰层的陆地地区形成了巨大的冰盖，在某些地区冰盖厚度可达 5000 米。与陆地相连的冰体延伸到海洋的浮冰区，叫冰架，它形成于冰盖与海洋的交汇处。冰架的边缘会断裂，形成更小的浮冰，称为冰山。

冰架崩塌
图为裂痕累累的拉森 B 冰架，曾于 2002 年大面积崩塌。

冰山
冰架崩裂、解体形成了巨大的平顶冰山。

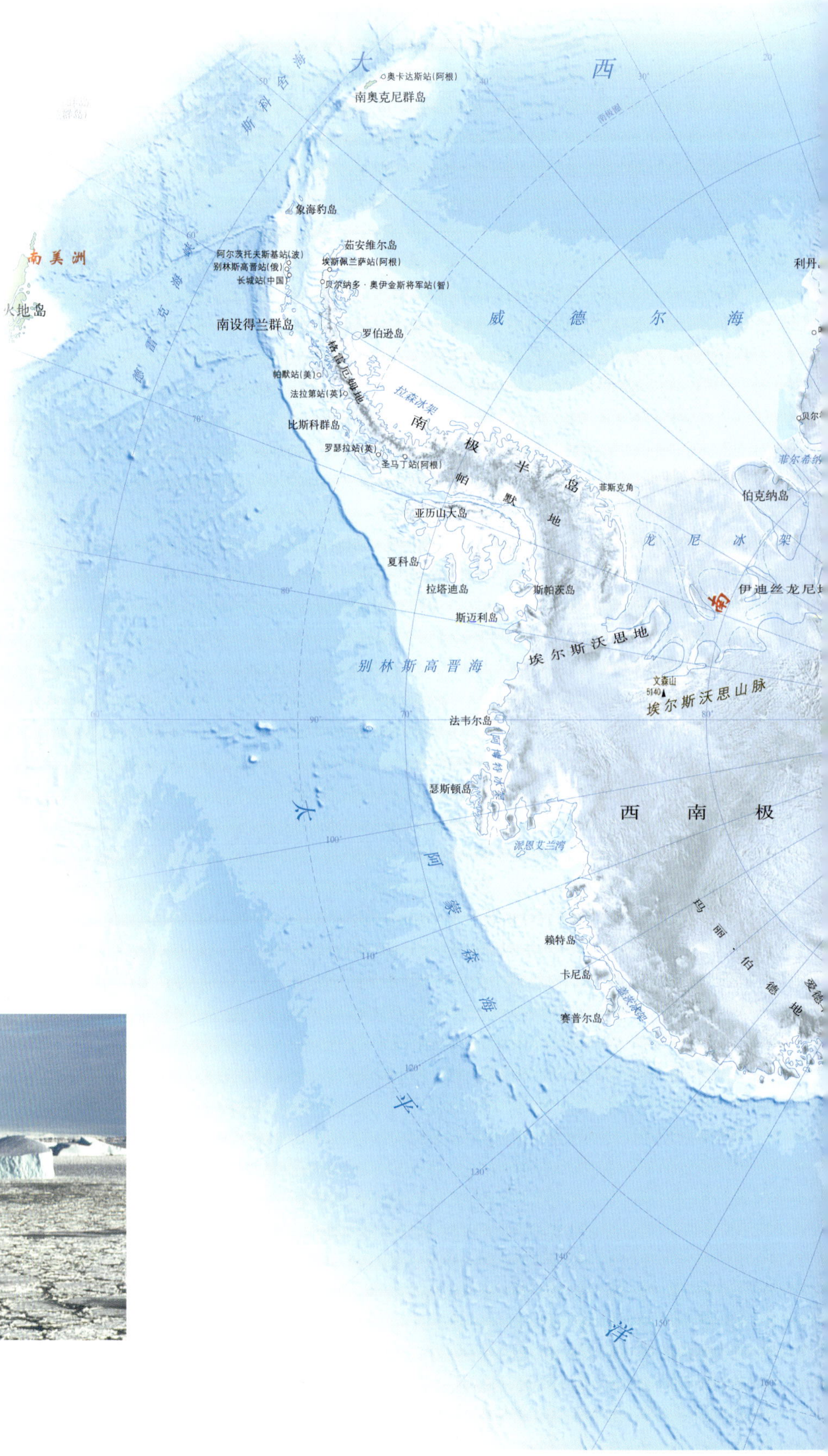

南极洲是地球上气温最低、湿度最小、风力最强、海拔最高的大洲。

造访南极

南极洲气候条件极端恶劣，在这里生活与工作并非易事。因此，大多数南极访客选择暖季（自 11 月至次年 3 月）在此逗留。

出行工具

能够耐受极端温度且擅于长途跋涉的越野车，才可担当南极出行工具。

野生动物

南极洲周围的海洋生机勃勃，孕育了种类丰富的野生动物。荒凉的南极大陆并不适合动植物生存，但它却是帝企鹅、阿德利企鹅和巴布亚企鹅的家园。它们在南极洲北端繁殖，并回到海水中觅食。

阿德利企鹅

帝企鹅

巴布亚企鹅

海狗

虎鲸

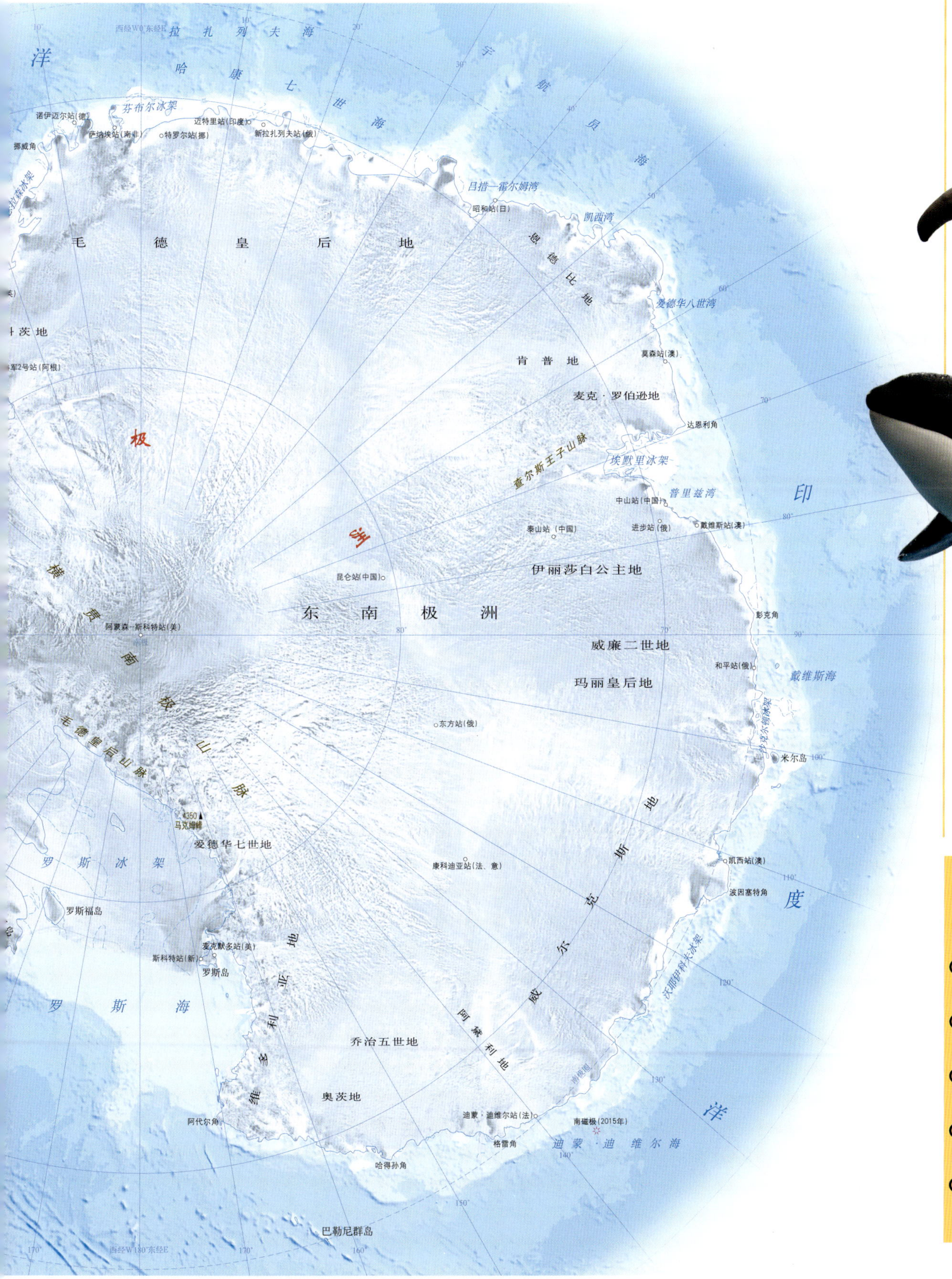

南极洲概况

依据国际《南极条约》，南极洲仅用于和平目的的科学考察，不归任何国家所有。

面积

1400 万平方千米。

人口

无永久居民。

最高峰

文森山，海拔 5140 米。

最长的河流

玛瑙河，全长 40 千米。

最大的湖泊

东方湖，面积约 5690 平方千米。

国旗

世界各国都有国旗，国旗的图案与颜色通常具有历史及政治意义。一面旗帜即为一种象征，无论在战争时期还是和平时期，它都能令同一国家或同一信仰的民众团结起来。

古代军旗

作为忠诚的象征，旗帜古已有之。战斗中，军旗可以凝聚军心、鼓舞斗志。早期旗帜多是木质或金属材质，而现存的最古老的布旗源于古罗马。

古罗马军旗
图为古罗马军旗的现代仿制品。

国旗式样

条形与十字的图案设计在各国国旗上屡见不鲜，因此需用颜色来加以区分。这里列举了一些常见的图案式样。

北美洲

专门研究旗帜的学问称为“旗帜学”。

南美洲

非洲

海盗旗

海盗旗又称“快乐的罗杰”，广泛使用于 18 世纪。其幽灵般的图案设计目的在于恐吓、威胁，令对手不战自败。下图为四大海盗旗。

海盗头目：
亨利·埃夫里

海盗头目：
“黑萨姆”——贝拉米

海盗头目：
“棉布杰克”——拉克姆

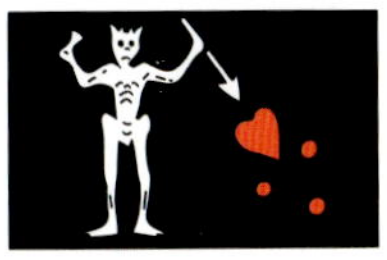
海盗头目：
“黑胡子”——蒂奇

旗语通信

现代通信技术产生之前，海上航行的船只通过旗帜信号彼此交流，即旗语通信。旗语通信通过变换持旗姿态来表示不同的字母与数字，以达到交流的目的。

旗语字母 H　旗语字母 E　旗语字母 L　旗语字母 P

回答手势旗语　错误旗语　旗语结束　将要发布数字旗语

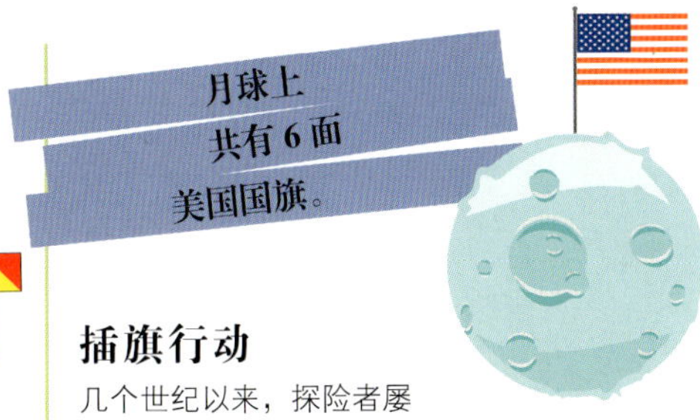

月球
1969 年，人类首次登月成功，宇航员尼尔·阿姆斯特朗与巴兹·奥尔德林将一面美国国旗插在着陆地点。

珠穆朗玛峰
1953 年，埃德蒙·希拉里与丹增·诺尔盖首次登顶珠峰，并于峰顶插上了 4 面旗帜——英国、尼泊尔、印度国旗与联合国旗帜。

插旗行动

几个世纪以来，探险者屡屡将旗帜插上新大陆用以声明其所有权。南极、珠穆朗玛峰甚至月球上安插的国旗都是“最先到此一游”的见证。

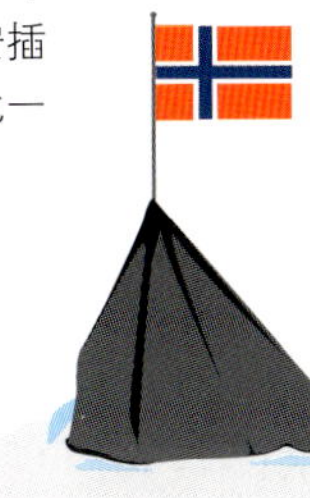

南极
1911 年，挪威探险家罗尔德·阿蒙森率领第一支探险队成功抵达南极点，并将国旗永久留在了南极营地。

食物来源

很久以前，人们的日常食物仅限于当地自产。然而今天，随着交通运输业的发展，富裕国家的居民可以在本地超市购买世界各地的食品，例如巴西的咖啡、印度的大米和意大利的油橄榄。热带地区出口杧果、香蕉，耕地资源丰富的国家成为世界粮仓。

基础作物

油菜籽与甘蔗不仅可以用作食物，还可以制成燃料等产品，因此被广泛种植，产量极大。作物收获后，通常作为原料被送进不同的加工厂，制成食品及其他产品。

甘蔗
收获后用来提取蔗糖。蔗糖是一种调味料，亦可直接食用。

甜菜
甜菜中提取的糖分可用来制作多种产品，如饮料、饲料甚至生物燃料。

大豆
富含蛋白质与维生素，可制成豆浆、豆腐、素肉和酱油等。

油菜籽
田野里金黄色的油菜花凋谢后结出油菜籽。油菜籽可以榨油或者用作食品配料，其余部分还可以制成饲料及生物燃料。

棕榈油
在室温下呈半固态。棕榈油用途非常广泛，从冰激凌、比萨面团到肥皂乃至化妆品等，都有棕榈油的使用。

葵花子
可以当零食吃，但大多用于加工成食用油以及植物奶油等副食品。

谷类食物

谷类食物泛指能够结出可食用的含淀粉种子的植物。它们通常被碾磨成粉或加工成屑，用来制作面包、蛋糕、饼干或者粥等食品。谷类食物即我们通常所说的粮食。

大米

小麦

玉米

小米

燕麦

小黑麦

高粱

大麦

黑麦

乳类食品

牛奶是乳类食品中最受欢迎的品种，可以用作饮品、配料，还可制成乳酪、黄油、酥油、酸奶等乳制品。水牛奶在意大利被制成干酪，其世界知名度仅次于普通牛奶。

牛奶

意大利干酪（由水牛奶制成）

乳酪

蔬菜

虽然许多人以在自家花园种菜为乐，但是大部分人还是去菜市场或者超市买菜。马铃薯食用方式多样，因而广受欢迎。木薯与山药虽为非洲传统食品，但随着人口迁移日趋国际化。

马铃薯

木薯

红薯

甘蓝

豌豆

生菜

菜豆

菠菜

蒜

世界主要农副产品分布图

图例所示为世界前 50 种高产食品，具体分布情况详见地图。一些农业大国如中国与印度，其农副产品产量虽大，但以自销为主。

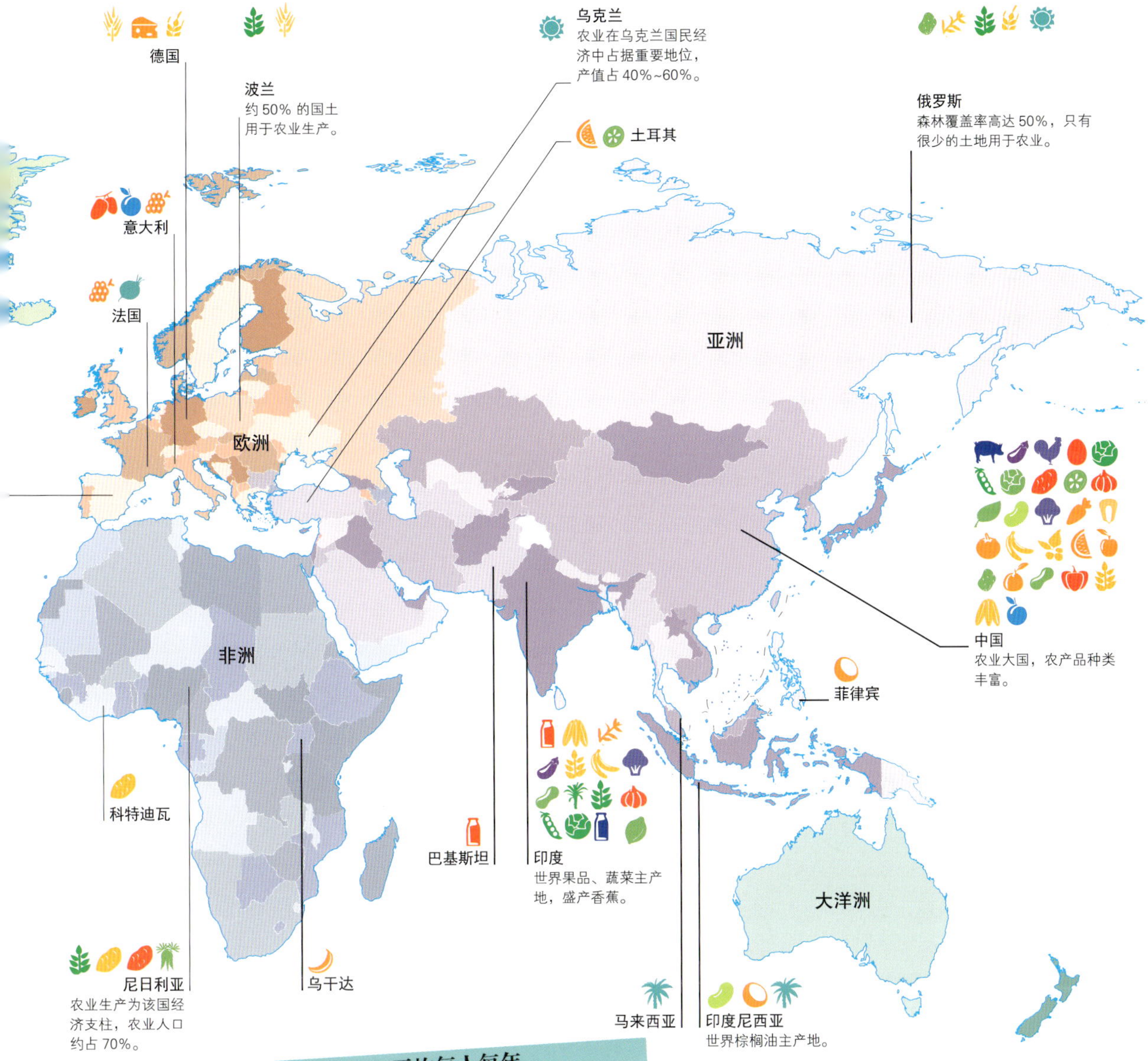

平均每人每年食用 20 千克以上的鱼肉。

肉类食物

人类饲养动物以食其肉的历史已长达数千年。大部分农场的畜牧种类比较单一，通常为牛、猪、羊或者鹿，然后获取其肉。猪肉为最常见的肉类食物，其食用方法多种多样。饲养家禽是为了获取肉和蛋。

鸡

猪

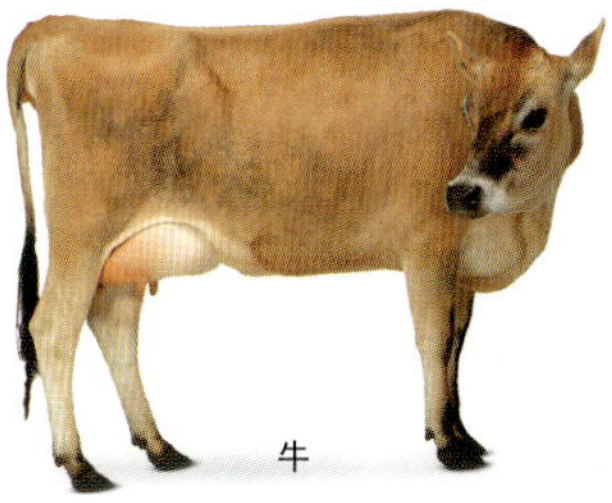
牛

果实

热带水果如香蕉与椰子，地中海水果如柑橙、柠檬与酸橙，都需要日照充分、气候温和的生长环境。因此，这些水果被大批出口到不适宜种植的地区。水果可以直接食用，也可以加工成果汁或者用作配料。葡萄可以酿酒，橄榄、花生可以榨油，橄榄油可凉拌也可熟食。

香蕉

大蕉

油桃

油橄榄

葡萄

番茄

黄瓜

茄子

胡萝卜和红萝卜

花生

柑橘

苹果

柑橙

柠檬和酸橙

山药

辣椒和柿子椒

菜花和西蓝花

据记载，西瓜的种植史可追溯到距今约 5000 年前的古埃及。

西瓜

椰子

文化艺术

世界宗教

宗教有一套试图解释生命意义的教义。大多数宗教认为世界有一个至高无上的存在，这个存在通常是指一位或多位神灵。纵观全球，人们的信仰可谓种类繁多，其中多数有各自的宗教圣典，用以记载各自的训诫律法及历史。通过祷告、仪式和信仰，宗教将信徒们连接在一起。

何教何派？

基督教是世界上最大、信徒最多的宗教。因为有人会加入，有人会背弃或改变信仰，所以，不论是何种教派，其信徒数量都处于不断的变化之中。

根据墓地遗址、图腾和碑石等证据推算，宗教的产生可以追溯到石器时代。

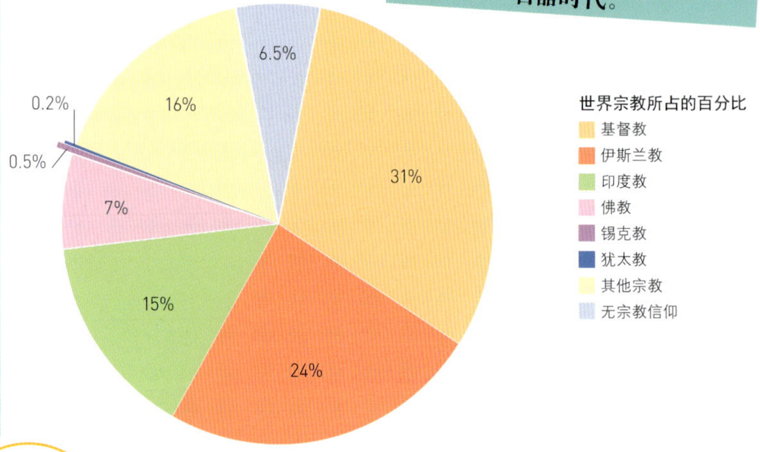

符号
十字架

基督教

基督徒只信仰主和主的儿子——耶稣基督。《圣经》这本基督徒的神圣典籍讲述了耶稣如何降世成为人类救世主的故事。而基督教就是在耶稣布道讲义的基础上形成的。基督教分支众多，包括新教、天主教和东正教三大派别。虽然每个派别敬拜的方式不同，但都祝祷同一个上帝。

圣像
东正教徒会在圣像面前祷告——画像通常如上所示，画着圣母马利亚和圣婴耶稣。

圣彼得广场
广场位于梵蒂冈（梵蒂冈是位于意大利首都罗马西北角高地的一个内陆城邦国家，被称为国中国）的核心地带。天主教的领袖——教皇就住在梵蒂冈。

坎特伯雷大教堂
这座英国大教堂是世界上最古老、最重要的基督教建筑之一。

符号
印度教神圣音节“唵”的写法

印度教

全世界有数以亿计的印度教徒，他们所信奉的印度教中神灵众多，既有男神也有女神，其中梵天、毗湿奴和湿婆是印度教三大主神。印度教徒相信转世轮回：生、死、重生，周而复始，无始无终，直到灵魂超脱，达到极乐。教徒们大多各自诵读祈祷文，不用参加统一的集体礼拜仪式，只有在节日时，他们才会聚在寺庙一起庆祝。

犍尼萨
象头神犍尼萨是印度教中的智慧之神和排除障碍之神。

沙巴马尼亚湿婆庙
印度教寺庙的建筑风格多种多样。左图为位于斐济的沙巴马尼亚湿婆庙。

黑天
通常雕画像中的黑天是蓝色皮肤，是印度教中最受人爱戴的神灵之一。

符号
新月和星星

伊斯兰教

信奉伊斯兰教的人统称为穆斯林。穆斯林必须遵循“五功”：念功（念清真言：“万物非主，唯有安拉，穆罕默德是主的使者”）、拜功、斋功、课功和朝功。圣书《古兰经》记录着伊斯兰教真主安拉口述给先知穆罕默德的启示。穆斯林每日 5 次定时礼拜，每周五在清真寺举行聚礼拜（即主麻拜）。

迪拜朱美拉清真寺
清真寺是穆斯林活动的中心场所，穆斯林可在此礼拜，进行精神修炼，学习宗教功课。

面朝麦加
礼拜时，穆斯林双腿跪地，面朝圣城麦加。麦加是每个信徒心驰神往的朝觐之地。

《古兰经》
这本《古兰经》的经文外装饰着精美的镶边。

符号
法轮

佛教

佛教弟子敬拜的不是唯一的造物主，他们信奉的佛教思想是从乔答摩·悉达多所传的教义而来。乔答摩·悉达多即众所周知的释迦牟尼，他诞生于公元前 6 世纪至前 5 世纪，是迦毗罗卫国的王子。

沙弥
男孩满 7 岁便可进佛寺受戒，成为沙弥。

大佛
斯里兰卡的乌沃省有一尊由坚硬巨石雕刻而成的大佛像。

舍利塔
舍利塔是呈半球形的冢，里面安置、供养着高僧的舍利子。亚洲各地都有修建舍利塔。上图中的舍利塔坐落于斯里兰卡。

经幡
经幡在尼泊尔山巅随风飘荡，人们相信祈福也随风而起。

符号
手轮

天衣派耆那教寺庙
天衣派耆那教寺庙始建于 1656 年，是印度新德里最古老的寺庙之一。这座寺庙装饰得富丽堂皇，里面还有一所禽鸟医院。

耆那教

耆那教徒大多居住在印度。和其他很多宗教一样，他们也相信生死轮回，认为如果可以做到精神的最高境界，灵魂便可解脱。耆那教徒尊重包括植物和昆虫在内的所有生命，反对暴力。

符号
圣门

神道教

2000 多年前，神道教由日本民间传说发展而来。神道教信徒相信神灵或神明的存在。神道教中参拜的场所称为神社。每逢节日或典礼，人们便在这里祭拜神灵。

鸟居（神界入口）
神社入口处的牌坊，即鸟居，矗立在海中。

符号
圆圈和弯刀

锡克教

锡克教发源于印度北部。如今很多信仰锡克教的人也在北部地区立室成家。锡克教认为神是唯一的，神通过祖师（古鲁）传达自己的意志。锡克教徒经常在称为谒师所的寺庙敬拜、祷告、听取讲道、吟唱圣书《阿底·格兰特》上的赞歌。冥想也是锡克教徒修行的重要环节。

着装规范
男性锡克教徒蓄长须，留长发，从不修剪，长头发扎成一个发髻，用头巾遮盖。

金庙
坐落在印度北部旁遮普邦的阿姆利则金庙建于 17 世纪初。这座著名的锡克教庙宇矗立在湖心。

《阿底·格兰特》
这本锡克教圣典收录了由祖师收集或手写的颂歌。

符号
大卫之星

犹太教

犹太教是犹太人信仰的主要宗教，追根溯源，犹太人和 4000 年前左右中东地区的希伯来人同根同源。犹太教只信仰一神，教徒在会堂由信仰教导者拉比带领敬拜。犹太教主要的教义和诫命来自托拉，即《希伯来圣经》和犹太教口传律法汇编《塔木德》。

西墙
西墙又称哭墙，位于耶路撒冷，是犹太人眼中的圣地。

托拉卷轴
托拉卷轴由希伯来语手写而成，敬拜时要在犹太会堂当众诵读。

七连灯台
七连灯台，即七个分支的烛台，是犹太教的一大标志。

符号
九角星

莲花寺
印度新德里的一座巴哈伊教寺庙，状如莲花，任何宗教信仰的游客都可进入。

巴哈伊教

巴哈伊教是世界新兴宗教之一，创立于 19 世纪中叶的波斯（今伊朗）。它的宗旨在于实现世界和平，各教平等公正，和睦共处。

符号
阴阳（两个对立面）

道教

道教中的“道”指主宰天地宇宙的自然之力。道教认为，众生皆须顺应此道，修身养性，除却私心杂念。道教弟子期望最终灵魂超脱，得道成仙。

道教节日
在泰国，一所中国道观装饰得五彩斑斓，观外人头攒动，一起庆祝素食节。

符号
法拉瓦哈

琐罗亚斯德
先知琐罗亚斯德说，主——阿胡拉·玛兹达曾在他梦里现身。

琐罗亚斯德教

先知琐罗亚斯德是古代波斯（今伊朗）人，他创立的琐罗亚斯德教历史达 2500 多年之久。北魏时传入中国，中国称之为祆教、拜火教。教徒崇拜全知全能的宇宙创造者阿胡拉·玛兹达（意为“智慧之主”）。《波斯古经》是琐罗亚斯德教的圣书，教徒在神庙举行仪式，参加敬拜。

儒教

孔子是公元前 6 世纪中国伟大的思想家和教育家。他的说教讲道成就了儒教的教义。性善、德行、孝亲是儒教的基本教义。

伟大的思想家
一座孔子的雕像矗立在中国上海文庙的入口处。

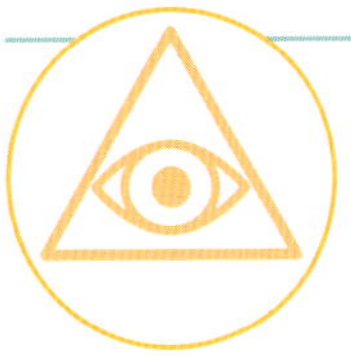

符号
天眼

高台教

1926 年，高台教在越南创立。该教吸收融合了天主教、佛教等教派的主张。信徒主张和平共处，敬拜最高主宰者和诸多圣贤。

西宁高台寺
越南西宁市的高台寺修建得富丽堂皇，是高台教最重要的庙宇。

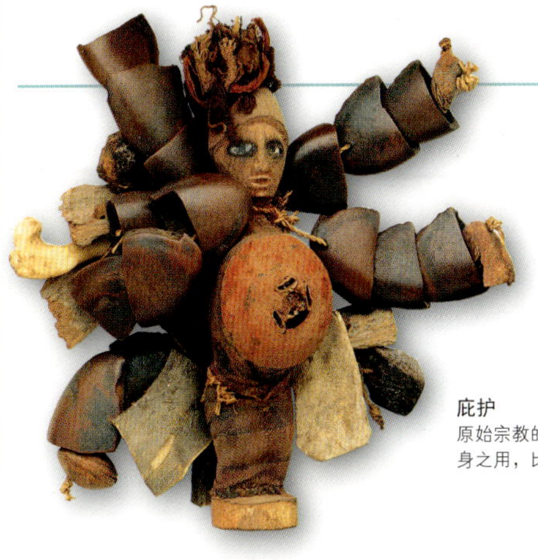

原始宗教

无论是非洲还是美洲，在人烟稀少的偏远地区，由于未曾受到几大宗教的影响，原始宗教盛行，其中萨满教分布范围较广，且常有通灵行为。

庇护
原始宗教的信徒经常随身携带一些物件作护身之用，比如这个非洲的坚果壳木偶。

世界节日

几乎每个国家一年到头但凡遇上重要的活动都要庆祝一番，这些活动或与宗教有关，或与农耕时节有悠久的联系。于是就形成了节日。通常，过节时会放假，再配上音乐、美食、游行庆祝的队伍，有时还有礼物，真是欢快的时光。

1 月

1 月 1 日是一年中的第一天，中国人称之为元旦。12 月 31 日这天，世界各地人民都不禁要狂欢一场，以迎接新年的到来。

元旦前夕
辞旧迎新的时刻，烟火照亮了全球各地的城市。

2 月

2 月，人们盛装打扮庆祝狂欢节。世界上有两个大型的狂欢节，一个在巴西的里约热内卢，另一个在意大利的威尼斯。2 月有时也恰逢中国新年——春节，届时会有多天的庆祝活动及家庭聚会。

巴西里约狂欢节
巴西里约狂欢节为期 5 天，人们盛装游行，舞蹈竞技，声乐嘹亮，尽情吃喝，热闹非凡。

8 月

法国猪节
法国最有趣的节日在比利牛斯山脚下庆祝。节日那天，人们打扮成猪，举行小猪赛跑比赛和模仿猪叫比赛。

8 月节假日众多，猪节和混乱的番茄大战就是众多好玩节日的代表。很多艺术节也在 8 月举行，苏格兰的爱丁堡艺术节是其中最重要的一个节日。

西班牙番茄大战
西班牙语 “La Tomatina” 是番茄大战的意思。番茄大战在巴伦西亚市附近的布尼奥尔镇举行。成千上万人赶来参加一场不会造成伤害的混战，消耗掉好几吨熟透多汁的番茄。

爱丁堡艺术节
戏剧、舞蹈、音乐、喜剧，只是苏格兰爱丁堡艺术节的冰山一角。

7 月

美国独立日
7 月 4 日，美国独立日这天，桌子中间往往会放一个饰有美国国旗图案的蛋糕。

7 月打头的节日是 7 月 4 日的美国独立日（美国的国庆节）。这个节日为纪念 1776 年美国宣布脱离英国而独立。意大利著名的锡耶纳赛马节和奥地利极具人气和现代气息的身体彩绘节也都在 7 月份举行。

奥地利身体彩绘节
在这个节日，画笔将人体变成了叹为观止的艺术。各种比赛和世界各地的展览也在节日活动之列。

锡耶纳赛马节
骑士们穿着代表各自街区的各色衣服，骑着无鞍马在锡耶纳的街头比赛。

斋月和开斋节
一位摩洛哥的店主做了很多糕点以供开斋节时出售。开斋节是为了庆祝斋月圆满结束，人们可以尽情吃喝，犒劳一下自己。

9 月

越南中秋节
越南的中秋节到来时，孩子们会戴着吓人的面具在街上乱舞，玩得不亦乐乎。

东亚和东南亚国家在9月份月圆之时往往会欢度节日，举行庆祝活动。中秋节、月亮节、收获节，都是这些节日的不同称呼。人们也曾一度举行仪式，感恩水稻丰收。收获节并不算正式的基督教节日。

收获节
收获节时，人们用水果、鲜花和其他农产品装饰基督教堂。

中国中秋节
月饼香酥柔腻，是中国及东南亚地区的中秋节糕点。

10 月

10 月，万家灯火。排灯节，即“灯节”，是印度教的重大节日，虽然排灯节的日期每年不一样，但大多是在 10 月，有时也在 11 月。10 月 31 日，万圣节前夜，当“咧着嘴”的南瓜灯出现时，万圣节的恐怖气氛开始蔓延。

排灯节
印度教徒在家里点上蜡烛和油灯，象征正义战胜了邪恶。

万圣节
把南瓜刻成灯是万圣节的传统。万圣节源远流长，由祭祀逝者的仪式发展而来。

中国新年
表演者身穿戏服，状如巨狮，眼若铜铃，可回环转动。舞狮是为了给来年求好运。

意大利威尼斯狂欢节
每年意大利威尼斯狂欢节时，人们都能休假2周。假期最后一天，人们会戴着精致的面具，穿着华丽的衣服涌到大街上，将街道围得水泄不通。

3月

3月17日是纪念爱尔兰人的守护神圣帕特里克的节日。印度传统新年洒红节的日期每年都不一样，而犹太教的普珥节因为参照的是犹太历，所以日期也是每年一变。

洒红节
洒红节的日期虽然每年都变，但不变的是节日的快乐氛围，这天人们会互相泼洒五颜六色的粉末和水。

圣帕特里克节
很多爱尔兰人在节日当天都会穿绿色衣服，游街奏乐表示庆祝。

普珥节
摇动木质拨浪鼓是普珥节宗教仪式的一部分。这个节日是为了纪念犹太人逃出古波斯，大难不死，劫后余生。

4月

4月1日这天要小心恶作剧的人，因为那天谁都可能成为“愚人”，而在法国则会成为“鱼人”。相比之下，基督教和犹太教4月的节日要更为严肃庄重。

法语“POISSON D'AVRIL”的意思是“4月的鱼”
4月1日，法国的小孩子会在小伙伴的背上偷偷贴上纸做的鱼，以捉弄对方。

逾越节
这个节日是为了纪念3000年前犹太人脱离奴役。人们在特别的晚餐中重述逾越故事，并进食具有象征意义的食物，如一个烧焦的鸡蛋、一根羊骨等。

复活节
复活节是基督教的节日，庆祝圣主耶稣基督被钉在十字架受刑死后第三天复活。巧克力和糖球象征重生。

6月

北欧地区，仲夏节于6月20日到22日举行。节日当天，庆祝仪式从太阳升起的那刻开始。穆斯林斋月开始的具体日期取决于新月何时升起，可以是6月，也可以是一年中的其他月份。

仲夏节
史前巨石阵位于英国威尔特郡的索尔兹伯里平原。此地向来是人们观看仲夏节日出的地方。

5月

丹麦苹果花节
苹果花节在丹麦的一个小岛——利勒岛上举行，这个小小的节日是为了庆祝果树开花。

5月天气渐暖，万物生发，人们庆祝5月由来已久。五朔节是欧洲的传统民间节日，用以祭祀树神、谷物神，庆祝农业收获，迎接春天来临。

五朔节
五朔节有个古老的传统，每到5月1日这天，很多英国的村庄居民就会竖起花柱，缠上彩带，围绕花柱载歌载舞。这一天也是五一国际劳动节。

圣彼得堡白昼节
白昼节时，众人翘首以盼，等待涅瓦河上红帆船的出现。

古罗马人创立了五朔节，意在向花神福洛拉致敬。

11月

早期从欧洲来到美国的殖民者每年都要庆祝丰收，献上感恩，之后美国人继承了这个传统。如今，感恩节主要成了家人团聚的盛会。对于墨西哥人来说，亡灵节是个分享美好记忆的日子，他们会追思逝去的亲人。

墨西哥亡灵节
11月2日，人们会购买纸糊的骷髅，吃做成骷髅状的糖果。

感恩节
感恩节这天人们装扮成美国早期的历史人物，走上纽约街头游行。

12月

在众多的国家和文化中，圣诞节是孩子们最期待的节日，因为他们不仅能收到礼物，还能享受美食。光明节，即犹太教的灯节，通常在12月举行，同样有吃喝有玩乐，是个可以尽情享受的节日。

圣诞节
圣诞树作为圣诞节庆典的组成部分，大约已有上千年的历史了。

光明节
在这个为期8天的犹太教节日中，人们每天都要点亮一根蜡烛。

世界语言

人们通过语言和文字互相交流。全球总计 6000 多种语言。很多人会讲好几种语言。

语言

汉语使用人数最多，约占全球总人口的 1/4。

1 **汉语（包含普通话和各种方言）**
全世界讲汉语的人数达 15 亿以上。

2 **英语**
全世界讲英语的人数达 12 亿以上。

3 **印地语**
全世界讲印地语的人数达 8 亿。

4 **西班牙语**
全世界讲西班牙语的人数达 5.9 亿。

5 **法语**
全世界讲法语的人数达 3.4 亿。

问候语

所有语言都有问候语，这里列出了“你好”在一些世界主要语言中的书写和发音。然而，并不是所有语言都使用相同的字母系统，世界上很大一部分语言使用的是特殊的书写体系。

سلام
普什图语（阿富汗官方语言）“你好”的发音：salaam

你好
闽语（分布在中国福建、台湾、海南等地的方言）“你好”的发音：lee-ho

xin chào
越南语“你好”的发音：sin-chow

မင်္ဂလာပါ
缅甸语“你好”的发音：min-ga-la-ba

你好
中国汉语普通话，发音：ni hao

sampurasun
巽他语（印度尼西亚爪哇岛人使用的语言）“你好”的发音：sum-poo-rah-soon

侬好
吴语（分布在中国上海、江苏、浙江一带的方言）“你好”的发音：nong hao

নমস্কার
孟加拉语“你好”的发音：nômoshkar

سلام
波斯语“你好”的发音：salaam

helo
马来语“你好”的发音：hello

你好
客家话（中国客家人使用的方言）“你好”的发音：ngi-ho

നമസ്കാരം
马拉雅拉姆语（印度喀拉拉邦马拉雅拉姆人使用的语言）“你好”的发音：nuh-mus-kāram

สวัสดี
泰语“你好”的发音：sawasdee

ନମସ୍କାର
奥里亚语（印度东部奥里萨邦人使用的语言）“你好”的发音：nuh-mus-kara

مرحبا
阿拉伯语“你好”的发音：marr-hah-bah

السلام علیکم
乌尔都语（巴基斯坦官方语言）“你好”的发音：as-salām-alaykum

नमस्कार
马拉提语（印度西部马哈拉施特拉邦人使用的语言）“你好”的发音：nuh-mus-kār

નમસ્તે
古吉拉特语（印度古吉拉特人使用的语言）“你好”的发音：nuh-muh-stay

你好
粤语（分布在中国广东等地的方言）“你好”的发音：néih hóu

வணக்கம்
泰米尔语（印度泰米尔人和部分斯里兰卡人使用的语言）“你好”的发音：vanakkam

你好
晋语（中国山西省方言）“你好”的发音：ni hao

ನಮಸ್ಕಾರ
坎纳达语（印度坎纳达人使用的语言）“你好”的发音：namaskara

merhaba
土耳其语“你好”的发音：mehr-hah-bah

你好
湘语（中国湖南省方言）“你好”的发音：li hao

प्रणाम
比哈尔语（印度比哈尔人使用的语言）“你好”的发音：pra-naam

こんにちは
日语“你好”的发音：konnichiwa

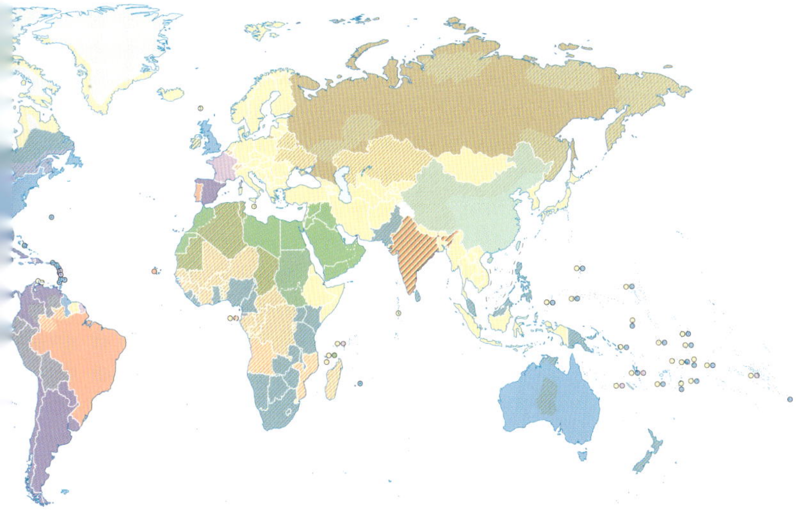

什么人讲什么话？

有些语言被很多国家使用。几大语言下还存在很多方言。左图为世界主要语言分布图。

图例

- 汉语（包含普通话和各种方言）
- 西班牙语
- 阿拉伯语
- 印地语
- 英语
- 法语
- 俄语
- 葡萄牙语
- 英语和西班牙语
- 西班牙语及其他
- 阿拉伯语和法语
- 法语及其他
- 英语及其他
- 阿拉伯语及其他
- 印地语、英语及其他
- 汉语及其他
- 俄语及其他
- 英语和法语
- 葡萄牙语及其他
- 其他语言
- 无人区

手语

聋哑人可以用手势交流，这就是手语。手语种类繁多。

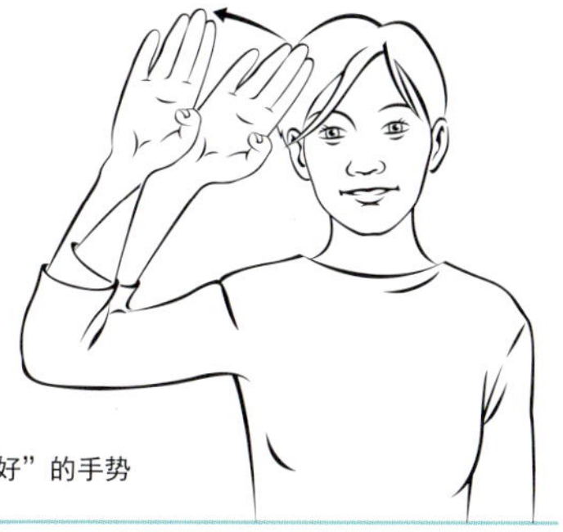

英式手语“你好”的手势

नमस्ते

印地语“你好”的发音：nuh–muh–stay

爪哇语“你好”的发音：halo

السلام عليكم

信德语（巴基斯坦信德人使用的语言）“你好”的发音：as-salām-alaykum

assalomu alaykum

乌兹别克语“你好”的发音：as–salam alay–keum

안녕하세요

韩语“你好”的发音：ahn–nyeong–ha–se–yo

నమస్కారం

泰卢固语（印度东南部泰卢固人使用的语言）“你好”的发音：namaskāram

ਸਤਿ ਸ੍ਰੀ ਅਕਾਲ

旁遮普（印度旁遮普人使用的语言）“你好”的发音：sat–sri–akal

salam əleyküm

阿塞拜疆语“你好”的发音：salām-alaykum

प्रणाम

迈蒂利语（部分印度人使用的语言）“你好”的发音：pra–naam

cześć!

波兰语“你好”的发音：cheshch

akkam

奥罗莫语（埃塞俄比亚中西部通用语言）“你好”的发音：ak–kam

hello

英语“你好”：hello

olá

葡萄牙语“你好”的发音：oh–lah

kumusta

他加禄语（菲律宾官方语言之一）“你好”的发音：coo–moos–tah

Привіт

乌克兰语“你好”的发音：priveet

здравствуйте

俄语“你好”的发音：zdrast–wui–tyeh

kedụ

依博语（西非尼日利亚的主要语言）“你好”的发音：kay–doo

bonjour

法语“你好”的发音：boh–zhoo

hallo

德语“你好”的发音：ha–low

no ngoola daa

富拉语（西非富拉人使用的语言）“你好”的发音：no–ngoola–daa

jambo

斯瓦希里语（非洲东部和中部的通用语言）“你好”的发音：ja–m–boh

ciao

意大利语“你好”的发音：chow

ጤና ይስጥልኝ

阿姆哈拉语（埃塞俄比亚官方语言）“你好”的发音：tena–yste–llie'gn

salut

罗马尼亚语“你好”的发音：sah–loot

hola

西班牙语“你好”的发音：o–la

bawo ni

约鲁巴语（西非一种古老的语言）“你好”的发音：bah-wo nee

sannu

豪萨语（尼日利亚北部的官方语言）“你好”的发音：san–nu

艺术的故事

文明伊始，不同文化背景的人创造出了形式多样的艺术。他们通过漆、石头、木材、金属、黏土，甚至身体表达宗教信仰、思想，或者只是单纯地还原自己生活的世界。

约公元前 42000 ~ 前 2500 年

史前艺术

早期人类使用炭笔和矿物质颜料将动物和人物画在岩壁上。有些人通过向中空的骨头吹气，将颜料喷洒在手掌周围，手纹就印在了岩壁上；还有人用石头和动物的长牙刻出了雕像。

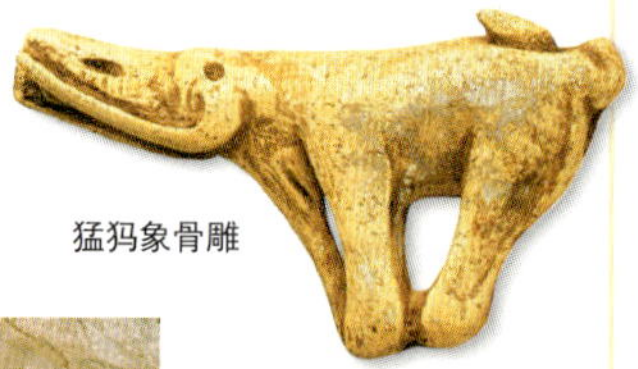
猛犸象骨雕

史前人物雕像

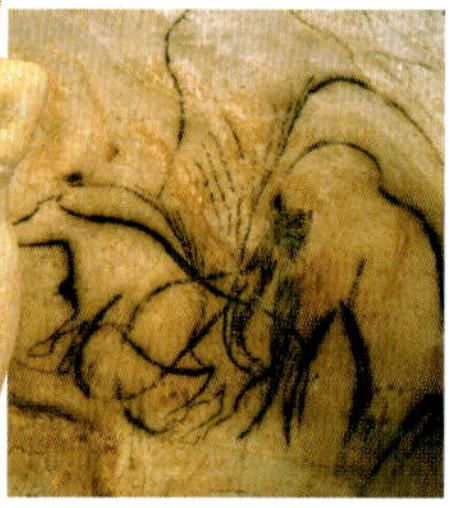
洞穴壁画，法国

一位洞穴艺术家的绘画

约公元前 3000 ~ 前 539 年

最古老的文明

乌尔王陵（今伊拉克境内）出土了很多精美的艺术品。这些艺术品出自美索不达米亚地区技艺精湛的雕刻家及宝石匠之手。该地区是最古老、最持久的文明发源地之一。

金饰

金珠环饰

约 622 ~1450 年

大马士革大清真寺，叙利亚

伊斯兰艺术

伊斯兰教的清真寺，花纹图案复杂精美，这些图案是由艺术家们用瓷砖和马赛克镶嵌拼凑而成。当今伊斯兰教徒沿用类似的方法，将敬拜之地用美丽的图案加以装饰，但不能使用动物或人的图案。

约 500 ~1450 年

中世纪和拜占庭艺术

金属器皿、珐琅器、雕刻品和刺绣等在中世纪的欧洲非常珍贵。泥金装饰手抄本用鲜明的图案及金箔来装饰。早期的拜占庭基督徒创作出了圣像及反映宗教场景的壁画。

银杯

泥金装饰手抄本

拜占庭马赛克镶嵌画

圣母马利亚的马赛克镶嵌画，伊斯坦布尔

约公元前 650 ~ 公元 1900 年

东方文明

2000 多年前，印度、中国和日本的艺术家把石头、陶瓷、宝石及金属等制作成漂亮的物件儿。五彩的印度庙宇上装饰着各种男女神灵，让人眼花缭乱。日本画印于丝绸、羊皮纸上，看起来宁静高远。

华丽的大象饰品，中国

约 1350 ~1600 年

文艺复兴

文艺复兴始于意大利，其间各种艺术形式百花齐放。艺术家们受古希腊及古罗马作品的启发，创造出了精美的绘画和雕像，这些作品充满了人文精神。威尼斯是当时生产精致玻璃制品的中心。

列奥纳多·达·芬奇创作的《蒙娜丽莎》

提香·韦切利奥创作的画像

意大利高脚杯

文艺复兴时期的垂饰

米开朗琪罗·博纳罗蒂雕刻的《哀悼基督》

约 1600 ~1750 年

巴洛克艺术和洛可可艺术

巴洛克风格的画作描绘的都是具有戏剧性的场景。艺术家们用强烈的色彩、夸张鲜明的光影对比刻画出现实中情绪化的一幕。洛可可艺术起源于法国，建筑、艺术及家具风格较为柔和，给人优美典雅、纤巧精致之感。

埃尔·格列柯巴洛克风格的绘画

洛可可式喷泉

洛可可风格的风琴

约 1850 ~1900 年

现实主义和印象主义

现实主义画家意在创作反映现代生活的作品，并将普普通通的劳动者当成他们创作的对象。印象主义画家注重对外光的研究和表现，让人感受到花朵、风景、野餐和聚会等稍纵即逝的美。

皮埃尔·奥古斯特·雷诺阿创作的《游船上的午餐》

镶着贝壳的金牛头

▶约公元前 3000～前 300 年

古埃及

古埃及人在金字塔里修建了复杂精致的墓室，里面有雕像、人形棺、壁画和画卷，意在让逝者来世重生时用。画家们为展示完整的人物体形，不仅画了正视图，还画了侧视图。

墓室壁画

粮仓模型

典礼用的水瓶

墓室中修饰繁复的人像

▶约公元前 2000～前 146 年

古希腊

克里特岛上的米诺斯王宫出土了最早的壁画和陶器，上面描绘了当时精彩纷呈的生活场景。古希腊庙宇多用大理石装饰，有各种雕刻精美的石柱。

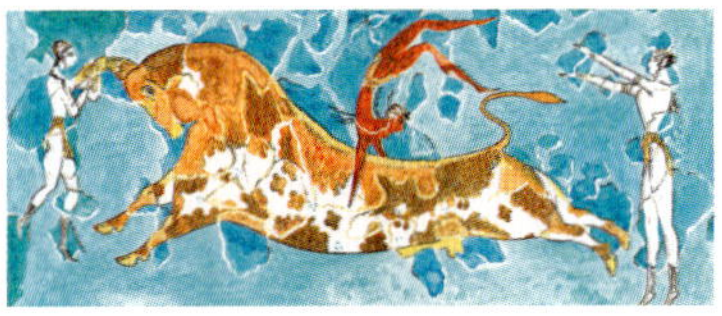

壁画——雀跃的公牛

装饰用的花瓶

无装饰的多立克柱式

涡卷设计的爱奥尼亚柱式

风格华丽、毛茛叶设计的科林斯柱式

石狮，中国明朝

葛饰北斋画作，日本

印度教寺庙，印度

约公元前 750～公元 476 年

古罗马

帝王、历史名人、男神和女神的雕像及半身像（头像）深受古罗马人的喜爱。殷实的人家不仅有金饰，还有纹饰陶器和精美的玻璃器具。上好的房子铺着陶瓷锦砖，墙上还绘着大幅的壁画。

陶制头像

小心恶犬，庞贝古城，马赛克图案

别墅墙上的壁画，庞贝古城

约公元前 1000 年至今

美洲原住民

在美洲原住民部落中，一些实用物品如毯子、包等一般都装饰有珠子、羽毛、贝壳，做工娴熟美观，堪称艺术品。小巧的动物形状的护身符、高大的木雕——即刻着人脸和飞禽走兽的图腾柱，也都是原住民的创作，这些艺术创作一直延续至今。

缀羽毛的包

青绿色的动物摆件

图腾柱上刻出的人脸

莫奈花园

克劳德·莫奈的画作《睡莲》捕捉到了光和季节的变化。

自然光

现在使用便携的画架和管装的颜料，艺术家们可以离开画室到户外作画。

▶1880～1905 年

凡高创作的《花瓶里的紫色鸢尾花》

后印象主义

这个时期的画风更大胆，更明快，更自由。文森特·凡高将感情倾注画作，用浓重的笔触和重彩画出了独特的风景。其他艺术家也创造了新的画法。乔治·修拉的点彩派画作是用成千上百万的各种彩色小点堆积而成。

奥古斯特·罗丹创作的雕像

罗丹创作的雕像栩栩如生，表现出强烈的感情色彩。

▶约 1900～1950 年

表现主义和超现实主义

表现主义画家作画时选择鲜艳的颜色和鲜明的形象，经常把颜料直接挤到画布上。这些画不为展现现实世界，而为表达创作者的思想和情绪。超现实主义作品颠覆了世界的形象。艺术家们创造出梦幻般的画作和怪诞的物体，如毛茸茸的茶杯、刺状的尖铁。

> “如若‘成竹在胸’，搁笔不画也罢。”
>
> 萨尔瓦多·达利，超现实主义艺术家

▶约 1907 年～20 世纪 60 年代

现代艺术

立体主义是现代派艺术的开端。作为现代派艺术的领军人物，巴勃罗·毕加索使用棱角状图像，打破了用色、布局和角度原则，创造出了惊人的图像。多年之后，美国的抽象表现主义画家杰克逊·波洛克，发明了行动绘画——通过泼、抹、滴等方式将颜料弄到画布上。

受杰克逊·波洛克启发的作品

▶20 世纪 70 年代至今

当代艺术

当代艺术兼容并蓄，不拘一格。画家们通过对以往艺术形式的混合再造来传达新意。艺术的形式多种多样：有悬于半空中，被炸成碎片的小屋；有镶着钻石的头骨；还有置于城市制高点、高耸入云的伶仃雕像。

安东尼·葛姆雷的作品《视界》

千禧公园喷泉，芝加哥

伟大的艺术家

史前人类在洞穴墙壁上画动物，或许是为了记录他们的打猎活动。后来，艺术家用艺术讲述他们自己的故事。纵观历史，伟大的画家、雕塑家和摄影师创造了许多鼓舞人心的艺术作品，有些艺术家更是激发了全新艺术风格的形成。

约公元前 395 ~ 前 330 年

普拉克西特列斯

普拉克西特列斯是古希腊最有造诣的雕塑家之一。他的雕塑作品《赫尔墨斯和小酒神》姿态优美，柔和细腻，成为后世艺术家的标准。

《赫尔墨斯和小酒神》

约 686 ~ 约 760 年

吴道子

吴道子又名道玄，是唐代著名画家，被后世尊为“画圣”。虽无真迹传世，但他依旧被称为传奇。据说，他可以在寺庙、宫殿的墙壁上画出栩栩如生的人物，更能凝神挥笔一日而成，绘出浩瀚的景色。

吴道子

13 世纪早期

快庆

这位佛教雕塑大师生活在日本镰仓时代（1192~1333 年）。他为日本的传统佛教雕塑树立了标准，其优美的雕塑风格被后人称为“安阿弥样（Anna-miyō）”。

不动明王，愤怒的佛陀化身

1755 ~1842 年

《朱莉肖像》

伊丽莎白·路易丝·维热·勒布伦

法国女画家勒布伦以其充满活力的法国贵族肖像画著称。她的画作背景朴素，人物姿态自然，凸显神态表情。

1760 ~1849 年

《冬天的海边村庄》

葛饰北斋

当日本诸多艺术家仍以武士、艺妓和贵族为绘画主题时，葛饰北斋却从风景和乡村生活中获取灵感。他的名作《神奈川冲浪里》享誉世界，这是一幅彩色浮世绘版画作品，对西方艺术家产生了深远的影响。

1775 ~1851 年

约瑟夫·马洛德·威廉·透纳

这位英国浪漫主义画家自幼习画，他善用水彩、油彩创作风景画和海景画，他还善于描绘光与空气的微妙关系。他的晚期作品非常抽象。透纳逝世后，其 300 余幅油画作品被英国伦敦泰特美术馆收藏。

《被拖去解体的战舰无畏号》

1840 ~1926 年

《睡莲》

克劳德·莫奈

法国印象派运动的关键人物，被誉为“印象派领导者”。他运用自由的笔触和浅浅的颜色，画同一事物在一天中不同时间的光影变化。他最著名的作品是《睡莲》系列作品，这一系列共包含约 250 幅作品，均以花园中的睡莲为核心元素。

1853 ~1890 年

《麦田里的丝柏树》

文森特·凡高

凡高出生于荷兰。他通过笔触，以及对颜色和形式的选择，来表达情感和思想。尽管饱受精神疾病与贫穷的困扰，他仍创造出后印象主义绘画的惊世之作。凡高在精神错乱中开枪自杀，逝世后很久，他的天赋才被众人追捧。

1881 ~1973 年

“我花了四年时间画得像拉斐尔一样好，但用尽一生的时间，才能像孩子一样画画。”

巴勃罗·毕加索

毕加索出生于西班牙，他名下的艺术作品有 37000 件之多，包括绘画、雕塑和素描等。他开创了诸多艺术运动的先河，被认为是 20 世纪最具影响力的艺术家之一。毕加索是立体主义的先驱，他认为常规的表现对象，如静物或风景在被分解与重构时，看起来更像是拼图游戏。

1887 ~1986 年

乔治娅·奥基弗

奥基弗是美国现代艺术发展史上的灵魂人物，她最为人熟知的是巨幅花卉和沙漠作品。她用半抽象半写实的手法，勾画出自然和人为的形态，并表达着自己的感受。

“我发现，我能通过色彩和形状来表达我所不能表达的东西。”

1895 ~1965 年

照片展示的是摘豌豆的人在田边排队称重

多罗西亚·兰格

美国摄影师多罗西亚·兰格的作品极具震撼力，她用镜头记录了大萧条时期（1929~1933 年），外来劳工和乡村人口的贫困状况。她的作品被广泛刊登于报纸上。此外，兰格还利用自己的影响力，提高了大家对社会公正问题的认识。

1904 ~1989 年

萨尔瓦多·达利

这位西班牙艺术家是超现实主义绘画运动的领军人。他的作品探索隐藏的图像。在他所描绘的梦境中，常将现实中的事物以变形或怪诞的样子呈现，这使他成为同时期最具影响力的艺术家之一。

“那些从不想模仿任何东西的人，也无法创造出任何东西。”

1452~1519 年

列奥纳多·达·芬奇

达·芬奇是公认的意大利最伟大的画家之一。他的作品《蒙娜丽莎》是世界上被观赏最多的画作之一。《维特鲁威人》是达·芬奇用钢笔和墨水绘制的手稿，展现出他在人体解剖学领域深厚的造诣。

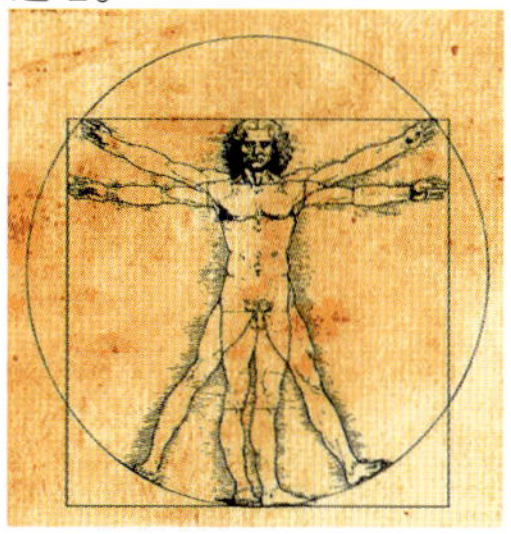

《维特鲁威人》

1470~1559 年

文徵明
扇面作品

文徵明

文徵明是中国“吴门画派”最著名的画家之一。他因独具风格的水墨山水画闻名于世。上图中，他用湖景装点扇面，并配以优美的诗句。

1475~1564 年

米开朗琪罗·博纳罗蒂

这位意大利的艺术大师，创造出文艺复兴时期最具代表性的作品。他的雕塑采用摩西、大卫等圣经人物为原型雕刻。他在罗马梵蒂冈西斯廷教堂的壁画《创世纪》更是无与伦比。

《摩西》

约 1510~1576 年

勒维纳·蒂尔琳克

1545 年，佛兰德斯（今比利时）文艺复兴画家勒维纳·蒂尔琳克，受邀成为英国都铎王朝的皇家肖像画师。她擅长袖珍肖像画，与同时期的艺术家小汉斯·荷尔拜因、尼古拉斯·希威德并称为最著名的细密画大师。可惜她绘画多是受人之托，画作多为私人礼品，因此，鲜有传世之作。

约 1500~1593 年

阿卜杜勒－萨马德

阿卜杜勒－萨马德出生于波斯（今伊朗），是细密画派画家、书法家。在印度莫卧儿王朝皇室的资助下，他移居印度。萨马德是印度莫卧儿王朝细密画派的奠基人，从皇家宫廷、自然和神话中汲取灵感。

阿卜杜勒－萨马德画作

1593~1653 年

《以斯帖站在亚哈随鲁前》

阿尔泰米西娅·真蒂莱斯基

意大利画家阿尔泰米西娅·真蒂莱斯基，是 17 世纪巴洛克式艺术运动的领军人物，也是佛罗伦萨美术学院的第一位女画家。她许多幸存的作品都是以女性为主要角色，描述圣经故事。

约 1594~约 1657 年

克拉拉·佩特斯

17 世纪早期，佛兰德斯画家克拉拉·佩特斯是唯一一位众所周知且出类拔萃的女性静物绘画家。她苦心创作细致入微的静物画，擅长画食物饮品、奇花异草以及贵重物品，如高脚杯和金币等。

《静物：鱼、牡蛎、虾》

1606~1669 年

伦勃朗自画像

伦勃朗·哈尔曼松·凡·莱因

这位荷兰画家是公认的光影大师。他的画作题材广泛，包括圣经、神话、历史事件，以及大量的自画像。

1741~1807 年

安杰莉卡·考夫曼

新古典主义画家安杰莉卡·考夫曼出生于瑞士，是一名神童。她曾穿越欧洲，旅居不同的城市。1768 年，她还参与了英国伦敦皇家美术学院的创建。

《忒勒玛科斯的悲伤》

1746~1828 年

弗朗西斯科·何塞·德·戈雅·卢西恩特斯

西班牙画家戈雅创作了许多不同题材的绘画，有令人惊叹的肖像画，也有描绘暴力的、黑暗社会的极富创造性的绘画作品。

戈雅铜像

1907~1954 年

弗里达·卡洛

弗里达是一位多产的墨西哥艺术家，也是女权主义者的偶像。她不被身体的疾病所禁锢，哪怕卧病在床也要创作。弗里达最出名的是她的自画像，她以自己为主题，画出了美丽与痛苦，这是她一生的写照。

弗里达·卡洛

1913~1941 年

阿姆丽塔·谢尔－吉尔

印度画家阿姆丽塔·谢尔－吉尔，是 20 世纪重要的先锋派艺术家。除了自画像，她的作品聚焦印度村庄生活以及被社会忽视的人们。遗憾的是，她在 28 岁时便去世了。

“我只能在印度画画。欧洲属于毕加索、马蒂斯、布拉克。印度只属于我。”

1928~1987 年

“你可以从艺术中全身而退。”

安迪·沃霍尔

美国商业艺术家安迪·沃霍尔，引领了 20 世纪艺术的新运动。他是波普艺术的倡导者和领袖，也是对波普艺术影响最大的艺术家。他给人们熟悉的图像——如生活消费品、名人画像等涂上花哨的颜色，这不仅挑战了人们对艺术的固有认知，也将艺术与大众文化融合起来。

约 1935~2017 年

雅尼玛·皮卡利·汤米·沃森

沃森是澳大利亚最杰出的土著艺术家之一。成名之前，他曾是澳大利亚沙漠上的游牧民。他生动多彩的绘画作品，描绘了“梦幻时代”——土著神话创造时期的故事。他的抽象绘画作品巧妙地融合了澳大利亚的土著文化和秀丽风景。

1956 年~

“……它并不像我想象的那样。那些自认为高人一等的人，并未真正改变……”

威利·贝斯特尔

威利·贝斯特尔在南非种族隔离制度（1948~1994 年）下长大，后来成为一名社会政治艺术家。他的拼贴画和雕塑多由照片、废料和油漆制成，意在表达种族隔离制度的暴行及其对今日的影响。

乐器

很早以前，人们就用敲打、弹拨、摇动或吹响的方式演奏音乐。不同的乐器，音色不同。在管弦乐团中，多种乐器合鸣，能奏出美妙的乐曲。

管弦乐团

从 18 世纪起，大型管弦乐团乐手的座次排位便是固定的。乐器的位置由其类型决定。

指挥和主要乐器

- 指挥
- 第一小提琴
- 第二小提琴
- 中提琴
- 大提琴
- 低音提琴
- 长笛
- 双簧管
- 单簧管
- 大管
- 圆号
- 小号
- 长号和大号
- 竖琴
- 鼓
- 其他打击乐器
- 钢琴

木管乐器

木管乐器由金属、塑料和木头制成。管身上开有音孔，通过堵住和放开特定的音孔可以产生不同的音高。有些木管乐器加了振动片，称为簧片，作为吹嘴。

短笛

长笛

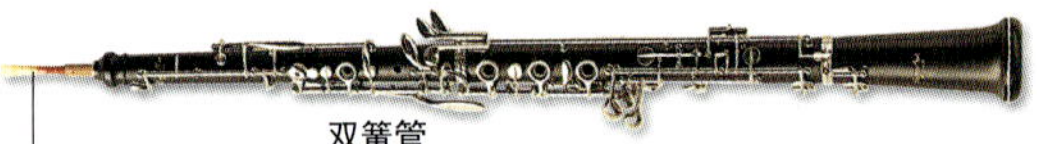
簧片

双簧管

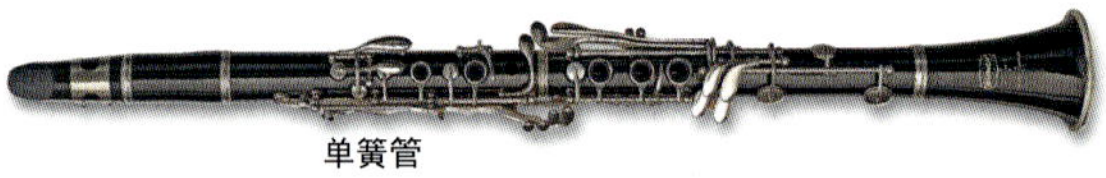
单簧管

英国管

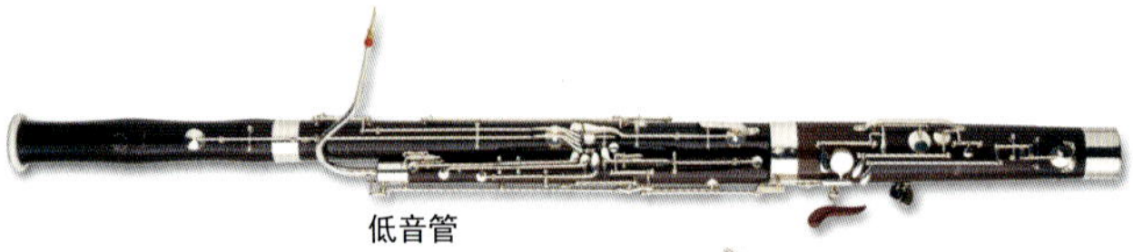
低音管

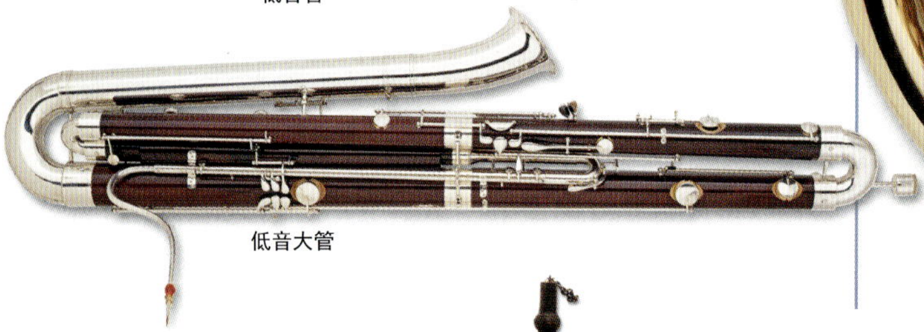
低音大管

铜管乐器

铜管乐器是整个乐团中音量最大的。乐手将气流吹进乐器，嘴巴靠近吹嘴吹气时引起空气振动。很多铜管乐器有像按键一样的活塞，乐手可以通过按压活塞改变音高。

圆号

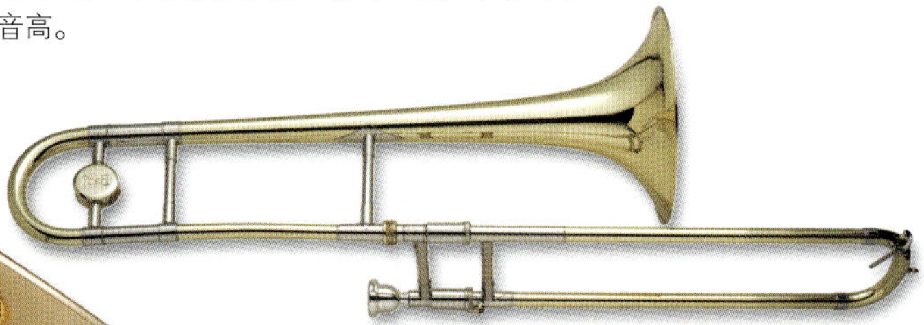
低音长号

高音小号

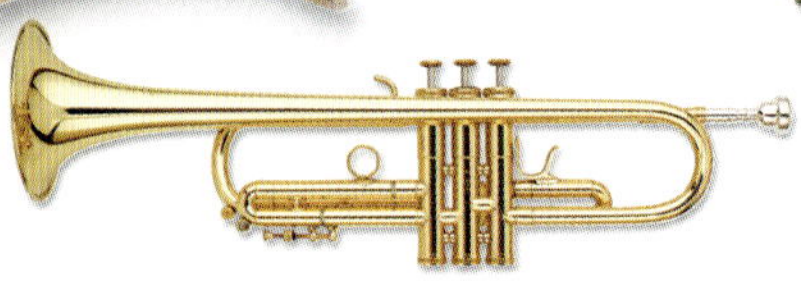
小号

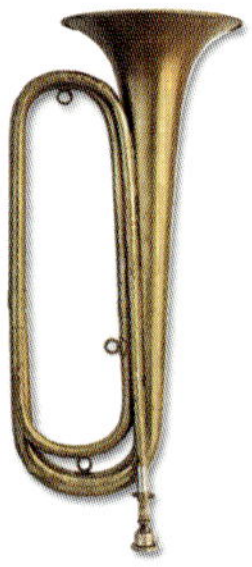
号角

大号

各国乐器

纵观全球，音乐创作要用到各种各样的传统乐器，很多乐器是某个国家或民族独有的。

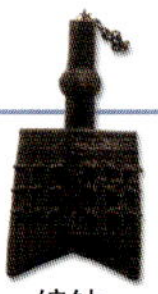
编钟（中国）

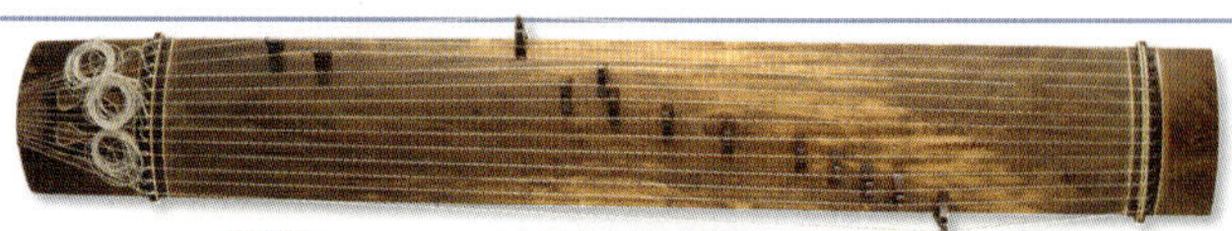
十三弦古筝（日本）

阮（中国）

拨浪鼓（中国）

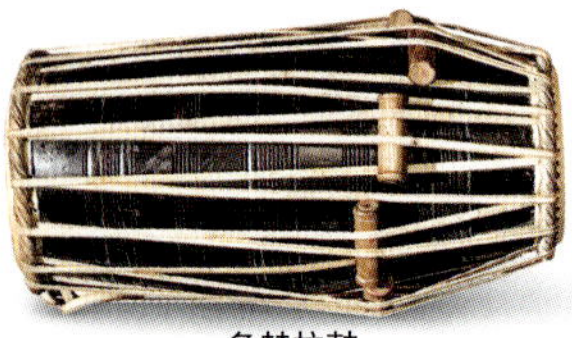
多赫拉鼓（印度）

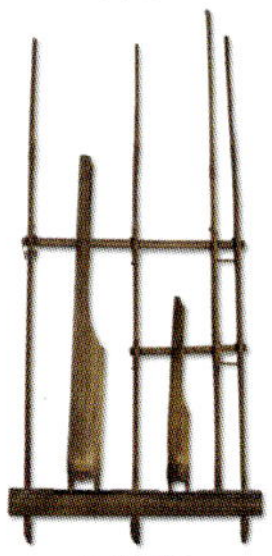
昂格隆（印度尼西亚）

康加鼓（非洲）

刚果鼓（非洲）

中东鼓（中东）

凯曼贾琴（中东）

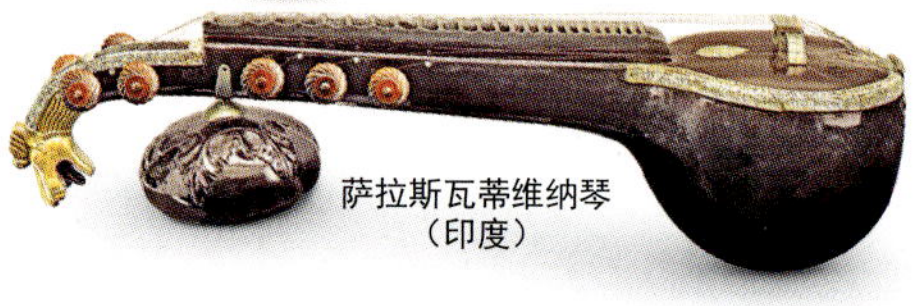
萨拉斯瓦蒂维纳琴（印度）

薄片琴（坦桑尼亚）

打击乐器

打击乐器是一种以打、摇动等方式产生声音的乐器族群。打击乐器不仅能产生节奏，还能形成旋律和和声的效果。

弦乐器

弦乐器种类繁多，大小各异，一般通过琴弓摩擦拉紧的琴弦发声。弦乐器木质主体部分是中空的，以便振动发声。

制作一把现代小提琴需要 70 多片木材。

键盘乐器

钢琴在诸多乐器中是最受欢迎的，按下琴键便可发声。乐手在键盘上可以同时弹出不同的音符。

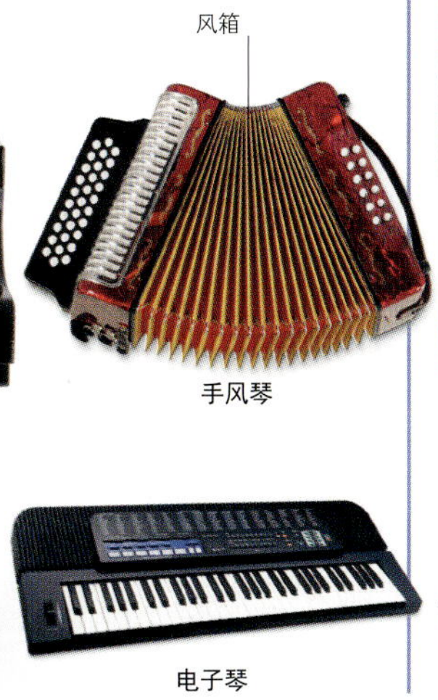

吉他类乐器

吉他类乐器是弦乐器的子类。吉他一般有 6 根弦，最多有 18 根弦。琴弦既可以用手指弹，也可以用拨片拨。

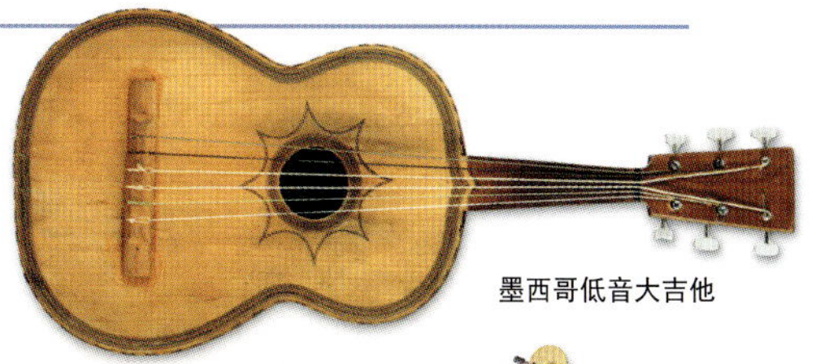

音乐原理

理解音乐理论，即乐理是学习读谱和演奏乐器的重要组成部分。演奏音乐首先要弄懂音乐的语言——音符、音高、节拍和和声。

钢琴键盘

钢琴键盘上的八度音阶由7个白键（A、B、C、D、E、F、G）和5个黑键组成。黑键2个一组或3个一组。标准尺寸的键盘有7个八度，位于键盘中间的C，叫作中音C。

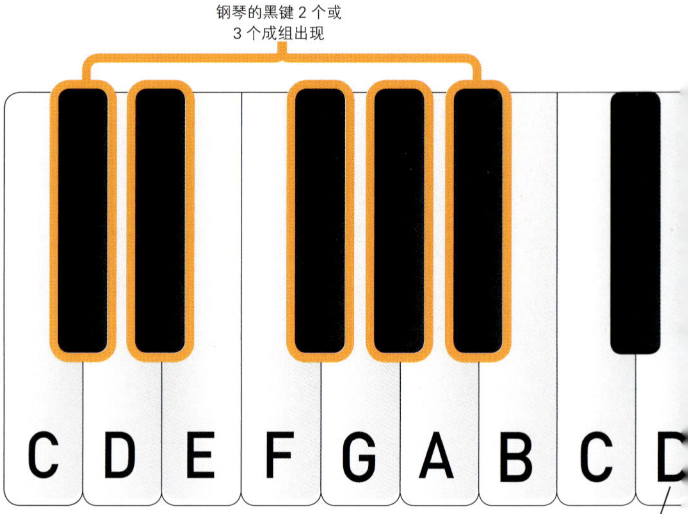

钢琴
钢琴布局独特，对于学习乐理很有帮助。黑白键的组合样式代表了音符之间的相互关系。

目前已知的第一首乐曲是3400多年前，用古文字——楔形文字写成的。

写谱

乐谱通常写在五条平行线上，这五条线就是五线谱。音符则既可以写在线上，也可以写在线与线之间。音符在五线谱中的位置越高，代表音高越高。

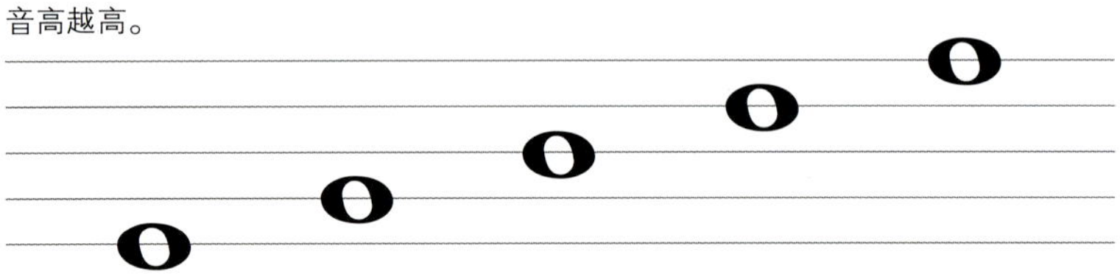

音符写在线上

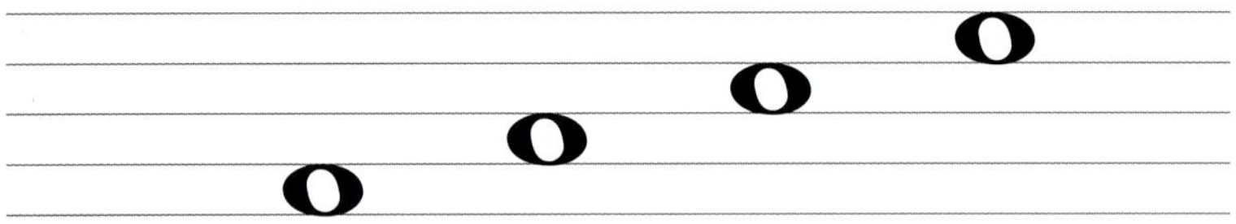

音符写在线之间

谱号

一般情况下，谱号写在每页五线谱开头的最左端，用以确定谱表中各线间的音高位置。两个最常用的谱号是高音谱号（也叫G谱号）和低音谱号（也叫F谱号）。

G谱号
高音谱号的起笔位置指示了音符G在五线谱上的位置。

高音谱号上的音符
从G音开始，按字母顺序向前或向后，可以推算出其他音符（A、B、C、D、E、F）在五线谱上的位置。

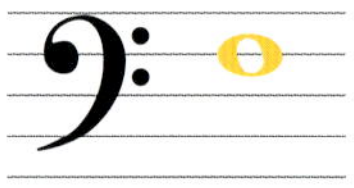

F谱号
低音谱号的两个小圆点指示了音符F在五线谱上的位置。

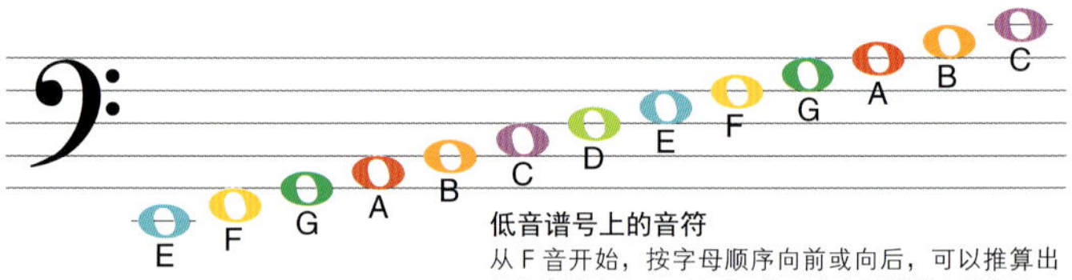

低音谱号上的音符
从F音开始，按字母顺序向前或向后，可以推算出其他音符（A、B、C、D、E、G）在五线谱上的位置。

音值

音值是指一个音持续的时长，是与其他音相对而言的。下图（按时长降序排列）是5个最常见的音值：全音符、二分音符、四分音符、八分音符和十六分音符。

时值
下图显示了音值之间的相对关系。每小段代表一个四分音符的持续时间。一个全音符持续的时间相当于4个四分音符。

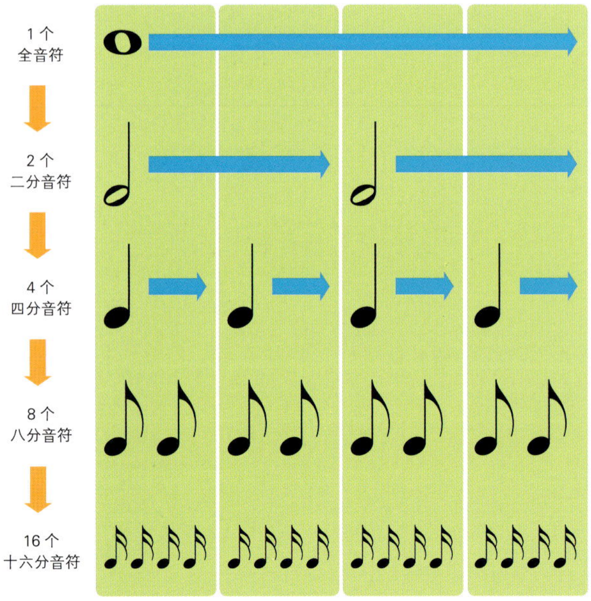

符杠

2个或多个八分音符连续出现时，可以用一根粗线代替各自的符尾，将它们连接起来，这根粗线就叫符杠。十六分音符和三十二分音符也可以用此法连接。符杠的使用利于辨识旋律。

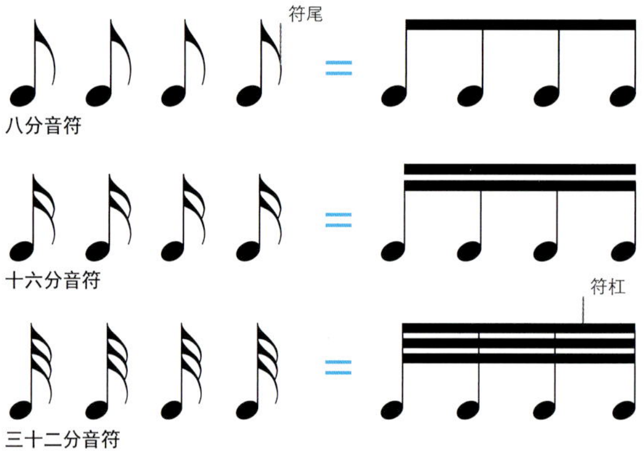

附点音符

如果音符后面加上了一点，那么这个音符就延长到原时长的1.5倍。下面的附点四分音符的时长就是四分音符时长的1.5倍，附点二分音符的时长就是二分音符时长的1.5倍。

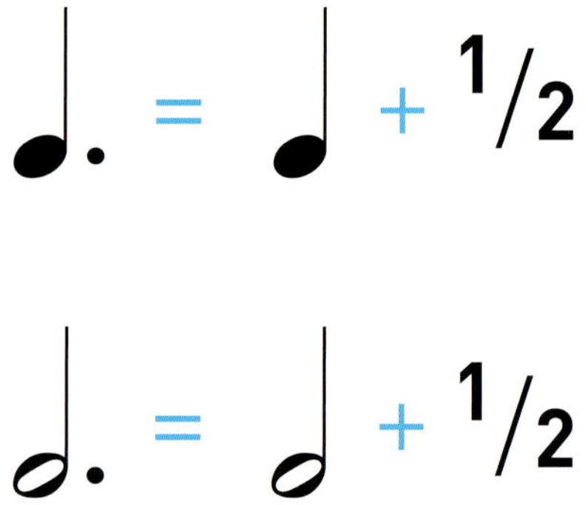

拍号

拍号位于乐谱的起始位置。上面的数字（也称分子）表示每小节里有几拍，下面的数字（也称分母）表示拍子的时值（即几分音符为一拍）。2代表二分音符，4代表四分音符，8代表八分音符，16代表十六分音符。

2/4	四分音符为一拍，每小节有两拍
4/4	四分音符为一拍，每小节有四拍
3/2	二分音符为一拍，每小节有三拍
9/8	八分音符为一拍，每小节有九拍
3/4	四分音符为一拍，每小节有三拍
2/2	二分音符为一拍，每小节有两拍
6/8	八分音符为一拍，每小节有六拍
12/8	八分音符为一拍，每小节有十二拍

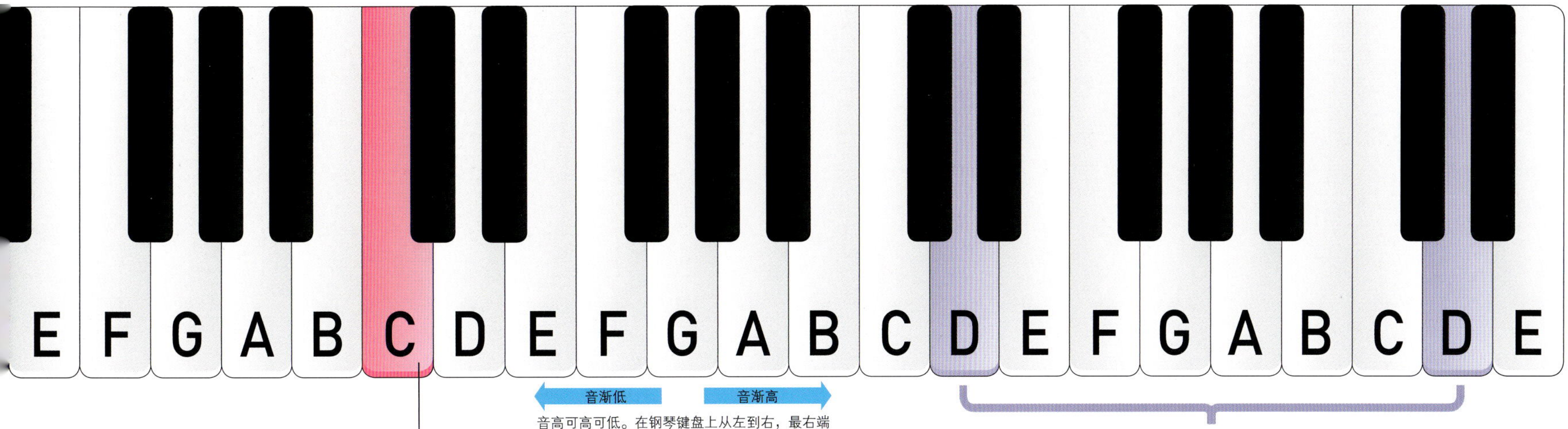

在标准大小的钢琴键盘上，最靠近中间位置的 C 琴键叫中央 C

音高可高可低。在钢琴键盘上从左到右，最右端是最高音，最左端是最低音

八度是指相邻两个音组中，相同音名的两个音，比如，两个 D 就相距一个八度

半音

在音乐术语中，键盘上相邻两个音之间的距离或间隔称为半音。半音就是全音的一半，代表在键盘上移动半步。

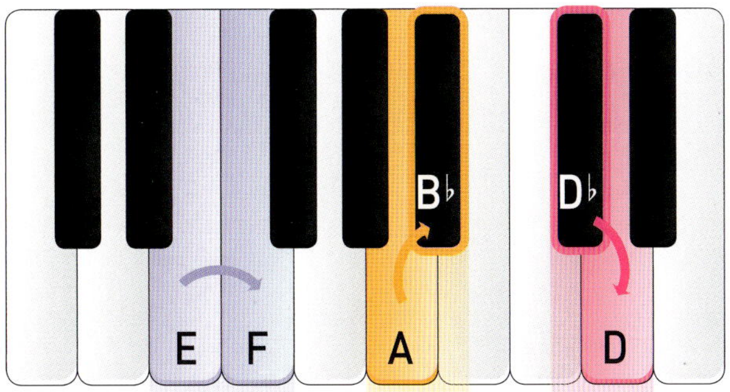

在五线谱上的写法
右图展示了上图键盘上三个半音在五线谱上的写法。

全音

两个半音构成一个全音。键盘上相隔一个琴键的两键之间构成一个全音。

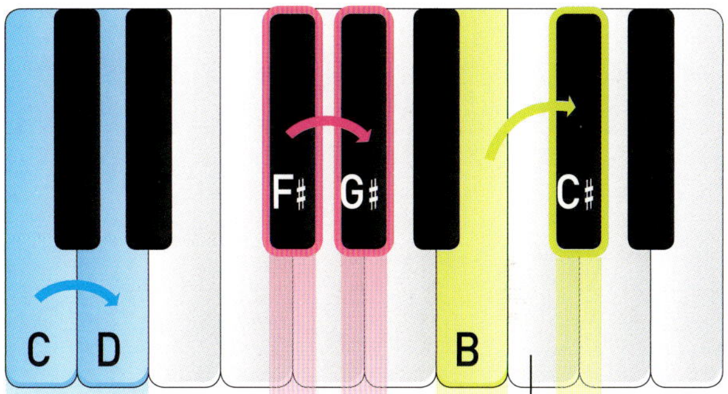

在五线谱上的写法
下图展示了右图键盘上三个全音在五线谱上的写法。

由于白键 B 和白键 C 相邻，两者相隔半音，所以和白键 B 相隔一个全音的是上面的黑键 C

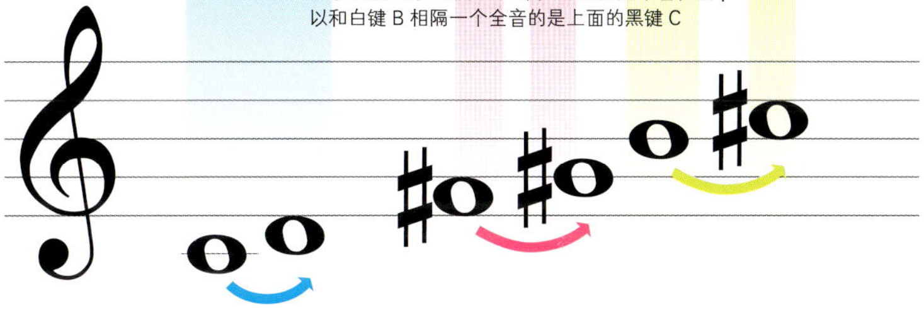

休止符

休止符代表静止的时值——演唱或演奏期间的停顿间断期。休止符和其他音符一样，具有相同的时长。在演奏或创作期间，休止符和其他音符同样重要。

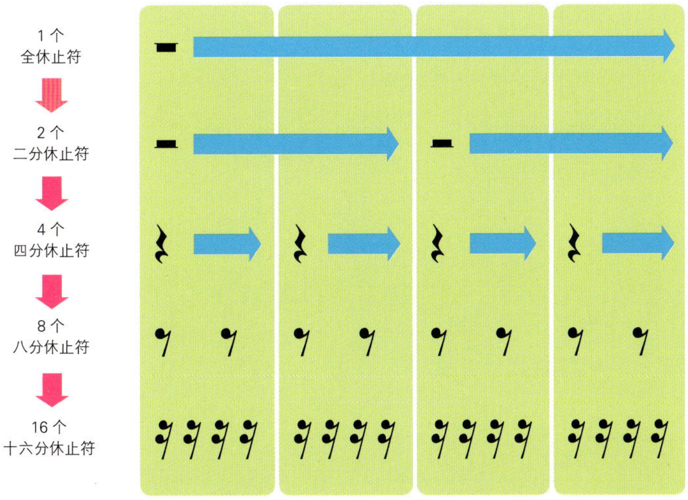

时值
右图展示了休止符的写法和相对关系。

节拍

音乐演奏的速度叫节拍。节拍通常由描述性语言注明。右图展示了一些常见的节拍和节拍的变化。

急板	快	再快	越来越快
快板		更快	
中板		加快	
行板		减慢	
柔板		渐慢	
慢板	慢	再慢	越来越慢

升记号和降记号

升记号和降记号是将键盘基本音级升高或降低的符号。升记号代表升高半音，降记号代表降低半音。没有升高或降低的音叫本位音。

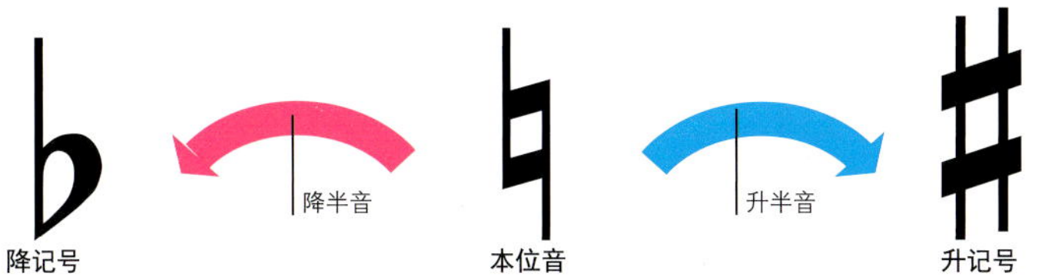

升 G（G♯）比 G 高半音

这个音既可以叫升 D（D♯），因为它比 D 高半音，也可以叫降 E（E♭），因为它比 E 低半音

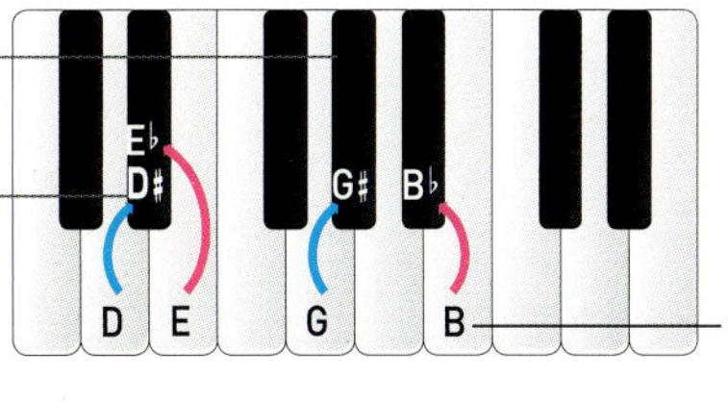

黑键的升降音
黑键是升半音还是降半音取决于白键在黑键的上位还是下位。

降 B（B♭）比 B 低半音

白键的升降音
键盘上的白键有多种类型：本位音、升半音及降半音。

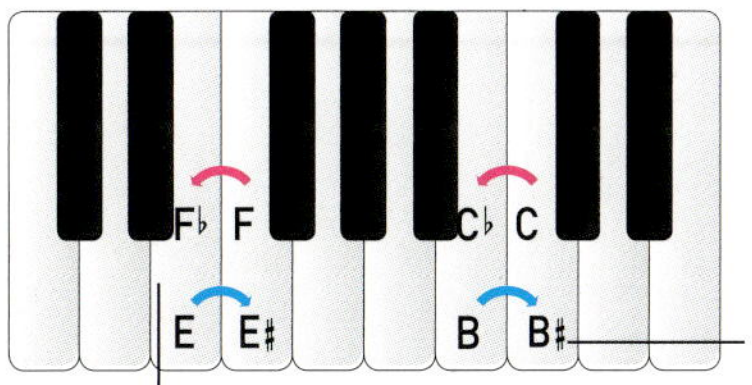

这个音通常称为 E，但是由于它比 F 低半音，因此又可以称为降 F（F♭）

这个音通常称为 C，但是由于它比 B 高半音，因此又可以称为升 B（B♯）

舞蹈

不论哪个国家、哪个地区、哪种文化，人们都爱随着音乐而动，跳起双人舞或群舞或独舞。舞蹈具有多元的作用，如诉说故事、表达信仰、展现爱国热忱、强身健体、战前或赛前热身、庆典、竞技或单纯地娱乐等。

宗教舞蹈

舞蹈在很多宗教中扮演着重要的角色。很多宗教仪式中都有舞蹈，舞蹈也是信徒与神灵交流的一种方式。

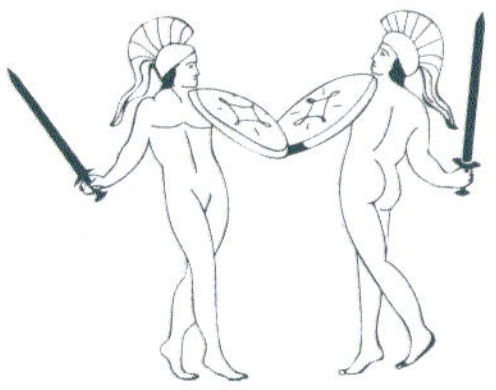

科律班忒斯
在古希腊神话中，祭司身披盔甲，铿锵而舞。

佛教
佛教圣殿上通常装饰着舞动的人像。

伊斯兰教托钵僧
托钵僧们喜欢把自己旋转到恍惚的状态，因为这样感觉和真主更亲近。

印第安人
印第安人用跳舞的方式向神求雨或保丰收。

舞王湿婆
印度教神灵湿婆经常被塑造成跳着创造世界之舞的形象。

民族舞

节日和庆典时，人们常常和着传统音乐，跳起民族舞。民族乐和民族舞代代相传，经久不衰。

弗拉明戈
弗拉明戈起源于西班牙南部，特点是节奏强烈、表演率性。

吉普赛舞
婚礼和洗礼时，一家人会跳吉普赛舞。

拉脱维亚舞
拉脱维亚歌舞节是一年一度的重大节日。

阿拉伯舞
中东地区的阿拉伯舞，通常由女性独舞。

爱尔兰舞
爱尔兰舞蹈有独舞也有群舞，经常在竞技项目中表演。

非洲舞
非洲舞的特点是由鼓声和叫喊声伴奏。

古典舞

古典舞是由训练有素的专业舞蹈演员表演的舞蹈。古典舞强调严谨和规范性的动作。舞蹈大多讲述文学作品或者传说中的故事。

印度尼西亚古典舞
这种舞叫贝多优舞蹈，只有女子才能跳。

柬埔寨古典舞
柬埔寨的古典舞动作舒缓流畅，如行云流水一般。

卡塔卡利舞
这种舞蹈是印度南部一种舞剧，演员一般身着华丽服饰，脸涂浓妆。

歌舞伎
这是日本的古典舞蹈。在表演中，演员的服饰和妆容都很华丽。

芭蕾
芭蕾舞是很多西方国家的古典舞。

巴厘岛古典舞
这是一种讲述故事的表演形式，舞者一般赤脚表演。

舞蹈热潮

有些舞蹈热潮在刚出现时会引起一阵骚动。比如，18 世纪 80 年代，人们对华尔兹这种新的舞蹈形式就感到极为震惊，因为舞蹈中出现了男女拥抱的动作。

- **康康舞**
  康康舞是一种活泼的高踢腿舞蹈。19 世纪 30 年代，这种舞蹈席卷法国的舞厅和音乐厅，风靡一时。
- **吉特巴舞**
  吉特巴舞是热情奔放、注重技巧的双人舞。吉特巴舞起源于 20 世纪 30 年代的美国，随后在第二次世界大战期间，由美国军人传入欧洲。
- **扭摆舞**
  20 世纪 60 年代，扭摆舞盛极一时。扭摆舞没有固定的舞步，也不需要舞伴，只需随着音乐扭动身体。
- **排舞**
  由乡村音乐伴奏，舞者站成一排，一起跳的舞就是排舞。20 世纪 70 年代，排舞在美国出现，到 20 世纪 90 年代，这股舞蹈的热潮席卷全球。
- **江南Style**
  2012 年，韩国歌手朴载相（PSY）的一首同名歌曲视频在网上疯传，江南 Style 的舞步一夜之间火爆全球。

康康舞

吉特巴舞

扭摆舞

排舞

江南 Style

宝莱坞舞蹈

众所周知，歌舞是宝莱坞电影中不可或缺的元素。在早期的宝莱坞电影中，舞蹈的作用主要是表现歌词大意。如今，电影中的舞蹈吸收了很多印度民族舞和古典舞的元素，变得更加多元化。

婆罗多舞
婆罗多舞是印度南部的一种古典舞。这种舞蹈通过手部动作和身体姿态表达丰富的感情。

邦拉
邦拉是印度旁遮普邦的民族舞，常以鼓伴奏，节奏强烈。

宝石头饰

叮当作响的手镯可引起观众注意手部动作

阿拉伯舞
阿拉伯舞的特点是身体快速扭动，因此需要持久的耐力。

舞服

舞服可以强化舞者的动作，暗示故事发生的场景。舞服是众多舞蹈形式的传统元素，其设计多年来几乎未曾改变。

爱尔兰舞裙
爱尔兰舞裙袖子长，裙摆短，可以突出腿部的动作。

芭蕾舞裙
芭蕾舞裙无袖，裙摆短，可以突显出舞者曼妙的身姿及高超的舞技。

婆罗多舞服
婆罗多舞服是按照印度神庙中神像的服饰设计的。

肚皮舞裙
肚皮舞裙由比基尼胸衣、腰封和长裙组成。

交谊舞裙
交谊舞裙是飘逸的长裙，以衬托出舞步的优雅。

舞鞋

不管是像弗拉明戈这样激情的跺脚舞还是优雅的芭蕾，合适的舞鞋是必不可少的。

芭蕾舞鞋

男探戈舞者的舞鞋

女探戈舞者的舞鞋

弗拉明戈舞鞋

踢踏舞鞋

爱尔兰舞鞋

交谊舞鞋

国际标准舞

国际标准舞简称国标舞，既是一种颇有人气的休闲方式，也是一项专业的竞技运动，兼具休闲、健身、运动和社交功能。国标舞主要分为两大类：一类是诸如华尔兹和狐步舞这样的摩登舞，一类是诸如探戈这样的拉丁舞。

桑巴
极具韵律、动感活泼的巴西舞。

伦巴
拉丁舞中动作最舒缓的一种。

恰恰
源于古巴，由西印度群岛传出。

桑巴舞是巴西传统节日里约热内卢狂欢节的传统舞蹈。

华尔兹
极具人气、以滑动舞步为特点的奥地利舞。

探戈
起源于阿根廷的布宜诺斯艾利斯，舞台表现力极强。

萨尔萨舞
深受业余人士喜爱的拉丁舞种。

斗牛舞
受西班牙斗牛士的动作启发而创造的舞种。

街舞

城市的街头巷尾总是不断涌现出新式舞蹈。20 世纪 70 年代，纽约出现了最早的街舞，也就是后来的霹雳舞。至今，霹雳舞仍是最受欢迎的一种街舞。

单手挂肘水平悬垂
一手弯曲撑地，身体与地面保持平行。

托马斯
舞者双手撑地，双腿在空中做大回环。

风车
舞者从一个肩膀转向另一个肩膀，双脚持续在空中呈 V 形旋转。

头转
舞者头着地支撑全身，并快速旋转。

单手倒立空中悬停
舞者保持单手倒立这一悬停动作。

面部表情有助于故事的表现

传统的宝莱坞舞蹈
早期宝莱坞电影中的舞蹈主要是表演出歌词大意。

棍棒舞
棍棒舞是古吉拉特邦的民族舞。跳舞时舞者双手一起敲击棍棒。

手部动作复杂

卡塔克
北方邦位于印度北部，卡塔克是这一地区的古典舞。

赛前，新西兰的橄榄球队会跳一段毛利族的战舞“哈卡”。

体育舞蹈

对战前，泰国拳击手都要献上一段泰拳舞，一来向辛勤培育自己的教练致敬，二来为比赛中可能对对手造成的伤害提前致歉。

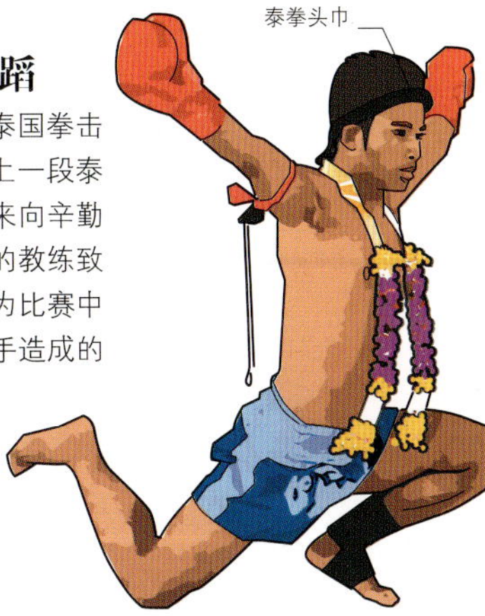

泰拳头巾

芭蕾

最初，芭蕾是欧洲宫廷的娱乐表演形式，而后不断发展，成为一种优雅高贵的艺术形式，深受各地人民喜爱。职业芭蕾舞者要付出艰苦的努力，才能达到张弛有度、富有艺术魅力的表演境界。

1500 年

1547 年
意大利人卡特琳·德·美第奇成为法国王后，并把一种意大利风格的舞蹈带到了法国宫廷。

卡特琳·德·美第奇

1661 年
历史上第一所舞蹈学院——皇家舞蹈学院在法国巴黎成立。

1680 年
法国国王路易十四开始在巴黎凡尔赛宫定期举行芭蕾舞歌剧表演。

凡尔赛宫

1841 年
《吉赛尔》在法国巴黎首演，其主演是意大利芭蕾舞演员卡洛塔·格里西。

1877 年
由柴科夫斯基作曲、莫斯科大剧院芭蕾舞团表演的《天鹅湖》，在俄国莫斯科大剧院首演。

1913 年
由瓦斯拉夫·弗米契·尼金斯基编舞的芭蕾舞剧《春之祭》，在巴黎首演。因其反传统的编舞和节奏强烈多变的音乐，该剧引起了巨大骚动。

1964 年
芭蕾舞者玛戈·芳廷和鲁道夫·努里耶夫在奥地利维也纳表演完《天鹅湖》后，博得了台下观众的热烈掌声，为此，他俩不得不谢幕多达 89 次，创下历史之最。

芭蕾发展史

芭蕾在法国发展成熟，因此芭蕾舞所有的步法术语依旧沿用法语。在法国、意大利、俄罗斯、英国和北欧一些国家，芭蕾已经成为各大剧院的一大卖点。

1653 年
法国国王路易十四扮演了《夜之芭蕾》（*Le Ballet de la Nuit*）中的太阳神阿波罗。

法国国王路易十四的雕像

1669 年
舞蹈家、编舞家皮埃尔·博尚将芭蕾舞的五种手位和脚位进行了发展。

三位

1738 年
帝国芭蕾舞蹈学校在俄国圣彼得堡成立。

1832 年
芭蕾舞《仙女》由菲利波·塔廖尼创编，在法国巴黎首演。

马林斯基剧院，自 1860 年开始就是俄国皇家芭蕾舞剧院

1890 年
《睡美人》在俄国圣彼得堡的马林斯基剧院首演。

1909 年
戏剧活动家谢尔盖·佳吉列夫在法国巴黎创立了俄罗斯芭蕾舞团。

1931 年
萨德勒斯威尔斯芭蕾舞团（1959 年更名为英国皇家芭蕾舞团）在伦敦成立。

英国皇家歌剧院（英国皇家芭蕾舞团所在地）外的雕塑

2006 年
韦恩·麦格雷戈执导的《纯色 Chroma》融合了古典芭蕾舞与当代摇滚乐，在英国皇家歌剧院上演，并大获成功。

2020 年

训练多年

大多数职业舞者从小就开始跳芭蕾舞，经过 8~10 年艰苦卓绝的训练后，最终只有少量有天分的学生才能加入芭蕾舞团。最好的舞者可以跳独舞或成为首席舞者。

初学者
小朋友 5 岁左右就可以在当地的舞蹈室学习芭蕾舞了。

芭蕾舞学校
到 11 岁时，就能进芭蕾舞学校了。

见习
16 岁时，最有前途的学生会继续深造三年。

芭蕾舞团
舞者可以加入芭蕾舞团，演一些小角色。

芭蕾首席舞者
首席舞者在芭蕾舞演员中的地位是最高的，可以出演一切主角。

制作足尖鞋

女舞者穿的鞋要经过特殊的加固处理，以便舞者用足尖跳舞（芭蕾术语为"立脚尖"）。舞者经常会把足尖部分修饰一下，这样既可以防滑，鞋子也能穿得更久一点。

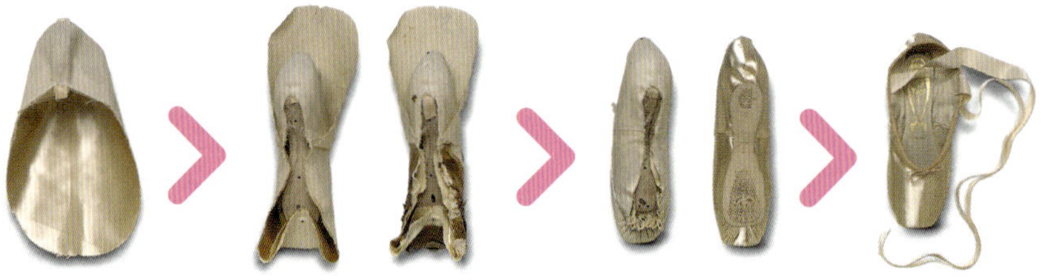

1 做鞋面
将几层柔软的缎料和僵硬的帆布缝在一起。

2 置入脚尖垫
将皮质底裹好成形，再把硬卡片、纸张及坚硬的织物粘贴到脚尖区域，做成脚尖垫。

3 鞋成形
用线将鞋面和鞋底缝起来，再用专门的锤子，锤打成形。

4 加上丝带
一般来说，舞者会将丝带缝到鞋上去。

经典芭蕾舞

19 世纪末，大型芭蕾舞剧艺术达到了顶峰。很多出自那个年代的芭蕾舞剧现在依然很受欢迎。

《吉赛尔》，1841年（于1884年改编）
年轻的女孩惨遭爱人背叛，郁郁而终。化成鬼魂的她却救了当初的负心人。

《葛蓓莉娅》，1870年
这个轻松愉快的故事讲述了一个小伙子爱上了真人大小的人偶，但之后发现自己真正爱的却是邻居家的女孩。

《天鹅湖》，1877年
英俊的王子爱上了神秘女孩，却发现她被邪恶的巫师施了魔法。

《胡桃夹子》，1892年
这是一个发生在圣诞节的故事，玩具们都有了生命，带着主人来到了糖果王国，受到了糖果仙子的欢迎。

《火鸟》，1910年
取材于俄罗斯的民间童话，《火鸟》讲述了伊凡王子和有魔法的火鸟共同打败恶魔卡歇伊的故事。

服装

演出服装应该不仅能让观众看出人物的性格，还能让演员活动自如。下图所示的是希腊神话中欧里狄克的服饰。欧里狄克死后被带到了冥府。

布样

色样

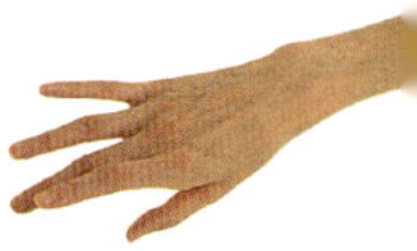

从画板到舞台
欧里狄克的服饰初次亮相时，沉重的斗篷让演员行动非常不便。通过服装设计师的改良，演员华丽登场之后就可以将斗篷轻易摘下。

飘逸单薄的雪纺裙表明人物所在之处为灵界

斗篷既可以从衣服上摘下，也可以再挂上去

基本位置

芭蕾舞中所有的姿势和动作都是基于五种手臂和脚步的基本动作。在五个脚位中，双脚要平放在地板上，脚尖向外开，方向相反。

一位　二位　三位　四位　五位

把杆

把杆是练功房里的扶手。舞者专心练习动作和脚位时，可轻扶把杆保持身体平衡。

半蹲
腿半屈，双脚平放。

前控腿
一条腿直立，另一条腿向前抬起，并保持半弯。

半脚尖立
一脚尖立地保持平衡，另一条腿抬起，脚尖置于直立腿膝盖处。

五位换脚跳

垂直上下跳跃，双脚在空中交换位置。动作结束时应能自如地弹起——这一动作称为“ballon”，意为“舞姿轻快优雅”。重复练习数次使弹跳更加稳健有力。

半蹲起跳　跳起，双脚在空中互换位置　轻轻落地，呈半蹲状

向前控腿跳

从双脚开始起跳的跳跃方式有多种，这里演示的是双腿在空中打开，单脚落地。

手臂下垂，半蹲起跳　向前跳跃时，双腿在空中打开　单脚落地，背部挺直

专业的芭蕾舞演员，一个星期内可能会穿坏10双足尖鞋。

男舞者要始终注视着女舞伴

强壮有力的大腿和膝盖对于支撑和托举至关重要

抒发感情
双人舞经常演绎浪漫的爱情故事。

慢板

慢板是“动作流畅”的意思。舞者在练习中要把一系列动作连接起来，以提高身体平衡，增强肌肉力量。

向前擦地
双眼目视前方。

迎风展翅舞姿
动作腿向后抬高并向外打开。

鹤立式舞姿
动作腿划过一位，并向前抬高。

追赶步
脚放到四位。

五位立脚尖
双脚半点地，双臂呈五位举起。

猫跳步

要做到标准的猫跳步，必须像猫咪一样快速起跳，轻轻落地。

三位半蹲起跳　蹬地，顺畅地抬高一条腿　跳至空中，双脚并拢　后脚很轻柔地落地　快速放下前脚至三位处

双人舞

双人舞是由两个人（通常是一男一女）表演的舞蹈。两位舞者将音乐、形体和艺术融为一体，呈现出美妙绝伦的视听盛宴。

支撑动作
男舞者支撑女舞伴，女舞者可以更久地立脚尖。

如鱼探水
托举时，女舞者背部挺直，手臂打开。

宏伟的建筑

气势磅礴、历史悠久的古建筑，最初是人们祭祀敬拜的场所或用来抵御外敌入侵的屏障。现代，高大宏伟的建筑多是公共活动场所，比如画廊、博物馆及用作办公楼和宾馆的摩天大楼。

约公元前 2560 年

大金字塔和狮身人面像

大金字塔埋葬的是埃及第四王朝时期的法老胡夫，狮身人面像埋葬的是他的儿子哈夫拉。两座建筑的表层最初都是用石灰岩砌成的，在日光的照耀下熠熠生辉。

大金字塔和狮身人面像　埃及，吉萨

约公元前 1900 年

克诺索斯王宫

克诺索斯王宫是希腊克里特岛上最大的宫殿，是米诺斯文明的集中体现。这里可能不仅举办过宗教仪式，还是商议国事的政治中心。通过挖掘出的遗迹，专家还原了王宫的本来面目。

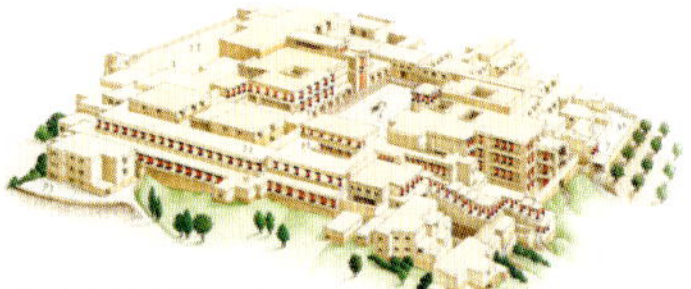

艺术家绘制的王宫效果图

克诺索斯王宫一处壁画的拓本

约公元前 700 年

长城

中国的长城是统治者为了抵御外敌入侵而修建的。各朝各代的统治者都曾下令扩建长城。2012 年，国家文物局公布调查、认定的历代长城总长度为 21196.18 千米，堪称奇迹。

长城　中国

1632 年

泰姬陵

莫卧儿皇帝沙・贾汗为纪念他心爱的妃子蒙泰吉・玛哈尔修建了这座华丽夺目、珠石镶嵌的陵墓。泰姬陵完美对称，宽度和高度完全一致。陵的四方各有一座尖塔耸立。

泰姬陵　印度，阿格拉

1714 年

史匹特菲尔德教堂

这座教堂由尼古拉斯・霍克斯穆尔设计，属于巴洛克式风格的建筑。20 世纪该教堂年久失修，破损严重，现在经过修复后已经恢复了往日的风采。图中教堂的白色石材在日光的照耀下闪闪发光。

史匹特菲尔德教堂　英国，伦敦

1840 年

威斯敏斯特宫

威斯敏斯特宫是英国政府的办公中心。1834 年，曾矗立在此的一座宫殿被烧毁，威斯敏斯特宫就是在这座宫殿的旧址上建造起来的。事实上，许多历史遗迹没有被废弃，经过整合也成了新宫殿的一部分。整个修建工程用时 30 年，没等完工建筑师就离开了人世。

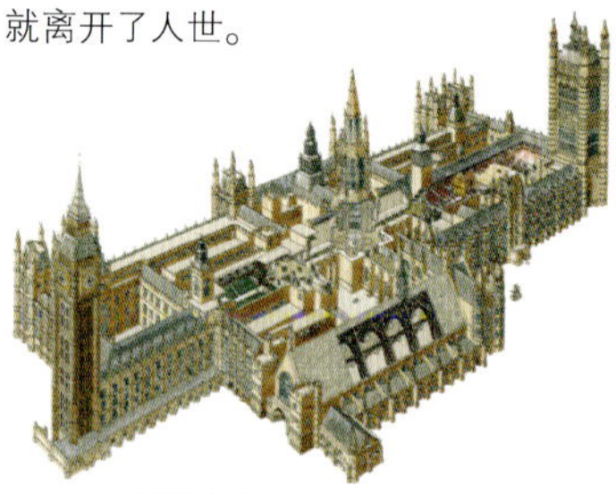

威斯敏斯特宫　英国，伦敦

1882 年

圣家族大教堂

这座罗马天主教堂是西班牙巴塞罗那最著名的建筑。教堂由西班牙建筑师安东尼奥・高迪设计。当他于 1926 年不幸离世时，教堂才修建了 1/4。预计到 2026 年，教堂才会全部竣工。

圣家族大教堂　西班牙，巴塞罗那

帝国大厦　美国，纽约

1930 年

帝国大厦

近 3400 人耗时 410 天才建成这座 102 层高的装饰派风格的大厦。直到 1972 年，帝国大厦都是世界最高建筑的纪录保持者。现在，它仍是纽约著名的地标建筑。每年，人们都会竞相到 86 层的观景台鸟瞰纽约全景。

1959 年

悉尼歌剧院

悉尼歌剧院是一个大型的综合性文艺演出中心。它由丹麦建筑师约恩・伍重设计，属于现代表现主义风格。剧院的外形别具一格，帆状结构的屋顶覆盖着 100 多万块具有自净功能的白色瓷砖。

悉尼歌剧院　澳大利亚，悉尼

1971 年

蓬皮杜中心

蓬皮杜中心是一栋高科技建筑，内部包括大众信息图书馆、巴黎国立近代美术馆和音乐与音响研究中心。在这里，颜色不仅是装饰，还能指示各部分的功能：绿色的管道是水管，蓝色的管道控制空调，而红色指示的是电梯、自动扶梯和楼梯。

蓬皮杜中心　法国，巴黎

蓬皮杜中心模型

1993 年

古根海姆博物馆

西班牙毕尔巴鄂的古根海姆博物馆是世界上最受人仰慕和喜爱的建筑之一。加拿大建筑师弗兰克・盖里的精心设计，使得博物馆闪亮的拐角透露出一种随性的雕塑美。

古根海姆博物馆　西班牙，毕尔巴鄂

公元前 447～前 432 年

帕提农神庙

帕提农神庙气势磅礴，是古希腊人为雅典娜女神修建的最大神殿。如今，这座神庙成了古文明的丰碑之一。神庙有多立克柱式廊柱，遍饰浮雕，蔚为壮观。

帕提农神庙　希腊，雅典

公元 80 年

罗马大斗兽场

它是古罗马最大的露天圆形剧场，可容纳 5 万人观看戏剧表演、血腥的角斗士竞技表演及其他盛大活动。表演区底下藏着很多通道、地下室和升降梯，用于储存牲畜和存放道具，等表演开始时再将角斗士和参与角斗的动物吊到地面上。

罗马大斗兽场　意大利，罗马

537 年

圣索菲亚大教堂

位于君士坦丁堡（今伊斯坦布尔），大教堂巍峨雄壮，千年来一直是世界之最。这座拜占庭风格的建筑因其巨大的圆顶、华丽的镶嵌画和高大的大理石柱子而闻名于世。如今，圣索菲亚大教堂被用作博物馆。

圣索菲亚大教堂　土耳其，伊斯坦布尔

1113 年

吴哥窟

吴哥窟的本意是“神庙之城”，也是名副其实的世界上最大的宗庙群建筑。吴哥窟象征着印度教众神所住的须弥山，其中，五座塔象征着须弥山的五座山峰，墙壁象征着连绵的山脉，护城河象征着大海。

吴哥窟　柬埔寨，暹粒市

1238 年

艾勒汉卜拉宫

艾勒汉卜拉宫是由西班牙南部的摩尔人统治者所建。它既是宫殿又是城堡。设计者的初衷是把这里建成一处人间天堂：整座宫殿装饰得无比精美豪华，宫殿外的高墙内则田园风光秀美。

艾勒汉卜拉宫　西班牙，格拉纳达

1333 年

姬路城

姬路城又叫“白鹭城”，是日本尚存最大也是保存最为完好的古城堡。姬路城作为城堡，护城河众多，城门坚固，走廊回环，旨在迷惑、拖垮入侵者。

姬路城　日本，兵库县

1420 年

天坛

天坛象征天和地，它不是一座庙宇，而是几座庙宇的总称。其最主要的建筑祈年殿，是中国古代皇帝敬天礼神的场所。

祈年殿　中国，北京

1552 年

瓦西里升天教堂

伊凡大帝（伊凡四世）在任时修建了瓦西里升天教堂。教堂色彩艳丽，神似燃向天空的熊熊篝火。教堂因设计独特、色彩绚丽、装饰精美而驰名内外。

瓦西里升天教堂　俄罗斯，莫斯科

1609 年

蓝色清真寺

原名苏丹艾哈迈德清真寺，是伊斯兰教徒的敬拜场所，与圣索菲亚大教堂相媲美。设计上，它参照了拜占庭建筑特色，并加入传统的伊斯兰建筑风格。它因内部的蓝色砖瓦装饰而得名。

蓝色清真寺　土耳其，伊斯坦布尔

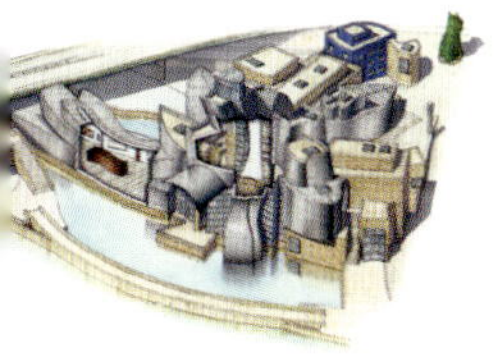

古根海姆博物馆
和周围建筑

1994 年

金茂大厦

这座摩天大楼融合了中国传统建筑风格与西方建筑风格。大厦逐层加宽，楼顶形似塔尖。大厦的外墙由玻璃组成，且可抗强风及地震。大厦的第 57 层设有游泳池。

金茂大厦内部

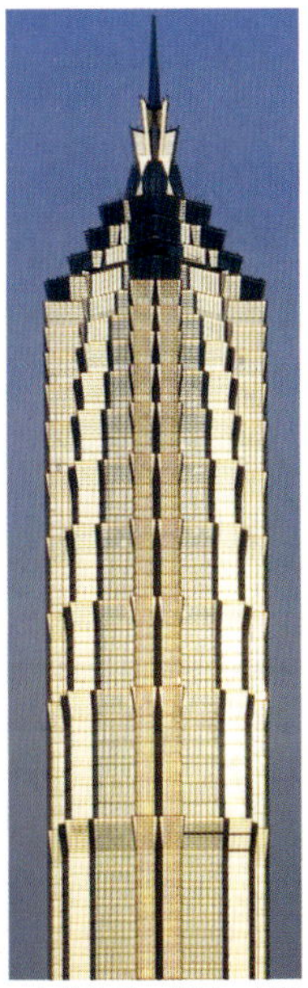

金茂大厦　中国，上海

2004 年

哈利法塔（原迪拜塔）

哈利法塔一共 162 层，是目前世界上最高的建筑。塔顶呈螺旋形，和清真寺的塔尖很相似。哈利法塔总共有 24348 个窗户，全部由机器负责清洗，而塔尖只能由悬在绳子上的“蜘蛛人”手动清洗。

哈利法塔　阿拉伯联合酋长国，迪拜

十大摩天大楼

摩天大楼是指高于 150 米，可用作办公、居住或酒店的建筑。

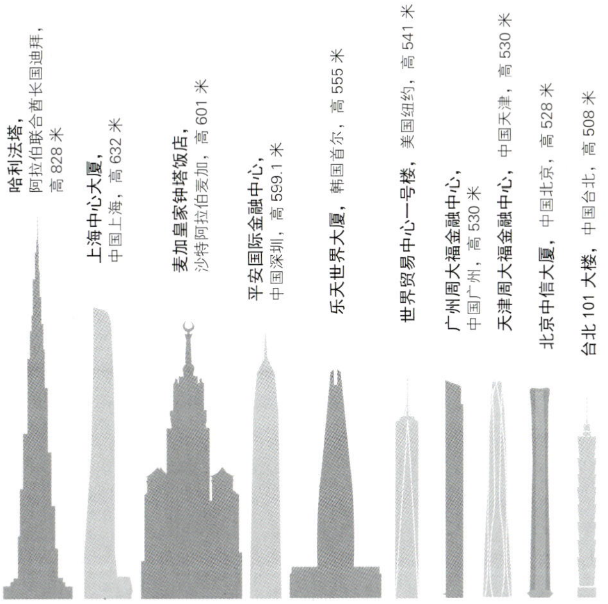

巨著

千百万年前，故事都是靠人们口口相传或者以涂鸦的形式流传的。随着文字的发展，人们开始将故事刻在石头上，后来又将故事写在羊皮纸上和我们现在用的纸张上。好书常让人有身临其境之感，一代代人读了又读，爱不释手。

▶公元前 2000 年

《吉尔伽美什史诗》

这首史诗被刻在了一块泥板上，是最早用文字记录的文学作品之一。史诗讲述了乌鲁克城的统治者吉尔伽美什和他在树林里从小长大的朋友，一起踏上路途，抗击邪恶力量的故事。

“洪巴巴声如洪水，口吐烈火，能口喷剧毒气息，非常可怕。”

▶约公元前 16 世纪～前 1 世纪

古埃及的《亡灵书》

《亡灵书》是古埃及一本绘画和咒语的汇编，千百年来其内容经过世代的发展而不断充实和丰富。咒符通常放在死者的墓中，意在帮助逝者过好阴间的生活。

《亡灵书》中的一页

▶公元前 4 世纪～前 2 世纪

印度史诗

毗耶娑（广博仙人）写的《摩诃婆罗多》和蚁垤写的《罗摩衍那》是印度古代两大梵文史诗。成书前它们长期以口头方式传诵。史诗讲述的故事内容庞杂，涵盖印度古代的传统文化、宗教、大战及激动人心的历险等内容。

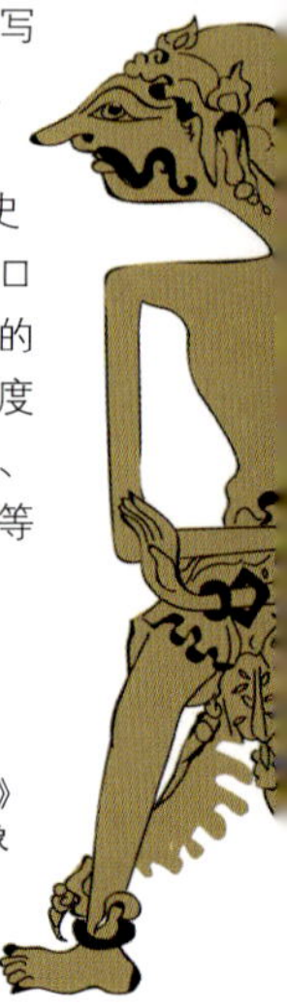

《摩诃婆罗多》中的勇士形象

1847 年

《简·爱》

在英国女作家夏洛蒂·勃朗特创作的这部小说里，女主人公简·爱是个孤儿，从小生活艰辛。她当上家庭教师后，爱上了男主人罗切斯特，却不知他家里藏着一个惊人的秘密。

“我不是一只小鸟，这里也没有诱惑我的网。”

1861 年

《远大前程》

英国作家查尔斯·狄更斯的这部小说讲述了少年皮普跻身上层社会的经历。书中尖酸刻薄的赫薇香小姐也是一个独特的人物。自从结婚那日在教堂被甩，她就不曾脱下过那身结婚礼服。

“什么都不问，自然就听不到谎言。”

1876 年

汤姆·索亚

《汤姆·索亚历险记》

汤姆·索亚喜欢捉弄人，可自从有次他无意中目睹了一场谋杀后，才明白了事态的严重。马克·吐温的这部小说描述的历险情节有目击墓地劫匪、岩洞迷路和发现金子宝藏等。

1894 年

《七个淘气包》

澳大利亚女作家埃塞尔·特纳讲述了伍尔科特家的七个淘气包在悉尼家中肆意玩闹的故事，读后让人忍俊不禁。

伍尔科特家的淘气包给小猫咪洗澡

1908 年

《绿山墙的安妮》

加拿大女作家露西·莫德·蒙哥马利以温馨感人的笔触讲述了一个爱幻想的孤儿的故事。安妮被阴差阳错地送到了一家想要男孩的家庭。她凭着自己独特的品质受到了众人的喜爱，并茁壮成长。

“如果你要想，不妨想些有价值的。”

▶1935年

企鹅出版集团的标志

企鹅系列平装书

在艾伦·莱恩发行企鹅系列的平装书之前，市场上的好书大多是精装版的，价格非常昂贵。艾伦·莱恩的初衷是让所有人都能读得起好书。

▶1937 年

《人鼠之间》

美国作家约翰·斯坦贝克在《人鼠之间》这本书里讲述了两个农场工人在美国经济大萧条时期试图找工作的凄惨经历。故事的主人公乔治·弥尔顿要照顾身材魁梧还有点轻度智障的朋友莱尼·斯默。莱尼还有个在农场养兔子的梦想。

莱尼的老鼠

▶1937 年

《霍比特人》

英国作家约翰·罗纳德·瑞尔·托尔金在这本书中虚构了一个中土世界，那里生活着霍比特人、巫师、精灵、小矮人和巨人。主人公比尔博·巴金斯为了偷取恶龙的宝藏，踏上了征程。一路上他历经磨难艰险，终于找到了拥有无尽魔力的戒指。

戒指

▶1943 年

小王子生活的星球

《小王子》

法国作家安托万·德·圣埃克苏佩里笔下这个神奇的小故事，讲述了一名飞行员被困在沙漠中的经历。在沙漠中，飞行员偶遇了来自另一个星球的小王子。

▶1945 年

《动物庄园》

英国作家乔治·奥威尔想借这个故事表明自己的政治观点。故事讲述了动物在起义成功、成为农场的主人后，想要建立一个众生平等的社会，可是当一头名叫拿破仑的猪上台后，情况就变得糟糕起来。

名叫拿破仑的猪

▶1947 年

《安妮日记》

第二次世界大战期间，德籍犹太人安妮·弗兰克和家人为了躲避纳粹的迫害藏了起来。那一年，安妮 13 岁。安妮在密室里写的这本日记现已被翻译成 70 种不同的语言，在世界各地出版。

安妮·弗兰克的日记本

约公元前 2 世纪

纸的发明

纸发明之前，作家使用羊皮、莎草纸和棕榈树的叶子来书写。后来，中国东汉时期一位足智多谋的朝廷官员蔡伦改进了造纸术，人们这才得以在纸上书写。

纸和笔

约 700~1500 年

《天方夜谭》

《天方夜谭》又叫《一千零一夜》，是阿拉伯民间故事集。经历几个世纪的形成发展，该书收集了很多引人入胜的故事。其中最有名的两个故事是《阿里巴巴与四十大盗》和《辛巴达航海历险记》。

“芝麻，开门！”

出自《阿里巴巴与四十大盗》

约 750~1000 年

《贝奥武甫》

《贝奥武甫》是一首讲述善恶的古英语诗歌。诗中的主人公贝奥武甫是个大英雄，他打败了可怕的怪兽，又战胜了一条恶龙，却在最后的一场战役中不幸牺牲了。

“它瞅准机会，以光火神速抓住了我们的英雄，一下把獠牙插进了英雄的脖子里。”

约 1440 年

印刷机

德国的约翰内斯·谷登堡发明了印刷机，由此引发了一场巨变：书籍的数量增加了，价格下降了，普通人生来第一次能买得起书看了。

印刷机

约 1595 年

《罗密欧与朱丽叶》

英国诗人、剧作家威廉·莎士比亚一共创作了 37 部优秀的戏剧作品及大量的十四行诗。《罗密欧与朱丽叶》是他最有名的剧本之一，讲述的是两位青年男女相恋，却因家族仇恨而遭遇不幸的故事。

“噢，罗密欧，罗密欧，为什么是你啊，罗密欧？”

罗密欧服用的毒药和使用的匕首

1605 年

《堂吉诃德》

堂吉诃德骑着自己的瘦马，叫上骑驴的桑丘·潘沙当侍从，他们一起出发，游走天下。作者米格尔·德·塞万提斯·萨维德拉笔下的主人公因沉迷于骑士小说，常幻想自己是个骑士，企图行侠仗义，结果四处碰壁，最终从梦幻中醒来。

“好事过头了也会变坏事。”

18 世纪

中国的折扇

《红楼梦》

这部中国古典名著是清代文人曹雪芹所写，讲述的是贵族家庭——贾府的兴衰史。小说塑造了众多鲜明的人物形象，生动描绘了 18 世纪中国的社会生活状况。

1812 年

《格林童话》

格林兄弟创作了很多邪恶的人物和可怕的童话故事，恐怕今天的小朋友读了也会害怕。《白雪公主和七个小矮人》及《小红帽》是其中最有名的两篇。

“镜子镜子，告诉我，谁是世界上最美丽的女人？”

出自《白雪公主和七个小矮人》

1813 年

“愤怒常使人失去理智。”

《傲慢与偏见》

书中讲述了班纳特太太整天操心着为五个女儿物色称心如意的郎君的事情。英国女作家简·奥斯丁描写了伊丽莎白·班纳特和达西之间几经纠葛的爱情故事，这部作品现在已经成为英国文学中的经典。

1831 年

《巴黎圣母院》

法国巴黎圣母院的钟楼里住着驼背的撞钟人卡西莫多。在维克多·雨果的笔下，这个悲剧式的人物舍身挽救善良的吉普赛少女舞者。

巴黎圣母院

1950 年

魔衣橱

《狮子、女巫与魔衣橱》

英国作家克莱夫·斯特普尔斯·刘易斯写的冒险经历都发生在一个冰雪世界——纳尼亚。四个孩子偶然间走进了衣橱后面的一扇门，发现了一片新天地。

1952 年

《夏洛的网》

蜘蛛夏洛编织出神奇的网，从而救了小猪威尔伯一命。美国作家埃尔温·布鲁克斯·怀特写的这个故事温馨感人，自出版到现在一直深受大家喜爱。

蜘蛛网上的夏洛

1960 年

知更鸟是清白的象征

《杀死一只知更鸟》

哈珀·李写的这个故事发生在美国的亚拉巴马州。那里的两个孩子从惨痛的教训中认识到种族间的不平等。孩子的父亲是名律师，他坚持为一名受冤的黑人进行辩护。

1988 年

《牧羊少年奇幻之旅》

巴西作家保罗·柯艾略讲述了牧羊少年圣地亚哥追寻宝藏的奇幻冒险故事。少年在旅途中的经历极具启发性和励志意义。

牧羊少年圣地亚哥在金字塔附近寻找宝藏

1997 年

《哈利·波特与魔法石》

英国女作家 J.K. 罗琳写的《哈利·波特》系列小说讲述的是巫师学生哈利·波特和同学们的冒险经历。小说第一部《哈利·波特与魔法石》描写的是邪恶的巫师伏地魔想要找到魔法石以求永生的故事。

分院帽决定学生将去哪个学院

2005 年

烧书

《偷书贼》

澳大利亚作家马库斯·苏萨克创作的这本小说是以死神的口吻叙述的。书中描写了第二次世界大战期间一名德国少女偷书来读的感人故事。

伟大的思想家

古往今来，人们对世界以及人与世界的关系不断进行着探讨。有的思想家改变了人们对世界的认知，有的则提出新问题，促使人类不断思考。

约公元前 624 ~ 前 546 年

泰勒斯

泰勒斯居住在小亚细亚（今土耳其）。他提出了水本原说，认为水是一切物质的基本元素，地球就像木头一样漂浮在宇宙的海洋里。

约公元前 580 ~ 前 500 年

毕达哥拉斯

作为一名古希腊数学家，毕达哥拉斯认为数学能解释世间的一切现象。他还创立了一个团体，严格要求成员按照规定生活、工作和敬拜神灵。

约公元前 565 ~ 前 486 年

乔答摩·悉达多

悉达多是佛教创始人，被称为“佛陀”或“觉者”。他认为凡事无定数，希望通过传授八正道等，令人大彻大悟，从而消除众生的苦难。

“一念愚即般若绝，一念智即般若生。”

1596 ~ 1650 年

勒内·笛卡尔

笛卡尔是法国哲学家、数学家和科学家。他因提出“普遍怀疑”的主张而引发了一场哲学革命。他甚至质疑自己是否存在。他认为，既然自己有思想，那么肯定是有人在思考，由此得出自己是真实存在的。

“我思故我在。”

1632 ~ 1704 年

约翰·洛克

洛克是英国哲学家，他认为人有权支配自己的身体，别人无权干涉。当时美国立法者就是受到洛克在权利和自由等方面的主张的影响，于 1787 年制定了美国宪法。

“没有法律，就没有自由。”

1694 ~ 1778 年

伏尔泰

伏尔泰是法国诗人、剧作家和历史学家。他提倡言论自由，即在文明社会，人人都有自由思考和表达观点的权利。

1711 ~ 1776 年

大卫·休谟

休谟是“怀疑主义”的创始人，出生于英国苏格兰。他认为任何事物都不是绝对的，知识只能源于个人的直接经验，靠臆想和宗教信仰是得不来的。

1712 ~ 1778 年

让－雅克·卢梭

卢梭出生于瑞士，是法国启蒙思想家。他认为国家的出现是统治者和人民之间的一种契约。如果统治者无视人民的权利和自由，人民就有权推翻其统治。

“人生而自由，却无时不在枷锁之中。”

1724 ~ 1804 年

伊曼努尔·康德

和同时代的很多哲学家不同，德国哲学家康德认为，人的是非观既不是与生俱来的，也不是上天赋予的，而是人们运用理性思考得来的。

“人类理性，为种种问题所困，不能置之不顾，但又不能解答。”

1759 ~ 1797 年

玛丽·沃斯通克拉夫特

英国人玛丽，既是作家，又是教师，还致力于女权运动。她在《为女权辩护》一书中写道，女性应该和男性享有平等的受教育权。

1806 ~ 1873 年

约翰·斯图亚特·穆勒

穆勒是英国经济学家、政治学家。他认为只要不涉及他人的利害，个人就有完全的行动自由，其他人和社会都不得干涉。

1818 ~ 1883 年

卡尔·马克思

马克思是德国伟大的革命家、经济学家、思想家。他创立了社会主义理论，认为在此体制下，国家的一切资源和财富都不是个人的，而是归社会成员共同所有。

1844 ~ 1900 年

弗里德里希·尼采

尼采是德国哲学家。他提出了超人哲学，认为人应该充分发挥自己的潜能，成为“超人”（超越自我），而不应该庸庸碌碌地生活。

公元前 551 ~ 前 479 年

孔子

孔子是中国早期最伟大的思想家之一。孔子传授生活之道：倡导人们亲邻里、重孝悌、事君王，这样才能过安乐的生活。

“学而不思则罔，思而不学则殆。”

公元前 469 ~ 前 399 年

苏格拉底

苏格拉底是古希腊最伟大的思想家之一。他创立了通过不断设问来验证真理的方法论。对于苏格拉底来说，要考虑的最重要的问题莫过于“何为好的生活”。

“我不只是雅典的公民，也是世界的公民。”

公元前 427 ~ 前 347 年

柏拉图

柏拉图认为存在现象世界和理念世界两个世界，我们生活的现象世界只是理念世界的影子。在古希腊雅典附近，他建立了史上第一所大学——柏拉图学园。

公元前 384 ~ 前 322 年

亚里士多德

亚里士多德是柏拉图的学生，现在常被称为“科学第一人”。他认为感觉并不可靠，眼之所见、亲身经历才是真理的来源。

355 ~ 415 年

希帕蒂娅

希帕蒂娅是古希腊杰出的学者、哲学家，著名的数学家、天文学家。她生活在古埃及亚历山大，是一名极具天赋的教师，积极传播新柏拉图主义哲学。

“这位女士真正驾驭了哲学的神秘……”

昔兰尼的席尼西斯，希帕蒂娅的高徒

1098 ~ 1179 年

希尔德加德·冯·宾根

希尔德加德是德国女作家、作曲家及女修道院院长。她曾在书中提到用“精神疗法”治疗身体上的疾病。从 6 岁起，她便有“灵视”（可能来自上帝的幻象）的能力，并在多部著作中写下了她的“灵视”所见。

1126 ~ 1198 年

伊本·路世德

伊本·路世德的拉丁名叫阿威罗伊，出生于西班牙科尔多瓦的一个伊斯兰教家庭。他学习了亚里士多德和柏拉图的理论，试图将两者的科学方法和伊斯兰教的宗教观点融合到一起，以解释世界的运行规律。

1225 ~ 1274 年

托马斯·阿奎那

阿奎那出生在一个意大利的贵族家庭。他研究神学，试图将理性引入神学，证明上帝的存在。他认为通过观察就能明显看出，宇宙有个至高的智力存在，而这个存在就是上帝。

1469 ~ 1527 年

尼科洛·马基雅维利

马基雅维利是意大利作家和外交家。其著作《君主论》阐述了君主的治国之道。其中有这样一条论述：为了国家利益，君主有时不得不背信弃义，甚至取人性命。

“要了解一个君主明智与否，看看他的宠臣便可知晓几分。”

1588 ~ 1679 年

托马斯·霍布斯

霍布斯是英国哲学家，认为人性本自私，因此社会要文明就必须要制定一套法律，再任命一位强势的领导人加以推行，以确保人人守法。

1868 ~ 1963 年

威廉·爱德华·伯格哈特·杜波依斯

非裔美国人杜波依斯是历史学家、作家和黑人运动领袖。他强烈反对当时普遍存在的种族偏见，认为白种人并非优等种族。他认为众生不分种族和性别，一律平等，应享受同等的权利。

1905 ~ 1980 年

让－保罗·萨特

萨特是法国剧作家、存在主义思想家。他是无神论者，认为世界上并没有神，人也不是神特别创造出来的，因此人们可以自由地选择生活方式。

1908 ~ 1986 年

西蒙娜·德·波伏娃

波伏娃是法国女作家，认为女性并非生来就与男性完全不同，男女性格的差异主要是因为后天成长中受到了不平等的待遇。因为人们普遍“重男轻女”，女性才会唯唯诺诺，听人摆布。

“一个人不是生下来就是女人，她是变成女人的。”

1924 ~ 2019 年

玛丽·沃诺克

玛丽·沃诺克是英国道德哲学家，她在科学和教育领域做出了重大贡献。她建立了胚胎研究指南，推动英国于 1990 年颁布了《人类受精和胚胎学法案》。此外，她还倡导主流学校为“有特殊需求”的残障儿童提供教学，而不是另外为他们开设特殊学校。

1930 ~ 2004 年

雅克·德里达

法国哲学家德里达提出了一种新的思维方式——“解构主义”。只要将语言拆开、分解，就能证明语言并无固定意思。事实上，语言本身妨碍了人们对真理的追求。

“为了假装，我不得不假装：于是我只是为了假装而假装。”

世界美食

每个国家都有自己的传统美食，这些美食选用当地食材，用家传的秘方烹饪而成。过去，只有在意大利才能吃到比萨，在日本才能吃到寿司。可如今，无论在各大超市，还是在街头巷尾，都能找到来自五湖四海的美食，世界俨然成了一座美食城。

北美洲

北美洲有很多不同文化背景的移民，他们带来了各式各样的美食及烹饪方法。感恩节的烤火鸡和南瓜派最早是由移居北美洲的英国清教徒带来的。他们初来乍到，为了庆祝在新大陆的新生，使用自家种的食物做出了感恩节的美味大餐。

南瓜派，加拿大

炸鸡，美国

汉堡包，美国

热狗，美国

烤火鸡，美国

甜玉米浓汤，美国

烤肉卷，墨西哥

南美洲

在南美洲人眼里，肉，尤其是潘帕斯草原大牧场的上好牛肉，才称得上是美食佳肴。南美洲大陆和西班牙、葡萄牙两国有着很深的历史渊源，这一点从南美洲的传统美食——酥饺、芝士馅炸饼及多种米饭料理中就能看出来。

玉米粽子，伯利兹

炸香蕉，委内瑞拉

米烧鸡，哥伦比亚

玉米饼，委内瑞拉

炸饼，巴西

油炸豆饼，巴西

黑豆南瓜汤，巴西

酥饺，巴西

南瓜布丁，巴西

烤豚鼠，秘鲁

巴西黑豆焖猪肉，巴西

耶巴马黛茶，巴拉圭

牛奶焦糖酱味的冰激凌，巴拉圭

柠汁腌鱼生，秘鲁

碎肉面饼，阿根廷

青酱腌牛排，阿根廷

非洲

非洲大陆的食物风味绝佳，其中不乏从亚洲传入的菜肴。慢炖的塔吉锅料理、扁面包蘸细腻咖喱酱和古斯米配石榴籽都是非洲大陆的特色美食。

香脆鸡蛋糕饼，突尼斯

烤椒沙拉，突尼斯

红薯沙拉，摩洛哥

塔吉锅料理，摩洛哥

哈里拉浓汤，阿尔及利亚

古斯米，突尼斯

古斯米蒸童子鸡，摩洛哥

茄子沙拉，摩洛哥

摩洛哥派，摩洛哥

烟熏茄子芝麻酱，埃及

农夫香肠，南非

非洲鸡，莫桑比克

油咖喱蚕豆泥，埃及

咖喱肉派，南非

比尔通干肉片，南非

蓝莓派，美国

欧洲

许多欧式传统菜肴早已走向世界，如意大利比萨和法国红酒烩鸡等。地中海地区的饮食主打蔬菜和橄榄油，是非常健康的一种饮食方式，可人们还是难以抵挡一些不怎么健康的食物的诱惑，如英国的炸鱼薯条以及德国的辣肠。

炸鱼薯条，英国　烤牛肉，英国　林堡樱桃派，荷兰　史多伦面包，德国

沃道夫沙拉，美国　手指泡芙，法国　法式咸派，法国　红酒烩鸡，法国　蓝青口配薯条，比利时　德国酸菜，德国　腌鲱鱼，德国　比萨，意大利

秋葵浓汤，美国

蔬菜冷汤，西班牙　薄酥卷饼，奥地利　炖牛肉，匈牙利　果仁蜜饼，希腊　复活节夸克甜点，俄罗斯

墨西哥卷饼，墨西哥

海鲜饭，西班牙

奶酪火锅，瑞士　维也纳炸肉排，奥地利　肉酱面，意大利　提拉米苏，意大利　罗宋汤，俄罗斯

亚洲

亚洲美食风靡全球。辣味十足的咖喱、精致的点心、多汁的烤肉串和手卷的寿司都是人们耳熟能详的亚洲美食。

塔布勒沙拉，黎巴嫩　日式炸猪排，日本

寿司，日本　天妇罗，日本

烤肉串，土耳其　红豆冰，新加坡　绿咖喱，泰国　蒸饺，中国

咖喱角，印度　喀拉拉炖鱼，印度　越南三明治，越南　米粉，中国　火锅，中国

黄油鸡，印度　库尔菲，印度　沙嗲串烧，印度尼西亚　印尼炒饭，印度尼西亚　烤鸭，中国

大洋洲

澳大利亚大陆阳光明媚，对于爱好户外活动的人们来说，烧烤无疑是最好的选择。一些冰激凌食物，如蜜桃梅尔芭，也颇受欢迎。在太平洋上的一些岛屿，人们烹饪时多使用亚洲佐料，食材上则多选用水果或鱼类。

椰香咖喱鸡，
密克罗尼西亚

芋叶椰奶汤，斐济　叉烧鸡，澳大利亚

澳新军团饼干，澳大利亚　蜜桃梅尔芭，澳大利亚

奇异果沙拉，新西兰　帕夫洛娃蛋糕，新西兰

水果

果实由花朵发育而来，是植物的一部分。每颗果实的果肉间有一粒或多粒种子，常由外面的果皮或果壳保护着。水果是可食用的含水分较多的植物果实，富含天然糖分，味道多为香甜或酸甜。

水果的结构

包裹着种子的果肉分为两层：中间的果肉固定住种子，外层的果皮或果壳保护种子。有些水果，比如苹果，其果皮是可食用的。

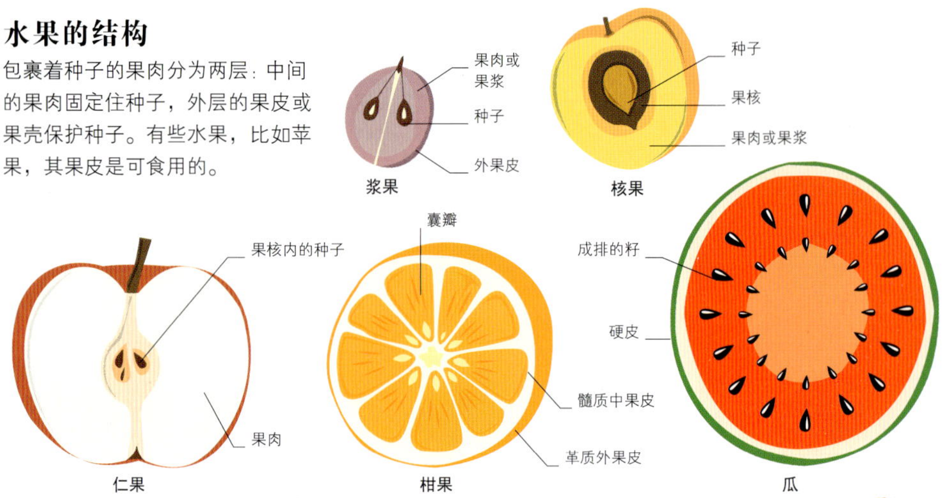

浆果

浆果树开单瓣花，结出的果实里有一颗或多颗种子，种子包裹在柔软多汁的果肉里。很多小型浆果的外果皮是可以食用的。

核果

核果的果核非常坚硬，里面包裹着一粒种子。有些核果，像覆盆子，由多个小核果聚合而成，每个小核果里面都有一粒种子。

柑果

多数柑橘类水果的外果皮质地坚硬。人们种植这类水果主要是为了食用果肉中的果汁。一瓣一瓣的果肉外面包裹着白色柔软的中果皮。

种子的传播

种子的传播方式多种多样：有的通过风传播；有的通过流水传播；还有的等待果实成熟，落地生根。很多情况下，鸟是种子传播的主力军。

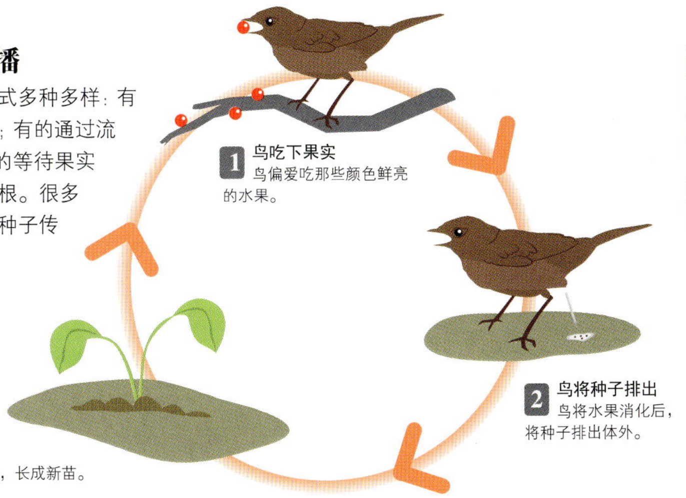

大小比较

产自东南亚的波罗蜜是世界上最大的水果，可以长到90厘米长，36千克重。

最臭的水果

很多人觉得榴梿是臭冠全球的水果。虽然榴梿闻起来有一股烂洋葱的味儿，可尝起来却甜丝丝的，有点儿奶黄糕的质感。

榴梿

椰子

油桃

荔枝

红毛丹

桃

黑莓

覆盆子

西洋李子

李子

杏

附果

附果的生长方式独特，由子房之外的其他构造发育而成。有些仁果也属于这个类型。

草莓

草莓属于植物界的蔷薇科。

菠萝

面包果

无花果

仁果

仁果果肉多，皮薄且通常能吃。种子在果实中的果核里。

枇杷

苹果

梨

榅桲

黄瓜和西瓜、甜瓜等同属葫芦科，早在古埃及时期就已种植。

瓜

瓜瓤柔软、甘甜、多汁，含有很多种子。瓜皮坚硬，不宜食用。

金丝雀瓜

香瓜

克伦肖瓜

哈密瓜

刺角瓜

蔬菜

数百年前，人们开始用“蔬菜”这个词指为了食用而种植的植物，而非野地里的杂草。蔬菜种类繁多，维生素和矿物质等含量丰富。

蔬菜分类

根据食用部位，如根、茎、叶、荚、果、花等，可将蔬菜分成不同的种类。有些植物虽然名叫蔬菜，却是地地道道的“果实”，只不过因为用来烹制可口的菜肴，通常也叫蔬菜。

果菜类 荚果类 叶菜类

花菜或芽菜类 根菜类 茎菜类

颜色

从蔬菜的颜色上可以判断出其营养价值。蔬菜中的天然色素对蔬菜的颜色起决定性作用。

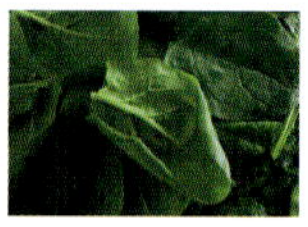

叶绿素
可以促进人体血红细胞更新。

类胡萝卜素
可以转化成维生素A，有利于保护眼睛。

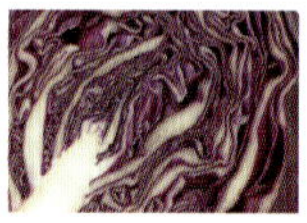

花青素
保护机体细胞不受伤害。

番茄红素
有保护机体细胞、降低癌症风险的作用。

果菜类

果菜是植物的果实部分，里面长着用以繁殖的种子。从这个意义上讲，果菜和苹果及橙子很像，只是含糖量较少，所以尝起来并不甜。

甜椒 红辣椒 南瓜（小果） 瓠果 冬南瓜 西葫芦 茄子 南瓜 小胡瓜

荚果类

荚果类蔬菜指豆荚里含种子的植物。很多荚果类蔬菜是富含高蛋白的豆科植物。

秋葵 蚕豆

叶菜类

叶菜特指以植物叶片和叶柄作为食用部分的蔬菜。叶子的颜色越深，味道就越浓，维生素A、维生素C及强健骨骼的钙的含量也就越丰富。

甘蓝 苋菜 抱子甘蓝 紫甘蓝 芝麻菜 小白菜 鸡草菜

花菜或芽菜类

这类蔬菜取自植物可食用的花朵或幼芽，如西蓝花和菜花。这类蔬菜嚼劲十足，富含纤维，对消化系统大有裨益。

洋蓟 菜花 西蓝花 西西里岛紫罗兰花菜 罗马花椰菜

“西蓝花”的英文名“Broccoli”
源于意大利语，
意思是“小芽”
或“花蕾”。

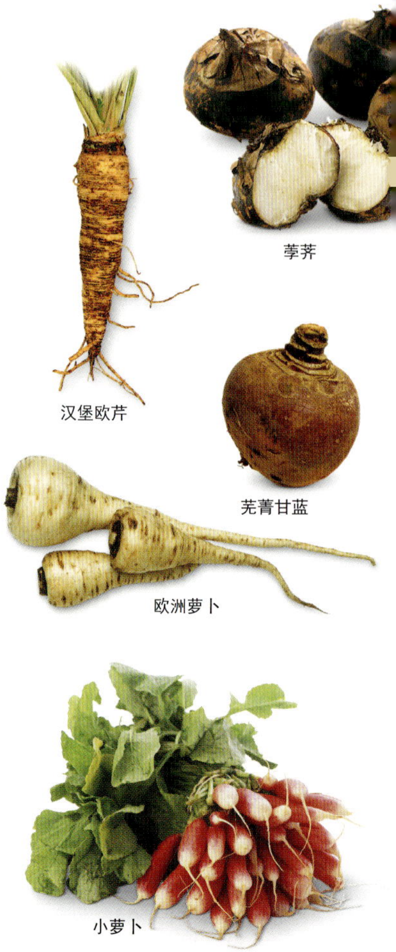

荸荠 汉堡欧芹 芜菁甘蓝 欧洲萝卜 小萝卜

紫色法国豆　利马豆　红花菜豆　豌豆　扁豆

蒲公英　羊莴苣　甜菜　羽衣甘蓝　黑甘蓝　绉叶苣　小松菜　莙荙菜　生菜　菠菜　宽叶欧洲菊苣　松叶菊苣

根菜类

根菜类蔬菜是以长在地下、可以吸收水分和营养的植物部位作为食用部分的蔬菜。其食用部分包括根、球茎、块茎。块茎是植物长在地下的块状茎。土豆就是块茎。

土豆　芋头　红薯　芜菁　甜菜根　胡萝卜

茎菜类

茎菜类蔬菜是以植物的嫩茎或变态茎作为食用部分的蔬菜，如芦笋、芹菜和茴香。鳞茎是植物生长在地下的变态茎的一种，可以储存营养物质，如洋葱、韭葱和大蒜等。

韭葱　芹菜　芦笋　球茎甘蓝　大葱　香葱　青葱　莲藕　小洋葱　茴香　香茅　大蒜　白皮洋葱　紫皮洋葱

奶酪制作过程

不论制作何种奶酪，第一步都是凝固牛奶，也就是使牛奶凝结成块，与乳清分离。下面的照片展示的是硬质奶酪（例如切达奶酪）的制作过程。

活蛆乳酪产自意大利撒丁岛，食用前里面还有很多活蛆在蠕动。

1 凝乳 机器将一种叫凝乳酶的物质放入牛奶中并不断搅拌，以加速凝结的过程。

2 沥干加热 将凝乳切块，并将乳清排出。

3 "堆酿" 将凝乳块堆叠起来进行压制，以除去里面多余的水分。

4 熟化 为了使奶酪成型，需将凝乳块放入模具中，待其熟化。

作料

很多人喜欢吃原味奶酪，也有一些人喜爱尝试其他口味。向奶酪中加入一些香料、水果或香草后，奶酪便有了新奇的口味。

迷迭香

蔓越莓

红辣椒粉

韭菜

百里香

大蒜

草木灰

奶酪人均年食用量国家排行榜

这里列出的是平均每年每人奶酪食用量位居全球前八位的国家。

1 **丹麦** 28.1 千克。最爱：哈瓦蒂干酪，一种以巴氏杀菌牛奶为原料制成的硬质奶酪。

2 **冰岛** 27.7 千克。最爱：凝乳奶酪，这种软质奶酪有着和酸奶一样的质感。

3 **芬兰** 27.3 千克。最爱：奥特曼妮奶酪（半软，有黄油的质感）和奥拉奶酪（蓝纹奶酪，口感柔滑）。

4 **法国** 27.2 千克。最爱：卡芒贝尔奶酪和布里奶酪，两者都是口感细腻绵软型的奶酪。

5 **塞浦路斯** 26.7 千克。最爱：哈罗米奶酪，由山羊奶和绵羊奶混合制作而成。

6 **德国** 24.7 千克。最爱：豪达奶酪（半硬质奶酪，味道醇厚）和布鲁德奶酪（半软质烟熏奶酪）。

7 **瑞士** 22.2 千克。最爱：埃曼塔奶酪（经典"多孔"奶酪）和格吕耶尔奶酪（质地坚硬，有坚果香）。

8 **荷兰** 21.6 千克。最爱：荷兰豪达奶酪（天然成熟的半硬质奶酪）和由牛奶制成的雷达美奶酪。

奶酪

奶酪是全世界最受欢迎的食物之一，可以直接吃，也可以夹在三明治里，还可以做酱汁。奶酪口味鲜美，营养丰富，品种繁多，总能让人找到喜爱的一款。世界上的奶酪品种数以千计，可大多数人一生吃过的奶酪只是区区几种而已。

硬质奶酪

这种奶酪的做法是将凝乳放入锅中熬煮，待其成软块后压制成型，自然熟化。使用这种方法可以尽可能多地除去凝乳里的水分，使其质地坚硬且便于保存。半硬质奶酪的水分含量更高一些。

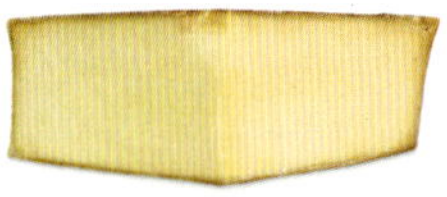
博福尔奶酪
法国

摩里特诺奶酪
意大利

孔泰奶酪
法国

普列塞奶酪
意大利

砖形干酪
法国

豪达奶酪
荷兰

格吕耶尔奶酪
瑞士

切达奶酪
英国

柴郡奶酪
英国

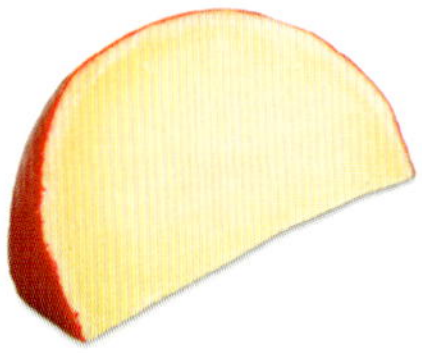
埃德姆奶酪
荷兰

亚尔斯堡奶酪
挪威

康塔尔奶酪
法国

蒙特雷杰克干酪
美国/墨西哥

软质奶酪

制作软质奶酪的凝乳不用熬煮及压制，直接放入模具塑形后沥干水分即可。这种奶酪不能久存，做成后需马上食用。另有一些奶酪成熟时表皮会出现褶皱。奶酪的种类不同，其中心部分的口感质地也会有所差别，有的质地细腻绵软，有的状如粉末。

里科塔奶酪
意大利

菲达乳酪
希腊

萨塞克斯乡村奶酪
英国

卡芒贝尔奶酪
法国

圣羊潘多拉奶酪
澳大利亚

奥利韦奶酪
法国

马苏里拉奶酪
意大利

普瓦图沙比舒奶酪
法国

凯特姆山羊奶酪
以色列

布里奶酪
法国

沃巴什炮弹奶酪
美国

温尼米尔洗浸奶酪
美国

樱花奶酪
日本

做奶酪用哪种奶？

世界上大部分奶酪都是用牛奶、山羊奶、绵羊奶或水牛奶做成的。在干旱地区，由于牧草不足，无法放牧，骆驼就成了重要的奶源。虽然不多见，但也有用马、驴、牦牛和驯鹿的奶做成的奶酪。

绵羊

山羊

埃曼塔奶酪
瑞士

蓝纹奶酪

蓝纹奶酪上有霉状的条纹，事实上，那的确是霉菌，只不过这种霉菌安全、健康、可食用。要做出蓝纹奶酪，生产者必须在凝乳中加入霉菌孢子。待奶酪成型后，再穿孔或“针刺”奶酪，使空气进入，霉菌便开始生长。蓝纹奶酪可硬可软，通常味道较为浓烈。

戈尔贡佐拉干酪
意大利

斯蒂尔顿奶酪
英国

罗克福奶酪
法国

巴伐利亚蓝芝士
德国

本笃会蓝纹奶酪
加拿大

山羊蓝纹奶酪
法国

伽蒙内欧奶酪
西班牙

瓦尔德翁奶酪
西班牙

巴克汉姆蓝纹奶酪
英国

波斯泰奶酪
比利时

新月乳制品农场奶酪
新西兰

凯仕卡菲尔奶酪
匈牙利

烟熏奶酪
斯洛伐克

萨尔多奶酪
阿根廷

阿尔戈伊尔保格克斯奶酪
德国

西博滕奶酪
瑞典

格拉维拉奶酪
希腊

蒂罗尔格劳克斯奶酪
奥地利

撒丁岛绵羊奶酪
意大利

比托奶酪
意大利

曼彻格奶酪
西班牙

罗马佩科里诺奶酪
意大利

甘美罗斯奶酪
挪威

奶酪历史

很久以前，当人们不经意间发现凝乳是上好的食物时，奶酪便出现了。如今奶酪已经有 8000 多年的历史了。

公元前 8000 年 —— 2025 年

公元前 8000 年
人们开始养羊，并学着挤羊奶。

公元前 5500 年
这一时期欧洲出现的罐子可能是最早的奶酪过滤器。

公元前 4000 年
有迹象表明，这一时期人们开始在撒哈拉草场上养殖奶牛。

古老的苏美尔文字

公元前 3500 年
陶土片上的苏美尔文字提到了凝乳的制作。

公元前 2000 年
古埃及的墓穴壁画上画着奶酪的制作过程。

300 年
奶酪的食用和销售遍布整个欧洲。

公元 50 年
古罗马人发明了奶酪压制机。

1170 年
切达奶酪在英国萨默赛特地区首次出现。

1348 年
意大利帕尔马奶酪首次出现，后被称为帕马森干酪。

豪达的市政厅

1697 年
豪达奶酪首次出现，它是以荷兰小镇豪达的名字命名的。

玛丽·阿雷尔雕像，法国诺曼底

1791 年
法国农民玛丽·阿雷尔发明了卡芒贝尔奶酪。

1815 年
第一家奶酪厂在瑞士成立。

19 世纪 60 年代
凝乳酶的大批量生产使得奶酪的品质更加稳定。

2011 年
一块 939 千克重的山羊奶酪获得了有史以来世界最大奶酪的称号。

2019 年
欧盟是最大的奶酪生产地区，年产量超过1000万吨。

面包

面包是世界各地人们喜爱的食物，最早出现在约 3 万年前。面包通常以小麦粉或黑麦粉为原料，不仅制作方法简单，而且碳水化合物含量丰富，可以给人体提供所需的能量。美味的面包种类繁多，有形状扁平、口感酥脆的，也有形似麻花辫、口感松软的。

面包制作过程

面包并不难做，但是揉面要用力，揉好后耐心等待其发酵即可。右图中展示的是白面包的制作过程。

1 首先用筛子将纯面粉和盐筛进碗中。

2 将水、牛奶和酵母粉混合倒进碗中，再充分搅拌做成面团。

3 将面团置于面板上醒几分钟，再揉 5~10 分钟。

面包卷

面包卷或其他形状的面包，大小不一，形状各异。很多面包，如百吉饼，在全球都很受欢迎。

全麦粉小面包
英国

皮科斯面包卷
西班牙

煎锅面包
美国

肉馅面包
拉脱维亚

面包人均年食用量国家排行榜

下面列出的是平均每年每人面包食用量位居全球前十位的国家。

1 **土耳其**
104 千克。最爱：无酵饼、土耳其馅饼和土耳其比萨。

2 **保加利亚**
95 千克。最爱：圣诞面包和复活节面包。

3 **乌克兰**
89 千克。最爱：复活节帕斯卡面包、布林克面包和大蒜小圆面包。

4 **希腊**
68 千克。最爱：手指面包、芝麻面包和皮塔饼。

5 **荷兰**
62 千克。最爱：全麦面包、黑麦面包和加糖面包。

6 **法国**
57 千克。最爱：法式长棍面包、小棍面包、布里欧修面包和普罗旺斯香草面包。

7 **德国**
56 千克。最爱：黑麦面包、全麦面包和白面混合型面包。

8 **比利时**
55 千克。最爱：韦尔维耶面包、黑糖蜜面包和葡萄干面包。

9 **俄罗斯**
54 千克。最爱：黑面包、斯托利奇尼面包、卡拉维面包和卡拉奇面包。

10 **意大利**
52 千克。最爱：意大利风味饼、潘妮朵尼面包和夏巴塔面包。

德国面包种类繁多，面包卷和各种花式点心等超过 3200 种。

发酵面包

面团经过发酵后做成的发酵面包，不仅松软且更易消化，这是因为在制作过程中将酵母或发酵粉加入面粉溶液中，两者发生化学反应后产生了二氧化碳。发酵面包的种类有很多，各个国家和地区不尽相同。

粗黑麦面包
德国

七谷物面包
美国

全麦农舍面包
英国

辫子面包
瑞士

夏巴塔面包（形似拖鞋）
意大利

法式长棍面包
法国

白面包
英国

天然酵母面包
中东

乡村土豆面包
意大利

派对面包
德国

膨松剂

很多面包是发酵过的，即在制作的过程中加入某些物质使其松软。膨松剂有很多种类，最常见的是酵母。

馒头
中国

甜味辫子面包
德国

老式法国面包
法国

佛卡夏面包
意大利

比萨
意大利

扁面包

多数扁面包未经发酵，但也有例外，如皮塔饼和印度烤饼就是微发酵面包。皮塔饼上有开口，可以往里面添加不同的原料。有的扁面包可以像盘子一样用于盛菜，用完后直接吃掉。

皮塔饼
中东及地中海地区

土耳其比萨
土耳其

烤饼
印度

西式大饼
意大利

脆饼
瑞典

土豆鸡蛋饼
西班牙

面包配料

面包里加入不同配料就会产生或咸或甜的不同味道。咸味面包里一般添加的是味道较浓的作料，如洋葱和奶酪等；而甜味面包里添加的则是水果、坚果和香料等。

4 将揉好的面团放入干净的碗中，罩上保鲜膜，发酵 3 小时。

5 用力按压碗中的面团，将面团中的空气挤出。

6 拿出面团，在面板上再揉 2 分钟。

7 将面团放入模具中或烘焙锡托上定型，罩上保鲜膜发酵 90 分钟。

8 将定型好的面团放入预热好的烤箱中，将烤箱温度调至 180℃，烤上大约 30 分钟，待面包变得金黄、松软后方可取出。

9 将刚出炉的面包放在铁架上冷却。之后放入面包箱或面包罐中保存即可。

经典派克屋奶油面包卷
美国

布里欧修
法国

百吉饼
波兰

面包条
意大利

奶油扇子面包
法国

椒盐卷饼
德国

布里欧修牛油吐司
法国

多籽黑麦面包
俄罗斯

普列塞意式面包
意大利

葡萄干面包
爱尔兰

安娜德玛面包
美国

无麸质面包
美国

普拉托面包
意大利

苏打面包
爱尔兰

普罗旺斯
香草面包
法国

土耳其馅饼
土耳其

黑麦面包
奥地利

节日糕点

很多国家的一些宗教团体会为某些特定的节日或场合准备一些特别的面包——节日糕点，增添节日的欢乐气氛。这些节日糕点，有些是在家常面包的基础上添加一些作料，如水果或坚果。有些节日糕点一年才做一次。

十字包
英国 – 复活节

花环面包
意大利 – 复活节

黄金面包
意大利 – 圣诞节

潘妮朵尼面包
意大利 – 圣诞节

史多伦面包
德国 – 圣诞节

麻花甜面包
希腊 – 圣诞节

哈拉面包
中东 – 犹太教安息日

无酵饼
中东 – 犹太教逾越节

樱桃

巧克力

洋葱

橄榄

葡萄干

小葡萄干

无籽葡萄干

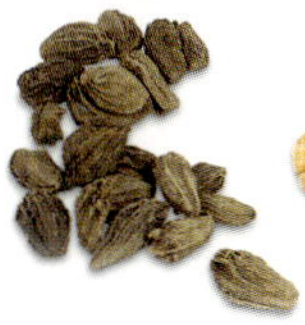

豆蔻干

核桃

开心果

奶酪

意大利面

意大利面是意大利的重要食物，由面粉、鸡蛋再加上一点水或橄榄油做成。因烹饪方式多种多样，意大利面成了广受欢迎的世界美食。意大利面不仅美味，还富含热量，可为人体提供必要的能量。

意大利面制作过程

意大利面做起来并不复杂，却要费些工夫。可以用手和面，也可以使用搅拌器和面。面条机可以用于做面团和切条，个人可根据喜好选择面条的形状。面粉也有多种选择，可以用粗面粉、荞麦粉或全麦面粉等。

1 把鸡蛋加到面粉中
在面粉中间挖个坑，把鸡蛋打进去。

2 将面粉和鸡蛋混合
将鸡蛋和面粉和在一起，做成面团，需加入少量的橄榄油或水保持面团湿润。

短意大利面

短意大利面适合与蔬菜酱及焗烤饭搭配起来吃。短意大利面的名字大多根据其形状命名，如贝壳面形似贝壳，而车轮面则形似车轮。

贝壳面

意大利团子

车轮面

暖气片面

螺旋面

猫耳朵面

通心粉

杂草面

荞麦螺旋面

螺旋粉

嫩枝面

蝴蝶结面

鸡冠面

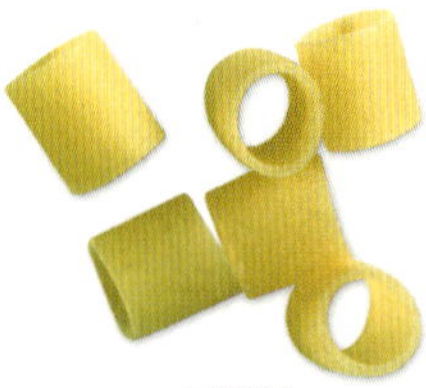

手指面

斜管面

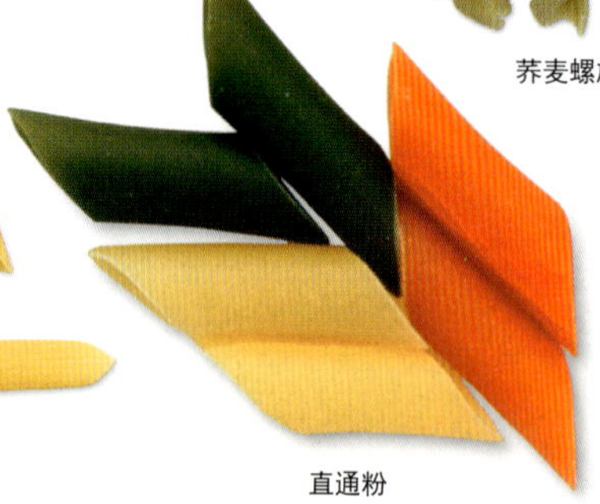

直通粉

粗通心面

开瓶器面

条状卷面

卷筒鸡蛋面

长意大利面

长意大利面薄厚不一，有圆有扁。吃时可配上奶油酱或番茄酱，每根面条都裹上酱汁时，更添一番滋味。

意大利干面条

千层面

细宽面

天使面

波浪面

扁面

全麦长面

小意大利面

有些意大利面很小，好煮易熟且扛饿，常用于煲汤或炖锅。

米状意大利面

野草面

戒指面

小戒指面

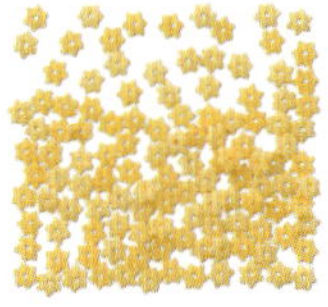

星星面

方形面

细丝面

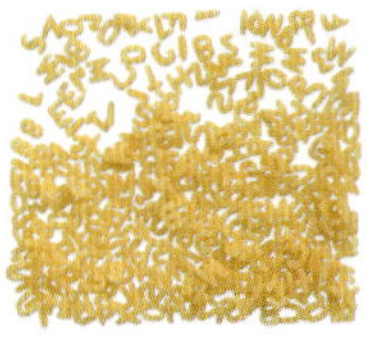

字母面

3 揉面
用手揉5~7分钟，直到面团光滑为止。

4 醒面
用保鲜膜盖住面团，醒发30分钟，再将面团取出，置于面板上。

5 擀面
用手和擀面杖将面团擀平。注意，面团不能太热或太干。

6 轧面
用擀面杖或面条机将面团压薄。

7 切意大利面
面团足够薄时，可将其切成条状或其他任意形状。

意大利面年生产量国家排行榜

全球每年生产近 1500 万吨意大利面。下面列出的是意大利面年生产量位居全球前五位的国家。

1 **意大利**
330 万吨。

2 **美国**
200 万吨。

3 **土耳其**
130 万吨。

4 **巴西**
120 万吨。

5 **俄罗斯**
110 万吨。

意大利面人均年食用量国家排行榜

在过去的 20 年里，全世界的意大利面消费量增长了 60% 以上。下面列出的是意大利面人均年食用量位居全球前五位的国家。

1 **意大利**
24 千克。最爱：斜管面、意大利细长面条和螺旋面。

2 **突尼斯**
16 千克。最爱：扁意大利面和由硬粒小麦制成的小颗粒面。

3 **委内瑞拉**
12 千克。最爱：千层面和细长面条。

4 **希腊**
11.2 千克。最爱：家庭自制面条，做成扁平的丝带状面条。

5 **瑞士**
9.2 千克。最爱：各种各样的通心粉。

飞碟面

小热狗卷面

短意大利面

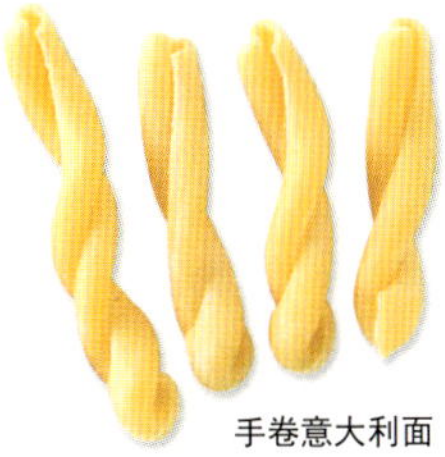

手卷意大利面

馅面

有些意大利面里面包着馅料，下锅之前需将开口封上。至于馅料，既可以用奶油芝士，也可以用蔬菜，如菠菜等。

三角面食

帽子饺

意大利春卷

弦月形饺子

意大利馄饨

意大利方形饺

糖果面

宽面

细长通心面

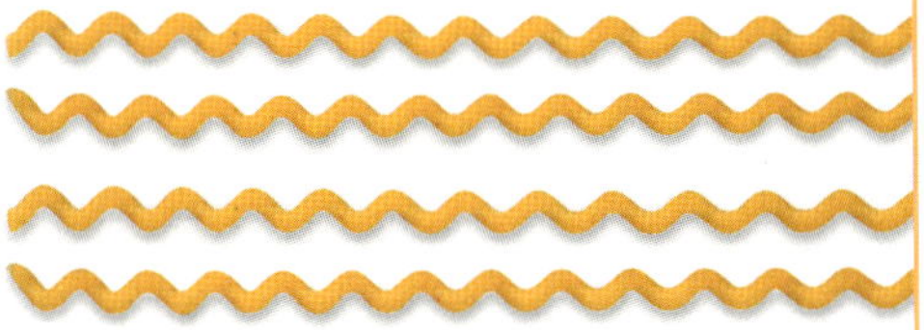

螺旋形长面

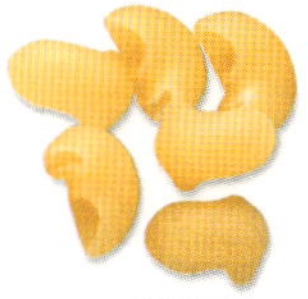

弯通面

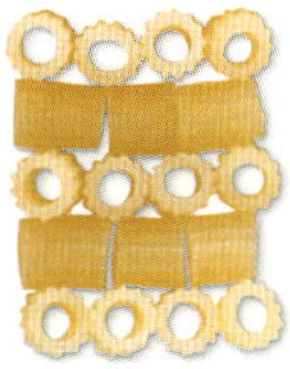

小手指面

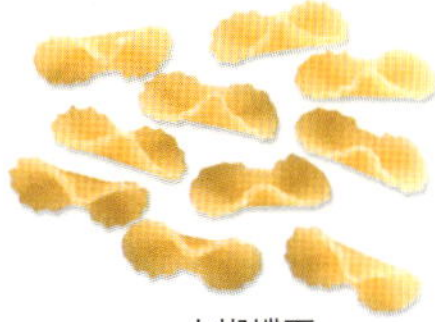

小蝴蝶面

惊喜面

彩色意大利面

彩色意大利面的基本原料和普通意大利面相同。但因为加入了其他作料，所以味道和颜色发生了改变。大蒜、芳草、红酒和蘑菇等都可以作为意大利面的作料。

全球有
600 多种
形状各异
的意大利面。

咖喱面

芳草面

野蘑菇面

番茄面

红酒面

菠菜面

洋葱面

鸡蛋面

盘中餐——鱼

鱼，是各地餐桌上的一道重要菜肴，它富含蛋白质、维生素及矿物质，可用多种方法烹调，也可生食。

人均年食鱼量国家排行榜

下面列出的是人均年食鱼量位居全球前十位的国家。

1 **冰岛**
90.71 千克。最爱：黑线鳕、大比目鱼、鲱鱼和鲽鱼。

2 **马尔代夫**
90.41 千克。最爱：鲣鱼、黄鳍金枪鱼和鲯鳅。

3 **基里巴斯**
76.69 千克。最爱：龙虾、黄鳍金枪鱼和鲣鱼。

4 **马来西亚**
57.62 千克。最爱：对虾、螃蟹、鱿鱼、墨鱼、章鱼和海参。

5 **葡萄牙**
56.84 千克。最爱：鳕鱼、沙丁鱼、章鱼、鱿鱼、螃蟹、龙虾、蛤、贻贝和牡蛎。

6 **韩国**
54.97 千克。最爱：三文鱼、金枪鱼、海鲂、大比目鱼、鲭鱼、太平洋鲱鱼和贝类。

7 **安提瓜和巴布达**
52.54 千克。最爱：白皮旗鱼、鲯鳅、黄鳍金枪鱼、黑鳍金枪鱼和梭鱼。

8 **挪威**
51.35 千克。最爱：烟熏三文鱼、对虾、鳕鱼、螃蟹、鳕鱼和鲱鱼。

9 **缅甸**
47.32 千克。最爱：鲶鱼、鲤鱼、罗非鱼、鲱鱼、虾、对虾和螃蟹。

10 **日本**
45.49 千克。最爱：蓝鳍金枪鱼、三文鱼、对虾和鳗鱼。

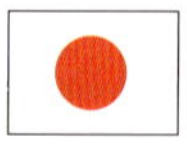

生鱼片和寿司

生鱼片是新鲜的薄鱼片，是日本菜肴的基本配料。将米饭做成长方形小饭团，然后在上面放块生鱼片就做成了手握寿司。寿司卷是用一种叫海苔的海藻卷出来的。

手握寿司

生鱼片

寿司卷

咸鱼和鱼干

鱼不易保鲜，不冷藏的话尤其容易变质，因此人们一般把鱼放到盐水或卤水（浓盐水）中腌制起来，或者直接晒干，以备之后食用。

烟熏鱼

烟熏法分两种，皆可用来延长鱼肉的保质期。热熏法是将鱼腌制、晾干后再在较高温度下快速烟熏；冷熏法是将鱼腌制后再在低温下烟熏1~5天。

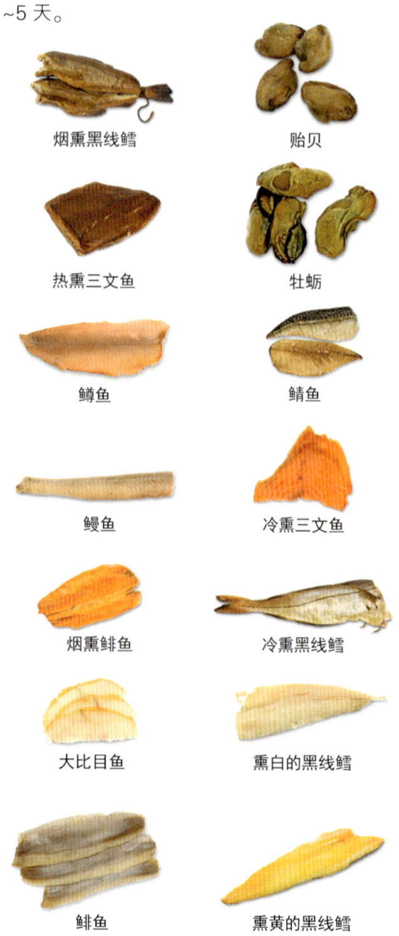

圆体鱼

圆体鱼，身子呈圆柱形，便于从两侧切片。按照肉质分类，圆体鱼又分为白鱼或多脂鱼。

罗非鱼　鲶鱼　沙尖鱼　红罗非鱼　大西洋银鳕鱼　大西洋鲭　大西洋鲱鱼　黄鳍金枪鱼　尖吻鲈　梭子鱼　海鲈　红鲻鱼　扁鲨　鳀　海鳗　欧鳊　湖鳟

扁平鱼

扁平鱼小时候身形如小型的圆体鱼，长大后圆滚滚的身体变得扁平。沿着扁平鱼的脊骨，可以切下长长薄薄的鱼片，如果鱼长得够大，甚至还能切下肥厚的鱼排呢。

菱鲆　鳎目鱼

大比目鱼切块

黄盖鲽　大菱鲆　鲽鱼　大比目鱼

鱼子

鱼子是鱼体内成熟的或者排出体外的卵。鱼子既可以生吃，也可以烹调。鲟鱼子是极佳的上品，因此颇为昂贵。鱼子经过腌制处理，可以做成鱼子酱。

大白鲟鱼子酱　闪光鲟鱼子酱

成块的鱼子　新鲜的鳕鱼子　熏制鳕鱼子　雄鲱鱼的精块（软鱼子）　雌鲱鱼的卵块（硬鱼子）

贝类

贝类既包括牡蛎、贻贝这样的双壳动物，又包括龙虾、螃蟹、对虾这样的甲壳动物。贝类动物可被做成各种美味佳肴。

鲍鱼　墨鱼　海螺　乌蛤　海参　鱿鱼　蛤蜊　滨螺　海胆　螃蟹　对虾　贻贝　牡蛎　龙虾　小龙虾　女王扇贝

肉食大观

人类吃肉的历史已有千年之久。人们在农场里养殖牛、羊、猪、鸡等动物主要是为了吃肉，有些人猎杀野生动物主要也是为了吃肉。肉作为食材，蛋白质含量丰富，可用多种方式烹饪。

肉中含有多种维生素和矿物质，因此是健康饮食必不可少的重要组成部分。

人均年食肉量国家排行榜

下面列出的是人均年食肉量位居全球前十位的国家。

1 美国
124 千克。最爱：鸡肉、牛肉（尤其是牛排）和猪肉（尤其是培根）。

2 澳大利亚
121.6 千克。最爱：羊肉和牛肉。

3 阿根廷
109.38 千克。最爱：牛肉、鸡肉和猪肉。

4 新西兰
100.89 千克。最爱：羊肉和鸡肉。

5 西班牙
100.25 千克。最爱：牛肉、猪肉（尤其是火腿肉）和羊肉。

6 以色列
97.01 千克。最爱：鸡肉、牛肉和羊肉。

7 冰岛
91.01 千克。最爱：羊肉、猪肉和鸡肉。

8 波兰
88.7 千克。最爱：猪肉、鸡肉和牛肉。

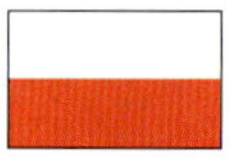

9 蒙古
88.37 千克。最爱：羊肉、牛肉和鸡肉。

10 德国
87.78 千克。最爱：猪肉、鸡肉和牛肉。

牛肉和小牛肉

成牛身上的肉叫牛肉；出生后3~14 个星期的小牛被屠宰后，其身上的肉叫小牛肉。牛身上有些地方的肉，如牛排，更受欢迎，价格也更高。

菲力牛排　肋眼牛排　牛肩肉牛排　前胸肉

颈肩肉

后腿肉　针扒牛排　腱子肉块　牛小排　牛肉馅　腹肉牛排

小牛肉块　小牛排　小牛肉薄片　小牛上股肉　烤牛肩肉

猪肉

猪肉经过处理后可以做成不同种类的培根、火腿及其他腌制食品，如萨拉米香肠等。

颈脊肉

里脊肉

肋眼猪排

特级猪腰肉

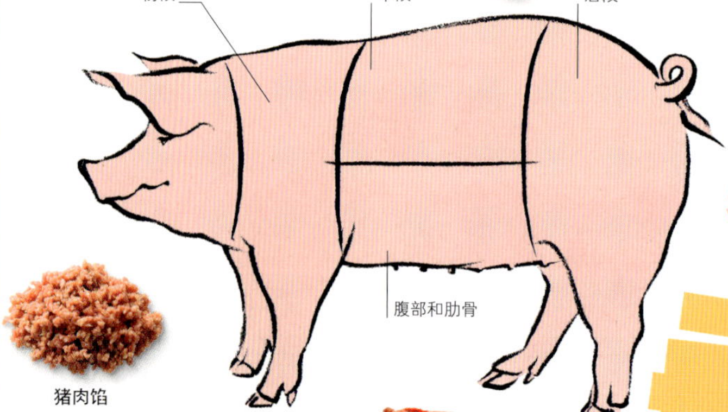

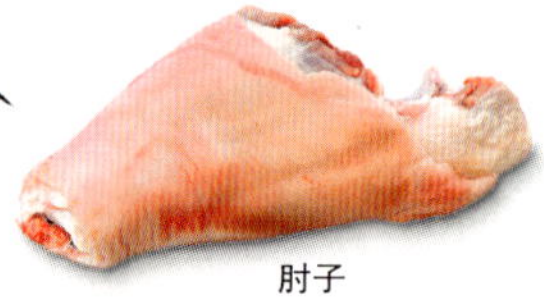

肘子

香肠

猪肉馅

小排

猪腩

1920 年，法国巴黎的一名屠夫发明了一款香水，闻起来有培根的香味。

羊肉

羊肉有羔羊肉和成羊肉之分，前者是指出生不足一年的小羊身上的肉，后者是指成年羊身上的肉。图中是绵羊肉或山羊肉的切块儿。

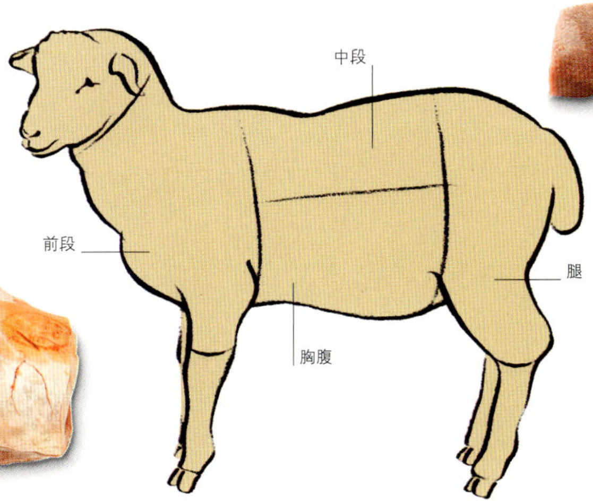

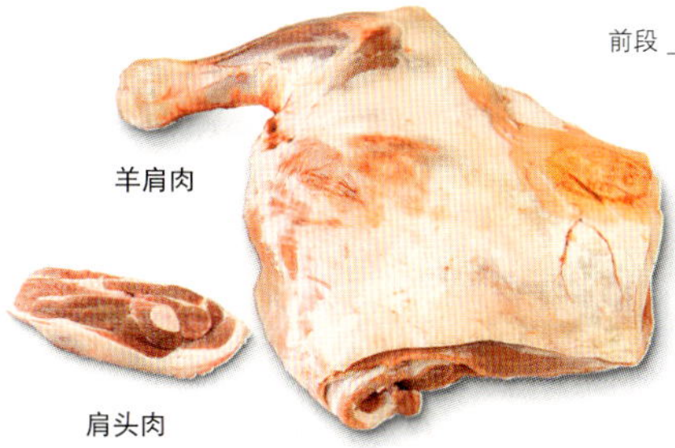

羊肩肉

肩头肉

羊腰肉

羊里脊肉

羊肉馅

肋羊排

羊腿

羊腱子

臀尖肉

家禽肉

人工养殖的以获取其肉或蛋为目的的鸟类都可称为家禽，如鸡、鸭、鹅、火鸡等。

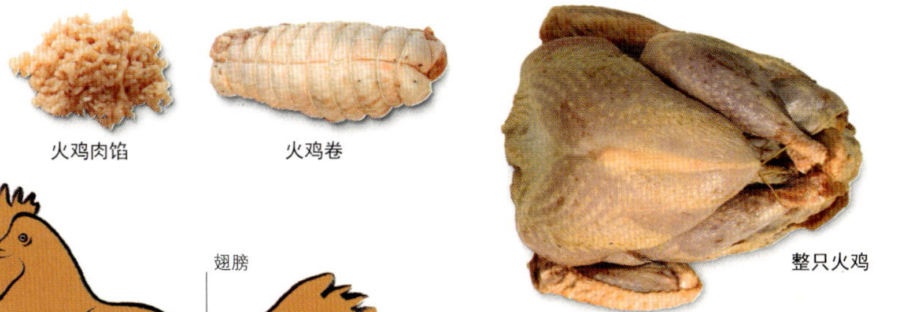

火鸡肉馅

火鸡卷

整只火鸡

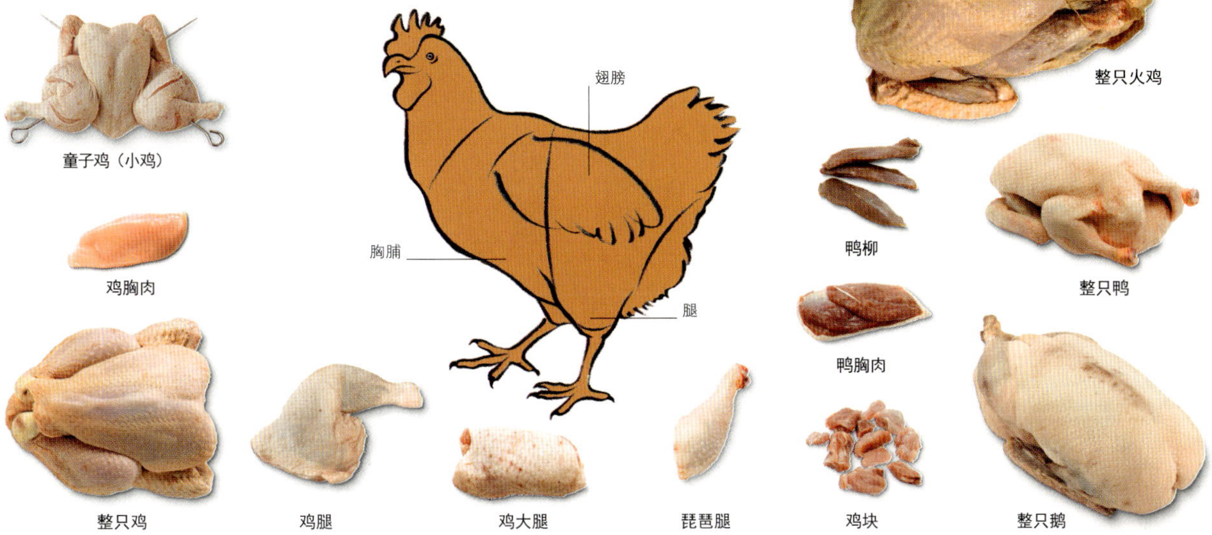

童子鸡（小鸡）

鸡胸肉

鸭柳

整只鸭

鸭胸肉

整只鸡

鸡腿

鸡大腿

琵琶腿

鸡块

整只鹅

腌肉

多数肉类可以用各式方法腌制：风干、烟熏、盐卤，或者制成香肠，如可以生吃的萨拉米香肠。腌制过程中经常用到的肉是猪肉。

鹅肉萨拉米

意大利咸肉

西班牙火腿

熏五花肉

波兰香肠（长而干）

黑森林火腿

波兰利斯卡香肠（大蒜味）

葡萄牙黑猪肉肠

托斯卡诺萨拉米

五香熏牛肉

咸牛肉

小牛肉萨拉米

德国霍夫牛肉肠

熏鹿肉

风干香肠

野味

野味指野兽或野禽的肉，如鹿肉、野鸡肉、鸽肉等。

鹿里脊肉

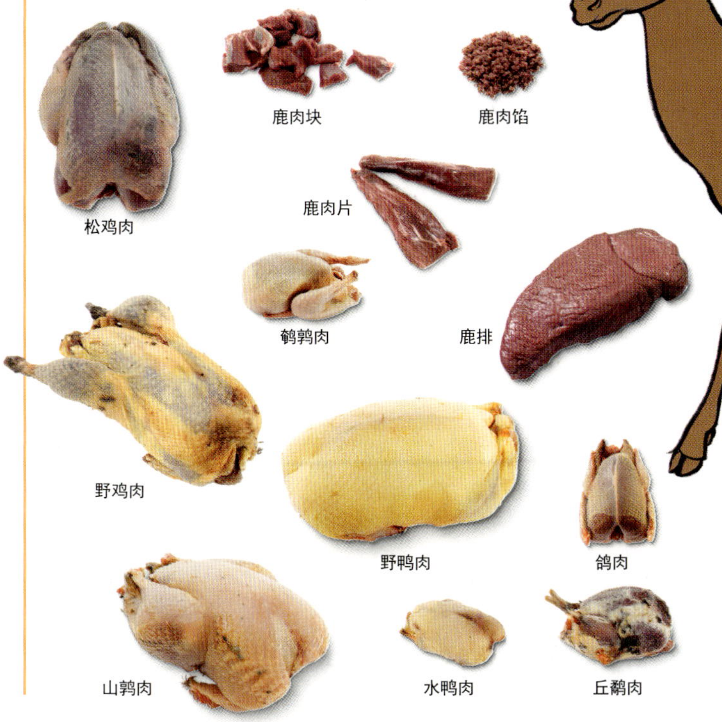

松鸡肉

鹿肉块

鹿肉馅

鹿肉片

鹌鹑肉

鹿排

野鸡肉

野鸭肉

鸽肉

山鹑肉

水鸭肉

丘鹬肉

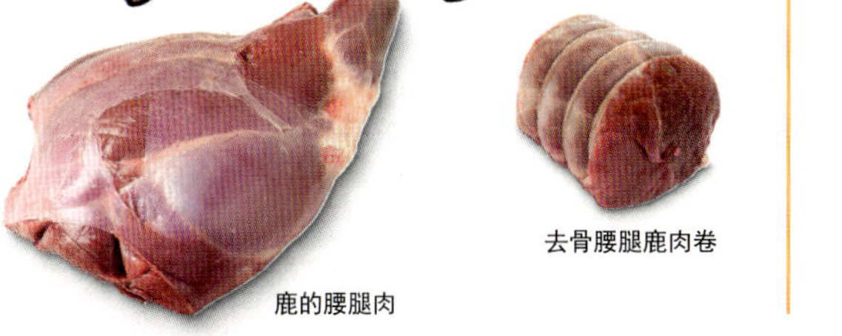

去骨腰腿鹿肉卷

鹿的腰腿肉

时尚男装

西方男性的服装、发型、配饰和女性的一样变化很快。早在几个世纪前，男性就痴迷于时尚，喜欢穿戴时髦的服饰，他们在衣物上的花销常常要高于女性。

公元前 2 世纪

古罗马

古罗马对穿衣有严格规定。古罗马的元老是政府人员，属于仅次于皇帝的社会最高阶层。他们必须穿凉鞋和一种叫宽外袍的官服，官服上有一条特殊的紫色条纹。

罗马宽外袍

胸针，可将长袍别在一起

铆钉凉鞋

5 世纪

中世纪

富家子弟可成为骑士。骑士的双腿穿金属盔甲，上身披金属网做成的链甲。这种装束不仅使骑士行动更为便利，还能保护他们不被刺伤。

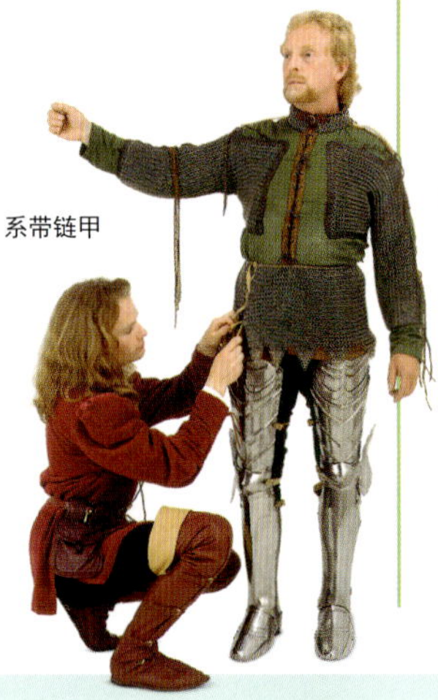

系带链甲

16 世纪 50 年代

宫廷风格

这一时期，欧洲的各个君主引领着穿衣时尚。衣服通常选用中国的丝绸及印度和埃及的棉布等面料。随着异国颜料的传入，衣服也出现了新的颜色，比如绯红色等。

20 世纪 30 年代

优雅风

男士为了突出自己上身发达的胸肌，穿衣时会选择带垫肩和大翻领的衣服。当时流行运动风，因此男士会经常通过运动来塑形。

泳衣

软呢帽

灯笼裤和马球衫

宽松的套装

20 世纪 20 年代

蓬勃的 20 年代

20 世纪 20 年代掀起了运动风，因此很多男士的穿衣打扮多走休闲风，方便随时运动，如骑车、打高尔夫球、打网球和跳舞等。这个时期，一种叫灯笼裤的短裤流行起来。

灯笼裤配菱形花袜

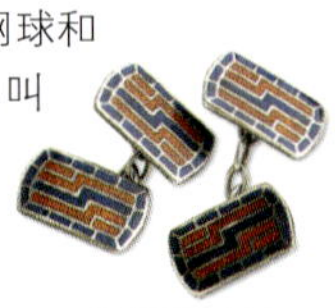

条纹搪瓷袖扣

开口夏季凉鞋

平顶硬草帽

布洛克鞋（雕花鞋）

粗呢帽

运动装

灯笼裤和针织马甲

20 世纪 40 年代

40 年代

第二次世界大战期间，由于粮食和武器生产是战时重点，衣服的产销明显不足。男士的服饰选择较以前少了许多，穿着也更为简单，但鞋子和帽子依然是主要的配饰。

正装

宽松衣裤套装

软毡帽

飞行员墨镜

黑白双色鞋

20 世纪 50 年代

时尚休闲装

穿了几年军队的制服后，男士选择穿休闲装放松一下。这个时期，条纹双排扣套装和短款意式夹克都很流行。年轻人还穿出了自己的风格，认为牛仔裤特别时尚。

皮夹克

正式套装

小礼帽

绉胶鞋底的绒面鞋

牛仔裤

20 世纪 60 年代

新时代花花公子风

年轻人爱显摆，出风头。他们喜欢穿修身、及脚踝的长裤或牛仔裤，搭配紧身衬衫或毛衣。流行音乐在很大程度上影响着当时年轻人的穿着打扮和发型。

皮衣和修身裤

披头士风格的太阳镜

尖头鞋

皮草及羽毛帽

束腰短袍和有色长袜

16 世纪晚期

伊丽莎白时期

这一时期的男式服饰变得更为精致。富裕的绅士穿合体的天鹅绒上衣和及膝的马裤。上衣的衣领宽大且饰有百褶蕾丝（此种衣领称为“飞边”），马裤搭配丝质或羊毛长袜。

飞边套装

马裤和带垫肩的上衣

18 世纪

洛可可风

18 世纪，洛可可风刮到了欧洲。这种华丽之风较以前有过之而无不及。为了和衣服的风格相配，男士头戴夸张的假发，还化上精致的妆容。

亚麻汗衫

紧身马甲

带褶边的领结和袖口

套装配白色假发

1900~1919 年

新世纪

这一时期的男士时装趋于简单，更显庄重。因为要去公司上班，所以越来越多的男士穿衣不再追求博人眼球。深色西服搭配白色衬衫及领带是男士上班族的穿衣风格。

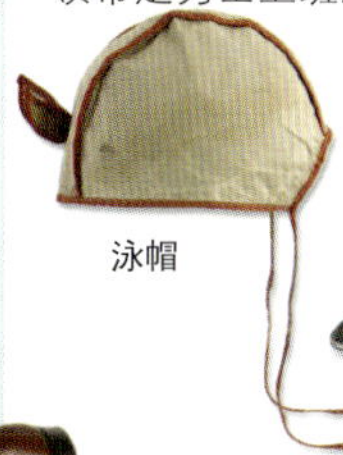

泳帽

圆顶高帽

巴拿马草帽

工作套装

正式外套和高礼帽

19 世纪 50 年代

绅士风

随着机械生产代替了手工，衣服的价格降低，这样，更多人可以买得起好衣服穿了。这一时期出现了适合不同场合穿戴的外套和配饰，其中帽子、尖头鞋和拐杖等是几件重要的配饰。

晚宴服

夹克和修身长裤

泳衣

怀表

19 世纪

花花公子风

19 世纪，高帽、卷发及卷须是富翁喜爱的装扮。他们选择穿紧身的衣服以突显自己的身材，外套一天也要更换好几件。

高领紧身外套

腰身处有口袋的修身外套

20 世纪 70 年代

喇叭裤和厚底鞋

男士在穿衣方面不断摸索，这个时期，他们喜欢穿彩色花纹的衣服。高跟厚底鞋、超长喇叭裤，加上一头蓬松长发，是 20 世纪 70 年代的典型装扮。

格子夹克和喇叭裤

大墨镜

厚底鞋

花哨的厚底鞋

20 世纪 80 年代和 90 年代

个人风格

20 世纪 80 年代和 90 年代有很多时兴的装扮。20 世纪 80 年代流行有垫肩的西装，到 20 世纪 90 年代修身款的西装流行起来。音乐，如朋克和嘻哈等，影响了很多服饰的风格。

简单纯色西服搭配条纹衬衫

牛仔靴

朋克风装扮

21 世纪

随意穿搭

新千年伊始，男士服装更为休闲。牛仔裤加运动鞋是最为常见的穿搭。其他的休闲装还包括：斜纹裤或卡其裤随意搭配马球衫、几何图案的T恤和运动衫。

太阳镜

经典运动鞋

牛仔裤配马球衫

时尚女装

时尚女装的核心就是穿什么、怎么穿才算新潮。“变”是西方时尚最主要的内核。千百年前时尚一直处于缓慢变化的过程中，而如今时尚变化飞快。

14 世纪

时尚开端

近千年来，女士穿的衣服一直是老样子，直到 14 世纪初衣服样式的更迭才有所加快，出现了新款长裙。虽然当时严格规定了女士的穿衣规范，但大家还是费尽心思，只为穿得不拘一格。

围巾

中世纪长裙

15~17 世纪

繁盛的文艺复兴

文艺复兴时期，豪门富户可以买到漂亮柔软的新面料，如丝绸和天鹅绒等。裙摆比之前要大一些，袖子可以拆下来洗，混搭也流行起来。

天鹅绒日常装

华丽的手提包

户外鞋

宫廷装

20 世纪 40 年代

节俭的 40 年代

第二次世界大战期间，物资匮乏。这使得女士穿衣较为理智，她们会自己动手做衣服并将旧衣物加以改造。为了让自己看起来潇洒入时，女士往往会用亮眼的配饰来给朴素的衣物增色。

镶花帽子

晚礼帽

一则战时广告
鼓励女性衣物穿得久一点，切莫浪费。

翠绿高跟鞋

束起的头发和及膝长裙

20 世纪 30 年代

靓丽的礼服

这 10 年里，好莱坞影星影响着时尚潮流。修长紧身的连衣裙穿起来使女士显得更为苗条。短款上衣设计有垫肩，这样可以使腰部和臀部显得更为纤巧。

白缎晚礼服

碎花连衣裙

宽边草帽

修身上衣和裙子

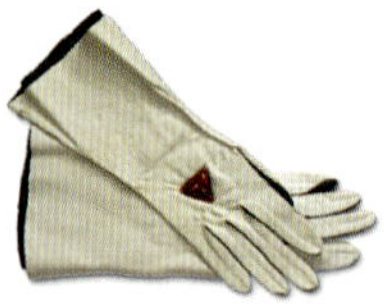
优雅的皮手套

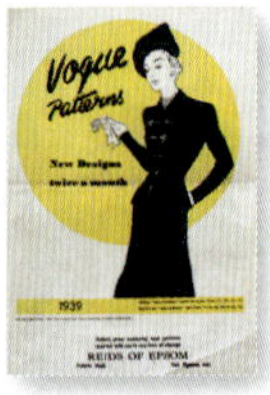

服装纸样

配套的帽子、手套和鞋子

20 世纪 50 年代

新时尚

20 世纪 50 年代，法国设计师克里斯汀·迪奥自创了一套新式穿搭法：收腰设计、螺旋裙摆、搭配珍珠项链和耳环。这种穿搭让女士看起来十分娇柔。此外，手套和帽子也几乎是出门必备品。

长裙套装

日用手提包

鱼嘴高跟鞋

20 世纪 60 年代

时髦活跃的 60 年代

英国伦敦设计师玛丽·匡特发明了超短裙。超短裙的下摆之短，前所未有。光泽亮丽的面料、宇航服似的银色、及膝长靴和浓重的眼妆是 20 世纪 60 年代的时尚元素。

拉链式仿皮夹克

尖头银靴

圆点超短裙

条纹亮片超短裙

18世纪

艳丽的18世纪

法国国王路易十六的王后玛丽·安托瓦内特是第一批引领潮流的时尚名媛之一。王后喜爱穿衣打扮，一天要换好几件外套。明艳华丽的长裙流行一时。

正式长裙的前面和后面

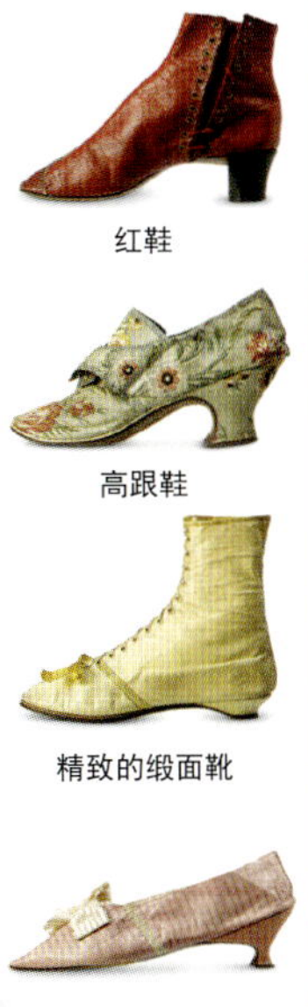

红鞋

高跟鞋

精致的缎面靴

精美的舞鞋

1850年~20世纪

维多利亚时代

维多利亚时代的女士用尽一切方法改变自己的体形。她们将衬架裙穿在裙子里面，或将裙撑垫在臀部的位置，这样一来臀部会显得宽大许多，相比之下腰身就纤细了。

1 笼状衬架裙
双脚从开口处进入衬架裙，向上提拉到腰部。

2 拱形
将衬架裙系于腰间。外面穿一条长裙，裙子便会呈拱形。

格子长裙

丝带帽

扇子

穿在裙子里的紧身胸衣

带有裙撑的黑色长袍

20世纪20年代

爵士时代

20世纪20年代，越来越多的女士开始工作、运动和聚会，因此她们的裙子一般宽松及膝，便于活动，尤其便于跳爵士舞。

不规则下摆的长裙

纹饰精美的无袖长裙

简约条纹裙

娟秀的女帽

花纹锦鞋

系带步行鞋

饰有埃及花纹的手包

亮闪闪的晚装包

短发，长珠链和直筒连衣裙

1900~1929年

美好年代

这一时期，女士喜爱穿带有泡泡袖的蕾丝褶边长裙，头戴羽毛帽。一种特别的内衣可以让女士穿出S形曲线——丰胸、柳腰、肥臀。

穿在裙子里面的长胸衣

系带长靴

高跟鞋

丝质手袋

蕾丝长裙

20世纪70年代

嬉皮士风格

20世纪70年代流行的元素包括颜色鲜艳的大花纹、大蓬头和大厚底鞋。女士一般穿长款半身裙、连衣裙或宽松喇叭裤，搭配厚底靴或厚底凉鞋。此时，印度风格的配饰也很受欢迎。

超长拼接连衣裙

花帽

厚底凉鞋

20世纪80年代和90年代

时髦的80年代和90年代

20世纪80年代，朋克音乐和朋克风火遍了街头巷尾。朋克风的装扮包括：破洞牛仔裤、紧身T恤、厚重的黑靴和格子短裙。到20世纪90年代，有弹力的紧身连衣裙和全黑的套装流行起来。

格子裙配黑色紧身裤

带有金属光泽的细高跟鞋

厚重的靴子

垫肩

紧身连衣裙

从头到脚一身黑

21世纪

随意穿搭

新世纪，时尚变得随性且富有创意。年轻人喜欢穿牛仔裤配运动鞋，个性主要靠配饰体现。现今的时尚不仅融合了几十年前的要素，还展现出了新的面貌。

皮挎包

蓝色手提包

高帮运动鞋

粗跟凉鞋

牛仔裤配休闲上衣

35
109607
07

体育运动

球类运动

球类运动已有 3500 多年的历史，现在有几百种不同的玩法。有的一个人就可以玩起来，有的则需要 30 多人在巨大的球场上一起参与。

打弹球

打弹球就是在用粉笔画的大圈里把一些弹珠摆成“X”形，两个人手持各自的弹珠轮流弹击“X”阵型中的弹珠。

壁球

打壁球由两个人在三面围墙的室内球场中进行。双方手拿球拍对着墙壁击球。球不仅要接触墙壁还要触及地面。

乒乓球

乒乓球是一项速度很快的球类运动。在台面中央竖有一个小球网的特殊球台上，两个人来回击打一个很轻巧的球。

高尔夫球

打高尔夫球需要在开阔的草坪上进行。草坪上有 18 个洞，高尔夫球手需使用不同的球杆击打一个表面凹凸不平的小球，试图将它打入球洞内。

庭院网球

庭院网球是最古老的持拍类运动。它需要在特殊的室内球场进行。打球时所用的网球是软木制成的，外面包裹着毛毡。选手们手持木制的球拍，把球从球网的一边打向另一边。

网球

原称草地网球。可以在不同种类的场地进行。使用的球拍是由碳纤维或玻璃纤维制成的；使用的球是有弹性的，外面也包裹着毛毡。同样把球从球网的一边打向另一边。

滚球

滚球运动由两队人在室外进行，玩法是每队分别把又大又重的金属球，也叫“滚球”，掷向一个较小的目标球，也叫“jack”（杰克），最靠近目标球的一队获胜。

板棍球

板棍球来自爱尔兰。比赛场地是覆盖着草皮的球场。球员使用的球棍前端是稍微弯曲的平板。利用这样的球棍，球员可以接球、击球、抛球，通过彼此合作，力图把球打入球门以获得得分。

板球

板球比赛时有两支球队，每队 11 个人。两队轮流击球和接球。击球员通过在两个三柱门之间的跑动来得分。而对手则试图让击球一方出局。

曲棍球

曲棍球是两支球队间的对抗运动，每支球队有 11 个人，在户外的草皮球场上进行。比赛使用的是一端为勺形的球棍。球员手持球棍相互传球，试图把球打入对方的球门。

藤球

藤球也叫作“脚踢的排球”。比赛时，两支各 3 人的球队面对面地站在一个高高的球网两边，用脚把球踢过球网，让球落到界线内区域的一方则会输掉 1 分。

手球

手球比赛时有两支各 7 人的球队参加，球员们只能用手传球或掷球，试图把球投进球门。手球在室内进行，要求球员只能持球走 3 步。

排球

排球比赛是两支球队间的对抗，每队 6 个人，分别站在高高的球网两边。一方球员把球打过网，另一方则要把球打回去。就这样，把球打过来打过去。如果一方让球落地，那么就输掉 1 分。

沙滩排球

这种形式的排球在两支 2 人或多人的球队间展开，在沙滩或沙土球场上进行。比赛时，球员只能用手击球不能抓球，如果没有接住球，则会输掉 1 分。

躲避球

躲避球可以在室内或室外的小型球场上进行。比赛时，球场被分成两块同样大小的区域，两支球队每队 6~10 个人，每队 3 个球。球员都向对方的球员扔球，被击中的人就要出局。比赛的目的就是让对方的球员全部出局。

篮网球

篮网球比赛时，两支球队每队 7 个人，在室内或室外的硬地面球场上进行。球员一定不能带球跑，他们只能通过移动一只脚来向队友传球。把球投进篮筐算得 1 分。

篮球

篮球比赛是两支球队间的对抗，每队 5 个人。球员在球场上可以边跑边一手拍球，也可以把球传给队友，目的是把球投进球场两边对方的篮筐中。

裸手回力球
回力球有多种形式，裸手回力球是其中的一种。在一个只有两面有墙的场地内，选手们需要裸手投掷一个又小又硬的球。

斯诺克台球
斯诺克台球使用的球桌不仅大，而且桌面上覆盖着一层布，在球桌的四周还有6个球袋。选手们使用球杆轮流击打桌面上的22个球，试图把它们击入球袋中。

美式普尔
美式普尔与斯诺克台球很相似，但是这种台球使用的是一种较小的球桌，而且只需要8个球。两名选手用球杆击打不同颜色的球，试图把它们击入球袋中。

短柄墙球
短柄墙球是一项速度很快的球类运动。它需要在封闭的室内球场进行，由2个人或4个人用球拍拍向四面墙壁和天花板拍打一个橡胶制成的球。

圆场棒球
圆场棒球是一项户外的球类运动。比赛时有两支球队，每队11个人。击球的一队试图用球棒击中球，从而可以在球场中的4个垒间跑动，以获得得分。

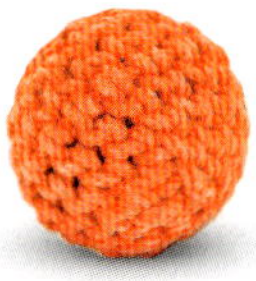

班迪球
班迪球是一项在冰场上进行的运动。比赛用的冰场与一个足球场的大小差不多。球员会使用球杆击打一个橙色的球，试图把它打入设在冰场两边的球门内。

长曲棍球
长曲棍球由两支球队进行比赛，男子比赛每支球队10个人，女子比赛每支球队12个人。比赛时使用顶端有网状袋子的长棍作为持球工具，双方都试图把球打入对方的球门。

棒球
棒球比赛由两支球队参加，每队9个人。两队轮流击球和接球。击球员把投手投来的球击出后，跑垒员会在4个垒间跑动。而对方球队则试图让击球一方球队出局。

马球
马球是骑在马上进行的一项运动。比赛时，两支球队每队4个人。球员手持一根很长的马球杆，试图把塑料马球打入对方球门。比赛分几局进行，每局的时间一样长。

槌球
槌球是一项户外运动。球员手持小木槌击球，使球穿过放置在地面上的铁环门。球员们轮流击球，使球按顺序穿过铁环门，最先让球穿过所有铁环门的一队获胜。

铅球
在铅球比赛中，选手们按顺序出场，在一个固定的位置推掷一个很重的金属球。把球掷得最远的选手获胜。

垒球
垒球是从棒球演变过来的。但打垒球时，所用的球更大一些，球场更小一些。它可以在室内和室外进行，参赛的球队一般每队有9个人或10个人。打垒球时，投球手采用下手臂运动投球。

草地滚球
草地滚球可以在室内或室外的草地上进行。比赛时，选手会把一个较重的滚球滚向一个较小的目标球，这个目标球也被称作“jack”（杰克）。

足球
足球比赛的场地是有草皮的球场，参与的两支球队每队11个人，球员之间相互传球，试图把球踢进对方的球门。此外，人们也可以在室内或沙滩上踢足球。

盖尔式足球
盖尔式足球的比赛双方各有15个人，球员们可以用脚踢球，用手传球或击球，也可以抱球跑，但最多跑4步。用手掷或者用脚踢，只要让球越过球门的横木就算得分。

水球
水球比赛是在游泳池里进行的。参赛的两支球队，每队7个人。球员们在水中用手相互传球，目的就是把球投入有守门员守卫的球门。

保龄球
保龄球也被称为“十瓶保龄球”，因为打保龄球时，需要把10个细长的球瓶打倒。在一局比赛中，参赛者有两次机会，被击倒的球瓶的数量决定了比赛的得分。

美式橄榄球
美式橄榄球的比赛在一个很大的球场上进行，参赛的两支球队每队11个人。球员们试图让球到达对方球队的“端区”，从而达阵得分。控球的球队有4次机会带球向前推进9.1米，他们可以扔球或者抱球跑。如果成功了则会获得另外4次机会把球推进9.1米。如果失败了，则对方球队获得控球权。

橄榄球
联盟式橄榄球比赛双方每队13个人，而联合式橄榄球每队15个人。比赛时，进攻球员可以在球场上抱球跑，也可以把球传给队友或者踢球。而防守球员则试图拦截控球的球员，以便获得控球权。当带球到达对方的端区或者把球踢过高大的H形球门时就算得分。

澳式橄榄球
澳式橄榄球的比赛场地是椭圆形的球场，双方球队各18人。球员们可以利用身体的任何部位来运球，但是不能扔球。他们试图让球到达对方球队的场地，然后射门得分。如果球员抱球跑，那么他必须在跑几步之后就要拍一下球。

足球

古代足球运动起源于中国，那时叫蹴鞠。现代足球运动诞生于英国。如今足球是世界上最流行的运动之一。它的吸引力就在于它简单易玩。只要有一个足球，你就可以在任何地方踢足球——草地上、室内、街道上，甚至在沙滩上，你都可以踢足球。

比赛

足球比赛时，场上各 11 人的两支球队都试图把球踢进对方球队的球门，就是为了能比对方进更多的球。比赛结束时，如果两支球队都没有进球或者进球数一样，则双方打成了平局。

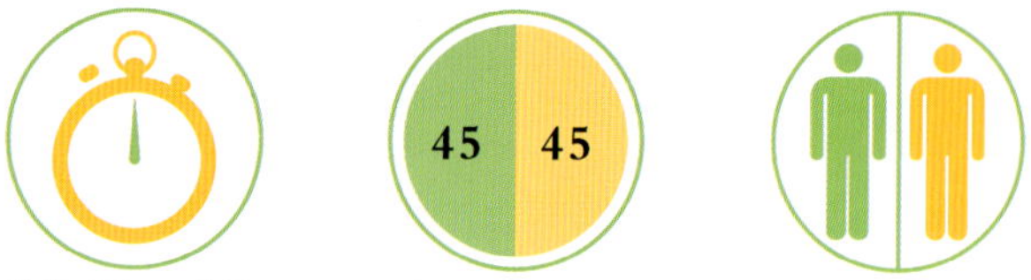

比赛时间：90 分钟

每半场 45 分钟

两支球队，每队 11 人

足球

最早的足球是由猪的膀胱制成的。把膀胱充满气并在外面包裹上一层皮革就制成了当时的足球。不过这样的足球很沉，而且弹性不好，尤其是当它变湿之后更是如此。现代足球是用高科技材料制成的，所以更轻、更有弹性。

足球场

足球场必须是平坦的长方形场地。踢球的区域有白色的线标记，球门的大小必须符合标准，但是球场的长度和宽度可以不同。

球员和场上位置

每支球队主要有以下 4 种球员。

1 守门员 每支球队都有一名守门员。如果守门员受伤或被罚下场，那么必须有一名球员代替他。

2 后卫球员 后卫球员有时也被称为防守球员，他们的职责是阻止对方球队进球，所以他们一般都很强壮而且擅长头球和拦截。

3 前卫球员 活动在球场中部区域的前卫球员需要具有全面的足球技术，因为他们不但要进攻还要防守。

4 前锋球员 前锋球员位于前场位置，他们的职责主要是射门得分，所以他们必须擅长射门。

阵型

在比赛之前，教练员都会按照自己的想法安排球员在球场上的位置，这种位置的安排就叫阵型。阵型一般由 3 个或 4 个数字组合而成，以此来说明比赛时上场的后卫球员、前卫球员和前锋球员各有多少人。通常情况下，比赛开始时教练员会使用一种阵型，然后在比赛的过程中再变换阵型。

守门员

由于每支球队都有守门员，所以阵型中不包括守门员的位置。

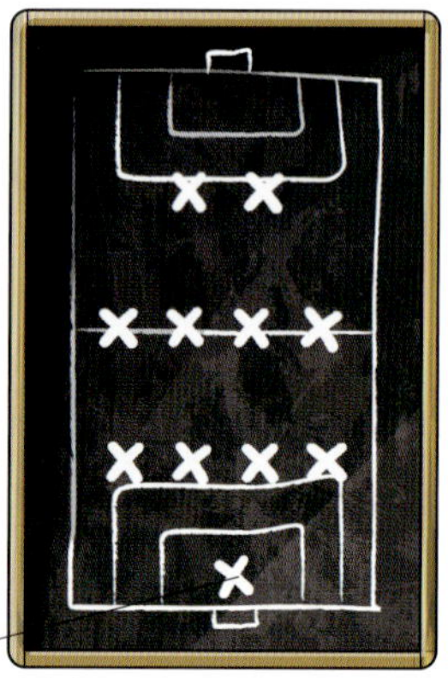

4-4-2

在这个基本的阵型中，有 4 名后卫球员、4 名前卫球员和 2 名前锋球员。中间的 2 名前卫球员有不同的职责，一名负责防守，另一名负责进攻。

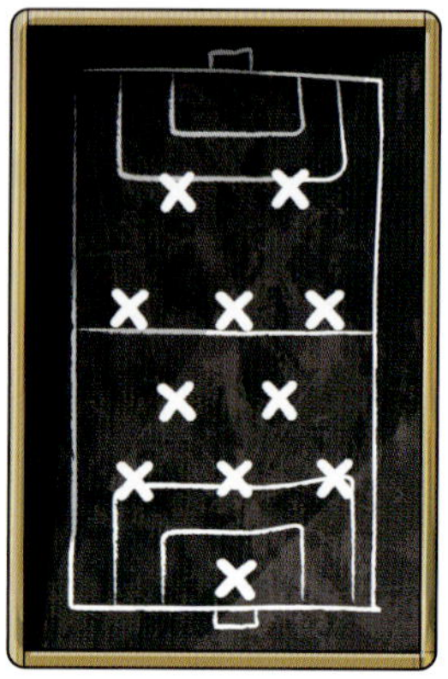

3-5-2

这个阵型是以进攻为主的阵型。其中左右两翼的前卫球员也叫作边前卫，无论进攻还是防守，他们都要参与。

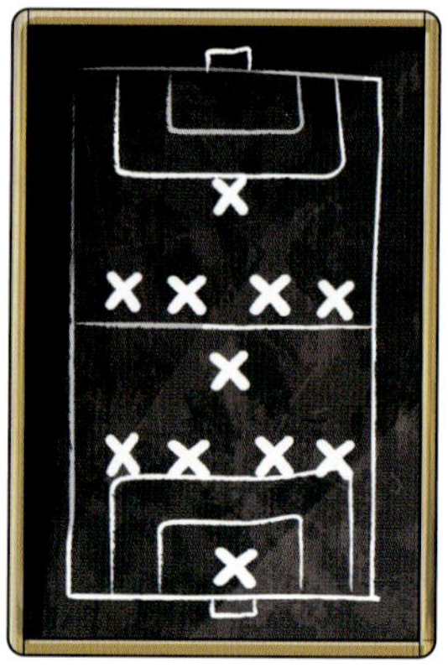

4-5-1

这个阵型是以防守为主的阵型。其中只有一名前锋球员，但左右两翼的前卫球员会协助他。

比赛规则

在一场足球比赛中，两名助理裁判员会在球场的边线处协助主裁判员做出判罚，以确保比赛是公平的。目前足球比赛一共有 17 章规则。下面介绍的是 3 项最基本的规则，无论是在公园里同朋友们踢球还是在世界杯的赛场上，这 3 项规则都适用。

不能用手

在一场足球比赛中，只有守门员可以在本方罚球区内用手触球。如果其他球员用手触球了，那么对方球队就会获得一个罚任意球的机会。如果防守球员在罚球区内用手触球了，那么对方球队就会获得一个罚点球的机会。

犯规

如果一名球员做出了犯规动作，如恶劣的拦截动作或手球，那么对方球队就会获得罚任意球的机会（如果犯规动作发生在罚球区内，并被判罚为直接任意球的，则对方球队会获得罚点球的机会）。对于较严重的犯规或故意的手球动作，裁判员会向球员出示黄牌，以示警告。如果一名球员再次出现同样的犯规，那么裁判员会向他出示红牌，把他直接罚下场。对于球员非常严重的犯规动作，裁判员会直接向他出示红牌。

越位

制定越位规则的目的是加大进球的难度。进攻球员不能只是站在球门旁等待着射门。当球被传给进攻球员时，在进攻球员和球门线之间至少会有两名防守球员，其中一名防守球员通常是守门员。如果一名进攻球员被判处在越位位置，则防守一方就会获得一个罚任意球的机会。

国际足联世界杯

国际足球联合会负责管理世界范围内有关足球的事务。从 1930 年起，国际足联就开始组织国际性的足球比赛，以发掘最优秀的足球队。这项比赛就叫作国际足联世界杯，简称世界杯，每 4 年举行一次。目前，只有 8 个国家获得过世界杯的冠军。

巴西
5 次冠军：1958 年、1962 年、1970 年、1994 年、2002 年

德国
4 次冠军：1954 年、1974 年、1990 年、2014 年

意大利
4 次冠军：1934 年、1938 年、1982 年、2006 年

阿根廷
2 次冠军：1978 年、1986 年

乌拉圭
2 次冠军：1930 年、1950 年

法国
2 次冠军：1998 年、2018 年

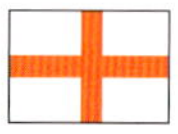

英国
1 次冠军：1966 年

西班牙
1 次冠军：2010 年

聚观天下

国际足联一共有 211 个会员，但是除了南极洲之外，每个大洲还有自己的足球联合会。这些区域性的联合会负责管理本区域有关足球的事务，组织俱乐部间的或国家间的国际性比赛。

最大的足球联盟是欧洲足球协会联盟和非洲足球联合会。欧足联有 55 个成员国，非足联有 56 个成员国。

进攻技巧

进攻球队是指球场上控球的一方，队员在接到球后会试图将球射入对方球门。队员们的目的就是通过相互传球，创造射门的机会。他们必须相互配合，防止对手抢球。下面介绍一些进攻球员所需要的踢球技巧。

射门
球场上，如果球员恰好处在可以射门的位置，这时他就会射门。球员可以用脚的内侧或外侧踢球射门，但用正脚背踢球射门，力量是最大的。

横传
同队队员间的传球路线基本与中线平行的传球为横传。把球横传至罚球区，这时对手很难防守，也就比较容易进球。

头球
头球技术是一项进攻技巧，也是一项防守技巧。用额头正面顶球可以很好地控制球，同时头球攻门的力量非常大，而且还能避免受伤。

带球
带球是指控球队员在移动中（一边跑或一边走）用身体的合理部位（主要是用脚）连续推拨或推送球的动作。想要战胜对手，这项技能必不可少。

倒勾球

倒勾球射门的确是一种令人印象深刻的进球方式。然而，它是一项很难掌握的技能。球员背对着球门，必须要能很好地把握射门时间和方向。练习这项技能最好是在地面较软的场地进行，以免受伤。

1 腾空
踢球的那条腿向前蹬出去，另一条腿抬起来。

2 剪刀腿动作
当身体开始下落时，抬高踢球的那条腿，而另一条腿回落到地面。两条腿分开时呈剪刀状。

3 踢球
当后背和地面平行时，脚背用力踢球的背面。

防守技巧

没有控球的一方必须用尽办法来阻止对手进球。这里介绍一些能够帮助球队重新获得控球机会以及阻止对手进球的技巧。一旦防守球队抢到了球，那么它就变成了进攻球队。

断球
防守球员可以用脚把进攻球员的球踢开。断球时，把握好时机是非常重要的。如果防守球员没有截断球反而把对手踢倒了，那么就是犯规了。

盯人防守
盯人防守就是紧紧跟着对手，这样防守球员就有机会阻止对手传球，甚至是抢到球。

抢球
紧紧跟着对手，猜测对手会把球传向哪里，然后防守球员就能有机会抢到对手的球，从而向对手展开进攻。

守门
守门员是最后的防线。他可以用身体的任何部位来阻止足球进入球门。当球向球门踢来时，守门员必须要足够强壮、灵敏，反应速度要快，才能把球扑出去。

定位球技术

定位球是指裁判员因球员犯规或球出界而停止比赛的情况。角球、界外球、任意球和点球等属于定位球的范畴，球队会花费大量时间练习定位球的技巧，因为它们往往是很好的进球机会。

角球
如果防守球员将球从本方球门立柱外踢出了本方球门线，那么进攻球队会获得罚角球的机会。罚角球时应将球放在离球出界处最近的角球弧内。

掷界外球
当足球越过球场的边线时，最后接触球的球队的对手则在球出界的边线外，通过掷界外球恢复比赛。

任意球
当球员在罚球区外犯规时，对手会获得罚任意球的机会。罚球的位置离球门越近，任意球踢进球门的机会就越大。

点球
当防守球队的球员在本方罚球区内犯规并被判罚为直接任意球时，则进攻球队会获得一个点球机会，就是球员直接面对守门员，一对一地射门。

点球

这里将介绍罚点球时应该把球踢向哪里和踢球的不同脚法，以提高点球成功射门的机会。掌握了这些技巧，即使守门员猜到了球员会把球踢向哪里，他也很难将球扑出来，除非球员踢点球时力量不够大。

把球踢向哪里？

- 守门员很可能把球扑出来，除非他跳起得太早了（红色）
- 如果踢球力度不够，守门员也许会把球扑出来（橙色）
- 守门员几乎不可能把球扑出来（绿色）

如何射门？

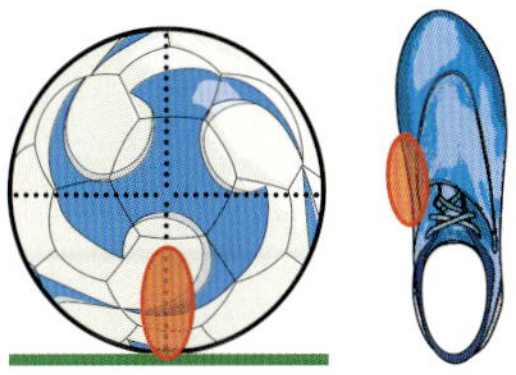

推射
用推射的脚法踢点球准确度最高，但是力量比较弱，守门员很容易就能把球扑出来。

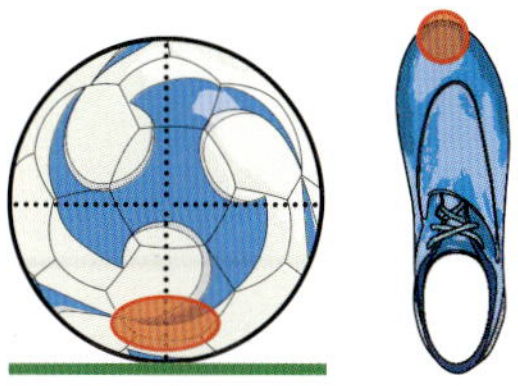

挑射
只有自信的球员才会尝试这种方法。球员会试图把球挑高，让球越过守门员。挑射要求球员的技术要好，这样才能把球踢进。

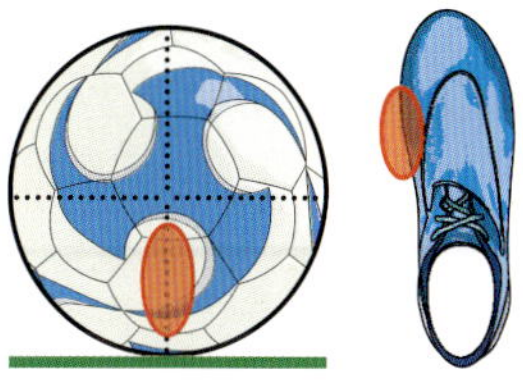

抽射
如果能够瞄准球门的话，大力抽射往往能够战胜守门员。但是，踢球的力量越大，准确度就越低。

橄榄球

橄榄球风靡于全球 100 多个国家，是球类运动中对体能要求最高的运动项目之一。橄榄球运动有几种不同的类型，其中最受人们喜爱的当属联合式橄榄球。

橄榄球运动

联合式橄榄球比赛由两队参加。每队由 15 名队员组成，替补 7 人。目标是比对手获得更多得分。如果两队得分相同或均未得分，则比赛结果为平局。

比赛时间：80 分钟

上下半场各 40 分钟

两支球队，
每队 15 人

装备

球员身着球衣、短裤、袜子和靴子，并佩戴护齿牙托。由于比赛时常有激烈的撞击，一些前锋还佩戴争球头盔，其他球员则身着有衬垫的上衣。球员不得穿尖锐、粗糙的任何物品，禁止穿染有血迹的任何物品。

靴子
球员们要么穿着能够更好支撑脚踝的高帮靴，要么选择更轻便自如的低帮球鞋。

橄榄球
橄榄球呈椭圆形，球长 28 ~ 30 厘米，球宽周长 58 ~ 62 厘米，球长周长74~77厘米，重量410 ~ 460克。

得分方式

橄榄球比赛有 4 种得分方式。

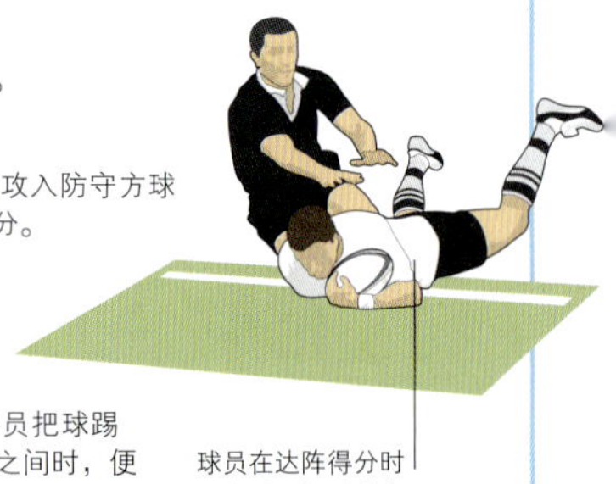

达阵得分
一次达阵可得 5 分。若进攻方队员攻入防守方球队的得分区并持球触地，则可得 5 分。

追加攻门
达阵之后，进攻方球队有一次追加攻门的机会，如果进球则可得 2 分。追加攻门属于定点攻门，当球员把球踢过对方阵地横杆之上及两根球门柱之间时，便可获得额外的分数。

罚踢射门
罚踢射门的分值为 3 分。罚踢射门类似追加攻门，罚球方球员在被犯规处罚球。罚球时，对方球员必须退到离球至少 10 米远处。

落踢射门
落踢射门的分值为 3 分。球员可以在比赛进行时的任何时间、球场内的任意地点进行落踢射门，但必须先将球掷到地上并等其弹起后，才能将其踢过门柱。当进攻方球员开始向球跑动时，防守方队员就可以尝试追加射门。

橄榄球场

英式橄榄球的比赛场地是一块长方形草地。职业比赛中场地的长度是 94~100 米，达阵线到死球线的距离各有不同（6~22 米），宽度为 68~70 米。此外，球场上有一系列以一定间隔标记出的实线和虚线。这些线用来提示重新发球的位置；罚球时，这些线也可以帮助球员确定自己到球的距离。

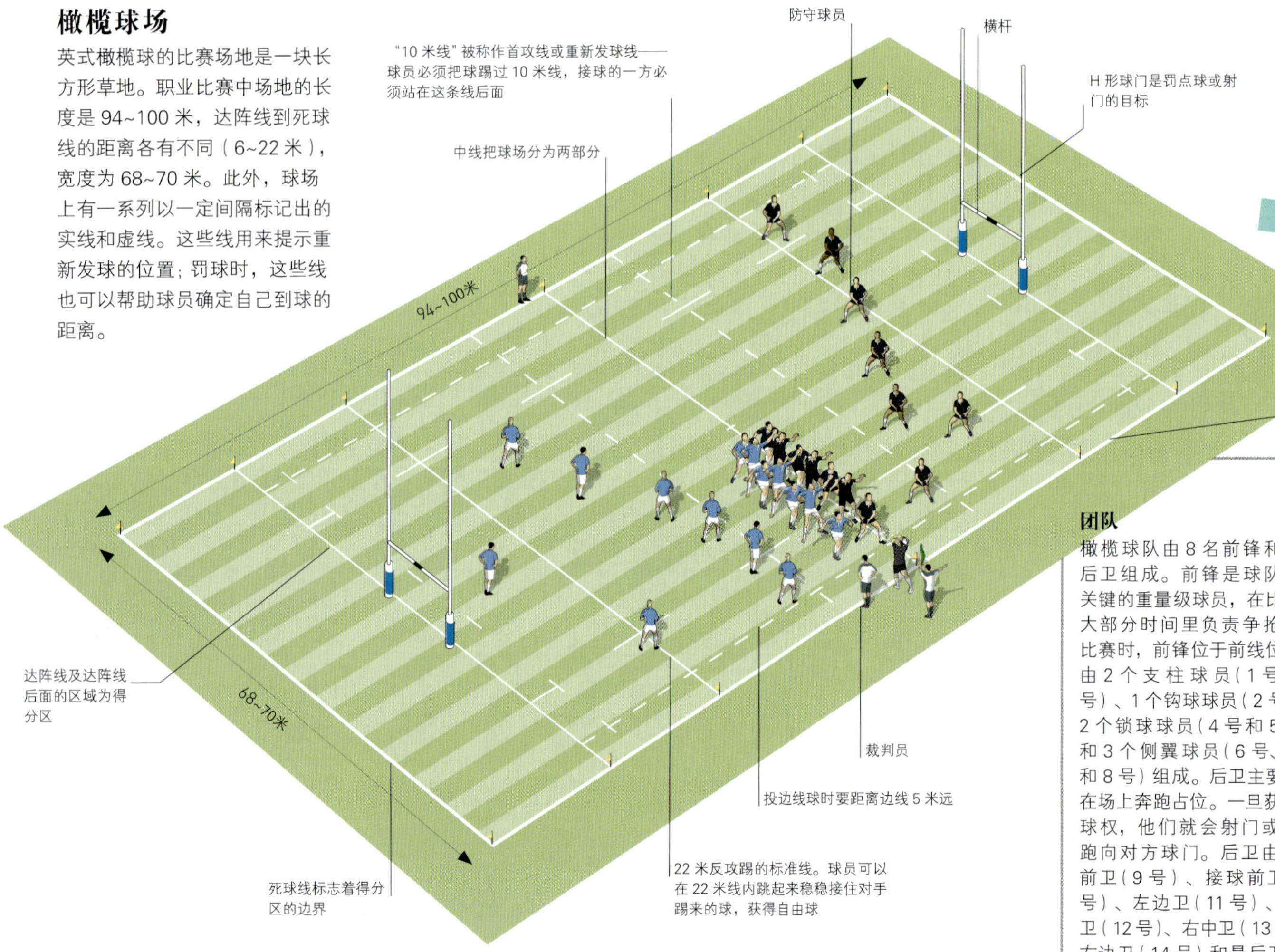

有些球队在国际橄榄球比赛前会表演传统的战争舞蹈，以震慑对方。

团队
橄榄球队由 8 名前锋和 7 名后卫组成。前锋是球队中最关键的重量级球员，在比赛的大部分时间里负责争抢球。比赛时，前锋位于前线位置，由 2 个支柱球员（1 号和 3 号）、1 个钩球球员（2 号）、2 个锁球球员（4 号和 5 号）和 3 个侧翼球员（6 号、7 号和 8 号）组成。后卫主要负责在场上奔跑占位。一旦获得控球权，他们就会射门或带球跑向对方球门。后卫由传球前卫（9 号）、接球前卫（10 号）、左边卫（11 号）、左中卫（12 号）、右中卫（13 号）、右边卫（14 号）和最后卫（15 号）组成。

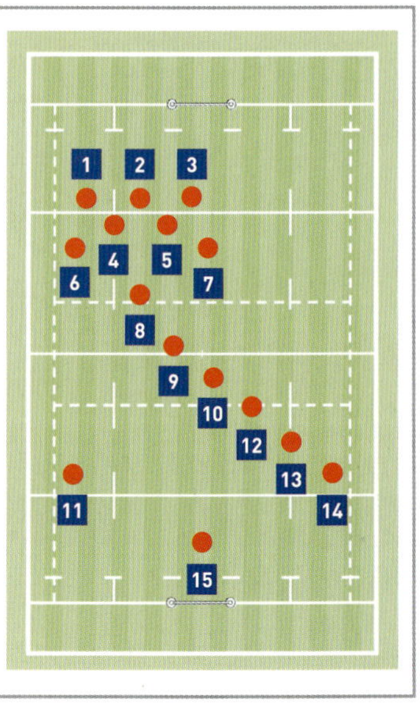

比赛规则

橄榄球比赛中，一方队员可以向前带球并相互传球以争夺地盘，也可踢球向前推进阵线，但不允许向前传球给队友。对方队员则通过擒抱、摔倒等技巧防守带球中的对手。比赛中的重要定位球如下图所示：

界外球
界外球是指球出了赛场边界后，重新开启比赛的一种方式。球出界时，最后触球方的对手获得投掷界外球的权利。争夺界外球时，两队各派出相等数量的队员，通常为 2~7 名，排成两列纵队。球须投到两队中间，以便双方球员跳起争球。

拉克和冒尔
当持球者摔倒在地，双方队员蜂拥而上时，裁判员会宣布形成拉克，即双方到达的第一批队员紧密绕球站立，抱成一团，齐力将对手推回。此时，他们只能用脚控制球。冒尔与拉克的形式相似，但不同点在于，使用冒尔技术时，球仍在持球者手中，并未接触地面。

列阵争球
在列阵争球中，每支队伍的 8 名球员紧密站立，抱成一团，形成合力，回推另一支球队。传球前卫将球投向两列球员前排之间的中间区域，双方钩球球员可以争球，并尝试将球钩回阵列后方。

比赛规则与判罚信号

橄榄球比赛中最重要的规则是，不可以向前传球，否则对手将获得一次列阵争球的机会，若违规情形较轻，则会被判罚自由踢。越位或犯规的球员也将被判罚，判罚结果由裁判员以特定手势传达。

罚踢

越位规则
球员出现在持球队友前方即为越位，相关球员将被判罚列阵争球。越位规则也适用于定位球。

自由踢

犯规动作和处罚
在拉克和冒尔等情形中做出犯规动作将受到处罚。犯规行为可分为四类：妨碍比赛、不公平比赛、屡次犯规和不当行为。

卡牌警告
与足球等其他运动项目一样，橄榄球裁判员用卡牌警告球员。在口头警告后，裁判员可出示黄牌，将球员罚出球场 10 分钟。若同一名球员再次犯规，裁判员将会出示红牌，将该名球员罚出场，不得参加余下的比赛。

判罚列阵争球

关键技能

橄榄球运动考验运动员的诸多专业技能和运动技巧。比如，球员须具备良好的传球和接球技术，并且能够准确踢球、有力擒抱等。

接球
球员须具备良好的手眼协调能力，既能够近距离接球，又能够接住高球。

踢球
比赛中，运动员需要综合运用多种踢球技巧，包括踢落地球、快速前场位置球和定位球等。

传球
作为一项基本技能，传球要对时间和精度进行把握，以创造达阵得分的机会。

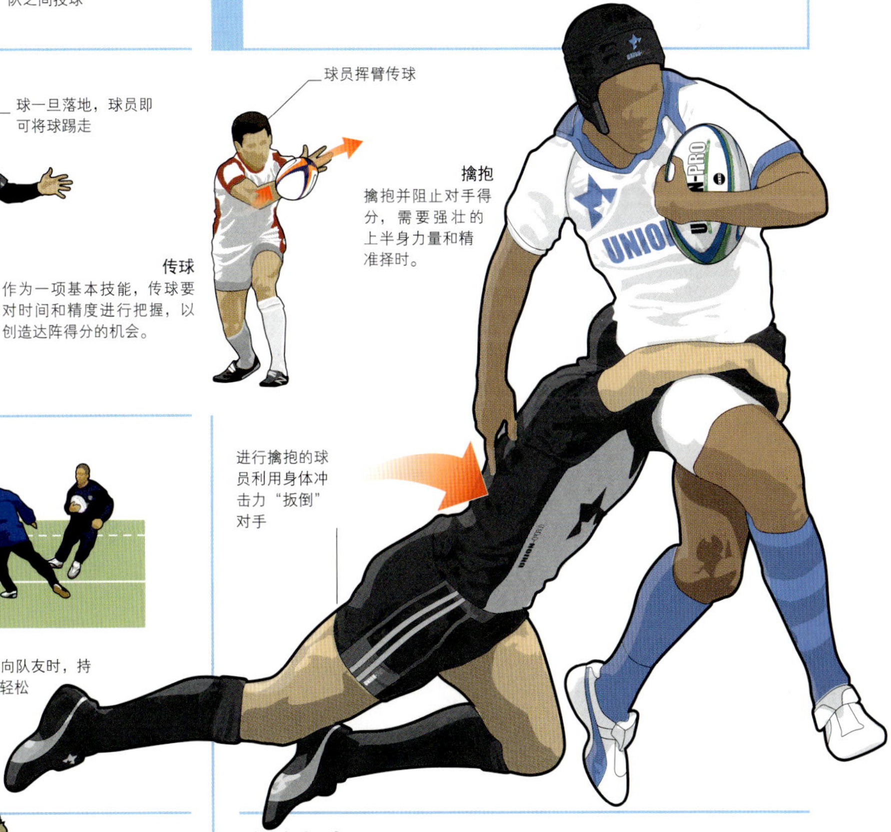

擒抱
擒抱并阻止对手得分，需要强壮的上身力量和精准择时。

团队战术

要想在比分上远超对手，团队合作与个人技能同样重要。团队战术包括运动中的假传球、踢球触地占位等，后者也被防守方用来减缓比赛速度，减轻球队压力。

1 运动中的假传球
当持球者想要迷惑对手时，通常会持球看向队友，假做传球的准备。

2 侧步超越
当被"骗"的对手转向队友时，持球者就会趁机"脱身"，轻松绕过对手。

联盟式橄榄球

联盟式橄榄球和联合式橄榄球的规则很相近，但也有一些明显区别，其中最主要的就是参赛球员的人数不同。在全球范围内，有 70 余个国家和地区采用联盟式橄榄球赛制。比赛中，每支队伍派出 13 名球员和 10 名替补参赛。目前，最大的世界性橄榄球赛事是世界杯联盟式橄榄球赛，每 4 年举办一次，共有 16 个国家和地区的球队参赛。

快速移动的比赛
相较于联合式橄榄球，联盟式橄榄球的上场球员较少，每名队员须拥有更加优秀的身体素质，以便在球场上迅速移动。

国际赛事

最重要的橄榄球赛事是每 4 年举办一次的橄榄球世界杯赛。此外，还有世界性的橄榄球四国赛和六国锦标赛，这些赛事均为每年举办。橄榄球四国赛的参赛国是位于南半球的阿根廷、澳大利亚、新西兰和南非；而六国锦标赛则是北半球最大的橄榄球比赛，由英格兰、法国、爱尔兰、意大利、苏格兰和威尔士参加。

世界冠军
2019 年，南非队击败英格兰队，成为橄榄球世界杯冠军。

美式橄榄球

因为球场上有许多横码线，像极了烤肉架，所以美式橄榄球在一些国家又被称为“烤盘上的橄榄球”。它是美国最流行的运动之一。NFL 美国国家橄榄球职业大联盟和 NCAA 大学生联赛是最受关注的两项美式橄榄球赛事。

比赛

在美式橄榄球比赛中，参赛双方每队各有 11 名球员，比赛分为 4 节。比赛的目标是把球推进对方的端区（也叫达阵区）内，完成达阵得分，或者把球踢过球门横杆之上及两根球门柱之间，完成射门得分。

比赛时间：60 分钟

分 4 节进行，每节 15 分钟

两支球队，每队 11 人

装备

美式橄榄球是一项高强度的肢体对抗性运动，因此身体的各个部位都需要加以保护，以阻挡对手的冲撞。由于头部冲撞在比赛中时常发生，所以头盔是整套护具中最重要的部分。此外，球员还须身穿如盔甲一般的护具，其内部装有柔软的减震垫，以减轻来自外部的猛烈冲撞。如此重量级的护具，通常会使美式橄榄球运动员看起来有些“头重脚轻”。

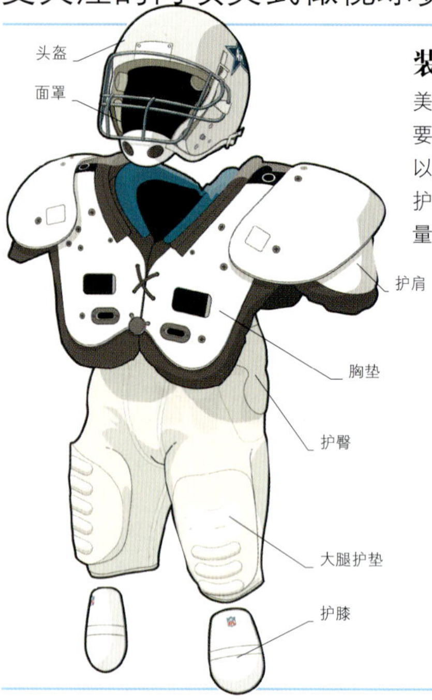

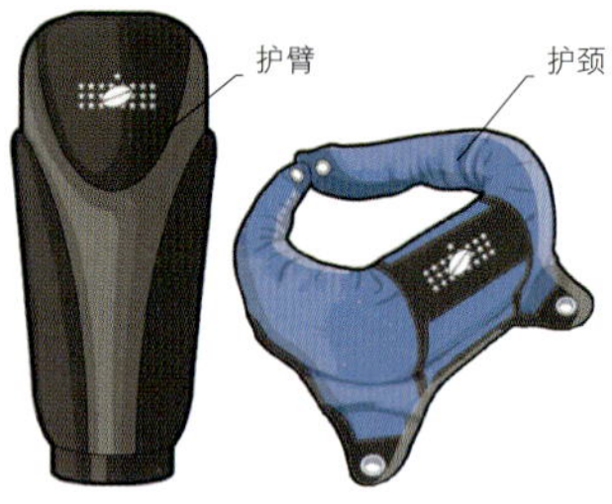

护垫

在美式橄榄球中，各式各样的护垫可以保护身体的不同部位。球员穿戴何种类型的护具，是由他在比赛场上所担任的角色决定的。

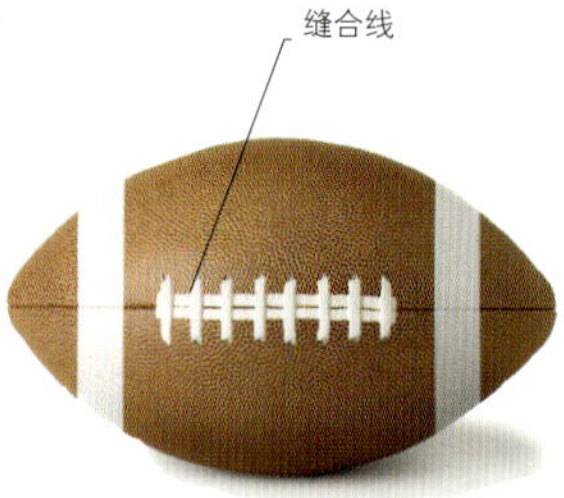

美式橄榄球

美式橄榄球是椭圆形的，长 28 厘米，球体中央位置周长 71 厘米，重量 425 克。

得分方式

美式橄榄球的比赛目的是获得比对手更多的得分。得分方式主要有以下 5 种。

达阵得分

达阵是指一方球队把球推进对方球队的端区。球员可以带球跑进端区，也可以将球传给在端区的队友，队友将球接住。达阵得分为 6 分，是美式橄榄球比赛中可获得的最高得分。

附加分

达阵之后的得分球队如果能够把球踢入球门，则可以获得附加分。

2 分转换

达阵之后的得分球队可以不选择射门得 1 分，而是可以尝试再次达阵，但只有一次机会。如果再次达阵成功，则会获得 2 分转换。

任意球（射门）得分

把球踢过球门横杆之上及两根球门柱之间，即为任意球（射门）得分，可获得 3 分。

安全分

安全分为 2 分。当进攻方的球员在己方的端区内被对手擒抱，或把球掉在地上，或持球人出界，则防守方会获得 2 分。

美式橄榄球场

美式橄榄球场的外沿由两条长边线和两条短端线构成，形成一个长方形场地。球场两端的区域叫作端区（也叫达阵区），端区中间的区域长度为 100 码（约 91 米），每 5 码（约 4.6 米）画一条横线。球场多为长方形天然草坪，也有部分球场铺设人工假草。

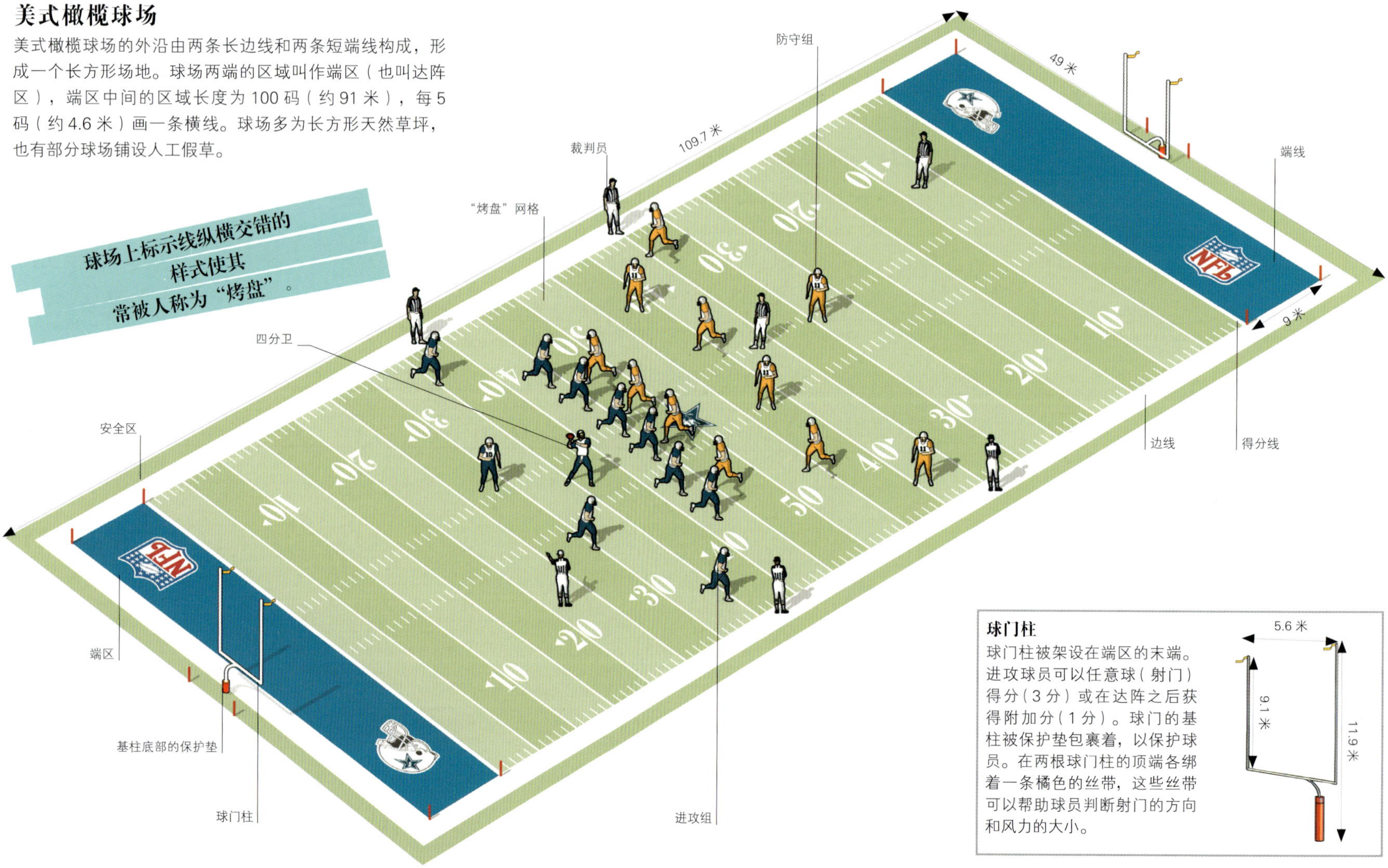

球门柱

球门柱被架设在端区的末端。进攻球员可以任意球（射门）得分（3 分）或在达阵之后获得附加分（1 分）。球门的基柱被保护垫包裹着，以保护球员。在两根球门柱的顶端各绑着一条橘色的丝带，这些丝带可以帮助球员判断射门的方向和风力的大小。

获得首攻

在美式橄榄球比赛中，对球的控制以及不断向前的推进是获取得分的关键。控球的一方被称为进攻方。进攻方有 4 次机会向防守方的端区推进，每次进攻被称为一“档”进攻。进攻时，球员可以持球跑动进攻，也可以向前传球进攻。当进攻方在四档进攻中成功把球推进了至少 10 码（约 9.1 米）后，便可以获得新的四档进攻机会。如果没有推进成功，或是在进攻时丢掉了控球权，接下来双方就会攻防转换。

基本防守

防守方的目的就是阻止进攻方向前推进 10 码，从而使其无法获得新的四档进攻机会。许多球队都会采用 4–3 防守阵型。在这种阵型中，4 名防守线锋队员站在一线，另有 3 名线卫站在二线。2 名安全卫站在阵地的最后方，来阻止长传球和长跑球。而 2 名角卫则负责阻断任何传给外接手的传球。在防守阵型中球员位置有以下 5 种。

DE	防守端锋
DT	防守截锋
LB	线卫
CB	角卫
S	安全卫

基本进攻

“I 阵型”是最为常见的进攻阵型。因中锋、四分卫、全卫和半位的站位呈一条纵向直线，故被称为“I 阵型”。该阵型中还有一名近端锋位于阵型的任意一侧，两边各有一名外接手。在进攻阵型中球员位置有以下 8 种。

WR	外接手
TE	近端锋
OT	进攻截锋
G	护锋
C	中锋
QB	四分卫
FB	全卫
TB	半卫或跑卫

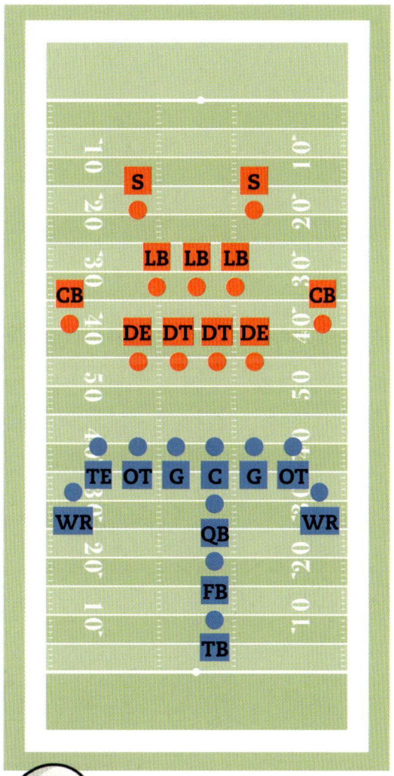

战术

美式橄榄球的比赛是由数档进攻和防守组成的。进攻方的目的是把球推进到防守方的端区，而防守方的目的则是阻止进攻方的推进。下面介绍几种著名的战术。

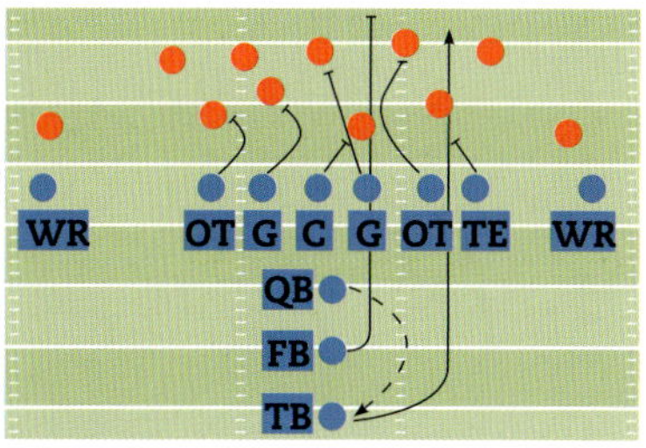

跑锋突破阻截

在发起进攻时，跑锋突破阻截是最常见的跑球进攻。四分卫通过手递手的方式将球交给半卫，之后半卫会从进攻截锋和近端锋的缝隙间突围。

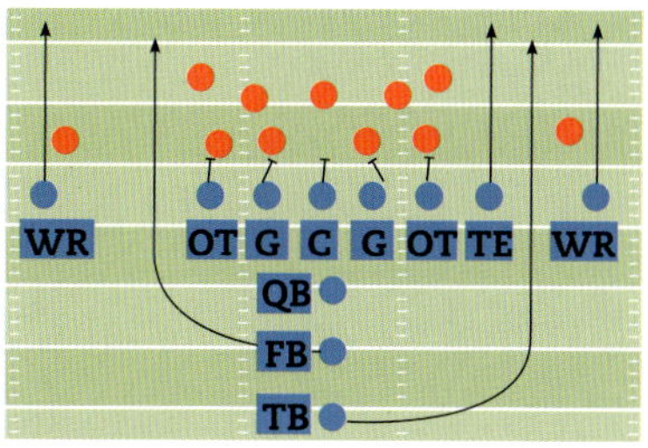

万福玛利亚

万福玛利亚是一种传球进攻的战术。在这个战术中，四分卫会把球长传给外接手。通常在比赛快结束时，比分落后的球队会使用此战术做最后一搏。

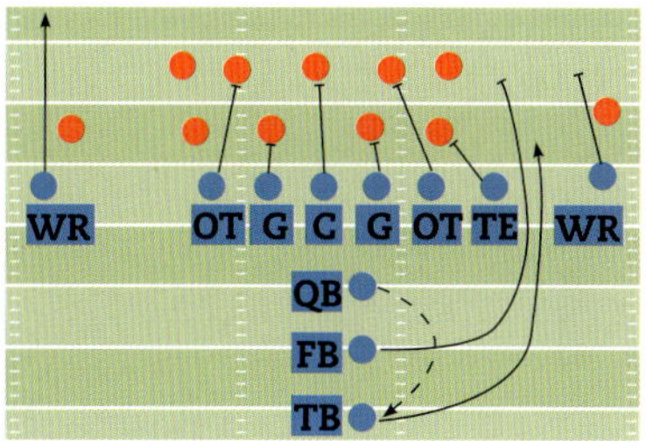

清扫

清扫战术是一种有组织的跑球进攻战术。在这个战术中，半卫接到四分卫的传球，然后顺着攻防线的方向跑动，这样一来就使得全卫和进攻线锋有时间为半卫创造出一个可以向前突破的缺口。

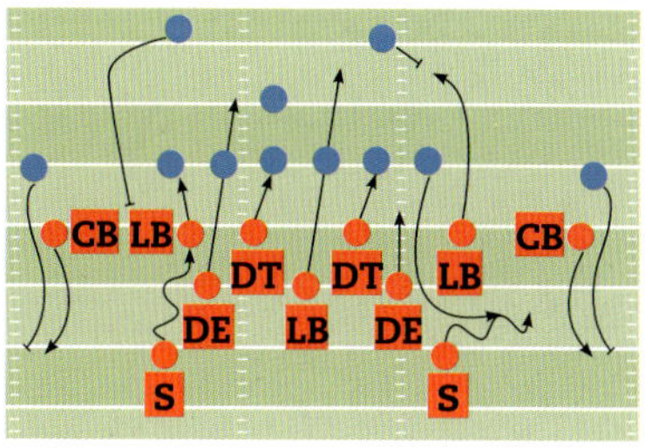

闪电战

闪电战是一种用来对抗传球进攻的防守战术。其目的是防守方把进攻方的四分卫围困起来，从而阻断进攻方的进攻。

主要技术

司职不同位置的球员需要具备不同的技术特点。比如，四分卫必须擅长掷球；外接手在奔跑时必须有闪电般的加速度，而且能准确接球；而防守队员则须擅长拦截和阻挡。

传球

四分卫的重要职责之一是把球传给外接手。比赛中，四分卫时常需要进行长距离传球，所以具备精准有力的传球技能显得尤为重要。

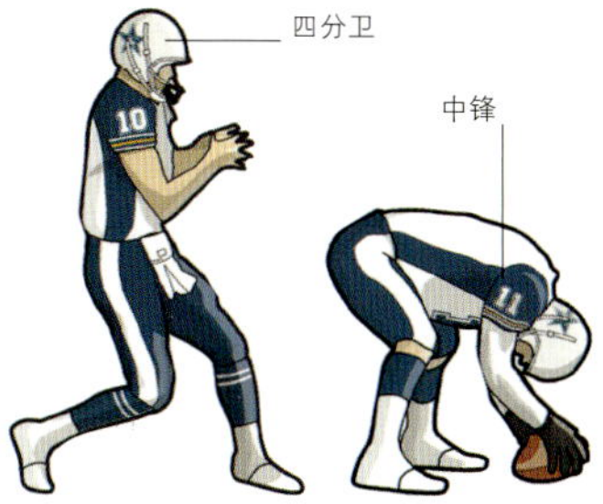

1 发球

每一档进攻都是从发球开始的。中锋把球从两腿之间传给四分卫，这就是发球。

2 传球

接到传球的四分卫用手紧紧抓住球的缝合线，然后把它抛掷出去。这时，球就会旋转着呈直线飞出去。

从平均数据来看，美国国家橄榄球联盟每场比赛的观众数量，比世界上任何一项其他体育联盟赛事都要多。2019 年，平均每场比赛有 66151 名观众观赛。

接球

外接手须能够接住四分卫的传球。他们有时需要全力奔跑以接到传球。而与此同时，还常常需要与防守球员进行对抗。

踢球

所有的美式橄榄球球队都会有一名专职的踢球手。他主要负责射门得分或者在达阵之后争取附加分。在进行射门时，中锋会把球传给站在自己身后 6 米处的扶球手，接到球的扶球手会把球扶稳，然后踢球手向前几步后提脚把球踢出去，目标是把球踢进两根球门柱之间。

防守

防守球员的主要任务是阻止进攻方把球向前推进。比赛中，他们须拦截持球的进攻方球员。

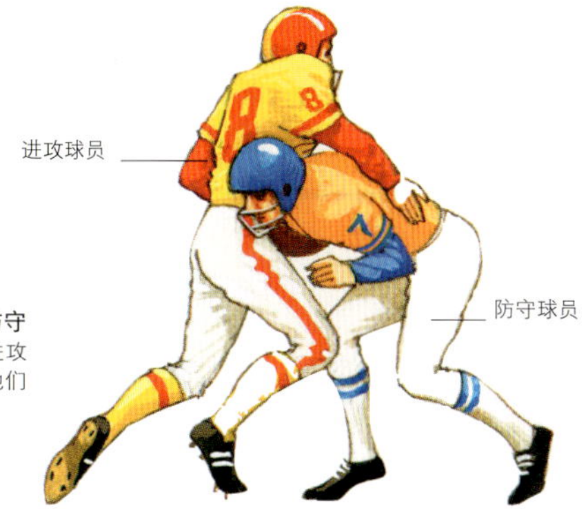

判罚信号

比赛时如果出现犯规，裁判员会扔出手中的黄旗。当比赛在死球状态下，裁判员才会宣判刚才的犯规与判罚。

干扰

当进攻球员因被防守球员身体触碰导致无法接球时，防守球员会被判罚“干扰”犯规。

首档

当进攻方在四档进攻中成功把球推进 10 码以上，就会获得新的四档进攻。这新的四档进攻就叫作首档。

违规先动

开球前，若进攻球员违规移动，则会被判罚“违规先动”。

越位

开球前，如果防守球员没能正确把握与攻防线的位置关系，则会被判为“越位”。

拉人

当球员对对手做出不合理的拉扯动作时，会被判为“拉人”犯规。

违规触球

比赛中出现违规触球、违规踢球或违规击球的情况时，会被判为此项犯规。

棒球

世界上 100 多个国家都有棒球这项体育运动，包括中国、美国、日本、委内瑞拉和古巴等。然而，每当提到棒球时，人们就会联想到美国，因为在美国，棒球是最流行的体育运动之一。

比赛

在棒球比赛中，两支球队轮流攻守。攻队球员用球棒击球后要在 4 垒之间跑动，以此来得分。而守队则试图让攻队“出局”，阻止攻队赢得分数。攻队 3 名球员被“杀”出局时，则两队互换攻防。9 局之后得分最多的一队就赢得了比赛。

没有时间限制

每场比赛有 9 轮（局），若比分一样还有附加赛

两支球队，每队 9 人

装备

对于棒球比赛来说，球员的必备装备当然是球棒和球。由于球的速度最快可达到 160 千米 / 时，所以一些护具也是必要的。

棒球

棒球是以硬实的橡胶和软木作为球心，绕以红色的麻线，再以两块皮革包紧缝制而成。

捕手面罩

保护脸部和头部对于捕手来说是必需的。此外，击球员也要戴护帽来保护他们的头部。

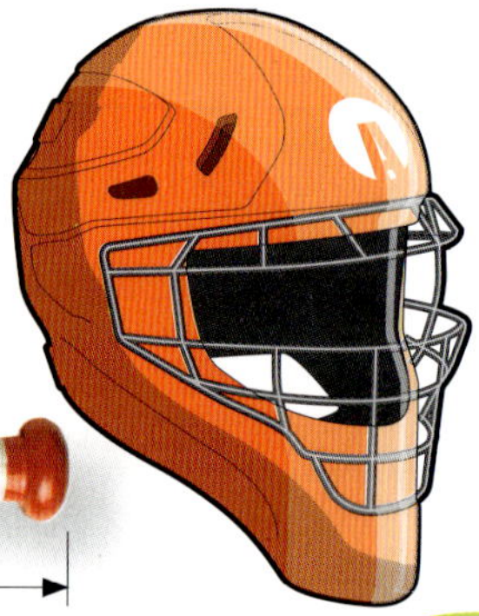

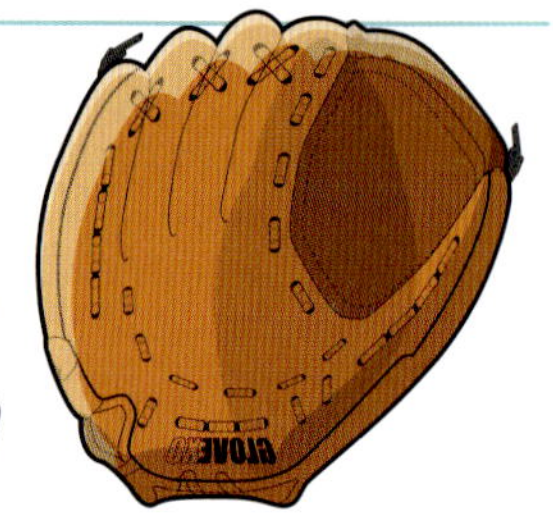

球棒

专业的球棒是由木头制成的，一般情况下重量不超过 1.8 千克。

手套

守备员需要佩戴加有保护垫的皮革大手套，以便使接球更容易也更安全。此外，捕手也需要佩戴特殊的棒球手套。

棒球场

棒球比赛的场地分为内场和外场。内场也被称为“钻石场”，是击球员、投手和捕手所在的场地。此外，内场还有 4 个垒位和数名守备员。外场中也有一部分守备员。

> 如果击球员把球打得足够远，从而使他有时间依次跑过 4 个垒，那么这种情况就叫作本垒打。

本垒板

击球员需站在击球员区击球。本垒板就位于击球员区的旁边，同时也充当第 4 个垒位。

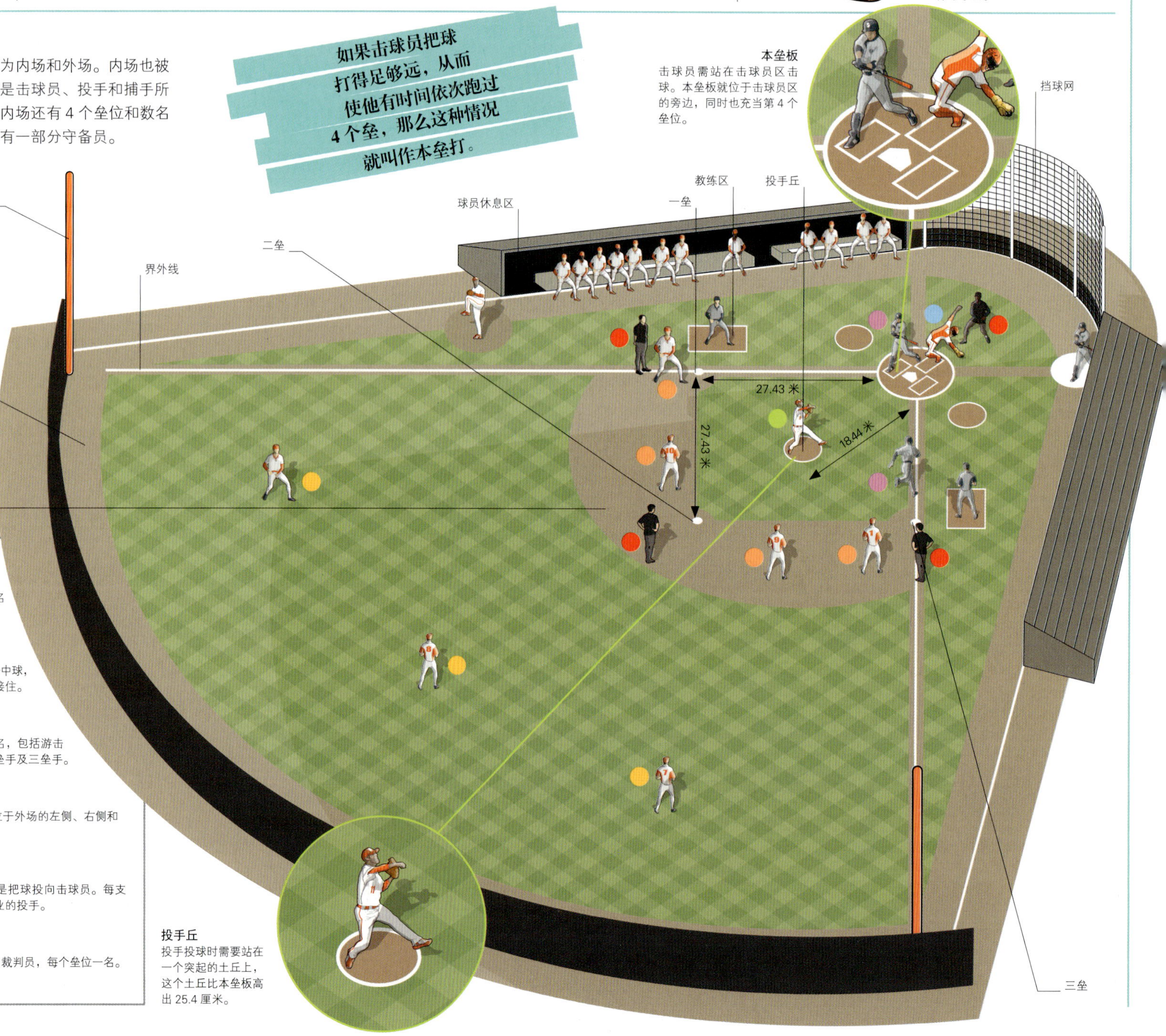

谁是谁?

- 击球员：每支球队都有 9 名击球员。
- 捕手：如果击球员没有击中球，那么捕手要把球接住。
- 内野手：内野手一共有 4 名，包括游击手和一垒手、二垒手及三垒手。
- 外野手：3 名外野手分别位于外场的左侧、右侧和中间地带。
- 投手：投手的主要职责是把球投向击球员。每支球队会有几名专业的投手。
- 裁判员：比赛时场上有4名裁判员，每个垒位一名。

投手丘

投手投球时需要站在一个突起的土丘上，这个土丘比本垒板高出 25.4 厘米。

投球

投手的职责就是让击球员出局。他需要投出让击球员不容易击中的球，或者投出引诱击球员去击球但实际上容易被捕手接住的球。

1 投球准备动作
投手把轴心脚站于投手板上，然后把另一条腿抬至腰部的高度。

2 跨步
接着把抬起的腿稳稳放置在地面上，用来投球的手臂向后摆。

3 投球
最后，用力向前挥臂，当手臂完全伸出之后把握在手中的球放开。

捕手通常会根据击球员的站立位置及姿态，指导投手投球。

投球种类

投手握球的动作或释放球时的动作都会影响投球的速度、力度和角度。下面介绍几种常见的投球方式。

快速球
这种球是很常见的一种投球。握球时把两根手指放在球的顶端，这样投出的球速度最快。

直线投球
通常情况下，快速球是以直线的路径投向本垒板。

曲线球
投曲线球时，手腕要向下扭转，这样投出的球就会旋转，从而使球呈曲线下坠。

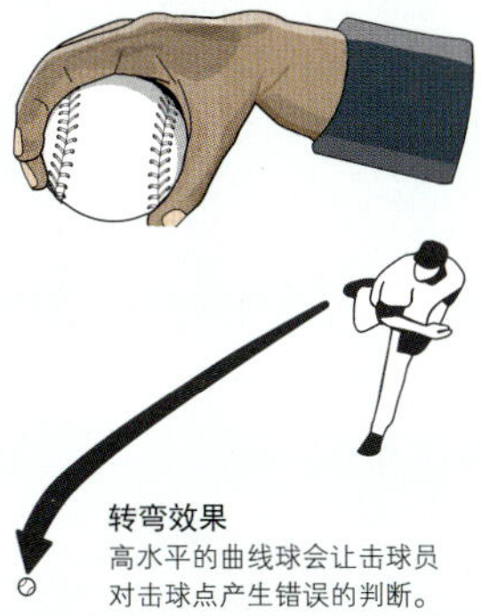

转弯效果
高水平的曲线球会让击球员对击球点产生错误的判断。

滑球
投滑球时，要在稍微偏离球心的位置用手紧握住球。这种球没有快速球的速度快，也没有曲线球的弧度大。

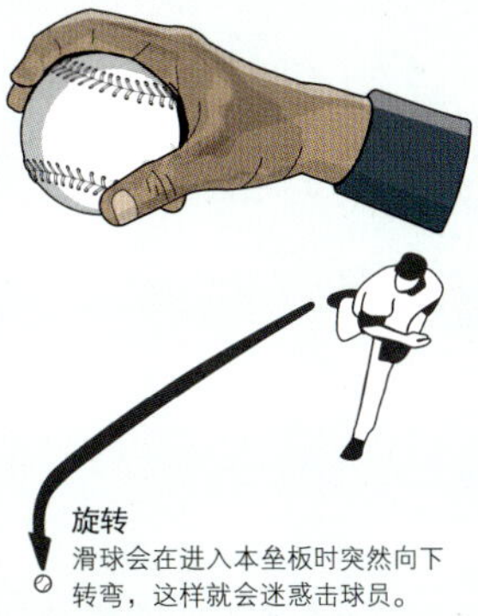

旋转
滑球会在进入本垒板时突然向下转弯，这样就会迷惑击球员。

蝴蝶球
蝴蝶球是最难学的一种投球。握球时，需要两根手指放在球的顶部，然后呈直线把球投出去。

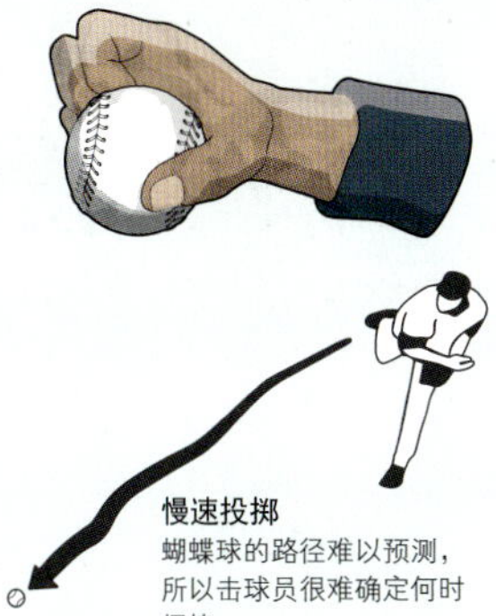

慢速投掷
蝴蝶球的路径难以预测，所以击球员很难确定何时挥棒。

世界大赛

在美国，每年美国联盟冠军和国家联盟冠军都会进行一系列的比赛，这就是世界大赛。下列球队赢得了大部分的世界大赛。其中一些球队不止在一个城市打过比赛，比如巨人队。

1	纽约洋基队	27次
2	圣路易斯红雀队	11次
3	奥克兰运动家队	9次
3	波士顿红袜队	9次
5	旧金山巨人队	8次
6	洛杉矶道奇队	6次
7	辛辛那提红人队	5次
7	匹兹堡海盗队	5次
9	底特律老虎队	4次

2008 年奥运会后，棒球项目便退出了奥运会舞台。但 2021 年东京奥运会，见证了棒球项目的回归。由于最后一届世界杯棒球赛举办于 2011 年，且之后并未再次办赛，因此目前最受瞩目的国际级棒球比赛是世界棒球经典赛。该赛事首办于 2006 年，每 4 年举办一次。日本队获得了前两届比赛的冠军，而多米尼加队和美国队则分别折桂于 2013 年和 2017 年。

好球与三振出局

在比赛时，投手需要尽力把球投入“好球区”。如果击球员没有挥棒、没有击中球或者把球击入了界外区，那么在本垒板处的裁判员就会喊出“好球”。如果击球员累积 3 个好球，那么他就会被三振出局，换下一个击球员上场。

好球区
在本垒板的垂直上空，击球员双膝至躯干中间点部位的立体空间，这个区域叫“好球区”。

本垒板

击球

击球时需要击球员有力量、技巧并能把握击球时机和猜测投手的投球路径。对于专业球员来说，投手投来的 10 球中若能击中 3 球，就可以说是个好的击球员。

1 站立姿势
准备击球时，击球员需侧身站立，双腿跨开，手臂弯曲把球棒举过头顶。

2 挥棒
随着投手把球投出，击球员需要向前跨出一大步并朝着球飞来的方向挥动球棒。

3 随球动作
击球员挥棒之后，若击中了球则会做出准备立即跑垒的动作。

跑垒

一旦击球员击中球，他就要立即跑到一垒。但是，他必须在接到球的守备员把球传给站在一垒的队友前到达一垒。

触杀出局
在击球员到达垒位前，守备员用球触碰到击球员，则击球员被触杀出局。

滑垒
在垒位的守备员接到球之前，击球员身体贴地面滑向垒位并碰触到垒位的动作就叫作滑垒。通过滑垒可以安全到垒。图示为前扑式滑垒动作。

在英语中，本垒打的昵称有：dinger、tater、long ball、moon shot、bomb、gopher ball。

篮球

篮球是一项节奏很快的球类运动，1891 年诞生于美国的马萨诸塞州。当时，美国人为了能让学生在冬季时保持身体健康而发明了这项室内体育运动。最初玩篮球时是把球投入工人采摘水果用的篮筐里，篮球因此得名。

比赛

篮球比赛是两支球队间的对抗，每支球队有 5 名球员同时出场。双方都试图把球投入离地面 3.05 米高的篮筐里，以此来获得分数。比赛结束时，得分多的一队为获胜方。

比赛时间：48 分钟

分 4 节进行，每节 12 分钟（NBA 赛制）

两支球队，每队 5 人

装备

篮球的魅力之一就是打篮球时你只需要很少的装备——一个篮球和篮筐即可。你甚至都不需要穿什么特殊的服装，只需穿一双舒适的鞋子，方便在球场上跑动就可以。

篮球
现代篮球的内胆由橡胶或合成材料制成，外壳由皮革制成。一个标准 7 号篮球的圆周为 75~78 厘米，重量为 600~650 克。

篮筐和篮板
篮筐是由直径 45 厘米的篮圈和悬挂在上面的篮网共同组成，并被安装在一个垂直的篮板上。

记录得分

篮球比赛中，观众们可以在记分牌上查看现场的比分情况。在三分线内投篮命中得 2 分，三分线外投篮命中得 3 分，罚球命中得 1 分。

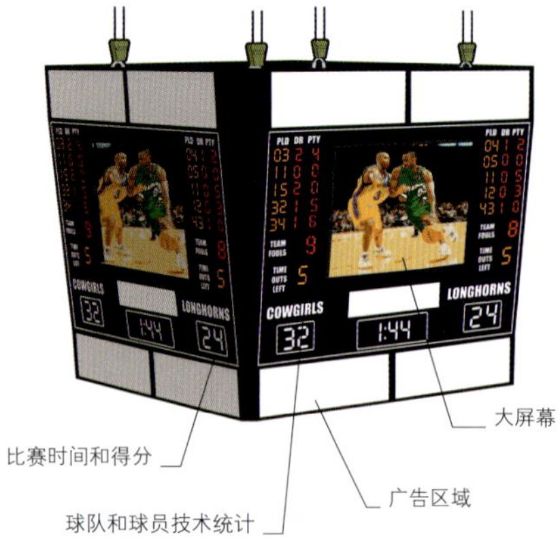

比赛规则

在美国，NBA（美国职业篮球联赛）规定了 14 项基本的比赛规则，每项规则被划分为很多条细则。国际篮联是一个国际性的篮球运动组织，由世界各国的篮球协会组成。美国 NBA 比赛规则与国际篮联发布的比赛规则略有不同。

个人犯规和技术犯规

比赛时，如果有一方犯规，则另一方就会获得球权。如果对正在投篮的球员做出犯规动作，那么被犯规的球队就会得到一次或多次罚篮的机会。犯规包括个人犯规，比如推人、阻挡或拉人，也包括技术犯规，比如故意拖延时间、与裁判员争吵等。在 NBA 的比赛中，如果一名球员有 6 次犯规记录，那么他就不能再继续参加比赛了。

违例

当一名球员违反了比赛的规则，就叫作违例。比如，球员必须边跑边运球（在身体前方拍球），如果抱着球走或跑，就会被判为带球走违例。

时间限制

篮球是一项节奏快、进攻性强的体育项目。在 NBA 的比赛中，一旦一方球队拿球，就必须在 24 秒内完成一次进攻；如果超出时间，则要把球权转交给对方球队。

篮球场

NBA（美国职业篮球联赛）标准的篮球场是一个宽 15.24 米、长 28.65 米的长方形场地，而且大部分球场的地面都铺有抛光的木地板。球场上还有各种各样的标志用来帮助规范比赛。

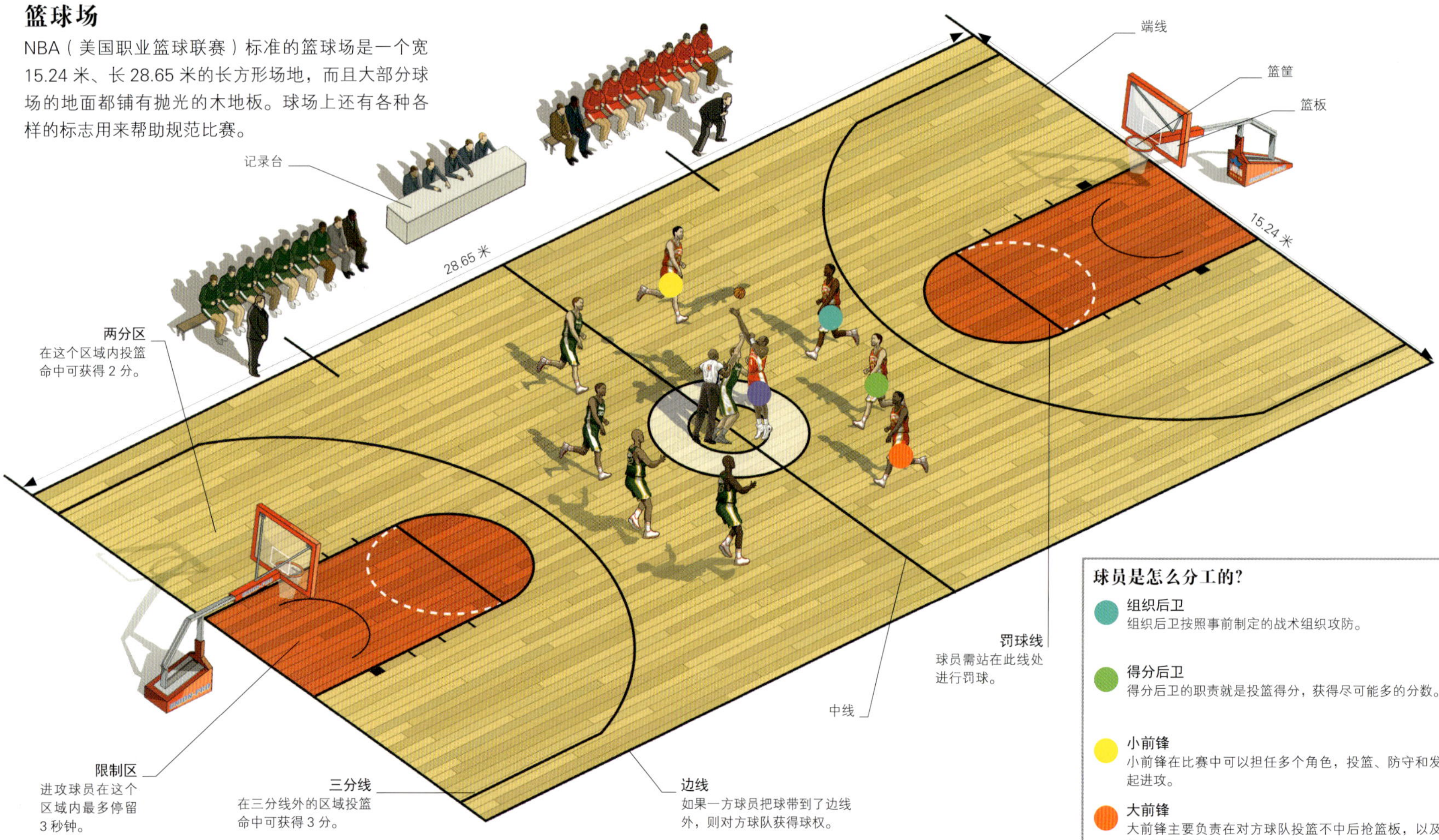

球员是怎么分工的？

- **组织后卫**（青绿色圆点）组织后卫按照事前制定的战术组织攻防。
- **得分后卫**（绿色圆点）得分后卫的职责就是投篮得分，获得尽可能多的分数。
- **小前锋**（黄色圆点）小前锋在比赛中可以担任多个角色，投篮、防守和发起进攻。
- **大前锋**（橙色圆点）大前锋主要负责在对方球队投篮不中后抢篮板，以及进行远距离的投篮。
- **中锋**（紫色圆点）中锋通常是球队中最高的球员，也是主要的盖帽球员。

技能与技术

所有的篮球运动员都需要有很好的控球能力。为了得分和获胜，球员间需要相互传球、运球并能拦截对方的球，而最重要的还是能够准确投篮。

反弹传球
球员在传球时可以不从胸部的水平方向把球掷出，而是通过让球击地反弹使队友接到球。这种传球很难被防守球员拦截或抢断。

扣篮
扣篮时，球员要先助跑然后高高跃起，用一只手或双手把球扣入篮筐内。只要球员跳得足够高，扣篮的命中率就会很高，所以这种得分方式非常流行。

运球

在篮球比赛中，连续拍球就叫运球。球员在行进间运球时必须是边移动边拍球，如果持球跑就会被判为带球走违例。

1 用离防守球员最远的那只手用力拍球。

2 向前跑动，同时指尖对球施力，以确保在跑动时球始终在身体的前方。

3 保持手在球的后上方，如果手碰触到球的底面就会违例。

移动

球员一旦停止运球，就不能再进行第二次运球。这时他可将一只脚作为中枢脚，并以这只脚为轴转身，然后投篮或把球传给队友。

1 球员停止运球或接到传球时，他的一只脚要成为身体转动的中枢脚。

2 球员转动中枢脚，从而转动身体，寻找机会投篮或传球。

3 如果球员的中枢脚移动或抬起来，就会被判为带球走违例。

在 NBA 常规赛 1961~1962 年赛季，威尔特·张伯伦均场得分 50.4，是有史以来单赛季均场得分的最高纪录。

篮球和篮板
在篮球比赛中，进攻方投篮得分后，就要把球权交给防守方，但防守方必须在进攻方半场的端线外开始新一轮的进攻。如果进攻方投篮未进，那么双方球员就要抢"篮板"。若进攻方成功抢到篮板，那么他们可以继续投篮；若防守方抢到篮板，那么他们就会试图把球传到球场的另一端。

打比赛

篮球是一项节奏快速且耗费体力的运动，所以篮球运动员的身体耐力要持久，手和眼的协调性要很强，而且个子要足够高。一般情况下，篮球运动员的身高很少低于 1.8 米，而且常常高达 2.1 米。

争球
通过跳球来开始比赛或恢复比赛就叫作争球。裁判员向上抛球后，两名球员会高高跳起，试图把球拍击给队友。

判罚信号

篮球比赛中，裁判员和技术人员共同监督比赛的进行。其中，计时员负责在比赛开始时就开始计时，比赛终止时终止计时。24 秒计时员主要确保球队在 24 秒内完成投篮。赛场上的两名裁判员则主要通过手势和吹哨来示意比赛的进行情况及各种违规情况。

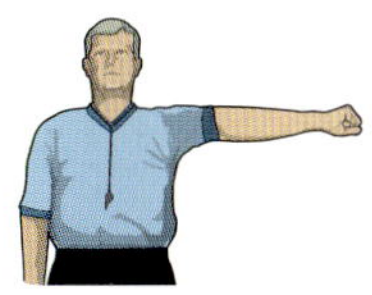

撞人
一只胳膊向外伸出，表示进攻球员冲撞了防守球员。

跳球
举起双臂，表示两名球员同时用手紧紧握住了球，裁判员要求跳球以重新开始比赛。

带球走
双臂做滚动的动作，表示球员没有按规定运球。

阻挡
拳紧握并放于两胯处，表示一名球员阻挡了另一名球员前进。

两分
左臂举起并伸出两根手指，表示得分者得 2 分。

三分
双臂举起并且每只手伸出三根手指，表示投篮得 3 分。

持拍运动

虽然持拍运动有很多不同的种类，但是都要求运动员手和眼的协调性好、反应速度快、身体素质好、身手敏捷。大部分的持拍运动都可以在 2 个人之间展开（1 对 1，即单打），或者在 4 个人之间展开（2 对 2，即双打）。

网球

在网球比赛中，双方轮流发球。一方把球发出后，若对手把球打出界或者没能把球打过球网，则该方就能得分。网球（原称草地网球）比赛是由“局”和“盘”组成的，胜 6 局为胜一盘。有时候，一盘比赛可能会持续数小时，因为要想赢得最后一盘比赛除需要胜 6 局外还必须要比对手净胜 2 局。

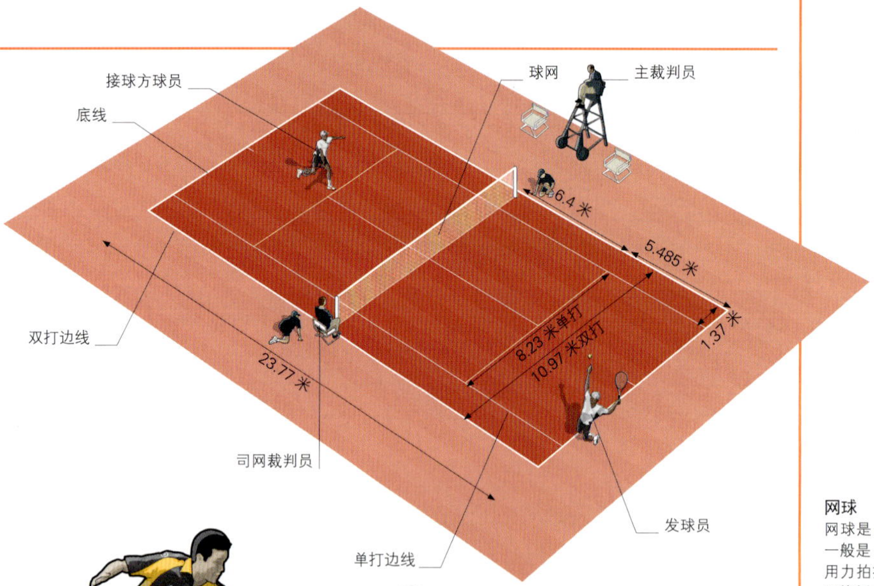

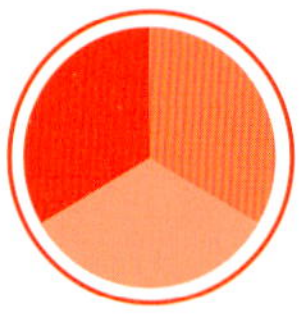
三盘两胜制或
五盘三胜制

单打或双打

乒乓球

在乒乓球比赛中，若一方的对手没能把球打回来或者打回来的球没有触及球台，那么该方就会得 1 分。首先赢得 11 分的一方为获胜方。然而，如果双方都获得了 10 分，那么再次领先对手 2 分的一方为获胜方。

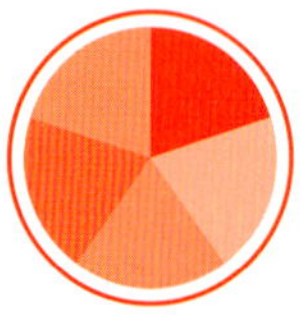
五局三胜制或
七局四胜制

单打或双打

壁球

壁球比赛在一个四面围墙的球场中进行，双方轮流发球。当一方把球打到了界外或者没能在球弹跳一次后击到球，对方就会得分。首先赢得 11 分的一方为获胜方，但如果比分是 10 比 10，那么再次领先对手 2 分的一方为获胜方。

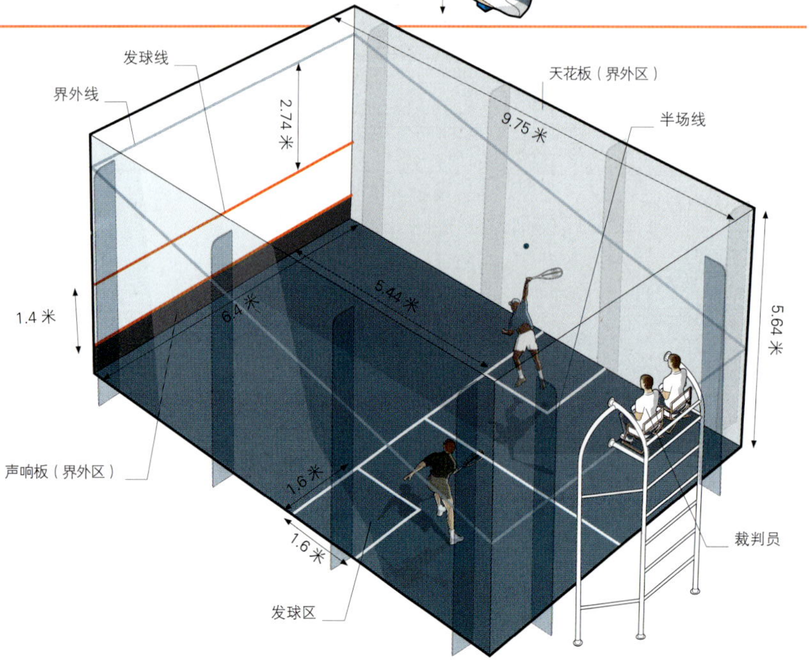

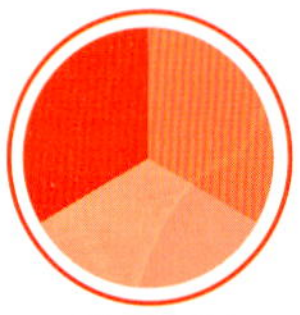
三局两胜制或
五局三胜制

单打（在较大的
球场中可以双打）

装备

大部分球拍都是在金属或木头的框架上把线穿成网状而成。线的松紧度和密度会影响球拍的控球性能。球的材质、大小和重量则会影响比赛的节奏和风格。

网球拍

网球
网球是由橡胶制成的，表面裹有毛毡，重量一般是 56~59 克。在比赛的过程中，球员的用力拍打往往会使网球失去弹性，这时就要更换新的网球。

乒乓球拍

乒乓球
乒乓球是由赛璐珞即硝化纤维塑料制成的，球的内部充有气体。一个乒乓球的重量仅有 2.7 克。

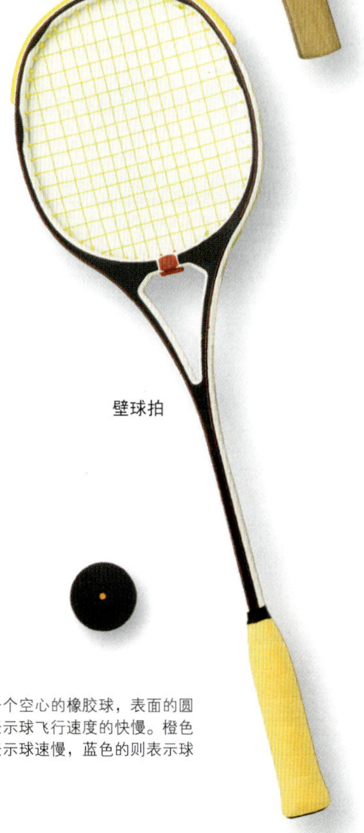
壁球拍

壁球
壁球是一个空心的橡胶球，表面的圆点颜色表示球飞行速度的快慢。橙色的圆点表示球速慢，蓝色的则表示球速快。

羽毛球拍

羽毛球
圆球形的球托由软木制成，且表面包有皮革材料。球裙由 16 根羽毛或羽毛形材质组成，一般情况下，这些羽毛都是塑料的。

庭院网球拍

庭院网球
与网球相比，庭院网球更重且弹性更小一些。庭院网球由软木制成，表面裹有毛毡，通常是手工制作的。

短柄墙球拍

短柄墙球
球由橡胶制成，具有弹性，重量大约为 40 克。

羽毛球

在羽毛球比赛中，如果一方的对手没有接到球或者把球打到了界外，那么该方就会得分。首先取得 21 分的一方为获胜方，但是如果比分打成了 20 比 20，那么再次领先对手 2 分的一方为获胜方。

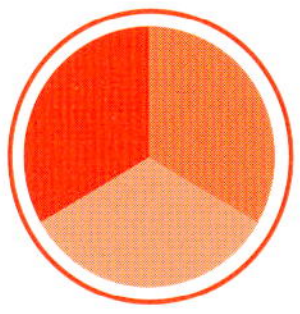

三局两胜制

单打或双打

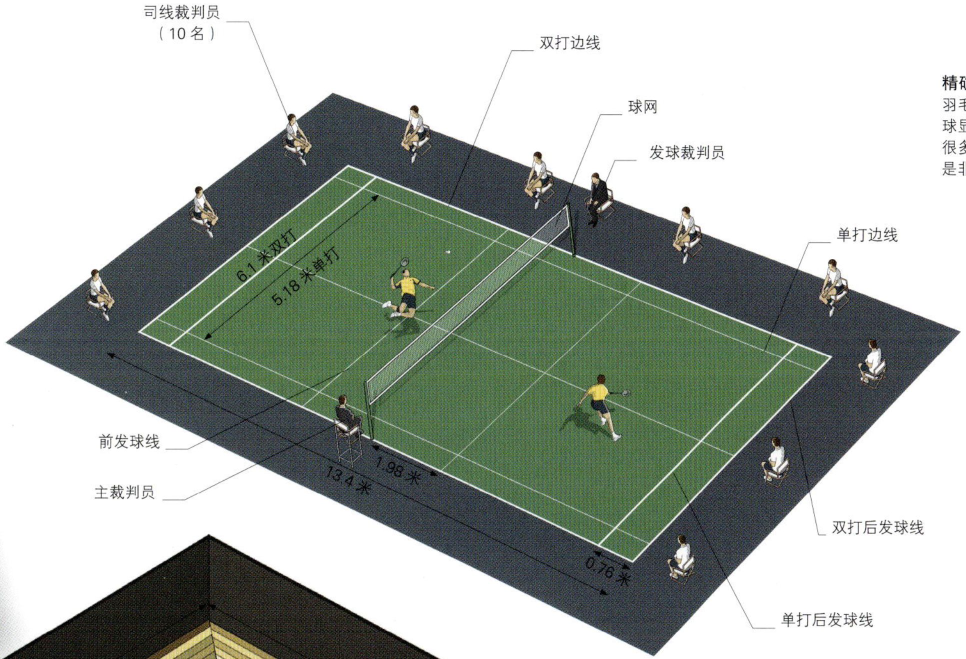

精确度和力量
羽毛球的形状和重量使打羽毛球显得比其他持拍运动要柔和很多。但是，强有力的扣球也是非常必要的。

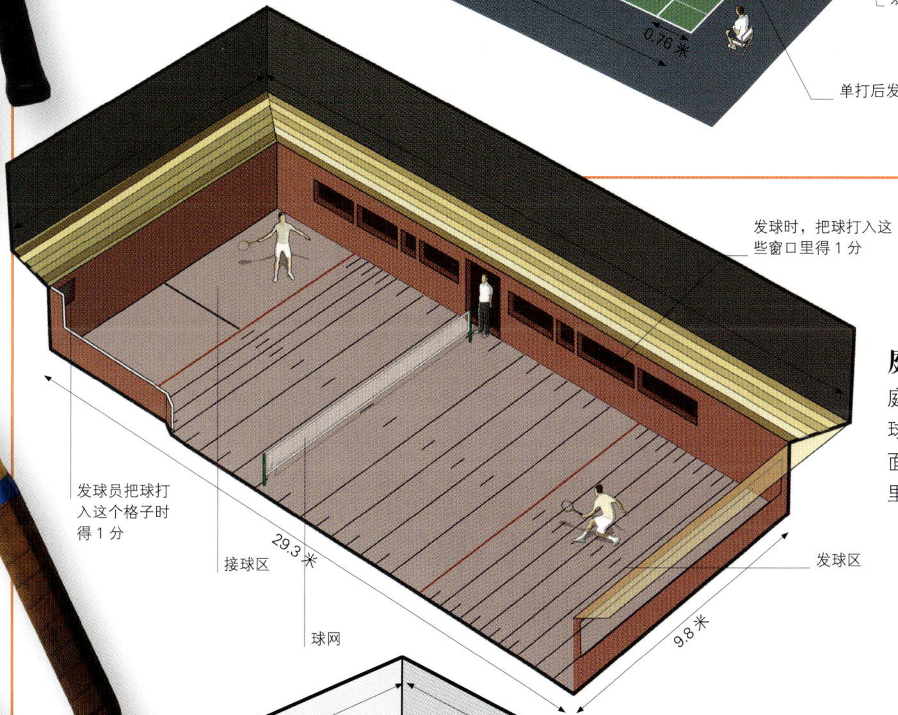

目前世界上仅有不到 50 个庭院网球场，而且每个球场都不一样。

庭院网球

庭院网球的得分规则与现代网球的得分规则类似。但是，球场却与现代网球场大不一样。庭院网球场设在室内，四面都是封闭的，而且其中三面有斜顶的小棚。此外，球场里还有一些不常见的设施，例如墙上的格子和窗口。

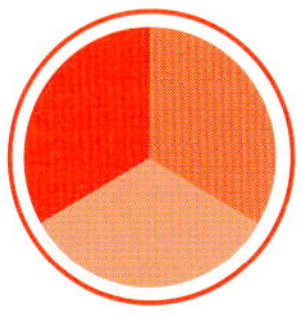

三盘两胜制或
五盘三胜制

单打或双打

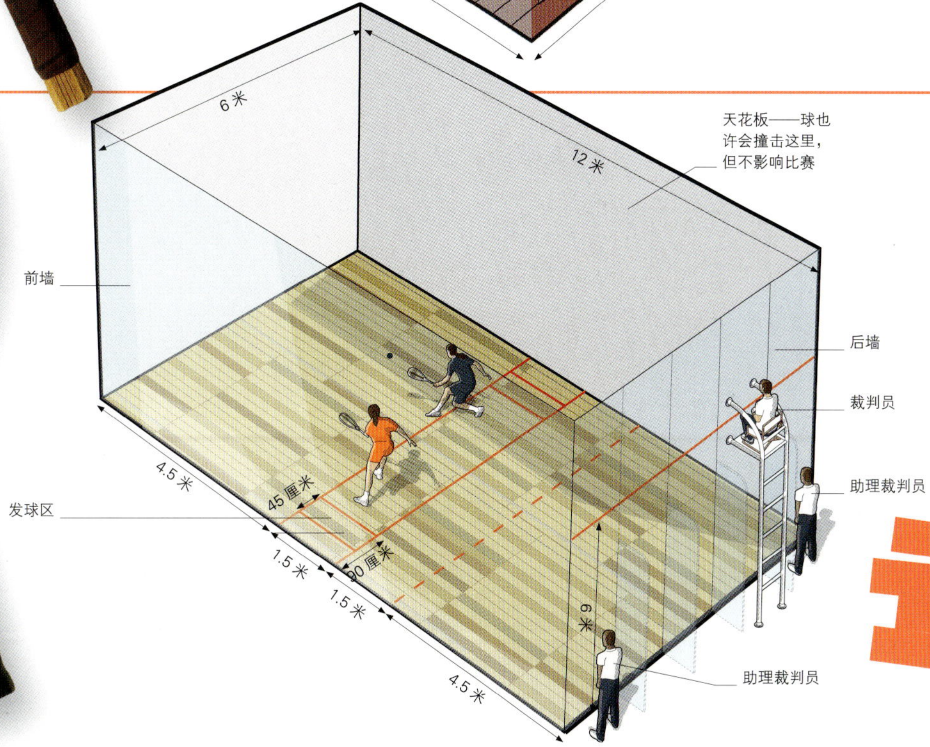

短柄墙球

短柄墙球的比赛场地与壁球球场差不多。比赛时，双方的目的是一直击球，使对手接不到球。只有发球方可以获得得分，如果发球方没有接到球，则要把发球权交给对方。首先获得 15 分的一方为获胜方。

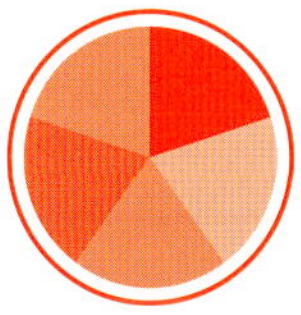

五局三胜制

单打、双打
或二对一

由于短柄墙球的比赛节奏非常快，所以球员通常需要佩戴护目镜以防止眼睛受伤。

网球

打网球不仅充满乐趣，而且还能锻炼你的运动技巧。因为要想把网球打好，你需要腿脚灵活、思维敏捷、目光敏锐。观看世界级选手间的比赛则会让你觉得是一种享受。

比赛

网球比赛分为单打和双打两种，由局和盘组成。每一局的胜负以得分计算，每一盘的胜负以获胜局数计算。比赛实行三盘两胜制或者五盘三胜制，没有时间限制。

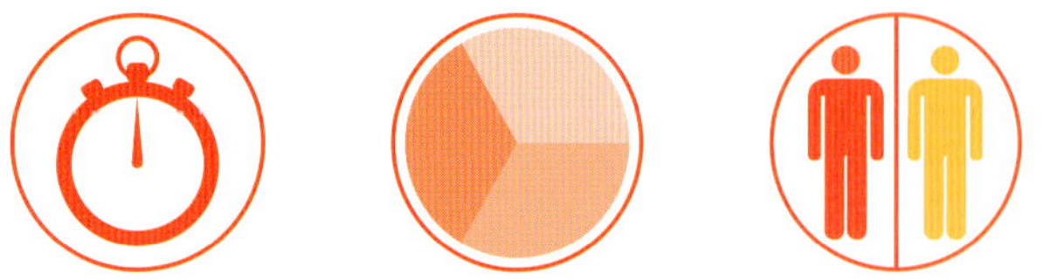

网球场

所有网球场的尺寸规格都是一样的。球场上用白线划分出的区域是球必须落入的区域，同时大部分球场上还标示了单打（2 名选手）界线和双打（4 名选手）界线。中央的球网把球场分成两个半场。球场周围有多名相关人员监督比赛。

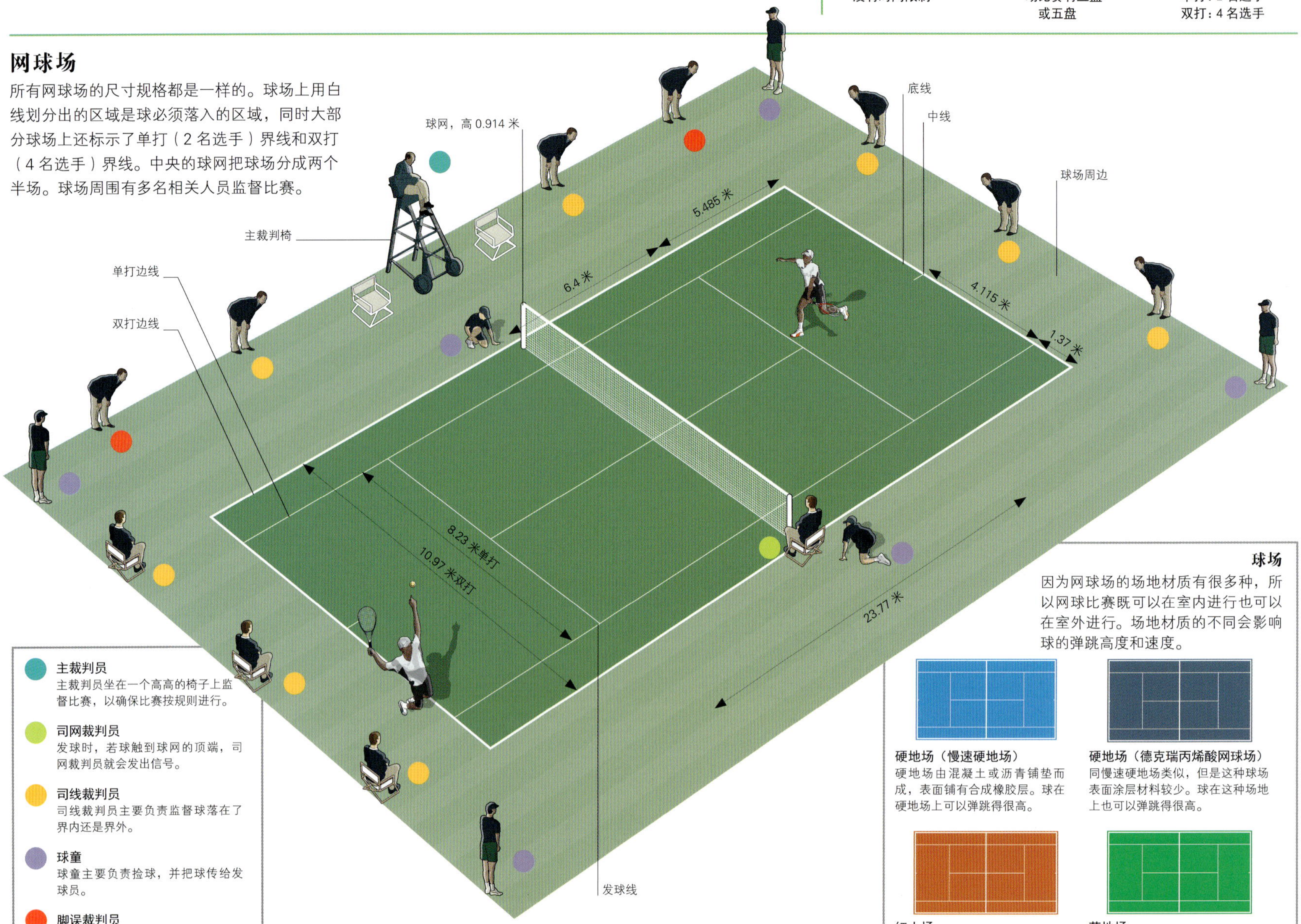

主裁判员
主裁判员坐在一个高高的椅子上监督比赛，以确保比赛按规则进行。

司网裁判员
发球时，若球触到球网的顶端，司网裁判员就会发出信号。

司线裁判员
司线裁判员主要负责监督球落在了界内还是界外。

球童
球童主要负责捡球，并把球传给发球员。

脚误裁判员
脚误裁判员主要负责检查发球员发球时，在球拍触球之前，脚是否越过底线。

球场

因为网球场的场地材质有很多种，所以网球比赛既可以在室内进行也可以在室外进行。场地材质的不同会影响球的弹跳高度和速度。

硬地场（慢速硬地场）
硬地场由混凝土或沥青铺垫而成，表面铺有合成橡胶层。球在硬地场上可以弹跳得很高。

硬地场（德克瑞丙烯酸网球场）
同慢速硬地场类似，但是这种球场表面涂层材料较少。球在这种场地上也可以弹跳得很高。

红土场
在红土场上，球也可以弹跳得很高，但是反弹速度相对慢一些。

草地场
在草地场上，球的反弹速度快但球弹跳得不高。这种场地比较光滑，摩擦力小。

计分方法

网球比赛开始时，双方球员的分数都是从“0”（或者英文单词“love”（爱））算起。球员获得的第一分记为 15，如果又获得了一分则记为 30，再次获得一分就记为 40。在已经领先对手两分的情况下，再得一分就可以胜一局。

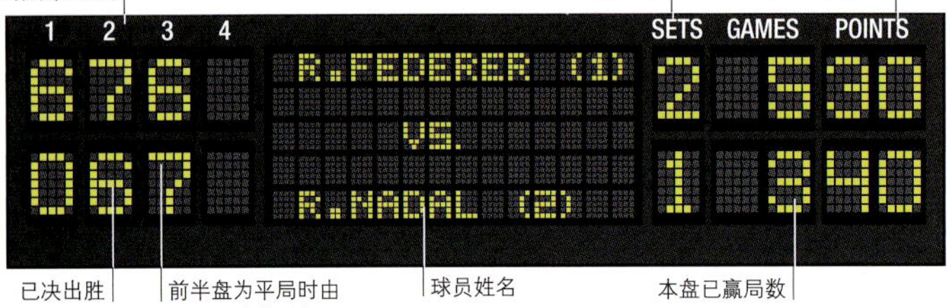

法语“l' oeuf”的意思是“蛋”，发音与英语“love”相似，而蛋的形状与 0 相似，所以法国人用“love”表示“0”。

决胜局

在一盘比赛中，如果双方各胜 6 局时，就要进行决胜局的比赛。当一方领先对手 2 分以上（含 2 分）且得分达 7 分以上（含 7 分）时，该方就赢得了决胜局，也就赢得了本盘。整个比赛的最后一盘没有决胜局。

装备

现代的网球装备都由非常轻巧的材料制成，更结实也更耐用。球拍的大小不一，所以选择一款重量适合自己且又拿着舒适的球拍很重要。

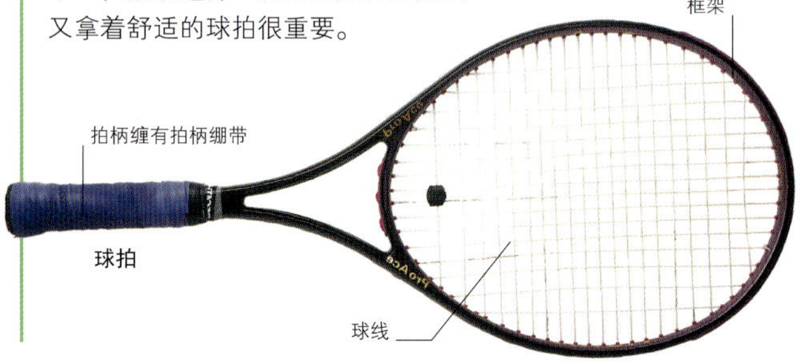

发球

在学习打网球的过程中最重要的一个环节就是学习发球。因为在每一局比赛中要想得分就要从发球开始。这其中有很多技巧需要掌握。即便是专业的网球运动员有时候发球也不能把球打过网，在网球比赛中，发球员有两次发球机会。

1 站位 站在底线的后面，中线的右边。

2 准备 手持球拍，身体侧转，把球置于身体前方。

3 抛球 把球抛向空中，执拍的手臂向后弯曲。

4 挥拍击球 挥动球拍至头部上方并击球。随着球飞出去，同时身体前倾，做出随挥动作。

主要的大赢家

每年4个最著名的网球赛事，也被称为大满贯，分别是：温布尔登网球锦标赛、美国网球公开赛、澳大利亚网球公开赛和法国网球公开赛。下面是截至2020年，排名前五的大满贯单打冠军。

1	玛格丽特·考特	澳大利亚	24次冠军
2	塞雷娜·威廉姆斯	美国	23次冠军
3	施特菲·格拉芙	德国	22次冠军
4	罗杰·费德勒	瑞士	20次冠军
5	拉斐尔·纳达尔	西班牙	19次冠军
5	海伦·威尔士·穆迪	美国	19次冠军

正手击球

用正手击球是网球运动员首先要学会的技能。通过不断练习，正手击球的力度会变得很大。

1 向后引拍 向后引拍并把拍举起，同时双肩转向侧面，向前跨出一步。

2 迎击 向前挥拍去迎击位于身体前方的球。击球后，做出随挥动作。

正手截击

一般在靠近球网处截击球，而且球员要在球落地前击球。截击时动作幅度要小、速度要快而且要有力，不需要大幅度挥拍。

1 身体向前拉伸 执拍手臂向外伸出同时向前跨出一步。眼睛要时刻盯着球。

2 简短的随挥动作 在击球后，要有简短的随挥动作。

扣杀

扣杀的动作和发球的动作相似。当球从空中飞来，在球下落时击球就是扣杀。它需要球员反应快速，而且球员往往要腾空跃起才能击到球。扣杀时，执拍手臂要完全向上伸展开，同时另一只手高高抬起；球飞来时，向后引拍并快速向前挥动球拍击球。

反手抽球

当对手打过来的球飞向没有执拍的手臂时，就需要反手抽击。

1 向后引拍 当球飞来时，双肩转向侧面，执拍手向后引拍。

2 跨步 紧握球拍并向前跨出一步，执拍手臂向外伸展开，在身体的前方挥拍击球。

3 随挥动作 保持随挥动作，同时眼睛一直紧盯球，直到球安全越过球网。

反手切球

反手切球比一般的反手进攻技术更具有挑战性。反手切球会使球旋转并减速下落，通常会令对手措手不及。

1 向后引拍 像反手抽球一样向后引拍，同时头微微向上抬。

2 切球 身体向前，并把球拍的拍头稍微倾斜，当球来到身体前方时挥拍击球。

3 随挥动作 球击出后，执拍手臂伸直并做出快速劈东西的动作。这个随挥动作对于切球来说非常重要，因为这个动作发出的力能把球打远。

田径运动

在田径运动场上，我们主要会看到 3 种不同类型的运动项目：跑、跳和掷。这些项目对运动员的速度、耐力、敏捷度和力量都有不同程度的要求。当然，如果是全能运动员，则需要具备以上所有的技能。

比赛项目分类

田径运动分为径赛和田赛两大类。赛跑项目，也就是径赛，要在跑道上进行；跳和掷的比赛项目，也就是田赛，要在特定的场地内进行。另外，竞走项目也在跑道上进行。

田径运动场

田径运动场由外围的跑道和跑道圈内的田赛场地等构成，其中跑道的周长为 400 米。当举行短跑比赛时，就在某一段跑道上进行；当举行长跑比赛时，运动员则需要在跑道上多跑几圈。

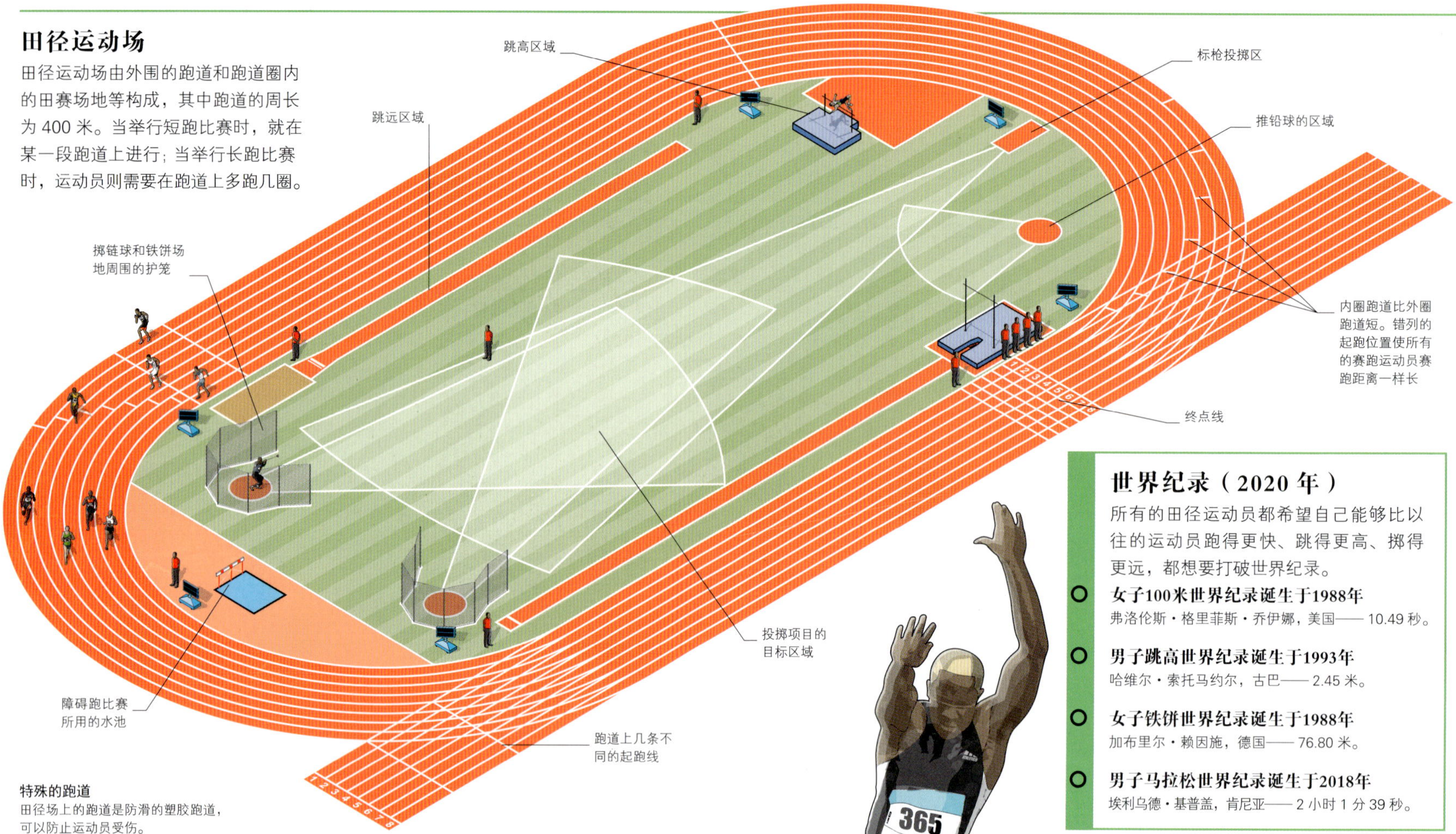

特殊的跑道
田径场上的跑道是防滑的塑胶跑道，可以防止运动员受伤。

世界纪录（2020 年）

所有的田径运动员都希望自己能够比以往的运动员跑得更快、跳得更高、掷得更远，都想要打破世界纪录。

- **女子100米世界纪录诞生于1988年**
  弗洛伦斯·格里菲斯·乔伊娜，美国——10.49 秒。
- **男子跳高世界纪录诞生于1993年**
  哈维尔·索托马约尔，古巴——2.45 米。
- **女子铁饼世界纪录诞生于1988年**
  加布里尔·赖因施，德国——76.80 米。
- **男子马拉松世界纪录诞生于2018年**
  埃利乌德·基普盖，肯尼亚——2 小时 1 分 39 秒。

三级跳远

三级跳远是由单腿跳、跨步跳和跳跃组成。比赛时，运动员先在跑道上助跑，然后连续做 3 次不同形式的跳跃：第一跳为单腿跳，用起跳腿落地；第二跳为跨步跳，用摆动腿落地；第三跳为跳跃，要跳得尽可能远。

单腿跳、跨步跳、跳跃
在三级跳远中，力量和节奏是运动员所必需的。

跳远

在跳远项目中，运动员助跑后起跳腾空，试图跳出尽可能远的距离。在这个过程中，有五步动作很关键：助跑、最后两步、起跳、腾空和落地。

小心起跳
运动员必须在起跳线后起跳。

撑竿跳高

在撑竿跳高项目中，运动员通过使用一根可以弯曲的长竿来越过一个可以不断调高的横杆。运动员先是手持撑竿助跑，然后在竿插入穴斗后起跳，利用撑竿的支撑作用使身体越过横杆。

抓住撑竿
运动员使用撑竿可以跳得更高。

跳高

跳高比赛就是比谁跳得更高。比赛时，运动员先助跑一段，当跑到横杆处时单脚用力支撑并蹬地使身体向上腾起，越过横杆且不让横杆掉落。在这个过程中，运动员通常使用一种特殊的技巧，叫作背越式跳高（见图片示范）。落地时，运动员会落在一个柔软的垫子上，以防受伤。

1. **起跳** 运动员单脚踩地，并用力蹬伸使身体跃起。
2. **身体向上** 腿离地后，开始扭转身体，使后背对着横杆。
3. **后拱** 整个身体向后拱起。
4. **最高点** 到达最高点时，双腿蹬伸，使腿不碰到横杆。
5. **落地** 双臂摆放好位置准备落地。

掷标枪

在投掷标枪的比赛中，运动员较量的是谁把标枪掷得更远。男子标枪项目中使用的标枪要比女子项目中使用的标枪长一点。

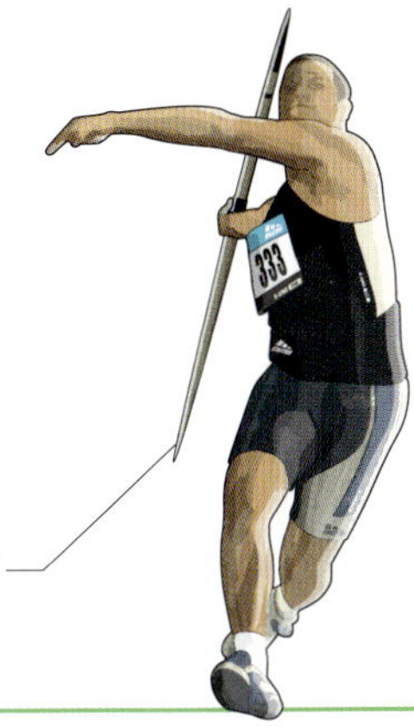

推铅球

铅球是一个很重的金属球，比赛时运动员要尽力把它推得更远。在推铅球前，运动员手持铅球将铅球放置于紧挨着脖子的地方，然后在圆形的场地内扭转身体把铅球推出去。

掷链球

链球是一个很重的金属球，球上安有一根金属链，金属链上安有一个把手。比赛时，运动员会手握把手将球在头顶上方旋转几圈，之后松开手，把链球掷向远处。男子链球项目所使用的链球比女子使用的链球要重一些。

掷铁饼

铁饼为圆盘形，表面平整。当铁饼被用力掷出后，它会在空中旋转。在掷铁饼的比赛中，女子使用的铁饼质量为 1 千克，男子使用的铁饼质量为 2 千克。把铁饼掷得最远的人就是比赛的冠军。

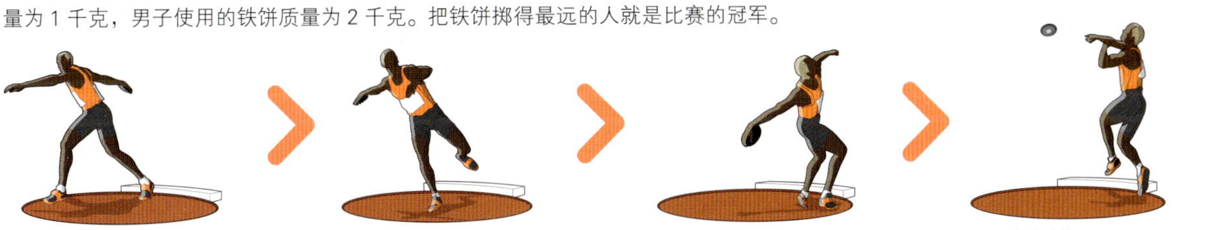

1 预摆动作
一手持铁饼在体侧前后摆动。

2 旋转
身体旋转一圈半，从而获得动力。

3 释放
在圆形投掷区的前部将铁饼释放，让它飞向空中。

4 持续动作
释放铁饼后，运动员待在圆形投掷区内时必须遵守相关的比赛规定。

全能比赛

在既有径赛又有田赛的全能项目中，运动员需要具备多方面的技能。

七项全能

七项全能是女子的全能项目，比赛时间是 2 天，比赛项目包括：200 米短跑、100 米跨栏、跳高、推铅球、跳远、掷标枪和 800 米中长跑。

十项全能

男子十项全能的比赛时间也是 2 天，比赛项目包括：100 米短跑、跳远、推铅球、跳高、400 米短跑、100 米跨栏、掷铁饼、撑竿跳高、掷标枪和 1500 米中长跑。

中长跑

中长跑比赛的距离在 800~3000 米。此外，跨越栏杆和水池的障碍跑也属于中长跑。比赛时，运动员在各自的跑道上起跑，但在跑的过程中可以不在自己的跑道上跑。

长跑

距离超过 3000 米的比赛项目就属于长跑项目。参加这些项目需要运动员有很强的耐力。长跑比赛可以在体育场内进行，也可以在公路或小路上进行。许多城市每年会举行长达 42.195 千米的马拉松比赛。

中长跑和长跑

在奥运会的田径比赛中，中长跑和长跑比赛总共有 8 项。其中，3000 米障碍跑在途中需 35 次跨越障碍栏架，其中 7 次跨越带水池的障碍。

800 米	10000 米
1500 米	马拉松（42.195 千米）
3000 米障碍跑	20 千米竞走
5000 米	50 千米竞走（男子项目）

短跑

在奥运会上总共有 8 项短跑项目，其中一些项目还设置了跨栏。

100 米	110 米跨栏（男子项目）
200 米	400 米跨栏
400 米	4×100 米接力
100 米跨栏（女子项目）	4×400 米接力

极速短跑

速度极快的短跑比赛距离在 60~400 米。比赛时，运动员离开起跑器后，可以瞬间加速到最快速度。

个人比赛
大部分比赛是个人的比赛项目。

接力赛
接力赛是 4 名运动员的团队作战，每人跑一段等长的距离，而且在跑的过程中要传递接力棒。

2009 年尤塞恩·博尔特以 9.58 秒打破了男子 100 米的世界纪录。当时他的平均速度达到了惊人的 12.2 米/秒。

跨栏跑
在跨栏跑比赛中，运动员在跑的过程中还要跨越栏杆。

短跑比赛中的起跑

在短跑比赛中，流畅且快速的起跑对于取得比赛胜利至关重要。

1 就位
在预备时，运动员身体下蹲，并把双脚稳稳地踩在起跑器上。

2 预备
在预备时，运动员抬起臀部至稍高于肩部的位置，此时身体的姿势像拱桥一般。

3 跑！
听到发令员的枪声后，运动员瞬间力量爆发，飞驰而去。

冬季运动

冰上运动和雪上运动已有数百年的历史。如今，大部分的冬季运动项目都来源于滑雪和滑冰。每 4 年举办一届的冬季奥林匹克运动会（简称冬季奥运会、冬奥会）汇集了各类冬季运动项目的比赛。

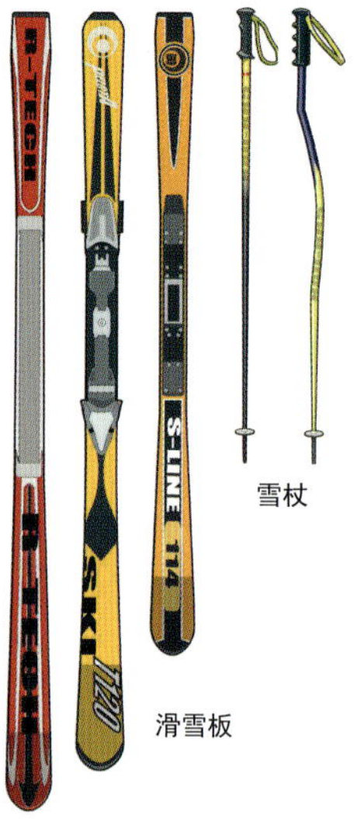

装备

在高山滑雪项目中，标准的比赛装备包括滑雪板（不同的比赛项目有不同型号的滑雪板）、雪杖、头盔、护目镜、滑雪靴和用来把靴子固定在滑雪板上的固定器。

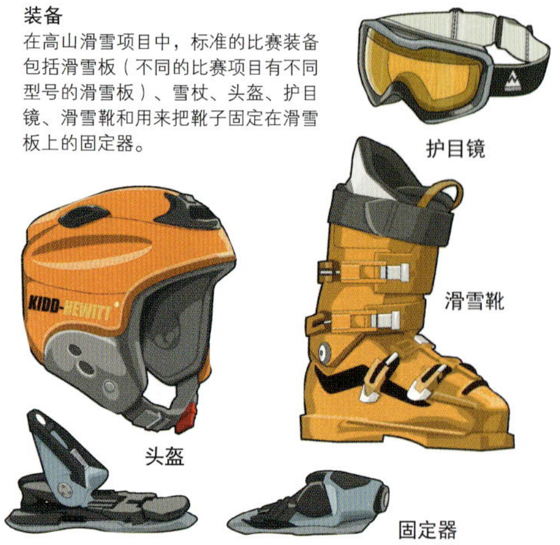

高山滑雪

兼具速度和技巧的高山滑雪是一项令人心跳加速的滑雪项目。目前有 5 种不同类型的高山滑雪比赛项目：速降和超级大回转两个项目比的是速度；回转和大回转两个项目比的是技术，谁的技术高超谁就能获得这两项比赛的冠军；还有一个项目是全能（包括速降和回转），它同时测试运动员的速度和技术。

顶级的高山滑雪运动员

- **克雷蒂尔·安德雷·奥莫特（挪威）** 第一位赢得 8 枚冬奥会奖牌的高山滑雪运动员，其中 4 枚金牌分别在 1992 年、2002 年和 2006 年的超级大回转以及 2002 年的全能项目中获得。
- **加尼卡·科斯泰里奇（克罗地亚）** 历史上第一位获得 4 枚冬奥会金牌的女子运动员，其中 3 枚于 2002 年冬奥会获得，1 枚于 2006 年冬奥会获得。
- **阿尔伯托·汤巴（意大利）** 20 世纪 80 年代末至 90 年代初杰出的技术型滑雪运动员。

不同的滑雪路线

不同的高山滑雪项目考验不同的技巧，所以在滑雪路线的设置上也会不同。速降项目的路线上用旗杆插成的门形数量最少，而回转项目的路线上门数最多，且需要滑雪者全部通过。

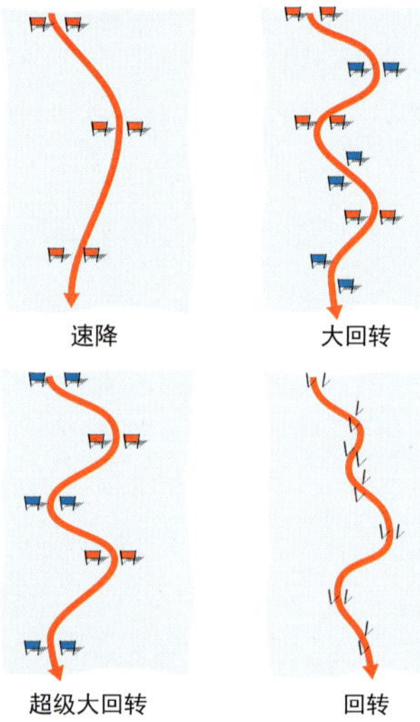

"回转"（SLALOM）一词来源于挪威语"SLALAM"，意思为"缓坡"。

其他滑雪类型

1992 年，自由式滑雪正式成为现代冬奥会的比赛项目。项目包括男女个人雪上技巧、空中技巧、U 型场地技巧、大跳台、坡面障碍技巧、障碍追逐等项目。在越野滑雪比赛中，滑雪运动员利用高山滑雪和跳跃的技巧完成长达 50 千米的比赛路线。

越野滑雪

在越野滑雪比赛中，运动员运用各种滑雪技巧在崎岖的地形中进行比赛。他们用到的技术包括斜坡滑降技术和双杖推撑滑行技术，分别采用自由式和传统式竞赛规则来完成比赛（见下图）。

自由式滑雪

1992 年，雪上技巧作为自由式滑雪的一种形式首先成为冬奥会的正式比赛项目。

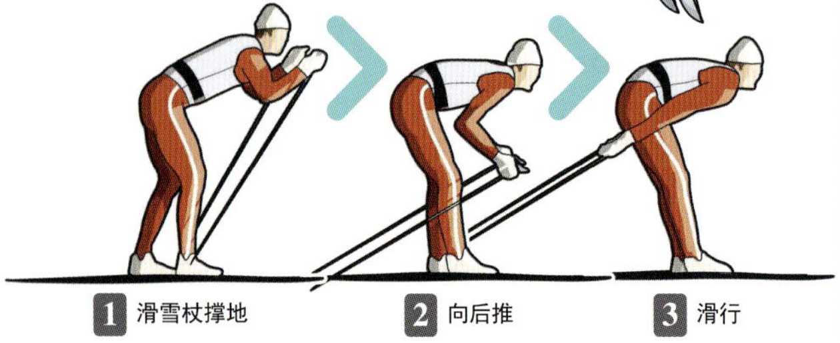

单板滑雪

单板滑雪于 20 世纪 60 年代起源于美国，近些年来越来越多的人喜爱上这项运动。由于受到滑板运动、滑雪和冲浪的影响，所以单板滑雪与它们有很多相似的地方。比赛时，单板滑雪运动员把同滑板类似的滑雪板固定在脚上，然后从坡上滑下来。

U 型场地技巧

单板滑雪 U 型场地技巧的比赛场地是特别修建的 U 形雪槽。比赛时，运动员在 U 形雪槽内边滑行边做各种特技动作，如空中抓板（见上图）。

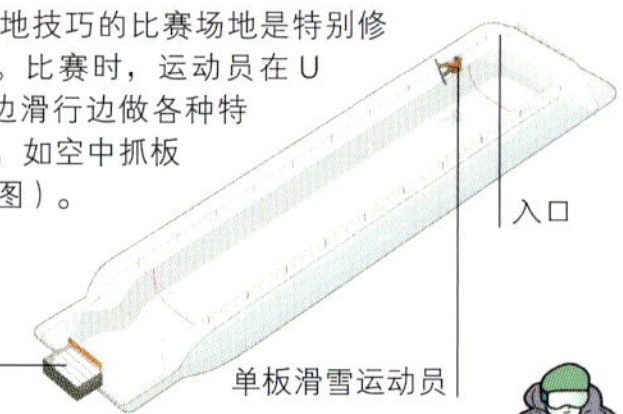

U 形雪槽

装备

单板滑雪运动员需要的装备有滑雪板、滑雪靴、护目镜、头盔和用来把滑雪靴固定在滑雪板上的固定器。

滑雪靴　固定器

滑雪板

单板滑雪运动员

专业的单板滑雪运动员会参加各种各样的比赛，其中主要比速度的项目是平行大回转，比特技的项目有 U 型场地技巧和大跳台。

坡面障碍技巧

在单板滑雪坡面障碍技巧赛中，运动员在沿着坡面下滑的过程中要做出各种技术动作从而通过各种障碍，如通过跳台和道具（见右图）。比赛的评分标准是运动员在比赛过程中身体是否能保持平稳以及技巧动作的编排情况如何。

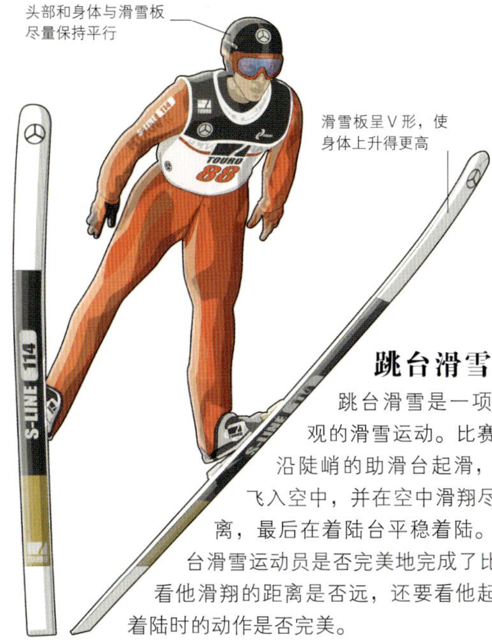

跳台滑雪

跳台滑雪是一项场面非常壮观的滑雪运动。比赛时，运动员沿陡峭的助滑台起滑，然后起跳，飞入空中，并在空中滑翔尽可能远的距离，最后在着陆台平稳着陆。判断一名跳台滑雪运动员是否完美地完成了比赛，不仅要看他滑翔的距离是否远，还要看他起跳、滑翔和着陆时的动作是否完美。

北欧两项

北欧两项与冬季两项相似，是由越野滑雪和跳台滑雪结合在一起的项目。比赛分为个人赛、速度赛和团体赛。

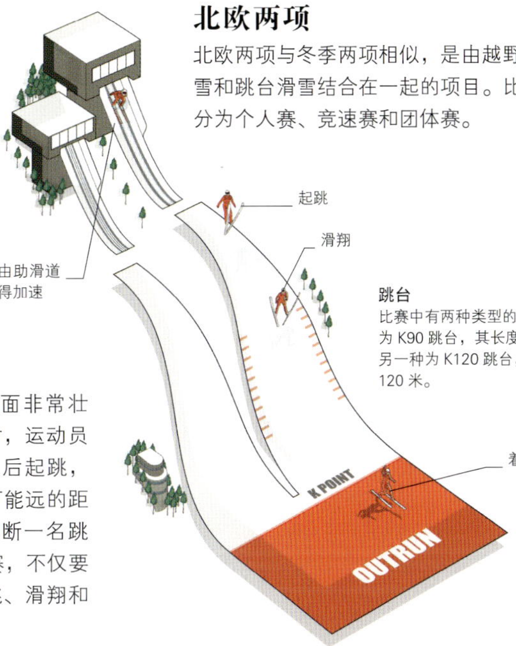

跳台
比赛中有两种类型的跳台：一种为 K90 跳台，其长度为 90 米；另一种为 K120 跳台，其长度为 120 米。

冬季两项

冬季两项是越野滑雪和射击两种项目结合在一起的比赛项目，于 18 世纪起源于斯堪的纳维亚半岛上的军事活动，当时士兵要在挪威和瑞典间漫长的边境线上巡逻。拥有精准的射击技术和快速的滑雪技术对于巡逻的士兵来说至关重要。

冰上滑行运动

在冬季运动项目中，冰上滑行运动项目是速度最快的，包括雪车、钢架雪车和雪橇三大项目。比赛时，运动员从特别修建的滑道上快速滑下，尽力在最短的时间内到达终点。

雪车
雪车起源于 19 世纪的瑞士。现代的雪车比赛主要是 2 人一队或 4 人一队，乘坐可操纵的雪车从冰面滑道上滑下来。

1 起动并滑行 运动员站好位置后，在发动台上手推雪车起动，向前滑行。

2 跳上雪车 所有参赛运动员必须在距离起点 50 米的范围内跳上雪车。

3 极速前进 舵手坐在最前面，控制飞速前进的雪车。

滑道
所有的冰上滑行项目都是在特别修建的滑道上进行的。滑道上会设置左转弯、右转弯、S 形弯道、180° 大转弯和发卡型弯道。

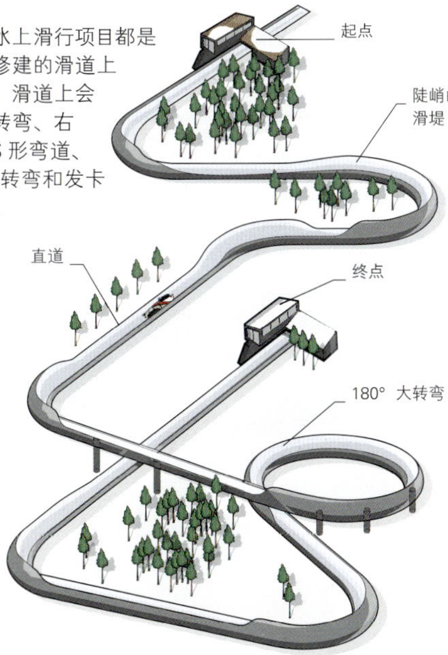

钢架雪车
钢架雪车也称俯式冰橇或骨架雪车，是最古老的滑行运动项目。参加这项比赛，需要运动员拥有巨大的勇气。比赛时，运动员头在前脚在后，俯卧在 120 厘米长的雪车上从滑道滑下。

雪橇
雪橇项目是速度最快的一项比赛。比赛时，运动员脚在前头在后，仰卧在玻璃纤维制成的雪橇上，以 135 千米 / 时的惊人速度沿着滑道滑下。

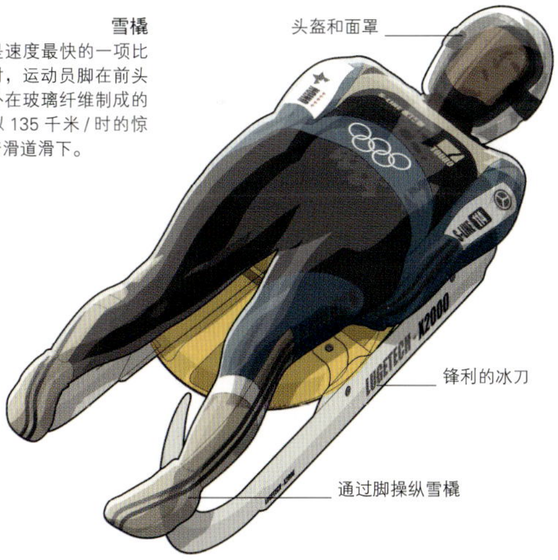

滑冰运动

据记载，滑冰运动起源于芬兰。那时候，人们把动物的骨头绑在脚底作为冰鞋。如今，运动员都穿着带有钢制冰刀的冰鞋参加比赛。比赛主要有 4 种：速度滑冰、花样滑冰、短道速滑和冰球。

速度滑冰
在速度滑冰比赛中，运动员脚穿冰鞋在椭圆形的滑道上竞速。比赛项目的距离从 500 米到 10000 米不等。

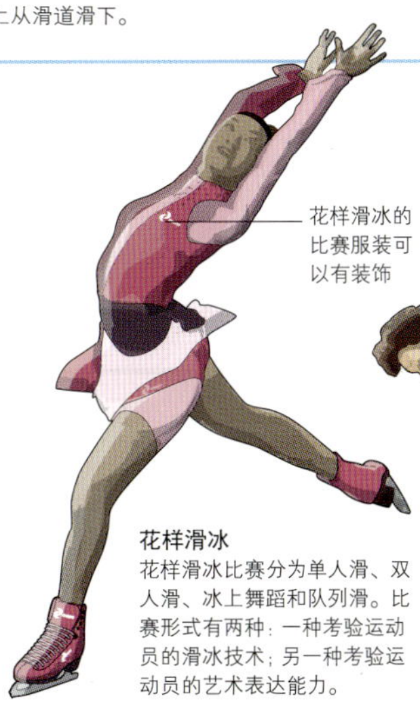

花样滑冰
花样滑冰比赛分为单人滑、双人滑、冰上舞蹈和队列滑。比赛形式有两种：一种考验运动员的滑冰技术；另一种考验运动员的艺术表达能力。

冰上舞蹈
冰上舞蹈的比赛在溜冰场内进行，它是双人比赛，裁判员会根据两人在比赛中的表现情况进行打分。在冬奥会中，冰上舞蹈属于花样滑冰的比赛项目。

著名的花样滑冰运动员

- **吉利斯·格拉夫斯特伦（瑞典）**
  1920 年、1924 年、1928 年冬奥会男子单人滑项目三连冠。
- **桑雅·赫尼（挪威）**
  女子单人滑项目杰出的运动员，于 1928 年、1932 年和 1936 年获得冬奥会金牌。
- **杰恩·托维尔和克里斯托弗·迪安（英国）**
  来自英国的冰上舞蹈项目的搭档杰恩·托维尔和克里斯托弗·迪安，在 1984 年冬奥会上创造了历史性的完美得分纪录。

自行车运动

骑自行车是一项全球性的运动项目，广受大家的喜爱。大部分人骑自行车是为了体验骑车的乐趣，但也有很多人是为了参加比赛，比如场地赛、公路赛、BMX 赛（小轮车越野赛）和山地自行车赛。

轻型头盔

透气性好的骑行服

手套减少手部的摩擦

山地自行车赛

山地自行车（MTB）运动是一种新兴的自行车运动，20 世纪 70 年代末起源于美国加利福尼亚州。当时有自行车骑手在野外的山间小路上骑行，于是诞生了山地自行车运动，并于 1996 年正式成为奥运会比赛项目。

骑手要求
除了要有耐力和强大的蹬车力量，山地自行车骑手还需要有良好的平衡能力和优秀的骑车技术，来应对野外复杂的地形。

崎岖的地形
由于地形崎岖，所以骑手有时需要越过一些障碍物。拉起车把使车轮越过道路上的障碍物就叫作兔子跳。在做兔子跳的动作时，要快速骑行至接近障碍物，然后拉起车把，同时双脚用力向上抬起。

比赛项目

由于山地自行车运动是一项新兴的骑行运动，所以各种比赛项目也是近几年才兴起的。

越野赛
在越野赛中，骑手你追我赶，在环形路线上骑行固定的圈数，第一个冲过终点线的为获胜者。

速降赛
速降赛是个人计时赛，比赛路线是下坡骑行路段，用时最少的骑手为冠军。

分段赛
在分段赛中，骑手要参加一系列的比赛项目来展示骑车的姿势、勇气和技巧，然后由裁判员根据参赛者的表现进行打分。

耐力赛
耐力赛起源于法国，在长距离比赛路线中只对下坡路段的骑行进行计时，并计作骑手完成比赛的时间。

山地自行车
山地自行车必须要牢固结实，足以应对崎岖不平的地形，同时还要足够轻巧，可以灵活操纵。

车架高度较低，使车能够慢速爬坡

多达 30 个变速挡位

胎纹突出的粗轮胎可以增大自行车的抓地力

骑手要求
BMX 参赛骑手需要身手矫健灵活，而参加特技表演比赛的骑手则需要有独特的骑车风格和创新能力。

头盔可以保护头部和嘴部

手套可以防止手滑

带有护膝的长裤

BMX 赛

BMX 赛来源于摩托车越野赛。在比赛中，骑手骑着特别设计的自行车进行特技表演，或者在泥地或障碍赛道进行速度竞赛。

平地花式
平地花式是花式比赛的一种形式，它要求骑手在没有坡道、跳台和栏杆的平坦地面上进行特技表演，是最考验骑手技术的比赛形式。

骑手在表演平衡技巧时，通过脚部动作使小轮车保持移动

火箭筒

比赛项目

BMX 赛主要有两种形式的比赛：泥地竞速和花式比赛。

泥地竞速
在泥地竞速比赛中，赛道距离较短，每组 8 名骑手先进行预赛，他们在比赛中进行转弯和跳跃。每组最快的前几名骑手可以进入决赛。2008 年，BMX 泥地竞速正式成为奥运会比赛项目。

花式比赛
在花式比赛中主要有街道、公园、U 形道、平地 4 类场地。技巧动作包括基础技巧（基本动作），擦轮，在栏杆上或在半管道场地的边缘做动作，还有空中技巧——在空中旋转跳跃。

泥地
在 BMX 赛中，泥地赛道上会设置各种具有挑战性的障碍，骑手需要在这样的赛道上完成一圈比赛。

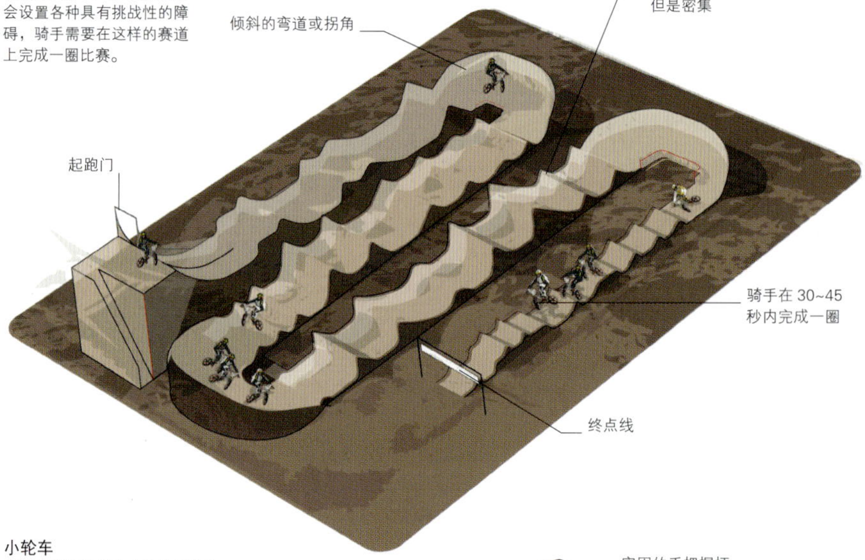

倾斜的弯道或拐角

障碍比较小，但是密集

起跑门

骑手在 30~45 秒内完成一圈

终点线

小轮车
竞速比赛所使用的小轮车是单速的，但是可以很快加速；花式比赛使用的小轮车与其相似，但是要安装火箭筒，骑手可以站在上面进行特技表演。

牢固的手把握柄

结实的车架

小车轮可以使车很快加速

单速挡位

场地自行车赛

场地自行车赛在自行车馆举行，比赛分为不同的项目，既有短距离的冲刺比赛，也有长距离的耐力赛。

比赛项目

在奥运会中，场地自行车赛共有 10 个项目，男女项目各 5 个。

- **个人追逐赛**
  2 名运动员分别位于跑道正中的起、终点线上，枪响同时出发，互相追逐。
- **团体追逐赛**
  每队 4 名骑手保持 1 米左右的距离，呈梯形队站立。两队在跑道的相反方向分别同时起跑。
- **计时赛**
  骑手按照规定的间隔时间单独出发，以骑手到达终点的时间排列名次。
- **计分赛**
  又称积分赛。比赛时由领骑者领骑一圈，到达起点线时，发令员鸣枪，比赛正式开始。
- **争先赛**
  又称速度赛。2~4 名骑手同时原地出发，计量后 200 米的时间，首先通过终点者为胜。

麦迪逊赛
麦迪逊赛是一项团队接力赛，每队两名骑手。当两名骑手交替时，其中一名骑手用手牵着另一名骑手进入比赛。

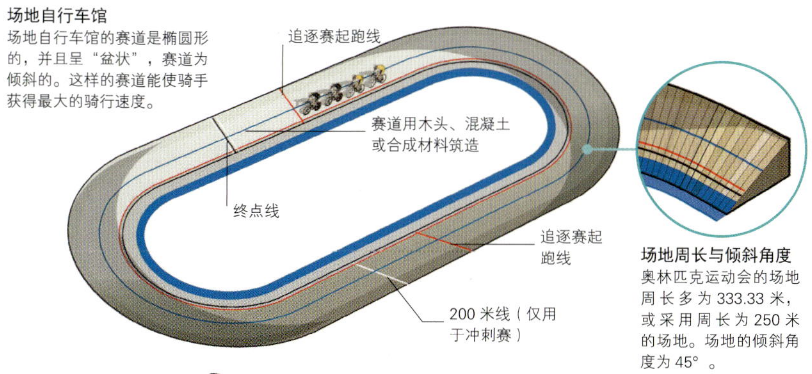

公路自行车赛

公路自行车赛是一项非常消耗体力的比赛。比赛分为多个赛段，几周之内的总比赛距离长达几千千米，这其中包括全天的山地赛段，也包括时速能达到 80 千米的冲刺赛段。

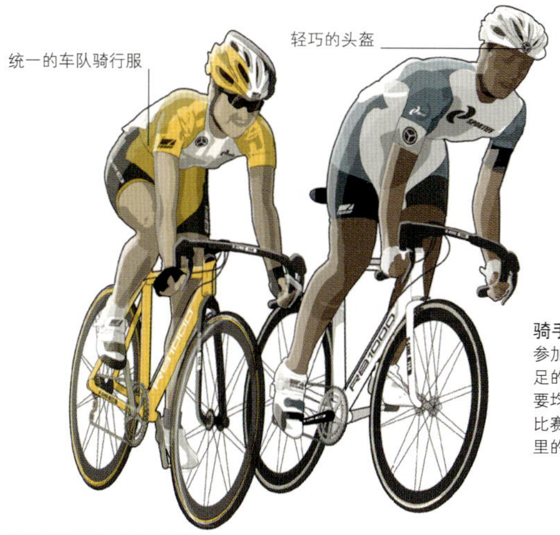

环法自行车赛

环法自行车赛是世界上最著名的公路自行车赛，总共有 21 个赛段，长达 3500 千米，终点设在巴黎。

波尔卡红白斑点衫
波尔卡红白斑点衫颁发给山地之王，即比赛中爬坡成绩最佳的骑手。

白色骑行衫
环法赛事中成绩最好的年轻骑手可以获得白色骑行衫。

绿色骑行衫
绿色骑行衫颁发给赛事中成绩最佳的冲刺者。

黄色领骑衫
总成绩领先的骑手可以获得黄色领骑衫。

比赛的形式

公路自行车赛有多种比赛形式，既有一日赛，也有包括多个赛段的持久赛。奥运会中的公路赛包含两种：公路个人赛和公路团体赛。

- **分段赛**
  包括多个赛段，比赛总用时最少的骑手为获胜者。赛段由冲刺赛段、山地赛段以及个人计时赛或团体计时赛等形式组成。
- **经典赛（公路个人赛）**
  比赛为期一天，距离长达 270 千米。比赛路线的地形各不相同，比如有的赛段是石子路。
- **个人计时赛**
  骑手个人比赛用时的长短决定比赛的名次。
- **环形公路赛**
  速度很快的比赛项目，骑手环绕城市中心骑行，路线的长度不超过 5 千米，要在规定的时间内（通常是 1 小时）完成比赛或者骑行固定的圈数。

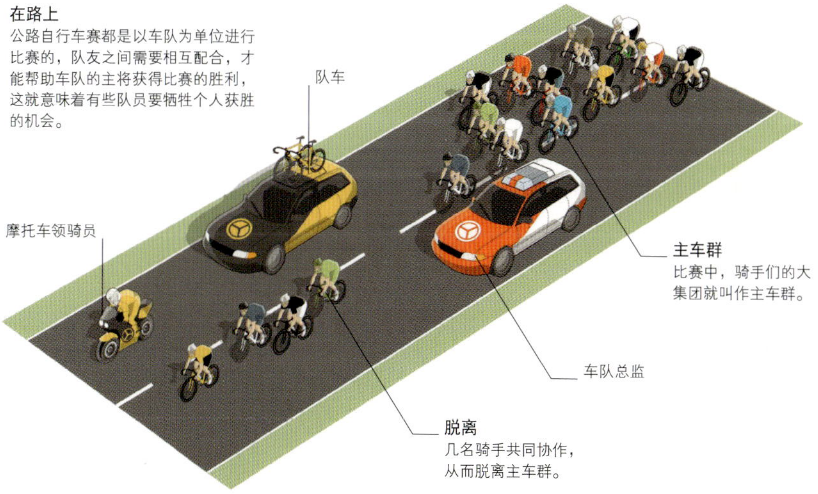

水上运动

水为人们展示水上运动技能提供了完美的环境。在水上，人们可以展现令人印象深刻的帆板技巧，也可以完成空中杂技般的跳水动作。水上运动激烈刺激，需要运动员有很强的平衡能力、强大的力量以及能在水中长时间运动的持久力。

游泳

大部分游泳运动员都会参加在游泳池内举行的游泳比赛，也有一些运动员会参加跨海游泳比赛或者在寒冬举行的冬泳比赛。游泳运动员需要体力好、身体灵活才能在水中游得快。

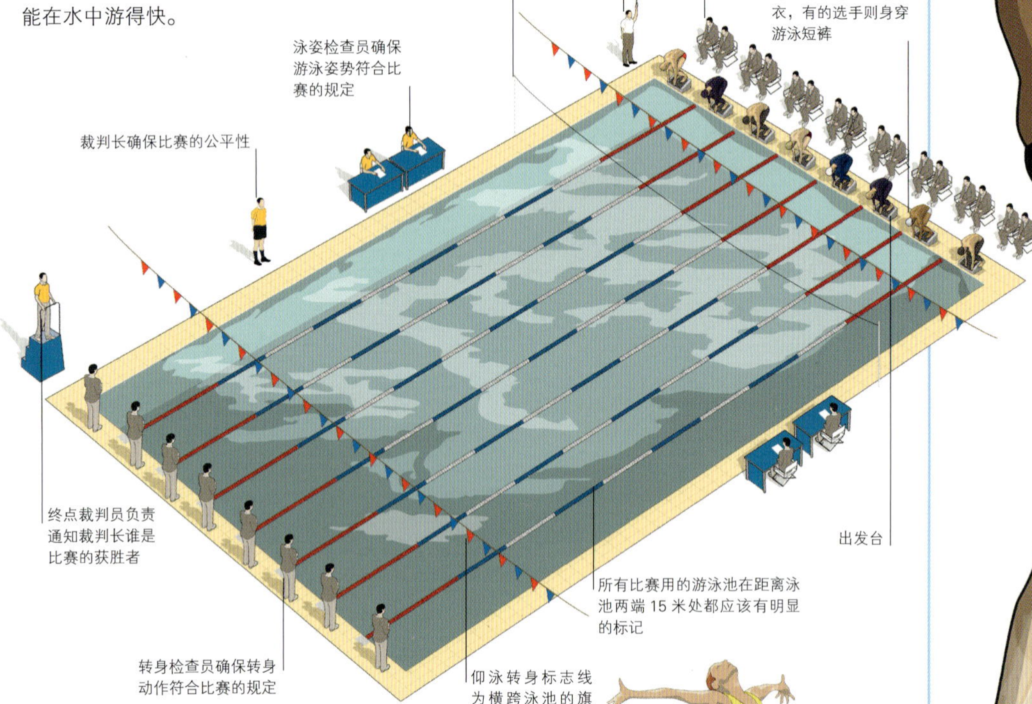

个人游泳
游泳运动员只有不断改善游泳时的身体姿势、划水和打腿动作，才能在水中游得更快。

花样游泳
花样游泳分为团体赛和个人赛，运动员需要有极高的协调能力和协作能力，才能优雅地完成所编排的动作。比赛所选取的音乐在水中和比赛场馆内同时播放，以帮助运动员把控比赛时间。

游泳姿势

以下 4 种游泳姿势都有相应的比赛项目，其中速度最快的游泳姿势是自由泳。在个人混合泳的比赛中，选手必须用 4 种姿势完成比赛。

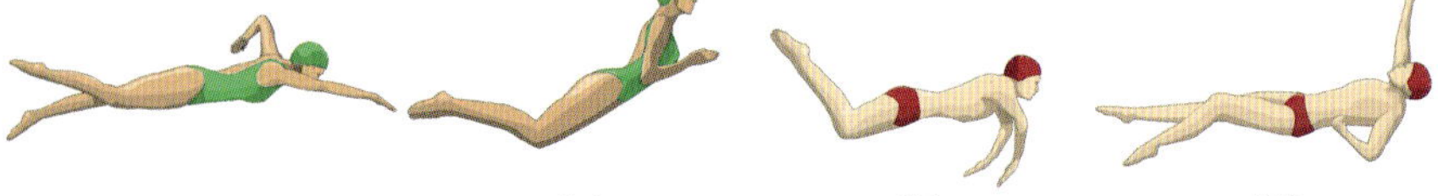

跳水

跳水比赛分为不同高度的比赛项目。跳水时，运动员在入水之前需要在空中做翻腾转体等类似杂技的动作，这就需要运动员有很强的肌肉力量，因为他们需要像体操运动员一样做出一些高难度动作。

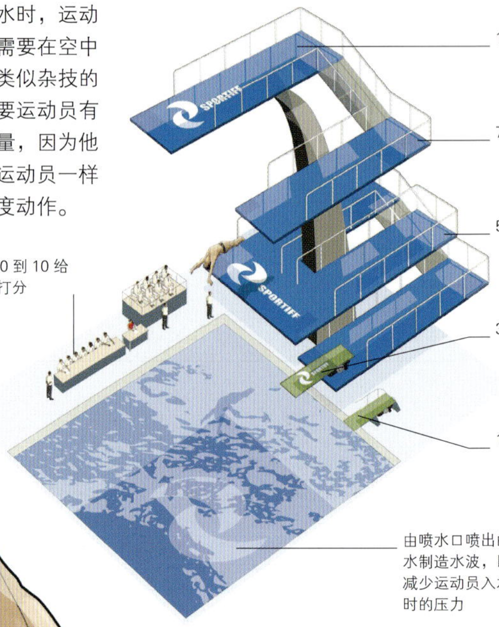

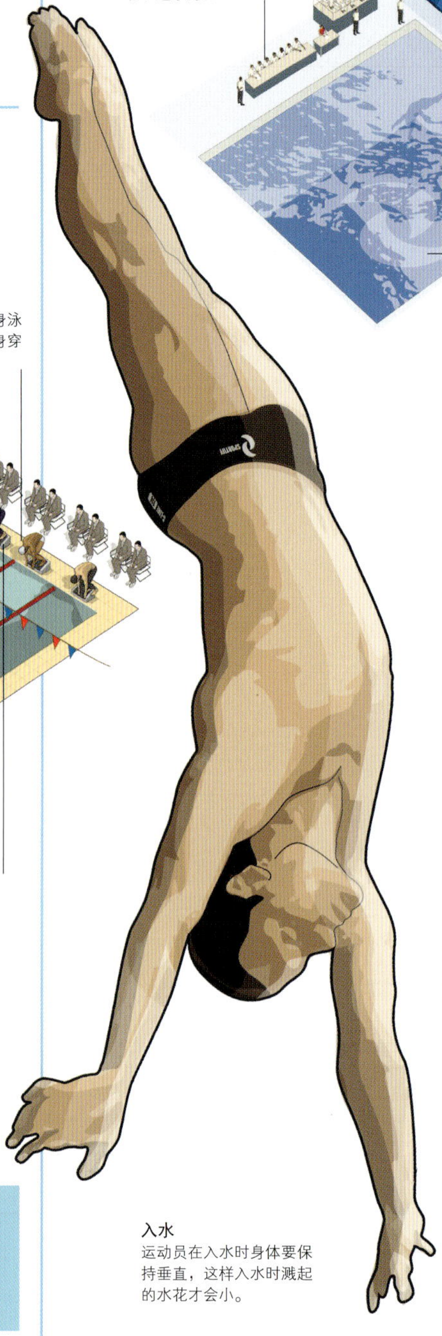

入水
运动员在入水时身体要保持垂直，这样入水时溅起的水花才会小。

跳水技巧

在跳水比赛中，选手要想获得高分数，就需要顺利完成一套有技术难度的动作。裁判员会根据选手的起跳、空中动作和入水动作来评定分数。

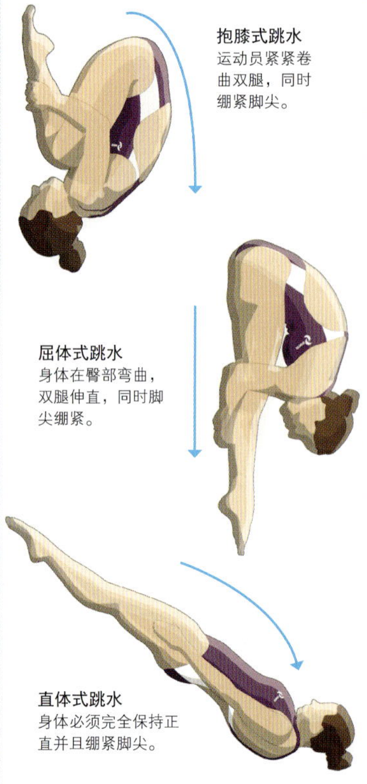

球类运动

有一些两队之间展开的球类运动也在水中进行，比如水球和水下曲棍球。在水球比赛中，球员需要长时间在水中踏水；而在水下曲棍球比赛中，球员则需要在水下潜水。

水球
在水球比赛中，把球投入球网中就算得分。

水下曲棍球
在水下曲棍球比赛中，球员需要使用呼吸管，并用球棍把球打入球门。

水上滑板

水上滑板运动在湖边和海边地区都非常流行。人们可以借助风、海浪或船的力量在水上高速滑行或表演精彩的特技。这些运动往往需要运动员拥有优秀的平衡能力和强大的力量来控制滑板，避免掉入水中。

冲浪
冲浪运动员要有很好的平衡能力才能用双脚控制冲浪板。强大的海浪会推动冲浪板向前行进。

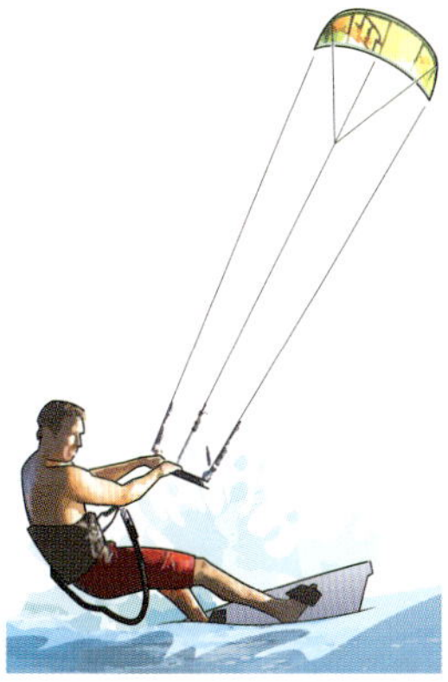

风筝冲浪
风筝冲浪运动员借助风的力量在水上高速滑行，也可以飞跃空中做花式动作。

滑水
滑水运动员脚踩一个或两个滑水板，甚至直接赤脚，在船的牵引下完成水上滑行。滑水比赛分为不同项目，包括回旋滑水、跳跃滑水和花式滑水。

尾波滑水
尾波滑水运动员同样也是在船的牵引下，脚踩尾波板，利用船的尾浪来表演翻转和跳跃。

帆板冲浪
帆板冲浪运动员借助帆板上巨大风帆产生的力量在水上比赛滑行速度，或者表演精彩的特技动作。

漂浮

漂浮是浮在浪尖上的一个动作，对于冲浪运动员来说，这是在浪尖上获得速度或越过海浪的一个常用动作。同时，运动员通过这个动作可以做出其他的特技动作。

1 先在水中滑行起来，然后当海浪稍微落下时，让冲浪板顺着海浪的方向滑行。

2 帆板赶上浪尖，并且使帆板倾斜30°。

3 身体重心前移，后脚用力转变成前脚用力，使帆板在浪尖上转动。

4 在海浪上水平滑动帆板，使帆板回到海浪上。

赛艇

赛艇是划船运动之一，运动员背对着船前进的方向，用力滑动船桨推动船快速向前。一般来说，这项运动都是在风浪比较平静的河面或湖面进行的，但也有一种称为海上赛艇的，在大海上进行比赛。

单人双桨
单人双桨划船时，划船运动员双手各执一支短桨。

双人单桨
双人单桨划船时，每名划船运动员负责划动一支船桨。

激流勇进

当流动的河水流过岩石区就会溅起水花，水流也就变得湍急。热衷寻求刺激的人们会借助划艇、皮艇或者筏艇在湍急的河流中进行速度比赛或者激流回旋比赛，又或者仅仅为了寻求乐趣。

漂流
运动员乘坐充气的筏艇在湍急的河流中顺流而下，享受激流勇进的惊险和刺激。

划艇
划艇运动员坐在船中，或跪在船中，或使用单桨叶船桨划船。

爱斯基摩翻滚

皮艇运动员在翻船后会通过爱斯基摩翻滚将船从水中翻过来。

1 **向前倚靠**
倚靠着皮艇，并把船桨举出水面。

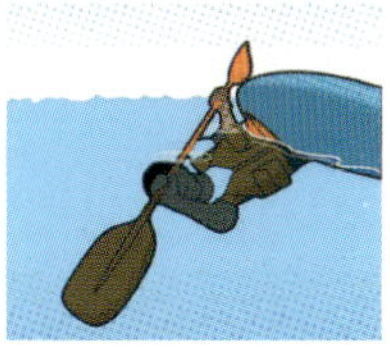

2 **摆动**
在水中摆动船桨，并转动臀部，用力把皮艇翻上水面。

3 **稳定**
利用船桨确保船体平稳，然后抬起头部，挺直身子。

4000多年前，因纽特人把动物皮包在鲸的骨架上或木架上，由此发明了皮艇。

皮艇
皮艇运动员要使用两头都带有桨叶的船桨，这可以让皮艇在水中快速划行。

帆船

几千年来，帆船一直是人类的一种交通工具。如今，帆船运动已经成为一项运动和兴趣爱好。它不仅需要运动员思维敏捷，还需要运动员具有充足的信心和强大的能力。全球范围内，有很多运动员参加帆船比赛，其中大部分人是为了寻求航行带来的乐趣。

帆船的结构

了解帆船各个部分的名称对于帆船运动员来说很重要，尤其是当你作为队伍中的一员时，就更有必要了。了解这些名称可以让队员之间的沟通更清晰，从而使航行更快速，也更安全。

航海服

帆船运动员身穿特殊的服装在海上航行。这种服装不仅可以保暖，还可以让身体保持干燥，尤其是当碰到恶劣的天气时，服装的作用尤为明显。当运动员掉入水中时，一套浮具或一件救生衣可以保证他们的生命安全。

救生衣

助浮衣

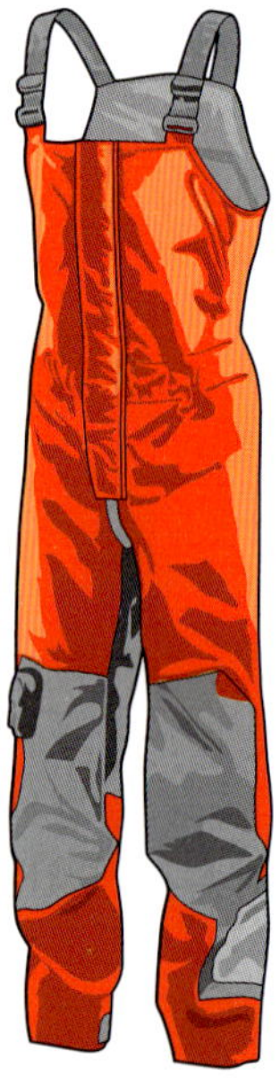
航海裤

航海衣

帆船手套

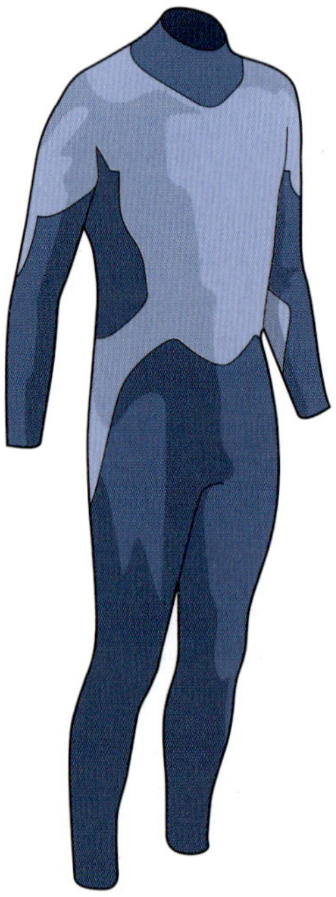
湿式保温服

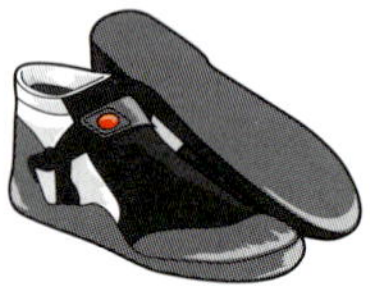
航海鞋

全指手套

航海靴

导航

水中的地形地貌和水深会让航行变得十分危险。许多运动员都会用 GPS（全球定位系统）来确定自身位置、规划航行路线，但是为了防止 GPS 出现差错，学会地文和天文导航还是十分必要的。

风速风向仪
显示风向。

测深仪
帮助运动员避免将船驶入浅水区域。

磁罗经
磁罗经可以使运动员明确船行驶的方向。

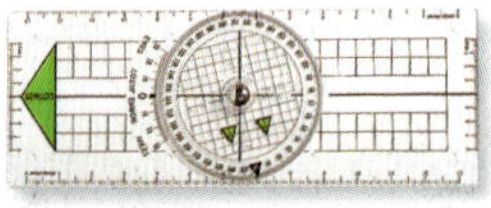
航迹自绘仪
当把航迹自绘仪放置在地图上时，它会显示出船只所在的罗经点。

两脚规可以用来测量海图上的距离

海图
海图是详细描述航海区域相关信息的地图，而且还有关于危险因素的信息和路线参考建议。

帆船的类型

帆船根据不同的长度而分为不同的类型。小型帆船非常适合短距离的比赛，因为它的速度很快。而大型帆船则更适合长距离的航行，因为相比小型帆船来说，它更能经受住大自然的各种考验。下面介绍一些常见的帆船类型。

激光型
一种常见的 4.2 米长的单人帆船。

470 型
4.7 米长的双人帆船。

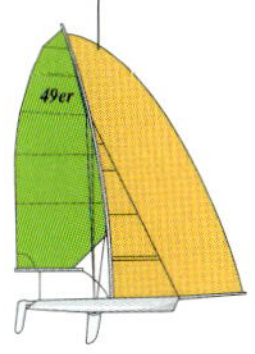

49 人型
4.9 米长的帆船，配有大三角帆用来加速。

托纳多型
6.1 米长的双人操纵的双体帆船，其船体设计可以提升船的航行速度。

海洋赛船（沃尔沃 70）型
21.3 米长的快艇，桅杆高达 31.5 米。

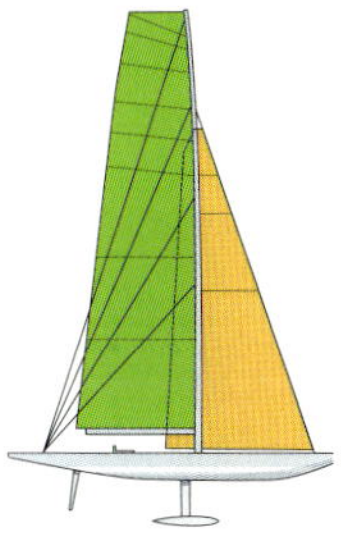

美洲杯型
24 米长的快艇，用于 1992~2007 年美洲杯帆船比赛。

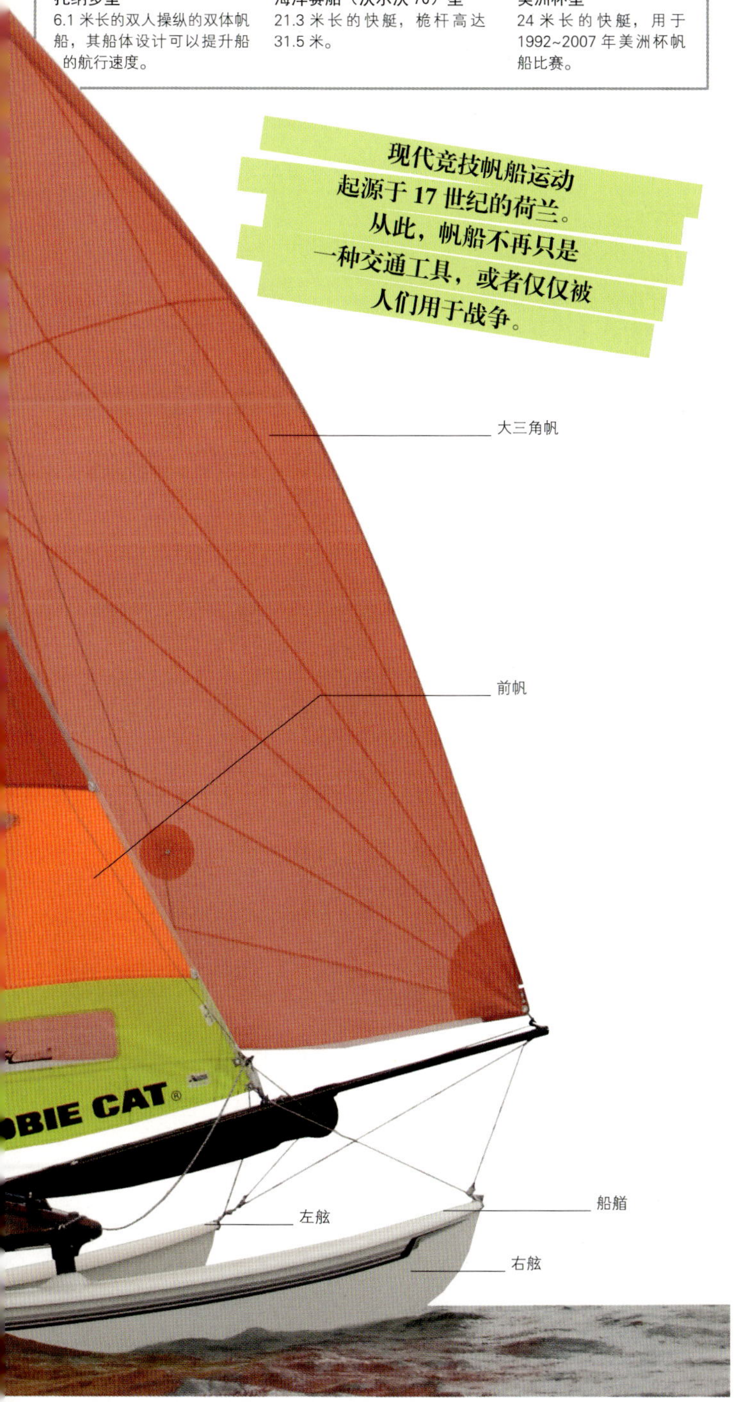

现代竞技帆船运动起源于 17 世纪的荷兰。从此，帆船不再只是一种交通工具，或者仅仅被人们用于战争。

借助风

运动员通过调整船帆的角度充分利用风力，从而使船在风的作用下向前航行。除了禁止驶入区域外，帆船可以向任何方向行驶。

图例：

- **禁止驶入区域**
  驶入这个区域就意味着船直接驶入了风中，这样一来船帆就不起作用了，船也就不会移动了。
- **近迎风**
  近迎风是离禁止驶入区域最近的一个行驶方向。近迎风行驶时，主帆和前帆都要收紧。
- **远迎风**
  同近迎风相似，但是船会稍微偏转方向，避开完全正面迎风，船帆也会松弛很多。
- **横风**
  横风行驶时，中途要试着松弛船帆，此时风是正对着船的侧面吹过来。
- **侧顺风**
  帆船几乎可以满帆，船侧顺风行驶。
- **顺风**
  帆船满帆行驶，此时船完全顺风。

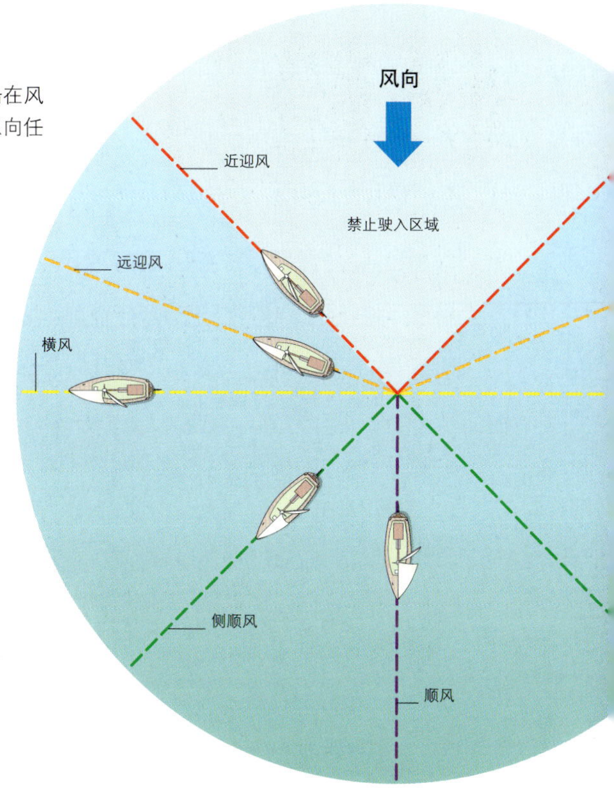

迎风换舷和顺风换舷

有两种方法可以改变船的行驶方向：迎风换舷和顺风换舷。迎风换舷是一种比较安全但转向速度较慢的方法。顺风换舷的转向速度快，但是存在一定的风险。

迎风换舷
转动船体使船逆风而行。

顺风换舷
转动船体使船顺风而行。

创造纪录的帆船运动员

自从几百年前航海成为一项体育运动以来，很多帆船运动员创造了惊人的环球航行纪录。

- **约书亚·斯洛克姆（加拿大），1895~1898年**
  第一位独自完成环球航行的帆船运动员，而且航行过程中仅仅停留了三次。
- **罗宾·诺克斯·约翰斯顿（英国），1969年**
  第一位独自完成不间断环球航行的帆船运动员。
- **凯·科蒂（澳大利亚），1988年**
  第一位独自完成不间断环球航行的女子帆船运动员。
- **艾伦·麦克阿瑟（英国），2005年**
  第一位用时最短且独自完成不间断环球航行的帆船运动员，总共航行了 71 天 14 小时 18 分 33 秒。
- **弗朗索瓦·伽巴尔（法国），2017年**
  伽巴尔独自驾驶帆船，以 42 天 16 小时 40 分 35 秒的成绩，创下了最快单人环球航行纪录。

航海比赛

航海比赛非常具有挑战性和危险性。它要求帆船运动员不仅要有充足的体力，还要有足够的智谋，因为参加一次比赛往往需要在海上航行很长时间。

“朗姆之路”跨大西洋帆船赛
“朗姆之路”跨大西洋帆船赛是一项单人独自横跨大西洋的帆船比赛，在这项比试航海速度的赛事中，帆船运动员需要应对猛烈的海风。

沃尔沃环球帆船赛
在挑战极限的沃尔沃环球帆船赛中，9 名航海员组成一支航海队，日夜不停地在海上航行。

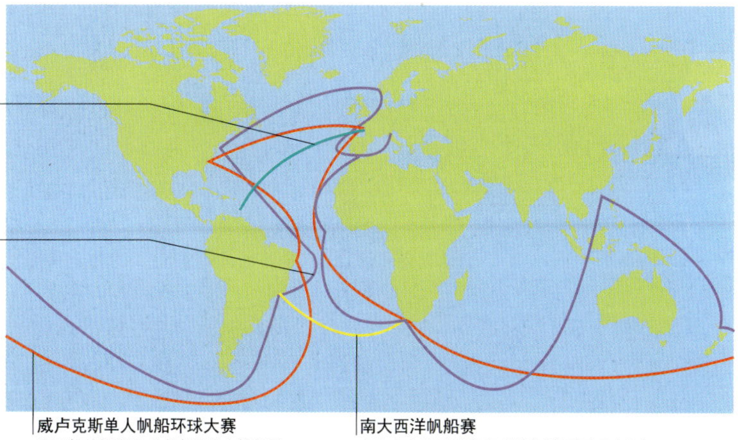

图例：
- 威卢克斯单人帆船环球大赛，2010~2011 年
- 南大西洋帆船赛，2011 年
- “朗姆之路”跨大西洋帆船赛，2018 年
- 沃尔沃环球帆船赛，2011~2022 年

威卢克斯单人帆船环球大赛
这项挑战极限的威卢克斯单人帆船环球大赛历时 100 多天。

南大西洋帆船赛
参加南大西洋帆船赛的航海队需要面对来自南大西洋强劲的海风和巨大的海浪。

垂钓

不管是雨天还是晴天，垂钓者总会花上几个小时的时间等待着鱼上钩。对于上钩的鱼，有的人会选择享受这钓上来的美味，但更多的人则选择把鱼放生。那么，垂钓的最大乐趣是什么呢？其实是那份等待鱼上钩时的平和与宁静。

去哪儿垂钓？

垂钓主要分为三类：淡水垂钓（有时候也叫作野钓）、海水垂钓和飞蝇钓。在淡水垂钓和海水垂钓中，垂钓者使用真饵或拟饵来引诱鱼上钩，而在飞蝇钓中，他们使用假蝇来引诱鱼。池塘、河流、湖泊、溪流都是淡水垂钓的好去处，而飞蝇钓则既可以在淡水中也可以在海水中进行。

静水 池塘和湖泊是鲤鱼、梭子鱼等淡水鱼的栖息地。垂钓者可以坐在岸边或小船上钓鱼。

活水 溪流江河是捕捉鲑鱼、鳟鱼、鲷鱼和鲈鱼的好去处。垂钓时，垂钓者一般坐在岸边或者直接蹚入水中。

咸水 大部分海水垂钓者都是乘坐小船在靠近岸边的水域或者直接出海垂钓，有时也会坐在海堤上或蹚入浅滩中垂钓。

钓竿、渔线轮和钓线

一根简单的棍子或一根竹竿可以当作钓竿，再绑上一根线和一个挂钩就可以当作垂钓的渔具了。但是，大部分垂钓者会使用高科技的玻璃纤维钓竿或碳纤维钓竿。一方面是为了方便携带，另一方面是为了使用钓竿上的渔线轮轻松收放钓线。鼓式渔线轮的收线速度要比纺车式渔线轮快得多，因为每转动一次摇把，线轮就会旋转几圈。另外，高速的飞轮主要用于飞蝇钓。

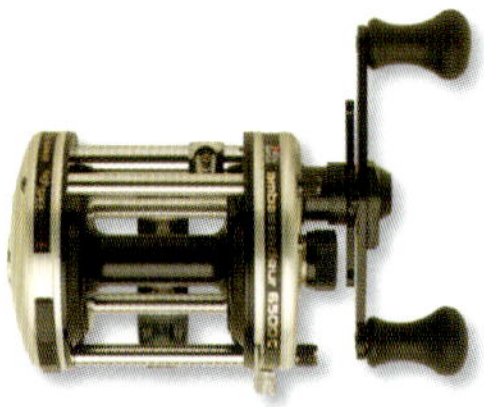

鼓式渔线轮

纺车式渔线轮

飞轮

钓线

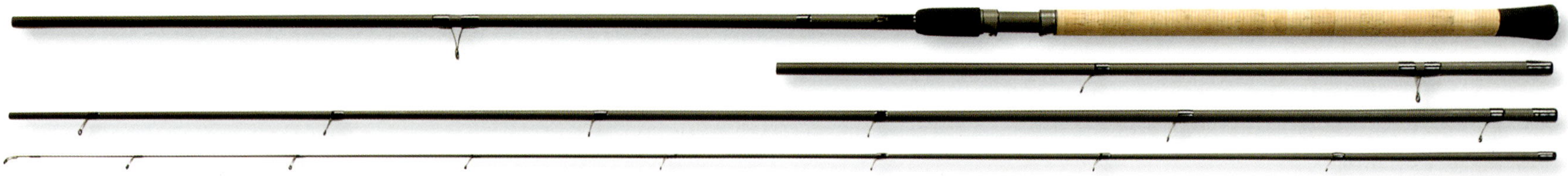

4 种钓竿

渔具

如果垂钓者要想随身携带渔具，那么一个带有提手的钓箱则是必不可少的，而且钓箱还能保证各种渔具都能分门别类地摆放整齐。钓箱里面的分层设计非常便于使用。

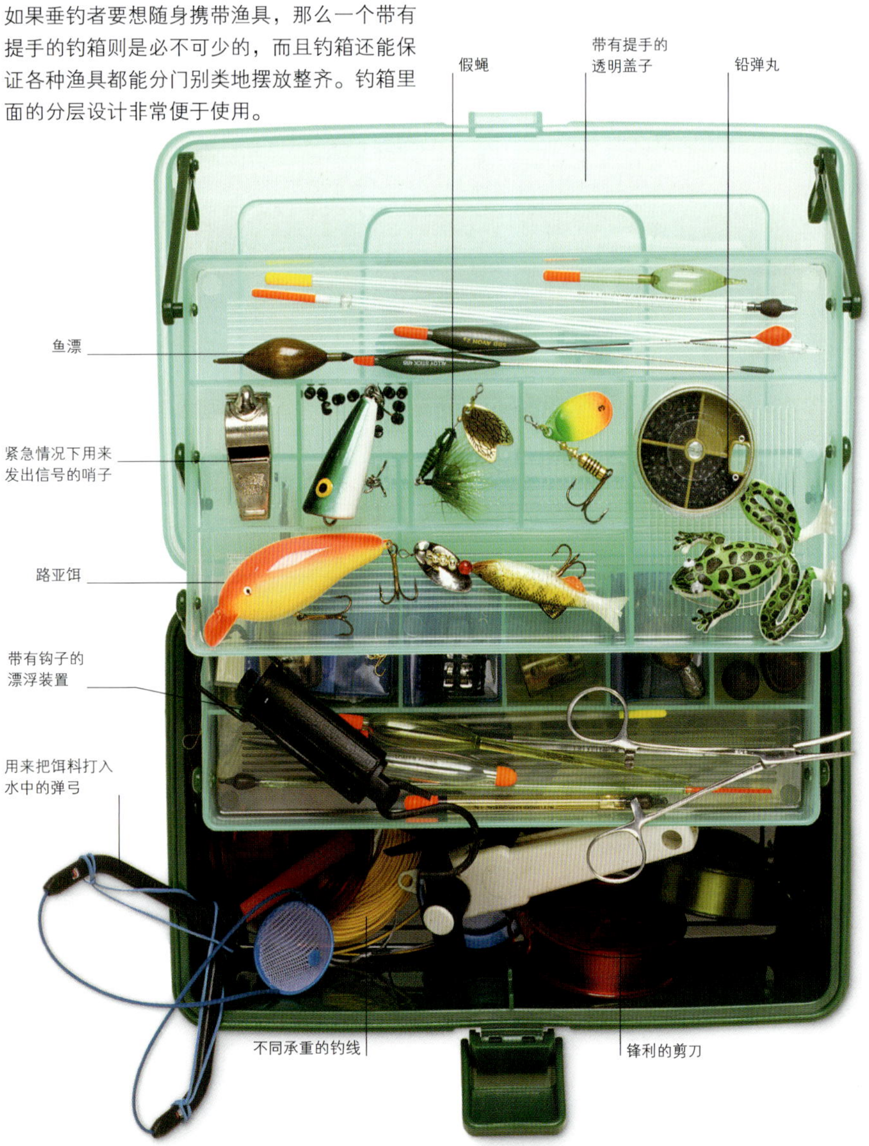

鱼饵

虽然说日常吃的面包的碎渣能引诱到鱼，但是专业垂钓中还有更好的鱼饵可以用。活饵包括蠕虫和肉蛆，另外甜玉米、谷粒和狗饼干也可以用来当鱼饵。丸饵是经过加工制成的球形鱼饵，不仅蛋白质含量高，而且还有多种颜色和口味。

红色丸饵

黄色丸饵

狗饼干

甜玉米

蠕虫

肉蛆

鱼坠

鱼坠可以使钓线挂有鱼饵的那端更接近鱼。垂钓者往往会用鱼坠把鱼饵坠入水中，或者使鱼饵沉到一定的深度。大部分的鱼坠都是用硬度较小的铅制成的。不同形状的鱼坠有不同的作用。鱼漂下面的钓线上所夹的咬铅可以抵御水流，让垂钓者在流动的水中钓鱼。钓线、钓钩、鱼饵和鱼坠的组合就叫作钓组。

铅坠

咬铅

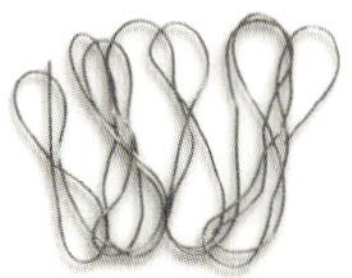

金属丝

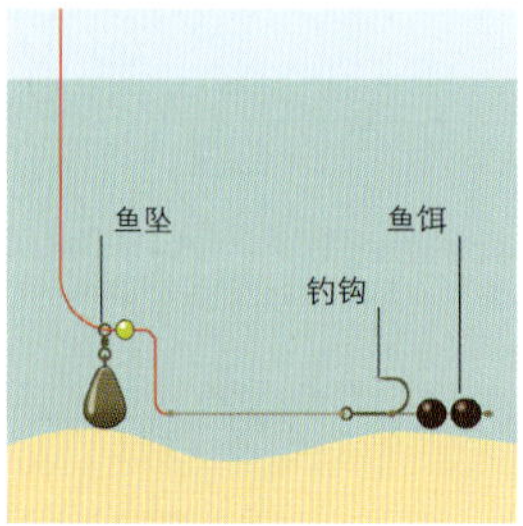

钩饵分离的鲤鱼钓组
由于鲤鱼是非常谨慎的一类鱼，所以垂钓时把鱼饵拴在钓钩旁，同时水中的钓线也拴上鱼坠，使整个钓组相对平稳，这样鲤鱼在咬住鱼饵时，不易觉察到钓钩的存在。

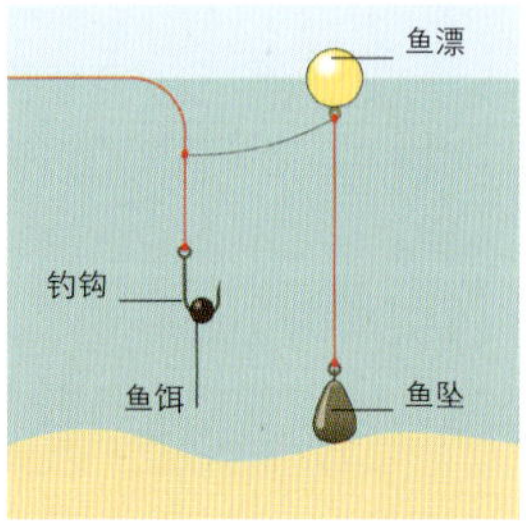

鲶鱼钓组
鲶鱼的个头大，所以钓鲶鱼时要把活饵绑在钓钩上，然后在钓线上绑上一个鱼漂，再在水下坠上一个鱼坠，并与鱼漂拴在一起。

抛投

钓鱼时，很少有人能一次抛投成功，但是只要多试几次就会把钓线抛投得越来越好。把鱼饵成功抛投到鱼所在的地方需要垂钓者手和眼协调好，而且抛投力度要得当。

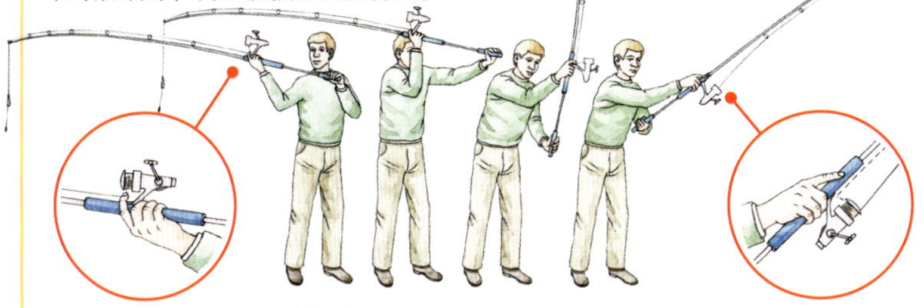

钓竿向后弯时，手指要握住钓线

头顶抛投
头顶抛投是最简单的抛投方法之一，适合所有初学者。

当钓竿向前弹出后，握在钓线上的手指要松开

最大的渔获

要想钓到大鱼就要出海钓鱼。金枪鱼、马林鱼和箭鱼都是常见的大鱼。出海钓鱼的目标就是钓到尽可能大的鱼。1979 年，加拿大渔民肯·弗雷泽只使用一根钓竿加钓线就钓到了一条巨大的大西洋蓝鳍金枪鱼，它是有记录以来最重的蓝鳍金枪鱼。

1979 年钓到的最重的
大西洋蓝鳍金枪鱼
679 千克

称重

几乎所有的垂钓者都想知道他们钓到的鱼有多重，好与钓友们比一比，或者同自己以往钓到的鱼进行比较。对于那些钓到鱼后又放生的垂钓者来说，如果不用秤称一下自己钓上来的鱼会留下遗憾的。

传统的秤

手提式的秤

路亚钓法的拟饵

拟饵是由塑料、金属或木头制成的，它们的形状和颜色看起来像是非常诱人的小鱼。垂钓者就如同操纵木偶一样，用钓线操纵拟饵，使它们看起来像是活的一样。被“小鱼”诱惑的捕食者最终会惊讶地发现它们上钩了。

包铅鲱鱼饵

赞德饵

米诺饵

金属勺形饵

萨米饵

厄尼饵

长卷尾软饵

人们有时候会故意把鱼形的拟饵设计成小鱼被困或受伤的样子，这样就更容易吸引捕食者上钩了。

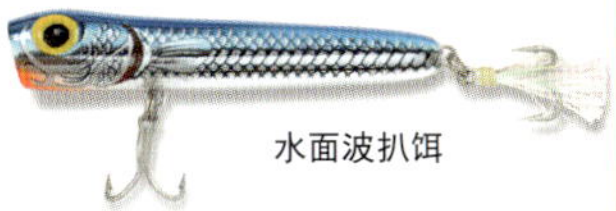

水面波扒饵

深度
用鱼坠可以把拟饵坠入到水下不同的深度，这样就可以引诱不同种类的捕食者了。

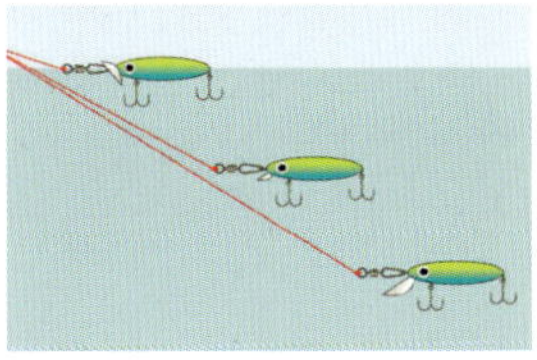

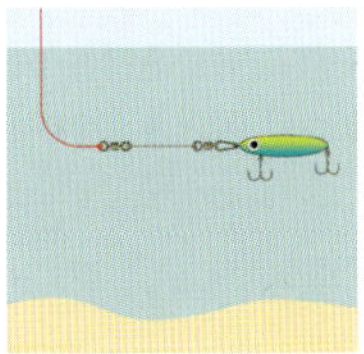

钓梭子鱼的路亚饵
路亚饵在任何深度都会吸引梭子鱼。但路亚饵必须被绑在一根金属线上，因为梭子鱼咬饵时非常凶猛。

鱼漂

同鱼坠的作用相似，鱼漂用来调节鱼饵在水中悬浮的深度。一些鱼漂本身也可以当鱼坠，而有一些则需要同铅坠或铅弹丸一起使用。在静水中钓鱼时，使用轻一些的鱼漂效果更好，而在水流较急的水中钓鱼时，则需要使用重一些的鱼漂。

颜色各异的鱼漂
明亮的颜色可以吸引鱼上钩，同时也能让垂钓者看清鱼漂的位置。

不同的捕鱼方法

人类很早就开始捕鱼，就同在陆地上捕猎一样，人类也会在江河和海洋中找寻食物。数百年以来，人类想出了很多奇妙的捕鱼方法。

踩着高跷捕鱼
斯里兰卡的高跷渔民踩着高跷到近海区域，抛投出钓线，然后静静地在高跷上等待鱼上钩。这种方法隐秘性很强，不易惊动鱼群。

高跷

吸盘鱼吸附在鱼身
由于吸盘鱼常常吸附在体形较大的鱼类身上，所以非洲的一些渔民会把它们拴在钓线上。当渔民感到这些吸盘鱼已经吸附在一条大鱼身上时，他们就会收钓线。

水犬捕鱼
葡萄牙沿海的渔民常让水犬进入海水中把鱼群驱赶到渔网里。

葡萄牙水犬

鸬鹚捕鱼
中国人会利用训练有素的鸬鹚捕鱼。渔民会在鸬鹚的脖子上套上一根绳子，这样可以防止它们吞食大鱼。尽管如此，它们仍然能吞食一些小鱼。

鸬鹚

海豚捕鱼
在巴西拉古纳，你会看到海豚帮助当地渔民捕鱼的场景。海豚会把成群结队的鲻鱼赶向海岸，有时候它们甚至会跳出水面提醒渔民该收渔网了。

飞蝇钓

飞蝇钓最初是用来钓鲑鱼和鳟鱼的一种垂钓方法。而如今，飞蝇钓被广泛用于淡水垂钓和海水垂钓中钓大多数的鱼种。垂钓时，垂钓者使用主钩（也叫假蝇）来引诱鱼。干式毛钩会被抛投到水面上，湿式毛钩则会被抛进水中。毛钩分为模仿类和吸引类两种，模仿类毛钩栩栩如生，吸引类毛钩则颜色艳丽。

成年蜉蝣式毛钩
（淡水）

若虫式毛钩
（淡水）

鲤鱼毛钩（淡水）
模仿狗饼干鱼饵的样子。

超级蜂鸣王（淡水）
看起来像一只小蚊子。

上浮式毛钩（淡水）
像是一只刚出生的小昆虫漂浮在水面上。

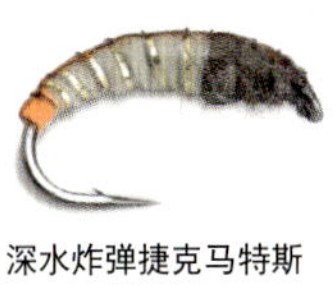

深水炸弹捷克马特斯
（淡水）
模仿了石蛾的幼虫。

手腕动作
在溪流或河水中，垂钓者使用飞蝇钓时，需要向水流的上游方向抛投毛钩，这样毛钩就会很自然地顺着水流慢慢地漂向下游。

白色鱿鱼（咸水）
看起来就像一只鱿鱼。

冲浪的糖果（咸水）
样子很像鱼饵。

威尔斯斯基提尔棕褐色饵（咸水）
看起来像一只小虾。

飞蝇饵（咸水）

吸引类毛钩

吸引类毛钩一般颜色都很鲜艳。垂钓者通常会来回移动这种毛钩来吸引鱼的注意。

PIWI 波扒饵
（咸水）

橡胶制成的腿可以让水波动

腿会使水面产生波纹

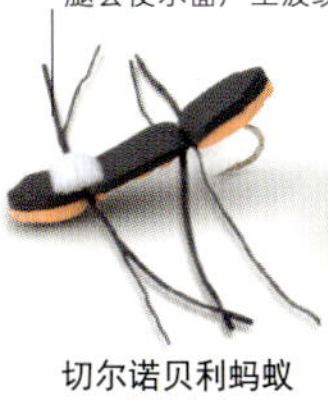

切尔诺贝利蚂蚁
（淡水）

鹿斗饵
（淡水）

大大的且有浮力的眼睛

仙人掌布比饵
（淡水）

格斗术

在许多运动项目中，不管是古代还是现代，都能看到传统打斗技法的影子。格斗术不仅能让人身强力壮，还能教会人们如何自卫。其中一些格斗术常常被人们称为武术。

格斗术的种类

古时候人们之间的打斗慢慢发展成了一些格斗术，而一些新兴的格斗术则是近几十年才发展起来的。大部分格斗术的攻击技可以分为三种类型：拳打、脚踢和其他击打形式；摔、抱和锁技；使用器械。

拳打、脚踢和其他击打形式

中国功夫：套路
中国功夫有很多种形式，其中最常见的一种形式就是套路，它也是武术的一种形式。

中国功夫：散打
散打属于中国武术的一种，同自由搏击类似。练习散打时不需要使用任何器械。

中国功夫：太极拳
太极拳的招式平缓柔和，是一种修身养性的中国功夫。

拳击
拳击起源于古希腊，但是现代拳击的规则诞生于 19 世纪的英国。

泰拳
不像西方的拳击手，泰拳的拳击手用脚、肘、拳和膝盖进行格斗。

卡波耶拉
巴西的非裔奴隶发展了卡波耶拉。它看起来像是一种舞蹈，实际上是一种防身术。

跆拳道
跆拳道起源于朝鲜半岛。它是一种主要使用手和脚进行格斗或对抗的运动。

空手道
空手道起源于中国，发展于日本，是一种武术。练习和比赛时，需要佩戴护具。

空手道

摔、抱和锁技

柔术
柔术是日本根据古代印度和古代中国的打斗技而发展出的一种武术形式。

柔道
柔道由柔术演变发展而来，于 19 世纪兴起。它包括投技和寝技，寝技又分为抱压技、关节技和绞技。

相扑
提到相扑就会想到日本。但事实上，相扑于公元前 3 世纪起源于中国。

摔跤
如今，摔跤的流行程度与当时在古希腊和古罗马时相似。摔跤主要比拼的是一对一的实战对抗能力。

桑搏
俄罗斯的桑搏与摔跤非常类似，可以分为运动式桑博、格斗式桑博和极限桑搏三种。

摔跤

使用器械

卡拉里帕亚特
这是一种非常古老的武术，起源于古印度。

击剑
击剑诞生于 16 世纪，是从古代剑术决斗中发展起来的一项体育运动。很多关于击剑的术语都是法语。

弓道
日本武士最先开始练习弓道，它与射箭类似。

卡利武术
卡利武术起源于 16 世纪的菲律宾。

剑道
剑道是日本的一种体育运动，它有很多礼仪，由 11 世纪的日本剑术发展而来。

剑道

中国功夫：套路

套路是中国功夫的一种形式。在练习套路时，练习者在一个垫子上展现编制成套的武术动作。这些动作包括拳打、平衡、跳、扫和摔。有些动作是徒手的，有些则需要借助器械。

套路器械

在练习套路时，练习者可以操练各种传统的中国武术器械。套路不管是单练还是对练，都是为了使动作看起来更加优美。

枪杆（一种木棒），210 厘米
剑，103 厘米
刀，98 厘米
南刀，97 厘米

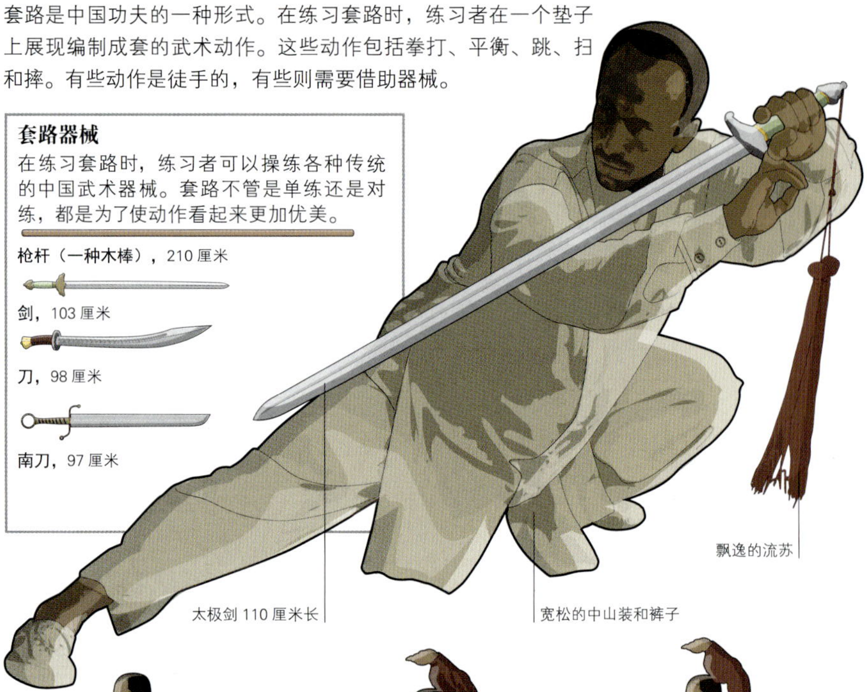

歇步
两腿交叉靠拢并下蹲，左脚全脚着地，右脚前脚掌着地。

仆步
一腿屈膝全蹲，同时一只胳膊举过头顶并弯曲，以保持身体的平衡。

马步
扎马步时大腿必须要与地面平行，所以这个动作需要力量。

拳击

在拳击比赛中，对抗双方用双拳进行攻击和防守。攻击目标只限于对方腰带以上的躯干正面和侧面，包括头部发际线前面。有效拳多的一方为获胜方，或者将对方打倒也算赢得比赛。

比赛装备

比赛时，男子必须佩戴护裆、护手绑带、手套和护齿。在业余女子拳击比赛中，必须要戴头盔。

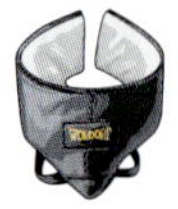
护裆

手套

护齿

头盔

刺拳
快速的刺拳是所有拳击手都会使用的基本拳法。要想打出完美的刺拳就要把手臂完全伸展开。

勾拳
勾拳的攻击目标是身体或头部的正面和侧面。比赛中，漂亮的勾拳往往会让对手措手不及。

上勾拳
自下巴向上打出的上勾拳能给对手有力一击，往往会把对手打倒在地。

柔道

柔道是日本的一种格斗术。在柔道比赛中，对抗双方试图把对方摔倒在地，把对方抱压在地上不动，或者逼迫对手屈服。柔道不允许使用器械，也不能拳打脚踢。

男子柔道在 1964 年东京奥运会上成为正式比赛项目。女子柔道在 1992 年巴塞罗那奥运会上成为正式比赛项目。

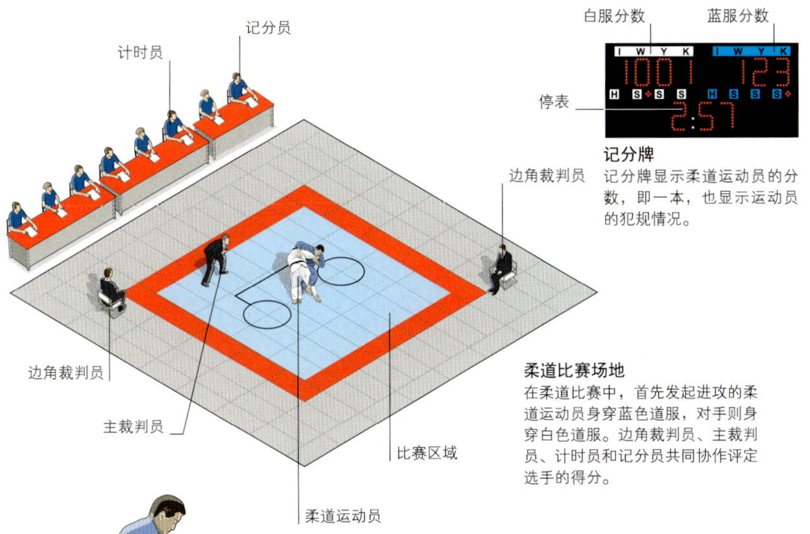

记分牌
记分牌显示柔道运动员的分数，即一本，也显示运动员的犯规情况。

柔道比赛场地
在柔道比赛中，首先发起进攻的柔道运动员身穿蓝色道服，对手则身穿白色道服。边角裁判员、主裁判员、计时员和记分员共同协作评定选手的得分。

大腰
大腰也叫过臀摔，是以臀部为轴，用腰背把对方摔倒。

袈裟固
把对手摔倒后侧身抱压住对手，并用一只胳膊缠住对手的脖子。

送襟绞
比赛中，被制伏是非常危险的，因为对手会用送襟绞从后颈部将自己控制住。

相扑

相扑是一种类似摔跤的体育运动。在相扑比赛中，运动员都力图使自己待在赛场上的圆环内，并且只有双脚着地。比赛双方通过相互推拉，试图让对方失去平衡或把对方推出圆环外。相扑史上体重最大的相扑名人之一是小锦八十吉，他的体重高达 287 千克。

相扑顶篷
相扑比赛场地上方的顶篷看起来像神社的屋顶。神道教是日本古老的宗教，神社是神道教的祭祀场所。

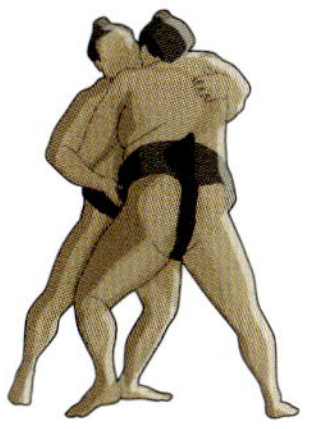

寄切
抓住对手的腰带，试图把他推出圆环。

上手投
抓住对手的腰带，并扭转上半身，以便把对手拉倒。

送出
当对手发力时，转到他的侧面，击打他的后背或胳膊，让他摔倒。

击剑

在击剑这项传统运动中，对抗双方手持特殊的剑面对面站立。击剑比赛在 14 米长、1.5~2 米宽的金属剑道上进行。击剑的有效得分区域为：花剑主要以刺中躯干区域为得分方式；佩剑主要以劈刺上半身区域为得分方式；重剑主要以刺中全身任何一个区域为得分方式。

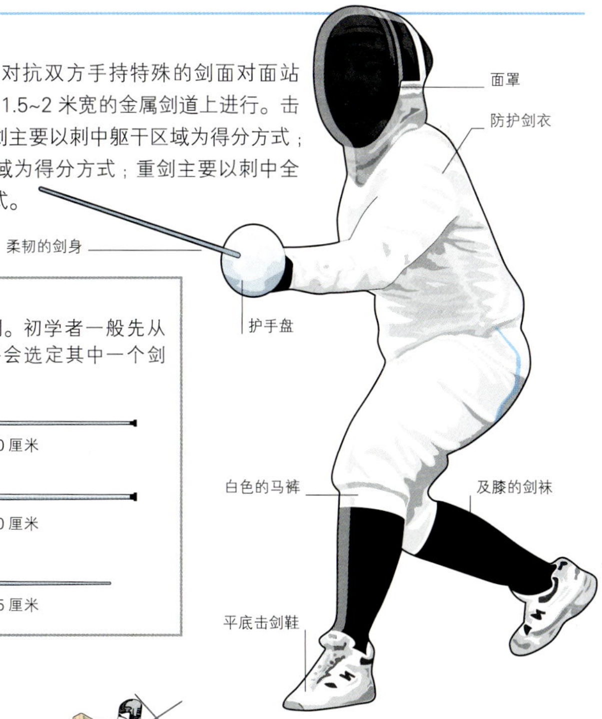

剑的种类
击剑比赛中一共有三种剑。初学者一般先从花剑开始练习，职业剑手会选定其中一个剑种进行系统训练。

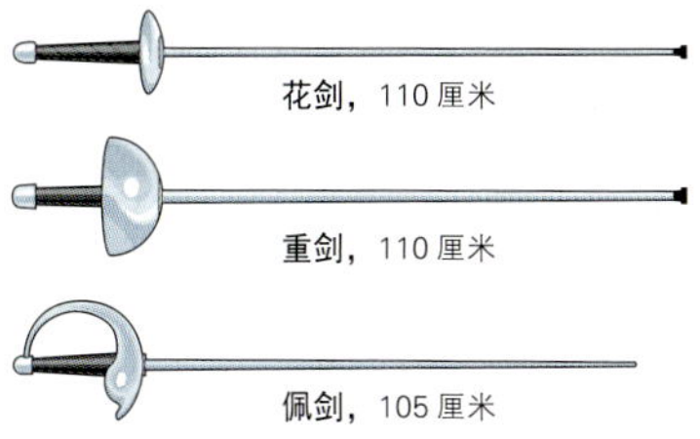

攻击
剑手瞄准对手，伸出手臂，在完成弓步或冲刺动作之前，连续威胁对手的有效部位。

拨挡（防守）
拨挡（防守）是为了阻止对方的进攻性动作击中自己，而用武器做的防御性动作。

反击
拨挡（防守）后，在对手攻击动作进行中，做出攻击动作或防御性的攻击动作，即为反击。

绳结

会打绳结是一种非常有意思的技能，很多地方都会用到这种技能。当我们参加攀岩或帆船运动时，正确地给绳子打结对于安全来说至关重要。日常生活中也有很多地方需要给绳子打结，比如搭帐篷、装饰东西、系鞋带等。

给绳子"塑形"

打结时需要把绳子弯折成不同的形状，以便打出不同的结扣。最常用的 3 种给绳子"塑形"的方法是：弯折、打环和交叉。

八字结

打八字结非常简单，而且也非常容易解开。它是一种常用的防松绳结，可以防止绳子从扣儿中滑出来。对于水手和攀岩者来说，学会打八字结非常重要。

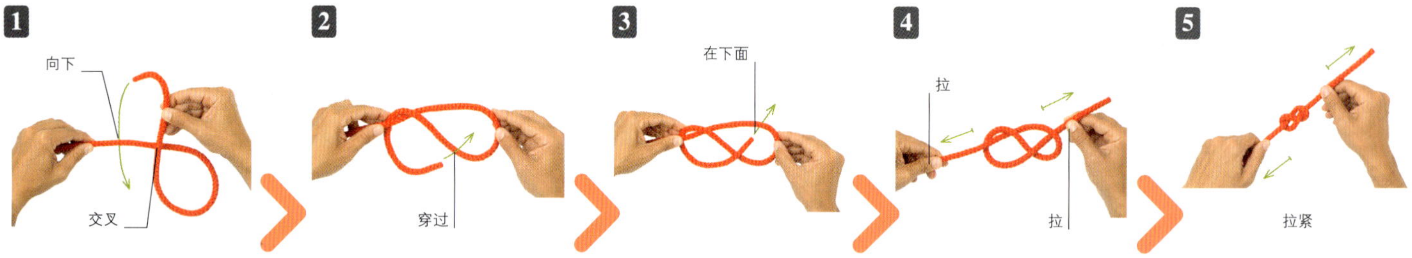

平结

平结也叫作方结，是一种绑扎结，而且很快就能打好。它主要用来把绳子绑在某个物体上，所以用来捆绑包裹再合适不过了。

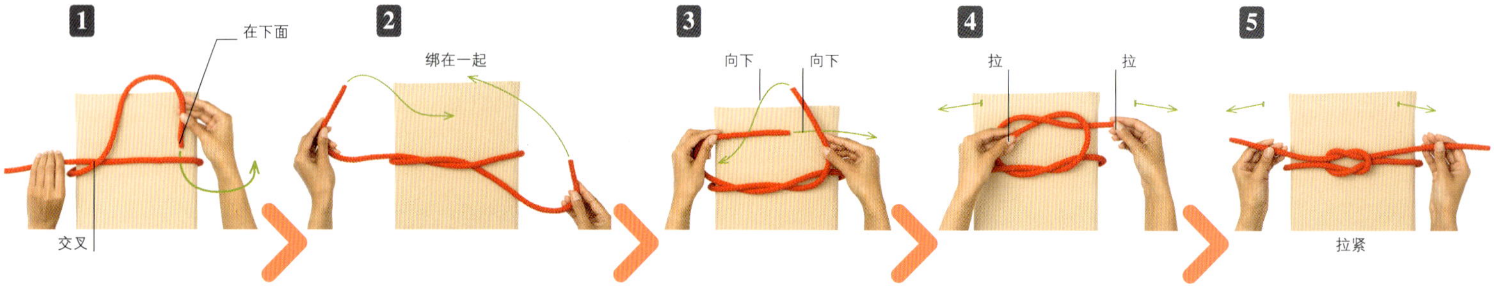

双套结

双套结也是一种绑扎结，主要用于只有绳子的一端可以打结时。把绳子的一端绑在木杆上时常打双套结，攀岩者经常用到这种打结方法。

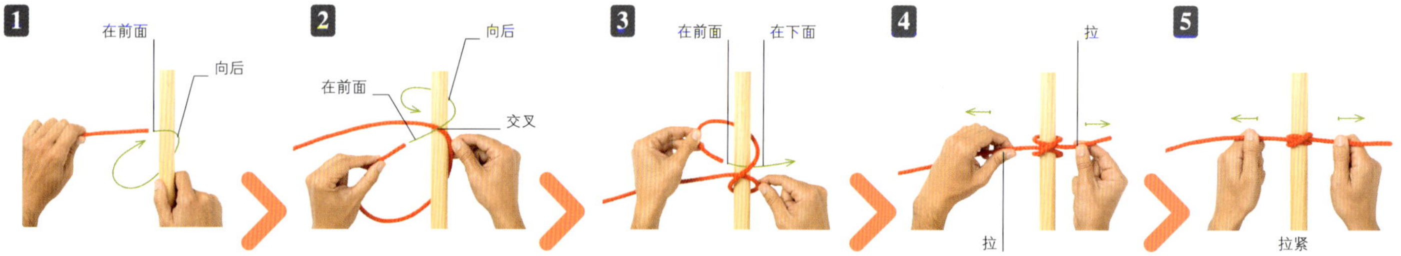

旋圆两半结

当用绳子系重物时可以用旋圆两半结。它是把绳子绑在一个固定的物体上。比如，把秋千固定在树枝上时就可以打旋圆两半结。

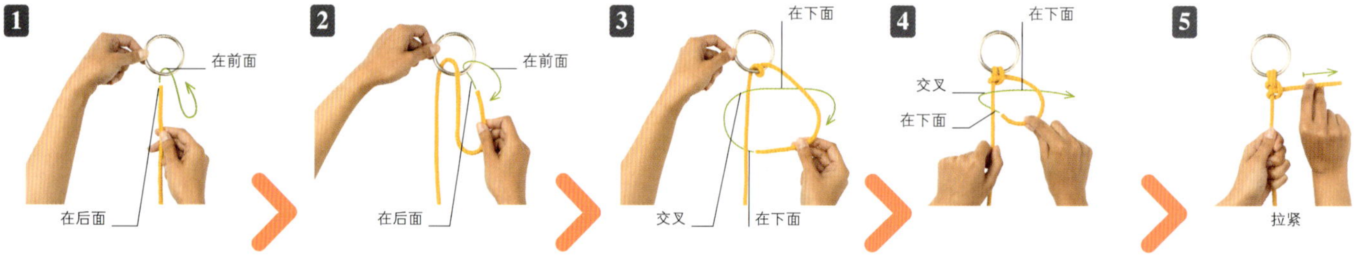

称人结

称人结是一种非常简单的结，可以用在很多地方。比如，停船时或者吊吊床时，都可以打称人结。

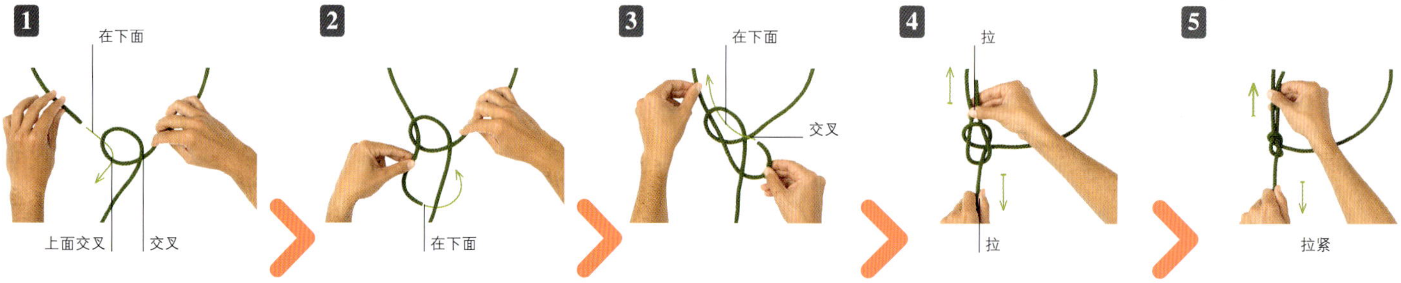

防松绳结

防松绳结可以保护绳尾，防止绳子上打的结扣松开，还可以防止绳末端的绳股散开。这种绳结也可以用来作为一种装饰。有的防松绳结很难被解开。

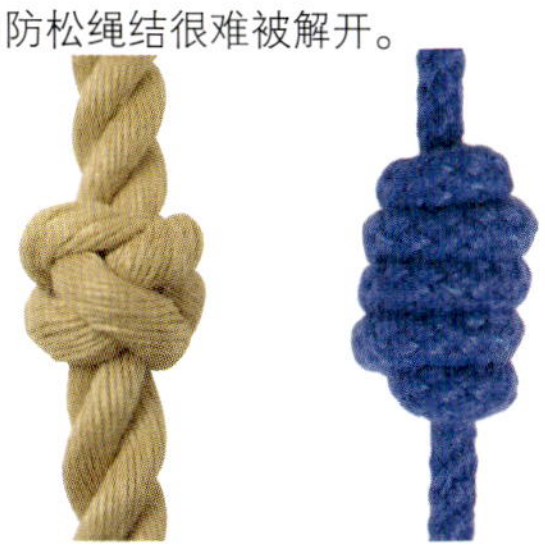

绑扎绳结

日常生活中经常会用到绑扎绳结，特别是把某些东西捆绑在一起的时候。比如，蝴蝶结非常适用于包装礼物，还有一些绑扎绳结则非常适用于系鞋带。

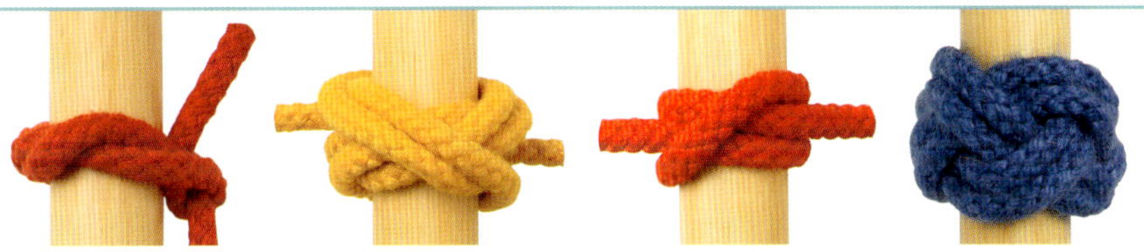

连接绳结

这类绳结都是用来把两条绳子连接在一起。攀岩者在绑安全索时或在绳子上绑其他登山装备时经常用到。一些连接绳结经常把两根不同粗细的绳子绑在一起，使绳结更紧。

拴绑结

这类绳结主要用来把绳子绑在杆子、圆环等物体上。渔民在把钓钩绑在钓线上时经常使用这种绳结。

套环结

套环结主要用于把绳子拴套在其他物体上，所以攀岩者、水手和渔民都常用这种打结方法。

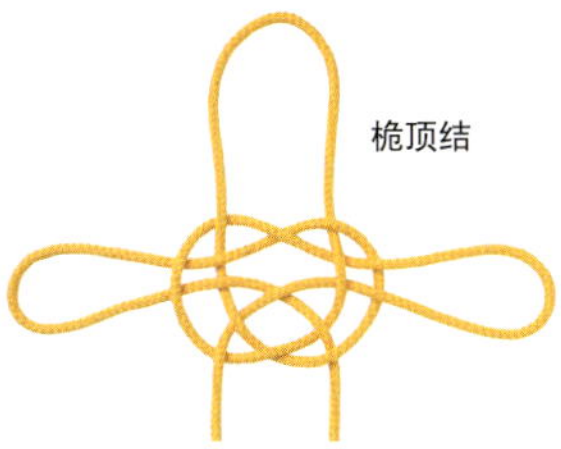

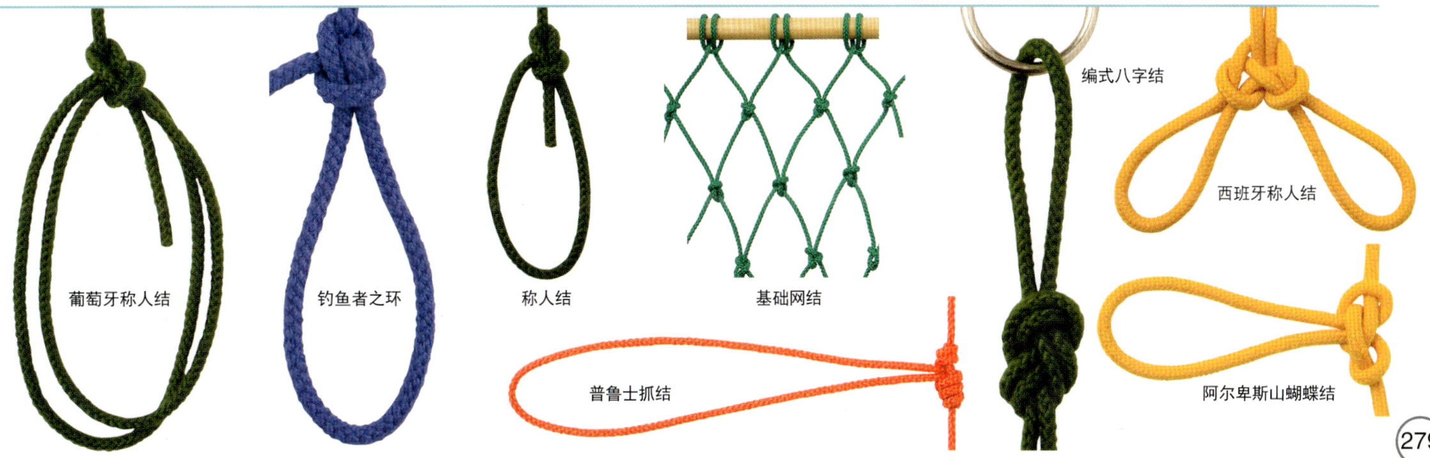

游戏

在互联网、电脑游戏、电视诞生之前，人们就发明了多种游戏。棋盘游戏和纸牌游戏已经存在了数百年甚至数千年，即使是在日新月异的今天，这些游戏依然能给人们带来无穷的乐趣和挑战。

纸牌游戏

纸牌不仅方便携带，而且简单易玩，所以广受人们的喜爱。人们用一副副纸牌可以玩出很多花样，现在还可以在电脑上玩纸牌游戏。

世界上的纸牌

扑克牌是一种常见的纸牌。欧洲国家的扑克牌一副有 52 张，分为 4 种花色：红桃、梅花、方块和黑桃。有些扑克牌上有图画或某种形状的图案。中国常见的扑克牌一副有54张，外加大王、小王。

欧洲国家的扑克牌

棋盘游戏

棋盘游戏是一类有竞争性的游戏。我们在下棋时会用到棋盘和棋子，而且往往需要全神贯注几个小时才能分出胜负。近些年来，人们社交时往往会聚在一起玩一些棋类游戏，因为这种把大家聚在一起的游戏可以给更多的人带来乐趣。

中国跳棋

跳棋分为 6 种不同的颜色。下跳棋时，每个人持有一种颜色的棋子，目的就是把自己所持有的棋子全部转移到正对面的阵地里。你可以让棋子一个孔挨着一个孔地往前跳，也可以借助棋盘上其他颜色的棋子连跳几个孔。

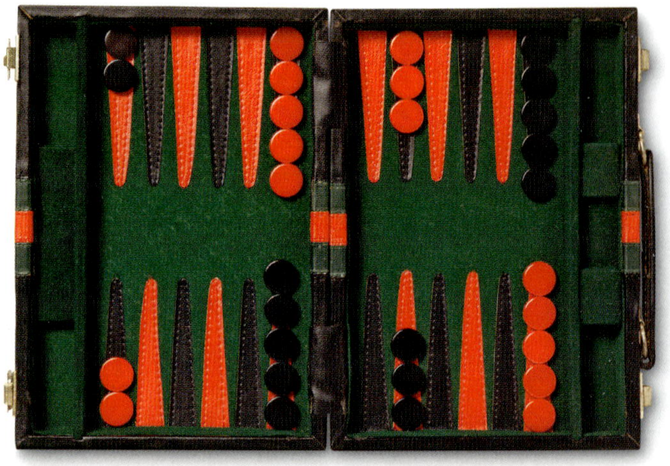

西洋双陆棋

西洋双陆棋是两个玩家玩的游戏，是世界上最古老的游戏之一。玩这个游戏不仅靠战术也要靠运气，因为玩家需要掷骰子来决定如何走棋。先把全部棋子离盘的玩家为获胜方。

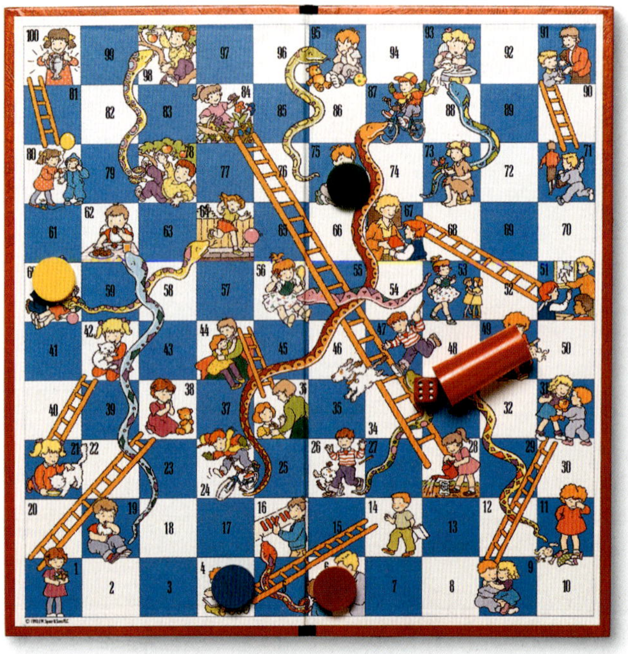

蛇梯棋

在玩蛇梯棋时，玩家也需要掷骰子来决定向前移动的步数。当棋子正好落在梯子上时，就可以多走几步，但是一定不要被蛇咬到。

围棋

下围棋就是在空的棋盘上放置自己所持有的棋子。但是，棋子要放在直线的交叉点上，以形成自己的领域，包围、吃掉对手的棋子。

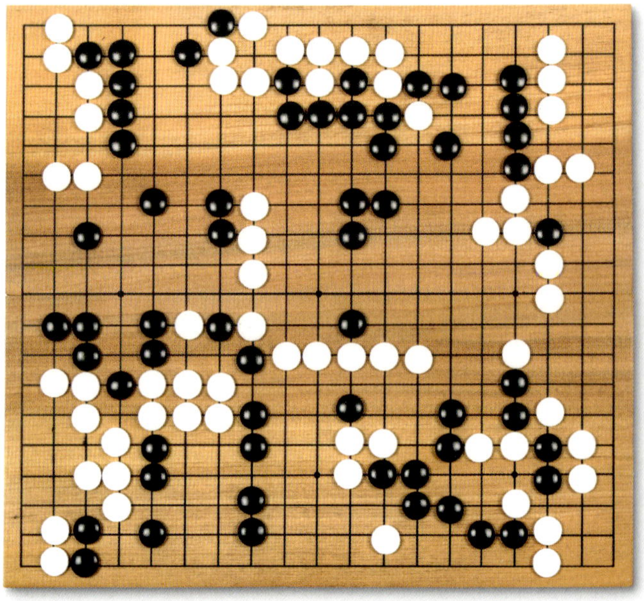

国际跳棋

下国际跳棋时要走斜线跳过对手的棋子，以便吃掉对手所有的棋子。

牌、石子、棍儿、珠类游戏

最早人们玩这类游戏时，是用身边任何可以拿到手的东西来玩，比如卵石、贝壳、小棍儿和骨头。如今，很多游戏都有了成文的游戏规则和固定的游戏用具。

播棋

播棋有数百种不同的形式。玩播棋时，玩家沿着小圆洞移动种子或者小石子，试图收集尽可能多的种子或小石子。

多米诺骨牌

一套多米诺骨牌有 28 张，每张牌上有两组圆点，每组圆点的个数为 0~6。每个玩家有 7 张牌，然后轮流在一行牌的两端摆放与前一张牌点数一样的牌。如无牌可打则叫“过”，由另一家接打。先把手里的牌都用完的玩家就赢得了游戏。

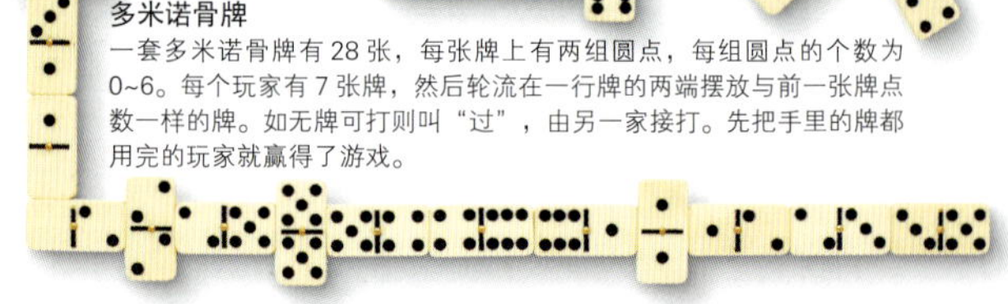

麻将

麻将是中国的一种古老游戏。打麻将时，4 位玩家轮流摸牌和打牌。每位玩家的目的都是把每种牌连顺成一组。

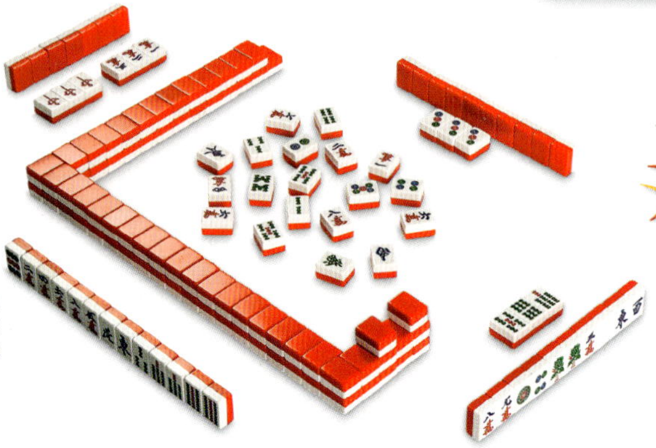

挑签子

玩挑签子时，先把签子散落成一堆，然后每位玩家轮流从签子堆里挑出一根签子，而且挑签子时不能碰到任何别的签子。能挑起最多签子的玩家为获胜者。

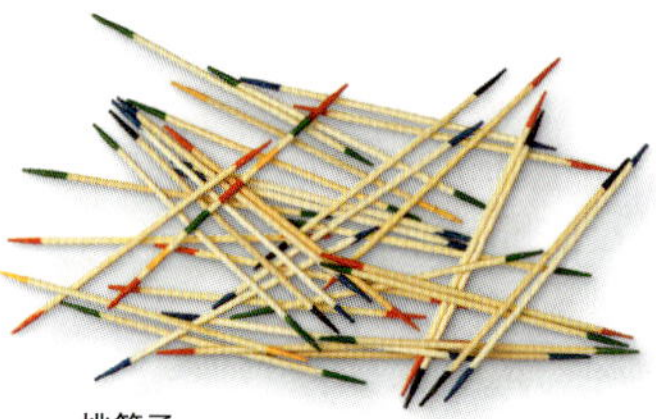

单人跳棋

单人跳棋是一种单人游戏。玩家需要让弹珠隔着一个弹珠跳到下一个空的圆孔里，就这样一直跳。当只有圆盘中心的圆孔剩下一个弹珠时，游戏结束。

花札

流行的纸牌游戏

在大多数纸牌游戏中，要想赢得游戏不仅要靠记忆力和技巧，还要靠运气，因为分发到手的牌有好有坏。

名称	类型	玩家	目标
拉米纸牌	叫牌垫牌	2 个或更多	把牌组合成套
桥牌	吃碰游戏	4 个	最高得分
扑克牌	吃碰游戏	2 个或更多	牌力牌型
单人纸牌	组合成套	1 个	把 4 种花色的牌都分别组合成套
卡纳斯塔纸牌	叫牌垫牌	4 个	最高得分

国际象棋

在下国际象棋时，一方执白色军队，一方执黑色军队，双方轮流走棋，以攻击对方的王，目的是将死王，也就是让王处于无法躲避进攻的位置。在将死王的过程中，可以吃掉对方的棋子，同时也要保证自己棋子的安全。

棋钟

棋钟用来控制走每步棋所用的时间。一方棋手走完一步棋后方能停止自己的棋钟，同时开启对方的棋钟。

国际象棋的摆放

在国际象棋的棋盘上，黑棋和白棋各有 16 个，两种棋分别摆成两排，其中 8 个兵摆在前排。在后排，2 个象、2 个马和 2 个车分别摆在后和王的两侧。

棋子

国际象棋共有 32 个棋子，黑棋和白棋各 16 个。每个棋手有 1 个王、1 个后、2 个车、2 个马、2 个象和 8 个兵。

一套黑棋

王

王是整个棋盘上最有价值的棋子，它可以向任何方向移动，每次只能移动一格。但是，王不可以走进同色棋子占据的格子里，也不可以处在被“将军”的位置，即处在受对方棋子威胁的位置。

后

后是整个棋盘上最有权力的棋子。后也可以向任何方向移动且走的格数不受限制，但它不能越过同颜色的棋子。如果后吃掉了对方的一个棋子，那么它就不能再移动了。

象

象的顶部是一顶主教冠。象只能走斜线，走的格数不受限制，但是不能越子。开始一局国际象棋时，2 个象 1 个占白格，1 个占黑格。但是在下棋的过程中，2 个象必须始终占据同颜色的格子。

马

马是非常有用的棋子，因为它可以越子。走棋时，它可以先向任何方向走两格，然后斜着向左或向右走一格。实际上，马位于“日”字矩形的一个角上，可以跳到对面的那个角。

车

车开始位于棋盘的一角，走棋时它可以向前、向后、向左、向右移动，走的格数不受限制。但是，它不能越过同颜色的棋子。下棋时，2 个车要相互保护彼此。

兵

兵是国际象棋中最小的，也是最没有价值的棋子。下棋时，兵每次只能向前直走一格。但是，走第一步时可以选择走一格或两格。

游戏的历史

考古学家发现了古时候人们玩游戏的遗迹，这些遗迹至少已有 5000 年的历史。史前人类甚至就已经开始用类似骰子的骨头来玩游戏了。

公元前 3100 年—2025 年

公元前 3100 年 塞尼特棋是已知的最古老的棋盘游戏。在古埃及是非常受欢迎的娱乐消遣活动。

西洋双陆棋

公元前 3000 年 人们已经开始玩一种与西洋双陆棋类似的棋盘游戏了。

古墓壁画上的塞尼特棋

公元前 500 年 印度十字戏是一种古印度游戏，在《摩诃婆罗多》史诗中就提到过。

公元前 200 年 在中国陕西省发现了这一时期的陶瓷制围棋棋盘。

600 年 国际象棋的鼻祖恰图兰加（古印度象棋）在印度的史料中被提到。

7 世纪 在非洲的厄立特里亚发现了有关早期播棋的碎片。

播棋

9 世纪 在中国的唐朝开始出现纸牌游戏。

板棋

13 世纪 在中国的相关文献中首次提到了多米诺骨牌。

1220 年 斯堪的纳维亚半岛的策略类游戏板棋在《萨迦》中有记载。

国际跳棋

克里比奇牌戏记分板

1492 年 在一本中世纪时期的书中，展示了一位骑士和一位女士正在下国际跳棋。

17 世纪 人们发明了一种名叫克里比奇牌戏的纸牌游戏，玩时需要使用记分板。

约 1850 年 中国人在以往牌类游戏的基础上发明了麻将。

1874 年 帕克兄弟十字戏来源于古印度的印度十字戏，并于 1874 年传到美国。

1886 年 第一届世界国际象棋锦标赛举行。

印度十字戏

19 世纪 90 年代 基于一种古老的印度游戏的蛇梯棋开始在维多利亚时代的英国流行起来。

1933 年 美国的一名建筑师发明了一种十字交叉的文字游戏，也就是后来的英文图版游戏。

1974 年 魔方首次与公众见面，并且成为全世界最畅销的益智游戏。

1978 年 街机游戏《太空入侵者》轰动一时。

魔方

1980 年 日本推出街机游戏《吃豆人》。

1981 年 棋盘常识问答游戏风靡一时。

2000 年 电脑游戏玩家可以建立家庭，选择如何在《模拟人生》中生存。《模拟人生》是《模拟城市》的衍生品。

2004 年 《魔兽世界》诞生，它是一款大型的多人在线角色扮演游戏。

2011 年 备受各方赞誉的电脑游戏《我的世界》正式发行。

2017 年 在线多人战斗游戏《堡垒之夜》上线后，很快吸引了数百万玩家，成为近 10 年来最具标志性的游戏之一。

魔术

魔术师表演的戏法或幻术，常令观众感到不可思议，他们似乎能将“不可能”变为“可能”，将“难以置信”变为“确实可信”。其实，通过练习和小技巧，任何人都能为家人和朋友表演几个小魔术。但是请记住，魔术有个黄金准则——永不解密。

魔术道具

魔术师的魔术箱中通常有几件关键道具，能帮助魔术师完美地演出。一般来说，一副扑克牌、一套杯子和几个球，都是十分重要的道具。此外，魔法杖也很流行。

魔法杖

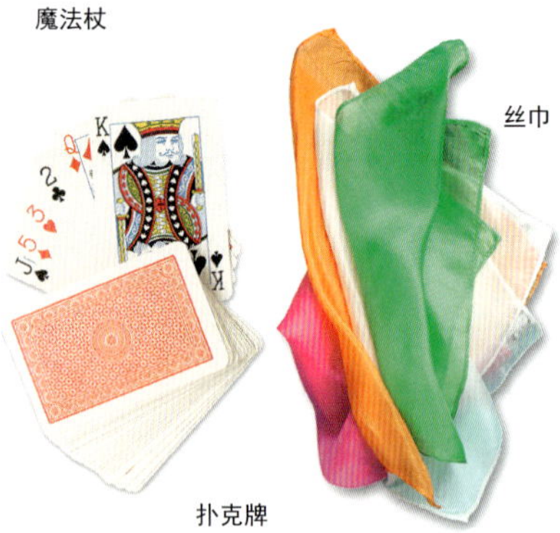

纸杯和毛线球

在表演任何一段魔术前，要确认你的道具是否就位。

“消失”的硬币

在这个“突然消失”的戏法里，你需要让观众相信，硬币是真的消失了。但事实上，你只是将它藏了起来。要做到这一点，你需要一把剪刀、两张白纸或卡片、胶水、一支铅笔、一块手帕、一枚硬币和一个透明塑料杯。

1 画一个圆 将塑料杯杯口向下，扣在一张白纸或卡片上，然后用铅笔沿着杯口画一个圆，并将它剪下来。

2 粘圆形纸片 将剪好的圆形纸片用胶水粘在杯子上，注意沿杯口粘牢，剩下的纸可以扔掉。

3 放置好物品 将杯口向下，放在另一张白纸或卡片上，并将手帕和硬币放在旁边。

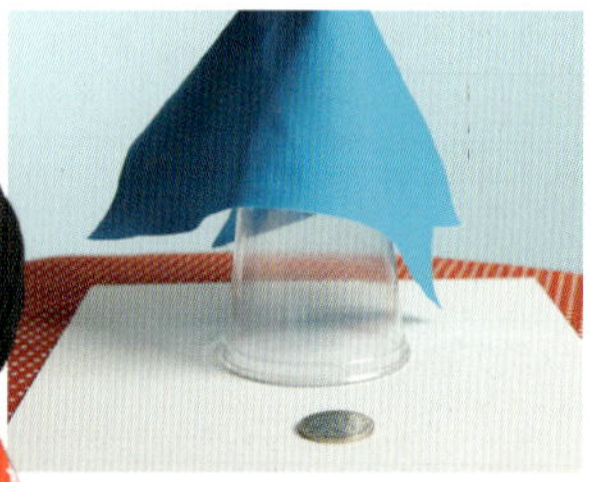

4 开始表演 现在，你可以开始表演了。召集观众，并用手帕盖住杯子。

5 藏起硬币 用手帕将杯子完全遮住，并将杯子扣在硬币上。这时，你可以挥一挥魔法杖，或者念几句“咒语”。

6 从容展示 缓缓将手帕从杯子上拿开，注意千万不要移动杯子。

7 硬币“消失” 只要你足够小心，观众压根儿猜不出来，硬币是被压在圆形纸片下了。

“变”水为冰

这是一个非常简单的“改变类”的魔术。表演这个魔术，你需要一个纸杯、冰块、海绵、剪刀和一小杯清水。在表演前要先练习一下，这样你就可以知道你准备的海绵能够吸收多少水了。

1 加入海绵 剪下一片圆形海绵，使其紧贴纸杯底部，稍后用来吸收倒入纸杯的水。

2 放进冰块 向纸杯中加入少许冰块，冰块盖在海绵上方。趁着冰块还未融化，赶紧召集观众吧。

3 倒水 请观众仔细观看，你将水从罐子倒入纸杯中，千万别让他们看纸杯内部。

4 大功告成 念几句“咒语”，或者挥一挥魔法杖，然后把纸杯倒过来，冰块就会滑落出来。

魔术效果

目前，世界上已有数千种魔术，但魔术师们仍在不断创新。魔术师在表演魔术时，常常会用到一些效果。一般来说，简单的魔术，只需使用一种效果；而复杂的魔术，则需要同时使用多种效果。

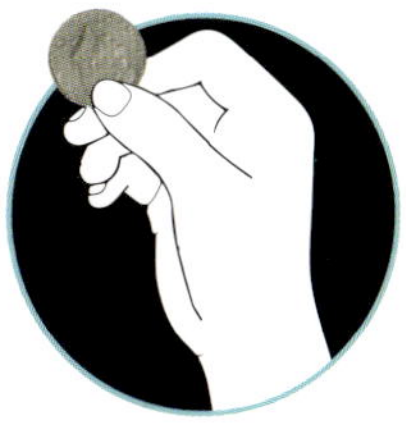

“无中生有”
从未知的地方变出一个人或一件东西来。

“消失”
顾名思义，“消失”与“无中生有”相反，会使一个人或一件事物不见。

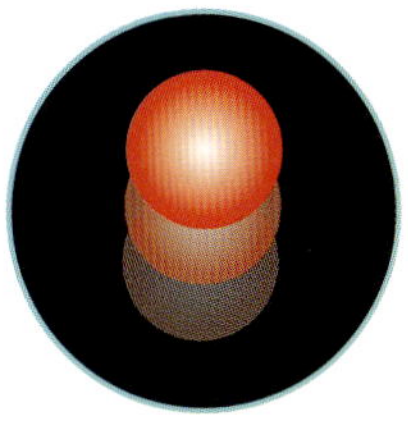

“漂浮”或“悬浮”
使一个人或物体“悬浮”在半空中。

“预言”
预测将要发生的事，如预测“哪张卡片会被选中”。

“改变”
将一件事物变成另一件事物，如将人变成动物。

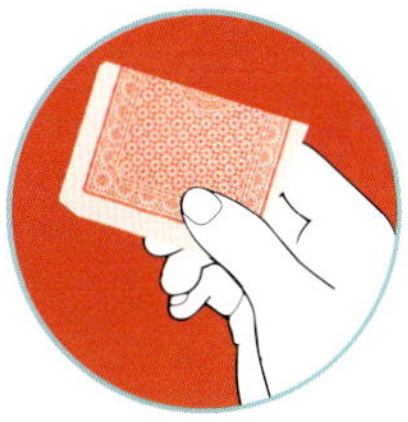

“复原”
神奇地将破损的东西恢复原状。

“逃脱术”
使对象从手铐、牢笼等束缚和困境中脱身。

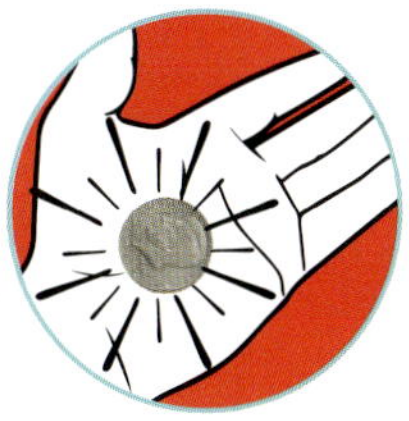

“瞬间移动”
看似并未控制物体，却能将它从一个地方转移到另一个地方。

魔术技巧

使观众获得愉悦是魔术师的首要任务。当观众被魔术师的魅力“降服”后，魔术师只需使用一些小花招，如分散观众的注意力或一些“小骗术”，就能让观众感受到“见证奇迹”的力量。

演技
优秀的魔术师往往善于娱乐观众。他们会适时地使用礼帽、魔法杖等关键道具。在表演过程中，他们也会穿插讲一些顺口溜和笑话，还会通过提问等方式增加与观众的互动。

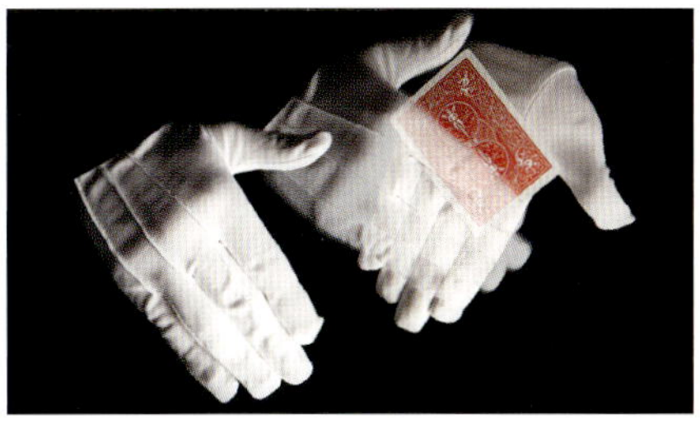

花招
魔术师非常善于利用观众的视觉盲点，以及快速而流畅的手部动作，施展“掩饰”和“伪装”等技巧，以呈现魔术效果。

魔术师

第一批舞台魔术师发明了令人大为惊奇的戏法。如今，顶级的魔术师沿袭了这一传统，创造不同的“幻觉”，使观众沉醉其中。

露露·赫斯特（1869~1950年）
美国舞台魔术师，以表演超自然魔术著称。赫斯特的舞台技巧多基于简单的物理学原理，能将多个男人移动到椅子上。

哈里·胡迪尼（1874~1926年）
胡迪尼是享誉世界的逃脱艺术家。他能够逃脱任何囚禁与束缚，比如手铐、脚镣、牢笼、紧身衣、监狱，甚至密封的牛奶罐。

哈里·胡迪尼

但丁（1883~1955年）
但丁成功呈现了无数令人惊叹的幻象魔术，比如出现一大群音乐家、杂技演员和动物等。

克里斯·安吉尔（1967年~　）
“世纪魔术师”克里斯·安吉尔的特技包括：在水上行走；漂浮于两栋建筑物之间；使一头大象“消失”；平躺在一层玻璃上，然后让蒸汽压路机从自己身上碾过。

大卫·布莱恩（1973年~　）
布莱恩的魔术表演经常挑战人类极限，呈现一些惊世骇俗之举，比如他会躺在冰棺中，表演“被活埋”，以及被致命的电流“困困”等。

举起扑克牌 A

利用“瞬间移动”的魔术效果，你就能从一副扑克牌中变出 A 来。在悄悄完成第一个步骤后，你可以邀请一名热心观众帮忙。在完成所有步骤后，当翻开每一摞扑克牌最上面的那张牌时，你期待的 4 张 A 便会出现了。

1 准备一副扑克牌
挑出 4 张 A，并将它们面朝下，放在扑克牌的最上方。

2 分成 4 摞
请热心观众将扑克牌平均分成 4 摞，你一定要盯住哪一摞纸牌含有 4 张 A。

3 最上面的 3 张牌
请热心观众从不含 A 的 3 摞扑克牌中任选一摞。请他取出最上方的 3 张牌，放在这一摞牌的最底部。

4 发一张牌
请热心观众从他选择的这摞牌中，抽出最上方的 3 张牌，分别盖在另外 3 摞牌的上方，每摞只发一张牌。另外两摞不含 A 的纸牌，也要重复步骤3，以及步骤4的前半部分。

5 揭开 A
请热心观众拿起带有 A 的那摞扑克牌，取出最上方的 3 张牌，压在最底部。然后抽出最上方的 3 张牌，分别盖在另外 3 摞扑克牌的上方，每摞只发一张牌。请他一一揭开 4 摞牌最上面的那张牌。

变热的硬币

这个硬币戏法运用了“预言”的魔术效果，它让观众相信你会“读心术”。你需要准备一袋冰凉的硬币——在魔术开始前，请将硬币在冰箱里放置几分钟。

1 召集观众
请一名观众从袋子里挑选一枚硬币，然后将它紧紧握在你手心里，用心记住它的外观。

2 混合硬币
请这位热心观众将硬币放回袋子里，然后倒出所有硬币。

3 误导观众
依次拿起一枚硬币，假装集中注意力，仔细观察。

4 展示硬币
找到那枚被热心观众选中的温热的硬币，便大功告成啦！

“有魔力”的绳子

这个魔术利用“复原”的魔术效果，使一根被剪断的绳子再次“变完整”。道具是一根短绳、一根长绳和一把剪刀。

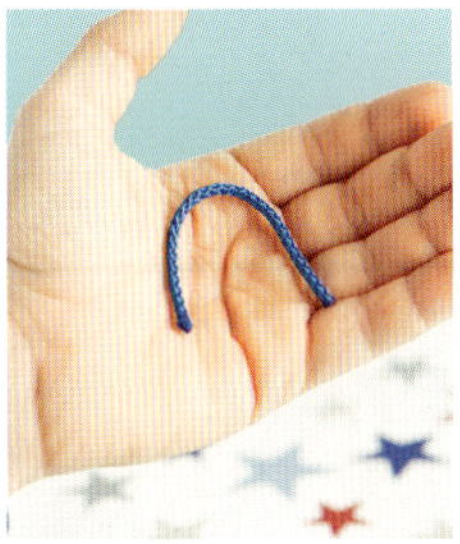

1 短绳
取一根短绳，将它藏在你的左手手掌中。

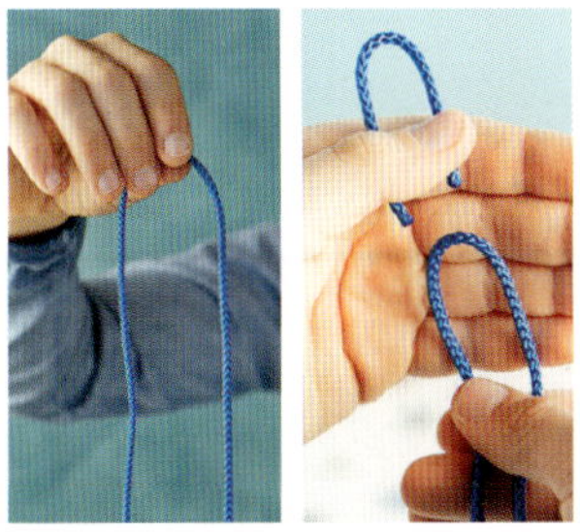

2 长绳
将长绳藏在左手手掌中短绳的下方，将短绳露在外面。

3 剪断绳子
请一位热心观众剪断露在外面的绳环。

4 隐藏起来
悄悄把剪断的短绳卷起来，藏在手心里，然后抽出长绳。

5 还原绳子
向观众展示完好无损的长绳，而被剪断的短绳就藏在你的手心里。

骑马

人们可以通过很多方式来享受骑马带来的乐趣。进行团体赛、障碍赛，或者在安静的郊外骑马慢跑，这些都能让人们体会到骑马的快乐。如何照看马匹，以及如何安全正确地驾驭马匹，都是成为一名优秀骑手必须要学习的内容。

骑手装备

在骑手的服饰中，安全帽或头盔是最重要的。此外，马靴要有一定高度的鞋跟，可以防止脚在马镫上打滑；穿在马裤外面的护腿裤——恰卜斯可以保护小腿。

骑士服　长靴

安全帽　手套　恰卜斯　焦特布尔靴

马具

穿在马身上的一系列装备统称为马具。其中，水勒缰和绑在上面的衔铁组合在一起用来控制马的头部。一些人还会选择使用低头革，避免马把头抬得太高。马背上的马鞍可以让骑手的重量较为均匀地分散在马背上。总之，马具有很多种类，每种都有其特定的用途。

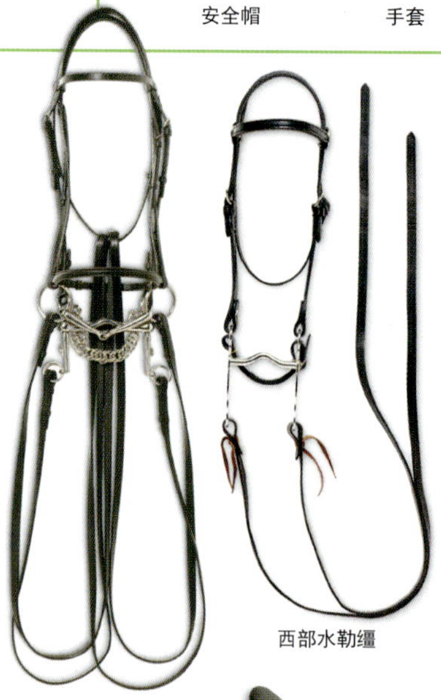

水勒缰　西部水勒缰

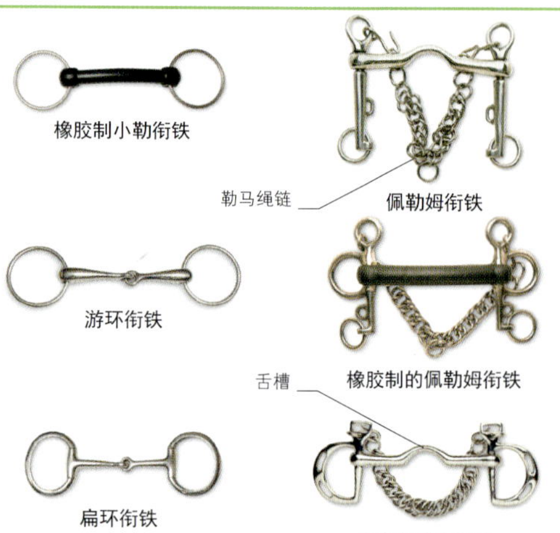

橡胶制小勒衔铁　佩勒姆衔铁　游环衔铁　橡胶制的佩勒姆衔铁　扁环衔铁　金布尔威克衔铁

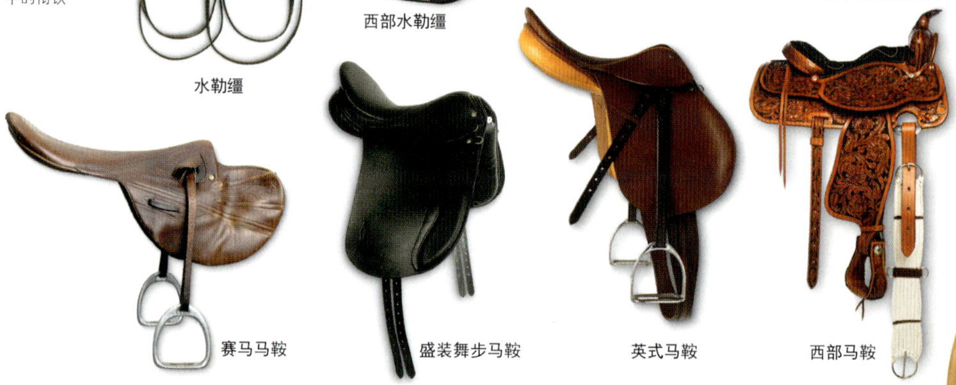

赛马马鞍　盛装舞步马鞍　英式马鞍　西部马鞍

穿马鞍

掌握如何正确地穿戴马鞍非常重要。因为，如果马鞍穿戴不恰当，不仅会使马背受伤，还会威胁到骑手的安全。上马前和上马后，骑手都要检查肚带（围绕在马肚子上的带子）是否足够紧。

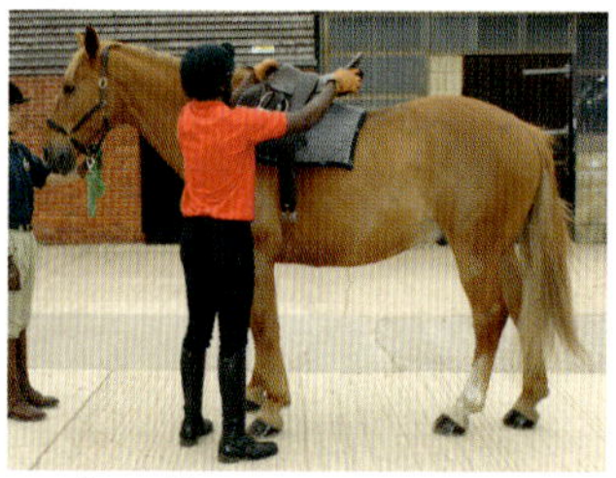

1 放置马鞍 把当前位置上的马鞍和鞍垫再进一步往前放。注意马鞍和鞍垫要一起移动。

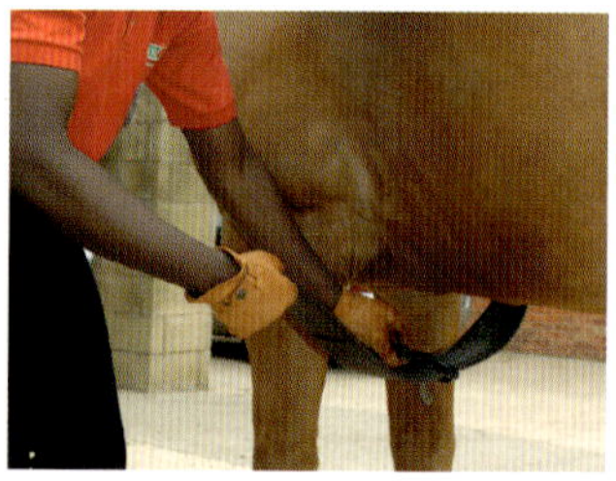

2 拿起肚带 在马鞍的一侧扣上肚带，然后从另一侧拿起肚带。要确保肚带没有缠绕。

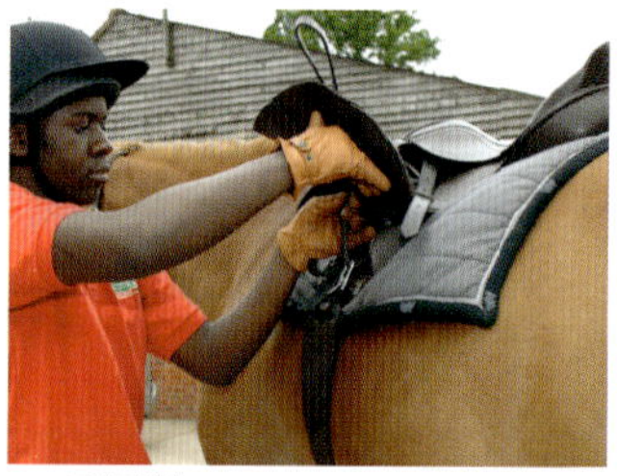

3 系紧带扣 把肚带扣在马鞍的带子上。拉紧肚带，并确保不要弄伤马的皮肤。

美容工具

用来给马美容的工具五花八门，而且都是经过特别设计的：硬毛马刷和橡胶马梳可以清除泥土，柔软一些的马刷可以刷去灰尘和皮屑，马蹄钩则可以去除马蹄上的脏东西。

马蹄油　马蹄钩　马蹄油刷　除汗刮刀　马刷　硬毛马刷　海绵　橡胶马梳

喂马

对于马来说，天然的美食就是草，但是对于驰骋赛场的马来说，只吃草是远远不够的，它们还需要补充额外的食料。干草可以补充纤维，此外，马还需要补充谷物。

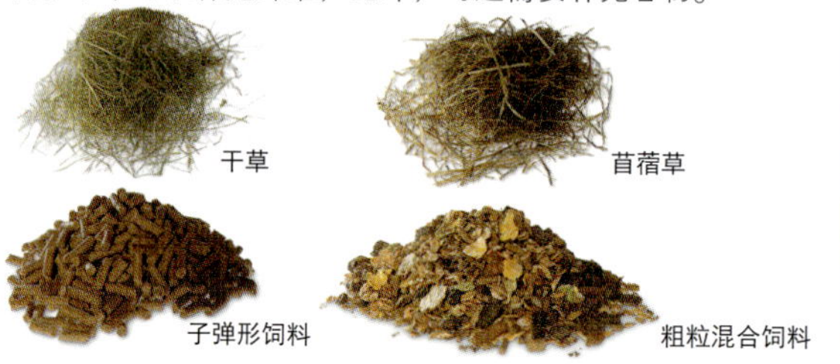

干草　苜蓿草　子弹形饲料　粗粒混合饲料

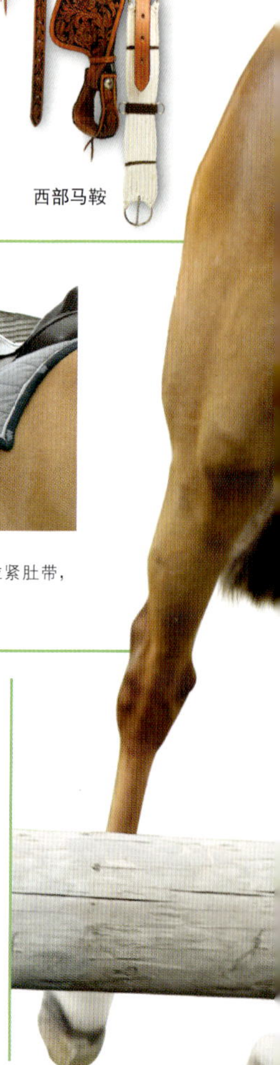

上马

对于一个新的骑手来说，学习骑马的首个挑战就是上马。想要既快速又安全地上马需要不断练习。练习上马动作时，骑手都应该站在马的左侧，靠近马体与马前肢对正站立，面向马体斜后方，从左手边也就是身体离马近的一侧开始上马。

1 抬脚 身体面向马背。右手握住马镫，然后把左脚踩在马镫上。

2 身体向上跃起 左手握住马鞍的前部，转身面向前方，然后身体向上一跃，同时用右胳膊支撑身体。

3 跨过马背 左腿蹬直后，右腿跨过马背，然后轻轻坐在马鞍上。

下马

下马要比上马容易些。但是，为了骑手的安全和马的舒适，仍然要掌握正确的下马动作。骑手应该从身体的左侧下马，而且在马还没有完全停下来时，千万不要下马。

1 双脚出来 握住马鞍的前部，同时双脚从马镫中出来，然后身体前倾。

2 右腿下马背 抬起右腿并小心地从马背上下来。

3 滑下 从马背上滑下来，双脚轻轻地着地，身体面向前方。

马的跳高纪录是2.47米。

跳跃

骑马跳跃对于任何骑手来说都是非常惊险刺激的。而对于马来讲，跳跃也很有趣。

四种步法

马匹前进的步法主要分为四种：慢步、快步、跑步和袭步，每种步法的速度不同。不管是哪种步法，马匹的马蹄都是有节奏地重复着相同的动作。

慢步：平均速度 5~6 千米 / 时

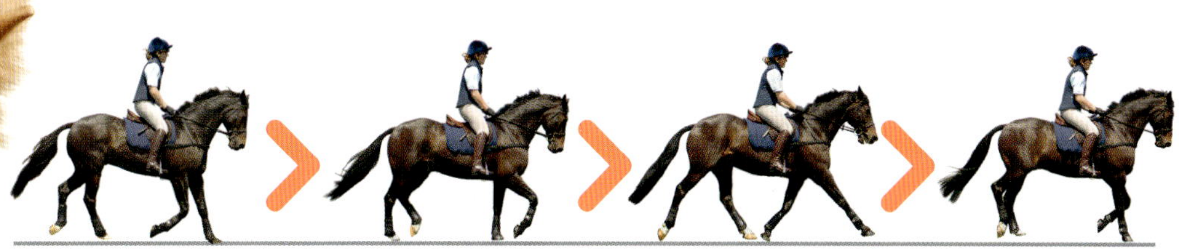

快步：平均速度 13~16 千米 / 时

跑步：平均速度 16~27 千米 / 时

袭步：平均速度 40~48 千米 / 时

骑马运动

很多骑着马进行的运动或体育比赛在世界范围内都很流行。常见的有赛马、障碍赛、越野赛等。一些是团队之间的比赛，一些是单个骑手之间的比赛。

马球 马球是一项团队之间的比赛。比赛时，骑手手握马球杆去击球。

障碍赛 在这项比赛中，骑手需要骑马越过栅栏、沟渠等障碍。

盛装舞步 盛装舞步比试的是马匹步态的优美。

综合全能马术赛 综合全能马术赛也叫三日赛，包括盛装舞步、越野赛和障碍赛。

轻驾车赛马 选手驾驶双轮马车进行比赛。

马篮球 一项需要骑手把球投入球网的团队比赛。

牛仔竞技 牛仔竞技是北美一项传统的牛仔骑马技术的比赛。

CINCO PESOS
1976

     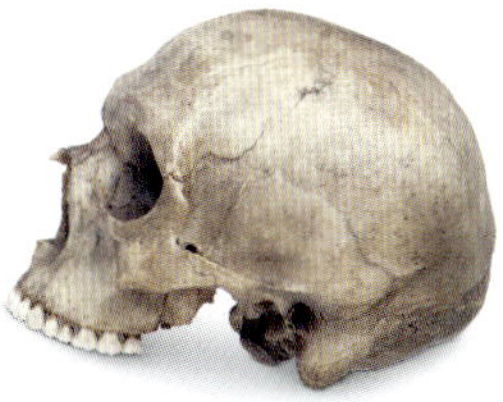

历 史

最早的人类

数百万年前，一群猿人开始直立行走。他们是人类的祖先，也是地球上最早出现的类似人类的动物。随着时间的推移，他们的身体适应了直立行走，脑容量变得越来越大，最终进化成了人属的物种——智人。

姗姗来迟者

地球形成于 46 亿年前。如果将地球的历史浓缩为 1 小时，那么大部分生命形式是直到最后 10 分钟才发展形成的，而人类则是直至这小时的最末 1 秒中的最后一小部分时间才出现的。

- 00:01 地壳形成
- 10:27 地球表面上最古老的岩石形成
- 17:37 第一种细菌出现
- 41:45 第一株海藻出现
- 51:12 第一只水母出现
- 53:25 第一条鱼出现
- 54:59 第一只昆虫出现
- 57:07 第一个哺乳动物出现
- 59:58.8 第一个人类祖先出现
- 59:59.9 第一个现代人出现

走出非洲

大约 30 万年前，人属的物种——智人首先在非洲大陆进化而成。大约 10 万年前，他们开始走出非洲，不断建立新的定居点。目前除南极洲外，人类在世界各大洲中均已繁衍生息。

图例
→ 智人在世界各地的移居情况

直立行走

人类与其他灵长类动物不同，其他灵长类动物要么爬行，要么使用四肢行走，而人类则是用双脚行走的。由于直立行走，人类的躯体与猿类亲戚的躯体也大为不同。

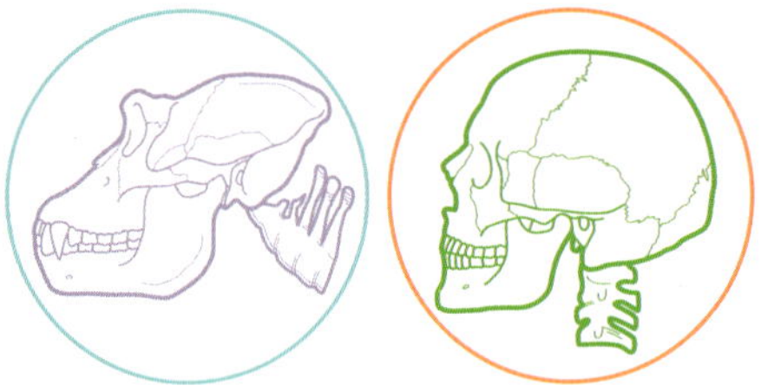

颈部
人类的颈部在头骨的正下方，所以头部能够在脊柱顶端保持平衡。而大猩猩的颈部则是从侧面与头部衔接。

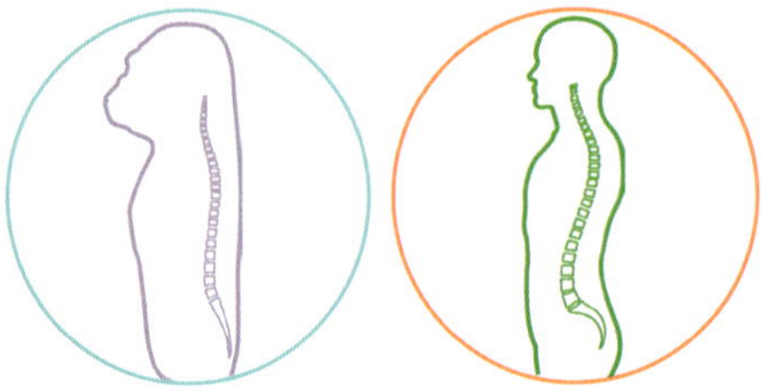

脊柱
人类的脊柱在颈部和背部均有更为突出的曲线，所以当一个人行走或奔跑时，脊柱可以更好地吸收冲击力。

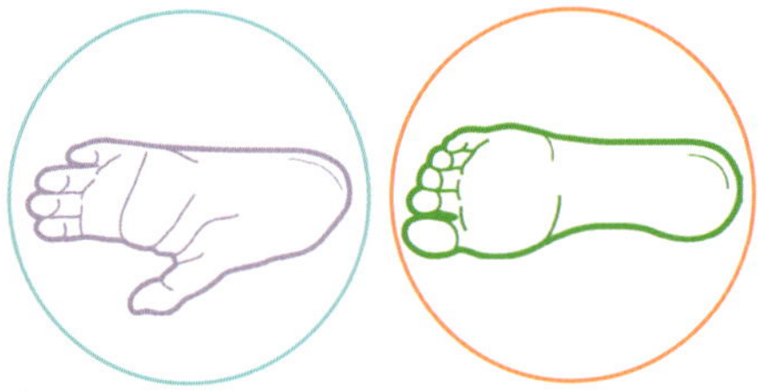

脚
大猩猩的大脚趾长在脚的一侧，这样可以帮助它们攀爬树木。而人类则有着整齐地排列在一起的脚趾和更长的脚后跟，这样当人类行走时，脚就可以均匀地支撑身体的重量。

早期的工具

早期的人类用一块石头敲击另一块石头来制作切边。通过这种方法，人类学会了如何制造工具。人们制造不同的工具来应对不同的任务，比如挖、锯，或者撬开坚果。

鹿角锤

小手斧

燧石刀片

锯

如何制造手斧？

需要通过技术和经验先选出一块适合的石头，然后把它敲击成一件锋利而实用的工具。

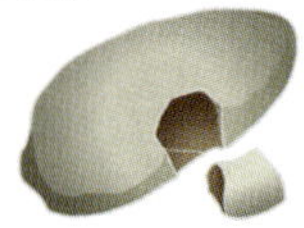

1 利用一块石头敲击这块挑选出来的石头。

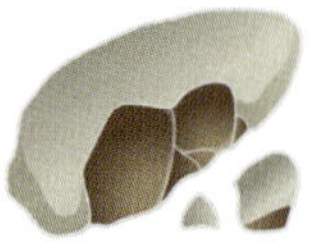

2 大块的石头薄片被敲落。

人类的祖先

大约 700 万年前，猿一分为二——一个分支发展成黑猩猩，而另一个分支则演变为类人猿（古人类），并最终进化成为现代人。

800 万年前 …… **现今**

- **700 万年前** 乍得沙赫人：被认为是黑猩猩和人类最后一个共同的祖先。
- **610 万年前** 图根原人：可能是第一个使用双腿走路的猿。
- **370 万～300 万年前** 南方古猿阿法种：被认为是人属的祖先，属于现代人。
- **230 万年前** 非洲南方古猿：与猿类似，脑袋较小，长着与人类相似的牙齿。
- **240 万～160 万年前** 能人：之所以称之为能人（在拉丁语中意为“能工巧匠”），是因为他们可能是第一个使用工具的物种。
- **160 万～25 万年前** 直立人：与现代人一样高，体形与现代人相似。
- **60 万年前** 海德堡人：身材更加魁梧，有着更宽的头骨来保护比早期物种更大的大脑。
- **约 43 万年前** 尼安德特人：优秀的猎手及工具制造者，在欧洲气候寒冷的地区繁衍生息。
- **约 30 万年前** 智人：在非洲进化而成，然后移居世界各地，成为唯一尚存的人属物种。

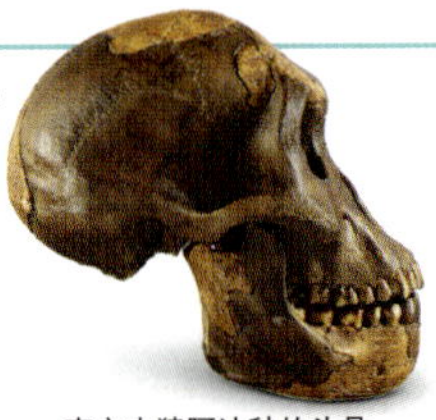
南方古猿阿法种的头骨

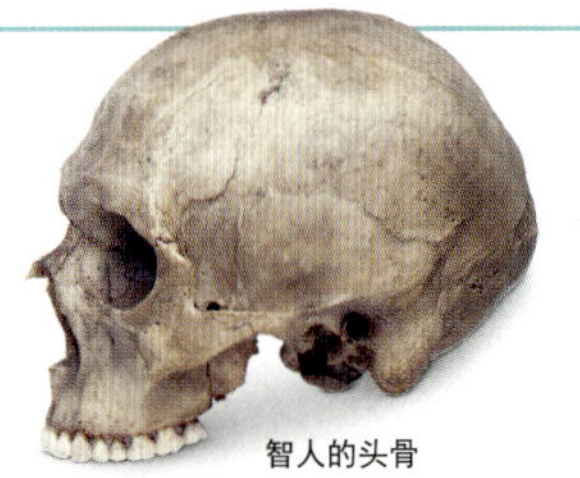
智人的头骨

直立人的头骨

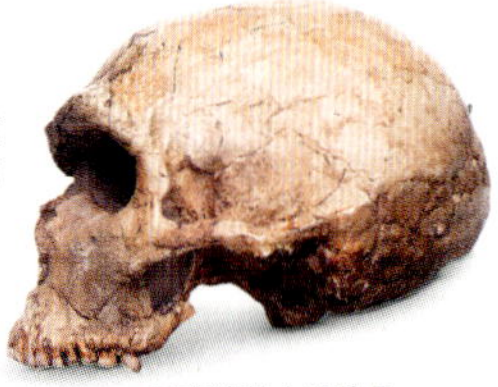
尼安德特人的头骨

手斧
由人类制造出来的第一种通用工具。

3 轮换敲打石头的各个边缘，直到工具成型。

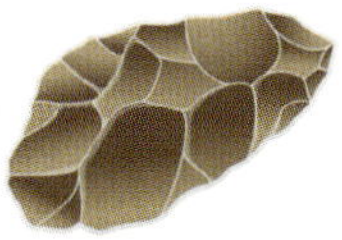

4 敲落小片的石头薄片，使边缘和尖顶更加锋利。

狩猎工具及采集工具

早期的人类必须通过狩猎动物或者采集植物来填饱肚子。他们制造了多种工具，有可从土壤中铲出可食用植物的挖掘工具，还有用来叉鱼的鱼叉，不一而足。

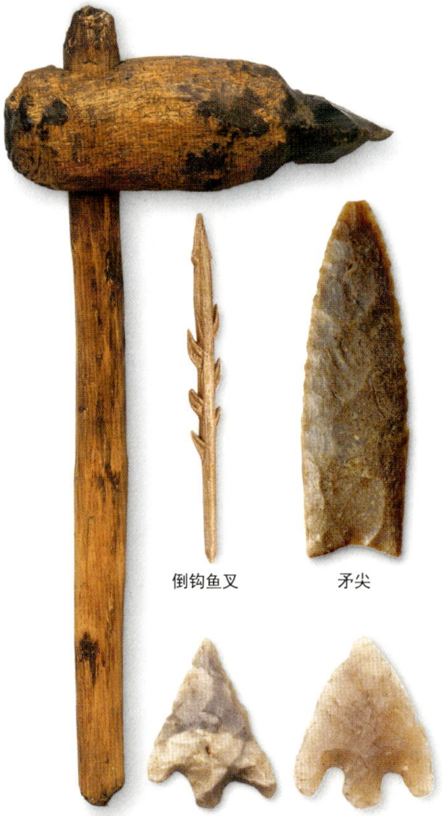

倒钩鱼叉

矛尖

锛

燧石箭头

驯鹿角矛

挖掘工具

远古遗迹

世界各地至今仍保存着许多史前遗迹。人们很难准确知晓某些遗迹的作用，因为它们早在人类开始撰写文字之前就已经建成了。

- **英国巨石阵**
  约 5000 年前的一圈巨大石柱。这里可能是一个远古的墓葬之地，或者是一处祭祀场所。
- **法国卡纳克列石**
  这个区域分成三部分，面积都不大，里面有 3000 多块成排的花岗岩巨石（立石）。
- **马耳他杰刚梯亚神庙**
  由两个保存完好的石灰岩建筑物组成，建造于新石器时代（公元前 3600 ~ 前 3200 年）。
- **土耳其哥贝克力山丘**
  世界上已知的最古老寺庙，建于 11000 年前，位于古城尚勒乌尔法附近。
- **爱尔兰新庄园古墓**
  一个新石器时代的墓葬遗址，是个巨大的圆形石堆，由一座坟墓以及四周包围着的 97 块经过精心装饰的石头组成。

英国巨石阵

最早的农夫

人类渐渐意识到，他们无须四处移居、不停地寻找食物，而是可以定居在一个地方，成为农夫，通过种植作物和饲养动物来获取食物。农耕改变了人类的生活方式。

面包烤炉部件

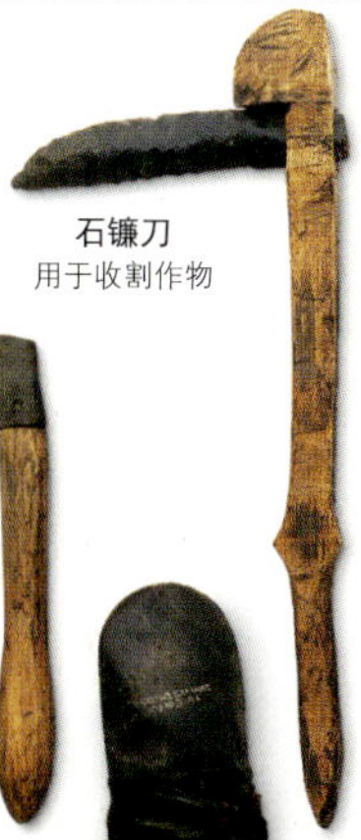

石镰刀
用于收割作物

典型的面包

铁镰刀

青铜镰刀

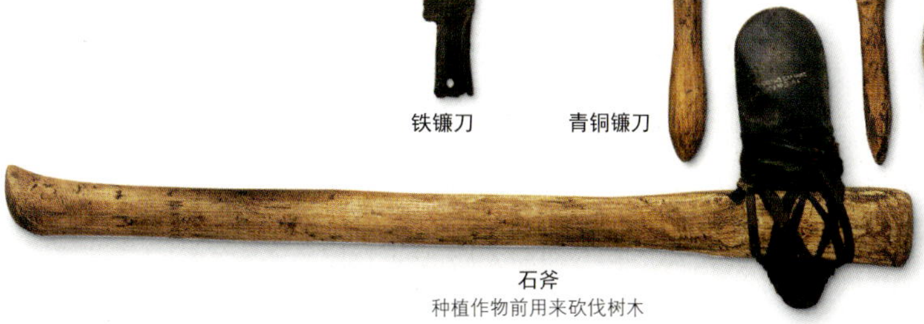

石斧
种植作物前用来砍伐树木

石制手推磨复制品
用于研磨小麦以制作面包

艺术

早期的人类创造出了世界上最初的艺术。他们使用由岩石中的有色矿物制成的颜料，在所居住的洞穴壁上画出各式各样的动物。此外，他们还用岩石和骨头雕刻动物或人的形象。

马头雕刻

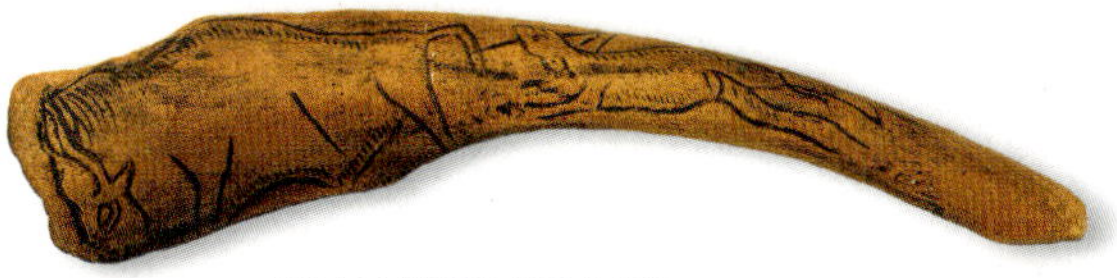

雕刻有捕猎野牛场景的骨头

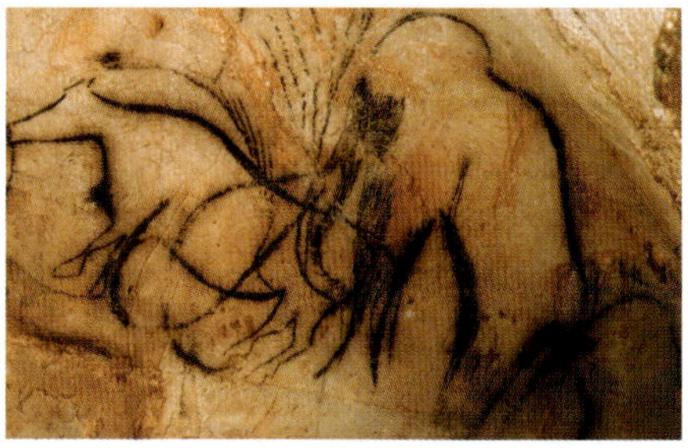

洞穴绘画，法国

猛犸象雕刻

画有图案的罐，罗马尼亚

雕刻的女性形象，
通常被称为“维纳斯雕像”

大理石雕像，希腊

两河流域

美索不达米亚地区指的是，位于底格里斯河和幼发拉底河之间肥沃富饶的冲积平原。“美索不达米亚”在希腊语中意为“在两条河流之间”。

苏美尔

苏美尔并非是单一的国家，而是一个聚集了众多城邦的集合体。这些城邦相互竞争，争夺对该地区的领导权。

早期文明

公元前 2900 年前，世界上最早的文明出现在美索不达米亚的苏美尔地区（今伊拉克）。那时，人们第一次在城市里共同生活、工作。国王作为统治者，制定出法律条文，规定人人必须遵守。

从狩猎到农耕

当四处游荡的狩猎人和农耕者开始种植作物，他们便在一个地方定居下来。这样一来，制作农耕工具——而不是狩猎武器——就成了他们的生活重心。于是，乡村、城镇和城市就这样慢慢建立、发展起来了。

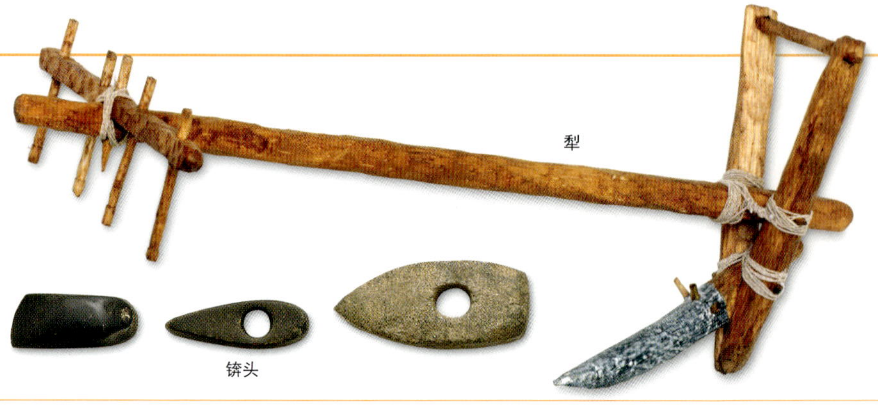

伟大的城市

苏美尔人的部落数量日益增长，久而久之便形成了城市。此外，另有一些部落聚集后，也发展成了强大的城邦。每个城邦都有自己的领袖，而领袖往往会代表该城的神祇进行统治。

乌鲁克

乌鲁克是世界上最早发展起来的大城市之一，其最著名的国王是吉尔伽美什。他也是世界上已知最早的英雄史诗《吉尔伽美什史诗》中所称颂的英雄。

阿卡德

阿卡德是人类历史上新型专制国家阿卡德王国的中心。公元前 2330 年，阿卡德人征服了周边的诸多城邦，控制了美索不达米亚。

巴比伦

巴比伦王朝的都城。巴比伦在约公元前 550 年发展至全盛时期，当时的人口约有 20 万。

尼姆鲁德

尼姆鲁德曾在一段时间里为亚述帝国的都城。国王沙尔马纳塞尔三世壮丽雄伟的宫殿占地 5 万多平方米，拥有超过 200 个房间。

乌尔

乌尔城中坐落着一座宏伟的古庙塔（金字塔形状的神庙）和众多皇家陵墓。其中有不少精美绝伦的美索不达米亚艺术品。

苏美尔人根据月亮的盈亏变化创造出了一套新历法。这套历法将一年分成了 12 个月。

巴比伦奇迹

公元前 580 年，巴比伦国王尼布甲尼撒在都城建造了众多雄伟建筑，使巴比伦城成为古代世界上最壮丽的城市。

伊什塔尔城门
这座巨大的主城门是通往巴比伦的入口。城门的设计主旨是激发拜访者的敬畏之心。

七曜塔
七曜塔用于祭祀巴比伦保护神玛杜克。公元前 689 年，七曜塔遭毁，后被重建。

空中花园
雄伟壮观的阶梯式花园，是古代世界七大奇迹之一。

公元前 7000 年

- 公元前 7000 年 人们开始在美索不达米亚地区大规模种植作物。
- 公元前 5300 年 大型村落和小型城镇开始在苏美尔地区出现。

铭砖

- 公元前 4000 年 苏美尔人在美索不达米亚南部地区建立了多个城市。
- 公元前 3500 年 苏美尔人发明了一种文字形式。
- 公元前 3100 年 埃及第一位法老将埃及统一为一个国家。
- 公元前 3000 年 早期文明在古希腊出现。
- 公元前 2800 年 秘鲁出现美洲大陆最早的文明。
- 公元前 2600 年 在印度西北部地区，印度河流域文明达到顶峰。
- 公元前 2334 年 阿卡德的萨尔贡国王征服了苏美尔，创建了阿卡德王国。

苏美尔祭司的肖像

- 约公元前 2100 年 乌尔城中的宏伟神庙修建完成。

乌尔城中的神庙

- 约公元前 2100 年 乌尔城中修建了巨大的墓地。

乌尔城中，皇家陵墓上的装饰物

- 约公元前 2070 年 中国史书中记载的第一个王朝——夏朝建立。
- 公元前 1300～前 1200 年 亚述人征服了美索不达米亚的大部分地区。

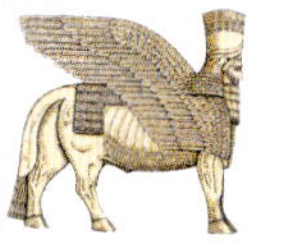
阿舒尔神（亚述的主神）

- 公元前 753 年 罗马城建立。
- 公元前 539 年 美索不达米亚成为波斯帝国的一部分。

公元前 500 年

文明的摇篮

美索不达米亚地区的两河平原极其富饶丰盈：有肥沃的土壤、温暖的气候、人们可依赖的降雨和种类繁多的动植物。这里是早期人类放下狩猎长矛，定居下来并组成部落，从事农耕活动的最佳选择地。

法典

巴比伦国王汉谟拉比制定了一套严格的法规，这是世界上最古老的成文法典。

禁止逃跑
协助奴隶逃跑者，会被处以死刑。

砍手！
如果儿子打了父亲，会受到砍手的责罚。

死亡神庙
如果在神庙内偷盗，会被处以死刑。

日常生活

人们日常所使用的杯子、碗和花瓶都是用黏土制成的。而富裕家庭则会使用由石头或金属制成的器皿。用来制作高档餐具的银质材料是从邻近的安那托利亚进口的。

青铜牛头器皿

银碗

石罐

用雪花石膏制成的花瓶

早期轮子的复原品

轮子的发明

无人知晓轮子的确切发明时间。公元前 3500 年，苏美尔人已经开始使用轮子。那时，他们将轮子平放，然后在上面制造陶器。300 年后，苏美尔人又开创了新的用法，他们把轮子竖起来，安装在战车上。

皂石平底杯

有蝎子图案的杯子

雕刻着诸神与狮子战斗图案的圆筒印章及印章图案（左边为印章，右边为印章图案）

神祇与宗教

苏美尔人崇拜诸多形形色色的神祇，其中最重要的是每个城邦的守护神。人们在神庙中敬拜神祇，这些巨大的神庙通常占地数平方千米。

乌图
太阳神和正义之神

恩利尔
风神和战神

早期文字

迄今已知的第一种文字形式来源于苏美尔文明。人类最早发明的文字符号是一些可以被辨认出来的物体图像（即象形文字）。后来，这些文字逐渐演变、发展为一个由更简单的楔形图像组成的文字系统，即楔形文字。

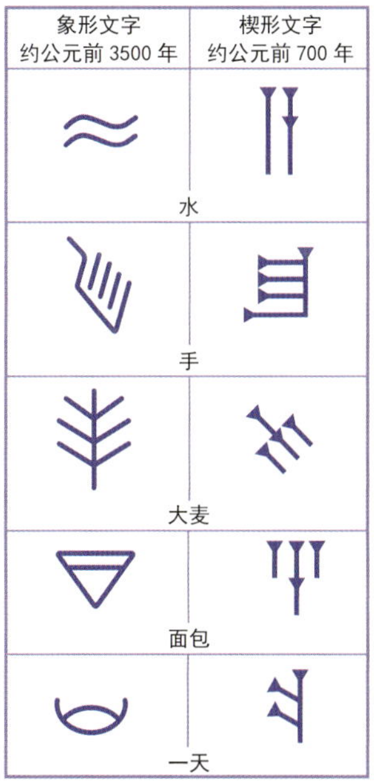

战争与战士

美索不达米亚地区不同城邦间为了争夺土地和重要资源——比如水等，相互竞争。这些纷争往往导致战争的爆发。处于战时状态的城市纷纷开始组织训练有素的人员参战——人类历史上第一支军队就这样诞生了。士兵们头戴青铜头盔或皮质头盔，手持大盾牌、青铜长矛或者弓箭等武器。

战车上的弓箭手

财富与权力

现今留存下来的美索不达米亚艺术品和手工艺品，大部分是在乌尔城的皇家陵墓中被找到的。从这些精致的珍宝可以看出，当时的能工巧匠们精湛的技艺和高雅的艺术品位。此外，还能看出那些用珍贵物品陪葬的主人的富有程度。

普阿比女王的华丽服饰

银制发簪

以飞翔为主题的项链

珠子腰带

“灌木丛中的山羊”
金、银、贝壳及石制山羊和灌木

古波斯

波斯曾是米底王国（公元前 678~ 前 550 年，今伊朗）的一个附庸城邦。公元前 553 年，波斯首领居鲁士二世起兵反叛，于公元前 550 年推翻了米底王国的统治者——阿斯提阿格斯的统治。居鲁士二世建立了阿契美尼德王朝。在接下来的 1000 年里，以波斯人为中心的帝国——波斯帝国建立起来。它是世界上非常庞大的帝国，领土非常辽阔。

波斯波利斯

约公元前 518 年，大流士一世建造了他的新都城——波斯波利斯。波斯波利斯是希腊语，意为“波斯之都”。这座恢宏的都城尽显波斯帝国的威严，宫殿建筑雄伟壮丽，波斯御道四通八达。大流士一世的宫殿气势磅礴，其觐见大殿——阿帕达纳宫，可容纳 10000 多人。今天，波斯波利斯古城遗址被联合国教科文组织列为世界遗产。

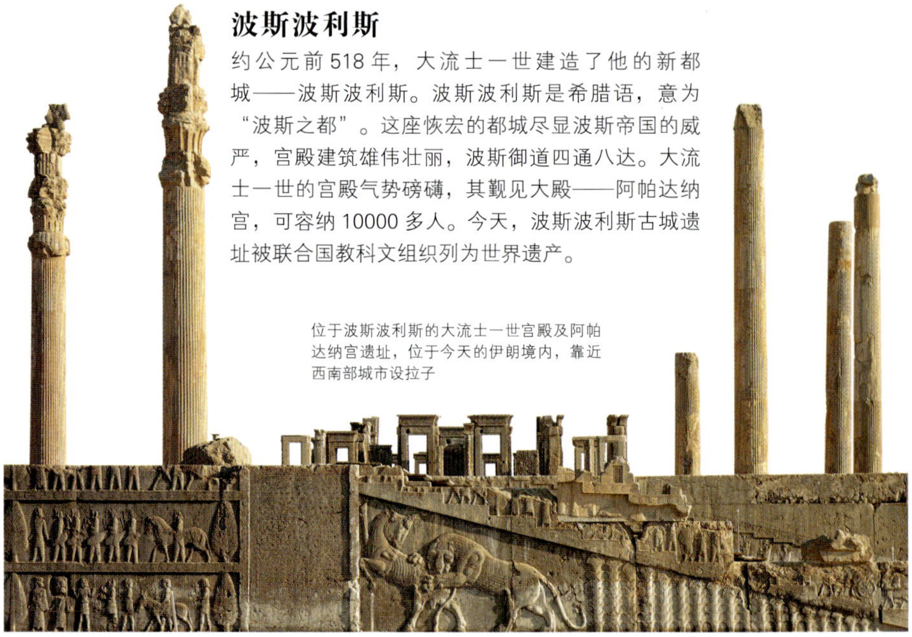

位于波斯波利斯的大流士一世宫殿及阿帕达纳宫遗址，位于今天的伊朗境内，靠近西南部城市设拉子

时间轴

波斯帝国经历了几代王朝更迭，最终被阿拉伯穆斯林入侵者终结。

公元前 550 年 — 651 年

- 公元前 550~ 前 330 年 阿契美尼德王朝
- 公元前 336~ 前 323 年 亚历山大大帝统治
- 公元前 312~ 前 64 年 塞琉西王国
- 公元前 247~ 公元 224 年 帕提亚帝国
- 224~651 年 萨珊王朝
- 651 年 阿拉伯穆斯林入侵者攻溃波斯帝国。

阿契美尼德王朝的扩张

公元前 550 年，居鲁士二世（公元前 558~ 约前 529 年在位）击败米底、巴比伦、埃及和吕底亚王国，统一了大部分古中东地区。大流士一世（公元前 521~ 前 486 年在位）统治期间，阿契美尼德王朝的版图扩张到最大。公元前 330 年，马其顿国王亚历山大大帝击败大流士三世，王朝覆灭。

图例

- 波斯
- 米底
- 巅峰时期的阿契美尼德王朝
- 波斯御道，由大流士一世修建，从萨迪斯到苏撒，全长 2799 千米

1 波斯
公元前 6 世纪，米底人和波斯人居住在今伊朗境内。彼时的波斯还是米底王国的一个城邦，这个城邦为波斯国王所统治，而波斯国王又臣服于米底国王。

2 阿契美尼德王朝
居鲁士二世统一了众邻邦，建立了阿契美尼德王朝，而其鼎盛时期却是在大流士一世的统治之下。当时，王朝的疆域横跨欧亚非三大洲，从埃及、希腊一直延伸到印度。

强大的统治者

波斯帝国从兴盛到衰落，经历了多次王朝更迭。总体来说，统治者们对于宗教习俗问题持较为包容的态度。

居鲁士二世
阿契美尼德王朝的建立者，后被尊称为“居鲁士大帝”。

大流士一世
为了更好地管理国家，他将帝国划分为若干个省区。

塞琉古一世尼卡托
他曾是亚历山大大帝的部将，于公元前 312 年建立了塞琉西王国。

米特拉达梯二世
这位帕提亚国王扩张了帝国版图，并取得了“丝绸之路”这条重要的贸易路线的控制权。

沙普尔二世
他巩固并扩大了萨珊王朝的版图，甚至攻克了几个罗马帝国的省区。

万人不死军

大流士一世拥有一支由 10000 人组成的精锐部队，名为“不死军”。军中一旦有士兵阵亡，新的士兵就会立即补位，以保持人数不变。

用马赛克绘制的万人不死军形象

社会阶层

国王的地位是至高无上的，其次是皇家祭司。接下来，是协助国王掌管各省区的贵族。再之后，依次为军事人员、商人、手工艺者和农民。

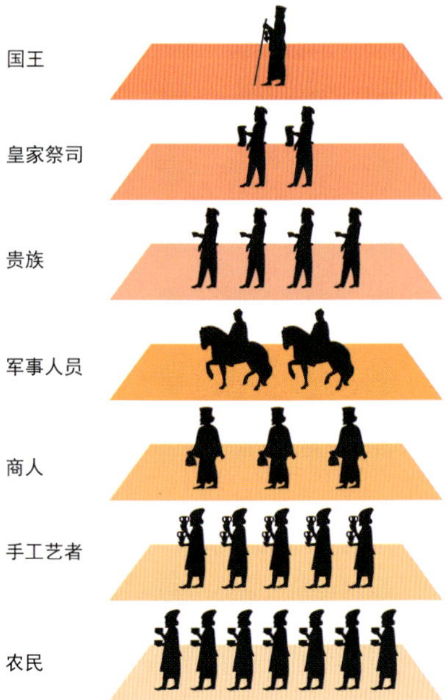

日常生活

波斯帝国的居民须缴纳税款并遵守国家法律。除此之外，他们的生活较为自由，可以遵循自己的生活方式。王室成员和贵族阶层过着奢侈的生活，他们永远是珠光宝气、锦衣玉食。农民则多以耕种小块土地为生，而手工艺者则常以金属加工、雕刻和制砖作为生计。

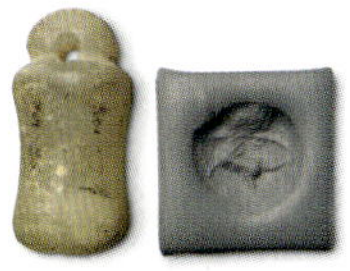

印章
帕提亚帝国，
约公元前 150 年

碗
阿契美尼德王朝，
约公元前 6 ~ 前 5 世纪

银币
塞琉西王国，
约公元前 136 ~ 前 135 年

金饰
阿契美尼德王朝，
约公元前 6 ~ 前 4 世纪

罐子
萨珊王朝，
约 6 ~7 世纪

耳环
帕提亚帝国，
约 1 ~2 世纪

喇叭形容器
阿契美尼德王朝，
约公元前 5 世纪

盘子
萨珊王朝，
约 5 ~6 世纪

银质容器
萨珊王朝，
6 ~7 世纪

皮带上的饰板
阿契美尼德王朝，
约公元前 6 ~ 前 4 世纪

叉子
萨珊王朝，
约 6 ~7 世纪

棋子
萨珊王朝，
约 3 ~7 世纪

项链
阿契美尼德王朝，
约公元前 6 ~ 前 4 世纪

釉面砖
阿契美尼德王朝，
公元前 521 ~ 前 360 年

琐罗亚斯德教

波斯人的主要信仰基于哲学家琐罗亚斯德所开创的教义。他宣扬，所有的善都源自至高之神、世界的创造者——阿胡拉·玛兹达。后来，随着穆斯林阿拉伯人的到来，伊斯兰教逐渐取代了琐罗亚斯德教，成为波斯地区民众的主要信仰。

琐罗亚斯德教可能是第一个推崇一个最高神祇教义的宗教。

法拉瓦哈，琐罗亚斯德教的标志

不可估量的贡献

古波斯为人类发展做出了不朽的贡献。首先，居鲁士二世制定了人类历史上第一部人权法案。其次，古波斯人在科技领域取得了重大突破，社会发展迅猛。比如，他们大力兴修道路和运河，使士兵和商人出行更加便捷。此外，学术机构、邮政系统、高速公路、园林风车等也纷纷兴建起来。

坎儿井（灌溉系统）
坎儿井，即为地下隧道的井渠，可将淡水资源从地下引至农场。

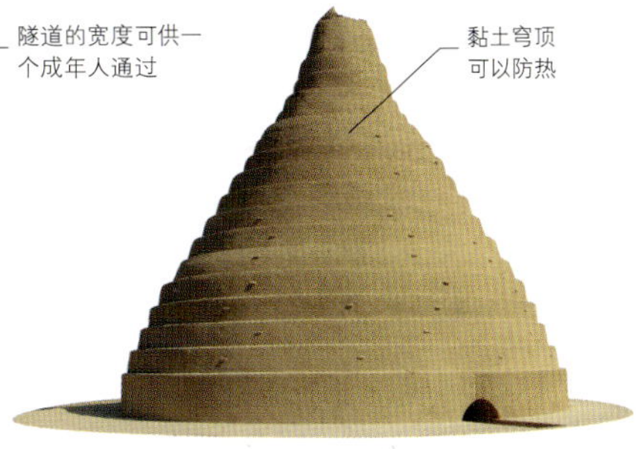

冰坑（早期的冰箱）
这个圆顶屋中有一个地洞，屋内非常凉爽。它最早用于储存冰块，后来用于储藏食物。

波斯女人

在古波斯，女人拥有和男人同等的权利。她们有权接受教育，也可拥有财产。许多女性最终成了领袖。

阿托莎王后（公元前550 ~ 前475年）
阿托莎是大流士一世的妻子，薛西斯一世的母亲。她是一位成功的女商人。此外，阿托莎还掌管宫廷事务，对皇家军队拥有指挥权。

伊尔达巴玛（公元前520 ~ 前470年）
伊尔达巴玛出身贵族阶层，家族主要经营葡萄酒和粮食生意。她是古波斯最富有、最成功的女商人之一，雇用了数以百计的劳动者。

阿尔特米西娅一世（公元前500 ~ 前450年）
阿尔特米西娅一世曾是效力于薛西斯一世的海军上将。公元前 480 年，在对战希腊的萨拉米斯海战中，她临危不惧，智勇双全。她劝谏薛西斯一世应避免海战，却未被采纳，最终波斯大败。

苏拉（约3世纪）
苏拉是帕提亚帝国最后一任国王阿尔达班五世的女儿，也是军中将领。当一位军官试图发动叛乱时，苏拉与叛军作战，直至牺牲。

阿扎多克王后（约240 ~ 270年）
阿扎多克王后是萨珊王朝国王沙普尔一世的妻子。她与丈夫一起建立了一所高等学校——根迪沙普尔学院。有学者认为，是阿扎多克王后将希腊医师带入学院并留校任教的。

女王普兰（约590 ~ 632年）
普兰杜赫特（女王普兰）是萨珊王朝的第一位女王。在父亲被哥哥杀害后，她掌握了王朝的统治权。

声名显赫的法老们

古埃及的国王和女王们并不会自称为法老，这个称呼是现今的人们所使用的。他们拥有至高无上的权力，所有的法律条文都由他们来制定。此外，他们还顶着这片土地最高祭司的头衔，人们把他们当作神明一样膜拜。

胡夫
约公元前 2589～前 2566 年统治埃及
吉萨大金字塔（也称胡夫金字塔）的建造者。

哈夫拉
约公元前 2558～前 2532 年统治埃及
胡夫的儿子，他的样貌可能是狮身人面像的原型。

哈特谢普苏特
约公元前 1472～前 1458 年统治埃及
少数几位女性法老之一。

图坦哈蒙
约公元前 1361～前 1352 年统治埃及
著名的少年国王，他仅 9 岁就登上王位。在他的陵墓里找到了他那无与伦比的黄金面具。

图特摩斯三世
约公元前 1479～前 1425 年统治埃及
伟大的军事领袖，平生从未尝过败绩。

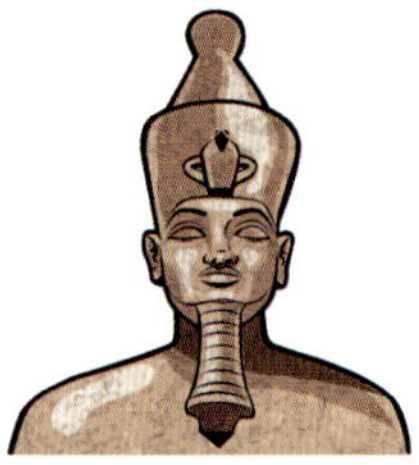

阿蒙霍特普三世
约公元前 1390～前 1353 年统治埃及
使埃及变得繁荣昌盛。

阿肯那顿
约公元前 1353～前 1336 年统治埃及
拒绝接受传统的埃及神祇，推行宗教改革。

拉美西斯二世
约公元前 1279～前 1213 年统治埃及
下令建造许多巨型建筑项目。

克莱奥帕特拉七世
公元前 51～前 30 年统治埃及
古埃及最后一位法老，被古罗马军队打败后自杀。

古埃及

5000 多年前，尼罗河河谷的两个区域——上埃及和下埃及——由统治者美尼斯所统一。至此，一个法老和金字塔的帝国诞生了，这个帝国是古代世界上最伟大的强国之一。

金字塔

古埃及统治者死后，其遗体会被埋葬在一个庞大的金字塔里。而修建金字塔往往需花费长达 30 年的时间。数百年间，金字塔的设计历经多种变化。如果是非皇室成员，则会被埋葬在一些朴素、简单的墓穴中。

目前，已发现了 120 多座古埃及金字塔。

马斯塔巴（古埃及墓葬建筑）
用砖头或石头砌成的箱形坟墓。

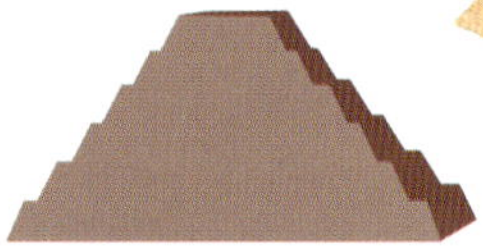

阶梯金字塔
早期模式，层层构建。

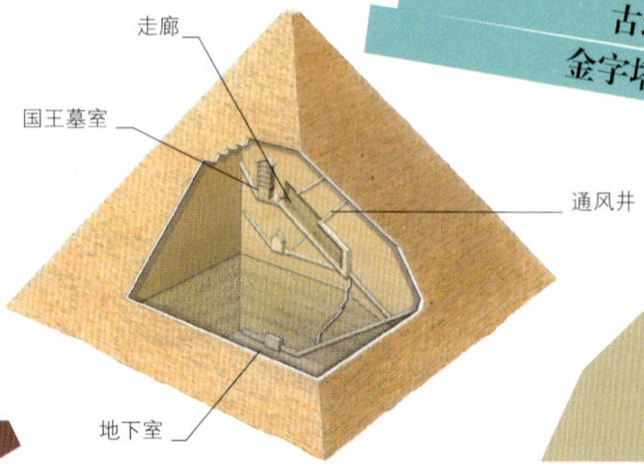

侧面平滑金字塔
经典结构，以石灰岩砖砌成。

弯曲金字塔
结构上介于阶梯金字塔与侧面平滑金字塔之间。

尼罗河

古埃及人居住在尼罗河两岸，依附于这条河流生活。这是广袤无垠的沙漠中一条罕见的沃土带。尼罗河定期泛滥孕育了肥沃的土壤，为种植粮食作物提供了优良的条件。

划行舟
木舟用于交通和捕鱼。

制作木乃伊

古埃及人笃信，人死后，其灵魂不会消亡，仍会依附在尸体上。然而，只有富人才能负担得起制作木乃伊的费用。这是一种精细而复杂的保存尸体的方法。

卡诺匹斯罐的罐盖造型是神祇的头颅

1 保存
将遗体内的器官取出，保存到卡诺匹斯罐中。在遗体中加入盐，以便使其快速干燥。

2 冲洗
待遗体变干后，用葡萄酒进行冲洗，并涂上香料及油脂。

3 保护
将有象征意义的护身符和遗体放在一起，就像上图这个象征着“保护”的柱子一样。

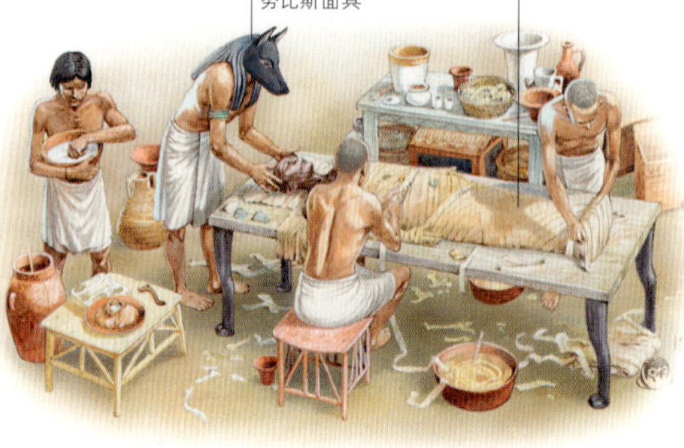

4 包裹
用上好的亚麻布条将躯体包裹起来，并覆盖上树脂。

5 下葬
将木乃伊放入一个人体形状的盒子中，然后再放入棺木里。内层的盒子和外层的棺木都装饰有各色图画及符号。

男神与女神 / 神祇

古埃及人崇拜形形色色的男神和女神。这棵“家族树”展示了一些重要的神祇，他们都是阿图姆神的子孙后代。古埃及人相信，是阿图姆神创造了世间万物。

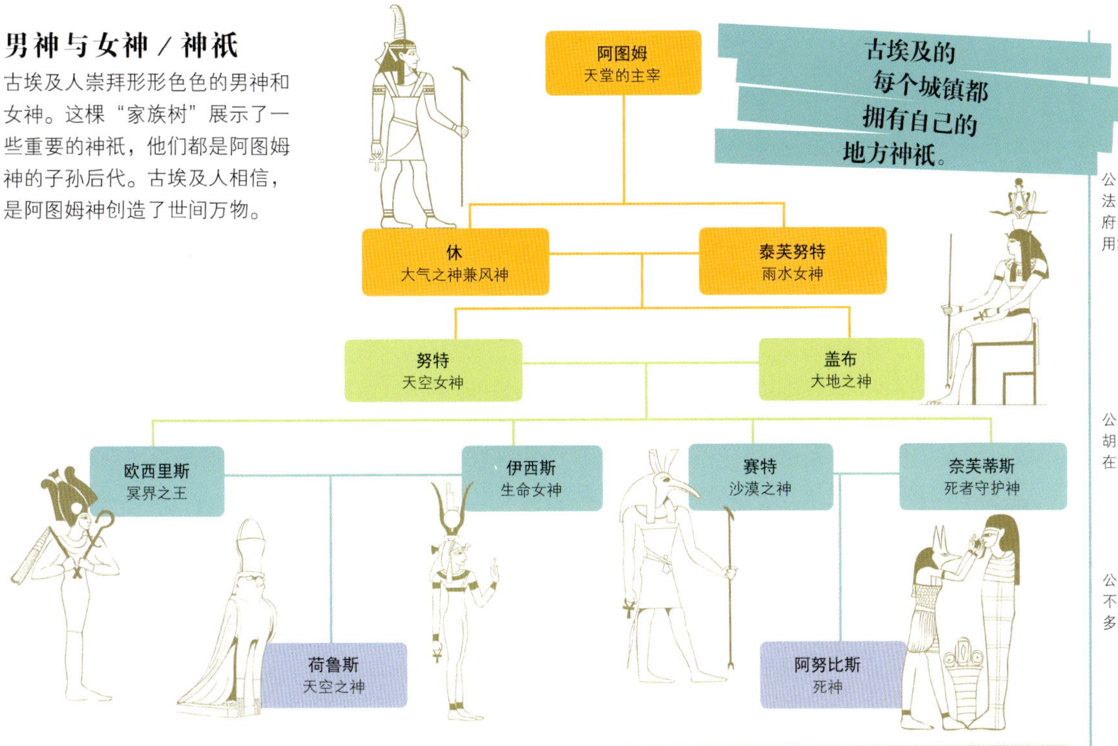

象形文字

古埃及人以图画或符号作为文字，被称为象形文字。每个图画或符号可能代表一种声音、一个词语或一种动作。右图展示了一些象形文字，以及今天的人们是如何拼读它们的。古埃及人在莎草纸上书写，这是用莎草茎制成的平薄片。

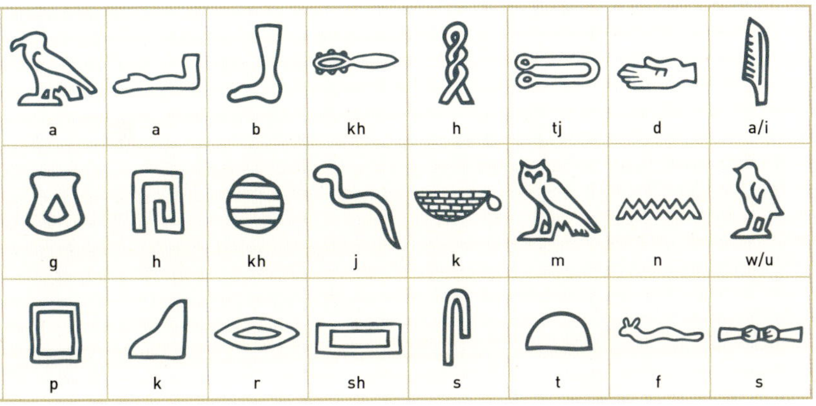

埃及帝国
公元前1550~前1069年

珠宝

古埃及人十分珍视珠宝。戒指、项链以及带有各种神圣符号形式的护身符都非常受欢迎。富人佩戴的珠宝通常由黄金和昂贵的宝石制成。

带翅膀的圣甲虫护身符

黄金护身符

耳环

指环

珠子项链

古埃及的历史

古埃及文明持续了3000多年，历经数百位统治者。他们中间有英明伟大的，也有糟糕无能的。历史学家将这段时间跨度巨大的历史按照时期、王国和重要的王朝进行划分。

公元前3000年

早王朝时期
公元前3100~前2686年
法老统治之下的有组织政府开始执政。人们开始使用象形文字。

古王国时期
公元前2686~前2181年
胡夫金字塔和狮身人面像在吉萨完成建造。

吉萨的狮身人面像

第一中间期
公元前2181~前2040年
不同王朝之间发生了许许多多的权力斗争。

用于混合油膏的厚石板，于公元前2000年前后制成

中王国时期
公元前2040~前1786年
人们的生活更加安定，灌溉技术的进步产出更为优质的作物。

珠项圈

第二中间期
公元前1786~前1567年
由于战争不断和遭遇外敌入侵，古埃及社会开始动荡不安。

镞（也称箭头）

新王国时期
公元前1567~前1085年
古埃及在赫赫有名的法老，比如图坦哈蒙的带领下，征服了许多土地。

少女奴隶的雕像

第三中间期
公元前1085~前752年
亚述人征服了古埃及。

可能存放着猫木乃伊的青铜像

晚王国时期
公元前752~前332年
古埃及在这个时代建造了大量神庙，制作了许多动物木乃伊。

托勒密王朝时期
公元前332~前30年
最后一位法老克莱奥帕特拉七世去世。古罗马征服了古埃及。

铸有克莱奥帕特拉七世头像的硬币

公元前30年

木乃伊盒子的表面绘有逝者的面貌

死后世界的样子

展开的翅膀是一种常见的装饰

传统的十字及柱子圣符

时间轴

古希腊文明存在了约 2500 年。在被古罗马人征服前，古希腊人修建了许多大型城邦，建立了大量新殖民地，经历了无数场大小战争。

公元前2000~前1450年
克里特岛的米诺斯文明进入鼎盛时期。

米诺斯文明的房屋模型

公元前 1450 年
迈锡尼人入侵克里特岛，占领了米诺斯文明的宫殿。他们还在伯罗奔尼撒地区修建了宫殿聚落。

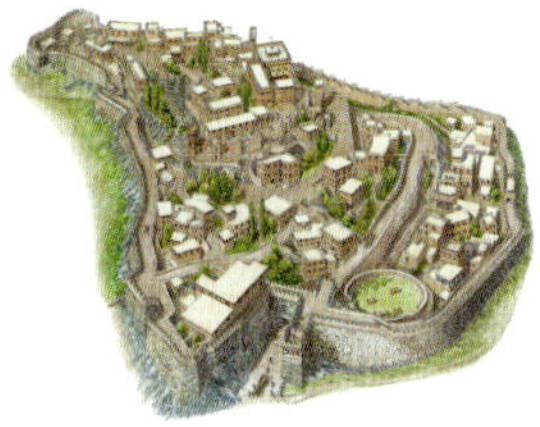
坚固的迈锡尼宫殿

公元前 1350 年
当迈锡尼时代达到鼎盛时期时，迈锡尼城拥有大约 1 万人口。

古希腊士兵藏在特洛伊木马里，攻破了特洛伊城

公元前 1184 年
根据古希腊诗人荷马的记载，在一场长达 10 年之久的战争中，古希腊人终于攻破了特洛伊城。

公元前 2500 年

米诺斯时代
公元前2500~前1600年
米诺斯文明在克里特岛上繁荣兴盛。米诺斯人善于经商，修建了许多大型宫殿群。然而后来，这些宫殿被入侵者破坏了。

迈锡尼时代
公元前1600~前1200年
迈锡尼人不仅修建了坚固的宫殿，还手持青铜武器，入侵克里特岛。然而，他们自己的城市却落入了北方的侵略者手中。

黑暗时代
公元前1200~前800年
约公元前 1200 年，迈锡尼文化逐渐衰落，古希腊进入了一个黑暗时代。人们居住的聚落变得越来越小，且没有留下任何文字记载。

古希腊

古希腊文明是古代世界上最先进的文明之一。古希腊人发明了政治、哲学、戏剧、竞技体育和历史学。他们留下的众多传说、戏剧，还有那些美轮美奂的神庙及其他建筑遗迹，至今尚存于世。

城邦

在其历史长河的大部分时间里，古希腊由众多城邦构成。每个城邦都以独立的政府体系管理着周边的村庄和农田，并选择一个神祇作为保护神。

战乱纷纷的城邦
雅典城邦和斯巴达城邦互为宿敌，彼此间发生过多次战争。

雅典城邦的面积是希腊最小城邦面积的 20 倍。

日常生活

农夫和渔夫供给食物，城市里的商人则售卖皮具、器皿、武器和珠宝首饰等商品。出身高贵的妇女会在家奴的帮助下操持家务。

雅典银币

克诺索斯钱币

亚历山大金币

身着古希腊服饰的模特

鱼盘

古希腊挂件的复制品

黄金耳环

装油或者香水的小壶

葡萄酒壶

经典油壶

凉鞋形状的香水瓶

粉盒

陶灶

帕提农神庙

这座奉祀雅典娜女神的大理石神庙是世界上最精美绝伦的古迹之一。它修建于公元前 447~ 前 432 年，拥有 85 根多立克柱式廊柱以及一条豪华的彩绘中楣横条。

表面镶嵌着黄金和象牙的雅典娜女神像

奥林匹克运动会

传说，奥林匹克运动会是为了向宙斯致敬而举办的。自公元前 776 年起，古希腊人会在一个叫奥林匹亚的地方，每4年举办一届奥林匹克运动会。

第一天
在运动会的第一天，竞赛者和裁判员宣誓将公平竞争和公平裁决。男性竞赛者会参加跑步和拳击比赛。

第二天
第二天举行战车比赛和赛马，以及古代五项全能比赛，包括跳远、掷铁饼、掷标枪、跑步和格斗。

第三天
到了第三天，人们用 100 头公牛祭献宙斯。当天的比赛有 200 米跑，这是最古老的体育运动项目。

第四天
第四天的比赛包括格斗和拳击。古代潘克拉辛是古希腊式搏击运动，在比赛中允许脚踢和扼喉。

第五天
到了比赛的最后一天，获胜的运动员头戴橄榄枝花环，齐聚宙斯神庙。

公元前800~前775年
古希腊人在地中海东部以及意大利南部地带建立了新的殖民地。

古希腊战船

公元前750~前700年
最早的伟大的古希腊文学作品是由吟游诗人荷马所创作的——《伊利昂纪》和《奥德修纪》，二者统称《荷马史诗》。

以《奥德修纪》中的人物形象而设计的油灯

公元前620~前510年
许多古希腊城邦被拥有至高无上的权力的僭主所统治。

公元前 490 年
波斯国王大流士一世入侵古希腊，但在马拉松战役中被雅典人击溃。

公元前431~前404年
伯罗奔尼撒战争在斯巴达与雅典之间展开，双方伤亡无数，损失惨重。

公元前 371 年
伊巴密浓达将军在留克特拉战役中打败了斯巴达人，使底比斯成为古希腊最强大的城邦。

公元前 338 年
马其顿国王菲利普在喀罗尼亚战役中夺取了雅典和底比斯，征服了古希腊的大部分疆域。

亚历山大大帝和他的爱马布西发拉斯

公元前334~前323年
马其顿国王菲利普的儿子亚历山大大帝入侵并征服了波斯帝国。

公元前 31 年
公元前 31 年，古罗马夺取了古希腊的全部殖民地，古埃及是最后一个。

公元前 31 年

古风时代
公元前800~前500年
约公元前 800 年，古希腊开始复苏。在由民兵组成的军队的拥护下，城邦掌握了政治权力。与此同时，古希腊也开始在海外寻求殖民扩张。

古典时代
公元前500~前323年
在古典时代，文学、艺术、政治、竞技和戏剧在古希腊，特别是在其中心城邦雅典，蓬勃发展，熠熠生辉。

希腊化时代
公元前323~前31年
公元前 323 年，亚历山大大帝开启了希腊化时代，使古希腊文化向整个中东地区传播开来。

神祇

古希腊人供奉着许多神祇，这些神祇由宙斯和他的妻子赫拉统领。在城邦的日常宗教生活中，节日和祭祀十分重要。虽然女性在公众生活中鲜有露面的机会，但女祭司在一些仪式和庆典中扮演着不可或缺的角色。

宙斯

古希腊字母体系

古希腊字母体系有 24 个字母，是第一个既有元音又有辅音的字母体系。“alphabet”（意为“字母体系”或“字母表”）这个词就是字母体系中前两个字母 A（alpha）和 B（beta）的组合。

Α 阿尔法	Β 贝塔	Γ 伽马	Δ 德尔塔	Ε 艾普西隆	Ζ 泽塔
Η 伊塔	Θ 西塔	Ι 约塔	Κ 卡帕	Λ 拉姆达	Μ 谬
Ν 纽	Ξ 克西	Ο 奥米克戎	Π 派	Ρ 柔	Σ 西格马
Τ 陶	Υ 宇普西隆	Φ 斐	Χ 希	Ψ 普西	Ω 奥米伽

伟大的思想家

约公元前 600 年，古希腊的思想家开始用逻辑而非宗教思维，对世界及其运作方式等问题进行思考。这些思想成为哲学的开端。

- **毕达哥拉斯（约公元前580~前500年）**
  计算直角三角形边长的勾股定理也叫毕达哥拉斯定理，是以古希腊数学家毕达哥拉斯的名字命名的。他相信数字拥有神奇的力量。
- **苏格拉底（公元前469~前399年）**
  这位雅典哲学家教导他的学生要对雅典统治阶层的绝对权力提出质疑。最终，他因为自己所倡导的思想而被处以死刑。
- **柏拉图（公元前427~前347年）**
  柏拉图是苏格拉底的学生。他坚信，人们在生活中应力求在道德上尽善尽美。他的思想仍为现代人所探讨和研究。
- **亚里士多德（公元前384~前322年）**
  亚里士多德是柏拉图的学生。他效仿老师成立了一所名叫“吕克昂”的学园，并撰写了很多关于生物、动物、物理、逻辑和政治的重要著作。
- **阿基米德（约公元前287~前212年）**
  这位工程师兼数学家发明了阿基米德式螺旋抽水机，还证明了圆的面积等于圆周率乘以半径的平方。

柏拉图

武器与盔甲

古希腊城邦的主要战斗力是重装步兵。他们手持巨大的圆形盾牌，纵深排列，呈方队作战，并相互保护。

重装步兵的铠甲

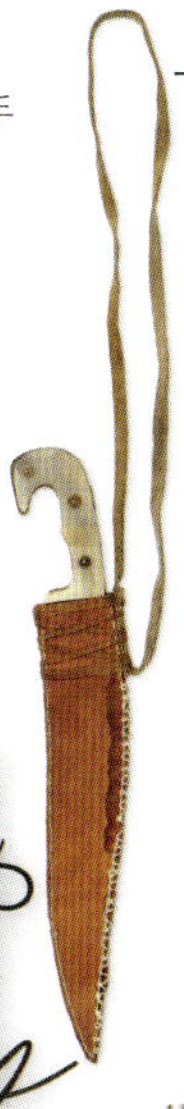

一种套在剑鞘中的被称为“双刃曲剑”的武器

希腊剑

战士盾（大圆盾）

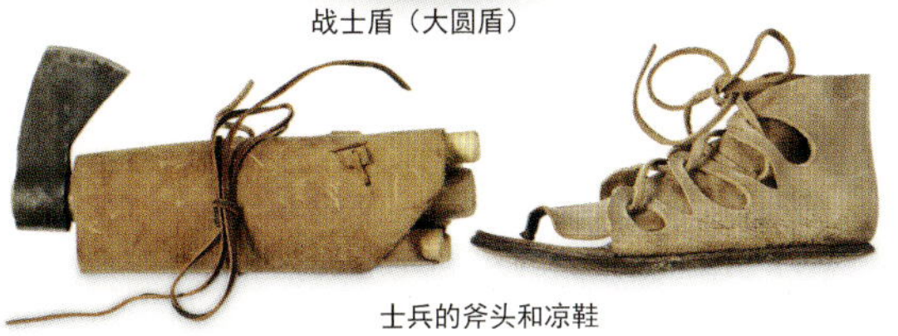

士兵的斧头和凉鞋

古希腊士兵的头盔

希腊神话

世界上一些最古老、最广为流传的故事就出自希腊神话。这些故事与神祇、英雄、爱情、战争、冒险和神兽有关。在这个章节中你会看到其中的一些故事。对于古希腊人来说，这些神话传说都是极为真实的。

希腊神祇

在希腊神话中，神祇拥有强大的超自然能力，无所不能。奥林波斯十二主神是古希腊宗教中最受崇拜的十二位神祇，其中宙斯是诸神之王。神祇们生活在古希腊的最高峰——被冰雪覆盖的奥林波斯山的宫殿中。

奥林波斯山

神祇的诞生

古希腊人认为创世者为天神乌拉诺斯和地母盖亚。乌拉诺斯与盖亚拥有很多孩子，包括巨人、怪物、泰坦等。泰坦是希腊神话中一组神的统称，他们是地球的第一批统治者。以宙斯为首的奥林波斯十二主神就是泰坦的后代。

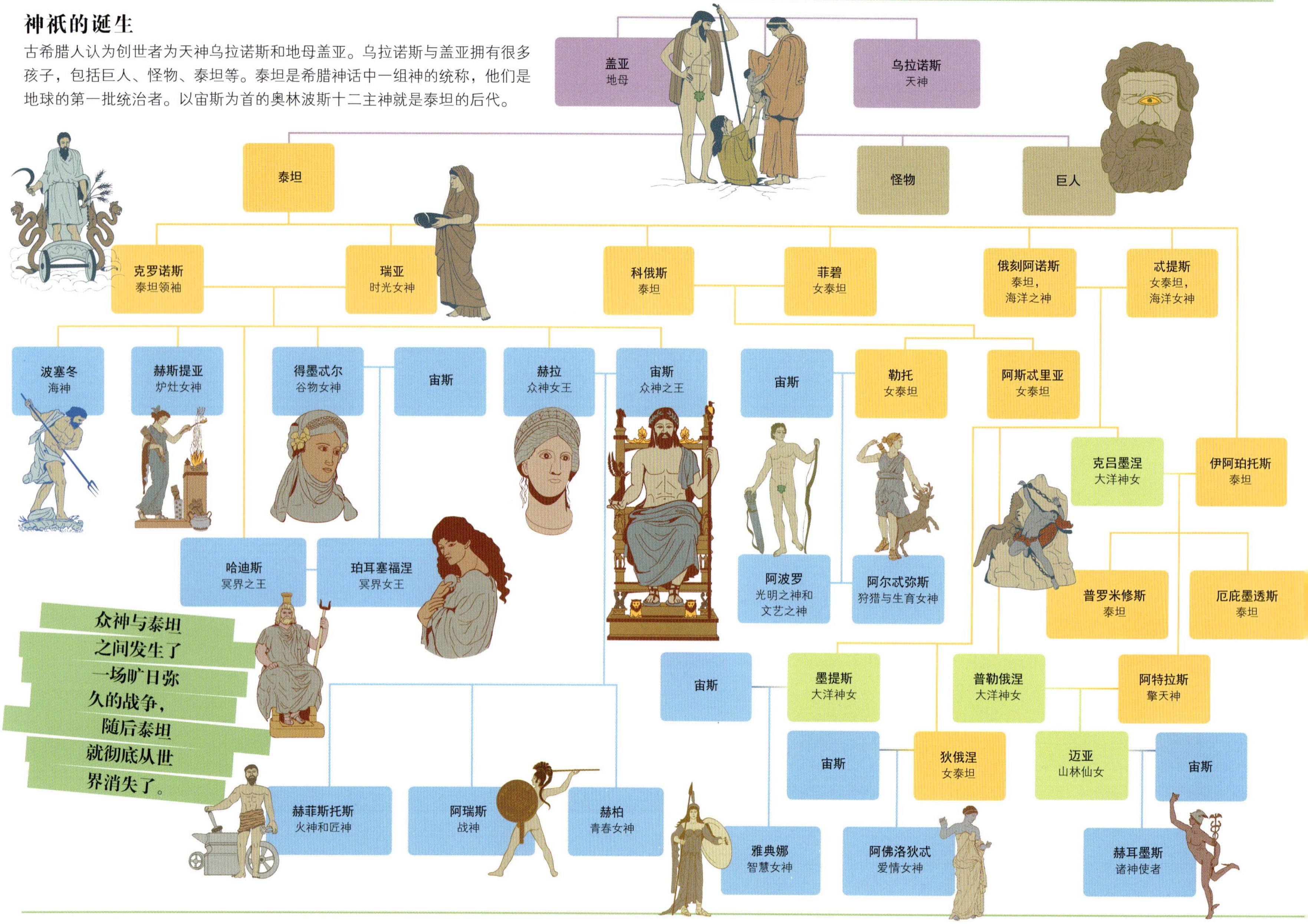

冥界

在希腊神话中，亡魂之地被称作冥界，掌管者是哈迪斯。冥界中充斥着恶鬼和怪物，其中最令人不寒而栗的是负责守门的“地狱三头犬”刻耳柏洛斯。运送亡魂的船只穿过如黑墨般的斯提克斯河后，到达冥界。

刻耳柏洛斯

神祇的惩罚

有些人因为冒犯神祇，而被打入冥界，永受惩治。比如，西西弗斯妄图永生，便被惩罚：他必须将一块巨石推上山顶，每次完成后，巨石又滚回山下，如此反反复复，永无止境。而坦塔罗斯则因为触怒了众神，被打入冥界。他时时刻刻都会感到饥饿与干渴，但却永远得不到食物和水。

坦塔罗斯

神话里的生物

希腊神话中充满了各式各样的奇异生物。比如萨提尔，它们上半身是人形，而下半身却像毛茸茸的山羊，还拥有一对蹄子而非双脚。与之相比，更高贵的生物是赋有智慧的半人马。它们一半人身，一半马身。此外，还有一种名叫奇美拉的吐火兽，它们是一种半狮身、半山羊身，同时长有一条蛇形尾巴的怪物。

萨提尔

迈达斯国王

迈达斯因帮助了酒神，而被允诺可以实现一个愿望。迈达斯非常贪心，他希望自己所触摸的物品都能变成黄金。然而，当他所碰触的食物、饮料，甚至女儿都变成黄金时，迈达斯才恳求酒神收回这份点石成金的本领。

柏勒洛丰与飞马珀伽索斯

年轻的英雄柏勒洛丰的坐骑是一匹拥有双翼、名叫珀伽索斯的天马。柏勒洛丰傲慢自大，因企图飞到奥林波斯山参加众神集会而触怒了宙斯。宙斯用计使珀伽索斯高高直立，令柏勒洛丰从马背上摔了下来，受了重伤。后来，他遭众神抛弃，变得又瘸又瞎，沦为了乞丐。

美杜莎

美杜莎是一个满头蛇发的怪物。一旦与她的目光接触，人就会变成石头。宙斯之子珀尔修斯杀了她。为避免直视，珀尔修斯用女神雅典娜赠送的光亮的盾牌作镜子，趁美杜莎熟睡时向她靠近，砍下了她的头颅。

特洛伊木马

古希腊人利用计谋攻破了特洛伊城。他们在特洛伊城外留下一匹巨大的木马后佯装撤退，特洛伊人将其当作战利品带回了城内。到了夜晚，藏匿在木马中的古希腊士兵偷偷溜出来，为守在城外的军队打开了城门。

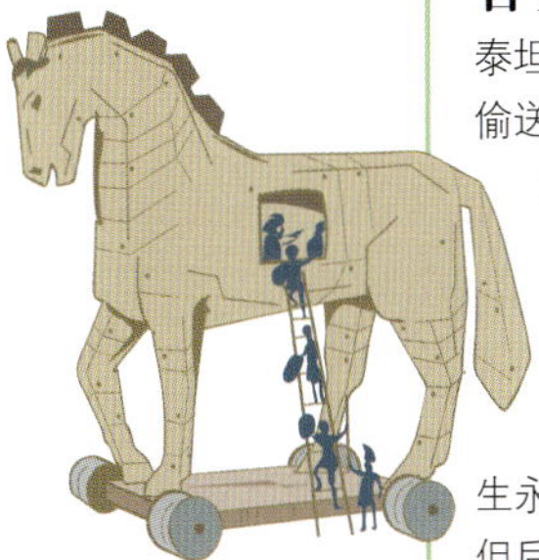

普罗米修斯

泰坦巨人普罗米修斯从阿波罗处窃来火种，偷送给人类。宙斯为此大发雷霆，将他用铁链锁到一块岩石上，每天派一只鹰来啄他的肝脏。本来普罗米修斯会被永生永世地锁住，但后来英雄赫拉克勒斯救了他。

提修斯与弥诺陶洛斯

弥诺陶洛斯是个食人肉的半人半牛的怪物。克里特岛的米诺斯国王将它供养在一个巨大的迷宫里，每年都会用 14 个雅典的童男童女喂食这个怪物。雅典英雄提修斯发誓要终结这场杀戮，于是他找到了在迷宫里不会迷路的方法，即用一个线团标记自己所走过的道路。提修斯发现弥诺陶洛斯后和它展开了搏斗，并将它杀死，然后利用线团成功走出了迷宫。

伊阿宋与金羊毛

伊阿宋本是一个王国的继承人，但是在他还是孩童的时候，这个王国就被人抢走了。为了夺回王位，他必须偷取一只神奇金毛羊的羊毛。伊阿宋找到了羊毛，但是羊毛由一条可怕的毒龙守护着。他让英雄俄耳甫斯利用美妙的音乐诱惑毒龙睡去，然后拿到了金羊毛，回到了自己的王国，并重获王位。

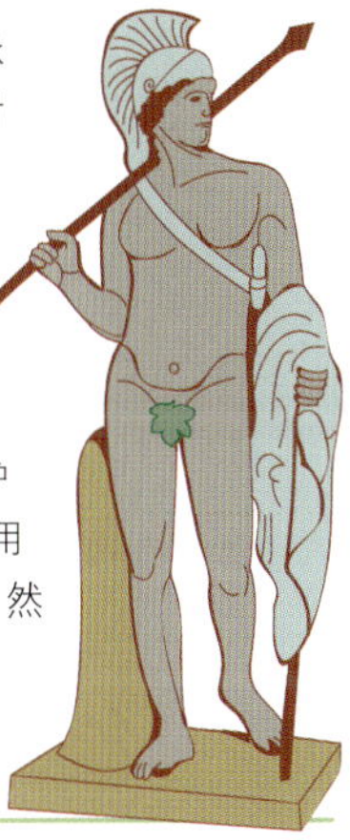

得墨忒尔和珀耳塞福涅

一天，掌管农业、谷物的谷物女神得墨忒尔的女儿珀耳塞福涅被冥王哈迪斯劫走。在她悲痛万分之时，所有谷物都枯萎坏死。在宙斯的干预下，哈迪斯答应每年春季和夏季将珀耳塞福涅送回母亲身边。这样一来，每到春夏，万物恢复生机。而到了冬季，则万物凋零。

得墨忒尔

珀耳塞福涅

潘多拉的盒子

宙斯用黏土创造了一个美丽的女人，让她拥有生命，称她为潘多拉。潘多拉结婚时，宙斯送给她一个密封的盒子，告诫她不要打开。但是，潘多拉的好奇心占了上风，她打开了盒子。于是，世间所有的邪恶，如仇恨、疾病、战争，都从盒子里飞了出来。然而最后一样留在盒子里的，是希望。

赫拉克勒斯的 12 项功绩

因为赫拉的诅咒，赫拉克勒斯在疯狂中杀害了自己的孩子。为了赎罪，他被要求为他最主要的敌人、占了本该属于他的王位的欧律斯透斯完成 12 项任务。

1 **杀死涅墨亚猛狮**

这头猛狮拥有一身刀枪不入的坚硬皮肤，没有任何长矛可以刺穿它。赫拉克勒斯最终将其勒死。

2 **杀死九头蛇海德拉**

海德拉是个多头怪兽。每当赫拉克勒斯砍下它的一颗头颅，两颗新的头颅就会长出来。于是，赫拉克勒斯将海德拉的伤口封住，这才抑制住新的头颅长出来。

3 **捕获刻律涅牝鹿**

经过漫长而胶着的追赶，赫拉克勒斯终于捉住了这头属于女神阿耳忒弥斯的牝鹿。

4 **活捉厄律曼托斯山密林里的野猪**

赫拉克勒斯把这头凶猛无比的野猪困在雪堆中，然后将其制服。

5 **清洗奥吉亚斯的牛圈**

奥吉亚斯国王的牛圈肮脏无比，一直无法清洗干净。赫拉克勒斯将两条河流改道，才完成了这项任务。

6 **杀死斯廷法利斯湖怪鸟**

为对抗这些怪鸟，赫拉克勒斯首先用打响板的方法惊吓它们，把它们赶到空中，然后用箭将它们射死。

7 **制伏克里特公牛**

赫拉克勒斯捕获、制伏了一头庞大而危险的公牛。这头公牛属于克里特岛的米诺斯国王。

8 **制伏狄俄墨得斯牝马**

赫拉克勒斯用巨人狄俄墨得斯当作食料，喂食这些他自己养出来的食人马，并最终将马群驯服。

9 **夺取亚马孙女王希波吕忒的腰带**

希波吕忒是亚马孙人的女王，骁勇善战。赫拉克勒斯成功偷走了她的珍贵腰带。

10 **牵回巨人革律翁的牛群**

赫拉克勒斯被迫前往世界的边缘，牵回属于巨人革律翁的牛群。

11 **摘走赫斯珀里得斯的金苹果**

在一次偷取行动中，赫拉克勒斯摘走了由阿特拉斯的女儿们——赫斯珀里得斯姐妹看管的金苹果。阿特拉斯就是那位用双肩顶着苍天的泰坦巨神。

12 **活捉“地狱三头犬”刻耳柏洛斯**

为完成最后一项任务，赫拉克勒斯来到了冥界，活捉了守卫着大门的“地狱三头犬”刻耳柏洛斯。

史诗《奥德修纪》

希腊神话中，最常为人们所传颂的是英雄奥德修斯的历险记。在经历了特洛伊战争后，奥德修斯开启了返家的艰难征程。他在充满危险的海洋中，度过了很多年。人们耳熟能详的史诗《奥德修纪》就描述了奥德修斯与其同伴经历的这场历险记。

返家的旅程

奥德修斯的船队在途中遇到了食莲族人。这些懒惰的人请奥德修斯的同伴吃水果，但这种水果会让他们忘记过去。

海神波塞冬掀起可怕的风暴，使奥德修斯的船只偏离航线。

女巫喀耳刻用巫术将奥德修斯的同伴变成了猪，之后又将他们变回人形。

当奥德修斯的船队驶过海妖塞壬的领地时，塞壬企图用歌声引诱船队驶入危险水域。

同伴们在一座岛屿上杀死了一群牛，这些牛是属于太阳神赫利俄斯的。作为惩罚，宙斯用霹雷击中他们的船只。除了奥德修斯，所有人都被杀死了。

唯一的幸存者奥德修斯被海水冲到了海之女神卡吕普索的岛上。在这里，奥德修斯被卡吕普索囚禁了 7 年。

名为库克洛普斯的独眼巨人抓住了奥德修斯和他的同伴，还吃掉了他们中的一些人。奥德修斯把其中一个独眼巨人的眼睛弄瞎，将同伴们救了出来。

巨人拉斯忒吕格涅斯吃掉了奥德修斯的一个同伴，并向船只投掷岩石，这使得除了一条船外，其余的船都沉没了。

奥德修斯到达冥界，知晓了自己的未来。他看到家乡正遭受敌人蹂躏的景象。

船队有惊无险地驶过了海妖斯库拉和怪物卡律布狄斯之间的狭窄海峡。

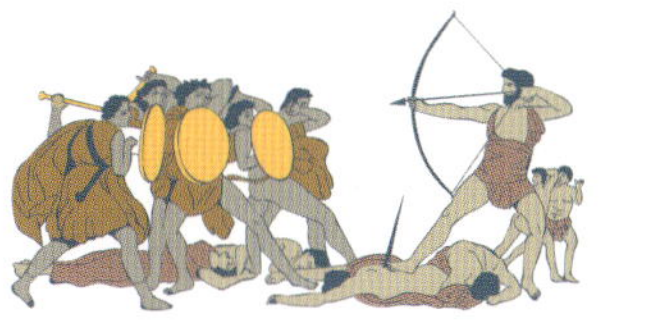

终于，奥德修斯回到了家乡。他发现，有很多人企图与自己的妻子佩涅洛佩结婚，还觊觎着他们的家园。于是，奥德修斯杀死了所有追求者，回到了妻子身边。

古罗马

罗马帝国是人类历史上最强大的帝国之一。巅峰时期，古罗马军队所向披靡，几乎战无不胜。古罗马帝王们统治着从西班牙到波斯边界，从北非到苏格兰的广袤疆土。

扩张

起初，古罗马只是一个位于意大利中部山顶的小聚落。然而不久之后，它就征服了意大利全境。再后来，罗马帝国又占领了地中海北部地区，随后扩张到北欧、北非及中东大部分地区。

1 公元前 240 年
征服意大利之后，古罗马在第一次布匿战争中打败迦太基城邦，夺取了西西里岛的控制权。

2 公元前 120 年
在第二次布匿战争中，古罗马攻下了西班牙和北非的多个地区。之后又对马其顿宣战，出兵希腊，赢得胜利。

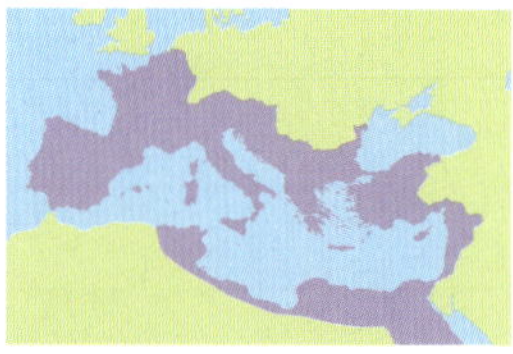

3 公元 14 年
到奥古斯都皇帝统治末期，古罗马军队已经向埃及、叙利亚以及欧洲大部分地区挺进。

军队

在古代世界中，古罗马军队拥有最强的战斗力。这支军队由大约 5000 名公民兵组成，约分为 30 个军团。士兵都经过专业训练，装备精良。每个士兵的服役时间为 25 年。

背包
古罗马士兵背着烹饪器具和各类工具，以便每晚安营扎寨。

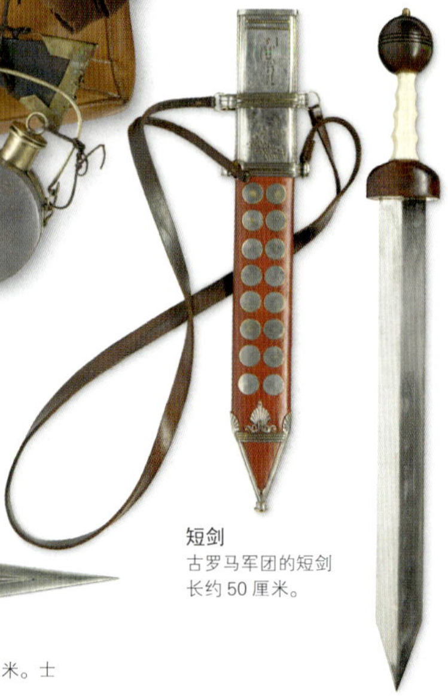

短剑
古罗马军团的短剑长约 50 厘米。

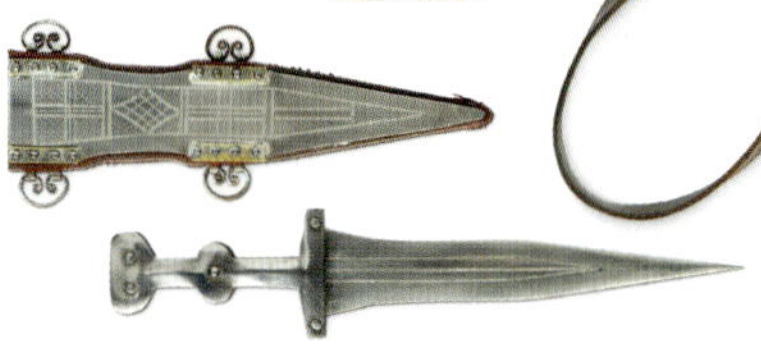

匕首
古罗马军团的随身匕首长约 20 厘米。士兵将它佩带在左髋上。

盾牌
古罗马军团的盾牌用来保护士兵的整个身体。盾牌的边缘还可以用来攻击对手。

战术及方阵

古罗马军团的步兵训练极为有素。通常情况下，步兵团在进行短距离冲锋和搏击前，都会先齐发弓箭和标枪。鲜有敌人可以抵抗他们的进攻。

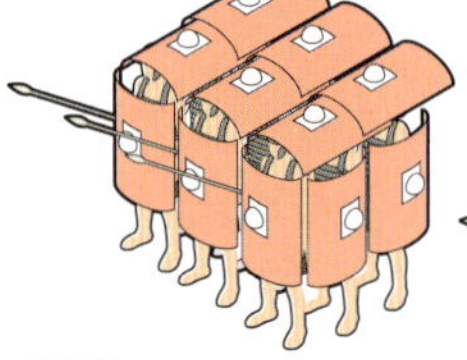

龟甲阵
在龟甲阵中，士兵举起盾牌，抵御从上方袭来的投掷物。

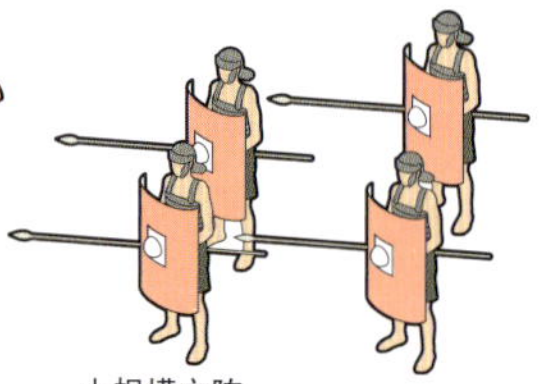

小规模方阵
小规模方阵适用于快速挺进或穿越困难地形的情况。

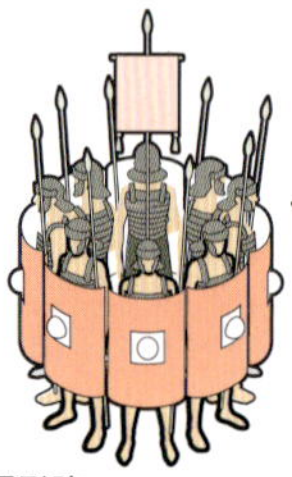

圆形阵
小股部队在被围困时会使用圆形阵。

抵御骑兵方阵
前排士兵将标枪以 45° 举起，以挫败骑兵的进攻。

社会阶层

罗马帝国由皇帝统治。他虽然手握大权，但也仰仗元老的支持。在皇帝、元老和骑士之下，是普通的公民。然而，罗马帝国的女性、奴隶和来自被征服领地的外国人是不拥有公民身份和投票权的。

皇帝
罗马帝国的皇帝拥有至高无上的权力。

元老
元老阶层的贵族们一般会在议会任职。

骑士
在元老阶层之下是财富上略逊于他们的骑士。

平民
农民、商人和城市工作者不享有特权。

外国人
除意大利人外，大多数生活在罗马帝国的外国人都不具有罗马公民的身份。

奴隶
奴隶阶层几乎不享有任何法律权利。

日常生活

对古罗马人来说，家庭生活非常重要。每个古罗马家庭都由最年长的男性掌管。妇女们则要承担家务，负责安排祭拜家庭守护神的仪式。

玻璃瓶

滤锅

石磨

油瓶

戒指

娱乐

在罗马帝国，公共娱乐活动十分重要。罗马人热衷于参加宗教活动、观看戏剧、去公共浴场洗浴、举行骑马比赛等。然而，最受大众欢迎的娱乐方式还是在如罗马大斗兽场这样的大型竞技场中，观看角斗士比赛。

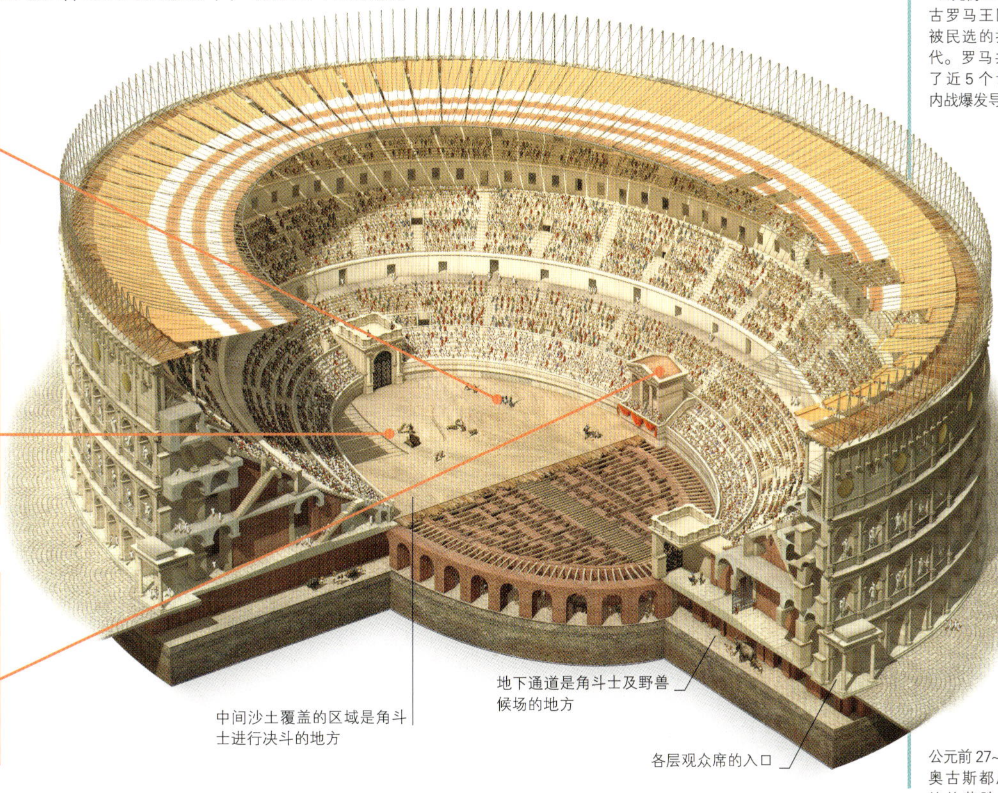

罗马大斗兽场
人们在这个巨大的竞技场中观看杂技、斗兽表演、处决仪式以及角斗士间的决斗等。

中间沙土覆盖的区域是角斗士进行决斗的地方

地下通道是角斗士及野兽候场的地方

各层观众席的入口

角斗士

地下升降器

皇帝包厢

古罗马人所做的贡献

古罗马为世界贡献了许多杰出的工程师、建筑师和学者。在我们今天的生活中，许多基础设施都是由古罗马人首创的。

公共浴场
古罗马人为实现公共洗浴修建了许多巨大的建筑群。这些浴场是今伊斯兰国家中所使用的浴室的前身。

位于英国的古罗马浴场

马路
古罗马人创造出用砖石铺成的马路网来连接乡镇与城市。如今，我们依然在使用这样的马路。

水道
古罗马的工程师通过修建水道或沟渠，将河水运送到各个城市。在通过凹地和峡谷等地时，利用竖立巨大拱门的方式使水道保持笔直。

古罗马水道

历法
因为迷信的古罗马人认为不吉利，所以在古罗马早期的历法中，没有设定具有偶数天数的月份。尤利乌斯·凯撒发明了一个“365 天 -12 个月份”的年历，这与我们今天所使用的年历非常接近。

拉丁语
许多欧洲国家所使用的语言，比如法语、意大利语、西班牙语等，都起源于拉丁语。

罗马数字
古罗马人创造了一个利用字母代表数字的体系。今天，我们仍在计时或记录重要日期时使用罗马数字。

I 1	II 2	III 3	IV 4	V 5
VI 6	VII 7	VIII 8	IX 9	X 10
L 50	C 100	D 500	CM 900	M 1000

时间轴

罗马帝国不断扩张，为了应对统治广袤疆域带来的巨大挑战，其政治体系也发生了很大变化。在此期间，罗马帝国大小战争不断。

公元前 750 年

王政时代
公元前 750 ~ 前 510 年
罗慕路斯死了自己的同胞兄弟后，成为古罗马王政时代的第一位国王。随后，古罗马经历了 6 位国王的统治，逐渐发展起来。古罗马王政时代的最后一位国王“高傲者”塔克文最终被革命者推翻。

公元前 753 年
传说，古罗马城是由战神玛尔斯的双胞胎儿子罗慕路斯和雷慕斯建立的。

罗慕路斯和雷慕斯的雕像

公元前 509 年
国王“高傲者”塔克文被推翻后，古罗马即进入共和国时期，罗马共和国成立。

公元前 264~ 前 241 年
在第一次布匿战争中，古罗马军团战胜了北非城邦迦太基，取得了胜利。

罗马共和国
公元前 509 ~ 前 27 年
古罗马王国的统治者被民选的执政官所取代。罗马共和国延续了近 5 个世纪，直至内战爆发导致其崩溃。

迦太基士兵看着远方熊熊燃烧的船只

公元前 218~ 前 201 年
迦太基将军汉尼拔·巴卡几乎征服了意大利。然而，他还是在第二次布匿战争中被击败。

铸有汉尼拔·巴卡头像的硬币

公元前 44 年
在与劲敌庞培的内战中取得胜利后，古罗马将军、独裁者尤利乌斯·凯撒遭刺杀身亡。

公元前 27 年
在接下来的内战中，尤利乌斯·凯撒的养子屋大维战胜了最后的对手，成为罗马帝国的第一位皇帝，被称为奥古斯都。

尤利乌斯·凯撒的半身雕像

公元 80 年
古罗马工程技术最伟大的成就之一——罗马大斗兽场建造完成。这是罗马帝国最庞大的圆形露天竞技场，可容纳 5 万名观众。

罗马帝国
公元前 27~ 公元 395 年
奥古斯都成为内战最终的获胜者，并成为罗马帝国的第一任皇帝。在随后的 4 个世纪中，罗马帝国被多位皇帝所统治。

罗马大斗兽场

395 年
罗马帝国分裂，东西罗马帝国分别由各自的皇帝所统治。

西哥特人攻击古罗马

东罗马帝国和西罗马帝国
395~476 年
罗马帝国分裂为东、西罗马帝国。西罗马帝国以罗马为中心，而东罗马帝国（拜占庭帝国）则定都君士坦丁堡。

410 年
410 年，西哥特国王阿拉里克一世领导的西哥特人攻陷了古罗马。这是 800 年来古罗马第一次失手于外来入侵者。

476 年
西罗马帝国的最后一位皇帝罗慕路斯·奥古斯图卢斯被推翻。东罗马帝国一直延续至 1453 年。

476 年

维京人

对于生活在 8~11 世纪的人们来说，没有人会欢迎维京人的造访。这些来自斯堪的纳维亚地区的野蛮海盗们，以闪电般的袭击和掠夺引起了人们的恐慌。然而，作为大胆的探索者，维京人确实航行得很远，开拓了一个更为广大的世界。

服饰

维京男性通常身着宽松罩衫和裤子，女性则一般身穿长袍。大部分服饰是由羊毛或亚麻以及兽皮制成。只有富裕人家才用得起丝绸和昂贵的配饰。所有衣物都由维京女性编织或缝制而成。

孩童

母亲

商人

外侵历史

长约 300 年的维京历史充满了入侵外族、航海和殖民新土地的记录。

750 年

793 年 第一次有明确记录的维京人外侵，他们攻击了英格兰东北部的林迪斯法恩。

794 年 维京人入侵苏格兰。

795 年 维京人入侵爱尔兰。

799 年 维京人进攻法国。

860 年 维京人开始在今俄罗斯及乌克兰定居。

874 年 爱尔兰沦为殖民地。

876 年 维京人在英格兰长期定居下来。

911 年 由罗洛带领的维京人在今法国定居下来，创立诺曼底公国。

982 年 维京人发现格陵兰岛。

1000 年 居住在格陵兰岛和爱尔兰的维京人皈依基督教。

1001 年 探险家莱夫·埃里克松抵达北美洲海岸。

1048 年 哈拉尔三世在挪威建立奥斯陆。

1050 年

宝物

大部分维京家族拥有自己特有的宝物。富人们珍爱精美的金银珠宝。而一个典型的冒险家，无论是海盗还是商人，都会想着从他人身上敛取首饰和战利品。

狩猎笛
以牛角制成

复活节彩蛋
从俄罗斯人手中重生的基督教象征

墓葬盒
装饰精美的橡木箱，用于船葬

珠宝
镶银的水晶珠

金匠制造的艺术品
以错综复杂的黄金丝线制成的精美胸针

游戏物件
在棋盘游戏中所使用的琥珀人像

臂环
镶嵌着珠宝的纯银臂环

扣板
绘制着图饰的扣板

迷你杯
镌刻着图饰的迷你银杯

北欧神话

北欧神话解释了世界何以产生，以及人类是如何被创造出来的。这些故事中满是龙、魔法、战神、巨人等形象，如同维京人一样狂野。根据北欧神话，一场伟大的战役终将来临。这场战役将终结这个世界，开创一个新世界。

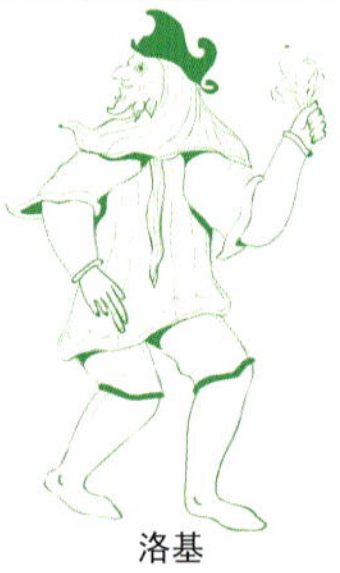
洛基
诡计之神，拥有变形的能力

阿斯克
北欧神话中的第一个男人，由梣木枝造成

奥丁
北欧神话中的知识之神及战神

索尔
挥舞着神锤的雷神

海拉
死亡女神

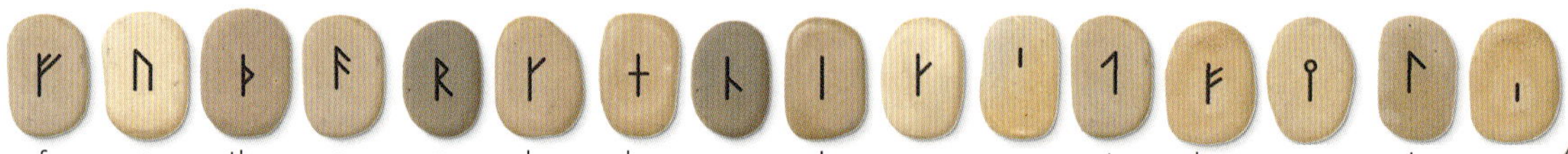

卢恩字母表

卢恩字母

维京人使用卢恩文字，由卢恩字母组成。这些卢恩字母可以镌刻在纪念碑上——比如丹麦赫赫有名的耶灵石，也可以刻在木头或骨片上，卢恩字母至今依然清晰可见。

耶灵石
复制品，上面有图案和卢恩字母。

社会阶层

在维京的社会构架中，顶层是贵族阶层，其中地位最尊贵的是王侯。下一层是自由人，比如战士、手工艺者和农夫。社会构架中的最底层是奴隶，他们中很多人是战犯。

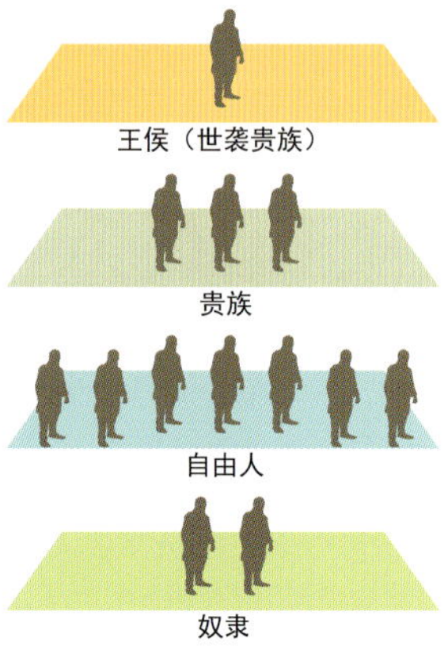

遥远而荒芜之地

维京人是技艺高超的航海者。他们驾驶着小木船，从今丹麦、挪威和瑞典出发，跨越广阔的海洋。他们的海洋及陆地探险之路远达北美洲和中亚地区。

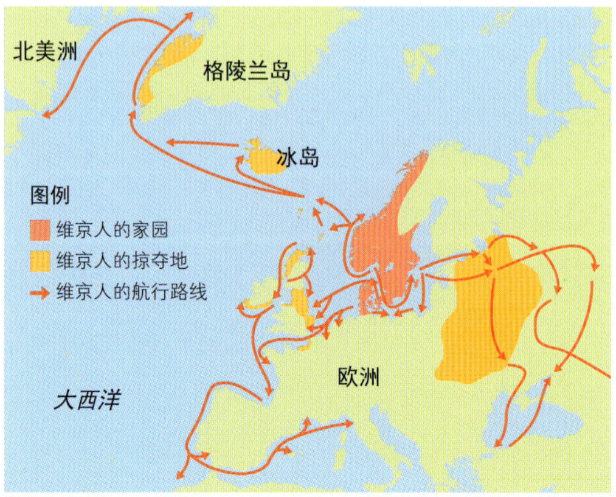

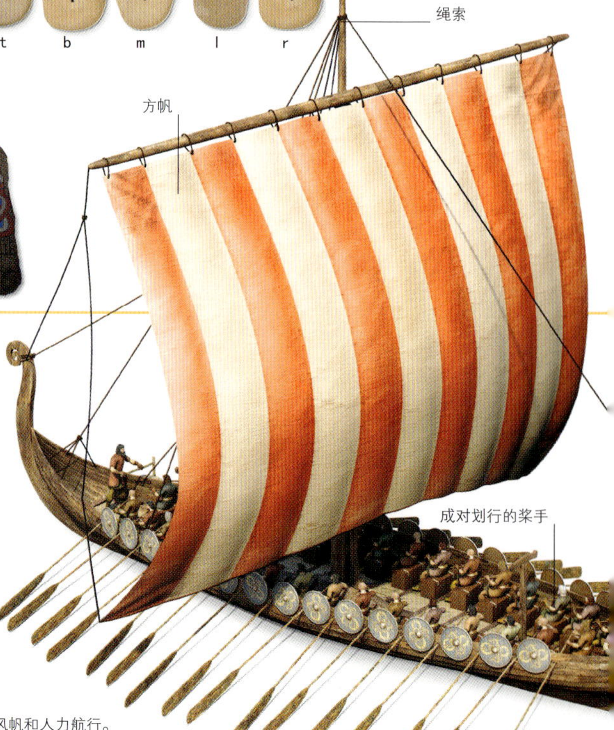

满帆航行
维京人善于利用风帆和人力航行。

纺纱工人

战士

猎人

弓箭手

家庭生活

在维京人的家里，没有任何个人隐私可言。他们的家被称为长屋，房间或大厅中央摆放着一个火炉。每个家庭成员都在这里生活、吃饭和睡觉。有些富裕家庭会用额外的房间烹饪和编织。长屋外是畜舍、粮仓和工作坊。

釜（一种煮食工具）

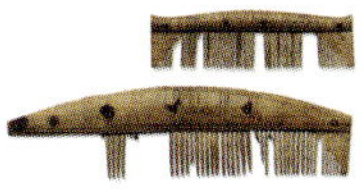
梳子

笛子

钻

神匣
基督教徒的骨灰盒

神兽
马匹缰绳上镀金的青铜配件

银制战士雕塑
持剑骑士的形象

武器和盔甲

维京人战斗的利器包括斧头、剑，有时候还有弓和箭。铁制头盔和木制盾牌可以抵御敌人的攻击。

盾牌

头盔

焊接的铁片
挪威人的头盔
保护颈部的锁子甲

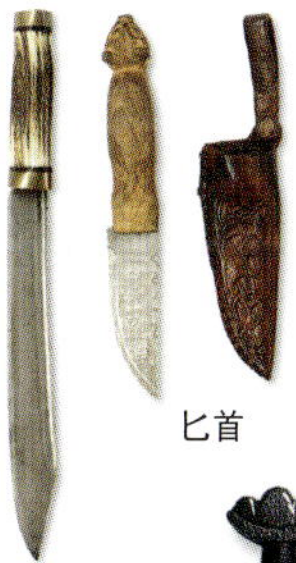
匕首

冒险家

在维京人的传说中，有一些大名鼎鼎的勇士。虽然他们的历险发生在1000多年前，但有关这些勇士的传说流传至今。

朗纳尔
在关于英雄朗纳尔的传说中，他于845年进攻巴黎。后来在英格兰北部被囚禁，之后被扔到蛇坑中死去。

勇士比约恩
比约恩是最为人们熟知的最早的维京探险家之一。他带领着队伍抵达遥远的荒芜之地，来到西班牙、法国、意大利，甚至北非等地。

无骨者伊瓦尔
尽管这位传奇人物的名字让人有点摸不着头脑，但伊瓦尔确实是个凶恶而又强大的勇士。869年，他入侵了英格兰东安格利亚地区。

罗洛
10世纪，这位挪威领袖在今法国北部的塞纳河一带建立了定居点。

红胡子埃里克
埃里克本是挪威人，982年，他因杀人被流放，搬到了冰岛。他在格陵兰岛上建立了挪威殖民地。

幸运者莱夫
大约在1001年，红胡子埃里克的儿子莱夫·埃里克松经过千难万阻，抵达北美洲，在今纽芬兰登陆。

维京刀

幸运者莱夫

根据神话，维京人经常戴着牛角头盔。

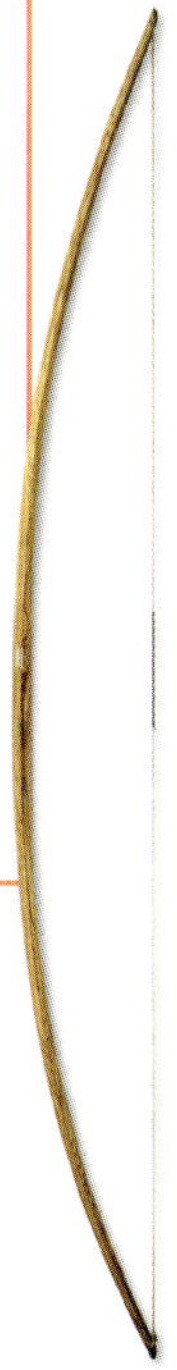
长弓

箭

斧头

剑

未经漂白的亚麻布
短上衣和紧身裤

三大文明

阿兹特克文明主要存在于今墨西哥中部和南部。而玛雅文明则存在于今墨西哥南部、危地马拉、伯利兹、洪都拉斯以及萨尔瓦多等地。由印加文明主宰的印加帝国曾沿着南美洲西海岸延绵跨越4000多千米。

古代美洲

三个伟大文明曾在美洲大陆的不同地区蓬勃发展：美洲中部的玛雅文明、阿兹特克文明和美洲南部（主要以今秘鲁为中心）的印加文明。这些文明虽然在许多方面迥然不同，但都为后世留下了瑰丽的艺术和壮观的城市遗迹。

马丘比丘
印加帝国的一处偏远哨所，由143座建筑组成，其中半数以上可能被用于举行宗教仪式。

多种多样的文化

除了玛雅文明、阿兹特克文明和印加文明外，还有众多其他民族与文化在中美洲繁荣发展。

- **玛雅文明（约公元前2500~公元1520年）**
  玛雅人精通天文学，并发明了一种以图形代替文字的记录方式。今天，仍有数百万玛雅人生活在中美洲。
- **奥尔梅克文明（公元前1000~前201年）**
  奥尔梅克文明是中美洲最早出现的文明之一，主要以农耕和贸易为发展基础。
- **萨波特克文明（约公元前700~公元1521年）**
  萨波特克文明主要存在于墨西哥南部。在主要城市阿尔班山，萨波特克文明渗透于该地区的1000多个聚落。
- **纳斯卡文明（公元前200~公元600年）**
  纳斯卡文明最著名的，是直立在秘鲁南部高地上的一些只有在高空才能看得清楚的图案。
- **特奥蒂瓦坎文明（公元1~750年）**
  特奥蒂瓦坎人修建了古代美洲最庞大、最引人注目的特奥蒂瓦坎古城。
- **莫切文明（公元前400~公元800年）**
  今天，在秘鲁北部乡间，依然矗立着莫切人用泥砖修筑而成的、巨大而神秘的金字塔。
- **托尔特克文明（900~1150年）**
  托尔特克人是技术精湛的建筑师和手工艺者。他们在首都图拉修筑了巨型的金字塔和宫殿。
- **奇穆文明（1000~1470年）**
  奇穆王国占据了南美洲西部的广阔地区。奇穆人是娴熟的铁匠和建筑师。他们最终被印加人征服。
- **印加文明（1150~1532年）**
  1438年征服库斯科后，印加人就成为安第斯山地区最强大的民族。随后，他们又为自己的帝国征服了许多其他城邦。
- **阿兹特克文明（14世纪~1521年）**
  阿兹特克最初只是个四处流浪的部落。1325年，他们建立了特诺奇蒂特兰城，这座城市后来发展成为强大的阿兹特克帝国的中心。

伟大的城市

古代美洲城市的选址范围非常广泛。城市建筑物周边的风景和所利用的建筑材料都会对建筑外观产生影响。通常情况下，城市周围常常建有巨大的庙宇和其他宗教建筑物。

蒂卡尔
玛雅文明的主要城市之一。约公元前600～公元900年，蒂卡尔一直有人居住。

奇琴伊察
玛雅文明的主要城市之一，曾是重要的贸易中心。

库斯科
曾是印加帝国的宗教与政治首都。

特奥蒂瓦坎
8世纪后半叶，这个城邦被神秘地焚毁了。

阿兹特克太阳石
诠释了阿兹特克人关于时间和宗教的信念。

文字

中美洲的许多文明都使用“图形＋文字”的方式记录历史。而印加人及其周边地区的人却不使用文字，他们结绳记事。

玛雅文字
由一个符号系统组成。

时间轴

中美洲文明延续了 2000 多年，直到欧洲探险家和他们的军队将这些文明摧毁。

公元前 1400 年 —— **1700 年**

公元前 1400 年　奥尔梅克人在墨西哥北部修筑庙宇，雕刻巨型雕塑。

蒂卡尔神庙

公元前 500 年　萨波特克人建立阿尔班山作为首都及宗教中心。

公元前 350 年　玛雅的第一大城市蒂卡尔在危地马拉的雨林中建成。

约 900~1000 年　托尔特克人在墨西哥的图拉建立首都。

托尔特克陶器

1300 年前后　印加人开始在安第斯山中部地区扩展他们的帝国疆域。

印加帝国首都库斯科

1325 年　阿兹特克帝国的城市特诺奇蒂特兰建在特斯科科湖的一座岛屿之上。

特诺奇蒂特兰的集市

1438 年前后　印加帝国领袖帕查库蒂掌权，马丘比丘城建成。

马丘比丘

1471 年　图帕克成为印加国王，将帝国的边界向遥远的南部拓展。

1502 年　蒙特苏马二世成为阿兹特克帝国上千万国民的君主。帝国在他的统治下进入全盛时期。

1519~1521 年　西班牙早期殖民者埃尔南·科尔特斯推翻了阿兹特克帝国。

科尔特斯与蒙特苏马二世见面

1532 年　西班牙早期殖民者弗朗西斯科·皮萨罗捕获印加国王阿塔瓦尔帕，并将他杀死。自此，印加帝国灭亡。

1542 年　西班牙殖民者在梅里达建都，玛雅人终于放弃抵抗。

1697 年　玛雅人的最后一个哨所塔亚萨尔落入西班牙殖民者之手。

神祇

中美洲人与印加人崇拜许多神祇，大部分神祇与自然或农耕有关。人们向神祇祈求风调雨顺，以保庄稼茁壮生长。也有人为自己与家人的健康祈福。

查尔丘特里魁
阿兹特克的水神和风暴女神

维拉科查
印加文化中最重要的神祇

索洛特尔
阿兹特克人的死神和闪电之神

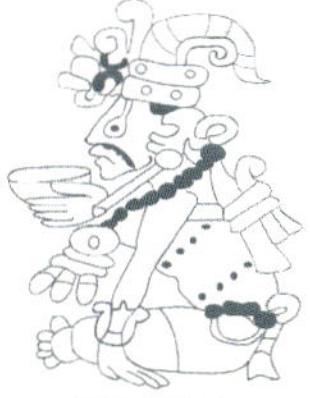
特祖尔塔卡
一组玛雅雷神

基利亚玛玛
印加人的月亮女神

玛雅玉米神
玉米神的形象是个秃头

乐趣及游戏

阿兹特克人都会玩乌拉玛。乌拉玛是一项快速而激烈的球类游戏。无人知晓这项游戏的确切规则，但大致玩法是，球员们在一个特殊的比赛场地内，向镶嵌在墙上的环内投球，投中者得分。

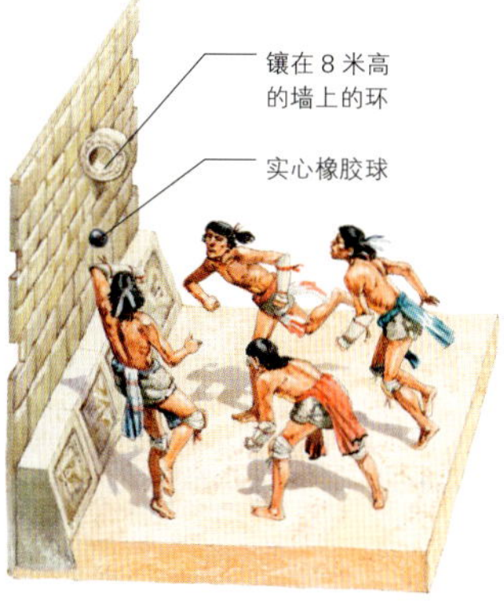

仪式及祭祀

祭祀是极为重要的宗教仪式。人们向神祇供奉动物和人，以求神祇眷顾这片土地。

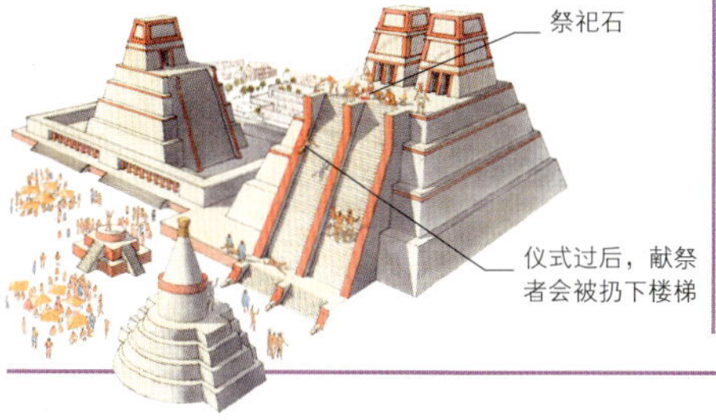

阿兹特克勇士

对于阿兹特克人来说，战争就是他们的生活方式。除了夺取新的土地，进行战争的另一主要目的是捕获敌军士兵。

17 岁时，每个阿兹特克男性都会被送去参战。他们都以抓到人生中第一个俘虏为目标。

美洲虎战士
一旦捕获了俘虏，阿兹特克战士就会被授予独特的服饰。

阿兹特克的学徒战士
手持木矛，木矛顶端是锋利的石头。

艺术和工艺品

中美洲及古秘鲁文化所留下的陶器、雕刻品、瓷器和金属器皿等都是十分宝贵的文物。这些文物反映出生活在这些地方的人们当时的生活方式、对于人生的看法、所崇拜的神祇，以及如何祭祀等信息。

青蛙雕刻
阿兹特克

妈妈和孩子
特奥蒂瓦坎，200 年前后

经过雕刻的美洲虎骨头
玛雅，400 年

翡翠雕刻
玛雅，600 ~900 年

翡翠美洲虎面具
奥尔梅克，公元前 900 ~ 前 300 年

玉面具
阿兹特克，约 1420 ~1519 年

翡翠人像
阿兹特克，1500 ~1530 年

水壶
印加，1476 ~1532 年

搅拌壶
莫切，200 ~500 年

大理石瓶
玛雅，600 ~1000 年

金杯
兰巴耶克文化

女性人像
印加，约 1476 ~1532 年

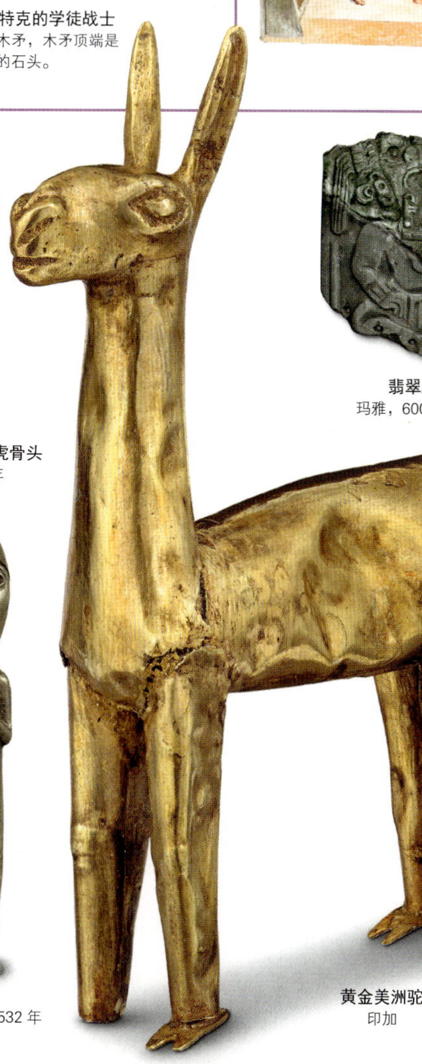
黄金美洲驼
印加

主要事件

奥斯曼帝国建立后便迅速扩张。统治者们急不可耐地想要为这个伊斯兰帝国夺取新的疆土和大量财富，以犒赏他们的追随者。

1300 年 — **2000 年**

1300 年 奥斯曼一世在位于土耳其西北方的小亚细亚半岛上创建了奥斯曼帝国。

1354 年 奥斯曼军队在加里波利进入欧洲。

1369 年 奥斯曼人攻占埃迪尔内，并在此定都。

埃迪尔内清真寺

1453 年 穆罕默德二世征服了君士坦丁堡，拜占庭帝国从此不复存在。

1514 年 谢利姆一世率军入侵伊拉克北部，占领了中东大部分疆土。

位于伊斯坦布尔的谢利姆一世清真寺

1529 年 苏莱曼一世的军队包围了奥地利首都维也纳，却没能征服这座城市。

1538 年 在普雷韦扎海战中，奥斯曼海军赢得了地中海东部区域的控制权。

1566 年 苏莱曼一世在匈牙利逝世。奥斯曼人暂停了向欧洲进军的脚步。

1571 年 勒班陀海战的失利迫使奥斯曼人停止向西进一步扩张的步伐。

1683 年 在维也纳战役中，奥斯曼帝国战败，帝国开始走向衰落。

1914 年 奥斯曼帝国以同盟国成员的身份加入第一次世界大战。

1923 年 奥斯曼帝国土崩瓦解，土耳其共和国成立。

土耳其国旗

奥斯曼帝国

奥斯曼帝国是史上最庞大、延续时间最长的帝国之一。奥斯曼帝国创建于13世纪，缔造者是土耳其人、伊斯兰武士奥斯曼。200年后，帝国的疆土延伸到了三个大洲：非洲、亚洲和欧洲。在由奴隶士兵组成的军队的辅助下，一系列强大的苏丹（伊斯兰国家对统治者的称呼）统治着这个帝国。

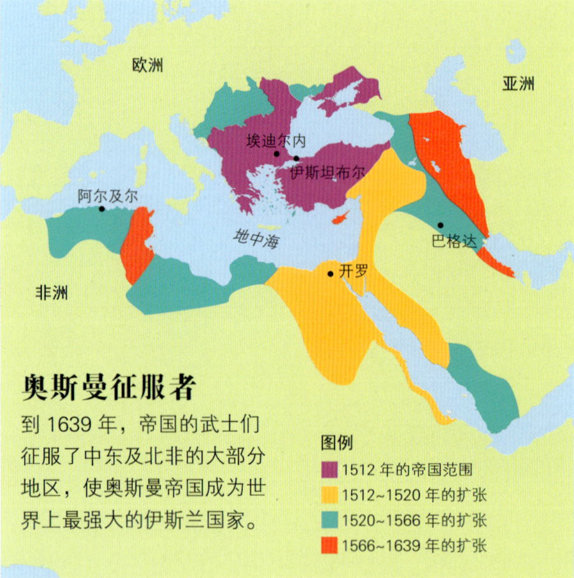

奥斯曼征服者

到 1639 年，帝国的武士们征服了中东及北非的大部分地区，使奥斯曼帝国成为世界上最强大的伊斯兰国家。

这座清真寺拥有 6 座尖塔（召唤穆斯林做礼拜的宣礼塔）

清真寺的内庭由 30 个圆塔（小型圆顶）包围着

托普卡珀宫
由穆罕默德二世下令，托普卡珀宫于 1460 年修建而成，在随后的 400 年里，它一直是苏丹的主宫殿。

强大的苏丹

在长达 600 年的时间里，奥斯曼帝国由一个家族统治。这些苏丹组建了强大的政府。对于普通居民来说，奥斯曼帝国统治下的生活基本是和平安宁的。

- **奥斯曼一世（绰号“加齐”）（约1258~1326年）**
  奥斯曼帝国的创建者，也是第一位苏丹。他是战绩辉煌的将军，在其统治的 27 年间，奥斯曼帝国的疆土不断扩大。
- **穆罕默德二世（绰号“征服者”）（1432~1481年）**
  伟大的军事领袖。他夺取了君士坦丁堡，还征服了安纳托利亚（小亚细亚半岛的旧称）和巴尔干半岛。
- **谢利姆一世（绰号“冷酷者”）（1470~1520年）**
  内战之后，谢利姆上台执政。他杀死了自己的兄弟和其他可能争夺王位的人，以确保自己选中的儿子苏莱曼能顺利继位。
- **苏莱曼一世（又称“苏莱曼大帝”）（1494~1566年）**
  奥斯曼帝国最伟大的苏丹之一。在他统治的 46 年间，奥斯曼帝国成为世界强国。同时，这一时期也是文学、诗歌、艺术和建筑等领域百花齐放的时代。
- **阿卜杜勒·迈吉德一世（1823~1861年）**
  这位苏丹推行了野心勃勃的改革，对军队、学校等机构进行了革新。迈吉德一世希望通过改革能够使这个日薄西山的帝国与欧洲其他国家相匹敌。

苏莱曼大帝

苏丹的忠臣

奥斯曼帝国实行一种名为“壮丁征召”的制度。在这种制度下，被征服国家的基督教男孩会成为奴隶，皈依伊斯兰教并被教化成为苏丹的忠臣。之后，他们会在苏丹家中服务或在军中担任要职。

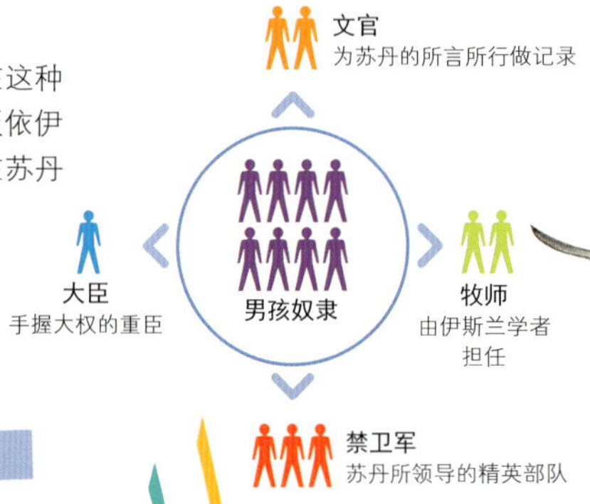

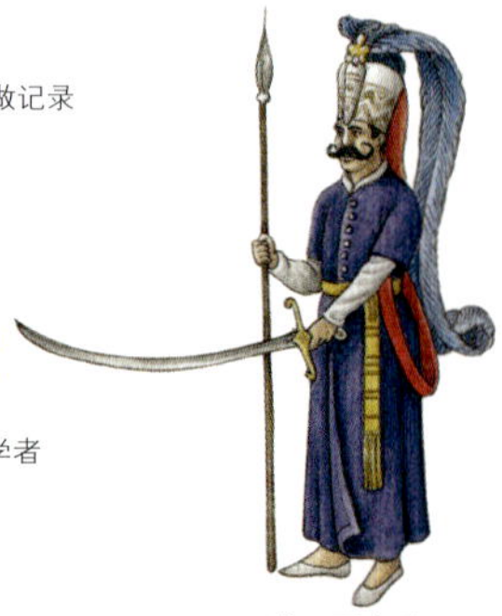

禁卫军士兵

穆罕默德二世上台执政后，为了防止针对自己的阴谋发生，便杀死了所有兄弟。

苏丹的标记

花押（音译：图格拉）是奥斯曼皇帝的私人印章。所有出自苏丹之手的重要文件、硬币以及信件都要附载一个符号标记，且每个统治者的标记各不相同。花押以阿拉伯书写艺术为基础，在每个苏丹统治开始时被设计出来，由宫廷书法家绘制在宫廷文件上。

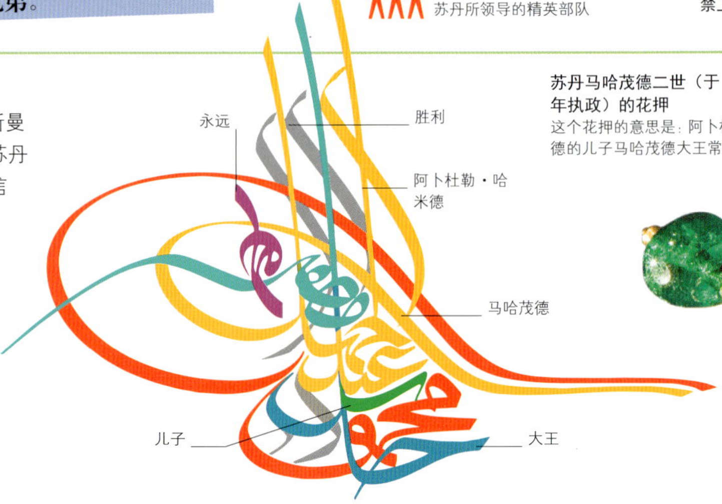

苏丹马哈茂德二世（于 1808~1839 年执政）的花押
这个花押的意思是：阿卜杜勒·哈米德的儿子马哈茂德大王常胜不败。

建筑大师

奥斯曼统治者下令建造了许许多多巧夺天工的宫殿和清真寺，作为他们伟大权力的象征，同时也体现了他们对伊斯兰教的虔诚之心。奥斯曼建筑师受到了伊斯兰艺术和欧洲艺术的共同启发，所修建的建筑栩栩如生地展现了两种传统文化的交汇融合。

伊斯坦布尔的苏丹艾哈迈德清真大寺
这座清真寺修建于 1606~1616 年，由于内部以蓝色彩釉瓷砖进行装饰，因此也被人们称为蓝色清真寺。

多玛巴切新皇宫
曾是 6 位苏丹的宫殿，直到 1922 年最后一位苏丹被革职。

艾哈迈德三世喷泉
由艾哈迈德三世下令，这座公共喷泉于 1728 年修建完成。喷泉的水源来自此座亭子中的水池。

装饰和艺术

随着奥斯曼帝国日益富裕和强大，大批艺术家和手工艺者被征召为苏丹宫殿创作各式艺术品。伊兹尼克镇以盛产精美的瓷砖和陶瓷而著名。这里出产的瓷砖和陶瓷上布满了美丽的花朵、繁复的植物图案和阿拉伯书法，呈现出鲜艳的蓝绿色调。

伊兹尼克瓷盘

伊兹尼克瓷砖

武器与盔甲

苏莱曼一世统治时期，奥斯曼军队是欧洲最庞大、战绩最出色的军队。苏丹的部队经过高强度训练，纪律严明，配备有最新式的武器与盔甲。

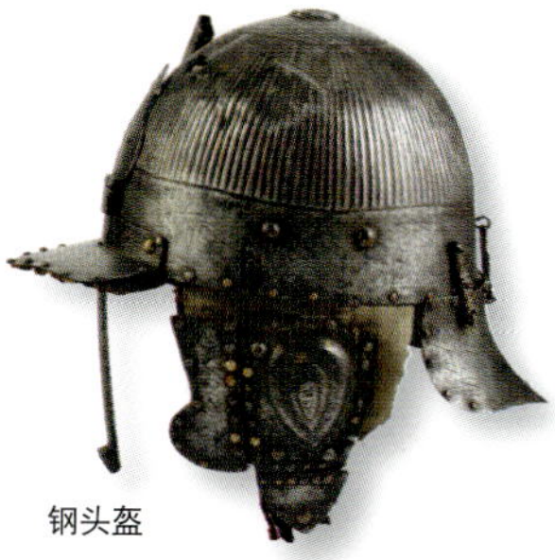

钢头盔

兽皮铜头盔

胸甲（保护身体的铠甲）

锁子甲盔甲

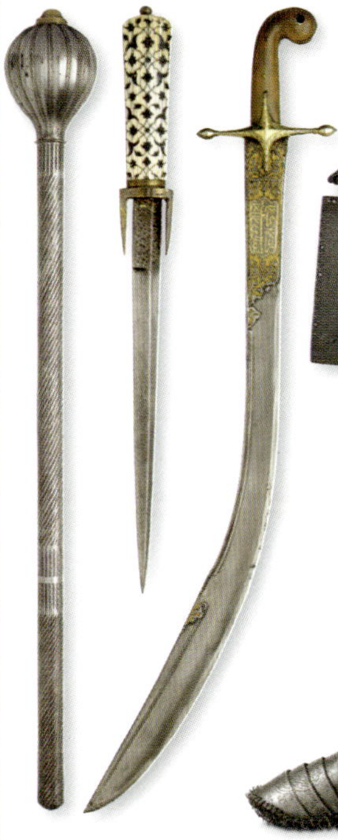

狼牙棒、匕首和剑

胸甲

骑兵靴

盾牌

珠宝首饰

由于奥斯曼帝国幅员辽阔，奥斯曼人的品位受到了多种文化的影响。在装饰华丽的珠宝首饰中，通常混有金属和矿石。绿宝石和翡翠深受人们的喜爱，因为绿色与先知穆罕默德常常联系在一起。

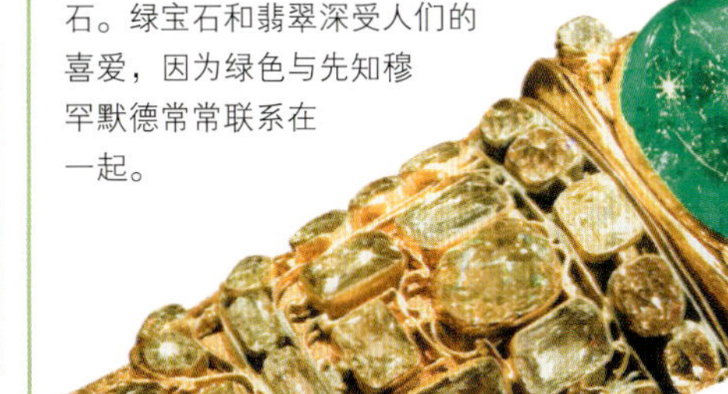

托普卡珀匕首
1747 年，苏丹马哈茂德一世送给波斯国王纳迪尔沙的礼物。

造匙者钻石
这是一颗 86 克拉的梨形钻石，四周镶嵌着黄金和 49 颗钻石。

项链
1875~1925 年

莫卧儿帝国

莫卧儿帝国由“世界的征服者”蒙古人成吉思汗的后裔巴布尔创建。今天，人们仍然能够从莫卧儿帝国遗留下来的众多伟大古迹中，领略它曾经的富庶与辉煌。

莫卧儿帝国时间轴

莫卧儿帝国发源于中亚。巅峰时期，莫卧儿帝国的统治疆域覆盖今印度北部、巴基斯坦、阿富汗和孟加拉国等地。然而最终，帝国逐渐衰败，领土所剩无几。

1500年

1504年 巴布尔拿下喀布尔城，成为阿富汗的统治者。

1526年 巴布尔征服了印度北部的德里城，莫卧儿时代开启。

1540年 巴布尔的儿子胡马雍曾败给了劲敌阿富汗人舍尔沙，丧失了权力，但在1555年，他又将权力夺了回来。

1556年 巴布尔的孙子阿克巴成为莫卧儿帝国的皇帝。

1563年 阿克巴开始通过立法，给予印度人宗教及政治自由。

阿克巴和他的印度新娘

1605年 阿克巴去世后，贾汉吉尔登基成为皇帝。

1613年 英国东印度公司获准在古吉拉特邦的苏拉特城中修建货栈。

1627年 贾汉吉尔去世，终年58岁。

1632年 皇帝沙·贾汗开始修建泰姬陵，以纪念亡妻蒙泰吉·玛哈尔。

蒙泰吉·玛哈尔的墓碑

1657年 沙·贾汗卧病不起，一年后，他的儿子奥朗则布击败了自己的众兄弟，夺得皇位。

1686年 东印度公司与奥朗则布因争夺贸易领地开战，约三年后，东印度公司承认战败。

1707年 奥朗则布去世，一个战乱时代来临。

1739年 伊朗国王纳迪尔沙攻占德里，莫卧儿帝国开始衰败。

1857年 由于支持印度民族起义，莫卧儿帝国末代皇帝巴哈杜尔·沙二世被英国殖民当局罢黜后流放。

印度民族起义，1857年

1900年

莫卧儿帝国的扩张

莫卧儿帝国从印度北部开始逐步扩张。到1700年，国土面积已达320万平方千米。

莫卧儿帝国皇帝

巴布尔和他之后几任君王的强大统治，确保了莫卧儿帝国的稳定发展和愈加繁荣。

巴布尔（1483~1530年） 一位功勋卓著的将军，同时还热衷于诗歌和园艺。他以日记的形式记录生活，著有《巴布尔回忆录》。

阿克巴（1542~1605年） 因为制定公平的税收政策和促进宗教宽容，他赢得了人民的支持。

阿克巴陵

贾汉吉尔（1569~1627年） 狂热的艺术爱好者。他的妻子努尔·贾汗，是莫卧儿历史上最有权势的女人之一。

沙·贾汗（1592~1666年） 因其宫廷的金碧辉煌而闻名。他修建了一座新城，即今天的旧德里城，作为首都。

奥朗则布（1618~1707年） 在他的统治下，莫卧儿帝国的疆域扩大了1/4，然而军事上的巨大开销使国库空虚，财政拮据。

武器与盔甲

莫卧儿战士主要在马背上作战，但他们也会使用大象。大象在经过特殊训练后，能够在战斗中冲锋陷阵，踩踏敌人。

象牙制的火药号角

锥形头盔

锁子甲头盔

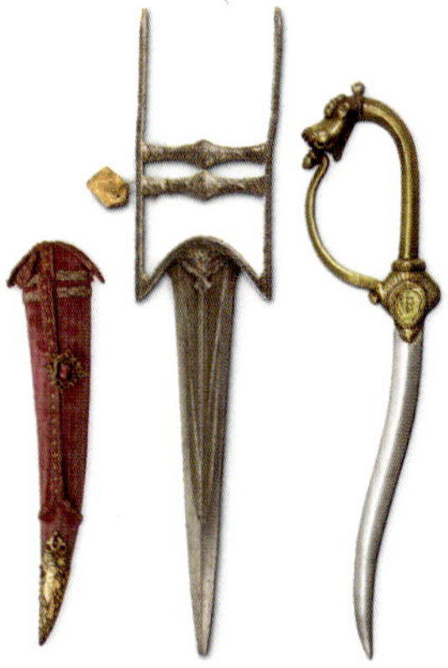

匕首和刀鞘

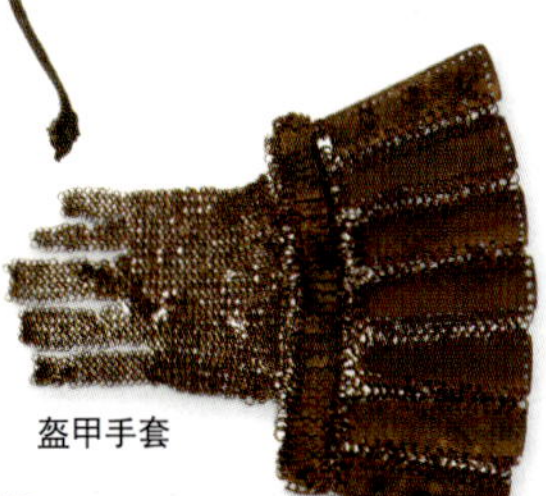

盔甲手套

护臂

狼牙棒

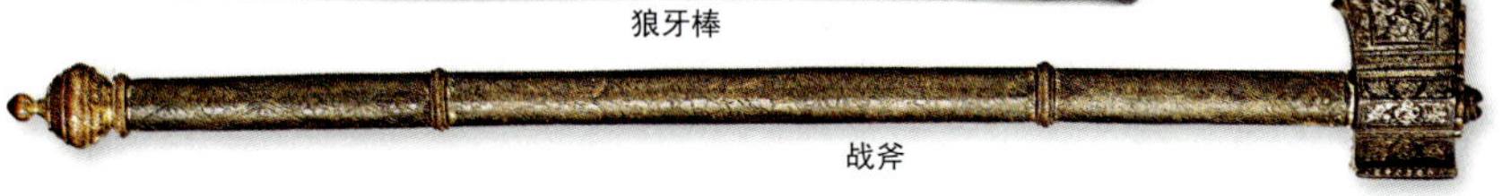

战斧

长剑

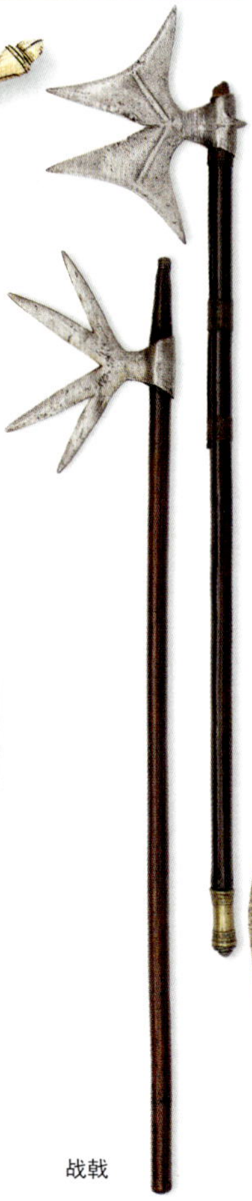

战戟

天文

很多莫卧儿皇帝对科学、数学，特别是天文学表现出了浓厚的兴趣。他们不仅修建天文台，还让天文学家制作详细的天文表和日历。

简塔·曼塔天文台，新德里（1724年）
为了更新天文表，皇帝穆罕默德沙下令修建了这个天文台。

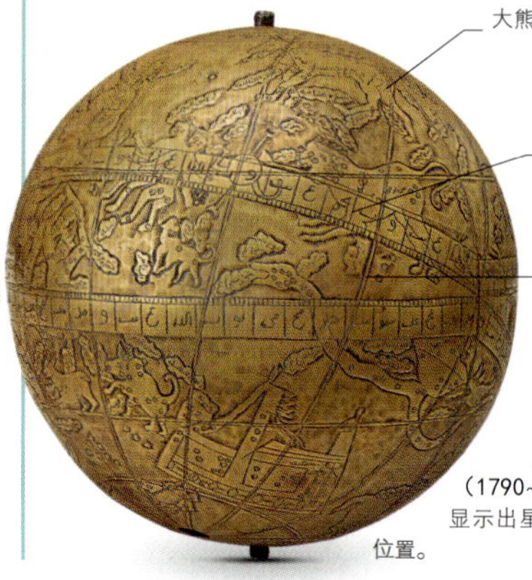

天球仪（1790~1791年）
显示出星宿及星座的位置。

建筑奇迹

为了彰显实力，莫卧儿王朝的统治者们修建了许许多多富丽堂皇的建筑，如清真寺和纪念碑等。建筑师们将波斯、奥斯曼、伊斯兰和印度传统文化的元素融入设计中，使这些建筑独具特色。

约有 1000 头大象参与了运输石砖的工程。

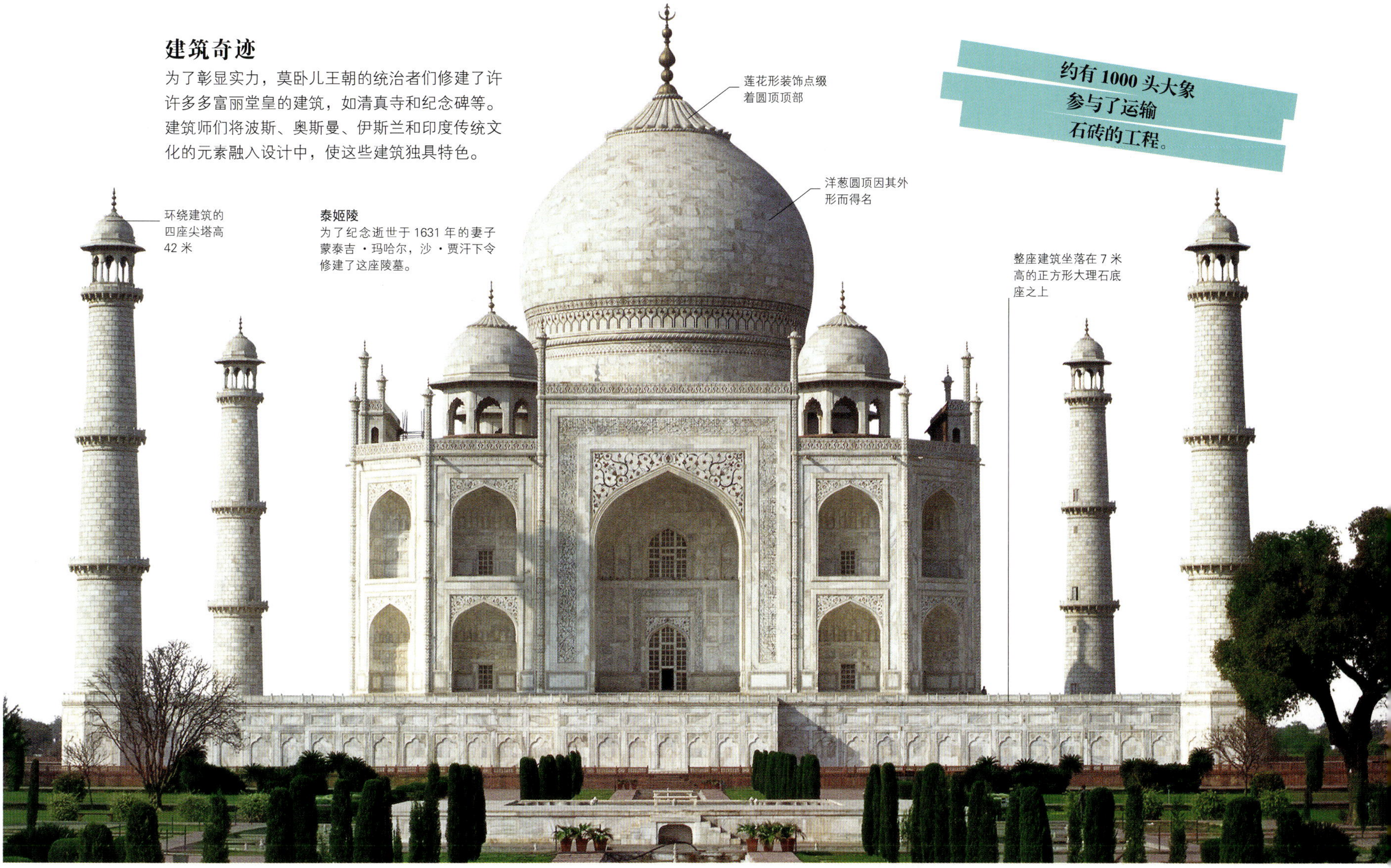

泰姬陵
为了纪念逝世于 1631 年的妻子蒙泰吉·玛哈尔，沙·贾汗下令修建了这座陵墓。

法塔赫布尔·西格里古城（胜利城之墙）
为了庆祝军队在齐多尔和母虎堡取得胜利，阿克巴于 1569 年下令修建该城。

胡马雍陵
这座宏伟华丽的花园式陵墓位于旧德里城，修建于 1572 年，是莫卧儿帝国第一个标志性建筑。

珍珠清真寺
这座清真寺由奥朗则布下令修建于旧德里城（1659~1660 年），是红色城堡建筑群中的一部分。

萨夫达尔疆陵
这座陵墓位于新德里，于 1754 年完工，是莫卧儿帝国最后一座伟大建筑。

穆斯林艺术

在穆斯林的宗教艺术中，是不会表现人或动物的。因此，宗教建筑多以几何图形、植物及花朵图案或艺术文字（书法）来装饰。

树叶形的几何图案

清真寺入口处的书法

大理石镶嵌的花朵图案

八边形及四边形图案

光彩夺目的工艺品

莫卧儿人十分崇尚艺术，帝国上下技艺最为精湛的画家、手工艺者、珠宝师和织物设计师们受命创作精美绝伦的工艺品，来装饰帝王的宫殿。

翡翠碗

瓷釉刀柄

镶嵌着珠宝的坠饰

翡翠壶

细密画

中国

中华文明是世界上最古老的文明之一，绵延了约 5000 年。由中华文明孕育出的中国封建王朝自公元前 221 年诞生，直到 1911 年才退出历史的舞台，是人类历史上存续时间最长的封建政权。

统治王朝

古代中国由一系列不同的王朝所统治。有时，某位帝王的统治会被敌对势力所推翻。每当这样的情况发生时，一位新的统治者就会接过王位，开启一个新的王朝。

公元前 2070 年

夏朝
约公元前2070~前1600年
中国历史上第一个世袭王朝夏朝建立。夏朝的建立者是禹。

约公元前 1500 年
手工艺者开始大规模生产由青铜制成的武器和用具。

商朝的青铜器酒杯

商朝
约公元前1600~前1046年
商朝是中国历史上继夏朝之后的一个王朝，历时600年左右。

约公元前 1250 年
中国最早的文字记录被发现。

约公元前 1046 年
商朝的最后一位统治者在牧野之战中败北。

周朝
公元前1046~前256年
分为西周（公元前 1046~前 771 年）和东周（公元前 770~前 256 年）两个时期。西周在全国上下实行分封制。

公元前 771 年
周幽王被杀，国都镐京被入侵者攻陷。西周灭亡。

周朝的炊具

战国
公元前475~前221年
随着周朝的衰落，中国出现了一个抢夺统治权的动乱时期。

公元前 551 年
哲学家孔子出生。

公元前 221 年
秦王嬴政宣布自己为始皇帝，是全中国唯一的统治者。

秦朝
公元前221~前207年
中国实现了“大一统”。

公元前 217 年
秦始皇开始修筑长城。

修筑长城

汉朝
公元前 202~ 公元 220 年
地方行政管理制度建立，这个制度将在随后的 2000 多年里用于管理中国。

105 年
东汉官员蔡伦奏报朝廷已制造出纸张。

分裂时期
221~589 年
中国分裂为几个小国。

618 年
一个黄金时代开始，艺术与科学蓬勃发展。

隋朝
581~618 年
中国再次统一起来。

唐朝的骏马雕塑

唐朝
618~907 年
中国发展成为世界强国。

五代
907~960 年
唐朝灭亡后，北方相继出现的五个朝代叫五代，南方及山西先后存在的十个政权叫十国（891~979 年），合称五代十国。

1100 年
中国的人口增长至大约 1 亿。

宋朝的瓷瓶

宋朝
960~1279 年
技术的进步带来了国家的繁荣和经济的富裕。

蒙古战士

1279 年
忽必烈率领蒙古大军统一了全中国。

元朝
1271~1368 年
1206 年，骁勇善战的蒙古人建立了自己的王国。1271 年，忽必烈改国号为“大元”。

明朝
1368~1644 年
这个时期生产了很多精美绝伦的艺术品和手工艺品。

1421 年
明永乐帝定都北京。

明代的青花瓷盘

清朝
1644~1911 年
古老的封建社会日渐衰败，最终被推翻。

1840~1860 年
两次鸦片战争中，中国饱受西方列强侵略，被迫打开了国门。

1912 年
6 岁的末代皇帝溥仪被罢黜。

1912 年

古代奇迹

历代封建帝王以其堆金叠玉的财富、所拥有的先进技术和人力，创造出了众多庞大、宏伟的建筑工程。

长城
明朝是最后一个大修长城的朝代，人们今天看到的长城多是此时修筑。明长城长约 8851.8 千米，旨在将北部敌人阻挡在围墙之外。

北京故宫
1406~1420 年修建于北京，旧称紫禁城，是明清两朝的皇宫。宫殿群雄伟壮观。

秦始皇兵马俑
和秦始皇一起埋葬的还有 8000 多个与真人一般大小的陶俑，于 1974 年被发现。

留名千古的帝王

在中国 2000 多年漫长的帝制社会里，皇帝是国家的最高统治者。历史上，一些明君在位时间很长，但也有不少帝王遭罢黜或被谋杀。

秦始皇（秦朝，公元前259~前210年）
他征服了先秦诸侯国，成为统一中国的第一位皇帝，是秦王朝的缔造者。

汉武帝（汉朝，公元前156~前87年）
汉朝的第七任皇帝，在位 54 年（公元前 141 ~ 前 87 年在位）。在他的统治下，中国的国力与疆域都与日俱增。

武则天（唐朝，624~705年）
中国唯一一位女皇帝。她是唐高宗的妻子，在高宗患病期间接管国家，最终一步步成为中国的统治者。

永乐帝（明朝，1360~1424年）
明朝的第三任皇帝，以冷酷无情而著称。他将中国的首都从南京迁到北京，并修建了紫禁城。

康熙帝（清朝，1654~1722年）
他 8 岁登基，是在位时间最长的皇帝。在他 61 年的统治（1661~1722 年在位）中，中国和平安定，繁荣富强。

永乐帝

伟大发明

世界上一些最伟大的发明和发现都源自古代中国，而且其中很多至今仍为人们所用。中国古代四大发明包括指南针、造纸术、印刷术和火药。中国自古就很珍视科学家群体。

丝绸制品
约公元前 4000 年

风筝
公元前 500 年前后

汉字

在中国，书法是一种艺术。中国汉字约有 10 万个，书法家们需要花费多年时间精进技艺。

毛笔

墨

汉字的发展历程
在几千年的应用过程中，汉字一直在简化。

人　女　马　山

甲骨文
商朝的文化产物

隶书
形成于战国晚期，通行于秦汉魏晋

现代简体字
1956 年

用来黏合长城砖块的水泥砂浆中，含有一定量的黏米粉。

图例
汉时期的丝绸之路

丝绸之路

丝绸之路是一条自中国出发，横跨亚洲，通往欧洲和北非的陆上贸易通道。中国人保护着这条路线，使来自世界各地的贸易商可以安心通行。出口商品包括丝绸、茶叶、瓷器和香料等，中国商人因此变得非常富有。

太初历

中国传统历法的源头可以追溯到几千年前。公元前 104 年，即汉武帝统治时期，制定了太初历，它是中国古代一部比较完整的历法。

生肖
每一年以一个动物命名。这个循环每 12 年轮回一次。

带船舵的船
公元前 100 年前后

纸
105 年

火药
808 年之前

活字版印刷
约 11 世纪

三教

总体来说，古代中国对于宗教的态度是宽容的。民众可以在三种最受欢迎的宗教中自由选择。

儒教
以中国思想家孔子的思想为精神内核。

佛教
由释迦牟尼在古印度创立的宗教。

道教
道教信徒追随具有传奇色彩的中国哲学家老子的思想。

神话传说

中国古代的神话传说极为丰富多彩，它融合了传统的民间故事及以真人真事为基础的传说和改编自佛教、道教教义的故事等。

三皇
传说，他们是中国最早的统治者。

孙悟空
具有超能力的猴王。出自中国古典名著《西游记》。

八仙
中国民间流传的八位仙人。相关传说以“八仙过海”最为著名。

服饰

富人们穿着由精美的丝绸制成的华美袍服。而农民则穿着以麻布为原料制成的宽松服装。麻布是一种用植物纤维制作而成的布料，粗糙且扎人。

玉挂件

政府官员的官帽

象牙扇子

绣花鞋

丝绸制的袍子

艺术与工艺品

无论在国内还是海外，中国手工艺者制作的精美的工艺品总是供不应求。手工艺者在社会上享有崇高地位，他们的地位要高于售卖他们工艺品的商人。

唐三彩骆驼
618~907 年

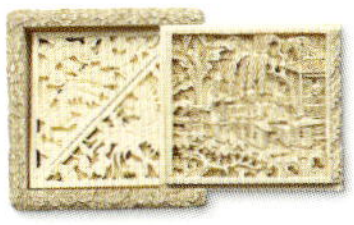

象牙迷宫盒
1800~1900 年

瓶器
1736~1795 年

锡制茶叶罐
18 世纪

琉璃碗
1825~1875 年

陶瓷茶壶
1662~1772 年

日本

日本历史时代的故事里充斥着宿怨深重的氏族和喜斗好战的武士，他们为了争夺财富和权力，无休无止地斗争。但与此同时，文化艺术却也欣欣向荣、蓬勃发展。在这个时代，赢得荣誉也意味着会受到绝对的尊敬。

幕府统治

日本虽然名义上由天皇统治，但实际上国家权力却掌控在幕府将军手中。他既富有，也极具影响力，是军事将领集团中最有权力的一位将军。这个军事集团中的将领被称为大名。

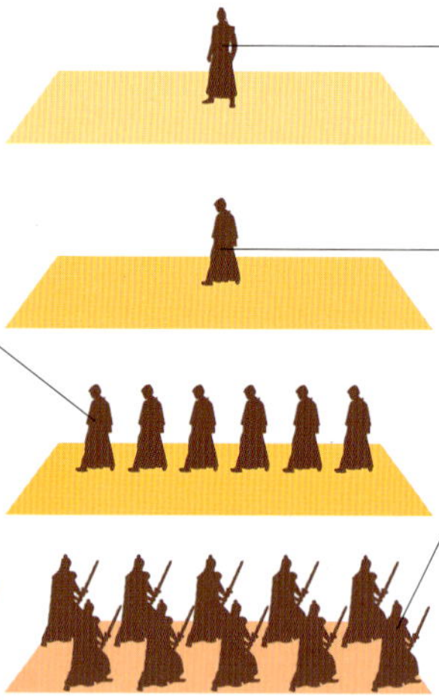

天皇
天皇是日本的宗教及文化领袖，深受民众尊敬，但所拥有的政治权力却很微弱。

幕府将军
最具权力的军事领袖（大名），日本的真正统治者。1192 年，第一位幕府将军夺权。在随后的 700 年间，日本由一系列的幕府将军所统治。

大名
富有的氏族首领，各自雄踞日本一隅。他们拥有自己的军队，军队由令人敬畏的武士指挥，各军队间常常会为争夺土地或者政治权力而斗争。

武士
经过极其严格的训练，他们庄严宣誓效忠于自己的大名，并信守誓言。在没有战事的时间里，武士们在音乐、诗歌和艺术中修身养性，锤炼各种技能。

幕府将军，也叫征夷大将军，全称是"征服蛮夷的伟大将军"。

令人敬畏的武士

日本的历史是由那些代表氏族战斗的武士们所塑造的。

- **源赖朝（1147~1199年）**
  经过与劲敌氏族的惨烈战争和家族内部的激烈斗争后，他终于在 1192 年成为幕府将军。7 年后，源赖朝离世，他的儿子接替他，成为统治者。
- **佐佐木高纲（1160~1214年）**
  源氏合战中的统帅，在石桥山战役中救了源赖朝的性命。
- **新田义贞（1301~1338年）**
  顽强不屈的领袖和将军。在生命的最后一战中，他被敌人重重围困。
- **德川家康（1543~1616年）**
  内战之后，德川家康一统日本，将整个国家置于自己的股掌之中。在随后的 260 年间，他的子孙一直统治着这个国家。
- **加藤清正（1561~1611年）**
  加藤清正是一位令人敬畏的军事领袖和虔诚的佛教徒。他领导了一场惨烈的运动，使日本脱离了基督教的控制。

佐佐木高纲

加藤清正

新田义贞

宏伟壮观的城堡

16 世纪，日本的贵族经常与邻族发生战争。因此，他们会修建威武的城堡来保护自己的土地和军队。这些宏伟壮观的建筑也是氏族权力和财富的象征。

姬路城
也被称为白鹭城，因其房顶酷似鸟翅而得名。

信仰崇拜

大部分日本人信奉神道教——其特色是将万物生灵均视为神。信奉者在特别建造的神社中朝拜神明，并留下供奉。这种神社遍布全日本。

位于日本南部严岛上的神社入口，也称为"大鸟居"

武士

日本武士出身贵族家庭，经受过关于作战和战争各个方面的训练。他们是唯一获许在公共场合佩带大小刀（通常是一把长的日本刀和一把短的小刀）的人。

19 世纪的武士盔甲套装

武士准则

对于武士来说，忠诚与名誉至关重要。他们遵循 7 条“武士行为准则”，即武士道。

GI	正直	JIN	善良
REI	尊重	MAKOTO	真诚
YU	勇敢	CHUGI	忠心
MEIYO	名誉		

武器和盔甲

武士最青睐的战斗方式是持刀剑格斗。他们还被寄予期望能够娴熟地使用弓箭、长矛和枪支。

护脸面具

飞刀

小刀

叉

日本刀

薙刀
（一种长柄武器）

长矛

艺术和工艺品

1603 年，江户（今东京市）成为日本的都城。在随后 260 年的和平岁月里，日本艺术与文化得到了前所未有的发展。江户时代的艺术家和手工艺者创造出了精致的作品，展示都市生活。从精美的象牙雕刻，到大胆且色彩丰富的绘画和版画，优质作品令人眼花缭乱。

黄铜灯笼
18 世纪

印花折扇
1858 年

江户木刻版画
作者：歌川广重，1857 年

雕刻着摔跤手的根付
（一种装饰品）
1800~1850 年

茶壶
江户时代

陶瓷焚香炉
1600~1650 年

瓷茶碗
1700~1750 年

音乐与戏剧

看戏剧、听音乐是富人们流行的休闲方式。能剧是一种庄严的讲述故事的戏剧形式，由戴着面具的演员表演；而歌舞伎则是一种更加活泼、更为戏剧化的舞蹈。日本的许多传统乐器是从中国传入的。

手鼓

尺八
（由中国箫演变而成）

竹笛

歌舞伎演员，江户时代

日本筝

三味线

时代与事件

日本的奈良时代始于 700 年前后。在此之前，酋邦争霸，律令制国家还未形成。而帝国时代则始于江户时代结束后的 1868 年，直到 1947 年《日本国宪法》施行为止。

700 年

奈良时代
710~794 年
日本的历史时代通常以该时代统治者所使用的首都名字来命名。奈良是日本首个固定首都。

平安时代
794~1192 年
794 年，平安京（今京都市）取代奈良成为日本首都。

镰仓时代
1192~1333 年
这个时代见证了大名和服务于他们的武士阶层势力的巨大提升。

建武新政
1333~1336 年
天皇统治得到短暂的恢复。

室町时代
1336~1568 年
又称足利时代，是一个叛乱不止、动荡不安、政治混乱的时代。

安土桃山时代
1568~1603 年
在这个时代，使国家遭受深重灾难的内战走向终结。

江户 / 德川时代
1603~1868 年
这是一个漫长的和平时代。在这个时代中，日本推行锁国政策，与世界隔绝。

明治时代
1868~1912 年

大正时代
1912~1926 年

昭和时代
1926~1989 年

平成时代
1989~2019 年

令和时代
2019 年 ~

2025 年

1156 年
多个氏族之间发生内战。

表现源为朝（源赖朝的叔父）在内战中战斗的木刻版画

1192 年
经过 30 多年的内战，源赖朝于 1192 年成为幕府将军。天皇的权力被夺去，身份也成为挂名首脑。

1281 年
蒙古军队企图入侵日本，却被台风逼退。日本将这场台风尊称为“神风”。

入侵的蒙古军队被台风逼退

1568 年
织田信长在京都夺取了政权。他的军队配备有从葡萄牙商人手中获得的火枪。

1603 年
幕府将军德川家康在一个名叫江户的小渔镇建都，这个小渔镇后来发展为东京。

折扇

1610 年前后
江户时代的艺术与文化蓬勃发展，欣欣向荣——工艺美术大师们创造出了许许多多精美的作品。

1639 年
外国人被驱离，日本开启了长达 220 年闭关锁国的时代。

中世纪欧洲

中世纪是指自 5 世纪至 15 世纪的千年时间，是欧洲历史划分的中间时期。在人们的想象中，这是一个多姿多彩的时代，有手持长矛骑马格斗的骑士，还有护城河环绕的城堡……然而，在这个时代里，大部分人的生活其实是很艰难的。

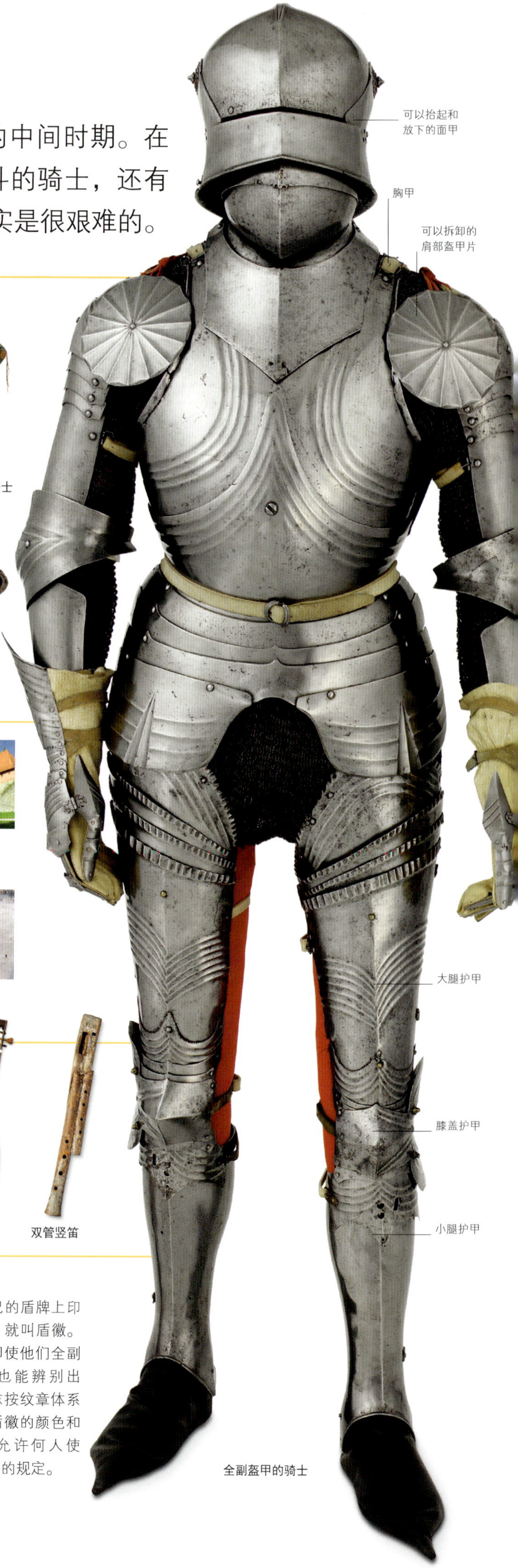

全副盔甲的骑士

服饰

大多数人穿着以羊毛和亚麻布制成的服装。人们可以从一个人衣着的款式和质量判断出他是富人还是穷人。富人的服饰通常色彩鲜艳，用昂贵的服饰材质和皮毛制成。

男性贵族　女性贵族　身穿紧身衣裤的骑士
宫廷朝臣　农民　孩童

长型、尖头的“王冠型”鞋子在中世纪欧洲十分流行。

长存不朽的建筑

中世纪的建筑风格在数百年中经历了许多变化。这个时期中有一些非常庞大、令人印象深刻的建筑，例如城堡、教堂和修道院等，至今依然屹立着。

博尔顿修道院 英格兰
塞萨洛尼基的圣德米特里教堂 保加利亚
贝纳克城堡 法国
特拉凯城堡 立陶宛
圣米歇尔山 法国
圣三一教堂 斯洛文尼亚
富热尔城堡 法国
巴尔代约夫市政厅 斯洛伐克

音乐创作

在中世纪欧洲，各阶层的人们都会享受音乐。他们或将音乐作为娱乐，或用于宗教活动。当时的许多乐器演变成了今天人们演奏所使用的乐器。

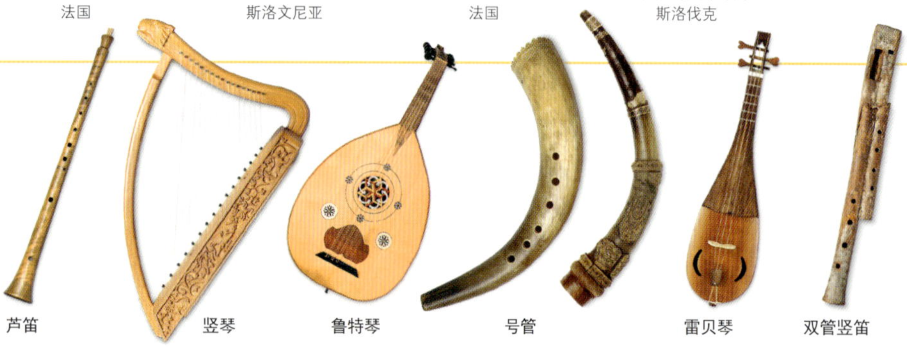
芦笛　竖琴　鲁特琴　号管　雷贝琴　双管竖笛

威狮盾徽　城堡盾徽　四十字盾徽　蓟花盾徽　鹰盾徽　鸟身女妖（恶魔）盾徽
龙盾徽　黄蜂盾徽　海豚盾徽　猫头鹰盾徽　猎狗盾徽　奔腾独角兽盾徽

盾徽

骑士会在自己的盾牌上印上一套标志，就叫盾徽。这样一来，即使他们全副盔甲，人们也能辨别出来。这些标志按纹章体系进行排列。盾徽的颜色和设计，以及允许何人使用，都有严格的规定。

宗教

中世纪的人们有着极为坚定的宗教信仰。欧洲人大部分信奉基督教，但也有一些人是犹太教徒。而中东地区的居民则主要是穆斯林。

宗教形象
13 世纪时，法国皇家教堂中的彩色玻璃上装饰有宗教主题的图饰。

十字军东征

十字军东征是指一系列旷日持久的战争。这期间，西欧的封建领主和骑士对伊斯兰政权发动战争，企图将他们赶出耶路撒冷。虽然起初欧洲人夺回了圣城，但后来又失去了它。

陆上和海上的东征路线

- 第一次十字军东征，1096~1099 年
- 第二次十字军东征，1147~1149 年
- 第三次十字军东征，1189~1192 年
- 第四次十字军东征，1202~1204 年

时间轴

中世纪并没有明确的开始或终止时间。通常来说，这个时代大约可以追溯到 5 世纪末期至 15 世纪中期。

450 年

476 年
西罗马帝国灭亡。这大概就是中世纪的开端。

伊斯兰教标志

570 年
伊斯兰教最重要的先知穆罕默德出生。

732 年
在图尔战役中，欧洲军队打败了穆斯林侵略者。

12 世纪查理大帝雕像

793 年
来自丹麦、挪威和瑞典的维京人开始入侵欧洲北部地区。

800 年
查理大帝创建了一个庞大的帝国——查理曼帝国，他还被罗马教皇加冕为“罗马人皇帝”。

为“征服者”威廉建造的堡垒

878 年
阿尔弗烈德大王击溃维京人，从侵略者手中拯救了英格兰。

1066 年
来自诺曼底的“征服者”威廉在黑斯廷斯战役中击败了英格兰人，成为英格兰诺曼底王朝的国王。

镶嵌着阿尔弗烈德大王画像的珠宝首饰

1096 年
由罗马天主教教皇指挥的十字军对圣地耶路撒冷发动了旷日弥久的宗教战争。

位于十字军要塞的教堂

1191 年
英格兰国王理查一世（称号“狮心王”）打败了埃及和叙利亚伟大的统治者萨拉丁。

1206 年
成吉思汗建立蒙古国。

“狮心王”理查一世

1431 年
时年 19 岁的法国民族英雄圣女贞德被英格兰军队逮捕并处以火刑。

1347 年
黑死病开始蔓延，吞噬了欧洲半数人口。

1453 年
土耳其人征服了东罗马帝国首都君士坦丁堡，这标志着中世纪的终结。

1440 年前后
德国发明家约翰内斯·谷登堡发明了欧洲活版印刷术。

1500 年

马上长矛比武

这是模拟一对一骑马比武的较量，是一项很危险的运动。两位骑士相互向对方冲去，利用长矛将对方击下马背。

手持长矛、骑马格斗时所佩戴的头盔

护手金属板

固定长手套

长矛

障碍杆

武器与盔甲

12 世纪的骑士身穿锁子甲盔甲。锁子甲以相互套扣的铁环制成。到了 15 世纪，战斗服饰则多是以钢甲片组成的盔甲。人们使用长剑和长柄武器，例如镐和斧头，进行格斗。

胸甲骑兵的头盔

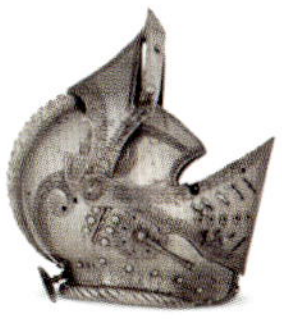

头盔

钢盔

轻钢盔

镀金甲片组成的板甲

板甲

锁子甲头盔

锁子甲背心

马头盔甲

战斧

长柄斧

匕首

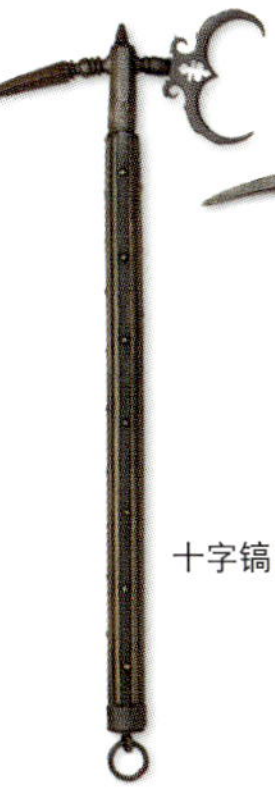

战锤

十字镐

手铳

罪与罚

中世纪的律法极为严酷。令人不寒而栗的刑罚器具被研制出来，用以逼迫人们认罪或招供。许多城堡的底层都设有拷问室。

钉脖器

拧指器

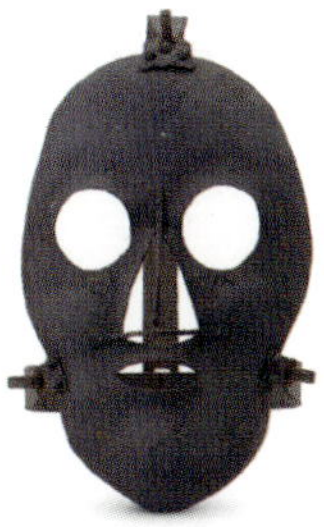

铁面具

拧嘴器

城堡

城堡是指由领主修建的，作为要塞、用于抵御敌人攻击的宏伟居所。同时，城堡也是一个社区，领主及其家人、驻军士兵和仆人都生活在这里。

城堡的类型

随着攻击武器的发展，城堡的设计也发生了变化。早期的城堡是用泥土和木材搭建而成的。之后，从12世纪起，领主们开始用石头修建城堡。虽然修建的时间更长、技术更烦琐，但用石头修建的城堡更加坚固，不会像木材那样容易起火。

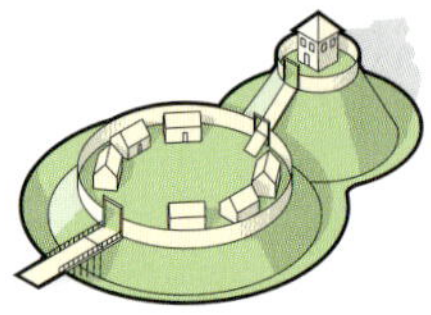

城寨城堡
城寨城堡是指在土丘上修筑一个木质城堡，四周围设有防御围栏。这种城堡修建于11~12世纪。

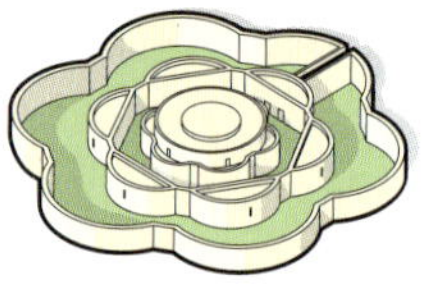

同心城堡
同心城堡的中心是一个要塞，四周围着多层石墙。这种城堡修建于12~15世纪。

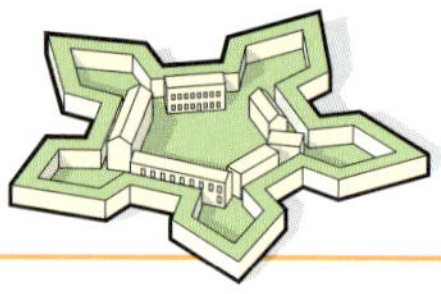

星形城堡
星形城堡的外形使大炮难以瞄准，与此同时，城墙内的防御者还可以从多角度向外开火。这种城堡修建于15~20世纪。

城堡内部

一座城堡犹如一个封闭的村落，围墙之内有厨房、菜园、马厩、作坊、教堂，以及其他的生活空间。如若城堡被敌人围困，城堡里的人具有维持生计所需的一切东西，这些生活物资可以帮助他们挨过数周、数月，甚至数年的时间。

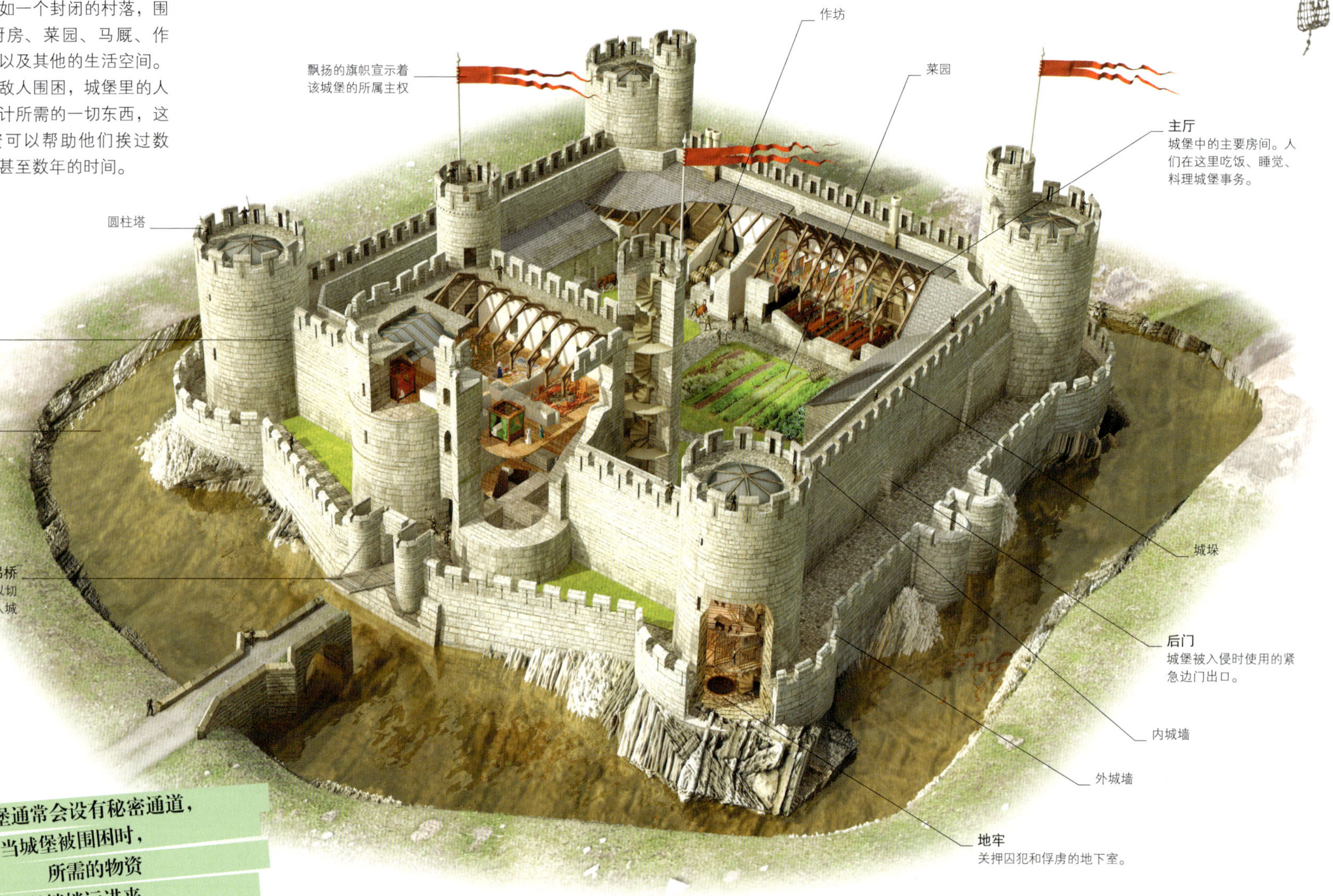

城堡通常会设有秘密通道，当城堡被围困时，所需的物资可以悄悄运进来。

防御之所

许多城堡在设计上各具特征，使进攻者难以攻入。容易受到攻击的门楼两边都筑有高塔，这样防御者就可以从塔上向那些不速之客投掷弹药或倾倒开水。一般来说，领主们会选择将城堡建在山坡或悬崖上，以便自己和士兵们看清楚那些试图接近城堡的人。

护城河
围绕着城堡的一条注满了水的、宽宽的沟渠。

门楼
城堡的主要入口。常常用一道可以移动的铁门来加强防御，这道门被称为吊闸。

箭枪孔
厚厚的围墙上有一些窄缝，士兵可以通过这些缝向来犯者射击。

门楼楼顶的洞孔
防御者可以透过这些洞孔向入侵者倾倒开水或者其他有害液体。

螺旋形楼梯
狭窄的螺旋形楼梯使入侵者在爬楼梯时无法轻易使用长剑。

修建城堡

领主会雇用一位建筑师负责规划和修建城堡。这项工程可能会花费数年时间，也会为当地人提供不少工作岗位，比如采石工、石头搬运工、木匠和挖井工等。

石匠戴着头巾，以示专业

重建城堡
这座城堡修建于13世纪，位于法国特雷尼市，正因一项考古学项目而被重建。

攻城武器

进攻者有两种方式攻克城堡的防御。一种是用武力撞破城门或是在防御工事下挖地道。另一种则是通过包围城堡，使城堡中的人忍饥挨饿，直至投降或死去，但这样的方法可能会耗时很久。

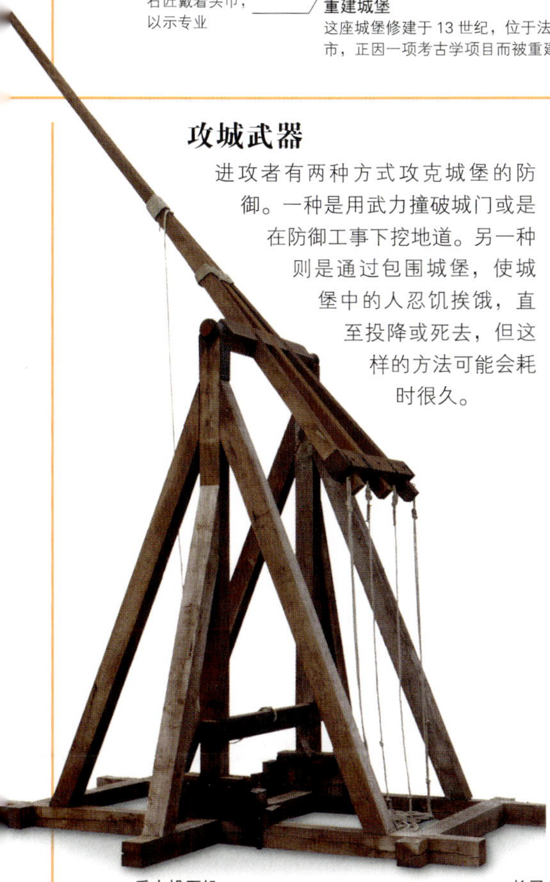

重力投石机
将重重的石头投向城堡的围墙。

长弓
用于长距离射箭。

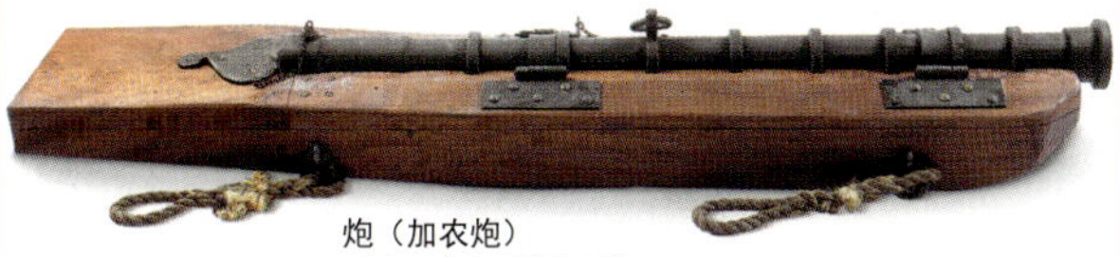

炮（加农炮）
用大石球炮弹轰炸围墙。

大炮
1449年制造的英国加农炮，被命名为芒斯蒙哥大炮，曾是最大的大炮之一。

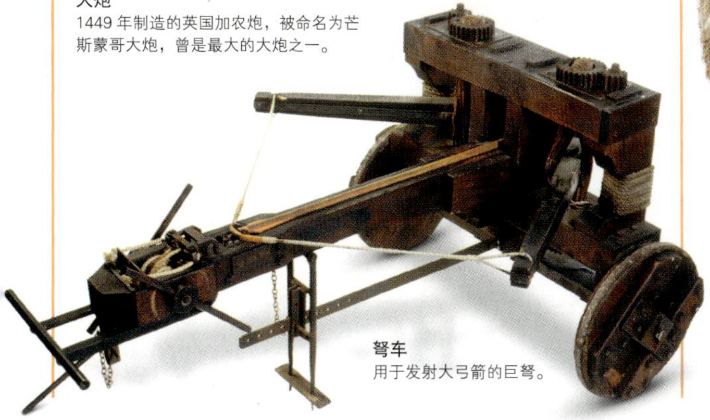

弩车
用于发射大弓箭的巨弩。

城堡中的人

在中世纪欧洲，一座城堡通常可以容纳400多人。城堡是个忙碌的地方，仆人、手工艺者、士兵、娱乐人员等各司其职。

领主及其家人

驻军
驻扎在城堡里，负责御敌的武装部队。

牧师
负责在城堡中的教堂里主持礼拜仪式。

治安官
领主的副手，也称城主。

厕所工
负责建造和清理厕所。

猎人、驯鹰人、看狗人
工作区域在户外的仆人。在领主的城堡中，他们每个人都有自己特定的职责。

女裁缝
她们是众多家仆中的一个群体。家仆的主要职责是照顾领主及其家人。

侍童、侍从和骑士

骑士领导军队，保卫领主的城堡和领地。骑士属于贵族阶层，发誓当领主需要他们的时候，会为其战斗。作为回报，骑士可以获得丰厚的报酬，还会被授予领地。

侍童
当一位骑士7岁大的时候，他的职业生涯就开始了，这时的他只是个侍童。侍童的职责包括服侍骑士用餐、为骑士送信等。同时，侍童还要学习规范自己的行为举止，以及如何使用武器等。

侍从
到了15岁，侍童就成为侍从。这时，他的职责包括为骑士清理盔甲和武器，陪伴骑士上战场等。同时，侍从还要学习马术和战斗技巧。

骑士
到了21岁左右，侍从通过授勋仪式正式成为骑士。在授勋仪式上，主礼人通常会以剑背轻触新骑士的肩膀，宣布他成为一位骑士。

侍童

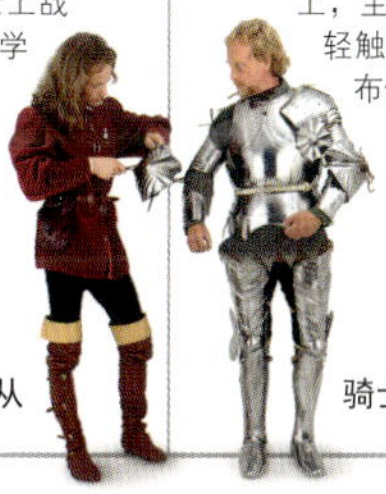

侍从

骑士

城堡家畜

城堡里饲养了各种动物，为生活在这里的人们提供食物。鸡和鹅会养在院子里，而大型动物则会放养在城堡外的田野中。到了夜晚，为确保安全，它们会被带回城堡。

长角牛

科茨沃尔德绵羊

鸡

鹅

英国山羊

野猪

世界各地的城堡

城堡的大小、外形和位置会受到自然条件的影响，如山势、河流和气候，还会受到可使用的建筑材料和预期的使用时间等因素的影响。

德国霍亨索伦城堡（修建于11世纪）

西班牙贝尔蒙特城堡（修建于15世纪）

叙利亚骑士堡（修建于11~12世纪）

芬兰卡斯特霍尔姆城堡（修建于14世纪）

约旦哈拉纳城堡（修建于16世纪）

日本冈山城（修建于14世纪）

1415年

欧洲的重生

文艺复兴始于 14 世纪末的意大利北部地区。200 年后，其影响波及全世界。

1420 年前后
建筑师菲利波・布鲁内莱斯基重新发现了透视效果。透视是指一种描绘物体远近关系的绘画方法。

利用透视绘出的拱门

1440 年前后
约翰内斯・谷登堡在德国发明了印刷机。

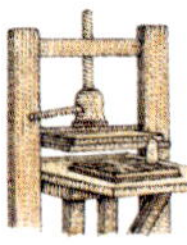

欧洲首台印刷机

1469 年
洛伦佐・德・美第奇成为佛罗伦萨共和国的首领。

洛伦佐・德・美第奇的雕像

1472 年
年仅 20 岁的艺术家列奥纳多・达・芬奇受邀加入佛罗伦萨画家行会。

1486 年
桑德罗・波提切利创作出名画《维纳斯的诞生》。

1498 年
列奥纳多・达・芬奇为米兰的一家修道院绘制壁画《最后的晚餐》。

1503 年
教皇尤利乌斯二世委派包括米开朗琪罗和拉斐尔在内的多位艺术家，为其在罗马创作作品。

教皇尤利乌斯二世墓碑上的雕像

1504 年
米开朗琪罗的雕塑杰作《大卫》在佛罗伦萨展出。

1509 年
文艺复兴时期荷兰思想家伊拉斯谟开始写作《愚人颂》，书中充满了对迷信的嘲讽。

1511 年
拉斐尔完成壁画《雅典学派》，这幅杰作装饰着梵蒂冈城内教皇官邸的墙壁。

1527 年
神圣罗马帝国皇帝查理五世的军队哗变后，将罗马城洗劫一空。

1543 年
医生安德烈亚斯・维萨里出版了第一本讲述人体结构及其运作模式的书《人体构造论》。

安德烈亚斯・维萨里的木雕像

1546 年
米开朗琪罗被任命为罗马圣彼得大教堂的首席建筑师。

1550 年
乔治・瓦萨里出版了关于文艺复兴时期艺术史的鸿篇巨制《艺苑名人传》。

1560年

文艺复兴

14 世纪下半叶，欧洲文化版图历经巨变，人们把这段时期称为文艺复兴时期。学者们重新钻研古希腊及古罗马著作，引发在科学、艺术、政治等诸多领域的新思潮。

文艺复兴的发源地

文艺复兴兴起于欧洲最富裕的地区。意大利北部城市随处可见的贵族、银行家和商人，渴望通过对艺术家和发明家的支持，展示自己的财富和权力。而在欧洲北部繁荣的羊毛贸易区，也就是今天的比利时、德国和荷兰等地，学术和新思潮也蓬勃发展起来。

图例
● 文艺复兴时期的主要城市

文艺复兴时期的赞助人

美第奇家族因经营工商业致富。自 1434 年以来，该家族的影响力便深深渗透于佛罗伦萨。美第奇家族资助了包括列奥纳多・达・芬奇、米开朗琪罗在内的艺术家，助力他们创造出了许多伟大的建筑和艺术作品。

美第奇家族盾徽

文艺复兴时期的巨匠

文艺复兴时期有许多极具影响力的人物。他们大多不只精通一门学科，而是精通多门科学和艺术的博物学者。

列奥纳多・达・芬奇（1452~1519年）
列奥纳多・达・芬奇是真正的全才，他既是杰出的画家、发明家、雕塑家，也是出色的建筑师和科学家。他的画作《蒙娜丽莎》可能是世界上最为人所熟知的艺术品。

马丁・路德（1483~1546年）
马丁・路德曾是一位德国神父及大学教授。他因抨击罗马天主教会腐败而被逐出教会，是宗教改革运动的关键人物。

帕拉切尔苏斯（1493~1541年）
帕拉切尔苏斯是一位瑞士医生、炼金术士和占星师。他发现，很多医生并非在治愈病人，而是使病人的情况更加糟糕。因此，他利用自己的化学知识研发新的药品。

米开朗琪罗・博纳罗蒂（1475~1564年）
米开朗琪罗是一位艺术家、建筑师和雕塑家。他创作了位于梵蒂冈的西斯廷教堂的壁画。这幅画包含 400 多个与真人同等大小的人物，花费 4 年时间完成。

尼科洛・马基雅维利（1469~1527年）
马基雅维利是出生于意大利佛罗伦萨的外交官和作家。《君主论》为野心勃勃的政治家提供了“如何获得成功”的建议。今天，“马基雅维利主义”依然用于形容“为达目的不择手段”的信条和行为。

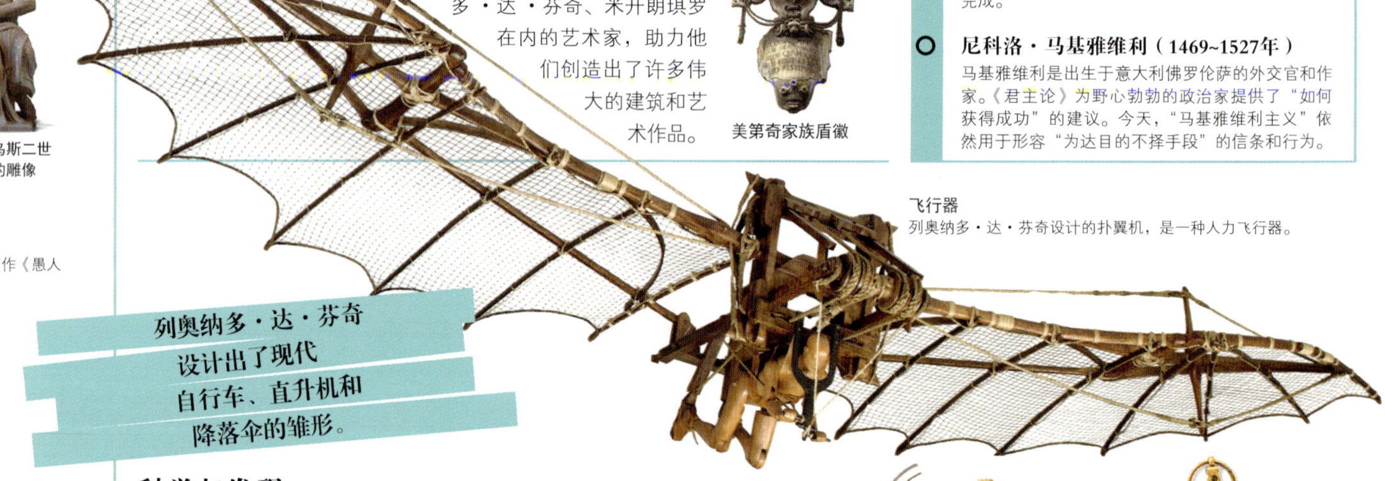

飞行器
列奥纳多・达・芬奇设计的扑翼机，是一种人力飞行器。

列奥纳多・达・芬奇设计出了现代自行车、直升机和降落伞的雏形。

科学与发现

文艺复兴时期，一种新的科学观开始深入人心，即做实验和收集证据是获取知识的最佳方式。这种新观念使科技迅猛发展，同时也催生了许多新发明。

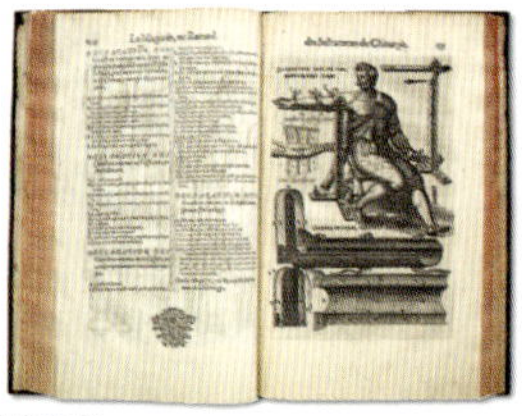

图书印刷
印刷使学者可以更加广泛地发表他们的著作，彼此交流思想。

经纬仪
一种帮助建筑师和施工人员测量角度的工具。

星盘
一种古老的航行辅助设备，经过重新设计，为文艺复兴时期的探险家广泛使用。

火绳枪
火绳枪采用一种新式的开火方式，这样单人即可操作。

簧轮枪
采用自动而不是点火的方式开火。与火绳枪比起来，这种武器更安全，更易携带。

乐器

在文艺复兴时期的欧洲，音乐是人们最主要的娱乐方式。音乐家们时常探索新乐器，也会尝试不同的和声唱法。

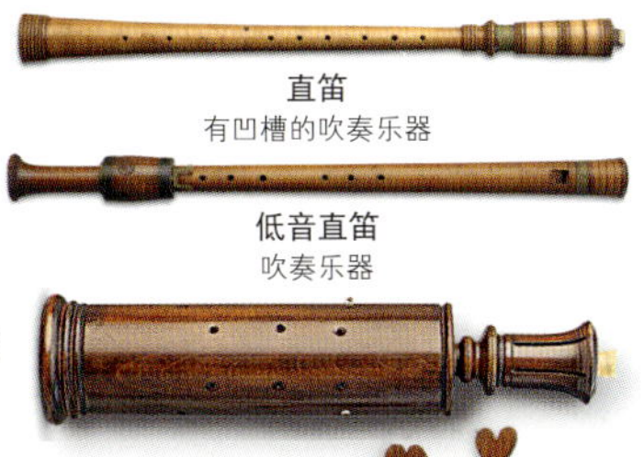

建筑的黄金时代

建筑大师们从古罗马和古希腊的断壁残垣中获取灵感，同时精于钻研古籍中的几何、比例等知识，使所修建的建筑既美观，又具实用性。

圣彼得大教堂内部可容纳6万人。

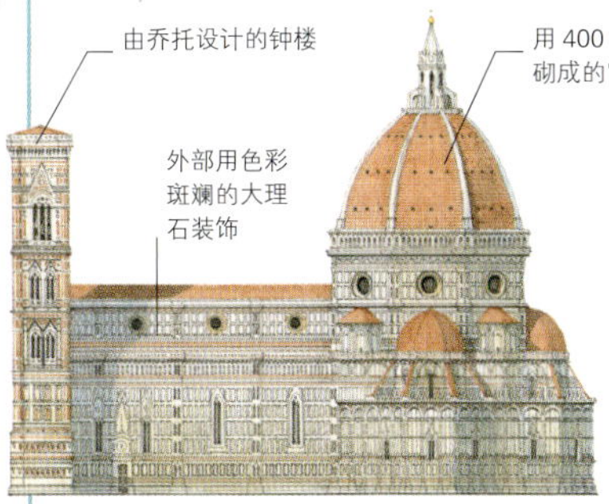

圣母百花圣殿，佛罗伦萨
这座大教堂完工于 1436 年。巨大的八角形穹顶出自雕塑家和建筑师菲利波·布鲁内莱斯基之手。

里亚尔托桥，威尼斯
文艺复兴晚期的建筑杰作，于 1591 年完工。

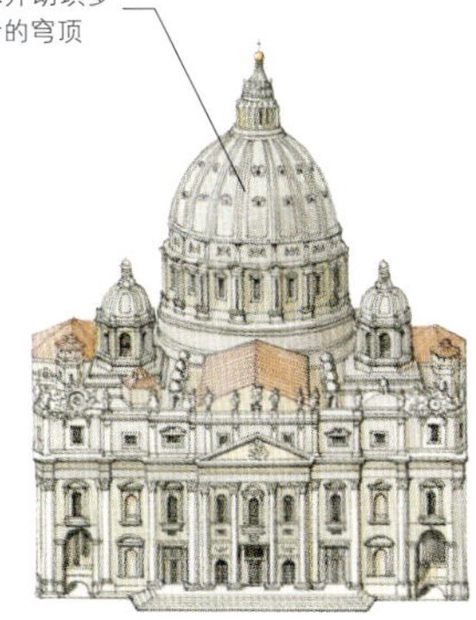

圣彼得大教堂，罗马
120 年间，许多意大利顶级建筑师参与了圣彼得大教堂的修建工作。大教堂于 1626 年完工。

艺术革命

文艺复兴时期，人文主义思想开始流行，它指导人们关注现实中的具体体验和成就，对艺术家群体产生了深远影响。他们开始聚焦大众，尽可能真实地描绘宗教人物，尝试将他们置于更为日常的场景中。

《圣母和圣婴》（约 1480 年）
卡洛·克里韦利

《蒙娜丽莎》（1503~1506 年）
列奥纳多·达·芬奇

壁画《示巴女王》（1466 年）
皮耶罗·德拉·弗朗切斯卡

哀悼基督（圣母马利亚怀抱被钉死的基督）
（1498~1499 年）
米开朗琪罗

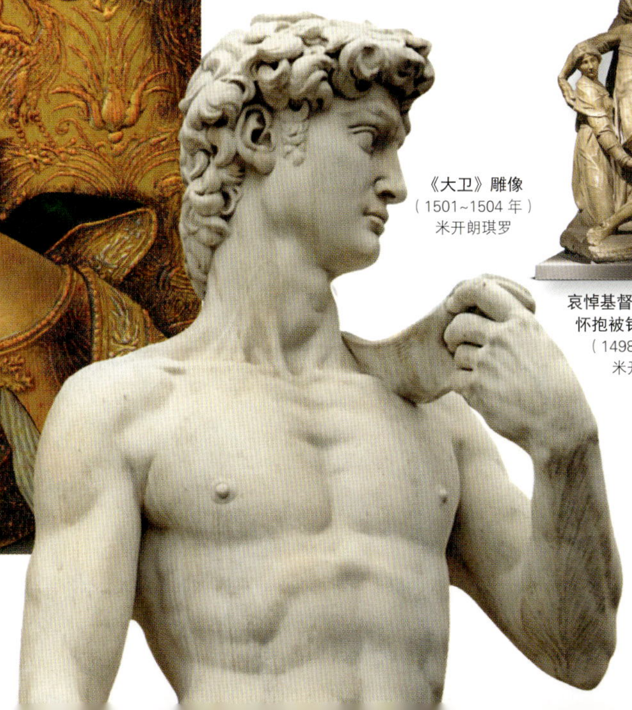
《大卫》雕像
（1501~1504 年）
米开朗琪罗

全新的艺术手法

文艺复兴时期的艺术家们力求作品传神、逼真。他们从古老的表现手法中获得灵感，发展出新技法，使人物、物体和背景尽可能地贴近真实世界。

线性透视
线性透视可以使艺术作品获得纵深感。比如，当绘制一排树时，画家往往会把远离画作前景的树木画得更小、更紧密。

空间透视
也称空气透视。这是一种绘画时，特别是在风景画中，制造深度和距离的技法。这种技法将远离画作前景的景物描绘得更为浅淡和粗略。

和谐与比例
这种绘制技法使画作中的人物或物体大小比例精确、合理。艺术家们在重新审视了古希腊和古罗马的画作后，认为这些作品体现了数学在绘画中的应用，即计算理想比例的重要性。他们深信，这种技法会使艺术作品展现出完美的平衡与和谐感。

探险

早期的探险家们扬帆远航，是为了寻找买卖商品的新地点。而后来的人们探险，有的为了寻找财富、拓宽疆土；有的为了传播教义；而有的则是单纯为了寻求惊险和刺激。

冒险家与探险家

从首次航海探险到进入太空旅行，人类总是不断跨越已知边界，去探索未知世界。

公元前 2750 年

约公元前 2700 年
埃及人制造出用于航海的木船，与周边国家开展商贸活动。

公元前 1500~前 500 年
腓尼基人（生活在今以色列和黎巴嫩地区）为了寻求新的贸易伙伴，在地中海地区开展探险活动，最远曾抵达西非和英国。

腓尼基商人

公元前 334 年
亚历山大大帝入侵波斯帝国，随后向东部和北部继续挺进，最远曾抵达今天的巴基斯坦和印度。

1001 年
维京人莱夫·埃里克松抵达北美洲，在新发现的土地——加拿大建立定居点。

1271 年
马可·波罗开始了他在中国和亚洲其他地区的探险。

马可·波罗远行至中国和亚洲其他地区

1488 年
葡萄牙航海家巴尔托洛梅乌·迪亚士从伊比利亚半岛航行到非洲南部。

1492 年
克里斯托弗·哥伦布在美洲登陆，宣称这个大陆归属西班牙。

克里斯托弗·哥伦布的盾徽

1497 年
葡萄牙航海家瓦斯科·达·伽马完成了首次途经好望角到达印度的航行。

1519~1521 年
葡萄牙航海家斐迪南·麦哲伦（为西班牙政府效力）是首位成功从大西洋航行到太平洋的欧洲人。

葡萄牙帆船（航海船）

1577~1580 年
英国人弗朗西斯·德雷克完成了环球航行。

弗朗西斯·德雷克雕像

1642 年
荷兰探险家阿贝尔·塔斯曼发现了塔斯马尼亚岛，并将其命名为“范迪门”。

1769 年
英国的詹姆斯·库克船长发现了新西兰。

1839 年
奥古斯都·雪贝发明了可以潜到水下 60 米进行作业的头盔。

潜水头盔

詹姆斯·库克船长雕像

1858 年
英国探险家约翰·汉宁·斯皮克在非洲发现了维多利亚湖。

北极探险家的驯鹿皮睡袋

1911 年
挪威极地探险家罗尔德·阿蒙森及其团队到达南极点。

阿蒙森到达南极点

1943 年
法国探险家雅克·库斯托发明了水肺型潜水器。这是一种能够为潜水员提供氧气的设备。

1961 年
苏联宇航员尤里·加加林成为首位进入太空的人。

1969 年
美国“阿波罗”11 号宇宙飞船任务指挥官尼尔·阿姆斯特朗成功登月。

“阿波罗”11 号徽章

2012 年
加拿大电影导演詹姆斯·卡梅隆抵达海底最深处——马里亚纳海沟底部。

2015 年

古代世界的探险家

最早期的探险家是腓尼基人和埃及人，他们想要寻找能够进行商品交换的市场。而后来的罗马人和维京人，则是希望征服新领土，以实现扩张帝国的目的。

腓尼基人的贸易船

埃及贸易船

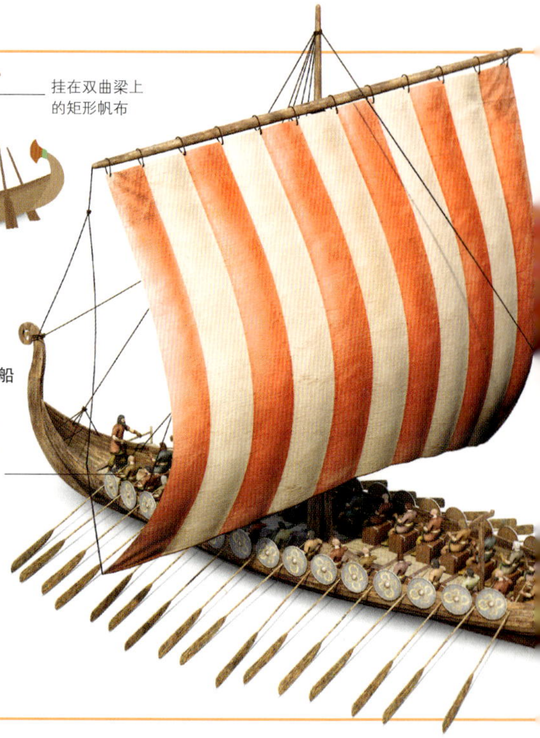

维京人的长船

新航路的开辟

15 世纪初，一众葡萄牙水手启航去寻找一条通往亚洲的航线。这激发了一波探险热潮，许多其他国家也加入了探索新贸易路线的队伍，并在世界各地建立了殖民地。

图例
- 麦哲伦航线
- 其他西班牙的航线
- 葡萄牙的航线
- 英国的航线
- 法国的航线
- 荷兰的航线

有些远程航行会历经多年，是因为航海船一天只能航行约 160 千米。

导航工具

早期探索新世界的航海家们没有地图可用，只能另辟蹊径，寻找其他方法。航海家们不仅使用指南针确定方向，还通过观察恒星和行星的位置判断方位。

司南
一种早期的指南针

望远镜
用于远距离辨认陆地

磁指南针
18 世纪，英国

地球仪
用来计算航线和方位

星盘
使水手可以利用观星来导航

早期飞行器的仪表板
显示飞行器的高度及速度

科学之旅

19 世纪，人们对知识如饥似渴，像查尔斯·达尔文这样的科学家和博物学家就开始了寻找新的动植物物种的漫长而危险的旅程。

显微镜
19 世纪 30 年代由查尔斯·达尔文所用

甲壳虫样本
由查尔斯·达尔文采集

昆虫画
由博物学家亨利·贝茨绘制

长鼻鱼
由探险家玛丽·金斯利采集

黄金时代的探险家

探险是项危险的事业，但其潜在回报是巨大的。成功的探险家可以收获名誉和财富，还能得到心怀感恩之心的君主们的青睐。

克里斯托弗·哥伦布（1451~1506年）
斐迪南国王和西班牙伊莎贝拉女王为意大利航海家哥伦布提供资助，以求探寻出一条通往中国的海上航线。然而 1492 年，哥伦布意外发现了美洲大陆，并称其为“新大陆”。

瓦斯科·达·伽马（1460~1524年）
这位葡萄牙探险家完成了首次经由非洲最南端的好望角抵达印度的航行。

瓦斯科·达·伽马

斐迪南·麦哲伦（1480~1521年）
麦哲伦完成了人类首次环球航行。但不幸的是，他没能够活着回到故土。航行至菲律宾时，他在一场当地部落斗争中被杀害。

斐迪南·麦哲伦

埃尔南·科尔特斯（1485~1547年）
科尔特斯原是一名西班牙士兵。他首先航行到了墨西哥，为西班牙建立了一个贸易殖民地，而后征服了中美洲的阿兹特克帝国。

沃尔特·雷利（1552~1618年）
这位探险家企图在新世界建立殖民地，却没有成功。他最为人所铭记的事迹是将烟草从美洲带回了欧洲。

沃尔特·雷利

极地先锋

19 世纪时，极寒且生存条件恶劣的北极和南极的大部分地区尚未被人类开发。来自不同国家的众多探险家加入了“征服两极”的竞赛中。

化学装置
1910~1912 年，罗伯特·斯科特船长在第二次南极探险中用这些化学装置进行科学实验。

防风帽
英国探险家欧内斯特·沙克尔顿爵士在 1907~1908 年南极探险时所戴的帽子。

折叠刀和六分仪
罗伯特·斯科特船长在 1912 年南极探险时所使用。

越野滑雪板
罗伯特·斯科特船长在 1901~1904 年首次南极探险时所使用。

极地雪橇
1875 年北极探险时所使用的八人雪橇。

伟大的人物

自人类群居以来，一些伟大人物的力量一直鼓舞并影响着普罗大众。从大小战争到政治革命，从社会变革到商业突破，他们引领着人类历史的发展进程，也塑造着我们的社会。许多名垂青史的杰出人物在我们的生命中，留下了不可磨灭的印记。

约公元前 1302 ~ 前 1213 年

拉美西斯二世

拉美西斯二世在位近 70 年，是古埃及最伟大的法老之一。他巧妙地将军事策略与娴熟的外交技巧相结合，为王国带来了繁荣与安定。在他的统治时期，还兴建了阿布辛贝神庙和卡纳克神庙。

拉美西斯二世雕像

公元前 356 ~ 前 323 年

亚历山大大帝

这位野心勃勃的马其顿王国（古希腊北部的王国）国王，建立了一个从埃及延伸至印度西北部的庞大帝国。他通过征服不同民族，使古希腊文明在全世界范围内得到了广泛的传播与发展。

亚历山大大帝雕像

公元前 259 ~ 前 210 年

秦始皇
建立了中国历史上
第一个
统一的国家。

秦始皇

秦始皇是中国秦朝的开国皇帝，秦朝是中国历史上第一个统一的、多民族的、专制主义中央集权制的国家。他创立了“皇帝”的尊号，自称始皇帝。秦始皇是一位很有作为的政治家，在政治、经济、军事和文化思想方面推行了一系列措施，巩固统一。

1729 ~1796 年

叶卡捷琳娜二世象牙雕像

叶卡捷琳娜二世

俄国女皇叶卡捷琳娜二世在其任期内，创立了国立教育系统，使俄国成为名副其实的欧洲第一强国。此外，她还乐于资助和支持艺术的发展，主持重建了圣彼得堡冬宫。

1769 ~1821 年

拿破仑·波拿巴

拿破仑出生于科西嘉岛，在经历了大小战争、挫败敌军无数后，于 1804 年加冕为法兰西第一帝国皇帝。之后，他颁布了《拿破仑法典》，又称《法国民法典》，倡导自由、平等和博爱。这部法典为欧洲大部分国家所采纳。

1783 ~1830 年

“当暴政成为法律时，反抗就是一种权利。”

西蒙·玻利瓦尔

委内瑞拉将军西蒙·玻利瓦尔深受 19 世纪欧洲革命思想的启发。他带领和助力委内瑞拉、玻利维亚、秘鲁、厄瓜多尔、哥伦比亚和巴拿马 6 个南美洲国家进行独立战争，最终摆脱了西班牙殖民者长达 300 余年的统治。

1809 ~1865 年

亚伯拉罕·林肯

林肯出身卑微，却是天生的领导者。他先是自学成才成为律师，之后又当选美国总统，带领美国度过了极为艰难的内战时期（1861~1865 年），并最终废除了奴隶制度，使一个濒临分裂的国家重新走向统一。

铸有亚伯拉罕·林肯头像的奖章

约 1820 ~1913 年

哈莉特·塔布曼

塔布曼出生于美国马里兰州，曾是一名黑人奴隶。1849 年，她逃离了她的主人。尽管曾因头部受到重伤而身体状况不佳，她仍通过“地下铁路”，即一条秘密逃亡通道，解救出了 70 多名奴隶。在美国内战期间，她为废除奴隶制度而不懈努力。

1858 ~1928 年

埃米琳·潘克赫斯特

英国女权运动代表人物，被誉为英国“妇女选举权之母”。1903 年，她成立了妇女社会和政治联盟，包括她三个女儿在内的联盟成员，被称为“妇女参政权论者”。她们组织激进的参政运动，除了通过集会、游行等方式争取权利，还会采用砸窗，甚至把自己拴在栏杆上的方式表达决心。

1869 ~1948 年

莫汉达斯·甘地

圣雄甘地是印度民族主义运动领袖，他带领印度取得独立（1947 年），脱离了英国殖民统治。他倡导的“非暴力”哲学对印度取得独立起到了至关重要的作用，也深刻影响了全世界的民族主义者和争取和平变革的国际运动。

1882 ~1945 年

富兰克林·德拉诺·罗斯福

富兰克林·德拉诺·罗斯福是唯一一位连任四届的美国总统。他第一次当选总统时，正值美国大萧条时期（1929~1933 年）。罗斯福通过实施一系列改革，成功带领美国走出了经济衰退。二战中，罗斯福筹划创建了联合国。

1898 ~1978 年

果尔达·梅厄

梅厄既是一名教师，也是一位政治家，她是 1948 年《以色列独立宣言》的签署人。1969 年，她当选以色列总理。1973 年，在赎罪日战争（第四次中东战争）中，梅厄带领以色列对抗埃及和叙利亚部队，并最终取胜。

1909 ~1972 年

克瓦米·恩克鲁玛

恩克鲁玛是加纳革命家和政治家，1957 年领导加纳成功摆脱英国殖民统治，获得独立。作为非洲独立运动领袖，他一直鼓励并支持非洲民族独立运动。

克瓦米·恩克鲁玛雕像

▶ 公元前 100 ~ 前 44 年

铸有凯撒头像的罗马硬币

尤利乌斯·凯撒（凯撒大帝）

尤利乌斯·凯撒是杰出的演说家，也是所向披靡的古罗马将军。在罗马内战（公元前 49~ 前 45 年）中获胜后，凯撒集大权于一身，实行独裁统治。在罗马共和国向罗马帝国演变的进程中，他扮演了重要角色。

▶ 约公元前 69 ~ 前 30 年

克莱奥帕特拉七世（埃及艳后）

克莱奥帕特拉七世是古埃及的最后一位法老，以杰出的军事领导才能和绝世美貌而著称。尽管与古罗马将军结盟，她依旧没能使古埃及逃过被罗马帝国宣战的命运。

克莱奥帕特拉七世半身像

▶ 624 ~705 年

武则天

武则天是中国历史上首位、也是唯一一位女皇帝。她以明察善断和雄才大略推动了多项以发展教育和扶危济困为目的的社会改革。此外，她也曾在一定程度上支持了“女性应具有与男性同等机会与权利”的言论。

▶ 1137 ~1193 年

萨拉丁

萨拉丁是埃及和叙利亚的苏丹（即国王），擅长军事与外交。这位勇猛、大气的君主，于 1187 年从十字军手中收复耶路撒冷，结束了基督教在圣地的统治。

▶ 1412 ~1431 年

圣女贞德

在英法百年战争中（1337~1453 年），这位仅 17 岁的法国女孩称自己得到了“天主的启示”，来拯救法国。1429 年 5 月，她率法军击败英军，成功解了奥尔良之困。1431 年遇害时，她年仅 19岁。

圣女贞德雕像

◀ 1418 ~1471 年

帕查库提铜像

帕查库提·印加·尤潘基

帕查库提是印加的第 9 任统治者。他建立了印加帝国，并将统治权扩大到小城库斯科（位于今秘鲁东南部）以外。此外，他还修建了马丘比丘古城。

◀ 1542 ~1605 年

阿克巴

阿克巴大帝通过战争与外交，使莫卧儿帝国的版图扩大到了印度次大陆的大部分地区。他包容一切信仰，且热爱艺术，将宫廷打造成为文化的中心。

◀ 1543 ~1616 年

德川家康

德川家康是日本杰出的政治家和军事家。他建立了德川幕府（1603~1868 年），开启了日本近三个世纪的繁荣时期。

德川家康雕像

◀ 1672 ~1725 年

> “我征服了一个帝国，却没能征服自己。”

彼得大帝一世

彼得大帝一世成为俄国沙皇后，始终站在保守的贵族阶级的对立面，致力推进军事、社会和宗教改革。

◀ 1717 ~1780 年

玛丽亚·特蕾西亚

玛丽亚·特蕾西亚 23 岁便成为奥地利哈布斯堡王朝大公。她致力推动政府和军队改革，并善用外交手段解决国际争端。1774 年，她推行教育改革，引入国民义务教育制度。

铸有玛丽亚·特蕾西亚头像的银币，1780 年

▶ 1918 ~2013 年

纳尔逊·曼德拉

种族隔离政策是在南非共和国实行的一种种族隔离制度，依此法律，黑人和白人被强制分离。纳尔逊·曼德拉是积极的反种族隔离人士，曾因此被捕入狱长达 27 年。1990 年，迫于国际压力，南非终于废除了种族隔离制度。之后，曼德拉获释，并于 1994 年当选南非总统。

▶ 1929 ~1968 年

马丁·路德·金

马丁·路德·金是美国民权运动领导人。他组织了众多大规模的和平游行、罢工和集会活动，反对一切针对非裔美国人的歧视和不平等待遇。

▶ 1930 ~1978 年

> “只有发出声音的人才能赢得权利。”

哈维·米尔克

米尔克是美国同性恋平权运动的拓荒者、政治家。1977 年，他成为美国政界第一位公开自己同性恋身份的人。他推动旨在保障同性恋者权益的民权法案通过，该法案禁止对同性恋群体在就业和寻找住房等方面进行歧视。

▶ 1954 年 ~

安格拉·默克尔

默克尔是德国历史上第一位女总理。从 2005 年到 2021 年，默克尔连任四届总理，是欧洲最强经济体的领导人。她相信，逃离战乱的人有获得庇护的权利。因此，与其他大部分欧洲国家不同，德国对于难民采取了宽容的接纳态度。

▶ 2003 年 ~

格蕾塔·通贝里

通贝里是一位来自瑞典的青年环境活动家。她倡导人们参与应对环境与气候危机的全球行动。2019 年，来自世界各地的青年纷纷加入通贝里的抗议队伍，对世界领导人在气候变化方面的不作为提出质疑和反对。

受到通贝里的启发，来自 185 个国家的人们参与了 2019 年的“全球气候罢工行动”。

革命

在历史长河中，政治革命时有发生，而这些革命往往会使社会发生翻天覆地的变化。政治革命最常见的情形是愤怒的民众反对他们的统治者，要求建立一个更加公平的社会。这种情形通常伴随着对于领导权更替的诉求。一般来说，革命可以迅速地改变现存政权构架，而引发革命的原因通常是经年累积而成的。

1566~1648 年

荷兰独立战争

西班牙自 1555 年起对荷兰实行殖民统治。1566~1648 年，荷兰新教徒奋起反抗西班牙的统治。于是，在荷兰和西班牙之间发生了一场旷日弥久、血雨腥风的战争，1648 年以荷兰的独立而告终。

为纪念英国在这场战争中对荷兰施以援手而铸造的勋章

1642~1651 年

英国内战中骑兵的头盔

英国内战

当英国议会开始企图限制查理一世的权力时，一个风起云涌的政治斗争时代便拉开了帷幕。直到 1642 年，英国内战终于爆发。1649 年，这场战争以查理一世被处决而告终。从 1653 年起，英国在“护国主”奥利弗·克伦威尔和他的儿子的统治下，进入了共和国时期。

1648~1653 年

投石党运动（也称福隆德运动）

在法国，发生了一系列投石党运动。这场运动由法国贵族发起，反对国王的专制统治，得到了中产阶级的支持。随着运动的进行，不满情绪也在法国民众中蔓延。最终，投石党运动以失败告终。之后，国王的权力变得更加不可撼动。

国王路易十四的雕像

1917 年

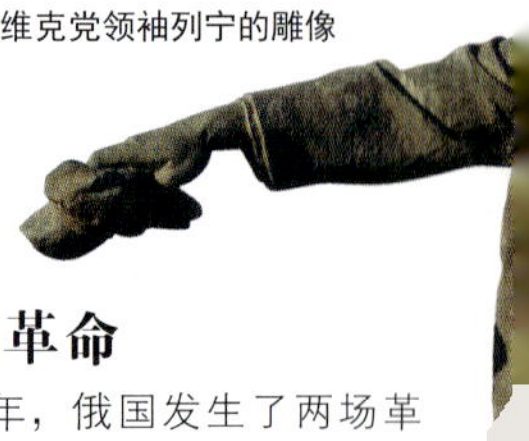

布尔什维克党领袖列宁的雕像

十月革命

1917 年，俄国发生了两场革命。3 月，第一场革命即“二月革命”推翻了沙皇王朝，建立临时政府。10 月，第二场革命即“十月革命”，以弗拉基米尔·伊里奇·乌里扬诺夫（即列宁）为首的布尔什维克党领导，打出“和平、土地和面包”的口号。11 月，临时政府被推翻，1922 年，布尔什维克政府成立了世界上第一个社会主义国家——苏联。

1918~1923 年

德国革命

第一次世界大战的硝烟刚刚散去，一连串革命运动就在德国爆发。共产党人罗莎·卢森堡和卡尔·李卜克内西领导斯巴达克同盟反抗政府，结果遭到了残酷镇压。之后，民族主义和君主主义者沃尔夫冈·卡普等人发动“卡普政变”，试图推翻魏玛政府，但也以失败告终。

1930 年

巴西革命

1930 年，经济困境、庄园主阶层的强大势力和工人阶级对权利的诉求使一场革命在巴西爆发。一位名叫热图利奥·瓦加斯的州长夺取了政权。瓦加斯曾是位独裁者，对巴西进行了重大的经济、社会和政治改革，赢得了“穷人之父”的称号。

1930~1945 年及 1951~1954 年两任巴西总统热图利奥·瓦加斯

1936~1939 年

西班牙内战

由佛朗哥挑起的反对西班牙政府的叛乱导致了内战的爆发。对峙双方中，一方是由佛朗哥领导的右翼集团，得到了纳粹德国和法西斯意大利的支持。而另一方则是获得苏联支持的政府军和人民阵线左翼联盟。

佛朗哥将军：西班牙独裁者（1939~1975 年在位）

1945 年

胡志明：越南独立同盟会领导人

越南八月革命

1945 年 8 月，在反法西斯战争即将胜利的大势下，胡志明领导越盟军队使越南从日本的殖民统治中解放出来。他们占领了河内并宣布独立。然而，这之后，法国人觊觎越南领土并试图强占，越盟奋起反抗，第一次印度支那战争爆发。

1945~1949 年

解放战争（国共内战的一部分）

在抗日战争胜利后，中国国民党于 1946 年挑起中国内战。中国人民解放军在中国共产党领导下，为推翻国民党统治，解放全中国，进行了三年多的解放战争并取得胜利。1949 年 10 月 1 日中华人民共和国成立。

1953~1959 年

革命家切·格瓦拉成为世界英雄

古巴革命

由菲德尔·卡斯特罗和切·格瓦拉领导的武装革命推翻了美国支持的独裁总统巴蒂斯塔。古巴由此成为西半球第一个社会主义国家。

1956 年

匈牙利事件

二战后，在苏联的影响下，匈牙利成为社会主义国家。1953 年，温和的社会主义者纳吉·伊姆雷成为部长会议主席（即总理）。1956 年 10 月，在一次反苏起义中，他呼吁反对苏联控制、争取国家生活民主化。苏军随后进入匈牙利实施干预，平息了这场事件。

1974 年

康乃馨革命

1974 年 4 月 25 日，反政府军将坦克开进了葡萄牙首都里斯本，控制了该市的交通。他们推翻了马尔塞洛·卡埃塔诺政府，结束了长达 50 年的独裁统治。政变期间，军人以手持康乃馨来代替步枪。许多里斯本民众将康乃馨献给反政府军队，表示对他们的支持。因此，这场军事政变也被称为“康乃馨革命”。

满怀感激之情的里斯本民众向反政府军送上康乃馨

1974~1991 年

埃塞俄比亚政变

1974 年 9 月，门格斯图·海尔·马里亚姆领导的由激进武装部队和警察组成的临时军政府（“德格”）推翻了皇帝海尔·塞拉西，宣布建立一个社会主义国家。这场军事政变开启了埃塞俄比亚近 20 年的血腥内战。

▶1775~1783 年

美国革命

18 世纪 70 年代中期，美国人民奋起反抗英国的殖民统治和不合理的征税制度，北美大陆会议通过了《独立宣言》。1775 年，美国独立战争爆发。1783 年，这场战争以美国获得胜利、赢得独立并创建美利坚合众国而告终。

1787 年制定的《美国宪法》

▶1789~1799 年

1789 年 7 月 14 日攻占巴士底狱

法国大革命

这是一场抗击贫穷、反对贵族和皇室的大革命。要求政治变革的革命者们攻陷了位于巴黎的巴士底狱。之后召开国民制宪议会，发布《人权宣言》，呼吁自由、平等与博爱。最终，法国国王路易十六和他的王后玛丽・安托瓦内特被送上了断头台，法国一步步走向了共和制。

▶1791~1804 年

海地革命

在法属殖民地圣多明克，出身奴隶家庭的杜桑・卢维图尔参与并领导了反对奴隶制的革命。革命者们放火焚烧种植园、杀死奴隶主。最终，革命获得胜利，奴隶制被废除，海地独立。

卢维图尔领导反抗法国庄园奴隶主的革命

▶1806~1826 年

拉丁美洲革命

受到美国革命、法国大革命和海地革命的影响，由委内瑞拉人西蒙・玻利瓦尔和阿根廷人何塞・德・圣马丁等人领导的拉丁美洲革命者们，开始了反抗西班牙殖民统治的一系列斗争。到 1825 年，拉丁美洲的大部分地区获得独立。

“解放者”西蒙・玻利瓦尔

◀1911 年

辛亥革命

在这场革命中，中国资产阶级民主革命者推翻了清朝的统治，终结了延续 2000 多年的封建专制制度，建立了一个由孙中山领导的民主共和国。但真正的实权依然掌握在地方军阀手中。后来，辛亥革命的成果被袁世凯篡夺。

孙中山

◀1910~1920 年

墨西哥革命

墨西哥革命的开端是民众反对总统波菲里奥・迪亚斯长期独裁统治的抗议活动。这些活动迅速升级为武装革命，并持续了大约 10 年时间。由埃米利阿诺・萨帕塔、帕斯夸尔・奥罗斯科和潘乔・比利亚领导的反政府力量为实现社会变革而战斗。

“宁愿站着死，决不跪着生。”

埃米利阿诺・萨帕塔
墨西哥革命领袖

◀1866~1868 年

明治天皇
1867~1912 年统治日本

明治维新

这场革命由年轻武士主导，推翻了德川幕府（最后一个武士统治幕府）的统治，使明治天皇重新得以亲政。明治维新将日本带上了近代化改革的道路。

◀1848 年

欧洲革命

1848 年欧洲革命也称“民族之春”或“人民之春”。在这一年中，欧洲各地共爆发 50 多次起义。虽然这些革命活动是独立发生的，但也说明欧洲大陆的民众已经团结起来，一致要求进行政治与社会改革，废除君主制。数千人在这些大大小小的武装革命中丧生。

匈牙利国旗

▶1979 年

尼加拉瓜革命

20 世纪 70 年代，尼加拉瓜社会的贫富差距极为悬殊。桑地诺民族解放阵线（简称桑解阵）得到了农民、城市工人和中产阶级的广泛支持。桑解阵所率领的游击队推翻了富有的安纳斯塔西奥・索摩查的独裁统治，并推行社会主义改革。但这之后，一个名为“康特拉”的右翼非政府武装团体反对桑解阵政府，使其在 1990 年垮台。

▶1980~1981 年

波兰的团结工会

由莱赫・瓦文萨领导的独立工会，即“团结工会”组织工人大罢工，点燃波兰革命。团结工会要求波兰摆脱苏联控制，倒逼波兰政府进行改革。尽管之后团结工会被禁止活动，甚至一度转入地下，但仍坚定立场。直到 1989 年 8 月，由团结工会领导的联合政府形成，波兰人民共和国政权被废除。

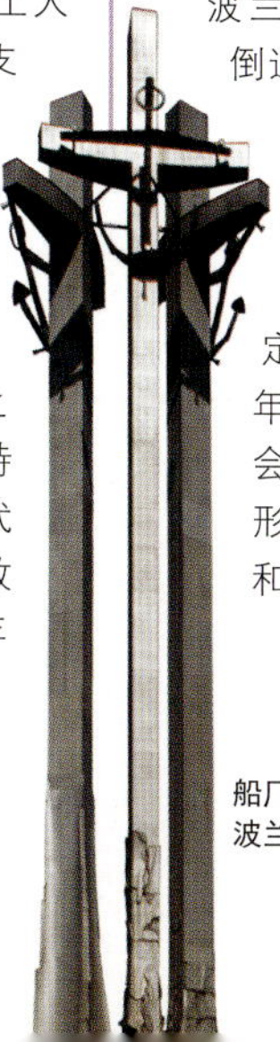

船厂遇难工人纪念碑
波兰格但斯克港

▶1986 年

黄丝带

黄色革命（人民力量革命）

黄色革命是发生在菲律宾的一系列反对费迪南德・马科斯总统腐败政权的大规模群众抗议活动。在这场非暴力革命中，200 多万菲律宾民众佩戴黄丝带参加示威游行，使黄丝带成为革命的标志。最终，马科斯流亡海外，科拉松・阿基诺取而代之。

▶1989~1991 年

东欧剧变

20 世纪 80 年代末，一系列抗议活动在东欧各国蔓延开来。抗议者们要求摆脱苏联控制，争取民主。在柏林，示威者们推倒了令人深恶痛绝的、将德国一分为二的柏林墙。1989 年，东欧一些社会主义国家共产党和工人党丧失政权，社会制度随之发生根本性变化。

柏林墙残片

▶2004~2005 年

橙色革命

因为乌克兰总统候选人维克多・尤先科在选举中以橙色为代表色，所以他的支持者们也用橙色作为抗议旗帜和服饰的颜色。这场因反对舞弊选举而引发的革命被称为橙色革命。最初当选者亚努科维奇被指倚靠俄罗斯支持而舞弊选举，遭到抗议者反对。最终，乌克兰总统大选重新进行，尤先科当选，标志着橙色革命获得胜利。

“橙色革命期间的每一天，抗议者们都会获得 5000 吨粥和 10000 块面包的供给。”

▶2010~2012 年

阿拉伯之春

从 2010 年起，在中东及北非多国，如突尼斯、埃及、利比亚、也门和叙利亚等地，爆发了推翻专制政体、呼唤民主的起义浪潮。这些革命活动对所在地区的专制政府发起挑战。虽然很多示威者遭到武力镇压，但突尼斯和埃及的专制政权还是被成功推翻了。然而，突尼斯、叙利亚和也门却陷入了内战。

美国总统

自 1789 年美国政府创立以来，已经历了 45 位总统，全部是男性。成为美国总统合法候选人的前提条件是——在美国出生。如果在海外出生，则父母必须均为美国公民。此外，候选人的年龄不得低于 35 周岁。美国总统不仅是政府首脑，也是这个国家军队的最高统帅。

乔治·华盛顿

1789~1797 年在任

华盛顿在美国独立战争中统领军队与英国人作战，之后被无异议地推选为第一任总统。

约翰·亚当斯

1797~1801 年在任

亚当斯是参与起草《独立宣言》的开国元勋，被称为“美国海军之父”。

托马斯·杰斐逊

1801~1809 年在任

杰斐逊是《独立宣言》的主要起草人。《独立宣言》宣称美国将不再接受英国的殖民统治。

约翰·泰勒

1841~1845 年在任

威廉·亨利·哈里森去世后，副总统约翰·泰勒继任总统职位，成为第一位非选举产生的总统。

詹姆斯·波尔克

1845~1849 年在任

在他的任期内，美国开疆拓土，并入了得克萨斯州、威斯康星州和艾奥瓦州，还得到了后来成为新墨西哥州和加利福尼亚州的西部疆域。

扎卡里·泰勒

1849~1850 年在任

他是一位成功的军事将领，在与墨西哥的战争（1846~1848 年）中指挥美军作战。在担任总统一年后，因感染霍乱去世。

米勒德·菲尔莫尔

1850~1853 年在任

他试图促使反对奴隶制的各州与南部蓄奴州之间取得妥协，但并没能使和平的局面稳定、延续。

富兰克林·皮尔斯

1853~1857 年在任

他允许新加入的州自行决定是否准许奴隶制度的存在，此举激怒了许多人，将美国进一步推向内战的边缘。

詹姆斯·布坎南

1857~1861 年在任

与前几任总统一样，他尝试使各州就奴隶制问题握手言和，但未能成功。在其任期之末，内战一触即发。

格罗弗·克利夫兰

1885~1889 年及

1893~1897 年在任

美国历史上唯一一位担任过两届非连续任期的总统——他在一次选举中败北，而 4 年之后又再次当选总统。

本杰明·哈里森

1889~1893 年在任

他是第 9 任总统威廉·亨利·哈里森的孙子。在其任期内，国家开疆辟土，将 6 个新州并入到了联邦中。

威廉·麦金莱

1897~1901 年在任

他领导美国继续扩张领土，攻占包括夏威夷和波多黎各在内的大量领土。在其第 2 任期 6 个月的时候，遭刺杀身亡。

西奥多·罗斯福

1901~1909 年在任

他是美国历史上最年轻的总统，当选时仅 42 岁。因成功调停了日俄战争而荣获 1906 年诺贝尔和平奖。

威廉·霍华德·塔夫脱

1909~1913 年在任

他是一位专业律师，建立了邮政储蓄体系，通过了一项规定联邦政府征收所得税的修正案。

伍德罗·威尔逊

1913~1921 年在任

1917 年使美国加入第一次世界大战。战后，他提议成立国际联盟，以使世界不再遭遇战火。

约翰·费茨杰拉德·肯尼迪

1961~1963 年在任

1963 年在得克萨斯州被枪杀，这使他所从事的公民权利改革、促进种族平等事业戛然而止。

林登·贝恩斯·约翰逊

1963~1969 年在任

在任期间，他签署了一系列民权法案，但因美国在越南战争中的参与程度升级而遭到诟病和反对。

理查德·尼克松

1969~1974 年在任

结束越南战争，改进与苏联的关系。他的任期因“水门事件”曝光而告终。

杰拉尔德·福特

1974~1977 年在任

身处一个丑闻频出的时代，福特意外地由副总统继任总统。他的诚实品质使美国总统在人们心中的良好形象得以恢复。

吉米·卡特

1977~1981 年在任

他在美国内外交困之时担任总统。在任期结束后，卡特成为受人尊敬的政治家。

罗纳德·里根

1981~1989 年在任

他曾是一位电影演员。在任期间，他制定和实施非常保守的内外政策。里根曾遭遇一次暗杀，但幸免于难。

詹姆斯·麦迪逊

1809~1817 年在任

麦迪逊主持起草了《美国宪法》。这部宪法是美国的根本大法，保障了美国公民的基本权利。

詹姆斯·门罗

1817~1825 年在任

他因门罗主义而被世人所记住。门罗主义宣称美国将抵制其他国家在美洲建立殖民地的企图。

约翰·昆西·亚当斯

1825~1829 年在任

他是美国第 2 任总统约翰·亚当斯的儿子。在其总统任期结束后，亚当斯成为反对奴隶制度的坚强斗士。

安德鲁·杰克逊

1829~1837 年在任

在成为美国总统前，杰克逊因在新奥尔良战役中率军大败英国军队而成为国家英雄。

马丁·范布伦

1837~1841 年在任

在没能有效应对因金融危机和股市崩溃而导致的经济萧条后，范布伦没能再次当选美国总统。

威廉·亨利·哈里森

1841 年 4 月在任

他是第一位在任内离世的美国总统。在成为总统后仅一个月，他就因患肺炎（或伤寒）离世。

亚伯拉罕·林肯

1861~1865 年在任

在美国内战中，他领导美国为废除奴隶制而不懈努力。战争结束几天后，他被约翰·威尔克斯·布斯射杀身亡。

安德鲁·约翰逊

1865~1869 年在任

众议院将约翰逊总统推上审判席，起诉他违反了 1867 年《职务任期法案》。最终，他因一票之差逃脱了被弹劾的命运。

尤里西斯·辛普森·格兰特

1869~1877 年在任

他是一位内战英雄，但同时却也是一位缺乏经验的政治家。他的总统任期被一系列丑闻和腐败事件所笼罩。

拉瑟福德·伯查德·海斯

1877~1881 年在任

在有史以来最旗鼓相当的总统竞选中胜出后，他为消灭政治与公共生活中的腐败而战斗。

詹姆斯·艾伯拉姆·加菲尔德

1881 年 3 ~ 9 月在任

在上任仅 200 天后，加菲尔德就遭枪杀身亡，没能兑现对行政制度和公共机构改革的承诺。

切斯特·艾伦·阿瑟

1881~1885 年在任

他引入了一部关于管理公务人员的法案。该法案规定公务员只能依靠能力，通过竞争考试受到雇用，而不能借助政治关系“走后门”。

沃伦·盖玛利尔·哈定

1921~1923 年在任

他是一位不受民众喜爱的总统，关于他涉嫌腐败的传言不断。在一次针对他的调查展开前，哈定突然去世了。

卡尔文·柯立芝

1923~1929 年在任

他诚实敬业、为人谦逊、少言寡语，常被人们称作“沉默的卡尔”。在他的总统任期内，美国经济繁荣兴盛。

赫伯特·胡佛

1929~1933 年在任

在他当选总统后不久，美国开始陷入严重的经济衰退期。他因此备受指责，没有赢得连任。

富兰克林·德拉诺·罗斯福

1933~1945 年在任

他领导美国度过了经济大萧条和第二次世界大战。他推动施行了一系列复兴美国经济、帮助民众摆脱贫困的计划。

哈里·S. 杜鲁门

1945~1953 年在任

他授权美军向日本投下两颗原子弹，从而终结了第二次世界大战。冷战期间，他将美国带入了朝鲜战争。

德怀特·戴维·艾森豪威尔

1953~1961 年在任

在第二次世界大战中他统领盟军作战。在他的两任任期内，美国经济蓬勃发展。

乔治·赫伯特·沃克·布什

1989~1993 年在任

他是石油大亨，曾任美国中央情报局局长。他将美国及其盟军带入了针对伊拉克的第一次海湾战争（1990~1991 年）。

比尔·克林顿

1993~2001 年在任

他带领美国度过了一个和平而繁荣的时期，但由于与白宫实习生莱温斯基的丑闻，他的声誉受到了损害。

乔治·沃克·布什

2001~2009 年在任

在美国遭遇 911 恐怖袭击之后，他下令进攻阿富汗，宣布展开反恐战争。

贝拉克·奥巴马

2009~2017 年在任

首位非裔美国总统。他所推行的医改政策遭到了反对党的抵制，令政府工作陷入僵局。

唐纳德·特朗普

2017~2021 年在任

特朗普曾是一位商界大亨和电视名人。他在任期内发表的“支持修建美墨边境墙”等言论引发巨大争议。

约瑟夫·拜登

2021 年至今在任

拜登曾是一位律师。2021 年 1 月 20 日，他宣誓就任美国第 46 任总统。

美国内战

19 世纪 60 年代初，美国南方与北方之间进行战争，又称美国南北战争。北方各州将奴隶制度定为非法，认为其他地区也应废除奴隶制。然而，南方各州却无法苟同，奴隶主仍依赖黑奴种植烟草和棉花等作物。一些南方州极为愤愤不平，要求脱离联邦。

事件与战役

在获得独立后不到一个世纪后，美国处于分裂的边缘。1861~1865 年，全国烽烟四起，经历了 50 多场大战和 5000 多场小战。最终，北方赢得了这场内战的胜利，美国恢复统一。

1860 年

- 1860 年 11 月 6 日 亚伯拉罕・林肯当选美国第16届总统，他许诺要废除奴隶制度。
- 1860 年 12 月 20 日 南卡罗来纳州脱离联邦。到 1861 年 2 月，又有 6 个州相继脱离。

亚伯拉罕・林肯

南部同盟旗帜

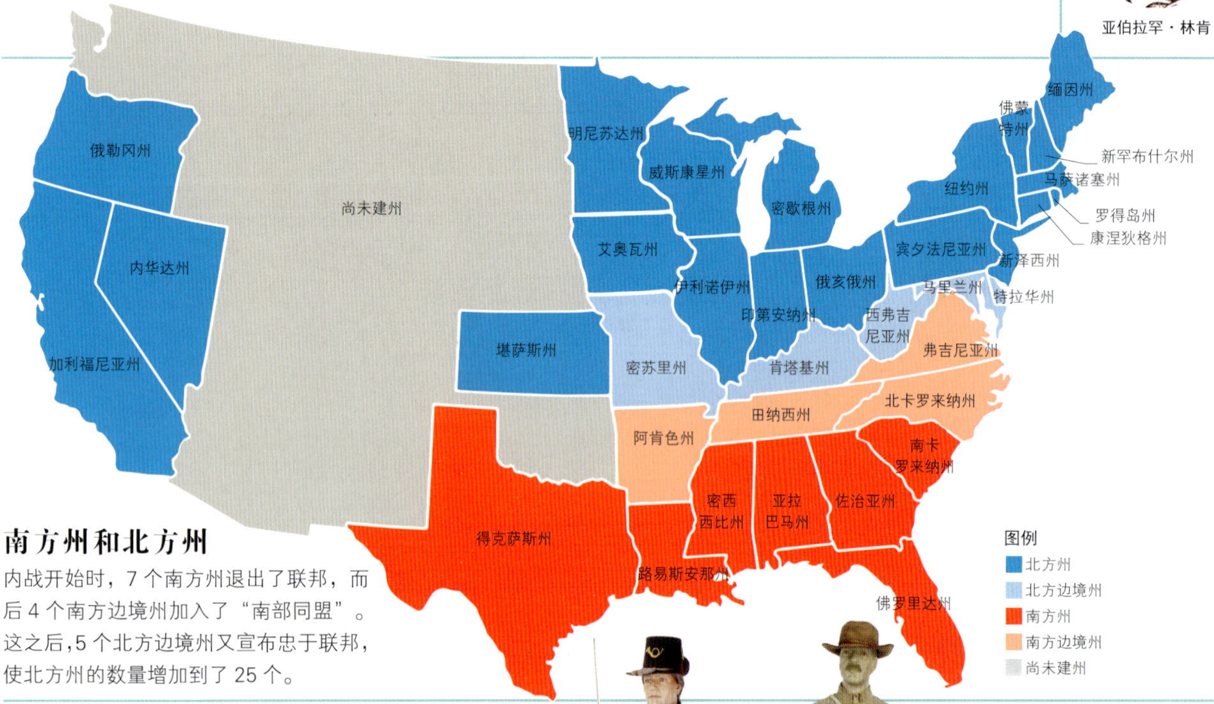

南方州和北方州

内战开始时，7 个南方州退出了联邦，而后 4 个南方边境州加入了“南部同盟”。这之后，5 个北方边境州又宣布忠于联邦，使北方州的数量增加到了 25 个。

参战的士兵中，有 1/4 再也没能回家——许多士兵在战乱中失踪。

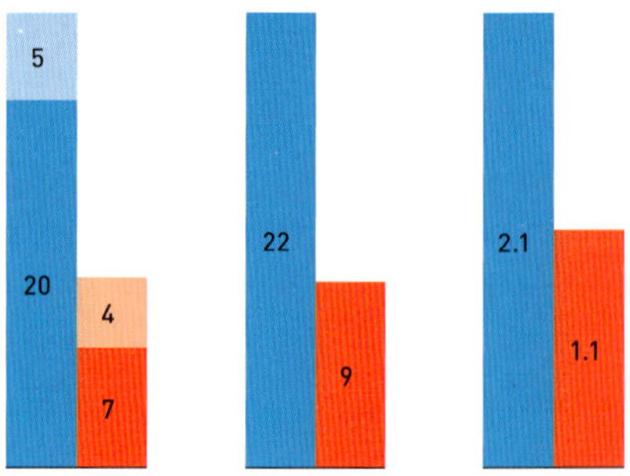

州数量（单位：个）在这场内战中，一个新州——西弗吉尼亚州成立。

人口数量（单位：百万）北部联邦的人口是南部同盟人口的 2.4 倍。

参战士兵数量（单位：百万）在南方各州中，12% 的人口参与了这场战争。

军服与随身物品

北部联邦军的士兵身着蓝色制服，而南部同盟军的士兵则身着灰色制服。士兵将自己的食物、水、洗漱用具、弹药以及私人物品放在背包里。由于北方各州拥有更多生产物资的工厂和运输物资的铁路，因此北方士兵的配备更为精良。

北方士兵的随身书桌

牙刷

锡罐中的蜡烛

北方步兵制服

南方步兵制服

水壶

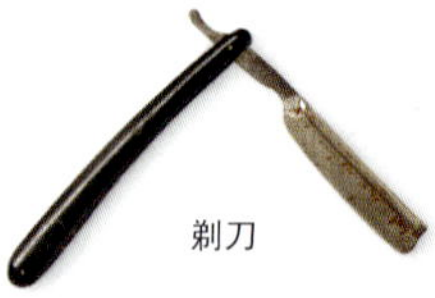

剃刀

肥皂

锡制水杯

刀

刀叉

背包

弹药盒

交通运输工具的创新

19 世纪 30 年代，人们见证了铁路网的诞生。南北方军队都依赖蒸汽机车运输部队和物资，但北方军拥有的铁路网长度是南方军的 2 倍。其他新鲜的交通工具还包括被称为“铁甲舰”的装甲战列舰和早期的潜水艇。

蒸汽机车

“弗吉尼亚”号装甲战列舰（南方舰队第一艘蒸汽动力铁甲舰）

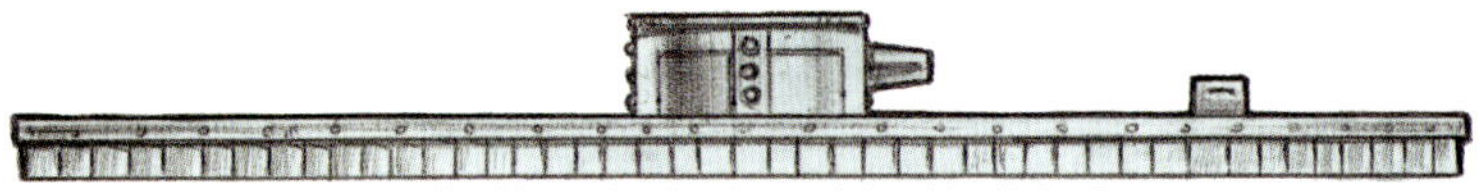

“莫尼特”号装甲战列舰（北方舰队第一艘铁甲舰）

武器与对抗

美国内战中，大量步兵装配步枪，而非火枪，这在战争史上尚属首次。与火枪相比，步枪的射程更远，准确度更高。1863 年引入的连发步枪则更为优良——这种步枪一次上膛就可以射出多发子弹。

斯普林菲尔德 M1861 式步枪上的刺刀

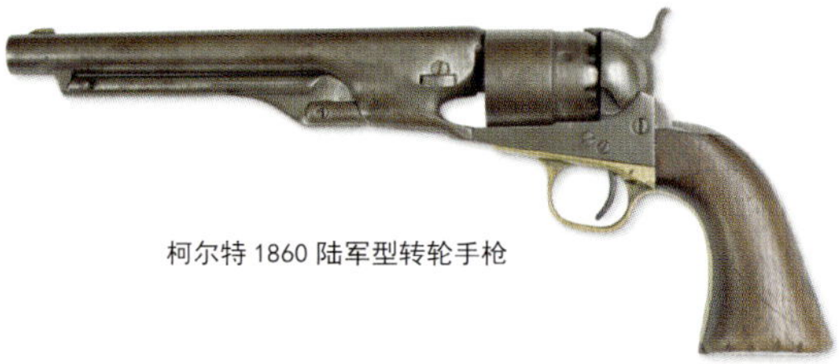

柯尔特 1860 陆军型转轮手枪

1861 年 4 月 12~14 日
美国内战的第一场战役在南卡罗来纳州萨姆特打响，南方军获得胜利。

北部联盟旗帜

1862 年 2 月 11~16 日
在田纳西州展开的多纳尔森堡战役中，尤里西斯·辛普森·格兰特率领北方军赢得了胜利。

尤里西斯·辛普森·格兰特

1863 年 7 月 4 日
经过 6 个星期的围攻，北方军攻克维克斯堡市，切断了阿肯色州、路易斯安那州及得克萨斯州与南方军其他各州的联系。

1864 年 11 月 15~12 月 21 日
威廉·谢尔曼将军率领北方军横扫佐治亚州，攻占了萨凡纳，内战进入尾声。

1865 年 2 月 1 日
林肯签署宪法第 13 条修正案，正式废除奴隶制。

1865 年 4 月 9 日
南方军的李将军向北方军的格兰特将军投降，美国内战宣告结束。

1865 年

1861 年 7 月 21 日
在美国内战的首场重大战役——第一次马纳萨斯战役中，北方军被击败，将近 850 名士兵（460 名北方军士兵和 387 名南方军士兵）失去了生命。

1862 年 3 月 8~9 日
在弗吉尼亚州外围海域发生的汉普顿锚地战役，以历史上第一次使用装甲舰交战闻名，它标志着海上战争新时代的开始。

1862 年 9 月 17 日
安提顿战役发生在马里兰州的夏普斯堡附近。这是美国军事史上最血腥的“一日战役”，死伤及失踪人数高达 22717 人。

1863 年 7 月 1~3 日
在宾夕法尼亚州展开的具有转折性的葛底斯堡战役中，南方军以失败告终。

1864 年 11 月 8 日
林肯再次当选美国总统。

林肯纪念雕像

1865 年 4 月 14 日
林肯在剧院里遭约翰·威尔克斯·布斯枪击，一天后与世长辞。

非裔美军士兵

在北方军中，大约 1/10 是非裔士兵，约 179000 人。而至于有多少黑奴被迫为南方军作战，则没有留下任何记录。

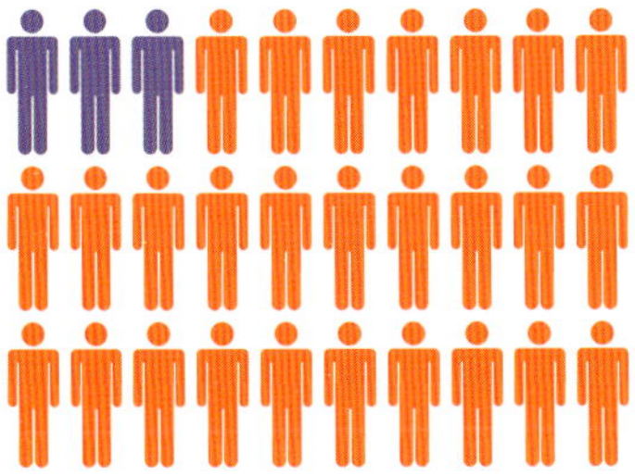
北方军中的士兵

图例
非裔美军士兵　　白人美军士兵

北方军名人

北方各州忠于联邦政府。内战时期的美国北方人被称为“洋基”。

亚伯拉罕·林肯（1809~1865年）
作为总统，林肯带领美国经历内战洗礼，废除奴隶制度，使国家从分裂走向统一。

尤里西斯·辛普森·格兰特（1822~1885年）
自 1862 年后，格兰特将军一直统率着北部联盟军。战后，他担任了两届总统职务。

约书亚·张伯伦（1828~1914年）
在葛底斯堡战役中，他英勇地领导了至关重要的刺刀冲锋进攻。

罗伯特·斯莫尔斯（1839~1915年）
斯莫尔斯曾是一位南方州的奴隶。他曾在南方军一艘炮艇上担任舵手，之后驾船前往北方，成为战士。

北方军将军

南方军名人

南方各蓄奴州脱离联邦政府，成立了“南部同盟”。

杰斐逊·戴维斯（1808~1889年）
戴维斯曾是一名陆军军官，之后成为议员。美国内战期间，他担任了南部同盟“总统”。

罗伯特·爱德华·李（1807~1870年）
李生于弗吉尼亚州，后来成为南方军的总司令。

约翰·布朗·戈登（1832~1904年）
这位英勇的南方军将军经常在作战中身受重伤，人们说他是“不可战胜”的。

贝尔·博伊德（1844~1900年）
臭名昭著的南方军间谍，精于从北方军士兵口中探听信息。

南方军将军

逝去的生命

据估计，共有 62 万人在美国内战中失去了生命。联邦军为一部分士兵举行了合乎规格的军葬仪式。然而，华盛顿特区内的军人公墓很快就被占满了。弗吉尼亚州的阿灵顿庄园成为新的国家公墓所在地。阿灵顿庄园曾是南方军将军罗伯特·爱德华·李的妻子玛丽的家族产业。

阿灵顿国家公墓

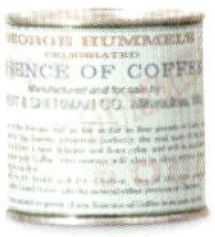
浓缩咖啡粉罐

茶块

绳子

睡帽

通信

南北两方的领导人都利用了最新发明的电报设备。有了电报，便可以向战场上的将领发送信息，也可以及时收取最新的战况。

电报接收机

医学进步

虽然基础卫生条件依然简陋，但双方在救治伤员方面取得了很大进步。马匹拖行的救护车在战地医院间运送伤员。而女性则首次在战场上以护士的身份参战。

截肢刀组

骨锯

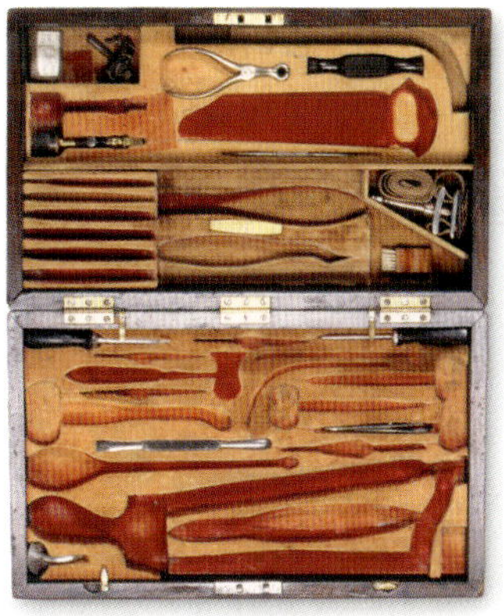
工具箱

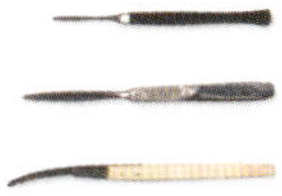
结扎针

锯子

压线钳

手术钳

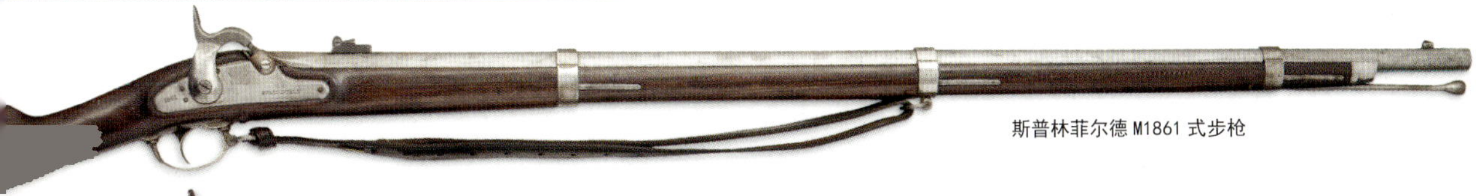
斯普林菲尔德 M1861 式步枪

南方军使用的斯普林菲尔德 M1861 式步枪复制版

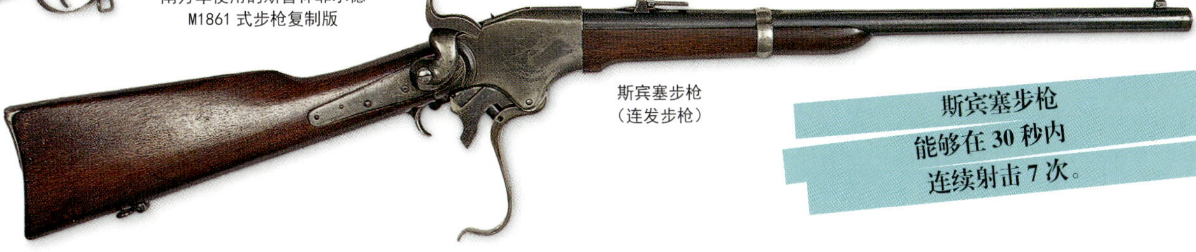
斯宾塞步枪（连发步枪）

斯宾塞步枪能够在 30 秒内连续射击 7 次。

南方军所使用的军鼓
那些由于年纪太小而无法拿起步枪参战的男孩成为军鼓手。在战场上，他们用鼓声向士兵传达命令。

欧洲帝国

16 世纪，随着欧洲探险家在世界各地航海探索，他们为自己的国家夺取了许多新殖民地。欧洲国家在海外建立起帝国，许多人因此发财致富。然而，殖民地的人民却遭受着悲惨的境遇。

在巅峰时期，大英帝国曾拥有世界上 1/4 的土地面积。

1500 年

帝国主义时代

欧洲帝国的发展壮大跨越了数百年的时间。那些不愿忍受殖民统治的国家奋起反抗，一系列战争和革命因此而起。

16 世纪
葡萄牙人和西班牙人开始大规模地开拓南美大陆。

葡萄牙卡拉维尔帆船模型

1565 年
西班牙人在今美国的领土上建立起了首个欧洲殖民地。20 年后，第一个英国殖民地在罗阿诺克岛建立。

1756~1763 年
七年战争使英国成为世界上最大的殖民帝国。在这次全球性的冲突中，英国侵占了美国和印度的大片领土。

1775~1781 年
独立战争后，美国各州摆脱了英国的殖民统治。

《美国宪法》

1808~1833 年
拉丁美洲独立战争解放了该地区欧洲列强统治下的大部分殖民地。

1857~1947 年
1857 年爆发的针对英国东印度公司的印度最大起义，迫使英国加强了对印度的殖民统治力度。

1880~1914 年
欧洲列强为扩大殖民版图入侵非洲。在"争夺非洲"的混战中，非洲成为殖民地。

1914~1918 年，1939~1945 年
两次世界大战加速了奥地利帝国、奥斯曼帝国、俄罗斯帝国、德意志帝国、意大利帝国和日本帝国的衰落。

莫汉达斯·甘地雕像

1947 年
因受到来自由莫汉达斯·甘地领导的印度民族解放运动的压力，英国终于迈出了终结殖民进程的第一步——提出英国移交政权和印巴分治方案，即《印度独立法案》。

1956 年
针对苏伊士运河所有权的纷争导致了苏伊士危机，即第二次中东战争的爆发。此战过后，英法失去了对世界的绝对领导力，美苏取而代之。

1963 年
独立的非洲各国创建非洲统一组织，以促进它们在经济、政治和文化上的互惠互利。

非洲统一组织的旗帜

1970 年

为什么要建造帝国？

欧洲诸多列强自诩优于世界其他国家，认为自己是统治、治理其他国家，并把其他国家带入文明社会的最佳选择。

向外探索的动力
人们渴求探寻新领土、探索全新的贸易线路。

民族主义驱动
一些国家力图展示自己的实力，与其他国家一较高下。

经济因素
在经济上，很多国家对世界各地的新材料和新市场有探索、开拓的需求。

宗教和意识形态因素
许多宗教团体想要吸引更多的人皈依教门。

最庞大的帝国

有些帝国在巅峰时期拥有数百万平方千米的土地。

1 **大英帝国**
1922 年，3370 万平方千米

2 **西班牙帝国**
1740 年，1940 万平方千米

3 **法兰西帝国**
1938 年，1290 万平方千米

4 **葡萄牙帝国**
1821 年，1040 万平方千米

5 **意大利帝国**
1942 年，360 万平方千米

帝国主义世界

帝国主义时代，各大国竭力争夺土地与控制权，世界版图日殊月异。一些国家遭受着欧洲列强的殖民统治，而另一些国家则奋起反抗，争取独立。这着实是一个动荡不安的时代。右图为第一次世界大战前的世界地图。

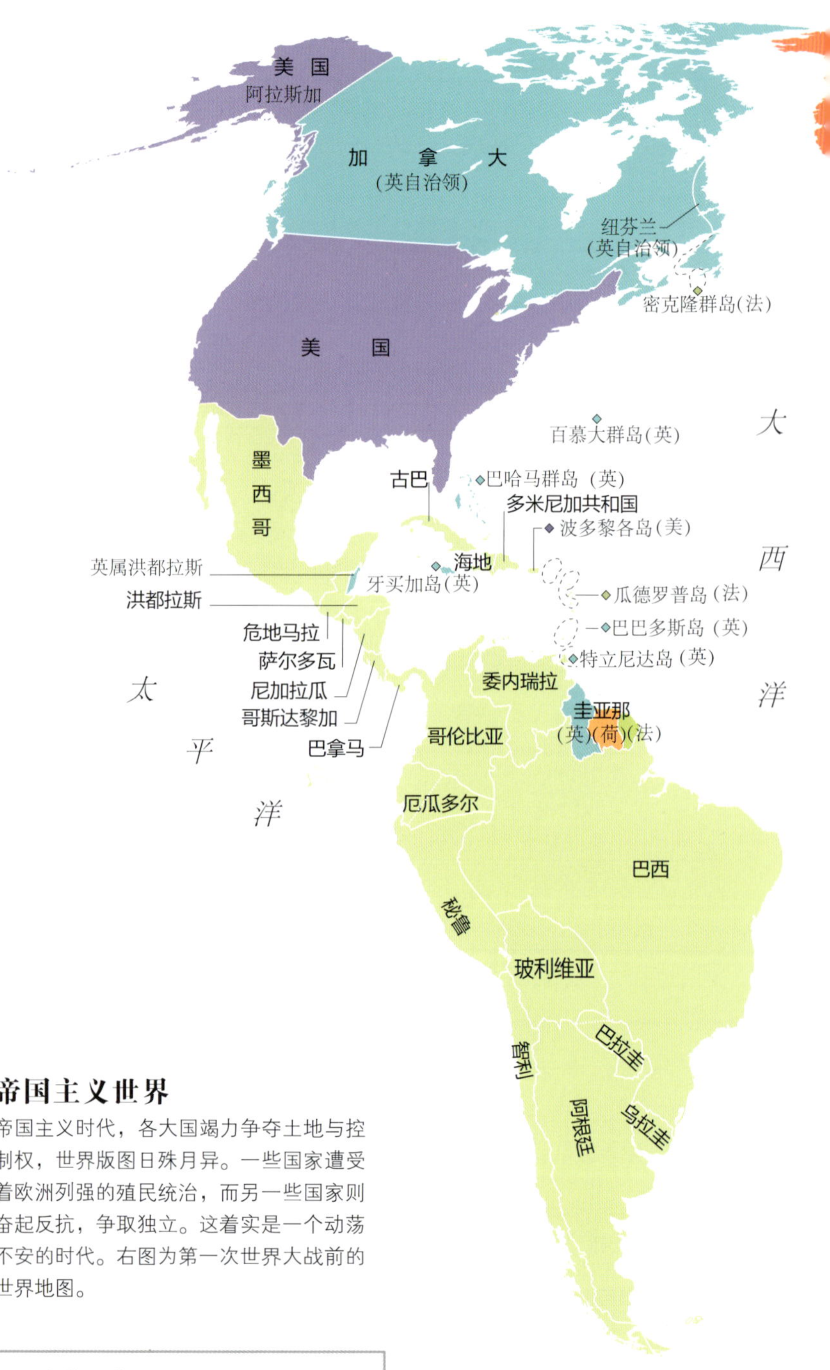

1800年的世界
1800 年的世界见证了西班牙与葡萄牙的帝国盛世。它们占领了美洲的大部分疆域。与此同时，殖民地遍布全球的大英帝国逐渐发展壮大起来。

贸易

随着欧洲列强宣布对各殖民地拥有统治权，他们便开始了对当地资源的掠夺，比如黄金和香料。之后，再将这些商品出售，以获取利益。

象牙
非洲和亚洲

黄金
美洲

可可
中美洲和南美洲

香料——辣椒、丁香和肉桂
亚洲

咖啡
美洲

茶叶
中国和印度

棉花
亚洲和美洲

甘蔗
美洲

奴隶

1500~1880 年，多达 1200 万非洲人远离自己的家园，被贩卖到美洲充当奴隶。他们被囚禁于奴隶运输船中，许多人因为患病、缺少食物和水而死亡。

奴隶们不得不平躺、跪地或者蜷缩着坐

“维吉兰特”号
1822 年，这艘运送奴隶的船只装载着 345 人。

为防止暴乱发生，奴隶们被捆绑在一起

第一次世界大战前的世界
早在 19 世纪，许多中美洲和南美洲国家曾奋起反抗外来殖民者的压迫和统治，并获得了独立。而在 1880~1914 年的 30 多年间，欧洲殖民者肆意瓜分非洲大陆，侵占了大部分国家和地区。

图例

- 奥斯曼帝国
- 英国及其殖民地
- 法国及其殖民地
- 丹麦及其殖民地
- 西班牙及其殖民地
- 葡萄牙及其殖民地
- 瑞典帝国
- 荷兰及其殖民地
- 德国及其殖民地
- 奥匈帝国
- 意大利及其殖民地
- 俄国及其殖民地
- 日本及其殖民地
- 独立国家及其他地区
- 中国
- 美国及其殖民地

英国君主

早先的英格兰历史和后来的英国历史是由一长串国王和女王的名字联系在一起的。早期，英国皇室手握军权，可与教会对峙、也有权惩处首相。但今天，英国女王手中的实际权力已所剩无几，只作为皇室代表，象征着漫长和受到大多数英国人欢迎的君主制传统。

757~1066 年

盎格鲁－撒克逊时期

5 世纪，当罗马人离开大不列颠岛后，后来的入侵者将岛屿分割成了多个交战国。其中，麦西亚、韦塞克斯、诺森布里亚等王国逐渐强大起来。在盎格鲁－撒克逊时代，虽然英格兰人最终抵挡住了维京人的侵袭，但也被其占领超过 25 年。

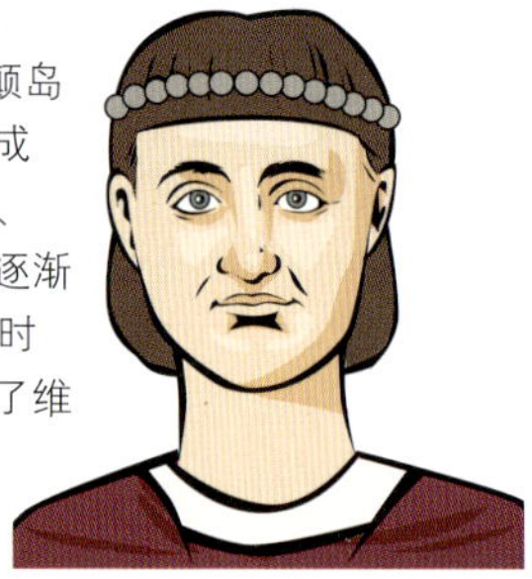

奥法
757~796 年在位
麦西亚（英格兰中部）国王将领土边界向北部和南部扩张，并沿威尔士边境修筑了一道巨大的堤坝，以保护自己的王国。

757~796 年	奥法	955~959 年	伊德威格
802~839 年	爱格伯特	959~975 年	埃德加一世
839~856 年	埃塞尔沃夫	975~978 年	“殉教者”爱德华二世
858~860 年	埃塞尔巴德	978~1013 年及 1014~1016 年	“决策无方者”埃塞尔雷德二世
860~865 年	埃塞尔伯特	1013~1014 年	斯韦恩一世
866~871 年	埃塞尔雷德一世	1016 年	“刚勇者”埃德蒙二世
871~899 年	阿尔弗烈德大王	1016~1035 年	克努特
899~924 年	“长者”爱德华	1035~1040 年	“飞毛腿”哈罗德一世
925~939 年	埃塞尔斯坦	1040~1042 年	哈迪克努特
939~946 年	埃德蒙一世	1042~1066 年	“宣信者”爱德华
946~955 年	伊德雷德	1066 年	哈罗德二世

爱格伯特
802~839 年在位
爱格伯特原是韦塞克斯国王。在他的统治下，王国的实力和影响力不断增强。在击败麦西亚王国和诺森布里亚王国后，爱格伯特的权威在英格兰大部分地区获得了认可。

1485~1603 年

都铎王朝

都铎王朝的统治以“铁腕”著称，有时很不得民心。但是，在都铎王朝的统治下，国民的民族自豪感提升，议会的影响力也不断增强。手工业者和商人的社会地位得到提升，建筑、文学和戏剧蓬勃发展、欣欣向荣。大文豪威廉·莎士比亚是其中最耀眼的明星。

伊丽莎白一世
1558~1603 年在位
意志顽强坚定的伊丽莎白是位精明的政治家，拥有众多的忠实追随者。在她的统治之下，贸易往来蓬勃发展，探险活动日益频繁，国家变得昌盛兴旺。

亨利八世
1509~1547 年在位
亨利八世以一生共娶 6 位妻子而闻名（他与其中 2 位离婚，将另 2 位砍头）。

玛丽一世
1553~1558 年在位
玛丽一世是亨利八世的长女。在夺取王位后，她烧死反对者，恢复罗马天主教的统治地位，后世称之为“血腥玛丽”。

1485~1509 年	亨利七世
1509~1547 年	亨利八世
1547~1553 年	爱德华六世
1553 年	简·格雷
1553~1558 年	玛丽一世
1558~1603 年	伊丽莎白一世

1461~1485 年

约克王朝

约克家族是金雀花王朝王室的分支之一，对王位有着强烈的渴望。约克公爵理查战死于韦克菲尔德战役（1460 年）后，他的儿子爱德华成为首位约克国王。在这一时期中，威廉·卡克斯顿成立了英国第一家印刷社。

1461~1470 年	爱德华四世
1471~1483 年	爱德华四世
1483 年	爱德华五世
1483~1485 年	理查三世

理查三世
1483~1485 年在位
理查三世是最后一位战死疆场的英国国王。长久以来，英国史学界对于理查三世是否杀死先王遗孤（即他的两位亲侄子）的讨论从未停止。

1399~1413 年	亨利四世
1413~1422 年	亨利五世
1422~1461 年	亨利六世
1470~1471 年	亨利六世

亨利六世
1422~1461 年及
1470~1471 年在位
亨利六世丢掉了父亲夺回的法国领土，也曾一度受到精神病间歇发作的折磨。正因如此，他在一段时间内失去了王位。在其统治期间的 1455 年，玫瑰战争爆发。

1603~1649 年

斯图亚特王朝

斯图亚特王朝统治期间，国王与议会间斗争不断。这场斗争导致了一场内战，并以国王被砍头而终止。虽然斯图亚特王朝的君主们鼓吹君权神授，但还是对天主教会采取了容忍态度，并与西班牙和平交好。此外，斯图亚特王朝的统治者们热衷于资助艺术家，这一时期留下了许多精美的艺术和建筑。

詹姆斯一世
1603~1625 年在位
詹姆斯一世接过皇位时，苏格兰与英格兰实现了统一。在当政期内，他极力打压议会。盖伊·福克斯参与的一场“火药阴谋”以詹姆斯一世为暗杀目标，却以失败告终。

查理一世
1625~1649 年在位
顽固不化的查理一世坚信君权神授，毫不留情地清除反对者。在之后的内战中，他被奥利弗·克伦威尔打败，并受到议会审判，最终被处以死刑。

1649~1659 年

联邦时期

这一时期是英国历史上首次，也是唯一一次实行联邦制（即共和制）的时期。此时，国家既没有国王，也没有女王，而是由虔诚的清教徒奥利弗·克伦威尔和他领导的议会统治。这期间，英国从西班牙手中夺取了牙买加，并在海战中战胜了荷兰。

1649~1653 年	共和制
1653~1658 年	奥利弗·克伦威尔（护国公）
1658~1659 年	理查·克伦威尔（护国公）

奥利弗·克伦威尔（护国公）
1653~1658 年在位
查理一世被处死后，克伦威尔便成立了新的国会和议会，国会成员 15 人，议会成员 400 人。他的统治地位由他的儿子理查·克伦威尔继承。

1660~1714 年

斯图亚特王朝

查理二世重登王位后，伦敦遭遇了两次灭顶之灾——先是一场瘟疫夺走了 10 万多人的性命，后是一场大火烧毁了伦敦的大部分建筑。詹姆斯二世企图重塑人们对天主教的信仰，但在光荣革命中，当奥兰治亲王威廉受邀获得统治权时，他却逃走了。

1660~1685 年	查理二世
1685~1688 年	詹姆斯二世
1689~1694 年	威廉三世（也叫奥兰治亲王威廉）与玛丽二世（共同统治）
1694~1702 年	威廉三世
1702~1714 年	安妮

查理二世
1660~1685 年在位
这位人称“快乐王”的君主爱好广泛，拥有众多情人。他对建筑和科学有着浓厚的兴趣，还为英格兰带来了一项新式运动——帆船。

1714~1901 年

汉诺威王朝

汉诺威王朝见证了诸多社会巨变。在说着一口流利德语的乔治一世在位时期，罗伯特·沃波尔成为英国历史上第一位首相，工业时代也已开启。在维多利亚女王统治后期，英国的经济实力受到其他强国，如德国和美国的挑战。

1714~1727 年	乔治一世
1727~1760 年	乔治二世
1760~1820 年	乔治三世
1820~1830 年	乔治四世
1830~1837 年	威廉四世
1837~1901 年	维多利亚

乔治一世
1714~1727 年在位
这位在德国出生的国王先是面对苏格兰的叛乱，之后，当南海贸易公司的泡沫破灭，致使成千上万的投资者血本无归后，他又不得不去应对这个丑闻。

阿尔弗烈德大王
871~899 年在位
阿尔弗烈德统治时期几乎被维京袭击者推翻，但他奋起反击，夺回了伦敦，并扩张了韦塞克斯王国的版图。

克努特
1016~1035 年在位
这位维京国王公平地对待丹麦人和盎格鲁－撒克逊人，使国家繁荣昌盛。一个古老的传说称，克努特通过“展示”自己无法让潮水退去，来证明他不过是个普通人。

哈罗德二世
1066 年在位
哈罗德二世由妹夫“忏悔者”爱德华任命，在位时间非常短暂。在黑斯廷斯战役中，他被射中了眼睛，随后死去。诺曼底公爵威廉夺取了王位。

1066~1154 年

诺曼底王朝

诺曼底人原是在法国西北部定居的维京人，他们对于新土地非常渴望。在黑斯廷斯战役中打败哈罗德二世后，“征服者”威廉夺得了英格兰王位。于是，诺曼底人在此修筑城堡，并建立了一套封建制度。在这个制度中，地主是土地的所有者，农民则被雇用耕种土地。

1066~1087 年	“征服者”威廉
1087~1100 年	威廉二世
1100~1135 年	亨利一世
1135~1154 年	斯蒂芬

“征服者”威廉
1066~1087 年在位
1066 年圣诞节当天，威廉一世加冕为英格兰国王。因为成功征服了英格兰，他被人称为“征服者”。他下令修建伦敦塔，并对土地和人民进行普查，并编纂成了《末日审判书》。

1154~1399 年

金雀花王朝

金雀花王朝家族起源于法国安茹，名字来自一位祖先帽子上的黄色花卉（金雀花）。在金雀花王朝统治的大部分时期里，英格兰与法国和苏格兰战事不断，而威尔士和爱尔兰则臣服于英格兰。英格兰议会和宪法史上极具影响力的《大宪章》就源于金雀花王朝。

“狮心王”理查一世
1189~1199 年在位
这位虔诚的国王将自己当政的大部分时光花在了戎马弓刀之上。理查一世身为天主教徒，曾加入教廷发起的十字军圣战。他曾被德国皇帝囚禁，在支付了大笔赎金后得以返回英格兰。最终，他在法国遇害。

1154~1189 年	亨利二世
1189~1199 年	“狮心王”理查一世
1199~1216 年	约翰一世
1216~1272 年	亨利三世
1272~1307 年	“长腿”爱德华一世
1307~1327 年	爱德华二世
1327~1377 年	爱德华三世
1377~1399 年	理查二世

约翰一世
1199~1216 年在位
他失去了英格兰王国在法国的大部分领土，并对国民征收重税。1215 年，在封建领主、教会和民众的多重压力下，他被迫签署旨在保障各方利益、限制王权的《大宪章》。

亨利三世
1216~1272 年在位
亨利三世与贵族们兵戎相见后，被贵族领袖德·蒙德福特击败。于是，后者成立了由贵族、教士、骑士与普通市民组成的议会。

“长腿”爱德华一世
1272~1307 年在位
这位骁勇善战的国王为统一英格兰与苏格兰半生戎马。在他的统治期内成立了“模范议会”。

1399~1471 年

兰卡斯特王朝

兰卡斯特王朝三位国王的统治时期充满了战争的硝烟。他们先是夺回、后又失去了法国的领土。在玫瑰战争中，兰卡斯特家族与约克家族为争夺王位斗争了 30 年。

亨利五世
1413~1422 年在位
在阿金库尔战役中，亨利五世以失去 400 名士兵的轻微代价打败法国人，夺回了失去的法兰西领土。

亨利四世
1399~1413 年在位
从法国流亡回到英国后，亨利四世从理查二世手中重获王位。在他的统治期内，叛乱不止，反抗不断。

乔治三世
1760~1820 年在位
在这位乔治国王的统治过程中，美国人赢得了独立；而英国与法国则在拿破仑战争中短兵相接、兵戎相见。

威廉四世
1830~1837 年在位
威廉四世当政期间，更多的民众获得了选举权。此外，在大英帝国的领土上，奴隶制被废除。

维多利亚
1837~1901 年在位
这位深受人们爱戴的女王一共在位 64 年。当她的丈夫阿尔伯特亲王离世后，她悲伤不已。在位后期，她又重新回归公众生活。

1901~1910 年

萨克森－科堡－哥达王朝

这个王朝只有一位国王，即萨克森－科堡－哥达公爵的儿子，爱德华七世——以维多利亚女王丈夫阿尔伯特亲王的名字命名。爱德华在 59 岁时登上王位，在 20 世纪伊始的几年中统治英国。在其任期内，包括汽车在内的新发明层出不穷。这些新的工业发明使英国开启了现代化进程。

爱德华七世
1901~1910 年在位
爱德华七世是一位热爱社交的国王。他喜欢运动、派对和旅行。他修复了与法国的关系，并在位于诺福克郡的桑德灵厄姆庄园新建了行宫。

1910 年至今

温莎王朝

在第一次世界大战中，由于英国人民强烈的反德情绪，乔治五世将自己的姓氏改为温莎。当 1936 年爱德华八世为与一位离异女士结为连理而放弃王位后，他的弟弟乔治六世即位，成为第二次世界大战中的英国国王。乔治六世的女儿，即女王伊丽莎白二世已经在位 60 多年了。

1910~1936 年	乔治五世
1936 年	爱德华八世
1936~1952 年	乔治六世
1952 年至今	伊丽莎白二世

乔治六世
1936~1952 年在位
乔治六世曾是一位优秀的运动员和士兵，但他羞涩且口吃，并未想过自己会当上国王。他努力克服了因口吃所导致的演讲困难，在第二次世界大战中及之后，成为深受人民所喜爱的国王。

伊丽莎白二世
1952 年至今在位
这位仍在位的女王是英联邦国家的首脑，深受世界各地人民的喜爱。剑桥公爵威廉王子及其夫人凯瑟琳王妃和他们的孩子们，是英国皇室新世代的代表。

工业革命

在 18 世纪中叶的英国，新技术、新发明层出不穷，这就意味着不需要那么多人耕种土地了。人们从乡村搬到城镇，在新修建的棉纺厂和其他工厂里工作。这个从农业经济向制造业经济转变的过程，就是“工业革命”。

煤和铁

数千年来，人们都是利用木材中的木炭来炼铁的。然而 1709 年，英国人亚伯拉罕·达比和他的儿子找到了一种用煤炼铁的方法。与木材相比，煤更容易开采。于是，这个发现使铁的产量大幅提升，市场上也出现了更多铁制的工具和机器。在这样的背景下，更多的煤矿被开发出来，以便生产更多的铁。

什罗普郡的铁桥
这是世界上第一座铁桥。1781 年，由亚伯拉罕·达比的孙子修建而成。

蒸汽动力

第一辆蒸汽机发明于 1712 年，用于将矿井里的水抽出来。60 年后，詹姆斯·瓦特发明了一种利用蒸汽来驱动机器作业的方法。于是，蒸汽机时代开始了。从工业生产到家庭生活、旅行方式等都发生了巨大的变化。这种变化从英国开始，之后迅速蔓延到了世界各地。

蒸汽船上的双引擎

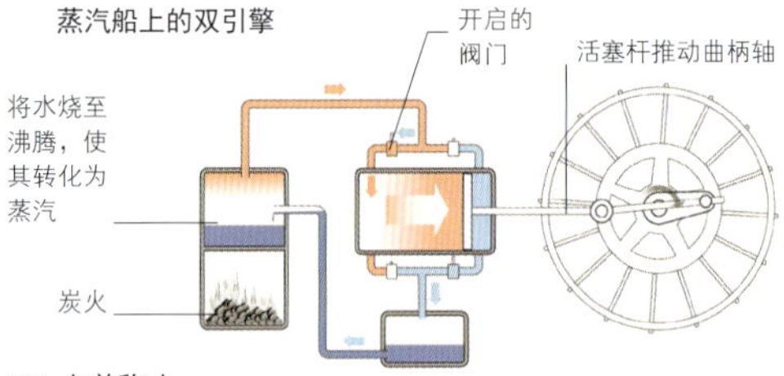

1 向前移动
蒸汽通过开启的阀门进入汽缸的左侧，推动活塞向前移动。

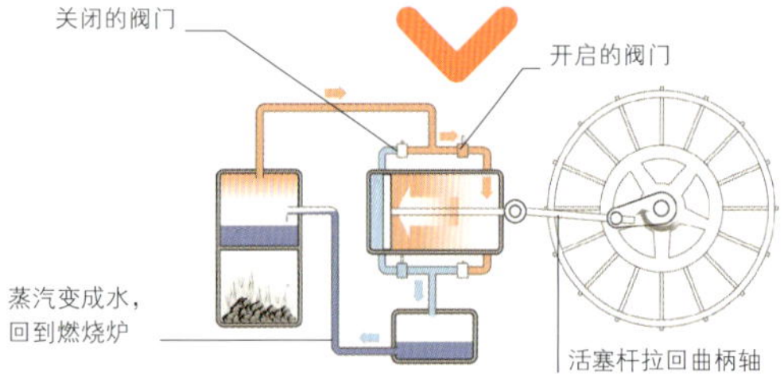

2 向后移动
现在，蒸汽通过开启的阀门进入汽缸的右侧，推动活塞向后移动。

运河

制造业的蓬勃发展意味着需要运输更多的商品，而修建运河就成了解决这个问题的直接方案。运河是人工挖掘的河流，河床很深，足以应对大宗货物的运输。1761 年，一位名叫詹姆斯·布林德利的工程师在英国修建了一条长达 16 千米的运河，这条运河可以将煤从兰开夏郡煤矿直接运输到曼彻斯特进行销售。这项商业冒险行为让煤矿主发了大财，继而点燃了修建运河的热潮。

特伦特－默西运河
起初人们称之为“大主干道运河”，挖掘这条运河花费了 206600 英镑。这条运河于 1777 年开始通航。

卡昂山水闸
在英格兰的肯尼特和埃文运河上有 16 道水闸。这条运河是 1810 年由约翰·伦尼主持修建的。

铁路的诞生

工厂需要源源不断地运入原料和运出产品，铁路的出现就为此提供了最高效的运输方式。与船相比，火车的速度要快得多；而与货车相比，火车运输货物的体量则要大得多。18 世纪 60 年代，快速而可靠的蒸汽机问世，成为欧洲和美洲工业革命的标志。

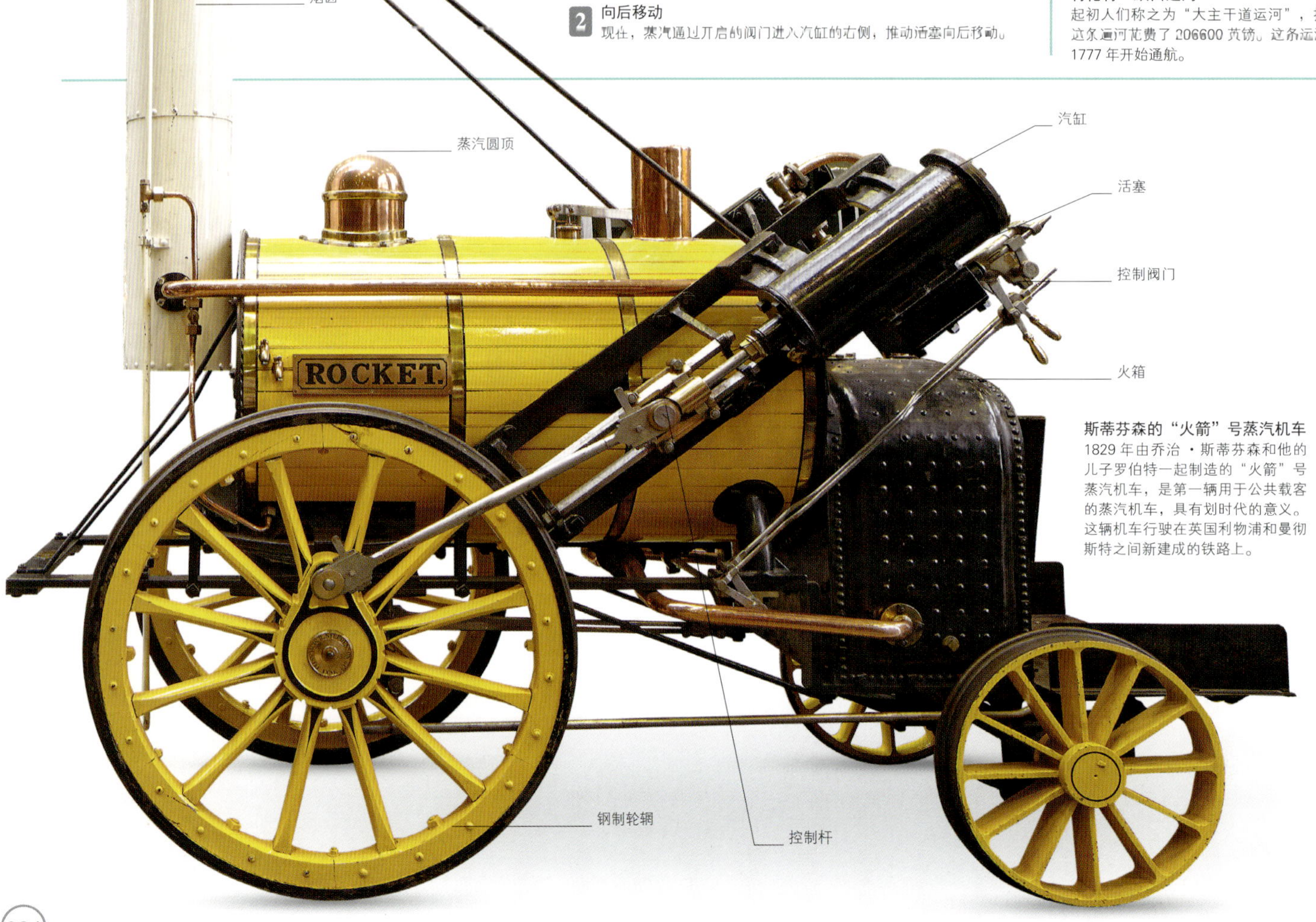

斯蒂芬森的“火箭”号蒸汽机车
1829 年由乔治·斯蒂芬森和他的儿子罗伯特一起制造的“火箭”号蒸汽机车，是第一辆用于公共载客的蒸汽机车，具有划时代的意义。这辆机车行驶在英国利物浦和曼彻斯特之间新建成的铁路上。

特里维西克蒸汽机车
1808 年，理查德·特里维西克在伦敦修建了一条“环形铁路”，并规定，乘坐火车绕铁路一周的费用为 1 先令。他还给火车起了个名字，叫作“谁能抓住我”。

工厂时代

工业革命的到来使包括棉纺织业在内的传统工业进行了转型。人们研发出了可以在很短时间内将棉花制成棉线的机器。而在过去，这道工序需要大量工人依靠手工完成。工业革命初期，这些机器由水驱动，所以棉纺厂和其他工厂都需要建在距离河流不远的地方。而随着蒸汽取代水能，工厂就陆续搬到了城镇中。

新式纺织机生产棉布的速度要比工人手工作业的速度高 1000 倍。

RULES & REGULATIONS
FOR ALL
WORKMEN, APPRENTICES, AND BOYS
EMPLOYED ON
THESE PREMISES

规则
工厂里的生活非常辛苦。工人会因为吹口哨或者迟到 5 分钟而遭受罚款。

棉纺厂内部

工作条件

工厂里的工人每天工作时间超过 12 个小时，每周工作 6 天。在工业革命初期，没有保护工人身体健康和生命安全的法律出台。工厂里温度很高，噪声震耳欲聋，发生事故和工伤的情况极为常见。

煤矿里的童工
在煤矿里，孩子们在很深的地下矿井工作，沿着铁轨拉动沉重的煤车。

1859 年一家棉纺厂的工人结构图
棉纺厂有 1/3 的工人是孩子，最小的年龄是 5 岁。他们爬行在机器之间，清理阻塞物，这是一项既繁重又危险的工作。

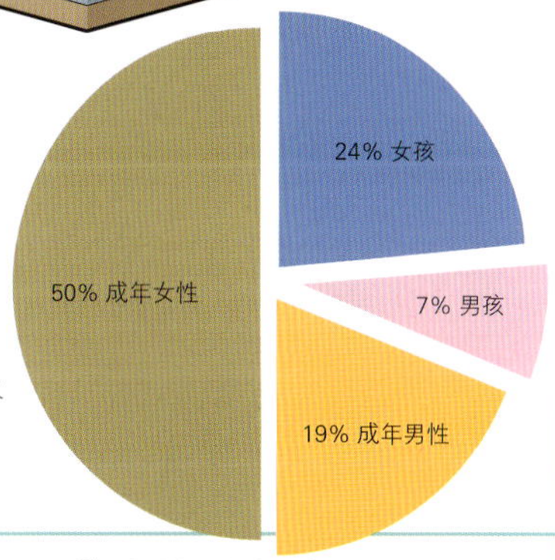

新城镇的崛起

随着越来越多的工厂建立起来，城镇扩大了。更多的住房、学校和商店也在人们工作场所的周围建立起来。这样一来，小镇迅速变成工厂林立的大城市，而这些城市又吸引了更多寻找工作的人们。

英国从乡村向城镇的人员流动

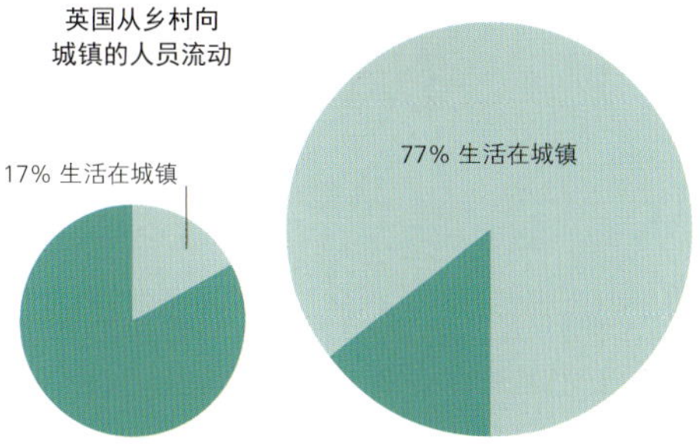

耕作技术

随着人口增长，人们需要更多的食物和更高效、更廉价的方法来种植作物。19 世纪 20 年代出现了蒸汽动力驱动的犁车和打谷机。1831 年，美国人塞卢斯·麦考密克发明了谷物收割机。

播种器

蒸汽打谷机

工业革命的开拓者

工程师和发明家们推动工业革命向前发展，他们的许多思想为 20 世纪高科技时代的到来铺平了道路。

- **理查德·阿克赖特（1732~1792年）**
  发明了利用水力驱动的纺纱机，并创办了英国第一家水力棉纺厂。
- **理查德·特里维西克（1771~1833年）**
  1804 年，这位英国工程师设计并制造出世界上首辆蒸汽机车。

理查德·特里维西克

- **伊莱·惠特尼（1765~1825年）**
  惠特尼是美国人，他发明了轧棉机。这种机器使美国的棉纺织业发生了一场革命性的变革。
- **汉弗莱·戴维爵士（1778~1829年）**
  戴维爵士是英国化学家和发明家。他发明了安全灯，这种灯可以帮助矿工们在矿井下估计有毒气体的含量。
- **伊桑巴德·金德姆·布鲁内尔（1806~1859年）**
  这位英国工程师不仅修建大桥、管道、铁路，还建造了当时世界上最庞大的轮船“大东方”号。

工业革命时间轴

蒸汽动力的发明是工业革命史上的一个重要转折点。它促使通信、交通运输、建筑等领域诸多重大的发明问世。

1700 年

1709 年 首次开始利用焦炭炼铁，焦炭产自煤。

1712 年 托马斯·纽科门发明了蒸汽机。

詹姆斯·瓦特蒸汽机的复制品

1764 年 詹姆斯·哈格里夫斯发明了用于纺纱的珍妮纺织机。

1769 年 詹姆斯·瓦特改良了蒸汽机。

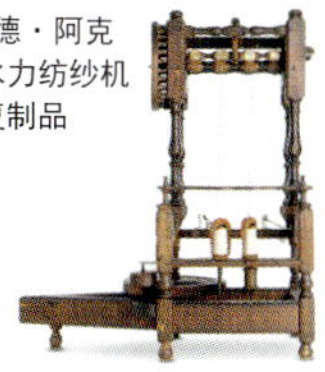
理查德·阿克赖特水力纺纱机复制品

1771 年 理查德·阿克赖特成立第一家水力棉纺厂，提高了生产力。

英国德比郡的阿克赖特棉纺厂

1798 年 工厂开始使用煤油灯。于是，工人们不得不通宵达旦地工作。

1800 年 意大利人亚历山德罗·伏打发明了第一块电池。

1805 年 工程师托马斯·特尔福德完成了旁特斯沃泰水道桥与运河的修建工程。这是英国最古老、地势最高的水道桥。

伏打电池，也称伏打电堆

1807 年 第一艘商业蒸汽机船“克莱蒙特”在美国起航。

1815 年 汉弗莱·戴维爵士发明了安全灯，这种灯在矿井下可以安全使用，有助于防止易燃气体爆炸。

1825 年 英国斯托克顿－达林顿铁路开通，这是世界上首条公共蒸汽机车铁路。

安全灯

斯托克顿－达林顿铁路工程师乔治·斯蒂芬森

1837 年 首台电通信设备——五针式电报机问世。

1841 年 威廉·福克斯·塔尔博特为自己的新发明“卡罗式摄影法”（即照相底片）申请了专利。

威廉·福克斯·塔尔博特的实验相机

威廉·库克和查理斯·惠斯登发明的电报机

由亚历山大·格雷厄姆·贝尔发明的早期电话

1855 年 英国人亨利·贝塞麦发明了一种降低钢制造成本的机器。

1876 年 亚历山大·格雷厄姆·贝尔发明了早期电话。

1900 年

第一次世界大战

1914 年，在欧洲各国间积累的矛盾达到顶峰，战争随即爆发，并迅速蔓延到全世界。这场战争在两个强大的阵营（协约国和同盟国）间展开，是有史以来第一次世界规模的战争。

德国福克 Dr. I 三翼战斗机

重要战事

第一次世界大战爆发时，人们还认为它会很快结束，但事实上，这场战争持续了 4 年之久，参战人数达 6500 多万。

1914 年

1914 年 6 月 28 日
奥匈帝国的弗朗茨·斐迪南大公与妻子索菲亚在塞尔维亚遇刺身亡。一个月之后，奥匈帝国对塞尔维亚宣战。

1914 年 8 月 12 日
欧洲各国一个接一个地宣布自己的参战阵营，第一次世界大战在欧洲爆发。

1914 年 9～10 月
第一道战壕是沿着位于法国和比利时境内的西部战线修成的。

1914 年 12 月 24 日
圣诞之夜，英军与德军就非正式停火达成了共识。

“卢西塔尼亚”号邮轮的救生圈

奥斯曼帝国军队勋章

1915 年 5 月 7 日
德军击沉了英国豪华邮轮“卢西塔尼亚”号，致使 1000 多人丧生。

1915 年 4 月～1916 年 1 月
协约国军队与奥斯曼帝国军队在加利波利交战，协约国方面伤亡惨重。

1915 年 5 月 23 日
意大利加入协约国阵营，对邻国奥匈帝国宣战。

位于法国凡尔登的坚固炮塔

1916 年 2 月 21 日
凡尔登战役打响。

意大利士兵的军牌

1916 年 7 月 1 日
索姆河战役在法国开战。到当年 10 月战争结束时，有 30 多万人阵亡。

1916 年 5 月 31 日
第一次世界大战中规模最大的海战——日德兰海战开火。英军虽然伤亡惨重，但取得了最终胜利。

位于法国索姆省的战场遗址

1917 年 1 月
英军第二次进攻奥斯曼帝国，巴勒斯坦战役打响。之后，英军继续一路向北，穿过沙漠，向大马士革进发。

1917 年 4 月 6 日
伍德罗·威尔逊总统宣布美国参战，加入协约国阵营。

1918 年 3 月
俄国在经历了一系列国内变革后瓦解，新掌权的苏维埃政府与德国达成协议，苏维埃俄国退出第一次世界大战。

1918 年 7 月 15 日
第二次马恩河战役在巴黎近郊打响。

俄国士兵的头盔板

1918 年 8 月 6 日
协约国军队赢得了第二次马恩河战役的胜利，德军大败而归。

1918 年 11 月 3 日
基尔港水兵起义，德国被迫宣布停战。奥匈帝国与协约国签署停战协定。

1918 年 11 月 11 日
德国同意停战，终止所有战争行为。

1919 年 6 月 28 日
《凡尔赛和约》签订，标志着第一次世界大战正式结束。

1932 年为失踪者修建的纪念碑（位于法国蒂耶普瓦勒市附近）

1919 年

烽烟四起的大陆

在此次大战中，欧洲的两大战场是位于比利时和法国之间的西部战线以及主要位于俄国境内的东部战线。

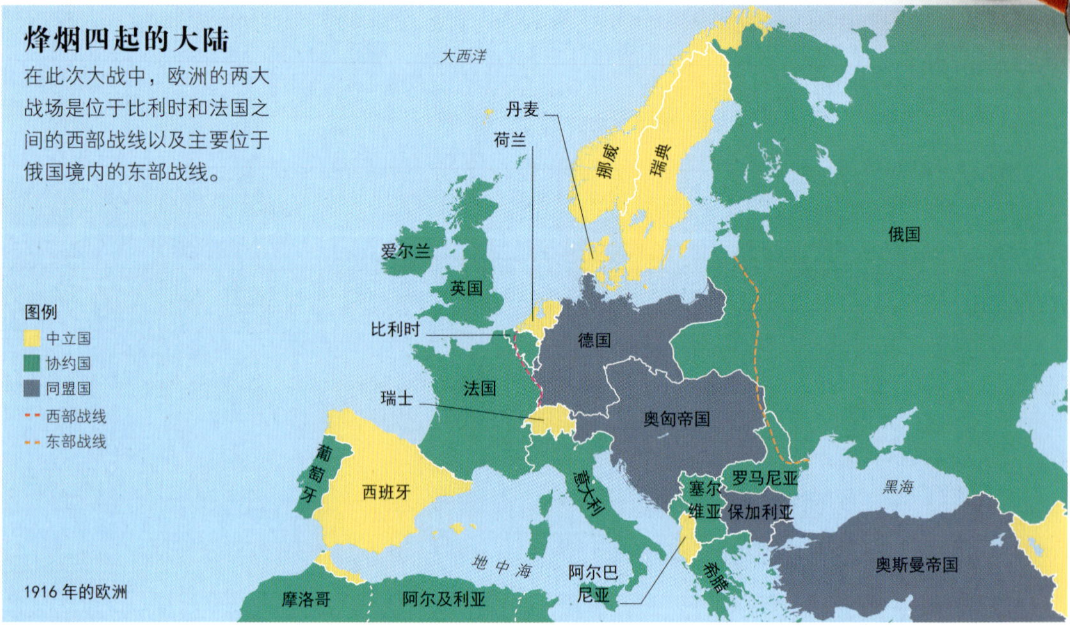

1916 年的欧洲

选择阵营

1914 年末，几乎所有欧洲国家都选择了阵营参战，仅有几个国家依然保持中立。

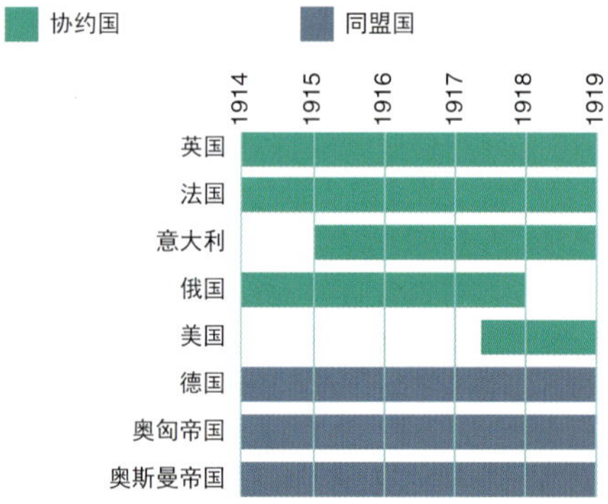

战争伤亡情况

这场史无前例的世界大战造成 3000 多万人死伤，其中一些战役极为血腥惨烈，仅一天中的伤亡人数就达到数千。

救护车

1916年7月1日至11月18日	1916年2月21日至12月19日	1917年7月31日至11月10日
索姆河战役	凡尔登战役	第三次伊普尔战役
1219201	976000	848614

第一次世界大战中最血腥惨烈战役中的总伤亡人数

战壕

交战双方都修建了长长的战壕以防御远程武器的攻击。交战时，双方会时常陷入僵局，任何一方都无法向对方的领地挺进。战壕中的生活极为艰苦，士兵们在里面作战、吃饭、睡觉，有时候连续数周无法动弹。

军用饭盒

战壕斧

针线包

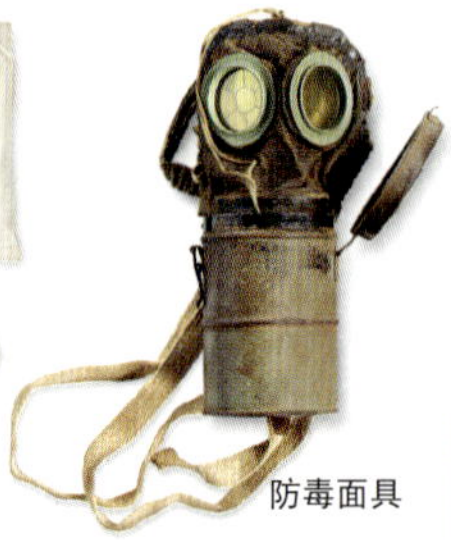
防毒面具

折叠铲

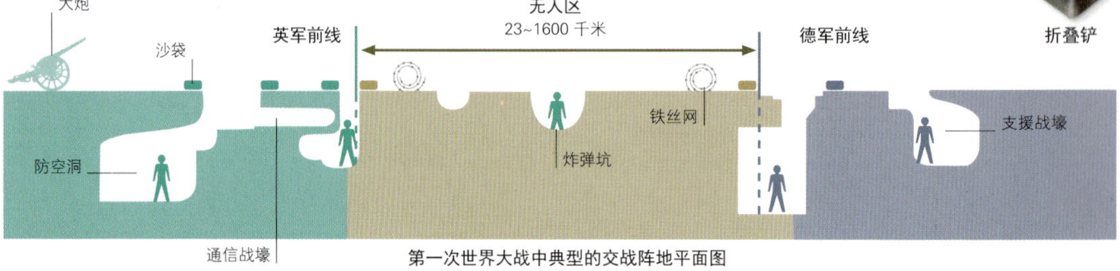

第一次世界大战中典型的交战阵地平面图

英国索普威思“幼犬”战斗机

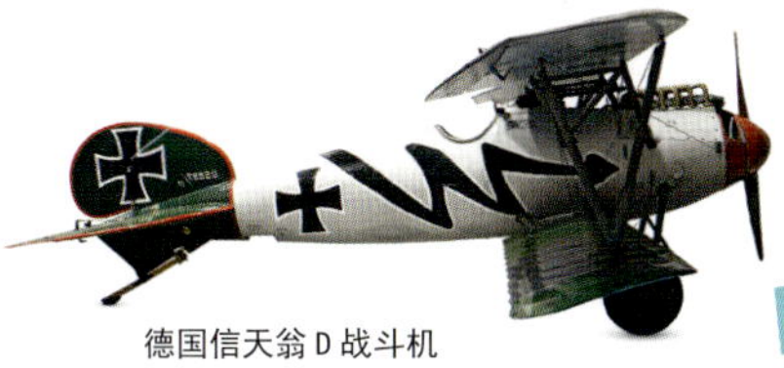

德国信天翁 D 战斗机

空战

第一次世界大战爆发时，动力飞机问世不过 10 年。但随着科技的高速发展，参战各国都很快开始建造高速战斗机和能够携带大型炸弹的巨型轰炸机。

高度计

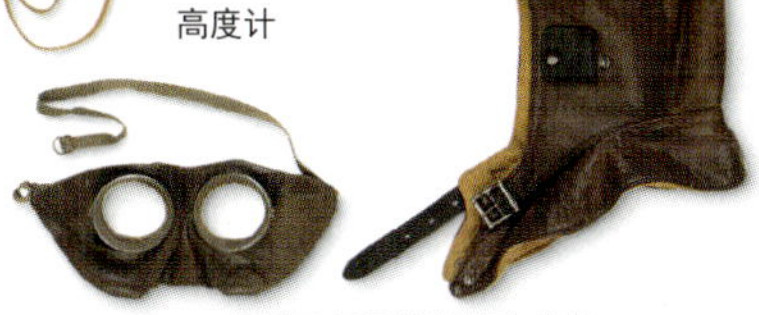

法国飞行员的眼镜和头盔

海战

第一次世界大战中的大部分战役在陆地爆发，海战极少发生。那时，海军的主要任务是保证本方运送必要物资的商船的安全和截断敌方的补给。

英国“无畏”号战列舰

英国“侦察”号战列舰

德国海军最重要的武器是赫赫有名的U型潜艇。

德国战列舰

坦克战

坦克是第一次世界大战中最主要的发明之一。虽然早期的坦克并不可靠，坦克兵在舱内作业也十分危险，但坦克拥有穿透敌军阵线的威力，是打破战壕中对峙僵局最有力的武器。

英国马克 V 型坦克

征兵

第一次世界大战中，数百万年轻人自愿或应征入伍，参与战斗。像英国这样在海外拥有大量殖民地的国家，还十分依赖从当地征兵。

法军军装

德军军装

奥斯曼帝国军装

美军军装

意军军装

俄军军装

战壕武器

堑壕战需要适于近身作战的武器。身处敌军后方、承担突袭任务的士兵，若手持匕首和刺刀，便可悄无声息地发动袭击。

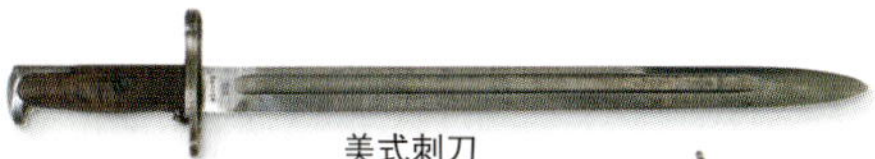

美式刺刀

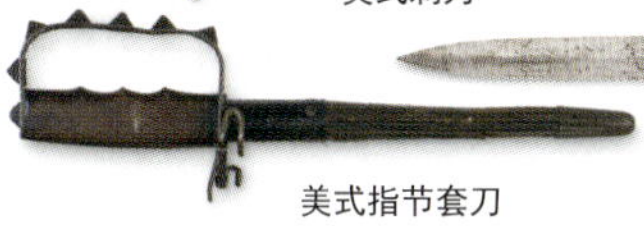

美式指节套刀

德式刺刀

震荡型手榴弹及柄式手榴弹

手雷

英式带钉棒

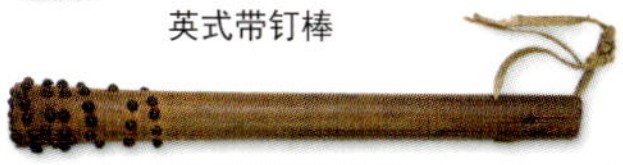

英式带刺锥棒槌

德式手棍

德式棒槌

射击武器

第一次世界大战中最广泛使用的武器是步枪和机关枪。机关枪只需要几个士兵就可完成操作，且牢固可靠，射程远。这些特点使它成为战壕中必不可少的武器。

施泰尔 M1912
半自动手枪

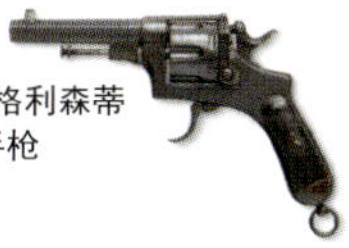

意大利格利森蒂
手枪

德国架起式
机关枪

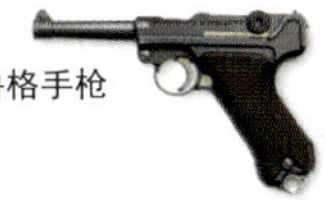

德国鲁格手枪

英国恩菲尔德步枪

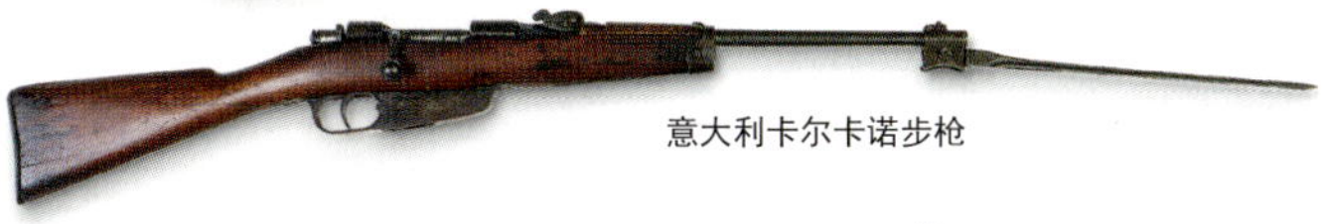

意大利卡尔卡诺步枪

德国施瓦茨
罗斯机关枪

轰炸型武器

大型野战炮发射炮弹后引发爆炸，会产生巨大的冲击力。轰炸武器的射程较远，且杀伤力极强。但与此同时，这类武器较为笨重，不便移动，大约需要 10 人才能完成操作。

德国气弹

俄国马克沁 1910 型重机枪

英国迫击炮弹

法国 75 毫米野战炮

德国 77 毫米野战炮

战争过程

战争刚开始时，德军看上去锐不可当，所向披靡，直到他们在苏联遭遇寒冬和猛烈的抵抗，才放缓了前进的步伐。1941 年末，战局发生了转变，同盟国开始在北非和太平洋战场接连取得胜利。1944 年，同盟国军队在法国诺曼底登陆，开始收复欧洲。1945 年日本投降，第二次世界大战结束。

1939 年

1939 年 9 月 1 日
由纳粹党领袖阿道夫·希特勒领导的德军入侵波兰。

纳粹党旗帜

1939 年 9 月 3 日
英法对德宣战。

1940 年 4~6 月
德国利用“闪电战”夺取了法国和西欧大部分领土。

温斯顿·丘吉尔雕像

1940 年 5 月 10 日
温斯顿·丘吉尔当选英国首相。

1940 年 8~12 月
中国共产党领导的八路军 100 多个团，向华北地区日军占领的交通线和据点，发动大规模进攻，拔掉敌人据点近 3000 个，毙伤日军 2 万余人。这就是著名的百团大战。

1940 年 9 月 27 日
德国、意大利、日本缔约结盟。

1940 年 9 月 ~ 1941 年 5 月
伦敦大轰炸（德国对英国伦敦进行大规模持续轰炸），致使 6 万多平民丧生。

英国儿童的防毒面具

富兰克林·德拉诺·罗斯福雕像

1941 年 12 月 7 日
日本对驻守夏威夷珍珠港的美国海军发动偷袭。

1941 年 12 月 8 日
罗斯福总统带领美国加入了这场对抗轴心国的战争。

第二次世界大战

1939 年 9 月，独裁者阿道夫·希特勒领导的德军入侵波兰，第二次世界大战全面爆发。这场战争是人类历史上最惨烈血腥的冲突。6 年后，当第二次世界大战结束时，约 6000 万人失去了生命，其中超过半数是平民。中国人员和物资损失巨大，欧洲大部分地区被夷为平地，日本两座城市被原子弹炸得面目全非。

轴心国对同盟国

第二次世界大战中，以日本、德国、意大利法西斯轴心国为一方，以中国、苏联、美国、英国等同盟国和全世界反法西斯力量为另一方。法西斯的侵略和暴行激起了全世界人民的反抗。1942 年 1 月 1 日，中国、苏联、美国、英国等 26 个国家的《联合国家宣言》正式签字，表明世界反法西斯同盟正式形成。至第二次世界大战结束时，加入同盟的国家达 52 个。同盟国动员一切人力物力资源，彻底打败侵略者，赢得了反法西斯战争的伟大胜利。

战场

在第二次世界大战的头两年里，战争从战火纷飞的西欧，蔓延到苏联东部和北非地区。1941 年末，由于美国和日本的加入，战争版图扩大到太平洋和亚洲地区。随着战火不断蔓延，几乎所有国家都被卷入其中，难保中立。

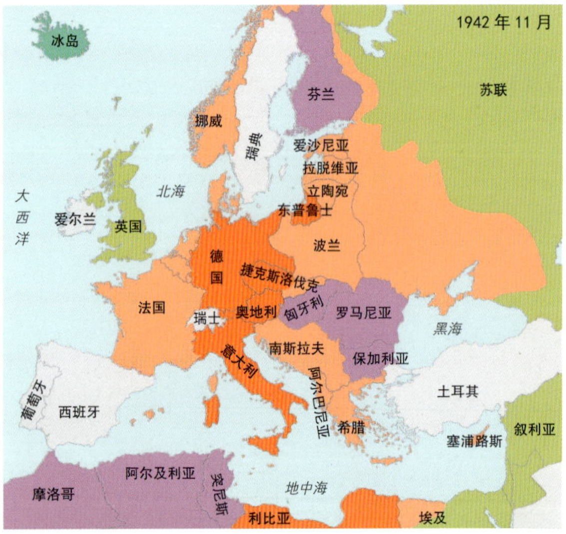

欧洲、北非及地中海战场

德国首先发动战争，以雷霆之势横扫欧洲，占领了一系列国家。随后，同盟国军队逐步反击。到 1943 年，德军开始撤退。

图例
- 同盟国区
- 同盟国占领区
- 轴心国成员国
- 轴心国占领区
- 轴心国盟约国
- 中立国

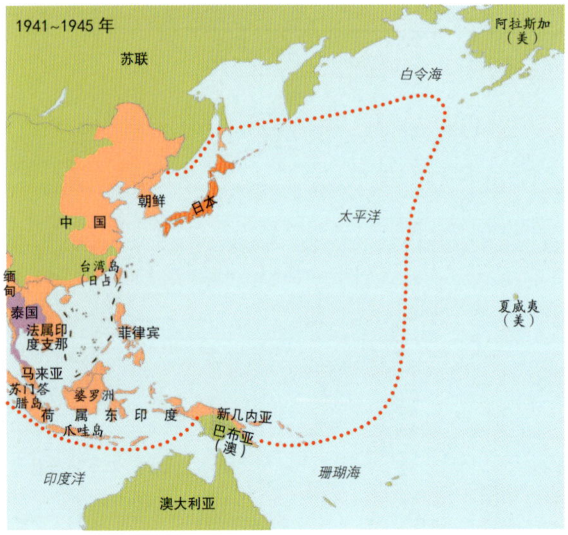

太平洋及亚洲战场

1940 年，日本加入轴心国阵营，迅速攻占了包括马来亚和中国在内的亚洲地区。中国战场成为东方主战场，中国军民顽强抗日，给日军以沉重打击。同盟国其他军队也在陆地和海洋分别展开强有力的反击。最终，同盟国军队取得了胜利。

图例
- 同盟国区
- 轴心国成员国
- 轴心国占领区
- 轴心国盟约国
- 日军进攻的界限

空中力量

第二次世界大战中，空中战争首次与陆地或海洋战争一样多，主要涉及三种飞机参战：战斗机、轰炸机和运输机。

福克－沃尔夫 FW190 战斗机
德国

容克斯 Ju87 “俯冲”轰炸机
德国

梅塞施米特 BF110 战斗机
德国

雅克 -3 战斗机
苏联

超级马林“喷火”MK24 型战斗机
英国

贝尔 P-39-D 型“空中眼镜蛇”战斗机
美国

亨克尔 He-111 型轰炸机
德国

第 2 代哈利法克斯轰炸机
英国

小型武器

第二次世界大战中，科技的作用至关重要。交战国竞相生产更有效、更具杀伤力的武器。步枪、机关枪、迫击炮、手雷等武器的性能，在这场战争中都得到了改进。

李－恩菲尔德 NO. 5 MK 1 型步枪
英国

手雷
美国

瓦尔特 P38 型手枪
德国

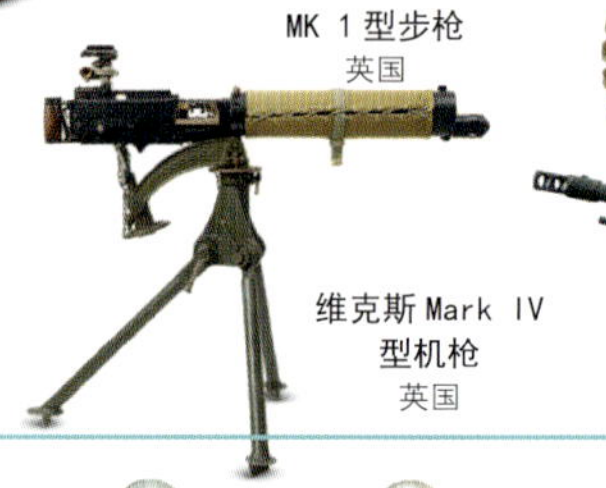
维克斯 Mark IV 型机枪
英国

QF 25 磅炮
英国

作战军人

在大多数国家中，男性公民会被征召入伍，参与作战。只有某些特定人群，比如矿工、农民，或是有重病在身的人，才可能免服兵役。

英国士兵　美国士兵　苏联士兵　德国士兵　日本士兵　意大利士兵

1942 年 6 月 4~7 日
在中途岛战役中，美军在太平洋上击败了日军，阻止了日本的前进步伐。

斯大林格勒会战勋章

1943 年 2 月 2 日
苏联军队在斯大林格勒（今伏尔加格勒）取得胜利，开始向德国进发。

V-1 火箭

1944 年 8 月 25 日
同盟国军队解放了被德国占领的法国巴黎。

1945 年 3 月 7 日
同盟国军队渡过莱茵河，进入德国。

“胖子”原子弹模型，这枚原子弹被投放在日本长崎

1945 年 8 月 6~9 日
美国向日本广岛和长崎投放了原子弹。

1945 年

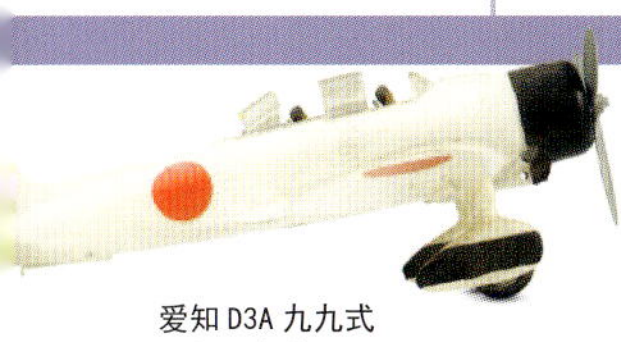
爱知 D3A 九九式舰上轰炸机

1942 年 8 月 23 日
德国发动进攻，企图夺取苏联城市斯大林格勒（今伏尔加格勒）。

1943 年 7 月 25 日
意大利独裁者墨索里尼政府被推翻。一个月之后，同盟国军队攻入意大利本土，意大利投降。

1943 年 11 月
中国、美国、英国首脑在埃及开罗举行会晤，发表《开罗宣言》，坚持对日作战。

1944 年 6 月 6 日
诺曼底登陆日：同盟国军队在法国诺曼底登陆，开始向欧洲内陆反攻。

拉脱维亚犹太人被迫佩戴的标志

1945 年 1 月 27 日
苏军解放了位于波兰的奥斯威辛集中营。

1945 年 5 月 7 日
希特勒自杀一周后，德国投降。

1945 年 8 月 15 日
日本宣布了投降意愿，其中，向中国代表投降的日军约 120 万人。9 月 2 日，日本签署投降文书，第二次世界大战正式结束。

德国军徽章
纳粹党使用“卐”图案作为自己的标志。

希特勒和纳粹党

阿道夫·希特勒是德国纳粹党（即德意志民族社会主义工人党）的领袖。纳粹党的支持者坚信德国人生来就比所谓的“劣等种族”要优越。而希特勒本人则尤其憎恨犹太人，他将德国所面对的经济困境和政治问题都归罪于犹太人。

战争伤亡情况

第二次世界大战中，各交战国均损失惨重。波兰失去了约 20% 的人口，欧洲多座城市只剩下残垣断壁。纳粹党和其支持者杀害了约 600 万犹太人。在中国，仅南京大屠杀中，就有 30 多万中国人被杀害。1940~1941 年，在伦敦大轰炸中，100 多万栋居民住宅被毁。第二次世界大战接近尾声时，美国向日本广岛和长崎投放了两枚原子弹，造成超过 10 万人伤亡。

位于德国柏林市的犹太人大屠杀纪念碑

位于日本广岛的和平纪念馆

第二次世界大战是人类历史上规模最大的一次全球性战争，中国伤亡约 3500 万人。

参战各国总死亡人数	
苏联	2400 万
中国	2000 万
德国	660 万～ 880 万
波兰	560 万
日本	260 万～ 310 万
南斯拉夫	100 万
罗马尼亚	83.3 万
匈牙利	58 万
法国	56.76 万
菲律宾	50 万～ 100 万
意大利	45.7 万
英国	45.07 万
美国	41.85 万
荷兰	30.1 万
希腊	30 万～ 80 万
芬兰	9.7 万
比利时	8.61 万
加拿大	4.54 万
澳大利亚	4.05 万
保加利亚	2.5 万
挪威	0.95 万

陆军力量

科技进步使装甲车和坦克在第二次世界大战中起到了前所未有的重要作用。在战争刚开始的数个月中，装甲坦克和轰炸机的结合，是德军能够迅速攻占西欧大部分领土的关键原因。

通用载具
英国

谢尔曼萤火虫坦克
英国 / 美国

M2 半履带车
美国

宝马 R12 重型摩托车
德国

M3 侦察车
美国

三号突击炮
德国

丘吉尔坦克
英国

虎 II 坦克
德国

追猎者自行反坦克炮
德国

二号坦克
德国

三号坦克
德国

海军力量

第二次世界大战中，大西洋和太平洋上都发生过海战。在北大西洋，德国 U 型潜艇神出鬼没，负责跟踪并袭击同盟国军队的物资输送船；而在太平洋，美军则与日军展开了一系列大规模海战。

“埃文河谷”号护航驱逐舰
英国

“阿金科特”号战列舰
英国

U 型潜艇
德国

“大黄蜂”号航空母舰
美国

“矢矧”号轻巡洋舰
日本

伊 400 型潜舰
日本

“胡德”号战列巡洋舰
英国

“欧根亲王”号重巡洋舰
德国

冷战

第二次世界大战结束后，美国和苏联成为世界上最强大的两个国家。虽然双方宿怨深重，但核威胁令他们无法轻易向对方宣战。于是，两国就通过开展间谍活动、支援盟国、发展新技术等手段削弱对方的力量。

割裂的世界

随着两个超级强国间的关系日趋紧张，双方都企图拉拢其他国家加入自己一方的阵营。到 20 世纪 50 年代，欧洲国家和其他地区的大部分国家都在这场冷战中选择了阵营“站队”。

北大西洋公约组织（简称北约）
该组织成立于 1949 年，是由 12 个西方民主国家缔结的联盟。

华沙条约组织（简称华约）
该组织由苏联在 1955 年成立，与北约对立存在。

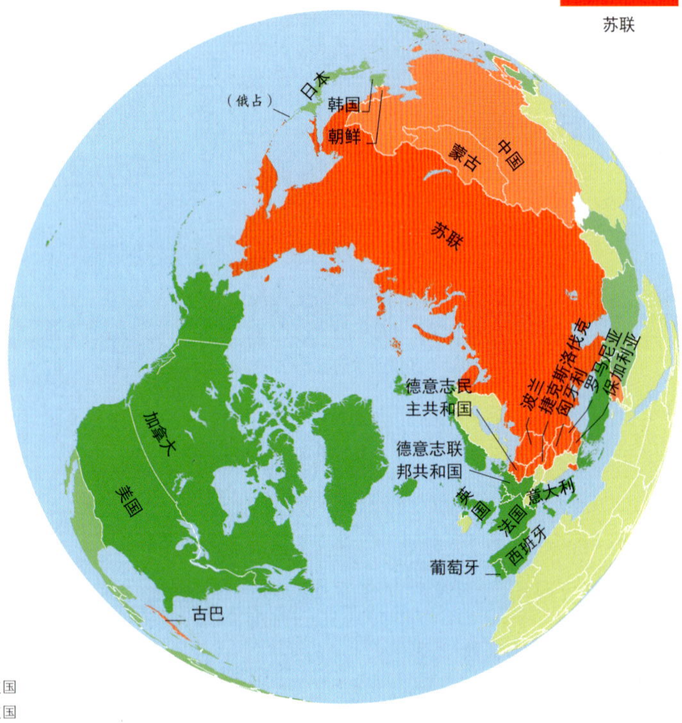

1955 年北半球
- 华约成员国
- 北约成员国
- 其他苏联盟友国
- 其他美国盟友国

北约领导人

1949 年美国将英国、法国等国联合起来成立了一个军事联盟，即北大西洋公约组织。北约的宗旨是阻止共产主义扩张，避免未来欧洲发生战争。因为美国是北约中最强大的国家，所以美国总统理所当然地成为该组织的领导人。

德怀特·戴维·艾森豪威尔
1953 年艾森豪威尔当选美国总统。他许诺为那些处于共产主义扩张威胁之下的国家提供帮助。

约翰·费茨杰拉德·肯尼迪
1962 年肯尼迪因苏联在古巴部署导弹而与其针锋相对，很多人害怕这将引发第三次世界大战。

理查德·尼克松
尼克松开始撬动冷战的坚冰。1972 年他与苏联领导人列昂尼德·勃列日涅夫会面，商讨裁减核武器，冷战的坚冰出现了一丝融化的痕迹。

罗纳德·里根
里根有节制地对苏联采取以冷战为主、缓和为辅的政策。1989 年他和苏联领导人米哈伊尔·戈尔巴乔夫签署了和平条约。

华约领导人

华沙条约组织是在社会主义国家间建立的一个对抗北大西洋公约组织的军事联盟。社会主义国家信仰共产主义，共产主义的信条是，财产不应该归个人所有，而是由全社会共有。

约瑟夫·斯大林
第二次世界大战之后，斯大林将大部分东欧地区置于苏联的掌控之下，此举很大程度上触发了冷战格局的形成。

尼基塔·赫鲁晓夫
赫鲁晓夫曾试图与美国建立较为良好的关系，然而 1964 年他被党内对手罢黜，被迫淡出政坛。

菲德尔·卡斯特罗
1959 年卡斯特罗领导了古巴革命。美国做了许多把他赶下台的尝试。

米哈伊尔·戈尔巴乔夫
1985 年，戈尔巴乔夫成为苏联领导人。他在国内外推行的一系列改革政策使冷战逐渐走向终结。

核武器

第二次世界大战后，美国是唯一一个拥有核技术的国家。1949 年苏联成功试验了第一颗原子弹。在这样的背景下，核武器竞赛拉开了大幕，美苏都力图制造威力更强大的武器，储存更多的核弹头。

1950~2010 年核弹头储存量
- 美国
- 苏联（1991 年后为俄罗斯）

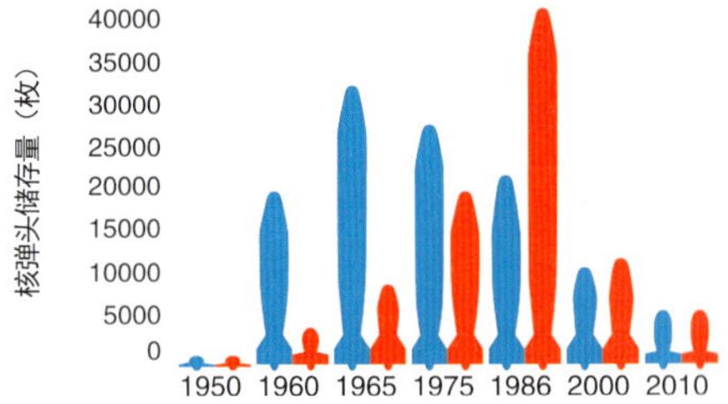

“弗吉尼亚”号（SSN-74）核潜艇（美国）

阿库拉级核动力攻击型潜艇（苏联）

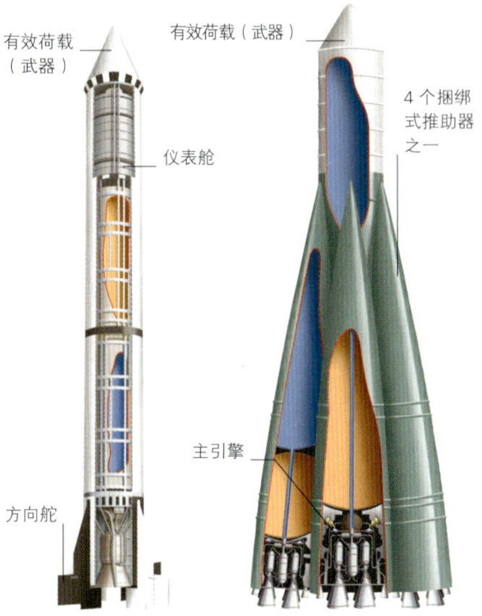

PGM-11 红石导弹（美国）
第一种使用惯性导引系统的导弹

R-7 弹道导弹（苏联）
第一种洲际弹道导弹

柏林墙

第二次世界大战后，德国首都柏林被美国、英国、法国和苏联瓜分。1961 年苏联修筑了一道 2 米高的围墙，把联邦德国的三个同盟国控制区包围起来，禁止人们从苏联控制区逃到另外三国控制区。1989 年冷战即将结束时，这道重兵把守的围墙得以开放，并很快被德国人民拆除。

图例
— 柏林墙

国内外的敌对势力

开展间谍侦察活动是冷战时期的一个重要作战策略。两大阵营纷纷开发各式各样的军用侦察机和反侦察机来对抗对方的侦察飞机。此外，间谍也被安插在各个角落，以获取敌方的政治和工业机密，以及挖出埋伏在自己国家内部的间谍和叛国者。

美国中央情报局标志

洛克希德 SR-71 “黑鸟”侦察机

洛克希德 U-2 侦察机

米格-25“狐蝠”战斗机

苏联间谍机构克格勃标志（全称国家安全委员会）

米格-23 战斗机

冷战故事

冷战将欧洲分割为民主主义西欧和社会主义东欧，还将整个世界分成了分别以美国和苏联为首的两大阵营，这两大阵营都企图通过影响全球事件来削弱对方的实力。

1945 年

1945 年 2 月
雅尔塔会议召开，以决定德国战后的未来。德国被一分为四，分别被美国、英国、法国和苏联所占领。

1946 年 3 月
英国前首相温斯顿·丘吉尔称社会主义国家与非社会主义国家之间被一块“铁幕”分隔开来。

1947 年 3 月
美国总统杜鲁门提出“杜鲁门主义”，宣称在全世界范围内与共产主义展开斗争是美国的责任所在。

1948 年 6 月
苏联对柏林实施封锁，企图将西方美、英、法同盟国赶出柏林，此举迫使盟军开展了向柏林空运物资的行动。

柏林空运纪念碑

1949年5~10月
实行资本主义制度的联邦德国与实行社会主义制度的民主德国先后成立。

1949 年 10 月
毛泽东宣布中华人民共和国成立。

1950 年 6 月
朝鲜战争开战，苏联与美国分立于敌对两方。

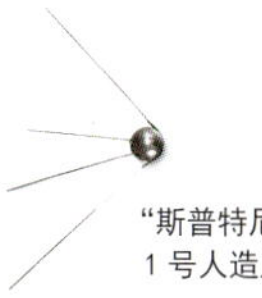

“斯普特尼克”1 号人造卫星

1956 年 11 月
苏联军队进入匈牙利布达佩斯，平息了匈牙利事件。

1957 年 10 月
苏联发射第一颗进入行星轨道的人造卫星“斯普特尼克”1 号。

切·格瓦拉雕像，格瓦拉是古巴导弹危机中古巴的重要领导人之一

1961 年 8 月
苏联修建柏林墙。

1962 年 10 月
美国与苏联在古巴导弹危机中针锋相对。

1965 年 3 月
美国派出 20 万人赴越南作战。

1972 年 5 月
美苏签署系列条约，“冻结”双方战略武器数量。

1980 年 7~8 月
美国抵制莫斯科奥林匹克运动会，以抗议苏联入侵阿富汗。

柏林墙纪念碑

1987 年 12 月
美苏两国同意销毁所有中程及短程核导弹。

1989 年 11 月
柏林墙开放，不久后被拆除。

1991 年下半年
苏联解体，冷战结束。

1991 年

太空竞赛

美国和苏联都迫切地想要在航天技术领域成为世界领导者。他们各自投入了大量金钱和资源，力争成为首个成功登月的国家。

首颗人造卫星（苏联）

1957 年 10 月 4 日，苏联发射了“斯普特尼克”1 号人造卫星。4 个月后，美国也发射了自己的首颗人造卫星“探险者”1 号。

首位进入太空的人（苏联）

1961 年 4 月 12 日，尤里·加加林乘坐“东方”1 号宇宙飞船，成为第一个进入外太空的人。

印有尤里·加加林头像的纪念邮票

首位进入太空的女性（苏联）

1963 年，瓦莲京娜·捷列什科娃乘坐“东方”6 号宇宙飞船进入太空，成为完成此项壮举的首位女性宇航员。而 20 年后，美国才用“挑战者”号航天飞机将萨莉·赖德送入太空。

首位完成“太空行走”的人（苏联）

1965 年 3 月 18 日，阿列克谢·列昂诺夫在“上升”2 号宇宙飞船外漂浮了大约 10 分钟。仅 3 个月后，美国人也完成了太空行走，但再次与“第一”失之交臂。

首位登陆月球的人（美国）

1969 年 7 月 20 日，担负着登陆月球重任的“阿波罗”11 号宇宙飞船指令长尼尔·阿姆斯特朗跨出“鹰”号登月舱，踏上了月球的土地。

“阿波罗”11 号徽章

越南战争

1954 年越南北部的共产党（越共）从南部脱离，越南一分为二。美国派遣军队支援南越，使自己陷入了一场长达 20 年的战争。这场战争以越共取得胜利而告终。

美国海军陆战队头盔

美国海军陆战队防弹背心

美国海军陆战队太阳眼镜

M16 突击步枪（美国）

美国海军陆战队迷彩夹克及裤子

美国海军陆战队热带靴

越共军帽

越共战士的上衣及裤子

越共橡胶凉鞋

越共弯刀及刀鞘

越共手榴弹发射器

全球热点

美苏两国在各类冲突战争与反抗运动中支持不同的立场方，全世界都可以感受到冷战的阴霾。

韩国和朝鲜 1950~1953 年
美国和联合国支持大韩民国一方，而苏联和中国则支持朝鲜民主主义人民共和国一方。

捷克斯洛伐克 1968 年
一场企图反抗共产主义的起义运动被苏联武力镇压下去。西方对此持反对态度，但并未干预。

尼加拉瓜 1979 年
当桑地诺民族解放阵线的战士们推翻政府时，美国为尼加拉瓜政府军提供支援，以对抗社会主义新政权。

阿富汗 1979 年
当苏联入侵阿富汗时，美国秘密地向阿富汗抵抗军队提供武器和资金支持。

间谍

所有间谍活动的目的都是要获取机密信息，也就是人们所说的“情报”。间谍这个职业已经存在了数千年之久。古时，间谍会悄无声息地潜入敌人营地，窃取敌军的战斗计划。如果被抓到，就会被处死。现如今，间谍工作依旧危险重重。间谍们会随身携带武器，还会配备最先进的微型侦察设备。

赫赫有名的间谍

成功的间谍鲜少出名，因为他们绝不会轻易暴露身份。然而，也有少数间谍或因为成为英雄，或由于刺探情报被捕入狱而赢得荣誉，从而为大众所知。

约翰·安德烈
1780 年，美国独立战争期间，这位担任间谍的英国军官因为叛变被绞死。

詹姆斯·阿米斯特德·拉斐特
拉斐特曾是一名非洲奴隶。美国独立战争期间，他是英美双面间谍。

玛塔·哈里
第一次世界大战期间，荷兰舞者玛塔·哈里因充当德法双面间谍而被处决。

玛塔·哈里

弗吉尼亚·霍尔
霍尔是一名美国间谍，她在二战期间为英法提供服务。战后，她进入美国中央情报局工作。

1953 年，伊恩·弗莱明虚构出了间谍詹姆斯·邦德的形象。

相机

相机是间谍工作中必不可少的常用工具。间谍们会用它拍摄绝密计划书、秘密会议记录等。今天，间谍们可以使用智能手机隐秘地拍摄照片。但在以前，相机需要被精心藏匿在各种日用品中。

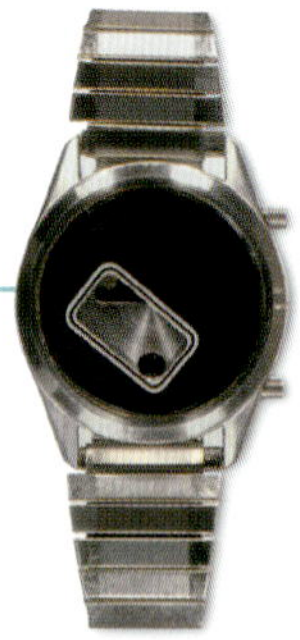
腕表相机

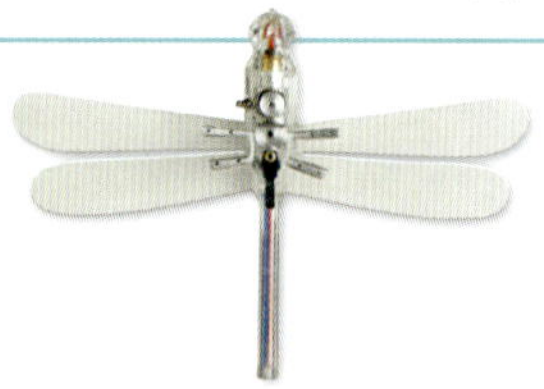
昆虫间谍机（飞行监控摄像头）

打开打火机盖，露出摄像头

打火机相机

微点相机

DCD-1 型相机（美国中央情报局微型相机）

拉尔相机（美国中央情报局微型相机）

莫莉相机（美国中央情报局微型相机）

收音机

过去的间谍使用收音机进行远程通信——由于收音机的信息很容易遭截获，因此他们通常会使用代码沟通。收音机电波也可以传输监听设备中的声音，例如隐藏在酒店灯座里的监听器等。

克格勃使用的腕表收音机

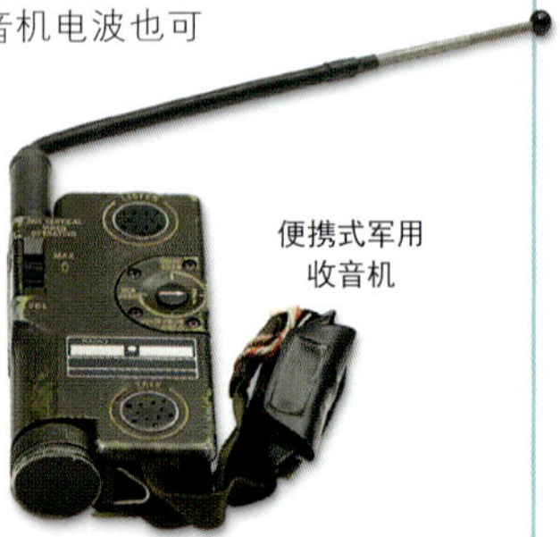
便携式军用收音机

装在酒店灯罩内的无线电收发机

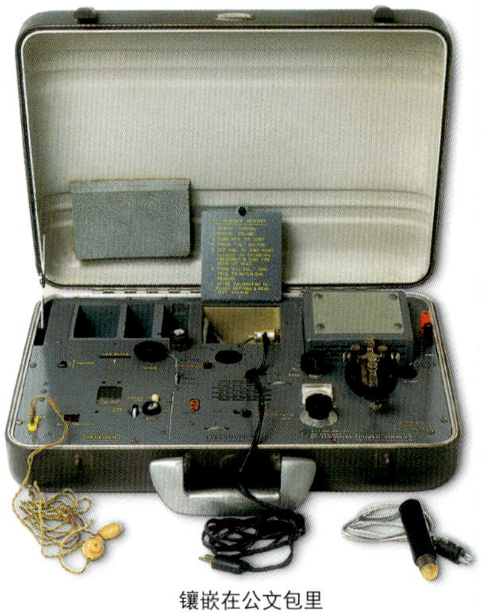
镶嵌在公文包里的无线电收音机

破译密码设备

在窃听器和其他秘密录音设备无处不在的情况下，间谍们深知没有任何谈话是所谓“私密”的。间谍们利用窃听装置能够监听到任何电话内容。

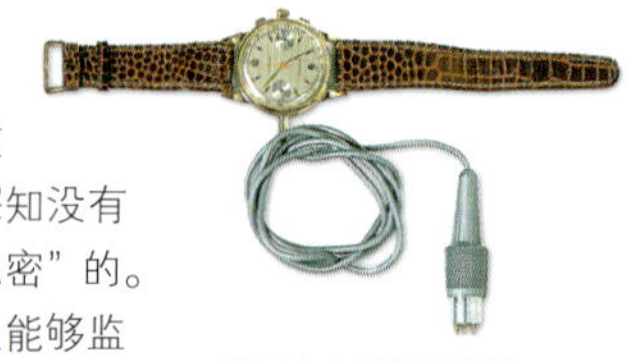
美国中央情报局所使用的腕表麦克风

墨松录音装置

装在笔尖里的麦克风

代码及密码

在第二次世界大战中，能否保持通信的机密性和能否有效拦截敌人消息是可能影响战局的关键因素。代码由字母、数字或符号组成，代替对话或命令。密码则是一连串的精密代码，使加密后的信息极难被破译。

写有秘密文字的手帕

M-94 密码装置

摩斯密码钥匙

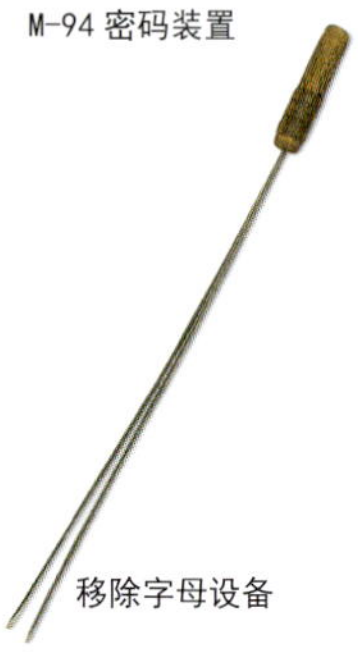
移除字母设备

日军使用的德国恩尼格玛密码机

德军使用的恩尼格玛密码机

谁在开展间谍行动?

大多数间谍受雇于他人——通常是政府、公司或者个人。他们负责侦察，通常会被要求找到目标对象想要隐藏的信息，并将信息传递给雇主。

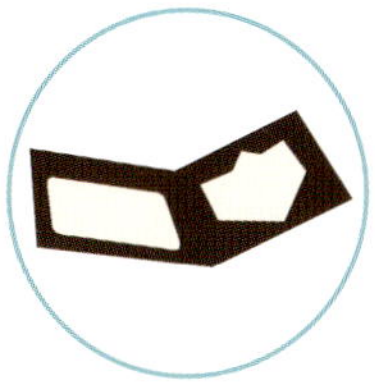

政府
每个政府都设有自己的情报机构，并雇用间谍收集、刺探信息。

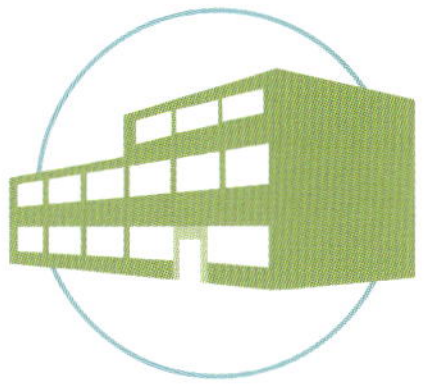

民营公司
民营情报公司的服务对象包括个人、公司和政府。

政治组织
政治运动的组织者们通常会千方百计挖出大公司或政府想要销毁的“黑料”。

个人
有些人开展间谍行动纯属个人行为。他们打探到机密后，往往会将其散播出去、公之于众。

为什么选择做间谍?

间谍是一个十分危险的职业，既然如此，为什么会有人选择从事这项工作呢？据研究，他们通常是受到以下四个因素的驱动。专家们用术语“MICE”加以解释。MICE 的含义分别是：金钱（Money）、意识形态（Ideology）、妥协（Compromise）和自我（Ego）。

金钱
大多数间谍是为金钱才行其所为。顶级间谍通常会因为打探出的情报而收获丰厚的金钱回报。

意识形态
有些间谍为了忠于某种信仰或实践某种意识形态，而选择服务于某个政府或组织。

妥协
有些人为隐藏自己的秘密而受到威胁，被迫成为间谍。

自我
还有少数人是受到了自我意识的驱使。他们认为，能够成为一名间谍是无上光荣的。

网络间谍

计算机和互联网的出现让间谍活动的传统手段已无处可寻。如今，网络侦探们可以通过侵入计算机远程盗取信息。政府和各大企业对于网络间谍活动十分警惕，不敢轻视。

秘密隔层

间谍需要将高度机密的信息、票据或口信传递出去，同时确保它们不被敌方截获。在两次世界大战中，间谍们使用微点相机将秘密文件压缩到微小的胶片上，以便放置于最细小的藏匿点。

用于藏匿微点相机的戒指

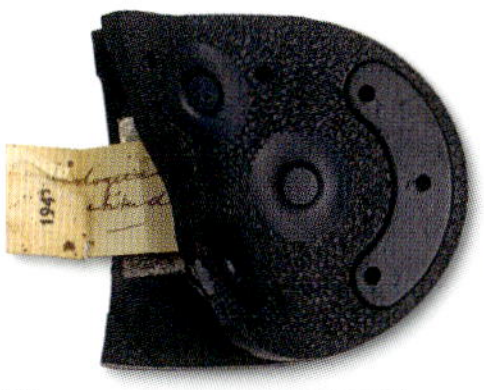

靴子后跟的藏匿处

具有秘密隔层的硬币

用于藏匿秘密文件的空心肥皂盒

武器

间谍使用武器，或出于自卫，或用于威胁对方以榨取信息，或是让敌人永远闭嘴。正因如此，枪支等攻击性武器是间谍行动时必不可少的工具。在执行某些任务时，武器可以被亮出。但更多时候，间谍们仍须将武器小心翼翼地藏起来。

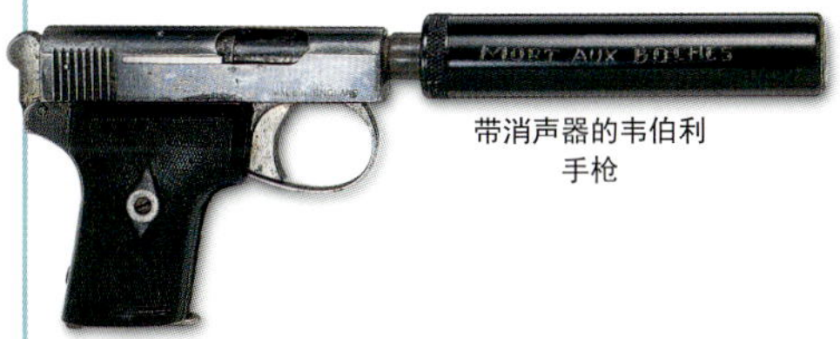

带消声器的韦伯利手枪

手推短剑

实为气体燃烧弹的自杀式钱包

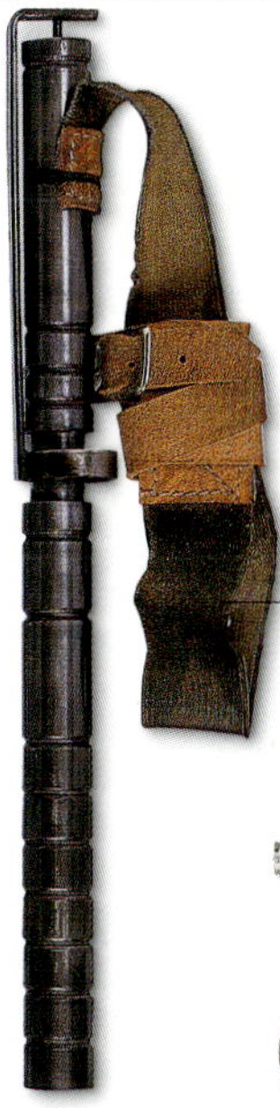

袖枪

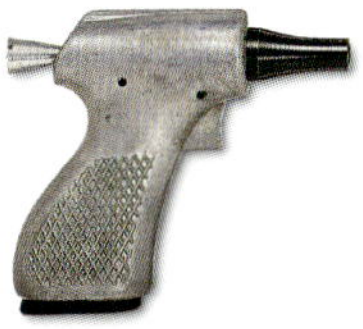

美国中央情报局曾使用的鹿枪

毒丸手杖的顶端

单次射击的自杀仪器

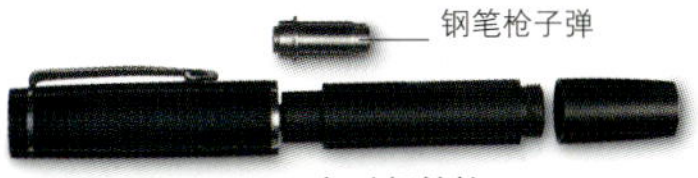

气动钢笔枪

催泪钢笔

常规工具

间谍所面临的一大挑战是如何进入存放机密的地方。他们日常携带的“破门”工具包括开锁枪、钥匙复制器和钢丝钳等。

开锁枪

钥匙复制器

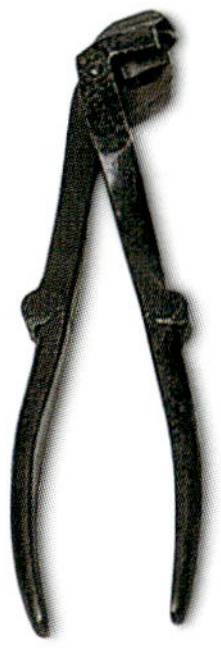

钢丝钳

用于“破门”的各种工具

情报机构

政府需要设置间谍机构以获知可能来自其他国家的威胁。有些国家也对自己的国民进行监视。

澳大利亚秘密情报局
澳大利亚秘密情报局成立于 1952 年，旨在保卫澳大利亚的国家利益与安全。

巴基斯坦三军情报局
巴基斯坦三军情报局成立于 1948 年，专门收集影响巴基斯坦安全的信息。

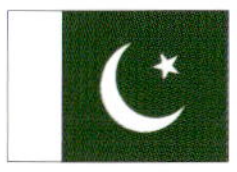

德国联邦情报局
德国联邦情报局成立于 1956 年。

俄罗斯联邦安全局
俄罗斯联邦安全局组建于 1995 年，苏联解体后，这个机构取代了克格勃。

法国对外安全总局
法国对外安全总局组建于 1982 年，负责调查针对法国的威胁。

美国中央情报局
美国中央情报局专注于针对美国的海外威胁。

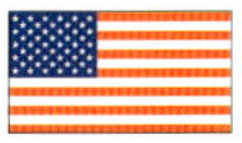

以色列摩萨德
这个以色列情报机构组建于 1949 年，大约拥有 1200 名雇员。

印度调查分析局
印度调查分析局成立于 1968 年，这个机构直接对总理负责，而不是对议会负责。

英国陆军情报六局
简称军情六处，又称秘密情报局。这个机构对英国政府负责，专注于追踪恐怖威胁。

中国国家安全部
1983 年，中国将当时存在的若干机构合并为国家安全部。

索引

A

B

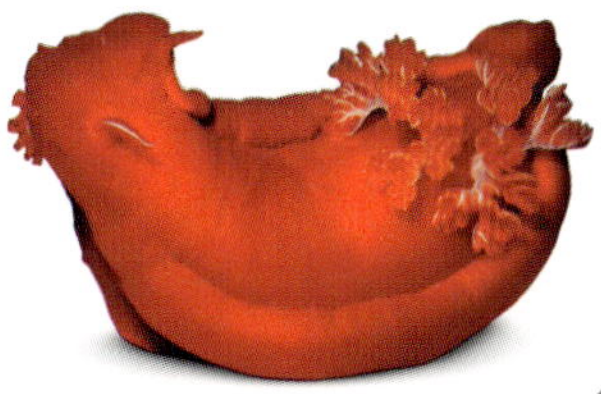

E

F

G

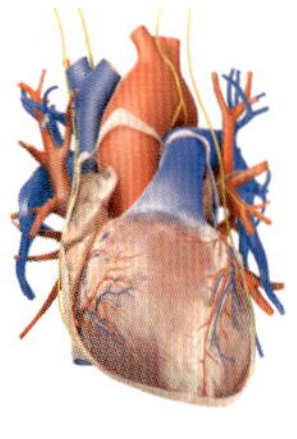

J

K

L

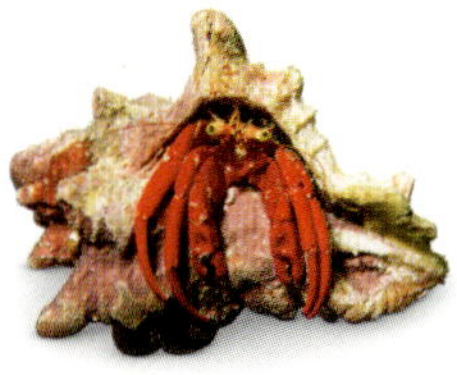

O

P

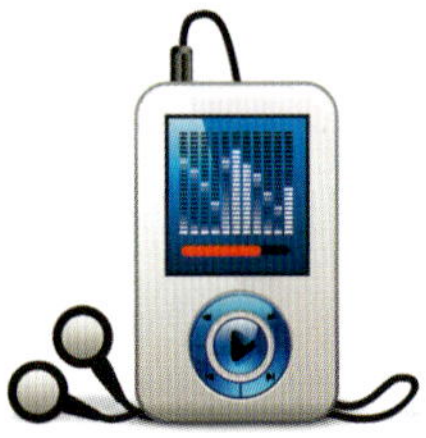

Emergency Ambulance
NHS

TU

W

X

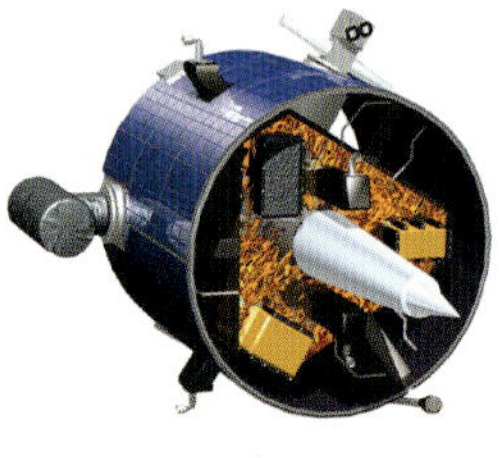

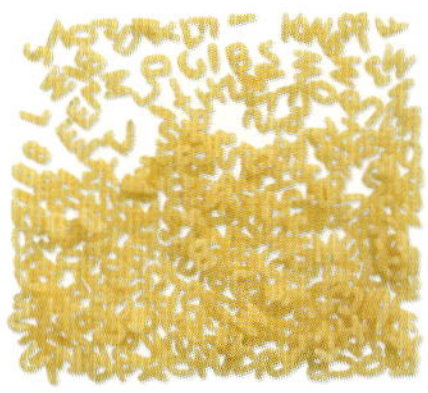

Z

致谢

史密森企业：
产品开发经理：Kealy Gordon
授权出版总监：Jill Corcoran
教育和消费品副总裁：Brigid Ferraro
总裁：Carol LeBlanc

史密森学会顾问：
国家自然历史博物馆：
Salima Ikram博士，埃及人类学系主任
William Fitzhugh博士，考古学馆长兼人类学系北极研究中心主任
James Harle，植物学系志愿者
Jeffrey Post博士，国家宝石和矿物收藏地质学家
Alexander Nagel博士，人类学系副研究员
Michael Brett Surman博士，古生物学系博物馆专家
Benjamin J. Andrews，矿物科学系研究地质学家
Don E. Wilson博士，脊椎动物学系名誉馆长
Matthew T. Miller，古生物学系博物馆专家

国家航空航天博物馆：
Alex Spencer博士，航空部馆长
F. Robert van der Linden博士，航空部主席
Andrew Johnston博士，地球和行星研究中心研究专家

史密森项目协调员：Cheryl Stepanek

本书由衷感谢以下名单中的人员对本书制作的帮助：
Bharti Bedi, Carron Brown, Shaila Brown, Stella Caldwell, Steven Carton, Shatarupa Chaudhuri, Virien Chopra, Soma B Chowdhury, Chris Hawkes, Clare Hibbert, Kathryn Hill, Priyanka Kharbanda, Ann Kramer, Sam Priddy, Esther Ripley, Sheryl Sadana, Carey Scott, and Fleur Star for editorial assistance; Claire Gell for jacket editorial; Harish Aggarwal, Priyanka Sharma, and Saloni Singh for the jacket; Shreya Anand, Tannishtha Chakraborthy, Mandy Earey, Fiona Macdonald, Isha Nagar, Pooja Pipil, Nidhi Rastogi, Damion Robinson, Tanvi Sahu, Mary Sandberg, Aparajita Sen, Heena Sharma, Smiljka Surla, and Jacqui Swan for additional design; Ashok Kumar and Mohammad Usman for hi-res assistance; Pawan Kumar, Mrinmoy Mazumdar, Anita Yadav, and Tanveer Zaidi for CTS assistance; Camilla Hallinan and Caroline Hunt for proofreading; Helen Peters for the index; Sakshi Saluja and Deepak Negi for picture research assistance; Peter Bull, KJA Artists, and Encompass Graphics for illustration; Stefan Podhorodecki and James Mann for photography. The publisher would also like to thank Mark Ryan and the Marylebone Cricket Club, Lord's Ground, for the use of their Real Tennis ball; and Jimmy Perrett and the Wandsworth Demons for the use of their AFL balls.

图片
本书由衷感谢以下名单中的人员提供图片使用权：

（说明：a–上方；b–下方/底部；c–中间；f–底图；l–左侧；r–右侧；t–顶端）

1 Dorling Kindersley: The Natural History Museum, London (cla); The Real Aeroplane Company (fcla); University of Pennsylvania Museum of Archaeology and Anthropology (c); Linda Pitkin (cla). **Dreamstime.com:** Karam Miri (ca). **Fotolia:** Jan Will (c/zebra). **2 Dorling Kindersley:** Brooklands Museum (cr); Egyptian Museum, Cairo (fcla); Natural History Museum, London (ca); Paul Rackham (ca/Caterpillar); The National Music Museum (cl); The Natural History Museum, London (c); Christian Dior (c/bag); DB Schenker (c/DB Schenker Diesel); Durham University Oriental Museum (fcra, cl/war fan, c/Glass bowl); Forrest L. Mitchell / James Laswel (c/Libellula saturata). **123RF.com:** Satori / Dorling Kindersley (cla). **3 Dorling Kindersley:** Dave King (cla); Jari Peltomaki (ca/owl); Motorcycle Heritage Museum, Westerville, Ohio (fcra); University of Pennsylvania Museum of Archaeology and Anthropology (c); Jari Peltomaki (ca). **Dreamstime.com:** Am Wu / Amwu (cl). **AGCO Ltd:** (cb). **The Trustees of the Natural History Museum, London:** (cra). **4 Dorling Kindersley:** The Royal Academy of Music (br). **Dreamstime.com:** The Natural History Museum, London (bc). **5 Dorling Kindersley:** Royal Green Jackets Museum, Winchester (bc); The Shuttleworth Collection (ftl); Linda Pitkin (fbr); Courtesy of Durham University Oriental Museum (tc/Fan). **Dreamstime.com:** Vtupinamba (tc). **6 Dorling Kindersley:** 4hoplites; Natural History Museum, London (tl); Brooklands Museum (tc); Greg and Yvonne Dean (br). **7 Dorling Kindersley:** Durham University Oriental Museum (bc/Mummy mask Cartonnage). **Fotolia:** Eric Isselee (fbr). **NASA:** (ftr). **8 Dorling Kindersley:** National Cycle Collection (fcla); The Science Museum, London (ca); National Railway Museum, York (cb). **9 Dorling Kindersley:** RAF Boulmer, Northumberland (cla); The Science Museum, London; Dave King (cb); Gary Ombler / Andrew Farnham (fclb). **NASA:** JPL-Caltech (ftl). **10 ESO:** (c). **NASA:** (CXC / SAO / J. Wang et al), Optical (DSS & NOAO / AURA / NSF / KPNO 0.9-m / T. Rector et al) (cb/rosette); Sally Hunsberger (Lowell Obs.), Jane Charlton (Penn State) et al.; (r); ESA / Hubble and the Hubble Heritage Team (bc); ESA and the Hubble Heritage Team STScI / AURA)-ESA / Hubble Collaboration (bc/N90); ESA, ESO, & Danny LaCrue (cb). **11 ESO:** E. Slawik (crb). **NASA:** (cl, clb); Johns Hopkins University Applied Physics Laboratory / Southwest Research Institute/ Alex Parker (cb); Johns Hopkins Applied Physics Laboratory (br). **12 ESO:** NASA, ESA, and A. Simon (Goddard Space Flight Center) (clb). **NASA:** (ca, cra). **13 NASA:** ESA, and L. Lamy (Observatory of Paris, CNRS, CNES) (cb); JPL (cra, crb). **14 NASA:** Goddard / MIT / Brown (bl). **15 NASA:** (crb). **16 Dorling Kindersley:** Dave Shayler / Astro Info Service Ltd (fcl/Apollo 7, fcl/Apollo 10, fcl/Apollo 11, fcl/Apollo 14, fcl/Apollo 15, cl/Apollo 8, cl/Apollo 12, cl/Apollo 16, cl/Apollo 9, cl/Apollo 13, cl/Apollo 17). **ESA:** C. Carreau / ATG medialab (cr/Rosetta). **NASA:** JPL-Caltech (fbr); (fcl/Apollo 1, clb, bl, bc, ca, cra, cr/Mariner 10, cr/Messenger, crb, br); ESA / Alex Lutkus (fcr). **17 ESA:** ISRO / ISAC (br). **NASA:** JPL-Caltech (ftr); NSSDC Photo Gallery (ftl/Luna 10); (tl/Apollo 15, tl/Prospector); NASA's Goddard Space Flight Center (tl/Orbiter); NASA AMES / Corby Waste (tr/Surveyor); NSSDC (tr/Mariner 9, fcra); NASA AMES (fcr/Pioneer 11); JPL (fcl, c/Magellan, fbr); ESA (fcr/Cassini, c/Venus Express); (fclb, cb, fbl). **courtesy Virgin Galactic:** (br/SpaceShipTwo). **18 ESO:** (bc); Digitized Sky Survey 2 (cla); Igor Chekalin (ca). **Mike Lewinski:** (fcla). **NASA:** CXC / SAO / F. Seward et al. (fcr/chandra); JPL-Caltech / R.Gehrz (University of Minnesota) (fcra); ESA / ASU / J. Hester (fcr); Swift / E. Hoversten, PSU (fcr/Nebula). **NRAO :** AUI (tr). **The Library of Congress, Washington DC:** (fcrb, bl). **19 Dr.Seth Shostak:** (cl). **ESA / Hubble:** ESA, N. Evans (Harvard-Smithsonian CfA), and H. Bond (STScI) (tr/polaris). **ESO:** H.H.Heyer https://creativecommons.org/licenses/by/4.0 (tc). Mike Lewinski: (tc). **NASA:** (br); GSFC / James Spann (cla); JPL-Caltech / Space Dynamics Lab (cb); JPL-Caltech / UCLA / MPS / DLR / IDA (bl); ESA SOHO team (bc). **Dreamstime.com:** Anthony Heflin (cl); Jam Shahzad (ftl); Vitalij Kopa (tc/Jupiter, ftr). **NOAA:** (cla/aurora7, ca). **20 Dorling Kindersley:** NASA (ca). **Dreamstime.com:** Igor Chekalin (crb, bc); Mihai-bogdan Lazar (cla); Neutronman (c); Sdrart (cb); Boris Stromar (cr); Procyab (fbr). **ESA / Hubble:** NASA, ESA, Digitized Sky Survey 2 (br); NASA (cb/M71). **NASA:** ESA, and STScI (cra). **ESO:** S. Brunier (clb); Digitized Sky Survey 2. Acknowledgement: Davide De Martin https://creativecommons.org/licenses/by/4.0 (bl). **22 Dreamstime.com:** Mihai-bogdan Lazar (cl); Neutronman (cra). **ESA / Hubble:** David Malin (Anglo-Australian Observatory) (bc). **ESO:** https://creativecommons.org/licenses/by/4.0 (ca, cla, cr, bl); S. Brunier (br). **24–25 NASA:** (c). **25 Dorling Kindersley:** Stephen Oliver (crb). **Dreamstime.com:** Carla F. Castagno / Korat_cn (cra). **ESO:** Iztok Bončina / ESO (cl). **Fotolia:** Dario Sabljak (cr). **NASA:** DOE / Fermi LAT Collaboration, CXC / SAO / JPL-Caltech / Steward / O. Krause et al and NRAO / AUI (fcra). **The Library of Congress, Washington DC:** (fbr). **26–27 Dorling Kindersley:** The Science Museum, London (c). **27 Dorling Kindersley:** The Science Museum, London (tc). **Dreamstime.com:** Derektenhue (cra); Vitalyedush (fcr); Zirconicusso (fcrb). **The Library of Congress, Washington DC:** (fbr). **29 Dorling Kindersley:** Board of Trustees of the Royal Armouries (clb); Durham University Oriental Museum (cb). **Library of Congress, Washington, D.C.:** LC-DIG-ggbain-07682 (bl). **30 Dorling Kindersley:** The Natural History Museum, London (tl/Lithium, cla/Peridot, cb/Cerium); The Science Museum, London (cl/Strontium). **Dreamstime.com:** Robyn Mackenzie (cla/cheese). **Fotolia:** Bram J. Meijer (fcl). **31 Dorling Kindersley:** Brett Critchley / BCritchley (c/lens); The Natural History Museum, London (ca/Diamond, cra/Fluorite); Stephen Oliver (ftr, cra/Scuba); The Science Museum, London (ca/Microprocessor, fcr/Light bulb, cr/bromine, cb/Battery). **Dreamstime.com:** Nikkytok (clb/greenlight). **Fotolia:** Pablo H. Caridad (clb/Poison). **33 Alamy Images:** Paul Fleet (cl). **Dorling Kindersley:** David Patterson and Bob Andersen (crb). **Dreamstime.com:** 3quarks (cr). **Fotolia:** Jose Gil (c); Eric Isselee (bl). **NOAA:** Shawn Dahle, NOAA's Alaska Fisheries Science Center (ca). **41 PunchStock:** (tr). **42 Dorling Kindersley:** Blists Hill and Jackfield Tile Museum, Ironbridge, Shropshire (tr); The Science Museum, London (fcra, ca). **The Library of Congress, Washington DC:** (ftr). **43 Alamy Images:** stu49 (cra). **Dorling Kindersley:** Ruth Jenkinson (bc); The Science Museum, London (tl, cla). **Dreamstime.com:** Scanrail (crb); Stephen Vanhorn / Svanhorn4245 (clb). **Fotolia:** Alexandr Mitiuc (tr). **The Library of Congress, Washington DC:** Charles Milton (ca/Herman). **44 Dorling Kindersley:** The Shuttleworth Collection, Bedfordshire (br); Natural History Museum, London (tc); Durham University Oriental Museum (tr); The Museum of London (tc/spear); Vietnam Rolling Thunder (cb); The Science Museum, London (cb). **44–45 Dorling Kindersley:** The Science Museum, London (c). **45 Dorling Kindersley:** Maidstone Museum and Bentliff Art Gallery (tl); The Science Museum, London (c, cr, tr, cra); The Museum of English Rural Life, The University of Reading (tc). **50 Dorling Kindersley:** John Mould (cla); Mark Surman (clb). **Dreamstime.com:** Grzegorz Czapski (c). **51 Dorling Kindersley:** R. Florio (cr). **Dreamstime.com:** Aleksandr Kondratov (ca/Land Cruiser); Zhukovsky (cb/Formula E); Teddyleung (cra/Tesla). **52 Dorling Kindersley:** James Coward (br); Doubleday Swineshead Depot (fcla, fcl, cl, ca, c/PTO Shaft); Keystone Tractor Works (c/Thieman, ftr/Moline); Rabtrak (c/YTO 180, crb/Felderman, fcrb/Soils 20); Derek Mellor (tc); Paul Rackham (bc, cra, fcrb/International T-20); Happy Old Iron, Marc Geerkens (crb/Georges Vidal); Robin Simons (fcra); Paul Holmes (fcr); Piet Verschelde (fbr). **AGCO Ltd:** (c). **53 Dorling Kindersley:** James Coward (ca); Daniel Ward (ftl, tl, cla, fcra/McDonald Imperial); Gary Ombler / Paul Rackham (cr); Roger and Fran Desborough (tc, fcrb, fclb); The Shuttleworth Collection (tr); Andrew Farnham (fcla/Massey-Harris); Mary and Brian Snelgar (cra); Robert Crawford (ftr); Happy Old Iron, Marc Geerkens (fcra/Pavesi America); Paul Rackham (fcla/Titan, fcr, fbl, clb, bc); Henry Flashman (bl); Richard Mason (fbr/Doe Triple-D); David Wakefield (fbr/JCB). **54–55 Fotolia:** Yahia Loukkal (b). **54 Dorling Kindersley:** DaimlerChrysler AG (fcl, clb). **Fotolia:** Masek (bl). **55 Dorling Kindersley:** James River Equipment (clb, crb); Yorkshire Air Museum (cl); James Rivers (br). **Dreamstime.com:** Alexandr Petukhov (cra). **56–57 Dorling Kindersley:** Railroad Museum of Pennsylvania (S12 Switcher); Ribble Steam Railway / Science Museum Group (Deltic). **56 Dorling Kindersley:** Didcot Railway Centre (c/King Edward II, br/GWR Hall Class); Virginia Museum of Transportation (tr/Whitcomb, bc/VGN Class SA No. 4); The National Railway Museum, York / Science Museum Group (clb/Rocket, bl/Wren, bl/Ner Clas XL No 66); Ffestiniog & Welsh Highland Railways (clb/Taliesin, cb/Merddin Emrys); National Railway Museum, York (crb/LB & SCR B1 Class, bl/Mallard); Ribble Steam Railway / Science Museum Group (bc/Hunslet Austerity); Harzer Schmalspurbahnen (br/DR Class 99.7376). **57 Dorling Kindersley:** DB Schenker (cb/BR Class 92); Musee de Chemin de Fer, Mulhouse (tl/Bugatti Railcar); Harzer Schmalspurbahnen (tl/DR Class Kö, tc/GHE T1); Railroad Museum of Pennsylvania (tr/Type NWZ, cla/Conrail No.2233, c/No. 800, c/PRR Class GG1); Didcot Railway Centre (tl/BR Class 08); Ribble Steam Railway / Science Museum Group (tc/BR Class 05, ca/D9500 Class 14, cra/Sentinel, cl/0-4-0); Virginia Museum of Transportation (tr/Norfolk and Western 41, ca/N&W EMD GP9 Class); Eisenbahnfreunde Traditionsbahnbetriebswerk Stassfurt (cra/DR V15, cla/DR V60, cl/DR E04, clb/DR Class 243, br/Shunter); Hitachi Rail Europe (cb/Javelin); The Science Museum, London (bl/Puffing Billy). **Dreamstime.com:** Mamahoohooba (crb/Maglev); Georgesixth (crb/802 Nova). **58 Dorling Kindersley:** Charlie Garratt (clb); Nigel Cocks (cra); The National Motorcycle Museum (cl, cl/Triumph Trophy TR6, c/Royal Enfield, clb/Ivy Three, fbl); Phil Crosby and Peter Mather (c); Micheal Penn (bl); Peter Hodson (bc). **58–59 Dorling Kindersley:** The National Motorcycle Museum (ca); George Manning (crb). **59 Dorling Kindersley:** Charlie Garratt (c); The National Motorcycle Museum (tc, cr, cb, bc); Brian Chapman and Chris Illman (tc/Weslake, fcrb/Mighty Mouse); Motorcycle Heritage Museum, Westerville, Ohio (tr, clb); George Manning (cla, ca); Justin Watson (cr/Honda); David Jones (cr/Moto guzzi); Ian Bull (br); National Motor Museum, Beaulieu (fcrb, bl). **iStockphoto.com:** pabloborca (cra/Monster 821). **Suzuki Motor Corporation:** (crb/Boulevard M90). **60 Dorling Kindersley:** Tony Agar (ca/Mosquito); Sarl Salis Aviation (tc/DVII); Royal Airforce Museum, London (Hendon) (tc/FW 190, tr/ME262, tl/Pup, tc/Bulldog, ca/Spitfire, cla/S.E.5A, cla/Dolphin, cl/Vimy); Brooklands Museum (tl/Camel); Gatwick Aviation Museum (tc/P-38, c/B-25, c/Vulcan, clb/Wellington); Midlands Air Museum (tr/F-86); Commemorative Air Force, Mesa, Arizona (cla/Nieuport 17, clb/B-17); Paul Ford (cla/Dr 1); RAF Museum, Cosford (ca/Mustang); Planes of Fame Air Museum, Chino, California (ca/A6M Zero, ca/Yak-9); Yorkshire Air Museum (cra/Hawker Hunter); Matthew Boddington (cl/B.E.2c); RAF Battle of Britain Memorial Flight (c/Lancaster); Keith Warrington, Sutton Coldfield Model Makers Society (cl/JU87B); Pima Air and Space Museum, Tuscon, Arizona (cb/B-58A). **60–61 Dorling Kindersley:** Royal International Air Tattoo 2011 (B-52). **61 Dorling Kindersley:** Royal Airforce Museum, London (Hendon) (cla/F-35 Lightning); Pima Air and Space Museum, Tuscon, Arizona (tl/Tomcat); John Wilkes, Model Exhibition, Telford (tl/Harrier); Dave Gait (tc/Douglas DC3); Nationaal Luchtvaart Themapark Aviodome (tc/F27 Friendship); Brooklands Museum (tc/Concorde); Flugausstellung (tc/L-1049, ca/Comet 4C); Golden Apple Operations Ltd (ca/Stearman); The Real Aeroplane Company (cra/J/1N Autocrat, c/Pitts 51S); Philip Powell (cra/F177RG Cardinal); Richard Seeley (c/Gipsy Moth); The Shuttleworth Collection (c/JetRanger); RAF Boulmer, Northumberland (cr/Sea King); Fleet Air Arm Museum (crb/Westland Lynx). **Dreamstime.com:** Patrick Allen / Ratmandude (cb/Bell UH-1); Gordzam (cr/Learjet); VanderWolfImages (cb/H160); Wayne Mckown / Mckown (cl/B2); Darkmonk (cra/Airbus A380); Ivan Cholakov / Icholakov (crb/Black Hawk). **U.S. Air Force:** Senior Master Sgt. Joy Josephson (cl/A-10 Thunderbolt II). **62 Dorling Kindersley:** Brooklands Museum (bl); City of Norwich Aviation Museum (cl); Flugausstellung (fclb). **NASA:** U.S Air Force (clb); (br). **The Library of Congress, Washington DC:** (cr). **63 Dorling Kindersley:** Nationaal Luchtvaart Themapark Aviodome (tr); Roy Palmer (clb). **Dreamstime.com:** Darkmonk (br). **The Library of Congress, Washington DC:** (cb). **U.S. Air Force:** (cr, crb, bl). **64 Dorling Kindersley:** Trek UK Ltd (ca). **65 Dorling Kindersley:** National Cycle Collection (tl, tc, tr, cra, cla); (tr/Swift safety bicycle). **66 Dorling Kindersley:** The Natural History Museum, London (ca, cb). **67 Dorling Kindersley:** Natural History Museum, London (cra); Mike Read (cla). **Dreamstime.com:** Jeff Grabert / Jgrabert (cra/margay). **Fotolia:** Eric Isselee (ca). **68 Dorling Kindersley:** Natural History Museum, London (fcl); Neil Fletcher (ftr); Booth Museum of Natural History, Brighton (bl). **Dreamstime.com:** Cammeraydave (cla/Snail); Musat Christian (fcla). **Fotolia:** HandmadePictures (tr); Karl Bolf (cla). **69 Dorling Kindersley:** Mark Hamblin (bl). **70 Dorling Kindersley:** The Natural History Museum, London (cla/Dicroidium, c/Hexagonocaulon, crb); Swedish Museum of Natural History (cra, cra/Tubicaulis); James Kuether (cl). **Fotolia:** Beboy (tc). **71 Dorling Kindersley:** The Natural History Museum, London (cla, ca/Cooksonia, cr, clb); Swedish Museum of Natural History (fcra, fcr); Oxford Museum of Natural History (cl). **72 Dorling Kindersley:** The Natural History Museum, London (cla/Lepidodendron, fclb); Natural History Museum, London (fcla, ca, fcl, c/Cone, clb, cra/Bryozoan, fcra, ca/Lithostrotion coral, crb/Lace Coral); Oxford Museum of Natural History (cb).

The Trustees of the Natural History Museum, London: (bc). **72–73 Dorling Kindersley:** Senckenberg Gesellshaft Fuer Naturforschugn Museum (b). **73 Dorling Kindersley:** The American Museum of Natural History (cla); The Natural History Museum, London (fcl); Natural History Museum, London (cl, c/vertebrae, c/Pliosaur Skull, ca/Mammal-like Skull, c/**Mammuthus**, cb, cra/Tooth, crb/Frog, crb/**Baryonyx** theropod dinosaur, fcr); State Museum of Nature, Stuttgart (cra/**Plateosaurus**); Oxford Museum of Natural History (bc, tr); Sedgwick Museum of Geology, Cambridge (fcra); Royal Tyrrell Museum of Palaeontology, Alberta, Canada (br). **74 123RF.com:** Michael Rosskothen (crb). **Dorling Kindersley:** James Kuether (crb/**Shunosaurus**). **Dreamstime.com:** Leonello Calvetti (tr); Mr1805 (br). **75 Dorling Kindersley:** Jon Hughes (cla/**Titanosaurus**, bc); James Kuether (ca, c, clb, cl, cr). **76 Dorling Kindersley:** James Kuether (crb, cra, bc, cl/**Caudipteryx**, ca, cr, cl/**Guanlong**). **77 Dorling Kindersley:** James Kuether (clb). **78 Dorling Kindersley:** Jon Hughes and Russell Gooday (cra, cr, c/**Sphenosuchus**, bc/**Placodus**, br/**Lariosaurus**); Jon Hughes (cla, cla/**Peteinosaurus**, c, clb, bc, bc/**Mixosaurus**, br/**Ichthyosaurus**, fbr/**Geosaurus**); Peter Minister and Andrew Kerr (cl); James Kuether (cr/**Lystrosaurus**, cr/**Herrerasaurus**, bc). **79 Alamy Images:** Elvele Images Ltd (tr). **Dorling Kindersley:** Jon Hughes and Russell Gooday (cla, ca, fcr, clb); Natural History Museum, London (tc); Jon Hughes / Bedrock Studios (cr, bl/**Kronosaurus**); Jon Hughes (crb, bl, fclb/**Liopleurodon**, cb, crb/**Ischyodus**). **82 Getty Images:** Martin Harvey / Photodisc (c). **83 Dreamstime.com:** Chonlawut Brahmasakha (bl); Xianghong Wu (fbl); Whiskybottle (bc). **Getty Images:** (cr). **84 Dorling Kindersley:** Chris Gibson (cb). **90 Dorling Kindersley:** Linda Pitkin (fcrb/Aesop). **91 Dorling Kindersley:** Linda Pitkin (fcl/Porcelain, cl/Hermit crab, clb/slipper, clb/marble, cb/squat, bl, bc); Linda Pitkin / lindapitkin.net (cl/Panamic); Jerry Young (crb/Pill). **Dreamstime.com:** Olga Demchishina / Olgysha (fclb/Mantis). **92 Alamy Images:** Brand X Pictures / Brian Hagiwara (cl/June). **Dorling Kindersley:** The Natural History Museum, London (cl/Weevil, cr/Longhorn, cb, fcr, clb/Weevil, fcrb); Jerry Young (c/jewelled). **Dreamstime.com:** Isselee (fclb); The Natural History Museum, London (bl/bush). **93 Dorling Kindersley:** Forrest L. Mitchell / James Laswel (cla/Clubtail, ca/Comet, ca/Flame, cra, cl/Gray, c/Baskettail, cb/River); The Natural History Museum, London (ftr, cla/Damselfly, crb/Giant Hawker, fcra, fcr, fcr/Tiger, fcrb); Neil Fletcher (crb/damsel); Oxford University Museum of Natural History (fclb). **Dreamstime.com:** Ryszard Laskowski / Ryszard (tl/Army ants). **94–95 Dorling Kindersley:** The Natural History Museum, London (All Images). **96 Dorling Kindersley:** Linda Pitkin (tc/varicose, ca/annae, ca/Headshield, tr/Spanish, ftr/elegans). **Dreamstime.com:** Jannekespr (cr/lipped). **NOAA:** Estuarine Research Reserve Collection (cra). **96–97 Dorling Kindersley:** Linda Pitkin (t). **97 Dorling Kindersley:** Linda Pitkin (tc/hare, ca/Variable Neon, crb/Bigfin); Richard Ling (cra/Cuttlefish). **Dreamstime.com:** Selahattin Ünsal Karhan (c/Trumpet). **98 Dorling Kindersley:** Marc Bosch Mateu (fcl/Meagre); Linda Pitkin (tc/bluestripe, fcla/seahorse, fcla/mullet, cl/Parrotfish, fcra/box, cra/lizardfish, clb); The Weymouth Sea Life Centre (fclb/stonefish). **Dreamstime.com:** Andylid (tl/Turbot); Lunamarina (ca/Bluefish); Eric Isselée / Isselee (cr); Asther Lau Choon Siew / Pufferfishy (fclb/Gurnard). **Fotolia:** uwimages (cb/anemone). **98–99 Dorling Kindersley:** Terry Goss (cb). **99 Dorling Kindersley:** Frank Greenaway (ftr); Linda Pitkin (cl); Jerry Young (tl, ca/Catfish). **Dreamstime.com:** Stefan Hermans / Perrush (tr/goldfish); Peter Leahy / Pipehorse (ftl/trumpet); Stephan Pietzko / Pilens (fcrb/Burbot); Tonny Wu (cb). **100 Dorling Kindersley:** Linda Pitkin (crb); Brian Pitkin (cla). **101 Dorling Kindersley:** Dr. Peter M Forster (crb). **Dreamstime.com:** Greg Amptman (fbr); Dongfan Wang / Tabgac (cr); Yobro10 (crb/Southern stingray). **104 Dorling Kindersley:** Dr. Peter Janzen (cla, cla/leaf frog, cla/Splendid leaf frog); Peter Janzen (ca, cra); Twan Leenders (c, clb, clb/Red). **105 Dorling Kindersley:** Twan Leenders (ftr, fcra, ca, cr); Jan Van Der Voort (fcl); Ignacio De la Riva (cl). **Dreamstime.com:** Kamnuan Suthongsa (fcrb). **106 Dorling Kindersley:** James H. Harding (tr/Blanding); Twan Leenders (cla); Jerry Young (fcla, c/Red-legged, crb/hinge); Jan Van Der Voort (cr/Spur-thighed); The Natural History Museum, London (br). **Dreamstime.com:** Amwu (cb/Elongated); Torsten Kuenzlen / Kuenzlen (tc/Loggerhead); Am Wu / Amwu (cra). **107 Dorling Kindersley:** Twan Leenders (cra/Terrapin); Jerry Young (ftl, bc/Kinixys). **Dreamstime.com:** Amwu (fcra). **Getty Images:** Photographer's Choice RF / Peter Pinnock (bc). **108 Dorling Kindersley:** Twan Leenders (cb). **Dreamstime.com:** Amwu (clb). **108–109 Dorling Kindersley:** Andy and Gill Swash (cb). **109 Dorling Kindersley:** Twan Leenders (crb, crb/Percival's Legless Skink, fcrb). **Dreamstime.com:** Iulian Gherghel (bc). **Fotolia:** Eric Isselee (fcra). **111 Dorling Kindersley:** Twan Leenders (cra/Rough); Jan Van Der Voort (cl/Orsini's). **Dreamstime.com:** Wahyudinfirman (tc, tr, ftr). **112 Dreamstime.com:** Mikhail Blajenov (c). **113 Dorling Kindersley:** Jerry Young (fcr/dwarf). **Dreamstime.com:** Lukas Blazek (t); Nico Smit / Ecophoto (fcrb); Edurivero (cl). **114–115 Dorling Kindersley:** The Natural History Museum, London (All Images). **116 Dorling Kindersley:** Greg and Yvonne Dean (cb); E. J. Peiker (fcra); The National Birds of Prey Centre, Gloucestershire (crb); Jari Peltomaki (cla, clb); Markus Varesvuo (ca); Brian E. Small (cra, cl/runner, br); Barry Hughes (cl); Roger Tidman (bc, fbr). **Getty Images:** Frank Krahmer / Photographer's Choice RF (fbl). **117 Dorling Kindersley:** Mike Danzenbake (cl/swift); The Natural History Museum, London (cra); E.J. Peiker (c, cr); Andy and Gill Swash (fcl); Mike Danzenbaker (cl/LUCIFER); Mike Read (c/tody); Tomi Muukkonen (clb); Markus Varesvuo (crb, fbl); Garth McElroy (crb/duck); Melvin Grey (bl, clb/gallinule); Chris Gomersall Photography (crb/puffin); Brian E. Small (br, br/warbler, fbr); Mike Lane (br/skylark). **118 Dorling Kindersley:** Chris Gomershall (fcr); The National Birds of Prey Centre, Gloucestershire (c, fcr/Harris hawk, cb/egyptian); Hanne and Jens Erikson (cra); Melvin Grey (br). **Dreamstime.com:** Isselee (c/Bald Eagle). **119 Dorling Kindersley:** Greg and Yvonne Dean (fcrb, fbr); E. J. Peiker (c); E.J. Peiker (clb); The National Birds of Prey Centre, Gloucestershire (fclb, bl); Andy and Gill Swash (bc); Jari Peltomaki (tr); Bob Steele (cla, cr, bc/whet); Barry Hughes (cl); Brian E. Small (cb, br); Mark Hamblin (cb/short); Markus Varesvuo (crb). **120 123RF.com:** mycteria (crb). **Dorling Kindersley:** The Natural History Museum, London (cla, bc/Tawny Owl); Evgeniya Moroz (cl/peacock). **Dreamstime.com:** Iakov Filimonov (bl); Irisangel (br); Feathercollector (cb/Tragopan); Wollertz (cr). **121 Dorling Kindersley:** Barnabas Kindersley (bc). **Dreamstime.com:** David Medina claesson (br); Vtorous (fcr); Smileus (bl); Feathercollector (br/Kingfisher); Roman Ivaschenko (clb/crow). **iStockphoto.com:** nadtytok (cl/Lovebird). **122 Dorling Kindersley:** The Natural History Museum, London (cla). **123 Dreamstime.com:** Torsten Kuenzlen / Kuenzlen (crb). **Fotolia:** Chrispo (cr). **124 Dorling Kindersley:** Greg and Yvonne Dean (cb/Sun); Exmoor Zoo, Devon (fcra). **Fotolia:** Eric Isselee (crb). **124–124 Dorling Kindersley:** The Marwell Zoological Park, Winchester (t). **125 Dorling Kindersley:** The Booth Museum of Natural History, Brighton (fcr/Hopi); Rebecca Dean (fcl/african); E.J. Peiker (c/harrisii); Drusillas Zoo, Alfriston, West Sussex (fbr). **Dreamstime.com:** Per Björkdahl (cra/lemming); Eduard Kyslynskyy (cra); Dule964 (cra/Dormouse); Martha Marks (fcrb/prairie). **126 Dorling Kindersley:** Greg and Yvonne Dean (cra/Pig-tailed); Jerry Young (tr/Capuchin, ca/Cotton-top, fcra/Marmoset). **Dreamstime.com:** Daniel Bellhouse (cl); Eric Isselee (cra/Pygmy). **127 Dorling Kindersley:** Andy and Gill Swash (ca/Toque); Jerry Young (ftl). **Dreamstime.com:** Lin Joe Yin / Joeyin (fcl/Gibbon). **Fotolia:** Eric Isselee (cl/Pileated Gibbon). **128 Dorling Kindersley:** Prof. Marcio Motta (cr); Wildlife Heritage Foundation, Kent, UK (br). **Dreamstime.com:** Rafael Angel Irusta Machin / Broker (ca); Isselee (b). **129 Dorling Kindersley:** Berlin Zoo (cr); Wildlife Heritage Foundation, Kent, UK (c, bl, bc); Blackpool Zoo, Lancashire, UK (crb). **Dreamstime.com:** Jeff Grabert / Jgrabert (cra); Outdoorsman (cr/Canadian lynx). **Fotolia:** Shchipkova Elena (br). **131 Dorling Kindersley:** The Tank Museum (cl). **132 Dorling Kindersley:** The Natural History Museum, London (cla, cl, cra/tortoise, c, cb, cb/Crow); Booth Museum of Natural History, Brighton (cra, fbr). **133 Dorling Kindersley:** The Natural History Museum, London (tr, fcrb, crb). **Fotolia:** giuliano2022 (tc/Rhinocer). **134 Dorling Kindersley:** Jerry Young (tr). **136 Dreamstime.com:** Ekaterina Cherkashina / Katerinache (cra/Munchkin). **137 Dreamstime.com:** Eric Isselée / Isselee (clb/persian). **138 Dorling Kindersley:** Haras National de Saint Lo, France (cl/Norman Cob). **Dreamstime.com:** Isselee (br). **139 Fotolia:** Jan Will (bl/Zebra). **140 Dorling Kindersley:** Barleylands Farm Museum and Animal Centre, Billericay (tr, ca, fcra); South of England Rare Breeds Centre, Ashford, Kent (cla, br); Cotswold Farm Park, Gloucestershire (crb). **Fotolia:** Eric Isselee (clb). **140–141 Dorling Kindersley:** Barleylands Farm Museum and Animal Centre, Billericay (c). **141 Dorling Kindersley:** Barleylands Farm Museum and Animal Centre, Billericay (cla); South of England Rare Breeds Centre, Ashford, Kent (tl, cla/pig); Odds Farm Park, High Wycombe, Bucks (cr). **142 Alamy Images:** Big Pants Productions (fcr). **Dorling Kindersley:** Jerry Young (fcra). **Dreamstime.com:** Inga Nielsen (ca); Svehlik21 (cra). **143 Alamy Images:** Photofrenetic (fclb). **Dorling Kindersley:** Cotswold Wildlife Park (fcl); Andy and Gill Swash (c/Coyote); Jerry Young (c, cl/Mandarin Duck); E. J. Peiker (cb); Natural History Museum, London (crb); Natural History Museum, London (cr). **Dreamstime.com:** Anton Kozyrev (br); Urospoteko (fcla); Jnjhuz (clb); Ijacky (bl). **Fotolia:** Eric Isselee (ca). **144 Dorling Kindersley:** Natural History Museum, London (tr); Jerry Young (ca/Red Eyed Tree Frog). **Dreamstime.com:** Eric Isselee (cra); Isselee (ca); Kira Kaplinski / Kkaplin (clb). **145 Alamy Images:** Life on White (clb). **Dorling Kindersley:** Natural History Museum, London (ca, ca/Tawny Rajah, cl); Jerry Young (ftl, cla/Black spider monkey, cl/Nymph, cb); Twan Leenders (cr). **Fotolia:** Eric Isselee (cla). **146 Dreamstime.com:** Anankkml (tr); Ryszard Laskowski (c). **Fotolia:** Andreas Altenburger / arrxxx (cra). **146–147 Dorling Kindersley:** Jerry Young (bc). **147 Dorling Kindersley:** Cotswold Wildlife Park (cra). **Fotolia:** Shchipkova Elena (clb). **148 Dorling Kindersley:** Jerry Young (ca, cr). **Dreamstime.com:** Smellme (ftr); Stefan Gottschild (br). **Fotolia:** Steve Lovegrove (fcrb). **149 Dorling Kindersley:** E. J. Peiker (cla). **150 Corbis:** (cra). **Getty Images:** Sandy Carey,Photodisc / Alan (br). **150–151 Dreamstime.com:** Steven Oehlenschlager (bc). **151 Dorling Kindersley:** Drusillas Zoo, Alfriston, West Sussex (bc); Jerry Young (tl). **Dreamstime.com:** Achim Baqué (cr/leopard seal); Helen Panphilova / Gazprom (cla); Vladimir Seliverstov / Vladsilver (fcr); Isselee (bl). **Fotolia:** Stefan Zeitz / Lux (cb). **Getty Images:** Joel Sartore (tc); Purestock (crb/Harp Seal). **152 Dorling Kindersley:** Linda Pitkin (tr, ca/cuttlefish, tr/seahorse, c). **152–153 Dorling Kindersley:** Rick Hibpshman (b). **153 Dorling Kindersley:** The Weymouth Sea Life Centre (fcla); Linda Pitkin (tc, tc/Seamoth, tl, tc/Sea strawberry, ca, cla); Linda Pitkin / lindapitkin.net (tc/arrow crab); Terry Goss (cla/Tiger Shark); Natural History Museum, London (ca/Horseshoe Crab). **Dreamstime.com:** Jamiegodson (c); Teguh Tirtaputra / Teguhtirta (cb); Dejan Sarman / Dejan750 (crb). **154 Dorling Kindersley:** Linda Pitkin / lindapitkin.net (br). **Dreamstime.com:** Carol Buchanan (cra). **154–155 Dorling Kindersley:** Dr. Peter M Forster (c). **155 Alamy Images:** Martin Strmiska (br). **Dorling Kindersley:** The Goldfish Bowl (cr/Jewelfish). **Dreamstime.com:** Eric Isselee (clb/Hermit crab); Krzysztof Odziomek / Crisod (tc); Tazdevilgreg (c/Coral Trout). **156 Dorling Kindersley:** Natural History Museum, London (cra, cb). **157 Dorling Kindersley:** Planetary Visions Ltd (crb). **Dreamstime.com:** Dan Breckwoldt / Danbreckwoldt (cla). **Fotolia:** Mark Higgins (cra/kangaroo). **Getty Images:** Dene' Miles (ca). **158 Dreamstime.com:** Staphy (bc). **159 Dreamstime.com:** Yury Tarasov / Sportfoto (bc). **Fotolia:** Galyna Andrushko (bc/peak). **160 Dreamstime.com:** Jason Yoder / Jasony00 (br). **161 Dorling Kindersley:** Museo Archeologico Nazionale di Napoli (br); NASA (bc/Volcano erupting on Io). **165 Dreamstime.com:** Edwin Verin / Clicktrick (cr); **Dreamstime.com:** Vera Golovina (br). **166 Dorling Kindersley:** The Natural History Museum, London (cl/magnetite, fclb/Hornblende, bc/Corundum, fbr); The Science Museum, London (cla/Pumice). **167 Dorling Kindersley:** The Natural History Museum, London (cb/Proustite); The Oxford University Museum of Natural History (cl/diamond). **168–169 Dorling Kindersley:** The Natural History Museum, London (All images). **169 Dreamstime.com:** Leon Rafael / Lrafael. **172–173 Dorling Kindersley:** Planetary Visions Ltd (c). **173 Dreamstime.com:** Jeremy Richards (cra). **NASA:** (bc, br); (fbr). **174 Corbis:** Warren Faidley (fcra). **Dreamstime.com:** Amnemcova (cr/Snow storm); Sergey Galushko / Galdzer (cla); Gina1111 (ca); Victor Zastol`skiy / Vicnt (cra/Tornado); Dexigner (cl/Heatwave); Ollirg (cl/Drought); Anizza (c); Antares614 (cr/Hailstorm). **NOAA:** Carrie Smith / NOAA Central Library (fcr). **U.S. Geological Survey:** (ca/flood); Seth Munson (fcl). **176 Alamy Images:** Travelib Africa (clb). **177 Alamy Images:** Hugh Threlfall (cra). **Dorling Kindersley:** Dr. Peter Janzen (ca/frog). **Fotolia:** Scanrail (cra/globe). **182 Dorling Kindersley:** Barnabas Kindersley (cla). **183 Dreamstime.com:** Byjeng (cra). **185 Dorling Kindersley:** Jerry Young (ftr). **186 Corbis:** DLILLC (bc). **Dreamstime.com:** Misha Shiyanov / Kertis (cl). **187 Dorling Kindersley:** Philip Dowell (tr/Jaguar). **Dreamstime.com:** Chrishowey (bc). **190 Dreamstime.com:** Jeremy Richards (clb). **191 Fotolia:** Eric Isselee (clb). **PunchStock:** Digital Vision (cr). **192 iStockphoto.com:** Drazen_ (bl). **193 Dreamstime.com:** Dmitry Pichugin / Dmitryp (br); Callan Chesser / Ewanchesser (tc); Bin Zhou / Dropu (bc). **Fotolia:** Mark Higgins (cra); Eric Isselee (tr). **194 Dorling Kindersley:** The Royal Geographical Society, London (cla, clb). **Dreamstime.com:** Staphy (bl, bc). **195 Dorling Kindersley:** Alan Burger (cra/seal); Arctic Trucks / Gisli Jonsson (tc). **Dreamstime.com:** Xavier Marchant / Xaviermarchant (cr); Jan Martin Will / Freezingpictures (tr/Adelie penguin). **Getty Images:** Dene' Miles (cra); David Tipling / Digital Vision (tr). **198 Alamy Images:** Hugh Threlfall (cb). **Dreamstime.com:** Elena Elisseeva (cl/soya); Igor Marx (cl); Mafoto (cb/Triticale); Mateno (clb). **199 Dorling Kindersley:** Odds Farm Park, High Wycombe, Bucks (clb/pig). **200 Dorling Kindersley:** Blandford Fashion Museum (ca/Straw hat); Musee du Louvre, Paris (ca/Mona Lisa). **Dreamstime.com:** Anky10 (clb); Vtupinamba (ca); Goncharuk Maksym (cr). **201 Dorling Kindersley:** Barnabas Kindersley (ca); University of Pennsylvania Museum of Archaeology and Anthropology (cla); The Shoe Museum (cla/Lower heel); The Royal Academy of Music (cb); Durham University Oriental Museum (fclb). **123RF.com:** Satori / Dorling Kindersley (ca). **202 Dorling Kindersley:** Barnabas Kindersley (crb); Stephen Oliver (bc). **Dreamstime.com:** Murali Nath / Muralinath (fcr); Silentiger (fcl). **203 Dorling Kindersley:** Central London Gurdwara (cb); The Zoroastrian Trust Funds of Europe (cr); Pitt Rivers Museum, University of Oxford (bc); Barnabas Kindersley (bl). **204 Dorling Kindersley:** Barnabas Kindersley (bl). **Dreamstime.com:** Gino Santa Maria (tr); Patrick Poendl (cb). **Fotolia:** Anatolii (cl). **205 Dreamstime.com:** Jamen Percy (tc); Sergey Tsvirov (c); Laura Stone (cr). **Shutterstock.com:** Golden Pixels LLC (br). **208 Dorling Kindersley:** Andy Crawford (bl, bl/Star-shaped pendant); University Museum of Archaeology and Anthropology, Cambridge (tc, tr); Wallace Collection, London (fcr/Ornate Elephant); National Museum of Wales (tc/Stone-Age painting); Museum of the Order of St John, London (cra); Musee du Louvre, Paris (clb); The National Music Museum (bc); University of Pennsylvania Museum of Archaeology and Anthropology (tr/Ornament, fcra). **Dreamstime.com:** Hasan Can Balcioglu (cr/mosaic); Steve Estvanik (c); Farhadi (cl). **209 Dorling Kindersley:** The University of Aberdeen (cla); University of Pennsylvania Museum of Archaeology and Anthropology (ftl, tc, tc/Ancient Egypt Shabti); Ure Museum of Greek Archaeology, University of Reading (tr); Durham University Oriental Museum (tc, ca/Mummy mask, fcl/Stoneware, fcl); Villa Giulia and Beniculturali (c/bust); The American Museum of Natural History (fcr). **Dreamstime.com:** Rolffimages (bc/Expression). **The Metropolitan Museum of Art, New York:** Gift of Adele R. Levy, 1958 (cb). **210 Dreamstime.com:** Mihail Ivanov (cb); Xing Wang (cra); Vasilis Ververidis (ca). **Los Angeles County Museum of Art:** (cl). **The Metropolitan Museum of Art, New York:** Bequest of Mrs. Charles Wrightsman, 2019 (cr); Purchase, The Annenberg Foundation Gift, 1993 (bl); Mary Griggs Burke Collection, Gift of the Mary and Jackson Burke Foundation, 2015 (fcra); Gift of Phyllis D. Massar, 1972 (crb); The Francis Lathrop Collection, Purchase, Frederick C. Hewitt Fund, 1911 (c). **211 123RF.com:** Satori / Dorling Kindersley (bl). **Dreamstime.com:** David Sanchez Paniagua Carvajal (fclb); Lilianaesperanza13 (ca). **Fotolia:** HP Photo (cla). **The Metropolitan Museum of Art, New York:** Bequest of Benjamin Altman, 1913 (c); Gift of Elinor Dorrance Ingersoll, 1969 (cr); Bequest of Collis P. Huntington, 1900 (clb); Gift of Arthur A. Houghton Jr., 1970 (cra); Purchase, The Dillon Fund Gift, 1982 (tl). **Rijksmuseum, Amsterdam:** (crb). **212 Dorling Kindersley:** The Bate Collection (cl/Clarinet, cr/Bugle); The Powell-Cotton Museum, Kent (bc). **213 Dorling Kindersley:** The Bate Collection (c/Viol); The Royal Academy of Music (fcl, c). **Dreamstime.com:** Karam Miri (cb). **Getty Images:** Stockbyte (crb/Ukulele). **216 Dorling Kindersley:** Andy Crawford (cl, c). **Dreamstime.com:** Afxhome (cla); Hongqi Zhang (aka Michael Zhang) (cra). **217 Dorling Kindersley:** Blandford Fashion Museum (cra/tango shoes). **Dreamstime.com:** Alexandr Kornienko (cra/Tap shoes); Anky10 (fcr); Goran Bogicevic (cra); Stable400 (fcra); Derek Tenhue / Derektenhue (fcra/Ballroom); Samotrebizan (cra/samba, fcra/cha cha); Viorel Sima (cr). **218 Dorling Kindersley:** Etablissement public du musee et du domaine national de Versailles; Reunion des Musees Nationaux / Art Resource, NY. (fcl); Etablissement public du musee et du

domaine national de Versailles (cla). **Dreamstime.com:** Jackq (fcra); Photobac (ca). **iStockphoto.com:** vgajic (cra/Apprentice). **219 Dreamstime.com:** Photobac (tr/Demi plié). **220 Dorling Kindersley:** Lydia Evans / Rough Guides (crb); Pompidou Centre (br). **Dreamstime.com:** Chrisharvey (cr); Sergii Figurnyi / Bloodua (tc); Konstantin32 (cl). **221 Dorling Kindersley:** Demetrio Carrasco / Rough Guides (fcr); Photos By Chris Christoforou / Rough Guides (tl); Tim Draper / Rough Guides (ftr, bl). **Dreamstime.com:** Yykkaa (bc). **222 Dorling Kindersley:** Pennsylvania Museum of Archaeology and Anthropology (ca). **223 Fotolia:** Derya Celik (ca). **225 Rex by Shutterstock:** Geraint Lewis / Dorling Kindersley (br). **226 Getty Images:** Photographer's Choice RF / Jon Boyes (cb). **Dreamstime.com:** Anamaria Mejia (cl). **227 Dreamstime.com:** Vtupinamba (cla); Chernetskaya (bl/Murgh Makhani); Natalia Lisovskaya (fbr/ Peking Duck); Yuguangli (fcrb/hotpot). **Shutterstock.com:** peacefoo (crb). **iStockphoto.com:** Vasko Miokovic (cra) **228 Getty Images:** Creativ Studio Heinemann (fcl/Black currants). **228–229 Dreamstime.com:** Goncharuk Maksym (c). **229 Getty Images:** Foodcollection (c/Damson). **231 Getty Images:** felipedupouy.com / Photodisc (bl). **232 Dorling Kindersley:** Westcombe Dairy (ftl, tl, tc). **233 Dreamstime.com:** Malgorzata Kistryn (tl). **Fotolia:** Eric Isselee (bl). **234 Dorling Kindersley:** Barnabas Kindersley (cb/ Mantou). **236 Dreamstime.com:** Bert Folsom (crb). **238 Dreamstime.com:** Deepcameo (c). **239 Dorling Kindersley:** The Natural History Museum, London (clb/sea urchin). **242 Dorling Kindersley:** Blandford Fashion Museum (cl, bl, cb, bc); Ermine Street Guard (ca); The Shoe Museum (c, c/brogues); Contemporary Wardrobe (c/Tweed Cap); Tim Parker (cb/jacket). **Dreamstime.com:** Diane Diederich (bl); Mykola Kravchenko (clb). **Shutterstock.com:** LightField Studios (br). **243 Dorling Kindersley:** Banbury Museum (tr/waistcoat, fcr); Blandford Fashion Museum (tc, fcl, fcl/swim cap); Central Saint Martins (c, c/Jacket, c/Cloak, cr). **Getty Images:** Photodisc (bc). **Dreamstime.com:** Stockyimages (br). **244 Dorling Kindersley:** Angels Fancy Dress (tr/day dress, fcrb, fbr); The British Library (tr/handbag); Banbury Museum (c/pamphlet); Blandford Fashion Museum (fcla, fcl, cl/shoes, cr/evening dress, cr/floral dress, cr/ gloves, cr/hat, bc/handbag, bc/shoes). **245 Dorling Kindersley:** Angels Fancy Dress (bc/dress); The Shoe Museum (tl/red footwear, tl/high-heeled shoe, tl/silk boot, cla/slipper, fcl/shoe, cr/high heel); Blandford Fashion Museum (ftl/dress front, ftl/ dress back, tr/dress, tr/fan, tr/corset, fcl/blue dress, fcl/hat, cl/ white dress, cl/shoes, cr/
corset, cr/handbag, fbl/hat); Museum of London (fcl/red dress); Worthing Museum and Art Gallery (fbl/shoes); Christian Dior (br/ bag). **Dreamstime.com:** Lightfieldstudiosprod (bc). **Shutterstock.com:** Hans Kim (br). **246 Dreamstime.com:** Bidouze Stéphane (cla). **248 Dorling Kindersley:** Stephen Oliver (br). **Dreamstime.com:** John Kasawa (bl); Mikumistock (cl). **Fotolia:** Gudellaphoto (c). **249 Dreamstime.com:** Dmitry Grushin (tr); Olaf Speier (ftl). **Getty Images:** Burazin / Photographer's Choice RF (bl). **254 Getty Images:** Burazin / Photographer's Choice RF (ca). **262 Dorling Kindersley:** Stephen Oliver (crb). **263 Shutterstock.com:** OSTILL is Franck Camhi (cr); podorojniy (bl). **268 Dreamstime.com:** Vladimir Ovchinnikov (br). **123RF.com:** spotpoint74 (clb). **274 Dorling Kindersley:** Leeda Fishing Tackle, UK (cla, ca). **275 Dorling Kindersley:** Leeda Fishing Tackle, UK (crb/Deer Hopper). **Dreamstime.com:** Bidouze Stéphane (tr); Ka2shka (tr); Valery Kudryavtsev (tr/portable scale). **283 iStockphoto.com:** shank_ali (tc). **Dorling Kindersley:** Davenport's Magic Kingdom (cra). **284 Dorling Kindersley:** Pegasus Stables, Newmarket (c); W&H Gidden Ltd (cr). **iStockphoto.com:** Weenee (ca). **286 Dorling Kindersley:** The Board of Trustees of the Royal Armouries (cb); Vikings of Middle England (cla); University of Pennsylvania Museum of Archaeology and Anthropology (ca, fcra, clb); The Tank Museum (crb); Durham University Oriental Museum (cb/fan, cb/Glass bowl). **Dreamstime.com:** Ks2008q (ca/coin). **Alamy Stock Photo:** D. Hurst (ca). **287 Dorling Kindersley:** Anthony Barton Collection (cb/lute); The National Railway Museum, York / Science Museum Group (ca); The Tank Museum (ca/tank); Egyptian Museum, Cairo (cra); Eden Camp Museum, Yorkshire (cb); Whipple Museum of History of Science, Cambridge (cla); Natural History Museum, London (fcra); Durham University Oriental Museum (shoes). **288 Dorling Kindersley:** Natural History Museum, London (crb, bc, br); Oxford Museum of Natural History (cb); Pitt Rivers Museum, University of Oxford (ftr, tr, cr); The Science Museum, London (fcr). **289 Dorling Kindersley:** Pennsylvania Museum of Archaeology and Anthropology (tc/ Clovis projectile point); National Museum of Wales (bl); Natural History Museum, London (tc/Harpoon, tc/Manmade barbed tool , bc/'Venus' Figurine); The Museum of London (tc/Adze head, ca, c); University Museum of Archaeology and Anthropology, Cambridge (cb, cb/piece of Bone, bc, br). **290 Dorling Kindersley:** Durham University Oriental Museum (clb); University of Pennsylvania Museum of Archaeology and Anthropology (cb, br). **291 Dorling Kindersley:** The University of Aberdeen (tr); The Science Museum, London (cla); University of Pennsylvania Museum of Archaeology and Anthropology (tc, tc/Silver bowl, ftr, ca, ca/ scorpions design cup, ca/Cylinder seal, cra, bc, cr, cr/Necklace, bc/Bead belt, br). **292 Dreamstime.com:** Santiago Rodríguez Fontoba (bc); Borna Mirahmadian (tr). **iStockphoto.com:** GraemeGilmour (clb). **The Metropolitan Museum of Art, New York:** Bequest of Joseph H. Durkee, 1898 (fbl); Purchase, H. Dunscombe Colt Gift, 1974 (clb/Coin). **Shutterstock.com:** Alan Gignoux (bl); Alexandros A Lavdas (fcLb). **293 123RF.com:** Ievgenii Fesenko (bl). **Dreamstime.com:** Mavririna2017 (bc); Suronin (clb). **The Metropolitan Museum of Art, New York:** Bequest of Lester Wolfe, 1983 (cla/Earrings); Harris Brisbane Dick Fund, 1954 (cla); Rogers Fund, 1959 (tc); Rogers Fund, 1934 (cl/Fork); Rogers Fund, 1936 (c); Fletcher Fund, 1963 (ca/Plate); Purchase, Mr. and Mrs. C. Douglas Dillon Gift and Rogers Fund, 1967 (c/ Silver vessel); Rogers Fund, 1954 (cra); Dodge Fund, 1965 (cl); Gift of Khalil Rabenou, 1956 (ca); Rogers Fund, 1948 (cr); Fletcher Fund, 1954 (cla/Horn-shaped vessel); Purchase, Ehsan Yarshater Gift and Rogers Fund, 1997 (tc/Jar). **Shutterstock.com:** Yaroslaff (cla/Coin). **294 Dorling Kindersley:** Egyptian Museum, Cairo (tr); University of Pennsylvania Museum of Archaeology and Anthropology (crb); Durham University Oriental Museum (fbl/left, fbl/right, bl, bc). **295 Dorling Kindersley:** The University of Aberdeen (crb/necklace); Wellcome Institute / Science Museum, London (cra/ointment slab); University of Pennsylvania Museum of Archaeology and Anthropology (cra/bead collar, cr/cat); Newcastle Great Northern Museum, Hancock (cr/arrowheads, b); Durham University Oriental Museum (cr/girl, crb, clb/amulet); Ure Museum of Greek Archaeology, University of Reading (c); Ashmolean Museum, Oxford (clb/earring, cb/rings). **296 Dorling Kindersley:** 4hoplites (bl/Stove); Geoff Garvey / Rough Guides (tl); The University of Aberdeen (cl/Athenian Coin, c/Alexandrian Coin); National Archaeological Museum, Athens (cl/Knossos Coin); Newcastle Great Northern Museum, Hancock (clb/Plate, cb/Earring); Wellcome Institute / Science Museum, London (clb/ Pot); Ure Museum of Greek Archaeology, University of Reading (clb/Jug, bc); University of Pennsylvania Museum of Archaeology and Anthropology (fbl/Powder Box). **297 Dorling Kindersley:** 4hoplites (c, cr, crb, cb, bc, br); Hellenic Maritime Museum (ftl); Canterbury City Council, Museums and Galleries (tl); Mark Thomas / Rough Guides (bl). **300 Dorling Kindersley:** Angels Fancy Dress (r); Ermine Street Guard (fcl, fclb, cl/Scabbard, cl/ Gladius, c). **301 Dorling Kindersley:** The University of Aberdeen (fcra/Coin); Newcastle Great Northern Museum, Hancock (tc/ Colander); Stephen Oliver (tc/Flask); University of Pennsylvania Museum of Archaeology and Anthropology (tr/Ring); Canterbury City Council, Museums and Galleries (tr/Bottle). **302 Dorling Kindersley:** Danish National Museum (cb); Vikings of Middle England (ca). **303 Dorling Kindersley:** Andy Crawford (br); The Universitets Oldsaksamling, Oslo (tr); Vikings of Middle England (clb, ca, cb, cb/dagger, cr, bl, bl/arrows, bc, fbr). **304 Dorling Kindersley:** Sarah Cummins / Rough Guides (cb); Roger D'Olivere Mapp / Rough Guides (clb); Tim Draper / Rough Guides (crb). **305 Dorling Kindersley:** The University of Aberdeen (tl, clb/Jade Mask, clb/Frog, clb/Jadette Figure); Tim Draper / Rough Guides (fcla, cla); Suzanne Porter / Rough Guides (ca); University of Pennsylvania Museum of Archaeology and Anthropology (ftl, fclb/ Jaguar Mask, fbl/Pitcher, bl/Stirrup Pot, bl/Vase, cb, bc, crb, br, fbr, fcrb). **307 Dorling Kindersley:** Board of Trustees of the Royal Armouries (cb/boot); University of Pennsylvania Museum of Archaeology and Anthropology (clb/Tile, bl); The Board of Trustees of the Royal Armouries (ftr, tc/chichak, tc, cra, c, c/ dagger, c/sword, cr); Durham University Oriental Museum (clb, c/Breastplate, fbr). **Dreamstime.com:** Ahmet Ihsan Ariturk (cl). **308 Dorling Kindersley:** The Board of Trustees of the Royal Armouries (fclb/helmet, clb/Helmet, cb/Scabbard, cb/Indian, crb/Talwar, fcrb, fcrb/Tongi, fclb, clb, bl, bl/tabar); The English Clvil War Society (cb); Canterbury City Council, Museums and Galleries (cb/handgrip, cb/Gauntlet Sword, crb/Firangi); Durham University Oriental Museum (br). **309 Dorling Kindersley:** The City Palace Museum, Jaipur (br); Durham University Oriental Museum (cb, bc/Khanjar, bc/pendant, bc/Jade). **310 Dorling Kindersley:** Tim Draper / Rough Guides (ca/City); Durham University Oriental Museum (tl/Beaker, cla/Pot, clb/Horse, clb/ Vase, bl/Plate). **Getty Images:** Ingo Jezierski / Photodisc (ca/ Army). **310–311 Dorling Kindersley:** Tim Draper / Rough Guides. **311 Dorling Kindersley:** Durham University Oriental Museum (cb/Puzzle, crb/Pendants, fbl/Bottle, fbl/Caddy, bl/Bowl, bc/ Teapot, br). **Dreamstime.com:** Shijianying (crb/Movable type); University of Pennsylvania Museum of Archaeology and Anthropology (clb/Camel). **312 Dorling Kindersley:** Maidstone Museum and Bentliff Art Gallery (r); Durham University Oriental Museum (cl, clb, bl). **313 Dorling Kindersley:** Courtesy of Durham University Oriental Museum (tc, tc/screen fan, ca/ Wrestler's netsuke, ca/bowl); Durham University Oriental Museum (fcl, cl, cl/Spear, ca, ca/Cast iron kettles, ca/Incense burner, tr, crb, br, fbr). **314 Dorling Kindersley:** Anthony Barton Collection (clb, clb/harp, cb, cb/hornpipe); Tsaravets Fortress (c); The Bate Collection (crb, fcrb); Board of Trustees of the Royal Armouries (r). **315 Dorling Kindersley:** Royal Armouries, Leeds (ca); The Wallace Collection, London (cla); The Combined Military Services Museum (CMSM) (cra, cb, cb/mercy , cb/dagger, crb, crb/ war hammer, crb/cannon, cra/Burgonet); Robert Harding (fcrb/ Church); Stephen Oliver (fcrb); The London Dungeon (bl, bc, br). **317 Dorling Kindersley:** The Board of Trustees of the Royal Armouries (cla); Cotswold Farm Park, Gloucestershire (clb, crb); The Order of the Black Prince (cl, bl). **123RF.com:** Anton Ivanov (cr/Krak des Chevaliers). **Dreamstime.com:** Carlos Pérez (tl); Speedo101 (bc). **318 Dorling Kindersley:** Board of Trustees of the Royal Armouries (br); Thackray Medical Museum (cb); The Science Museum, London (crb); Whipple Museum of History of Science, Cambridge (fcrb); The Combined Military Services Museum (CMSM) (bc). **319 Dorling Kindersley:** The Bate Collection (tc, tc/basset recorder, tc/Bass racket, tl, tc/Tenor crumhorn); The Royal Academy of Music (tl/lute); Musee du Louvre, Paris (cr). **Dreamstime.com:** Anthony Baggett (cl); Susico (bc). **320 Dorling Kindersley:** Royal Geographical Society, London (cb). **321 Dorling Kindersley:** Natural History Museum, London (cra/drawing, cra); The Science Museum, London (ca/ meter panel); The Royal Geographical Society, London (crb); Royal Geographical Society, London (fcrb, crb/chemistry set). **123RF.com:** Anthony Baggett (cr). **Dreamstime.com:** Akeeris (cla); Jochenschneider (tl). **322 123RF.com:** Ivan Aleshin / ivan604 (clb). **Dorling Kindersley:** University of Pennsylvania Museum of Archaeology and Anthropology (ca). **Dreamstime.com:** Ivan Vander Biesen (cr); Mohamed Osama (ca); Demerzel21 (br). **Library of Congress, Washington, D.C.:** LC-DIG-ppmsc-03265 (crb); LC-DIG-ggbain-12111 (bl); LC-DIG-ppmsca-54232 (fcl); LC-DIG-hec-47604 (bc). **The Metropolitan Museum of Art, New York:** Funds from various donors, 2013 (cl); Gift of the Humanities Fund Incorporated, 1972 (fcr). **323 123RF.com:** Mark Green (fcr); Georgios Kollidas (tc); tkaiworks (c). **Dreamstime.com:** Petro Perutskyy / Perutskyy29 (cla); Joanna Szycik (br). **Library of Congress, Washington, D.C.:** LC-DIG-ppmsca-68764 (clb); LC-USZ62-126559 (bl). **The Metropolitan Museum of Art, New York:** Anonymous Gift, 2010 (cl); Purchase, Rogers Fund and The Kevorkian Foundation Gift, 1955 (cr). **Shutterstock.com:** Victor Jiang (cra). **324 Dorling Kindersley:** Canterbury City Council, Museums and Galleries (ca); Maidstone Museum and Bentliff Art Gallery (tc); Stephen Oliver (br). **Dreamstime.com:** Ismael Tato Rodriguez (cl). **325 Alamy Images:** D. Hurst (cla). **Dreamstime.com:** Piet Hagenaars (tc); Ks2008q (cra); Patricia Hofmeester (bc). **328 Dorling Kindersley:** US Army Heritage and Education Center - Military History Institute (fclb, br/revolver); Civil War Library and Museum, Philadelphia (c/Union Infantryman); Gettysburg National Military Park, PA (c/confederate); Southern Skirmish Association (c/canteen, cb, crb/Knife and fork, fcrb, br); C. Paul Loane Collection (crb). **329 Dorling Kindersley:** Gettysburg National Military Park, PA (crb, bc, bc/Spencer Carbine); Southern Skirmish Association (fcla, cl, fcl/Rope, cl/Cap). **330 Alamy Images:** D. Hurst (cl). **Dreamstime.com:** Hecke01 (clb). **334 Dorling Kindersley:** The National Railway Museum, York / Science Museum Group (bl); The Science Museum, London (br). **Dreamstime.com:** Timothy Large (cr). **335 Dorling Kindersley:** Norfolk Rural Life Museum and Union Farm (bl); The Science Museum, London (fcra, cra, fcrb, cb, br, fbr); Whipple Museum of History of Science, Cambridge (cr); Maidstone Museum and Bentliff Art Gallery (crb); Museum of English Rural Life, The University of Reading (clb/Seed Drill). **Dreamstime.com:** Graham White (tr). **336 Dorling Kindersley:** Royal Green Jackets Museum, Winchester (cla); Jean-Pierre Verney (cl, fcrb); Imperial War Museum, London (clb); John Pearce (crb). **337 Dorling Kindersley:** Board of Trustees of the Royal Armouries (cl); Fleet Air Arm Museum (tc, ca); Imperial War Museum, London (ca/British Mark V Tank, c, clb); Jean-Pierre Verney (cla, cla/helmet and goggles, tr, ftr, fcra, cr/Italy, fcr, fcl, ca/French 'Hairbrush' grenade, ca/hand grenades, ca/ Rod club nail, clb/Carcano, bl, fcrb, c/Beretta automatic pistol); Jean-Pierre Verney Collection (cra); Birmingham Pals (clb/Lee Enfield rifle); Imperial War Museum (c/German gas shell); The Tank Museum (cb, cr, br, cb/Luger pistol); The Combined Military Services Museum (CMSM) (c/Glisenti Pistol). **338 Dorling Kindersley:** Royal Airforce Museum, London (Hendon) (cr, cr/Messerschmitt Bf 110, c/Supermarine Spitfire Mk24); The Wardrobe Museum, Salisbury (tl); Eden Camp Museum, Yorkshire (tr); Keith Warrington, Sutton Coldfield Model Makers Society (c); Musee de l'Air et de l'Espace / Le Bourget (fcr); Gatwick Aviation Museum (cr/Bell P-39-D Airacobra, cb/German Heinkel HE 111, crb/Handley Page Halifax II); The Combined Military Services Museum (CMSM) (cb, fcrb, cb/Vickers Mark IV machine gun); Fort Nelson (crb). **339 Dorling Kindersley:** RAF Museum, Cosford (tc); The Wardrobe Museum, Salisbury (tl, cla); Bradbury Science Museum, Los Alamos (tr); Gatwick Aviation Museum (ftl); Royal Armouries (cr); The Tank Museum (c, c/M2 Half Track, cl, cr/Churchill tank, clb, clb/Panzerkampfwagen II, clb/Panzerkampfwagen III, cb/Ps Kpfw VI Ausf B Tiger II); Fleet Air Arm Museum (cb, cb/HMS Agincourt, bc, br, bc/USS); Scale Model World (crb, bl). **340 Dorling Kindersley:** Fleet Air Arm Museum (cra). **341 Dorling Kindersley:** Board of Trustees of the Royal Armouries (cb/M16); Ukraine State Aviation Museum (ca); Flugausstellung (c); Tim Parker (cb); Ministry of Defense Pattern Room, Nottingham (cb/jacket); Vietnam Rolling Thunder (clb, cb/ tunic, cb/trousers, bc). **NASA:** (tc). **342 Alamy Images:** Andrew Twort (cr). **Dorling Kindersley:** H Keith Melton Collection (fcl, c, cr/Mezon, fcr, clb, bl, bc/M-94, crb, br/Handkerchief, br/letter removal device); Imperial War Museum, London (bc, cb/Morse code key, fbr). **Dreamstime.com:** Kittiwut Ittikunlasate (cb). **The Library of Congress, Washington DC:** (tc). **343 Dorling Kindersley:** H Keith Melton Collection (ca/coin, cra, fcl, cl, c, c/ sleeve gun, fclb, cb, cb/Tear gas pen, crb, fbl, bl, bc/Surreptitious entry kit, cla); RAF Museum, Hendon (ca); Imperial War Museum, London (bc). **344 Dorling Kindersley:** University of Pennsylvania Museum of Archaeology and Anthropology (br). **AGCO Ltd:** (br). **345 Dorling Kindersley:** Natural History Museum, London (br). **Dreamstime.com:** Jeff Grabert / Jgrabert (bc). **346 Dorling Kindersley:** Forrest L. Mitchell / James Laswel (bl); Egyptian Museum, Cairo (bc); Jerry Young (br). **347 Dorling Kindersley:** Natural History Museum, London (br); Paul Rackham (fbl); Linda Pitkin (fbr). **348 Dorling Kindersley:** Twan Leenders (fbl); The Shuttleworth Collection (fbr). **349 Dorling Kindersley:** The Natural History Museum, London (fbl); Scanrail (bl). **350 Dreamstime.com:** Andylid. **351 Dreamstime.com:** The Natural History Museum, London (br). **353 Dorling Kindersley:** The Natural History Museum, London (fbl); Jari Peltomaki (bc); Motorcycle Heritage Museum, Westerville, Ohio (fbr). **354 Dorling Kindersley:** University of Pennsylvania Museum of Archaeology and Anthropology (fbr). **Fotolia:** Jan Will (bc). **355 Dorling Kindersley:** Linda Pitkin (br). **356 Dorling Kindersley:** Linda Pitkin (bc/lobster); Stephen Oliver (bc). **357 Alamy Images:** Paul Fleet (fbr). **Dreamstime.com:** Vtupinamba (br). **359 Dorling Kindersley:** Durham University Oriental Museum (bc, bc/Hilt). **360 Dorling Kindersley:** The Natural History Museum, London (bc); The Real Aeroplane Company (fbl). **Dreamstime.com:** Karam Miri (br). **361 Dorling Kindersley:** Durham University Oriental Museum (bl). **362 Dorling Kindersley:** Greg and Yvonne Dean (br). **NASA:** Boris Rabin (bc). **363 Dorling Kindersley:** Durham University Oriental Museum (bc/gold amulet). **Fotolia:** Eric Isselee (bc, fbr). **Getty Images:** felipedupouy.com / Photodisc (br). **364 Dorling Kindersley:** Brooklands Museum (fbr); Natural History Museum, London (bl). **365 Dreamstime.com:** Kamnuan Suthongsa (br). **NASA:** (fbr).